犹太人教子枕边书

这是一份成功人生的向导，熏陶孩子的灵魂，让他们由普通变得卓越。它是您枕边案头不可或缺的教子读本。

犹太人
教子枕边书

沈越 编著

中国华侨出版社

图书在版编目（CIP）数据

犹太人教子枕边书 / 沈越编著 . —北京：中国华侨出版社，2015.3
ISBN 978-7-5113-5299-6

Ⅰ . ①犹… Ⅱ . ①沈… Ⅲ . ①犹太人—家庭教育 Ⅳ . ① G78

中国版本图书馆 CIP 数据核字（2015）第 046790 号

犹太人教子枕边书

编　　著：沈　越
责任编辑：李胜佳
封面设计：子　时
文字编辑：王　宁
美术编辑：宇　枫
经　　销：新华书店
开　　本：720 毫米 × 1040 毫米　　1/16　　印张：26　　字数：333 千字
印　　刷：唐山楠萍印务有限公司
版　　次：2015 年 6 月第 1 版　　2021 年 7 月第 3 次印刷
书　　号：ISBN 978-7-5113-5299-6
定　　价：59.00 元

中国华侨出版社　　北京市朝阳区西坝河东里 77 号楼底商 5 号　　邮编：100028
法律顾问：陈鹰律师事务所
发 行 部：（010）88866079　　　　　　传　　真：（010）88877396
网　　址：www.oveaschin.com　　　　　E－m a i l：oveaschin@sina.com

如发现印装质量问题，影响阅读，请与印刷厂联系调换。

前　言

犹太民族一直以人才辈出闻名于世界。伟大的政治家和思想家马克思、无产阶级革命导师列宁、著名心理学家弗洛伊德、伟大科学家爱因斯坦、西班牙画家毕加索、英国经济学家大卫·李嘉图、美国石油大王洛克菲勒、金融大亨索罗斯、华尔街金融巨头摩根……这些在各领域成就辉煌、享誉国际的名人都是犹太裔。犹太人自称是上帝的选民，从某种程度上说，这并不是自大。"二战"后，美国诺贝尔奖的获得者大约有一半是犹太人，从诺贝尔奖设立以来，全世界的获奖者中大约有22%是犹太人，而从人口总数来看，全世界犹太人最多的时候只有1500万。可见犹太人非凡的创造力。

众所周知，犹太民族是一个苦难深重的民族，在这个民族4000多年的历史中，有2000多年他们没有家园，流离失所。他们遭遇过形形色色的排犹主义，在"二战"中，600多万犹太人死于纳粹魔掌之下。然而，这样一个总是在夹缝中求生的民族，却为世界文明做出了巨大的贡献，在经济、科技、思想、文化、教育、服务等各个领域中，他们的地位都举足轻重。甚至有人断言：没有犹太人，世界的历史将会重写。犹太人如此卓越的根源究竟在哪里呢？

世界专家们一致认为：犹太人对家庭教育的高度重视，是犹太人获得如此巨大成就的根本原因。重视亲子教育，是犹太民族最为突出的优良传统。犹太民族在求知、交友、处世、自我修养等各方面的良好传统使他们具备了卓越超群的文化素养。犹太民族将知识和智慧视为自己真正能掌握的财富，他们有着宗教般虔诚的求知好学精神，不仅严于律己，而且将学习、生活、做人、经商等各个方面的智慧精华教给他们的孩子。犹太人的教育不但使犹太人精明、富有，而且还使犹太人不管流落于世界任何一个地方，都能如鱼得水般地开创他们的事业。犹太人相信，良好的家庭教育是世界的希望所在，前述犹太世界名人的成功，无一不得益于他们父母进行的早期教育以及对家庭教育的巨大投资和执着追求。独到的家庭教育造就了无数精英，熔铸了民族之魂，托起了美好希望，这就是犹太民族的成功秘诀。

在每一个犹太人的家里，当孩子刚刚懂事时，母亲就会翻开《圣经》，将一滴蜂蜜洒在上面，然后，让孩子去吻《圣经》上的蜂蜜。接着，母亲会告诉孩子：书本是甜的。父母让孩子从小就知道，家里的书架一定要放在床头，这是他们这个民族世代相传的做法，以此表示对书和知识的看重。如果谁家把书架放在床尾，就会被认为对书和知识的不敬而受到大家的蔑视。犹太人从来不焚书，即使是那些攻击犹太人的书也决不焚烧。在世界各民族拥有图书和出版社的数量上，以及人均每年读书的数量上，犹太人超过了世界上任何一个民族和国家，居世界之最。

在从小教育孩子尊重知识的同时，犹太人更注重培养孩子的智慧。犹太人家庭的孩子，小时候几乎都要回答这个问题："假如有一天你的房子被烧毁了，你的财产被抢光了，你将带着什么东西逃命呢？"如果孩子回答是金钱和珠宝，母亲就会十分耐心地告诉孩子："孩子，你要带走的不是金钱也不是珠宝，而是智慧，因为智慧是任何人都无法抢走的，你只要活着，智慧就永远伴随着你。"智慧的观念就这样深深扎根在犹太人的心中。在犹太人的社会中，几乎每个人都认为，学者远比国王伟大，也远比富翁伟大。对于那些只有知识而没有智慧的人，他们将其称为"背着很多书本的驴子"。犹太人从小就教育孩子，一般的学习仅是一种模仿，而没有任何的创新，学习应该以思考为主，思考是由怀疑和答案组成的，思考是学习的基础。他们教育孩子学习是打开智慧大门的钥匙，懂得越多，产生的怀疑就越多，问题就随之增加，所以提问使人进步，提问和谋得答案一样重要。许多犹太人家庭里碰到放学的孩子，第一句话就是："你又提问题了吗？"有人称犹太民族是一个企图揭示自然和人类秘密的哲学家民族。喜欢思考宏观的、深层次的问题，喜欢抽象，喜欢逻辑，铸成了犹太人家庭教育的核心。出于这样的教育观念，犹太人的家庭非常注重父母和孩子之间的思想与感情交流，父母经常与孩子对话和探讨，并常常对孩子加以引导，诱发孩子进行思考。这样做的结果，使犹太人的孩子拥有了雄辩的口才和智力测试中的优异成绩。

随着社会的进步，人们对教育尤其是素质教育越来越重视，作为孩子的家长更是关心孩子成长。对于正在成长中的孩子来说，如何去设计、创造未来的成长之路，从很大程度上说，决定权掌握在孩子的父母手中。正如一句名言说的那样："与其说国家的命运掌握在政治家手里，不如说国家的命运掌握在父母手里，推动摇篮的手也在推动人类的未来。"家庭是人生的第一所学校，父母是子女的第一任老师。父母对孩子的家庭教育，将会影响孩子的一生。他山之石，可以攻玉。犹太人家庭教育的成功经验，正值得我们每一个中国父母学习和借鉴，也是当前我们家庭素质教育的最好参考。

为了给广大中国父母提供一册优秀的教子读本，我们精心编写了这本《犹太人教子枕边书》，从真爱、品质、信念、习惯、求知、交友、金钱等方面全面而系统地总结了犹太人家庭教育的精髓，没有泛泛的理论讲述，而是从头到尾都由引人入胜的故事所组成，故事所要表达的思想直接、鲜明地体现了犹太人独特的家庭教育理念。经过时间的历练和成功的实践，这些教育理念已经成为最有效、最受欢迎的教育宝典。全球已有数百万家长和他们的孩子从中受益，相信聪明的父母一定能从书中发现最适合自己孩子的完美教育指南，让孩子成为超级天才。这是一部科学教子的真经，培养孩子的品质，让他们由平凡走向杰出；这是一种成功人生的向导，熏陶孩子的灵魂，让他们由普通变得卓越。它是您枕边案头不可或缺的教子读本。

目 录

第一篇　真爱：成就明天的源泉

第二篇 品质：美好人生的基石

第三篇　信念：生命的支柱

第四篇　智慧：成功大门的钥匙

第五篇　心态：一面生活的魔镜

第六篇　习惯：决定未来的力量

第七篇　情谊：与人为善，广交朋友

第八篇　进取：塑造完美的自我

第九篇　勤奋：重视人生中的每一步奋斗

第十篇　学习：孜孜以求的求知精神

第十一篇　幸福：无悔人生的音符

第十二篇　金钱：世俗的上帝

第一篇

真爱：成就明天的源泉

布朗尼蛋糕

对孩子的教育要尊重孩子自己的选择，而不能把自己的意志强加给孩子，要求他们做自己不愿做的事，成为自己不愿成为的人。

罗伊先生是个犹太民族中的传奇人物之一，他赤手空拳、艰苦奋斗，成为成功的金融家。

罗伊先生40岁时有了独子雷特。因为罗伊先生经历过贫困和艰难，所以，他愿意给儿子创造一个优越的环境，让其顺利地成长为一个卓越不凡的人。

雷特6岁时，罗伊先生问儿子："长大以后你希望做什么呢？"当时雷特刚刚获得了一个儿童绘画大奖，罗伊先生特意推掉事先计划好的商务会谈，父子俩一起到酒店庆祝。小圆桌上摆着香喷喷的甜点，雷特嘴巴塞得满满的，眨巴着眼睛对父亲嘟哝道："我想当个糕点师，给您做最棒的布朗尼蛋糕。"罗伊先生被逗乐了，顺着话头夸了儿子几句，但打心眼里没把儿子的回答当真。

时光荏苒。天真的小雷特已长成一个英俊少年，他是学校里最出类拔萃的学生。高中快毕业的时候，学校的老师和罗伊先生的朋友热情地为雷特推介了许多优秀的高等学府，甚至有些大学提前给他寄来了报考材料。

罗伊先生把所有资料交给儿子，微笑着对他说："一切由你自己决定。"但雷特却出人意料地推开那些东西，笃定地说："我想考烹饪学院，以后当一名很棒很棒的糕点师。"

罗伊先生的微笑有点僵硬了，他回忆起儿子当年说过的话，看来那不是孩子气。平心而论，罗伊先生觉得自己并不是一个想把自己的意愿强加给儿子的父亲，很多年来，他一直给儿子最大的自由，但他不曾料到会是这样一个结果。

面对优秀的儿子，他即使从不苛求儿子去做他金融帝国的继承者，但也希望儿子成为某个领域里的优异者，比如医生、艺术家、学者等等，而糕点师算什么？

心里这样思忖，但罗伊先生的脸上很是平静，他拍了拍雷特的肩膀说："啊，这个理想有点特殊，那就好好干吧。"

不久，雷特踌躇满志地报考了3所烹饪学院。可接踵而来的都是坏消息，那些学院无一例外地拒绝雷特，不仅因为他的考试成绩不理想，甚至有的专业老师给他下了"缺乏烹饪资质"的评语。

这对一直一帆风顺的雷特实在是个不小的打击，他把自己关在屋子里好些天。一天夜晚，他沮丧地打开房门，看见父亲就站在门外，脸上满是怜惜。罗伊先生朝儿子伸出双臂轻声说："来吧，一切都会过去的。"雷特扑向父亲温暖的怀抱，伤心地哭泣起来。而罗伊先生则紧紧抱住儿子，他很清楚，儿子哭过之后，一切都会过去的。

果然，翌日，雷特主动向罗伊先生要回了当初推掉的那些高等学府的资料。

几年以后，雷特以优异的成绩从大学毕业，然后进了罗伊先生的公司工作。好像有先天遗传似的，雷特不仅很快熟悉了金融业务，而且以他的创见和才能很快在业内崭露头角。

有这样一个出色的儿子，罗伊先生高兴得能从梦里笑醒，但是，在另一方面，他又凭着父亲的敏感察觉到雷特身上的某种忧郁。为什么呢？他想不透，也找不出理由。

毕竟岁月不饶人，罗伊先生病倒了，是老年人常见的心脏病。虽然不严重，但医生还是叮嘱他卧床休养。

休养的第3天晚上，罗伊先生悄悄从床上爬起来，打算到楼下找几份报纸。那是周末，家里的佣人都回了家。可是，厨房里却透出灯光，还有轻微的动静。罗伊先生蹑手蹑脚地走过去，看见儿子雷特正有条不紊地将奶油、巧克力、香草精、新鲜鸡蛋分类化开、混合，又将雪白面粉和泡打粉一起均匀搅拌，然后倒入模具放进电烤箱。他的动作娴熟又专注，仿佛在创作一件艺术品。

"嗨，你在干什么？"罗伊先生好奇地问，他从不知道儿子还会这么一手。雷特回头看了一眼父亲，回答说："我在给您做一块布朗尼蛋糕。"

过了一会儿，雷特从烤箱里拿出烘焙好的布朗尼蛋糕。棕色的糕体散发着巧克力香味，看上去松软可爱。雷特捧着蛋糕，朝父亲顽皮地鞠个躬，脸上洋溢着得意的笑容。

那笑容是罗伊先生很久不曾看见的，他记起儿子孩提时的理想，当年那个小毛孩子的脸上不就是洋溢着如此灿烂的笑容吗？可是后来……

罗伊先生的眼睛湿润起来，他接过蛋糕，认真地问雷特："这么多年，你工作得并不快乐，对不对？"雷特怔了一下，并不正面回答，只是道："可我一直干得很出色。"罗伊先生低头咬了一口布朗尼蛋糕，细细地咀嚼半天，最后说："我一直为拥有一个出色的儿子自豪，但是吃了你亲手做的布朗尼蛋糕，我才发现，原来拥有一个快乐的儿子更重要。"

说罢，罗伊先生带着儿子到书房，他从保险柜里拿出当年雷特考烹饪学院的成绩单，全是优秀记录——当时是他用金钱去买断了那些不合格的成绩。

书房门在父子俩身后关上，没有人知道那晚究竟发生了什么。不过，第二天雷特就宣布辞去公司所有职务。几个月后，罗伊先生向许多朋友发出了晚会邀请，请柬上没有说明缘由，所有人都没想到，晚会上，罗伊先生微笑着向众人宣布："今天请诸位来，是庆祝我的儿子雷特正式经营一家糕点店，他能做出世界上最棒的布朗尼蛋糕……"

望子成龙，给孩子设定宏伟的蓝图，是许多家长都乐此不疲的事。在此，我们确实都要感谢父母对我们的关爱。但正如故事中所说的，智慧的犹太人却能让孩子做自己喜欢的"布朗尼蛋糕"，因为那样，孩子才能真正得到快乐。

打开窗户，但别开错了

我们在人生道路上遭遇失败，或许是因为我们"开错了窗户"，试一试打开另一扇窗户吧，或许成功的阳光霎时就把我们的心灵照亮。

19世纪末在法国犹太人中流传着这样的一个故事：

两个小女孩在阳台上跑来跑去，乐此不疲。

妈妈问她们在干什么，小女孩说："屋子里太暗，我们想拿点阳台上的阳光进来。"

妈妈乐了，站在一旁看两个可爱的小家伙如何完成这件事。她们先撩起衣襟，等阳光落在衣襟里，便飞快地把衣襟包起来，然后跑进屋，打开衣襟，发现什么也没有了。她们又找出簸箕和扫把，姐妹俩一个扫，一个盛，到底还是没把阳光弄进来。她们想，阳光大概也喜欢零食吧，也喜欢玩具吧，于是分头将好吃的、好玩的，都摆在阳台上。阳光果然落在了零食和玩具上，她们乐了，过会儿又将零食和玩具移到屋子里，她们想阳光也许会像小花狗一样跟进来。

折腾了这么大半天，妹妹问姐姐："太阳真的不饿吗？真的不喜欢做游戏吗？"

姐姐想了一会儿说："它肯定也饿，也想玩游戏，但它就是不肯进屋子来。"

妈妈这时候笑着说："你们知道太阳为什么不肯进屋子来吗？"

姐妹俩都表示不知道。妈妈接着说："太阳也怕黑。你们如果打开屋子的窗户，让屋子亮起来，太阳就会进来了。"姐妹俩高兴极了，飞快地跑去开窗户。打开窗户，阳光没有进来，小女孩却趴在窗户上大哭起来。妈妈凑近一看，楼底下花园里，几个人正在捕杀女儿的小花狗。是的，作为妈妈她也无法阻止这件事，因为狂犬病实在来势凶猛，政府下令捕杀这个城市中所有的狗。

妈妈把哭泣的女儿抱到一边，怜爱地说："宝贝，你们开错了窗户。"

她牵着女儿的手，来到另一扇窗前并打开它，屋子里顿时布满阳光。

如果你初为人母，或者初为人师，你不觉得故事中的"妈妈"是智慧的吗？如果你对一切满怀抱怨，对生活充满了沮丧，那你不觉得应该"打开心灵的窗户，让阳光驱散你心中的黑暗"了吗？如果你在人生的道路上屡屡失败，正当伤心绝望、准备放弃时，你不觉得你"开错了窗户"吗？这时候你应该果断地打开另一扇窗户，因为成功往往在失败的旁边——而不仅仅是前面。

回 家

> 家庭是人一生中最温暖的地方，我们要以自己的实际行动教育孩子用真心加耐心去呵护家庭的幸福。

科尔在以色列国际机场等着接一个朋友时，他想从空桥走出的旅客中找到朋友，却注意到一个男人带着两个轻便的袋子向前来迎接他的家人走来。

他放下袋子后先走向他最小的儿子（可能是6岁），并给了对方一个长长的拥抱。放开时两人互望着对方，科尔听到这位父亲说："能见到你实在太好了，儿子，我实在好想你。"他儿子笑得很羞涩，眼神有点闪躲，只是轻轻地回答："我也是，爸爸！"

然后男子站直，注视着大儿子（也许9或10岁），把儿子的脸捧在手心里说道："你已经是个年轻小伙子啦！我亲爱的柴克！"接着他也给了对方一个温暖又温柔的拥抱。这时，一个小女孩（可能是一岁多）开始在她母亲怀里兴奋地蠕动着，她从没把她小小的眼眸从她归来的父亲神奇的脸上移开，男子说道："嗨，小姑娘。"当他从妻子手中温柔地接过女儿时，很快地把女儿的小脸都亲了个遍，又把她贴近自己的胸膛摇啊摇，小女孩很快就放松了，满足地把头静静地靠在他肩上。

过了一会儿，他牵着女儿和大儿子的手宣布："我把最好的留在最后。"然后给了他的妻子一个科尔从未看过的最长、最热情的吻，男子深情地望着妻子，然后静静地说："我好爱你。"

他们凝视着对方的眼睛，握着彼此的手相视而笑。那一刻科尔觉得他们也许是新婚夫妻，但根据他们孩子的年龄判断，又不太可能，科尔被眼前发生的一切感动了，科尔不禁问道："你们俩结婚多久啦？"

"在一起14年，结婚12年了。"他顺口答道，眼睛还是盯着他亲爱的妻子不放。

"那么，你离开多久了呢？"科尔继续问道。这男人终于转了过来，看着他，露出愉悦的微笑，答道："整整两天。"

两天？科尔着实吃了一惊，以这般热烈的欢迎仪式看来，他几乎已认定男子不是离开了几个月，也至少是几个星期。

科尔轻轻叹了一声，说道："我希望我的婚姻在12年后还能有你们那般热情！"

这男人马上收敛了笑容，直直地看着科尔，说："别只是希望，朋友，要下决心。"

科尔一直看着这个特殊的男人和家庭走出自己的视线，当科尔的朋友走到他身边时问道："你在看什么？"科尔毫不迟疑，以一种热切的坚定回答他："我的未来！"

《犹太法典》中说：幸福生活的获得有时候就像在酿酒，想要酿造出那愈久弥香的美酒，并不仅仅是希望，还需要有淘米、蒸料、麦芽糖化、制酒曲、发酵等每一道工序耐心操作的决心，因为稍有一两道工序疏忽，便会前功尽弃。家庭幸福的常青树是需要我们用真心加耐心呵护的！

母亲给出的答案

当孩子遭遇失败时，他们需要的不是生硬的说教，更不是指责，而是正面地鼓励和耐心地引导。

有个犹太孩子对一个问题一直想不通：为什么他的同桌想考第一就考了第一，而自己想考第一却只考了全班第二十一名？

回家后他问妈妈："妈妈我是不是比别人笨？我觉得我和他一样听老师的话，一样认真地做作业，可是，为什么我总比他落后？"妈妈听了儿子的话，感觉到儿子开始有自尊心了，而这种自尊心正在被学校的排名伤害着。她望着儿子，没有回答，因为她不知道怎样回答。

又一次考试后，孩子考了第十七名，而他的同桌还是第一名。回家后，儿子又问了同样的问题。她真想说，人的智力确实有三六九等，考第一的人，脑子就是比一般的人灵。然而这样的回答，难道是孩子真想知道的答案吗？她庆幸自己没说出口。

应该怎样回答儿子的问题呢？有几次，她真想重复那几句被上万个父母重复了上万次的话——你太贪玩了；你在学习上还不够勤奋；和别人比起来还不够努力……来搪塞儿子，哪怕一次。然而，像她儿子这样脑袋不够聪明，在班上成绩不甚突出的孩子，平时活得还不够辛苦吗？所以她没有那么做，她想为儿子的问题找到一个完美的答案。

儿子小学毕业了，虽然他比过去更加刻苦，但依然没有赶上他的同桌，不过与过去相比，他的成绩一直在提高。为了对儿子的进步表示赞赏，她带他去看了一次大海。就是在这次旅行中，这位母亲回答了儿子的问题。

现在这位做儿子的再也不担心自己的名次了，也再没有人追问他小学时成绩排第几名，因为他去年以全校第一名的成绩考入了国际一流大学。寒假归来时，母校请他给同学及家长们做一个报告。其中他讲了小时候的一段经历："我和母亲坐在沙滩上，她指着前面对我说，你看那些在海边争食的鸟儿，当海浪打来的时候，小灰雀总能迅速地起飞，它们拍打两三下翅膀就升入天空；而海鸥总显得非常笨拙，它们从沙滩飞入天空总要很长时间，然而，真正能飞越大海横过大洋的还是它们。"这个报告使得很多母亲流下了眼泪，其中包括他自己的母亲。多年之后，这个儿子所取得的成就更是让母亲流下了欣慰的眼泪，他就是著名哲学家哈耶克。

孩子的成功并非仅在于母亲的答案告诉了他持之以恒的重要性，还有他所体会到的母亲答案中传递的爱和支持，母亲是用她的答案宣告她对孩子的信心和对孩子自尊的维护。我们不妨相信是爱让这个世界转动的！

你总会和我在一起

> 我们每个人都是平凡的，然而当我们拥有爱并发挥出爱的力量时，却可以超越平凡。正是爱激活了沉睡的生命。

1989年发生在美国洛杉矶一带的大地震，在不到4分钟的时间里，使30万人受到伤害。

在混乱和废墟中，一个年轻的犹太父亲安顿好受伤的妻子，便冲向他7岁儿子上学的学校。他眼前，那个昔日充满孩子们欢声笑语的漂亮的三层教室楼，已变成一片废墟。

他顿时感到眼前一片漆黑，大喊："阿曼达，我的儿子！"跪在地上大哭了一阵后，他猛地想起自己常对儿子说的一句话："不论发生什么，我总会跟你在一起！"他坚定地站起身，向那片废墟走去。

他知道儿子的教室在楼的一层左后角处。他疾步走到那里，开始动手。

在他清理挖掘时，不断地有孩子的父母急匆匆地赶来，看到这片废墟，他们痛哭并大喊："我的儿子！""我的女儿！"哭喊过后，他们绝望地离开了。有些人上来拉住这位父亲说："太晚了，他们已经死了。"这位父亲双眼直直地看着这些好心人，问道："谁愿意来帮助我？"没有人给他肯定的回答，他便埋头接着挖。

救火队长挡住他："太危险了，随时可能发生起火爆炸，请你离开。"

警察走过来："你很难过，难以控制自己，可这样不但不利于你自己，对他人也有危险，马上回家去吧。"

这位父亲总是只有一句话："谁愿意帮助我。"

人们都摇头叹息着走开了，都认为这位父亲因失去孩子而精神失常了。

而这位父亲心中只有一个念头："儿子在等着我。"

他挖了8小时、12小时、24小时、36小时，没人再来阻挡他。他满脸灰尘，双眼布满血丝，浑身破烂不堪，到处是血迹。到第38小时，他突然听见底下传出孩子的声音："爸爸，是您吗？"

是儿子的声音！父亲大喊："阿曼达！我的儿子！"

"爸爸，真的是您吗？"

"是我，是爸爸！我的儿子！"

"我告诉同学们不要害怕，说只要我爸爸活着就一定会来救我，也就能救出大家。因为爸爸说过：'不论发生什么，你总会和我在一起！'"

"你现在怎么样？有几个孩子活着？"

"我们这里有14个同学，都活着，我们都在教室的墙角，房顶塌下来架了个大三角形，我们没被砸着。"

父亲大声向四周呼喊："这里有14个孩子，都活着！快来人！"

过路的几个人赶紧上前来帮忙。

50分钟后，一个安全的小出口开辟出来。

父亲声音颤抖地说："出来吧！阿曼达。"

"不！爸爸。先让别的同学出去吧！我知道您会跟我在一起，我不怕。不论发生了什么，我知道您总会和我在一起。"

这对了不起的父子在经过巨大灾难的磨难后，无比幸福地紧紧拥抱在一起。

一对平凡的犹太父子在生死考验时所表现出的真挚感情，所展现出来的深切信任，所收获的巨大幸福。还有什么比这让我们更相信这个世界，更相信我们周围，更相信我们自己在这种爱的包围下所拥有的能量，所创造的奇迹呢？我们是平凡的，但我们又是不平凡的，当我们拥有爱！

苹果的两种分法

母亲对孩子的成长有着至关重要的影响。作为母亲，要教育孩子从小诚实地说出自己的心声，而不是为了达到目的而伪装欺骗。

一个人一生中最早受到的教育来自家庭，来自母亲对孩子的早期教育。美国一位著名犹太心理学家为了研究母亲对人一生的影响，在全美选出50位成功人士，他们都在各自的行业中获得了卓越的成就，同时又选出50位有犯罪记录的人，分别去信给他们，请他们谈谈母亲对他们的影响。有两封回信给他的印象最深。一封来自白宫一位著名人士，一封来自监狱一位服刑的犯人。他们谈的都是同一件事：小时候母亲给他们分苹果。

那位来自监狱的犯人在信中这样写道："小时候，有一天妈妈拿来几个苹果，红红的，大小各不同。我一眼就看见中间的一个又红又大，十分喜欢，非常想要。这时，妈妈把苹果放在桌上，问我和弟弟：你们想要哪个？我刚想说想要最大最红的一个，这时弟弟抢先说出我想说的话。妈妈听了，瞪了他一眼，责备他说：好孩子要学会把好东西让给别人，不能总想着自己。

"于是，我灵机一动，改口说：'妈妈，我想要那个最小的，把大的留给弟弟吧。'

"妈妈听了，非常高兴，在我的脸上亲了一下，并把那个又红又大的苹果奖励给我。我得到了我想要的东西，从此，我学会了说谎。以后，我又学会了打架、偷、抢，为了得到想要得到的东西，我不择手段。直到现在，我被送进监狱。"

那位来自白宫的著名人士是这样写的："小时候，有一天妈妈拿来几个苹果，红红的，大小各不同。我和弟弟们都争着要大的，妈妈把那个最大最红的苹果举在手中，对我们说：'这个苹果最大最红最好吃，谁都想要得到它。很好，现在，让我们来做个比赛，我把门前的草坪分成三块，你们三人一人一块，负责修剪好，谁干得最快最好，谁就有权得到它！'

"我们三人比赛除草，结果，我赢了那个最大的苹果。

"我非常感谢母亲，她让我明白一个最简单也最重要的道理：想要得到最好的，就必须努力争第一。她一直都是这样教育我们，也是这样做的。在我们家里，你想要什么好东西要通过比赛来赢得，这很公平，你想要什么，想要多少，就必须为此付出多少努力和代价！"

推动摇篮的手，就是推动世界的手。母亲是孩子的第一任教师，你可以教他说第一句谎话，也可以教他做一个诚实的永远努力争第一的人。正如《犹太法典》上所说：世界上一切光荣和骄傲都来自母亲。

奇迹的名字叫父亲

在这个世界上，总是爱让我们创造奇迹！

1948年，在一艘横渡大西洋的船上，有一位犹太父亲带着他的小女儿，去和在美国的妻子会合。

海上风平浪静，晨昏瑰丽的云霓交替出现。一天早上，男人正在舱里用腰刀削苹果，船却突然剧烈地摇晃，男人摔倒时，刀子扎入他的胸口，他的全身都在颤抖，嘴唇瞬间乌青。

6岁的女儿被父亲瞬间的变化吓坏了，尖叫着扑过来想要扶他，他却微笑着推开女儿的手："没事，只是摔了一跤。"然后轻轻地拔出刀子，很慢很慢地爬起来，不引人注意地用大拇指揩去了刀锋上的血迹。

以后三天，男人照常每晚为女儿唱摇篮曲，清晨替她系好美丽的蝴蝶结，带她去看大海的蔚蓝。仿佛一切如常，而小女儿尚不能注意到父亲每一分钟都比上一分钟更衰弱、苍白，他看向海平线的眼光是那样忧伤。

抵达的前夜，男人来到女儿身边，对女儿说："明天见到妈妈的时候，请告诉妈妈，我爱她。"

女儿不解地问："可是您明天就要见到她了，您为什么不自己告诉她呢？"

他笑了，俯身，在女儿额上深深留下一个吻。船到纽约港了，女儿一眼便在熙熙攘攘的人群里认出母亲，她在喊着："妈妈！妈妈！"

就在这时，周围忽然一片惊呼，女儿一回头，看见父亲已经仰面倒下，胸口血如井喷，霎时间染红了整片天空……

尸解的结果让所有人惊呆了：那把刀无比精确地洞穿了他的心脏，他却多活了三天，而且不被任何人知觉。唯一的解释是因为创口太小，使得被切断的心肌依原样贴在一起，维持了三天的供血。

这是医学史上罕见的奇迹。医学会议上，有人说称这是大西洋奇迹，有人建议以死者的名字命名，还有人说要叫它神迹……

"够了。"那是一位坐在首席的老医生，须发俱白，皱纹里满是人生的智慧，此刻一声大喝，然后一字一顿地说："这个奇迹的名字，叫父亲。"

与其说这是一个关于奇迹的故事，不如说它是一个关于父爱的故事。父母对孩子的爱是最无私的爱，正是这种爱，创造了一个又一个我们生命里的奇迹。真爱也是成就孩子美好未来的源泉。

让心灵软着陆

孩子的自尊心还非常脆弱，经不起太重的打击，需要我们以爱和宽容去滋养。

著名社会学家韦伯在批改学生的作文时，一篇题为《一块手帕》的文章深深吸引了他，他便当作范文在班上阅读。

"这篇文章是抄来的！"韦伯刚读完这篇作文，一个学生举起手大声地说。他的话音刚落，全班哗然，大家议论纷纷，目光齐刷刷地扫向那个抄袭的同学，她满脸绯红地低下了头。

面对这突然的变故，韦伯停顿了一下，转过话头问大家："同学们，这篇文章写得好不好？"

"好是好，可是……"

"我问的是这篇文章写得好不好，不管其他。"

"太好了！"

"那就请同学们谈谈这篇文章好在哪里，请发言的同学到讲台上来说。"

结果，有八位同学发言，大家高度评价了这篇文章。韦伯接着说："同学们，这样好的文章我以前读得不多，可能同学们读得也不多，以后多给同学们推荐一些优秀的文章，在班上宣读，你们以为如何？"

"太好了！"

"那么，对今天第一个给我们推荐优秀文章的同学大家说应该怎么办？"

"谢谢！""非常感谢！"此时，同学们对韦伯的用意已心领神会。

"从今天开始，每周推荐一篇优秀作文，全班同学轮流推荐。可以拿原文来读，也可以写到自己的作文本上。不过别忘记注明原作者和出处。"同学们会心地笑了，那个抄袭作文的同学也舒心地笑了。

孩子的心灵总是比较脆弱，容易受到伤害，并且受伤的心灵还不易愈合。韦伯的做法，不仅保全了一个孩子的"面子"，既不伤害孩子的自尊心，又能让他认识到自己的错处，而且还给全班学生上了一堂生动的宽容课。爱与宽容永远是最神奇的魔术师，在包含爱与宽容的教育中，孩子才能健康成长。

瑞恩的井和妈妈的爱

对于孩子善良的愿望，作为家长一方面要扶持、呵护、帮助，另一方面也不能让孩子毫不费力地就使之实现，要鼓励孩子通过自己的努力和付出不断积累，直到达成目标。

瑞恩是加拿大一个普通犹太家庭的一个普通男孩，5年前的一天，这个一年级的小学生，听老师讲非洲的生活状况：孩子们没有玩具，没有足够的食物和药品，很多人甚至喝不上洁净的水，成千上万的人因为喝了受污染的水死去。我们的每一分钱都可以帮助他们：一分钱可以买一支铅笔，60分够一个孩子两个月的医药开销，两元钱能买一条毯子，70元钱就可以帮他们挖一口井……

6岁的小瑞恩深受震惊，想为非洲的孩子捐献一口井的愿望成了他强烈的梦想。他的妈妈并没有像我们的某些家长一样直接给他这笔钱，也没有一直把它当成小孩子一会儿一变的头脑发热时的冲动。妈妈让他在承担正常的家务之外自己挣钱：哥哥和弟弟出去玩，而他吸了两小时地毯挣了两块钱；全家去看电影，他留在家里擦玻璃赚到第二个两块钱；帮爷爷捡松果；帮邻居捡暴风雪后的树枝……

他坚持了4个月，终于攒够了70元钱，交给了相关的国际组织。

然而人家告诉他：70元钱只够买一个水泵，挖一口井要2000元。瑞恩的梦想只得继续着。一年多以后，通过家人和朋友的帮助，他竟筹集了足够的钱，在乌干达的安格鲁小学附近捐助了一口水井。

事情到此并没有结束，因为有更多的人喝不上干净的水，攒钱买一台钻井机，以便更快地挖更多的水井让每一个非洲人都喝上洁净的水成了瑞恩的梦想。他坚持了下去。

5年后，这个6岁孩子的梦想竟成为千百人参加进来的一项事业，"瑞恩的井"基金会筹款已达75万加元，为非洲8个国家建造了30口井。这个普通的男孩，也被评选为"北美洲十大少年英雄"，被人称为"加拿大的灵魂"，影响着越来越多的人去爱和帮助他人。

偶然读到的这个故事让我深深感动，那个充满爱心的男孩实现了他的人生价值，但我更佩服的是他的妈妈。一个孩子的力量能有多大？没有家人和朋友的支持他的梦想不可能实现。我们的孩子并不缺少梦想和爱心，孩子都是纯洁的天使，无私而有着无数千奇百怪的梦想，所有孩子都一样的聪明，一样的可爱，一样的充满爱心和幻想，不一样的是家长，什么时候家长们能变得更聪明起来，明白什么才是对孩子的真爱？

神秘的耳朵

母爱是世上最无私的爱，为了孩子的幸福，母亲愿意付出一切。

一天清晨，一个犹太婴儿在美国纽约市一家医院里呱呱坠地了。

"我可以看看我的孩子吗？"孩子的母亲幸福地向医生请求道。随即医生就把裹着婴儿的小被包递进了她的怀里，移开被布，看见了婴儿的小脸，她不禁倒抽了一口冷气。医生不忍心再看，迅速转过脸去。原来这个婴儿生来便没有耳朵。

他的父亲给他取名叫杰米。一段时间过后，杰米的父母很庆幸地发现孩子的听力没有什么障碍，跟正常人一样，缺少耳朵，只是损坏了他的相貌，但是天真的杰米并没有意识到他与别的孩子有什么不同。在父母的关爱下，他度过了快乐无忧的童年。

光阴流逝，当杰米7岁的时候，他走进了校门。有一天，杰米突然从学校里跑回家来，一头扎进妈妈的怀里，大声哭了起来，哽咽着向妈妈说出了在学校里的遭遇："一个男孩，一个大孩子……管我叫畸形人！"听了孩子的倾诉，妈妈叹息着搂紧了杰米，她知道这孩子今后的人生将会遭遇连续不断的打击。

杰米渐渐地长大了，因为没有耳朵，越发显得与众不同。同学们都很喜欢他，要不是因为相貌缺陷，他也许会当上班长呢。并且在文学和音乐方面，他也表现出了非凡的天赋。

"为什么我没有耳朵呢？"杰米经常问妈妈。

"不然的话，你会和别的孩子分不清的呀！"妈妈安慰着儿子，心里却充满痛楚的怜爱。

终于有一天，杰米明白了自已实际上是个残疾人，因为没有耳朵，他感到自卑，再也不愿去学校了，性格也变得越来越孤僻，甚至不敢走出家门。父母为此感到十分苦恼。杰米的爸爸去请教一位熟识的医生："难道孩子的缺陷真的一点儿补救的办法都没有吗？"

"如果能得到一双耳朵的话，我相信我可以给他做移植手术。"医生非常肯定地告诉他。可是到哪里去找一双耳朵呢？有谁肯为一个孩子做出如此巨大的牺牲呢？而且做这个手术也需要一大笔费用。

两年过去了，有一天，爸爸对杰米说："孩子，你要去医院做个手术。妈妈和我已经找到了为你捐献耳朵的人，不过捐献人的身份是保密的。"

移植手术非常成功，杰米终于有了一双耳朵。他高兴极了，简直像换了一个人一样。他又重新回到了学校，他的各项潜能不断地开花结果，迅速成长，成功接踵而至。大学毕业后，他结婚了，并且如愿以偿成为了一名外交官。

工作在富丽堂皇的政府大楼里，出入觥筹交错的外交场合，回到家里有娇美贤淑的妻子相伴，杰米幸福之际常举手抚摸着耳朵，他真想当面好好感谢那位神秘的捐献人，正是因为这双耳朵，重新给了他生活的勇气和信心，他才能够取得今天的成就。

"我必须得知道！"他急切地催问着爸爸，"是谁给了我如此慷慨的捐助？"

"孩子，根据约定你不可以知道……至少现在还不行。"

无数的岁月静静地流过，虽然他也私下里进行了长时间的调查，但仍然没能找到这位神秘的捐献人。然而，揭示谜底的那一天终于到来了。那是杰米一生中经历的可能最黑暗的一天。他和爸爸一起站在妈妈的棺材跟前。慢慢地，轻轻地，爸爸向前伸出一只手，撩开妈妈那浓密、灰白的头发……他惊讶地发现安卧在那里的妈妈居然没有耳朵，他一下子什么都明白了。

"我终于知道了妈妈为什么说她很高兴自已永远都不用剪头发。"早已泪流满面的杰米对爸爸低语道："没有人觉得妈妈不如从前美丽，是吗？"

爱，是这个世界上最珍贵的最美好的礼物！爱，孕育着这世界上最温馨最纯洁的感情！爱，熔化在我们心中，撒遍在世界的各个角落。这是一个让人感动的故事，正因为它向我们描绘的是一种无私奉献的母爱。法国文学家莫泊桑曾经说过："世间最美丽的情景是出现在当我们怀念母亲的时候。"

说出你的爱

"子欲养而亲不待。"要及早说出你对父母的爱，因为很可能你会永远失去这个机会。

卡耐基在为成年人上的一堂课上，曾给全班出过一道家庭作业。作业内容是："在下周以前去找你所爱的人，告诉他们你爱他。那些人必须是你从没说过这句话的人，或者是很久没听到你说这些话的人。"

在下一堂课程开始之前，卡耐基问他的学生们是否愿意把他们对别人说爱而发生的事和大家一同分享。卡耐基非常希望跟往常一样有个女人先当志愿者。但这个晚上，一个男人举起了手，他看来有些激动。

男人从椅子上站起身，说："卡耐基先生，上礼拜你布置给我们这个家庭作业时，我对你非常不满。我并没感觉有什么人需要我对他说这些话。还有，你是什么人，竟敢教我去做这种私人的事？但当我开车回家时，我想到，自从5年前我的父亲和我争吵过后，我们就开始避免遇见对方，除非在圣诞节或其他家庭聚会中非见面不可。尽管如此，我们还是几乎不交谈。所以，回到家时，我告诉我自己，我要告诉父亲我爱他。

"说来也很怪，做了这决定时我胸口上的重量似乎减轻了。

"第二天，我一大早就急忙起床了。我太兴奋了，所以几乎一夜没睡着，我很早就赶到办公室，两小时内做的事比从前一天做的还要多。

"9点钟时，我打电话给我爸爸，问他我下班后是否可以回家去。他听电话时，我只是说：'爸，今天我可以过去吗？有些事我想告诉您。'我父亲以暴躁的声音回答：

'现在又是什么事？'我跟他保证，不会花很长的时间，最后他终于同意了。5点半，我到了父母家，按门铃，祈祷我爸会出来开门。我怕是我妈来开门，而我会因此丧失勇气，但幸运的是，我爸来开了门。

"我没有浪费一丁点儿的时间——我踏进门就说：'爸，我只是来告诉你，我爱您。'

"我父亲听了我的话，他不禁哭了，他伸手拥抱我说：'我也爱你，儿子，原谅我竟一直没能对你这么说。'

"这一刻如此珍贵，我祈盼它凝止不动。爸和我又拥抱了一会儿，长久以来我很少感觉这么好过。

"但这不是我要说的重点。两天后，那从没告诉我他有心脏病的爸爸忽然病发，在医院里结束了他的一生。我并没想到他会如此。

"如果当时我迟疑着没有告诉我爸，我就可能没有机会了！所以我要告诉全班同学的是，你知道必须做，就不要迟疑。把时间拿来做你该做的，现在就去做！"

大声说出我们的爱，并不是一件难事，可它却会让我们收获很多。说出爱，也许它仅仅是一种形式，可正是这种形式赋予了爱以勇气，赋予了爱以真诚，赋予了爱以感动。只要大声说出父子之间的爱，父子便会更贴心。

逃生

人是社会的人，一方面要自尊自强，力争上游，另一方面也要懂得礼让他人，舍己为人。

不久以前，一位美国人在以色列做了一个实验。他随便在一群以色列孩子中找了3个孩子：一个10岁的女孩，一个8岁的男孩和一个大约6岁的女孩。

美国人拿出一只玻璃瓶子，瓶肚很大，瓶口很小。三只刚能通过瓶口的小球正躺在瓶底，小球上各系一根丝绳。他对3个孩子说："都说以色列人是世界上最聪明的人，现在我要试一试。"3个以色列孩子露出紧张的神色。

他宣布游戏规则：这3个小球分别代表你们3个人。这个瓶子代表一口干井。你们正在井里玩。突然，干井冒出水来，水涨得很快，你们必须赶快逃命。记住，我数7下，也就是7秒钟，如果你们有谁在我数完7下还没有逃出来，谁就会被淹死在井里了。

美国人做出一个表示开始的手势。只见那大约6岁的女孩很快从瓶里拉出了自己的球；接下来是8岁的男孩，他先是看了一眼比自己大的女孩，接着迅速地将自己的球拉出瓶口；最后是10岁的女孩，从容又轻捷。

全部时间不到5秒。

美国人惊呆了。他先问那个小男孩："你为什么不争先逃命？"

小男孩摆出一副很勇敢的样子，手指着那个最小的女孩说："她最小，我应当让着她呀！"

他又问10岁的女孩，女孩说："3个人中我最大，我是姐姐，应该最后离开。"美国人又问："那你就不怕自己被淹死？"

女孩答道："淹死我，也不能淹死弟弟妹妹。"

美国人的眼睛湿润了。他说他在许多国家试过这种游戏，几乎没有一个国家的孩子能够这样完成它，他们争先恐后，互不相让……

一个拥有这样一种礼让精神文化的民族不能不说是一个优秀的民族；一个民族的发展与崛起并不仅仅在于它能出多少伟人，而在于一个民族本身的精神底蕴，在这种礼让背后的一种尊重——对生命，对信仰，对价值……这本已深深流入他们的血液，溶入他们的骨髓，所以才能那么理所当然。对于我们的孩子，我们必须使他们有一份属于自己的理所当然。

未上锁的门

> 对于误入迷途的孩子，最好的挽救办法就是一如既往地关爱他们，不抛弃，不放弃，总有一天，爱的力量会唤醒他们的灵魂，让他们迷途知返。

在种族隔离时期，苏格兰的格拉斯哥，一个犹太小女孩像今天许多年轻人一样，厌倦了枯燥的家庭生活和父母的管制。

她离开了家，决心要做世界名人。可不久，她每次满怀希望求职时，都被无情地拒绝了。她只能走上街头，开始乞讨。许多年过去了，她的父亲死了，母亲也老了，可她仍在泥沼中徘徊不前。

在这期间，母女从没有什么联系。可当母亲听说女儿的下落后，就不辞辛苦地找遍全城的每个街区，每条街道。她每到一个收容所，都停下脚步，哀求道："请让我把这幅画贴在这儿，好吗？"画上是一位面带微笑、满头白发的母亲，下面有一行手写的字："我仍然爱着你……快回家！"

几个月后，没有什么变化。桀骜的女孩懒洋洋地晃进一家收容所，那儿，正等着她的是一份免费午餐。她排着队，心不在焉，双眼漫无目的地从告示栏里随意扫过。就在那一瞬，她看到一张熟悉的面孔："那会是我的母亲吗？"

她挤出人群，上前观看。不错！那就是她的母亲，底下有行字："我仍然爱着你……快回家！"她站在画前，泣不成声。这会是真的吗？

这时，天已黑了下来，但她不顾一切地向家奔去。当她赶到家的时候，已经是凌晨了。站在门口，任性的女儿迟疑了一下，该不该进去？终于她敲响了门，奇怪！门自己开了，怎么没锁？！不好！一定有贼闯了进去。记挂着母亲的安危，她三步并作两步冲进卧室，却发现母亲正安然地睡觉。她把母亲摇醒，喊道："是我！是我！女儿回来了！"

母亲不敢相信自己的眼睛。她擦干眼泪，果真是女儿。娘儿俩紧紧抱在一起，女儿问："门怎么没有锁？我还以为有贼闯了进来。"

母亲柔柔地说："自打你离家后，这扇门就再也没有上锁。"

世界因为爱而显得美丽，爱则因为有了母爱而显得博大，富有内涵。真爱也是教育子女最好的方式。对于子女的一些错误，最好的方法就是一如既往地关爱他们，那样他们才会迷途知返，而不是越陷越深。

我爱我的妈妈

世界上，很多人的成就跟母亲的无私奉献分不开，盛名与荣誉中往往凝注着母亲的泪水、汗水与血水。

凯蒂是一位年轻的英国犹太姑娘，中学毕业后，她进入非洲丛林，与桀骜不驯的黑猩猩为伍，历经十余年艰辛的考察，终于在动物研究史上第一次初步揭开了野生黑猩猩行为的奥秘。在她完成第一部名叫《黑猩猩在召唤》的科学著作时，她在扉页上写着："献给婉恩、路易斯和雨果……"婉恩是谁？是她的妈妈，是生她、养她、全力支持她的事业的亲爱的妈妈。妈妈在凯蒂孩提时代，就培养了她对动物的浓厚兴趣和对大自然的热爱。

还在凯蒂刚满周岁的时候；妈妈就买了一个大的蓬发玩具黑猩猩给凯蒂，以庆祝伦敦动物园头一回产下了小猩猩。妈妈给玩具黑猩猩取了一个名字叫朱比里，和动物园里刚出生的黑猩猩同名。从此，这个玩具朱比里就成了凯蒂最亲爱的朋友，陪伴她度过了整个童年时代。当凯蒂刚学会爬的时候，有一次她钻进那闷热的鸡窝，趴在那里待了5个钟头，观察母鸡是怎样下蛋的。妈妈因找不到她而惊恐万分，当即报告了警察局。可是，一发现凯蒂钻在鸡窝里，就高兴地笑了。

凯蒂18岁中学毕业后，决定从事黑猩猩的研究，并获准去非洲原始森林考察。当地政府提出：必须有个欧洲人陪同前往。这时，她的母亲——婉恩·古多尔用行动来支持她实现理想，自告奋勇地充当了女儿探险的伙伴。探险无疑是十分艰苦的。生活在热带的原始森林里，各方面都很难适应。有时染上了疫病而高烧不止，有时凶狠的公狒要来袭击营帐，抢夺她们的食物；有时一觉醒来，只见床头是巨大的毒蜘蛛所布下的丝网；有时突然发现一条有剧毒的眼镜蛇，正在用舌头舔她们的鞋子……而吃的却只有罐头食品。在那茫茫林海，没有都市的繁华，没有亲人朋友的聚会，没有戏剧电影。加上水土不服，又缺医少药……但是，这一切并没有难倒这位英勇顽强的母亲。她和女儿生活在一起，为她采集和晒割植物标本，帮她料理生活，为她解除寂寞。总之，她为女儿分担失败的痛苦，与女儿同享成功的欢乐。在母女俩的考察中，她们常常需要同营地附近的居民联系，而母亲又成为这种联系的唯一纽带。她用自己不多的一点儿药物为当地居民治病，使当地居民逐步了解她们，接近她们，支持她们。

母亲作为凯蒂的助手，毫无怨言地承受了她们长期野外考察中的全部生活重担，并且一直乐观地坚持了下来。有时，母女俩共同欣赏猩猩走近香蕉林时那种优雅的姿态；有时，一起嘲笑青蛙吞咽虫子时的那种贪婪的样子，这也增添了凯蒂研究的乐趣和信心。很难想象，如果没有妈妈，她怎么能在禁猎区生活，她怎么会获得研究黑猩猩的可喜成果！

犹太谚语中有这样一种说法："神不能处处都在，所以他创造了温柔。像爱你自己一样爱你的妈妈，好好保护她，不要让她哭泣，因为神将一滴一滴地计算着她的眼泪。"有一个真正孝敬父母的孩子是多少父母的心愿啊！

希望之光

爱是这个世界上最强大的力量，它给生命以希望，以鼓舞，让我们挺过人生的风霜雨雪，相信前方总会有幸福。

1942年寒冬，纳粹灭绝营内，一个孤独的犹太男孩正从铁栏杆向外张望。恰好此时，一个犹太女孩从集中营前经过。看得出，那女孩同样也被男孩的出现所吸引。为了表达她内心的情感，她将一个红苹果扔进铁栏，一个象征生命、希望和爱情的红苹果。

男孩弯腰拾起那个红苹果，一束光明照进了他那尘封已久的心田。第二天，男孩又到铁栏边，尽管为自己的做法感到可笑和不可思议，他还是倚栏杆而望，企盼她的到来，年轻的女孩同样渴望能再见到那令她心醉的不幸的身影。于是，她来了，手里拿着红苹果。

接下来的那天，寒风凛冽，雪花纷飞。两位年轻人仍然如期相约，通过那个红苹果在铁栏的两侧传递融融暖意。

这动人的情景又持续了好几天。铁栏内外两颗年轻的心天天渴望重逢：即使只是一小会儿，即使只有几句话。终于，铁栏会面悄然落幕。这一天，男孩眉头紧锁对心爱的姑娘说："明天你就不用再来了。他们将把我转移到另一个集中营去。"说完，他便转身而去，连回头再看一眼的勇气都没有。从此以后，每当痛苦来临，女孩那恬静的身影便会出现在他的脑海中。她的明眸，她的关怀，她的红苹果所有这些都在漫漫长夜给他送去慰藉，带来温暖。战争中，他的家人惨遭杀害，他所认识的亲人都不复存在。唯有这女孩的音容笑貌留存心底，给予他生的希望。

1957年的某天，美国两位成年移民无意中坐到一起。"大战时您在何处？"女士问道。"那时我被关在德国的一座集中营里。"男士答道。

"哦！我曾向一位被关在德国集中营里的男孩递过苹果。"女士回忆道。

男士猛吃一惊，他问道：“那男孩是不是有一天曾对你说：明天你就不用再来了，他将被转移到另一个集中营去？”

“啊！是的。可您是怎么知道的？”

男士盯着她的眼：“那就是我。”

好一阵沉默。

“从那时起，”男士说道，“我再也不想失去你。愿意嫁给我吗？”

“愿意。”她说。

他们紧紧地拥抱。

1996年情人节。在温弗利主持的一个向全美播出的节目中，故事的男主人公在现场向人们表示了他对妻子40年忠贞不渝的爱。

“在纳粹集中营，”他说，“你的爱温暖了我；这些年来，是你的爱，使我获得滋养。可我现在仍如饥似渴，企盼你的爱能伴我到永远。”

看了这对犹太男女真实的爱情故事，我们可以深深体会到：爱是这世界上最强大的力量，有它的陪伴，我们才有勇气面对生活的风霜雨雪，才有勇气战胜生活中的电闪雷鸣。用我们的真爱熏陶孩子，让孩子的心中充满爱，让他们用自己心中的爱去温暖他人，他们就会得到更多的温暖和幸福！

赞美的价值

对孩子，不应老挑他们的缺点，全盘否定他们，打击他们的自尊，而是善于发现他们的优点，从正面加以积极的鼓励和引导。

父亲带着自认为是无可救药的孩子去心理诊所，孩子已经被他的父亲严重灌输了自己一无是处的观念。对心理医生的询问，孩子总是一言不发，无论如何诱导，他就是不开口。仓促之间，心理医生无从下手。后来，从孩子父亲的唠叨中，心理医生找到了医治的线索。当时，他的父亲在不停地说：“唉，这孩子一点儿长处也没有，我看他是没有指望了！”

于是，心理医生开始寻找孩子的长处——孩子不可能没有任何长处。在和孩子父亲的交谈中，心理医生了解到了一个重要的情况，就是他家里的家具常常被孩子用刀划伤，因为到处是刀痕，所以常常受到惩罚。心理医生明白了——喜欢雕刻是孩子的爱好，当然也是孩子的长处。

第二天，心理医生买了一套雕刻工具送给他，还送他一块上等的木料，然后教给他正确的雕刻方法，并不断地鼓励他：“哦，你是我所认识的孩子当中，最会雕刻的一位。你具有聪明的天赋，而且还热情勤劳，将来一定会成为一位了不得的艺术家。”当时，孩子的眼睛湿润了。

从此以后，他们接触频繁起来。在接触中，心理医生又慢慢地找到孩子其他的一些优点，当然无一例外地给予中肯的赞美。有一天，这个孩子竟然不用别人吩咐，主动打扫了房间。这件事情，让他的家人吓了一大跳。

心理医生问："孩子，你今天表现得很好，你为什么想起来这样做呢？"孩子回答说："我想让老师高兴。"

最终，孩子变得健康向上、活泼开朗起来。10年后，那个孩子成了一位著名艺术家，他就是犹太著名艺术家伯恩斯坦。

对于我们身边的每一个人来说，他都有自己优点，只是很多时候我们没有去关注，所以我们没发现。宝石的发现需要一颗对宝石的美崇尚的心，而他人优点的发现也需要我们有一颗对他人优点赏识，对他人关注的心。让我们去关心我们身边的人，发现他们的优点，不要再吝啬我们的表扬，并相信，总有一天，他们也会像宝石一样耀眼的！

最崇高的父亲

父亲的爱总是似山如海，它静默、深藏，当我们拥有它们时，常常浑然不觉，以为一切都理所当然，因此也丝毫不懂得珍惜，当有一天蓦然回首，幡然醒悟时，才突然被爱的洪流浸没。

在乔治的记忆中，父亲一直就是瘸着一条腿走路的，他的一切都平淡无奇。所以，他总是想，母亲怎么会和这样的一个人结婚呢？

一次，市里举行中学生篮球赛。乔治是队里的主力。他找到母亲，说出了他的心愿：他希望母亲能陪他同往。母亲笑了，说："那当然。你就是不说，我和你父亲也会去的。"他听罢摇了摇头，说："我不是说父亲，我只希望你去。"母亲很是惊奇，问："这是为什么？"他勉强地笑了笑，说："我总认为，一个残疾人站在场边，会使得整个气氛变味儿。"母亲叹了一口气，说："你是嫌弃你父亲了？"父亲这时正好走过来，说："这些天我得出差，有什么事，你们商量着去做就行了。"

比赛很快就结束了。乔治所在的队得了冠军。在回家的路上，母亲很高兴，说："要是你父亲知道了这个消息，他一定会放声高歌的。"乔治沉下了脸，说："妈妈，我们现在不提他好不好？""母亲接受不了他的口气，尖叫起来，说："你必须要告诉我这是为什么？"乔治满不在乎地笑了笑，说："不为什么，就是不想在这时提到他。"母亲的脸色凝重起来，说："孩子，有些话我本来不想说。可是，我再隐瞒下去，很可能就会伤害到你的父亲。你知道你父亲的腿是怎么瘸的吗？"乔治摇了摇头，说："不知道。"母亲说："你两岁时父亲带你去花园里玩。在回家的路上，你左奔右跑。忽然，一辆汽车急驰而来，你父亲为了救你，左腿被碾在了车轮下。"乔治顿时呆住了，说："这怎么可能呢？"母亲说："这怎么不可能，只是这些年你父亲不让我告诉你罢了。"

二人慢慢地走着。母亲说："有件事可能你还不知道，你父亲就是布莱特，你最喜欢的作家。"乔治惊讶地蹦了起来，说："你说什么？我不信！"母亲说："其实你父亲也不让我告诉你。你不信可以去问你的老师。"乔治急急地向学校跑去。老师面对他的疑问，笑了笑，说："这都是真的。你父亲不让我们透露这些，是怕影响你成长。但既然你现在知道了，那我就不妨告诉你，你父亲是一个伟大的人。"

两天以后，父亲回来。乔治问父亲："你就是大名鼎鼎的布莱特吗？"父亲愣了一下，然后就笑了，说："我就是写小说的布莱特。"乔治拿出一本书来，说："那你先给我签个名吧！"父亲看了他片刻，然后拿起笔来，在扉页上写道：赠乔治，生活其实比什么都重要。布莱特。

多年以后，乔治成为一名出色的记者。当有人让他介绍自己的成功之路，他就会重复父亲的那句话：生活其实比什么都重要。

生活比什么都重要，因为它的真真切切。在生活中，我们才能逐渐明白那不曾发现的关爱何其深厚；在生活中，我们才能逐渐体会到那不曾发现的关爱又是何其重要地影响着我们的成长。

无声馈赠

施与他人，却又不让他人失去自尊，这是一种高贵的美德。人类的虚荣心理容易使得施与者产生骄傲的虚妄，但能征服这一顽疾的人必定是内心美丽无比的人。

中午高峰时间过去了，原本拥挤的小吃店，客人都已散去，犹太老板正要喘口气翻阅报纸的时候，有人走了进来。

那是一位老奶奶和一个小男孩。

"牛肉汤饭一碗要多少钱呢？"奶奶坐下来拿出钱袋数了数钱，叫了一碗热气腾腾的汤饭。

奶奶将碗推到孙子面前，小男孩吞了吞口水望着奶奶说："奶奶，您真的吃过午饭了吗？"

"当然了。"奶奶含着一块萝卜泡菜慢慢咀嚼。一晃眼工夫，小男孩就把一碗饭吃个精光。

老板看到这幅景象，走到两个人面前说："老太太，恭喜您，您今天运气真好，是我们的第一百个客人，所以免费。"

之后过了一个多月的某一天，小男孩蹲在小吃店对面像在数着什么东西，使得无意间望向窗外的老板吓了一大跳。

原来小男孩每看到一个客人走进店里，就把小石子放进他画的圈圈里，但是午餐时间都快过去了，小石子却连50个都不到。

心急如焚的老板打电话给所有的老顾客："很忙吗？没什么事，我要你来吃碗汤饭，今天我请客。"像这样打电话给很多人之后，客人开始一个接一个地到来。

"81，82，83……"小男孩数得越来越快了。

终于当第99个小石子被放进圈圈里，那一刻，小男孩匆忙拉着奶奶的手进了小吃店。

"奶奶，这一次换我请客了。"小男孩有些得意地说。真正成为第一百个客人的奶奶，让孙子招待了一碗热腾腾的牛肉汤饭。而小男孩就像之前奶奶一样，含了块萝卜泡菜在口中咀嚼着。

"也送一碗给那男孩吧。"老板娘不忍心地说。

"那小男孩现在正在学习不吃东西也会饱的道理哩！"老板回答。

吃得津津有味的奶奶问小孙子："要不要留一些给你？"

没想到小男孩却拍拍他的小肚子，对奶奶说："不用了，我很饱，奶奶您看……"

典狱长的妻子

只有真心才会赢得真心，人世间如果没有了一个人对另一个人的真诚帮助，整个世界就会变得如冰窖一般寒冷，毫无生气、希望。

1921年，路易斯·劳斯出任星星监狱的典狱长，那是当时最难管理的监狱。可是20年后劳斯退休时，该监狱却成为一所提倡人道主义的机构。研究报告将功劳归于劳斯，当他被问及该监狱改观的原因时，他说："这都由于我已去世的妻子——凯瑟琳，她就埋葬在监狱外面。"

凯瑟琳是3个孩子的母亲。劳斯成为典狱长时，每个人都警告她千万不可踏进监狱，但这些话拦不住凯瑟琳！第一次举办监狱篮球赛时，她带着3个可爱的孩子走进体育馆，与服刑人员坐在一起。

她的态度是："我要与丈夫一道关照这些人，我相信他们也会关照我们，我不必担心什么！"

一名被定有谋杀罪的犯人双眼失明，凯瑟琳知道后便前去看望。

她握住他的手问："你学过点字阅读法吗？"

"什么是'点字阅读法'？"他问。

于是她教他阅读。多年以后，这人每逢想起她还会流泪。

凯瑟琳在狱中遇到一个聋哑人，结果她自己到学校去学习手语。许多人说她是耶稣基督的化身。在1921年至1937年之间，她经常造访星星监狱。后来，她在一桩交通事故中逝世。第二天，劳斯没有上班，代理典狱长暂代他的工作。消息几乎立刻传遍了监狱，大家都知道出事了。

接下来的一天，她的遗体被运回家，她家距离监狱不到1千米。代理典狱长早晨惊愕地发现，一大群最凶悍、看来最冷酷的囚犯，竟齐集在监狱大门口。

他走近后，看见有些人脸上带着眼泪。他知道这些人极爱凯瑟琳，于是转身对他们说："好了，各位，你们可以去，只要今晚记得回来报到！"然后他打开监狱大门，让一大队囚犯走出去，在没有守卫的情形之下，去看凯瑟琳最后一面。结果，当晚每一位囚犯都回来报到。

无一例外！

爱人如爱己

谁是最强大的人？化敌为友的人。（《塔木德》）

为什么神在开始的时候，不一下子就造出许多人，却只造出一个人来，让全人类自一个人而繁衍成许多人呢？

拉比们的答案是："这是神为了告诉我们，谁夺取了一个人的生命，就等于杀害全人类。"

相对的，如果谁能救一个人的生命，那么他就等于拯救了全世界人的生命；同样地，爱上一个人时，也就等于爱上整个世界的人。

因为人类都是一个祖先繁衍下来的，所以同源同根。因此犹太人认为人要去爱整个人类。

《塔木德》的解释是：

"神在开始时，为什么仅仅创造一个人呢？这是为了防止任何人说他自己的血统优于别人的血统。因为如果当初只造出一个人，那么溯源而上，每个人都会发觉大家都是来自同一个祖先，所以，也就不会有这一个民族比那一个民族更优越的说法了，因为实际上，大家都是从同一个亚当繁衍下来的。"其中，亚当的头，是出自乐园的泥土；他的身体，是来自巴比伦的泥土；至于他的双腿，则是网罗了全世界的泥土所造成的。

"亚当"这两个字，在犹太人心中，就是人的存在是世界性的，即四海之内皆兄弟。

因为有这样一个大人类的观念，在历史的长河中，尽管犹太人受尽迫害，历尽坎坷，但是，一旦犹太人有能力主宰异族命运的时候，他们却并不会迫害侮辱其他民族。相反，他们能够以平常的心对待其他人，甚至用爱心去帮助他们。

为此，犹太人有句名言说："谁是最强大的人？化敌为友的人。"

犹太人认为，谅解和接受曾经伤害过你的人，才是最好的待人之道，这样就能得到希望中的回报。为此犹太拉比高度赞美那些"受到侮辱却不侮辱别人，听到诽谤却不反击"的人。

在犹太人看来，对他人的爱源于家庭之内的爱，即对兄弟姐妹的爱。

有两个农民兄弟，一个和妻儿一起住在山的一边，另一个还没结婚，住在山的另一边的一个小草屋里。

有一年兄弟俩收成都特别好。已经结婚的哥哥想到：

"上帝对我真好。我有妻子和孩子，庄稼多得超出我的需要。我比我的兄弟好多了，他一个人孤零零地过。今天晚上，趁我兄弟睡着的时候，我要把我的庄稼背几捆放到他的地里。当他明天早上发现的时候，怎么也想不到是我放的。"

在山的另一边，没有结婚的弟弟看着自己的收获，想到：

"上帝对我很仁慈。但是我哥哥的需要比我大多了。他必须养活妻子和孩子，可是我的果实和谷物与他一样多。今天晚上，当哥哥一家睡着的时候，我要背一些粮食放到我哥哥的地里。明天，他怎么也不会知道我的少了，他的多了。"

所以兄弟俩都耐心地等到了半夜。然后各自肩上背着粮食，向山顶走去。正好在午夜的时候，兄弟俩在山顶相遇了，意识到他们都想到了帮助对方，兄弟俩拥抱在一起，高兴地哭了。

犹太人历来主张把罪恶本身与犯罪之人加以区分。

从前，有几个拉比碰上了一伙十恶不赦的坏人。其中有一个拉比在忍无可忍的情况下，诅咒他们都死了算了。

可是，在他们中有一个伟大的拉比却说：

"不，身为犹太人不应该这么想。虽然有人认为这些人还是死了比较好，但不能祈祷这样的事发生。与其祈求坏人灭亡，不如祈求坏人改邪归正。"

《塔木德》的结论是：处罚坏人对谁都没有什么益处。不能使他们改悔，那才是人类的一种损失。

因此，犹太人对罪人没有那种深恶痛绝、必欲置之死地而后快的过激情绪。相反，他们认为，犹太人犯了罪，一旦改悔，就不许再把他们看作罪人。

第二次世界大战期间，有两万左右的犹太人避难于上海。在此期间，有不少人曾受到占领上海的日本当局的虐待。有些人直到战后很久，还念念不忘日本人的暴行。但拉比却给他们讲了一个《塔木德》上的故事：

有一只狮子的喉咙被骨头鲠住了。狮子便向百兽百鸟宣布，谁能把他喉咙里的骨头拿出来，就给他优厚的奖品。

于是，来了一只白鹤，他让狮子张开嘴，把自己的头伸进去，用长长的尖喙，把骨头衔了出来。

白鹤干完后，便向狮子说："狮子先生，你要赏我什么礼物啊？"

狮子一听，恼怒地说：

"把头伸到我的嘴里而能够活着出来，这还不算奖品吗？你经历了这样的危险都活着回来了，没有比这更好的奖赏了。"

拉比的结论是：既然现在还能诉苦，就说明至今还活着，而至今还活着，就没有必要诉苦。不要为曾经历过的不幸而抱怨。当然，更没有必要憎恨了。

这个故事在犹太人中广为流传，这充分说明，犹太民族一直在尽力避免"憎恨"。

无论人们对犹太人的这种做法是怎么看的，犹太人自己的历史则确凿无疑地证明了，这种反躬自责而不是一味憎恨的心态对民族生存具有重大的价值。

今天的犹太人是十分团结的，东欧一些国家的犹太社团成员为了消除相互之间存在或可能存在的隔阂，在赎罪日前夕做礼拜时，往往真诚地向相遇者打招呼，说声"请宽恕我"。这个时候，那个人肯定会全神贯注地听完他的话，然后立即回答："我宽恕你。"他也要向对方寻求宽恕。这种方式成为犹太人中一条不成文的法律，就是社团的首领和德高望重的长者也不例外。

如果两个犹太人误会太深，见了面都视而不见，那么，与他们都很熟的老人就会主动上前，使其中一方首先开口，这样做，至少会使他们平息怒气，甚至握手言和。

在《塔木德》中有一则约瑟夫接纳他哥哥的故事：

约瑟夫是雅各的儿子，在年少时被他的兄长卖往埃及为奴，后来做了宰相。

有一年因为饥荒，他的哥哥们到埃及来寻求食物，约瑟夫见到了兄长。

当约瑟夫发现自己的哥哥们时，他大声叫起来："所有的人都走吧！"

众仆人都离开了，这时约瑟夫对哥哥们说："我是约瑟夫，我的父亲还好吗？"

可是，他的哥哥们一个个都目瞪口呆了。

接着，约瑟夫又对哥哥们说："走近些。"

当他们走近时，他说："我是你们的兄弟约瑟夫，你们曾经把我卖到埃及。"

当他的兄长们明白一切都是真的时，他们更是吓得说不出话来了。

但是，这时他们听到约瑟夫说：

"现在，你们不要因为把我卖到这里而感到难过，那是上帝为了救我的命才把我送到这里来的。老家发生饥荒已经两年了，接下来还有五年时间，所有的土地将颗粒无收。上帝把我早些送来，是为了让你们继续存活，所以是上帝而不是你们把我送到这儿来的；他使我成为了法老的父亲，所有财产的主人，整个埃及的统治者。"

在约瑟夫的话语中，他把自己少年的苦难看成是上帝拯救自己的行为，其实是一种宽以待人、化敌为友的为人处世之道。

对整个人类充满爱心而去真诚爱护每一个人，这就是千百年来犹太人杰出的处世智慧。

千百年来，犹太人备受迫害和欺辱，但是他们能够从硬币的另一面看待福祸的关系，一切的错是明天的好，一切的好是因为曾经的错，所以犹太人对待敌人能用爱心去宽恕，对待朋友能用真诚去回报。

这是犹太民族的伟大和高尚之处。

不要嫌贫爱富

不要鄙视任何人——任何人都有自己的位置，都可以在有钱和有时间的条件下创造奇迹。（《塔木德》）

有这样一则犹太故事：

拉比约书亚是一个博学而朴实的学者。

一天，罗马皇帝哈德良的女儿对约书亚说道："在你这么丑陋的人的脑袋里，怎么可能有了不起的智慧呢？"

约书亚非但没有恼怒，反而笑容满面地问道："在你父亲的宫殿里，葡萄酒装在什么样的容器里？"

公主答道："装在陶罐里。"

"陶罐！普通老百姓才把葡萄酒装在陶罐中。"约书亚说，"你应该把葡萄酒放在金银器皿里。"

于是，公主便令佣人把葡萄酒装到了金罐和银罐中。不久，所有的葡萄酒都变得淡而无味。

公主于是就怒气冲冲地去找约书亚算账："你为什么让我这样做？"

约书亚温和地说："我只是要让你明白，珍贵的东西有时候必须装在简陋而普通的容器中才能保存其价值。"

"难道没有既出身好又博学的人吗？"

"有，"约书亚回答道，"但如果出身艰苦一些的话，他们的学问会更大！"

犹太人中的穷人遇到富家子弟时不会自卑，更不会觉得有什么可怕，因为出身富贵之家的人并不一定有学问。但是遇到有知识的人时，无论是穷人还是富人都对他非常的敬重。这是因为犹太人只重视个人的才华，而不会去看他的家庭和出身。

事实上，有很多著名的犹太拉比，出身都很卑微，其中最具代表性的希雷尔是木匠，雅基巴是牧羊人。他们之所以能够成为犹太人中的杰出人物，就是因为他们自身的能力所致。

正是因为犹太人重个人才华而不重门庭出身，才使犹太民族产生了许多杰出的人物。犹太民族则在日常生活中很少有门第观念，在人与人交往中，犹太人少有趋炎附势之举，出身好的人也难以依靠出身攫取社会地位或者取得什么其他优势，人们都是依靠勤劳和智慧获得个人地位。

个人才华重于门第出身是犹太人处世的重要观念，它激励了许多出身不好的人去积极进取，也体现了社会公平的原则。

在一些犹太人居住区里，每一个镇上或村子里，都会有几个乞丐，他们被称为"修诺雷尔"。

犹太人并不歧视这些乞丐，照犹太人的宗教习惯，乞丐也是一种正当职业，是获得了神的允许的，他们是人们施舍的对象。

在犹太民族中，一些"修诺雷尔"是非常喜欢读书的，其中还有不少人通晓《塔木德》，他们也是犹太教堂中的常客，经常以同人的身份参加《塔木德》的讨论。犹太民族中流传着这样两句话："不要看不起穷人，因为有很多穷人是非常有学问的。""不要轻视穷人，他们的衬衫里面埋藏着智慧的珍珠。"

犹太人素有尊学、重学的传统，对于贫穷犹太人的智慧，他们也同样表现出尊重。

犹太人有一个这样的民间故事，教导人们不要看不起穷人：

一个虔诚的人继承了一笔财富。在安息日前夜，他就开始为安息日日落前的食物做准备。

由于急着办事，他在安息日前必须暂时离开家一段时间。在回家的路上，一个穷人向他乞讨买安息日所需食物的钱。

这位虔诚的人生气地斥责穷人："你怎么能一直等到最后一刻才买你的安息日食物呢？你肯定是企图骗钱！"

他回到家后，给妻子讲了遇到穷人的事。

"我得告诉你，是你错了，"他的妻子说，"在你的一生中，你从未体味到贫穷的滋味。我在穷苦人家长大。我经常回忆过去，那时天几乎全黑了，而我的父亲仍然为家人四处寻找哪怕一点点儿的面包。你对那个穷人有罪！"

虔诚的人听到这一席话，赶紧到街上寻找那个乞丐。乞丐仍然在寻找安息日食物。于是，这位富人给了穷人安息日所需的面包、鱼、肉，并请他宽恕自己。

在犹太社会里，尽管穷人和富人的差距十分大。但是，一直以来，犹太人是尊重穷人的。他们认为富人并不一定快乐，穷人也并不一定是必然绝望。

这就是犹太人对于穷人的态度。

不嫌贫爱富，并且把尊重穷人，对穷人进行施舍作为自己的义务，这是犹太人团结友爱的处世智慧之一。

从乞丐变成亿万富翁的约瑟夫·贺希哈在这方面树立了良好的榜样。

在约瑟夫·贺希哈第一次赚到16.8万美元时，他首先想到的不是急于把这笔金钱全部投资于他迷恋的股市交易，而是拿出了绝大部分为相依为命的母亲购置了一幢房子，让母亲早日走出了低矮潮湿的贫民窟。约瑟夫也从不忘记与自己长期合作、患难与共的伙伴。他让合作伙伴朱宾全盘负责开掘铀矿，事先就给予了朱宾1/10的股票优先权，使朱宾在用自己的智慧掘出铀矿的一刹那便成为百万富翁。而且约瑟夫延用1/10股票的优先权法，给以后同他合作的重要伙伴都提供这个优厚的条件。约瑟夫不仅对与他有重要经济合作的伙伴是这样，对他公司的下属职员也十分关心，甚至对一个开电梯的孩子也是如此。这个可怜的孩子有一个多病的母亲，微薄的薪水难以支撑母亲的医药费，约瑟夫便长期地承担起对这个家庭进行接济的责任。

在约瑟夫从乞丐到亿万富翁的一生中，他对被别人骂作"穷鬼"的乞丐生活有着刻骨铭心的记忆。在成为富翁以后，他一直把捐助像他童年时一样贫穷的人作为自己义不容辞的责任：他向学校捐款，为的是使贫穷人家的孩子能得到更多的教育以开掘他们的天赋；他向盲人医院、孤儿院捐款，为的是使残疾人和无依无靠的孤儿得到救助。由于自己对艺术的浓厚兴趣，他特别喜欢资助贫穷而又富有艺术才华的学生们，使他们能够全身心地投入到艺术的王国之中。他经常驾驶一辆黑色的超豪华林肯牌轿车，不断地驶入哥伦比亚大学、曼哈顿大学、加州图书馆、孤儿院、盲人医院、教会等处，不辞辛劳地把一笔笔捐款送给那些需要帮助的人们和组织。

这就是充满传奇色彩的约瑟夫·贺希哈，他通过在充满风险的股市不断搏杀，改变了自己的命运；他通过普度众生的慈善事业，彰显着人生的价值。

尊重女性

> 尊敬你的妻子，因为这样你才能丰富自己。男人要时刻注意给妻子应得的尊敬，因为家中的一切幸福都有赖于妻子。（《塔木德》）

犹太人认为男女是平等的。在犹太人的历史中，解救以色列人，使之脱离埃及的米里亚姆是女性，古代犹太的独立英雄德波拉也是女性。

《塔木德》教导人们说：

"像爱你自己一样爱你的妻子，好好保护她，不要让她哭泣，因为神将一滴一滴地计算着她的眼泪。"

"假如有男女两个孤儿，你应该先救那个女孩，因为男孩可以去做乞丐，但是我们却不能准许女孩子如此。"

在犹太社会中，殴打妻子是可耻的行为。到15世纪末，英国仍然立法奖励殴打妻子。19世纪时，竟然还允许出售妻子。

犹太人自古以来便没有对女性的偏见。犹太律法规定严罚殴妻者，当妻子被殴而提出诉讼后，常常可以获得离婚的判决，而且可以要求丈夫支付一笔可观的赡养费。

《圣经》记载：神使亚当沉睡，并取走了他的一根肋骨，造成一个女人夏娃；女人是男人的骨中骨、肉中肉。因此，人要离开父母，与妻子合二为一，结合一体。恋爱中，男人追求女人，是因为男人一心想取回自己失去的那根肋骨，而女人也渴望回到她所诞生的地方去。这两种神奇力量相互吸引，便有了男女的结合。

《塔木德》上说：神没用男人的头造女人，因为女人是不可以支配男人的。同时，神也没用男人的脚来造女人。这是因为不可以让女人成为男人的奴隶。独用男人的肋骨来造女人，就是希望女人经常能在男人的心中。

女人不必违反自己的本意，而受男人意志的强制。在犹太人中，女人没有欲望时，丈夫若强行施暴，便要判强奸罪。犹太社会中，离婚率非常低，因为犹太男人都知道爱护自己的女人。

1475年，罗马的犹太社会里，就有专门为女性而设立的学校，让女孩们在此研读

"犹太法典"和"犹太教规"。与旧时代其他民族相比,犹太女性受教育的程度明显地要高出许多。

犹太人认为,女性应该帮助成就丈夫的学业和事业,更应为育儿及家事贡献力量。

《塔木德》还说:

"敬你的妻子,因为这样你才能丰富自己。男人要时刻注意给妻子应得的尊敬,因为家中的一切幸福都有赖于妻子。"

由于犹太法律赋予丈夫在家庭中绝对的法律和财产权利,先贤特意提醒男人们幸福婚姻的基础是爱和仁慈,而不是威严。同时,他们意识到尽管妇女在法律方面受到限制,她们在婚姻和家庭生活中却有重大的影响。因此,犹太人认为,婚姻幸福的基础是爱护自己的妻子。

"如果你的妻子矮小,你要俯首聆听她的话。"

如果一个男人像爱自己那样爱妻子,比赞美自己更多赞美妻子,引导儿女走正当的路,在他们长大后安排他们结婚,那么这个男人的"帐篷充满安宁"。

一个人应该时时注意不要冤枉妻子,因为她爱哭,她容易受伤害;一个人必须留心他对妻子的敬意,因为上帝降福给家庭全都为了她。

从前,有个人的妻子有一只手畸形,但是直到她去世时他才发现。

拉比说:"这个女人多么谦卑啊,她丈夫竟然从来没有发现她的残疾。"

拉比希亚对他说:"她把手藏起来是很正常的,但是这个男人多么谦卑啊,因为他从来没有检查过妻子的肢体。"

犹太人认为,好的妻子造就快乐的丈夫,她使他的生命延长一倍。

好的妻子是丈夫的欢乐,他将在安宁中度日。

好妻子意味着好生活,她是上帝赐给敬神者的礼物。

妻子的魅力是丈夫的快乐,她用女性的技巧使他的骨头生长出血肉。

犹太人尊重女性的传统源远流长,这样就使得犹太人的家庭质量很高。这里不光是指犹太家庭比较富有,更主要的是指犹太人的家庭幸福,充满了祥和的气氛。

有了稳定的大后方,犹太人干起事业来,就精神百倍,为了这个温馨的家庭而要努力工作,这样才是人生的真正幸福。

好女人是一所学校

好女人是一所学校。《塔木德》

妇女在犹太人心中的地位是很重要的,下面这则故事可窥一斑:

一位罗马皇帝对拉比伽玛列说:

"你的上帝是贼,因为《圣经》上写着:耶和华使他沉睡,于是取下他的一根肋骨。"

拉比的女儿对父亲说："让我来回答他。"

她于是对皇帝说："给我派个官员来调查一桩案子。"

罗马皇帝问："出了什么事？"

她回答说："夜里贼闯进了房子，偷了我们的一只陶罐子，但是却留下了一只金罐子。"皇帝听后喊道："天底下哪有这样的事，但愿这样的贼天天来光顾我。"

她于是反驳说："那么，一个男人只是失去了一根肋骨，却得到了一位侍奉他的女人，这不是一件极好的事情吗？"

由于意识到妇女在家庭生活中所扮演角色的重要性，她们有极尊严的地位。考虑到妇女在家庭中的责任，在犹太法律中，她们被免除了一种宗教义务。法律上规定："妇女免予执行以'你们要'行文的律法，如何遵行这一点要依具体的时间而定。譬如，在住棚节期间，应住在茅棚内或是应佩戴经卷护符匣的律令，对妇女来说，并不是必须履行的。"

但是，《塔木德》并不承认在宗教责任上不同性别之间有任何差异。"你在百姓面前所要立的典章是这样的：在牵涉《托拉》的一切律法时，《圣经》把男人和女人放在平等的地位上。"

犹太妇女终日忙碌的生活妨碍她们研习更为高深的关于《托拉》的学问；但事实上，犹太人认为妇女利用其影响力让自己的丈夫和儿子致力于这些学问的获得，她也应该受到赞扬。

为此，在犹太人中流行一句这样的话："妇女如何获得荣誉呢？通过把儿子送到犹太圣堂去学习《托拉》，把丈夫送到拉比学院去进行研究。"

《创世记》里的故事说明了妇女对于男人的生活具有何等举足轻重的作用。

有位虔诚的男人娶了一位虔诚的女人，因为没有孩子，他们离婚了。

然后，这男人娶了一个邪恶的女人，这女人使他也成为恶人。

那位虔诚妇女嫁给了一个邪恶的男人，却使他变成了一位正直的人。

因此，犹太人认为在婚姻和爱情生活中，好的女人是一所学校。

《塔木德》中还记载了这样一个故事：

拉比阿吉瓦年轻时是耶路撒冷富人卡尔巴·沙乌的牧羊人。卡尔巴美丽端庄的女儿发现这个牧羊人非常高贵，于是对他说：

"如果我和你订婚，你愿意出去学习《律法书》吗？"

他回答说："是的，我完全同意。"

他们秘密地结了婚。他走了，去学习《律法书》。可是当她的父亲听说这件事，把她从家里赶了出去。

阿吉瓦在外面待了12年。他回家时带回来1.2万个学生。

快到家的时候，他听见一个老人对他的妻子说：

"这样的活寡你还要守多久？"

他的妻子回答说："如果他听我的话，应该在外面再学12年。"

阿吉瓦就回到学院又学习了12年。第二次回家的时候他带来2.4万个学生。

得知这一消息，他的妻子准备出门迎接。邻居对她说：

"我们借给你衣服穿吧，不要显得太寒酸。"可是她拒绝了。她来到他面前，埋下头去亲吻他的脚。他的学生们想把她推开，可是拉比阿吉瓦大叫起来："不要动她。我和你们所有的一切都是她给予的。"

当她的父亲卡尔巴·沙乌听说镇上来了一个学者，就自言自语地说："我要去找他，也许他能帮我解除誓言。"他已经开始为自己发那样的誓言感到后悔了。

"如果你知道你的女婿是个学者，你还会那样发誓吗？"拉比阿吉瓦问他。

"如果他知道一章甚至一条法律，"卡尔巴说，"我也不会那样发誓。"

然后拉比阿吉瓦说："我就是帮你放羊的那个人，我出去学习都是为了你的女儿。"

卡尔巴·沙乌听到这里，就匍匐在阿吉瓦的脚边，分了一半的财产给他。

犹太人认为，与一个女人结合，这个男人要么站起来，要么倒下去。理想的妻子正是能让男人站起来的女人。

正因为如此，在挑选对象时，《塔木德》中有一段这样的话劝告男人：不要重美貌，要重家庭；睁开眼睛挑选自己的新娘，不要只看外表，而是要看家庭背景，因为优雅风度是虚假，美貌是徒劳，敬畏上帝的女人才值得赞美。

在现实生活中，我们也会看到很多大人物的一生竟然毁在他的婚姻和家庭上。希仑皇帝便是其中的一个。

希仑皇帝的皇后玛丽是一位绝世的美人。希仑三世为她闭月羞花般的容貌所迷惑，不顾周围人对此婚事的极力反对而迎娶了她。其实，玛丽只不过是一个落魄贵族的女儿罢了。可是，他完全被她的优雅、年轻、美丽所迷惑，不顾一切地娶她为妻，并封她为皇后。

他们具备了健康、权力、财富、名声、爱情……这完美的爱情结合，真是空前轰动。但是幸福的日子并不长久。这份炽热的爱情，逐渐失去了光芒，剩下的只是一堆余烬。虽然，希仑三世好不容易娶玛丽为妻，但是，谁也想不到，充满了嫉妒和猜疑心的皇后，完全不听希仑的规劝，经常闯入政治会议中来吵。她又深恐丈夫在外另有情妇，于是严密地监视着希仑。不但如此，她还去姐妹家诉说丈夫的不是，或哭闹着跑到希仑的书房里，数落他一顿。

虽然希仑拥有好几个行宫，却永远无法获得片刻的宁静。

皇后如此地唠叨，只有加速爱情的窒息，招致不幸的后果罢了！当希仑皇帝实在无法忍受皇后的骄纵、多疑、越礼的时候，他宣布废除皇后。这时皇后才意识到自己的行为有多么的愚蠢，而更不幸的是，由于希仑皇帝择后的不当，使皇帝本人成为了臣民和群众的笑柄，这位皇帝在经历了最初几年的风光后，在不得志中被他的弟弟赶下了台。

因此，在犹太人眼中，婚姻的幸福和家庭的美满完全取决于女性，因为对婚姻和爱情而言，女性一直是最好的老师。

在犹太人一年一度的节日——安息日的晚上，在全家人一起用餐时，丈夫都要深情地唱一首赞美妻子的歌曲，来表达对妻子的尊敬。

"你用力量和温柔，来对待一切。你一张开口，就会说出有智慧的话。愿上帝祝福你，并保护你的孩子们。"

犹太人慰劳和赞美家人的这种做法，能最大限度地、真心地去尊重妻子，这样夫妻间的感情就会越来越深，家庭就会越来越幸福、美满。

第 二 篇

品质：美好人生的基石

摆脱不了诱惑

诱惑之所以存在，是因为我们的人性中存在着贪婪的弱点。因此，我们要教育孩子从小锤炼正直的品德，不为小利所动，这样才不会误入歧途。

1856年，亚历山大商场发生了一起盗窃案，共失窃8只金表，损失16万美金，在当时，这是相当庞大的数目。

就在案子尚未侦破前，有个纽约来的犹太商人到此地批货，随身携带了4万美元现金。当他到达下榻的酒店后，先办理了贵重物品的保存手续，接着将钱存进了酒店的保险柜中，随即出门去吃早餐。

在咖啡厅里，他听见邻桌的人谈及此事，他们还说有人用1万美元买了两只金表，转手后即净赚3万美元，其他人纷纷投以羡慕的眼光说："如果让我遇上，不知道该有多好！"

然而，商人听到后，却怀疑地想："哪有这么好的事？"

到了晚餐时间，金表的话题居然再次在他耳边响起，等到他吃完饭，回到房间后，忽然接到一个神秘的电话："你对金表有兴趣吗？老实跟你说，我知道你是做大买卖的商人，这些金表在本地并不好脱手，如果你有兴趣，我们可以商量看看，品质方面，你可以到附近的珠宝店鉴定，如何？"

商人听到后，不禁怦然心动，他想这笔生意可获取的利润比一般生意优厚许多，所以他便答应与对方会面详谈，结果以4万美元买下了传说中被盗的8只金表中的3只。

但是第二天，他拿起金表仔细观看后，却觉得有些不对劲，于是他将金表带到熟人那里鉴定，没想到鉴定的结果是，这些金表居然都是假货，全部只值2000美元而已。直到这帮骗子落网后，商人才明白，打从他一进酒店存钱，这帮骗子就盯上了他，而他一整天听到的金表话题，也是他们故意安排设计的。

贪婪自私的人往往目光如豆，所以他们只瞧见眼前的利益，看不见身边隐藏的危机，也看不见自己生活的方向。贪欲越多的人，往往生活在日益加剧的痛苦中，一旦欲望无法获得满足，他们便会失去正确的人生目标，陷入对蝇头小利的追逐。不想自陷于危险之中，我们便要开阔自己的视野，打开心胸，如此才能看见前方的美丽风景。

宝贵的回报

无私的奉献往往会让我们得到意想不到的回报。

荷兰的一个小渔村里，曾经有位勇敢的犹太少年以实际行动，让全世界的人们懂得了什么是"无私奉献的报偿"。

那是一个漆黑的夜晚，巨浪击翻了一艘渔船，船员们的性命危在旦夕。他们发出了求救信号，而救援队的队长正巧在岸边，听见了警报声，便紧急召集救援员，立即乘着救援艇冲入海浪中。

当时，忧心忡忡的村民们全部聚集在海边祷告，每个人都举着一盏提灯，以便照亮救援队返家的路。

一个小时之后，救援艇冲破了浓雾，向岸边驶来，村民们喜出望外，欢声雷动，当他们精疲力竭地跑到海滩时，却听见队长说："因为救援艇的容量有限，无法搭载所有遇难的人，无奈只得留下其中的一个人。"

原本欢欣鼓舞的人们，听见还有人危在旦夕，顿时都安静了下来，所有人的情绪再次陷入慌乱与不安中。

这时，来不及停下喘息的队长开始组织另一队自愿救援者，准备前去搭救那个最后留下来的人。

16岁的汉斯立即上前报名，然而，他的母亲听到时，连忙抓住他的手，阻止说："汉斯，你不要去啊！10年前，你的父亲在海难中丧生，而3个星期前，你的哥哥保罗出海，到现在也音信全无啊！孩子，你现在是我唯一的依靠，千万不要去！"

看着母亲，汉斯心头一酸，却仍然强忍着心疼，坚强地对母亲说："妈妈，我必须去，如果每个人都说'我不能去，让别人去吧'，那情况将会怎么样呢？妈妈，您就让我去吧，这是我的责任，只要还有人需要帮助，我们就应当竭尽全力地救助他。"

汉斯紧紧地拥吻了一下母亲，然后义无反顾地登上了救援艇，和其他救援员一起冲入无边无际的黑暗中。

一小时过去了，虽然只有一个小时，但是对忧心忡忡的汉斯的母亲来说，却是无比漫长的煎熬。忽然，救援艇冲破了层层迷雾，出现在人们的视野中，大家还看见汉斯站在船头，朝着岸边眺望，岸边的众人不禁向汉斯高喊："汉斯，你们找到留下来的那个人了吗？"

远远地，汉斯开心地朝人群挥着手，大声喊道："我们找到他了，他就是我的哥哥保罗啊！"

16岁的汉斯秉持着一份对生命的爱与热情，那份"我为人人"的奉献精神，让我们看见最耀眼的人性之光。特别是在母亲的哀求声中，他仍然坚持前往救援的决心，最后救回来的人竟是他的哥哥，更让人倍感温馨。也让我们懂得无私的奉献会让我们得到意想不到的回报。

犹太科学家波普尔曾经劝告我们："人只有献身于社会，才能找出那短暂而有风险的生命的意义。"只要我们肯付出，终究会得到应有的报偿，不必计较付出了多少，也不必计较等待了多久。

被拆掉两次的亭子

诚信是人的立身之本。作为父母，不论付出多大的代价，都要以自己的实际行为教育孩子养成践行自己诺言的良好习惯。

犹太政治家福克斯以诚实守信的品德而受到国人的尊重，他一生做人的原则就是两个字：诚实。正是这样的人格品质，使他从一个普通的推销员成为一个国家的元首。

一次，福克斯受邀到一所大学演讲，一个学生问他："政坛历来充满欺诈，在你从政的经历中有没有撒过谎？"福克斯说："不，从来没有。"

大学生在下面窃窃私语，有的还轻声笑出来，因为每一个政客都会这样讲。他们总是发誓，说自己从来没有撒过谎。福克斯并不气恼，他对大学生说："孩子们，在这个社会上，也许我很难证明自己是个诚实的人，但是那你们应该相信，这个世界上还有诚实，他永远都在我们的周围。我想讲一个故事，也许你们听过就忘了，但是这个故事对我却很有意义。"

有一位父亲是一个农场主。有一天，他觉得那座亭子已经太破旧了，就安排工人们准备将它拆掉。他的儿子对拆亭子的事很感兴趣，于是对父亲说："爸爸，我想看看你们怎么拆掉这座亭子，等我从寄宿学校放假回来再拆好吗？"父亲答应了。可是，等孩子走后，工人们很快就把亭子拆掉了。孩子放假回来后，发现旧亭子已经不见了。他闷闷不乐的对父亲说："爸爸，你对我撒谎了。"父亲惊异的看着孩子。孩子继续说："你说过的，那座旧亭子要等我回来再拆。"父亲说："孩子，爸爸错了，我应该兑现自己的诺言。"

这位父亲重新召来工人，让他们按照旧亭子的模样在原来的地方再造一座亭子。亭子造好后，他将孩子叫来，然后对工人们说："现在请你们把它拆掉。"

福克斯说，我认识这位父亲，他并不富有，但是他在孩子的面前实现了自己的承诺。学生们听后问道："请问这位父亲的名字叫什么？我们希望认识他。"福克斯说："他已经过世了，但是他的儿子还活着。""那么，他的孩子在哪里？他应该是个诚实的人。"福克斯平静的说："他的孩子现在就站在这里，就是我，以色列总统福克斯。"接着说："我想告诉大家的是，我愿意像我父亲一样对待这个国家，对待这个国家的每一个人。"台下掌声雷动。

将一座亭子拆建两次，绝不仅仅是为了满足一个孩子的愿望，更是为了满足一个成人自我完善的道德要求。在社会生活中，失信会增大交际成本，会使许多简单的事变得艰难甚至不可能。所以，犹太人坚信：一个希望得到社会尊重和支持的人，是不愿意牺牲诚信原则的。在园子里重新拆掉一座亭子，就在孩子的心里重建了一座亭子，这座亭子就是一个信念——对诚信的信念。

对必然之事，且轻快地加以承受

塞翁失马，焉知非福。对于已经发生的不幸，我们与其无谓地诅咒、埋怨，不如姑且轻快地加以承受，或许这不幸竟是大幸。

一座教堂里，有一尊耶稣被钉在十字架上的苦像，大小和一般人差不多。因为有求必应，因此专程前来这里祈祷、膜拜的人特别多，几乎可以用门庭若市来形容。

教堂里有位看门的犹太人，看十字架上的耶稣每天要应付这么多人的要求，觉得于心不忍，他希望能分担耶稣的辛苦。有一天他祈祷时，便向耶稣表明这份心意。另外地，他听到一个声音，说："好啊！我下来为你看门，你上来钉在十字架上。但是，不论你看到什么、听到什么，都不可以说一句话。"这位先生觉得，这个要求很简单。于是耶稣下来，看门的先生上去，像耶稣被钉在十字架般地伸张双臂，这位先生也依照先前的约定，静默不语，聆听信友的心声。

来往的人络绎不绝，他们的祈求，有合理的，有不合理的，千奇百怪不一而足。但无论如何，他都强忍着没有说话，因为他必须信守先前的承诺。

有一天来了一位富商，当富商祈祷完后，竟然忘记手边的袋子便离去了。他看在眼里，真想叫这位富商回来，但是，他憋着不能说；接着来了一位穷人，他祈祷耶稣能帮助他渡过生活的难关。当要离去时，发现先前那位富商留下的袋子，打开里面全是钱。穷人高兴得不得了，耶稣真好，有求必应，万分感谢地离去。

十字架上伪装的耶稣看在眼里，想告诉他，这不是你的。但是，约定在先，他仍然憋着不能说。接下来是一位要出海远行的年轻人，他是来祈求耶稣降福他平安的。正当要离去时，富商冲进来，抓住年轻人的衣襟，要年轻人还钱，年轻人不明究竟，两人吵了起来。这个时候，十字架上的假耶稣终于忍不住，遂开口说话了。既然事情清楚了，富商便去找捡了他钱的穷人，而年轻人则匆匆离去，生怕搭不上船。真的耶稣出现了，指着十字架上的人说："你下来吧！那个位置你没有资格了。"

看门人说："我把真相说出来，主持公道，难道不对吗？"

耶稣说："你懂得什么？那位富商并不缺钱，他那袋钱不过是用来嫖妓，可是对那穷人，却足可以解决一家大小生计；最可怜的是那位年轻人，如果富商一直缠下去，延误了他出海的时间，他还能保住一条命，而现在，他所搭乘的船正沉入海中。"

在现实生活中，我们常自认为自己的想法才是最好的，但往往事与愿违。我们必须相信：目前我们所拥有的，不论顺境、逆境，都是对我们最好的安排。若能如此，我们才能在顺境中感恩，在逆境中依旧心存感激。人生的事，没有十全十美。犹太著名心理学家马斯洛曾说："心若改变，你的态度跟着改变；态度改变，你的习惯跟着改变；习惯改变，你的性格跟着改变；性格改变，你的人生跟着改变。在顺境中感恩，在逆境中依旧心存喜乐，认真地活在当下。对必然之事，且轻快地加以承受。"

给予比接受真的令人更快乐

> 生命真实的意义在给予，因为给予才是强者的表现。你的人生给予了多少，也就相应地获得了多少价值。

这一年的圣诞节，保罗的哥哥送给他一辆新车作为圣诞节礼物。圣诞节的前一天，保罗从他的办公室出来时，看到街上一名男孩在他闪亮的新车旁走来走去，触摸它，满脸羡慕的神情。保罗饶有兴趣地看着这个小男孩，从他的衣着来看，他的家庭显然不属于自己这个阶层，就在这时，小男孩抬起头，问道："先生，这是你的车吗？"

"是啊，"保罗说，"我哥哥给我的圣诞节礼物。"

小男孩睁大了眼睛："你是说，这是你哥哥给你的，而你不用花一角钱？"

保罗点点头。小男孩说："哇！我希望……"

保罗认为他知道小男孩希望的是什么，有一个这样的哥哥。但小男孩说出的却是："我希望自己也能当这样的哥哥。"

保罗深受感动地看着这个男孩，然后他问："要不要坐我的新车去兜风？"

小男孩惊喜万分地答应了。逛了一会儿之后，小男孩转身向保罗说："先生，能不能麻烦你把车开到我家前面？"保罗微微一笑，他理解小男孩的想法，坐一辆大而漂亮的车子回家，在小朋友的面前是很神气的事。但他又想错了。

"麻烦你停在两个台阶那里，等我一下好吗？"小男孩跳下车，三步两步跑上台阶，进入屋内，不一会儿他出来了，并带着一个显然是他弟弟的小男孩。小男孩因患小儿麻痹症而跛着一只脚。他把弟弟安置在下边的台阶上，紧靠着坐下，然后指着保罗的车子说："看见了吗，就像我在楼上跟你说的一样，很漂亮对不对？这是他哥哥送给他的圣诞礼物，他不用花一角钱！将来有一天我也要送给你一部一模一样的车子，这样你就可以看到我一直跟你讲的橱窗里那些好看的圣诞礼物了。"

保罗的眼睛湿润了，他走下车子，将小弟弟抱到车子前排的座位上，他的哥哥眼睛里闪着喜悦的光芒，也爬了上来。于是三人开始了一次令人难忘的假日之旅。

在这个圣诞节，保罗明白了一个道理：给予比接受真的令人更快乐。

人要学会付出。付出真诚的心和爱，才会使你的生活变得更有意义。在这个拥挤不堪的世界里，能够多付出一点儿爱和宽容的人，总会找到一片广阔的天地。犹太著名作家茨威格指出：如果你帮助其他人获得他们需要的东西，你也因此而得到想要的东西，而且你帮助的人越多，你得到的也越多。

海马的焦虑

成功需要靠脚踏实地的行动去实现，而不会无缘无故地从天上掉下来。我们要教育孩子从小树立可行的目标，丢掉那些不切实际的幻想，这样孩子的人生才有了坚实的根基。

犹太拉比们时常给小孩讲述小海马的故事：

小海马有一天做了一个梦，梦见自己拥有了7座金山。

从美梦中醒来，小海马觉得这个梦是一个神秘的启示：它现在全部的财富是7个金币，但总有一天，这7个金币会变成7座金山。

于是它毅然决然地离开了自己的家，带着仅有的7个金币，去寻找梦中的7座金山，虽然它并不知道7座金山到底在哪里。

海马是竖着身子游动的，游得很缓慢。它在大海里艰难地游动，心里一直在想：也许那7座金山会突然出现在眼前。然而金山并没有出现。出现在眼前的是一条鳗鱼。鳗鱼问："海马兄弟，看你匆匆忙忙的，你干什么去？"海马骄傲地说："我去寻找属于我自己的7座金山。只是……我游得太慢了。""那你真是太幸运了。对于如何提高你的速度，我恰好有一个完整的解决方案。"鳗鱼说，"只要你给我4个金币，我就给你一个鳍，有了这个鳍，你游起来就会快得多。"海马戴上了用4个金币换来的鳍，发现自己游动的速度果然提高了一倍。海马欢快地游着，心里想，也许金山马上就出现在眼前了。

然而金山并没有出现，出现在海马眼前的，是一个水母。水母问："小海马，看你急匆匆的样子，你想要到哪里去？"海马骄傲地说："我去寻找属于我自己的7座金山。只是……我游得太慢了？""那你真是太幸运了。对于如何提高你的速度，我有一个完善的解决方案。"水母说，"你看，这是一个喷汽式快速滑行艇，你只要给我3个金币，我就把它给你。它可以在大海上飞快地行驶，你想到哪里就能到哪里。"海马用剩下的3个金币买下这个小艇。它发现，这个神奇的小艇使它的速度一下子提高了5倍。它想，用不了多久，金山就会马上出现在眼前了。

然而金山还是没有出现，出现在海马眼前的，是一条大鲨鱼。大鲨鱼对它说："你太幸运了。对于如何提高你的速度，我恰好有一套彻底的解决方案。我本身就是一条在大海里飞快行驶的大船，你要搭乘我这艘大船，你就会节省大量的时间。"大鲨鱼说完，就张开了大嘴。

"那太好了。谢谢你，鲨鱼先生！"小海马一边说一边钻进了鲨鱼的口里，向鲨鱼的肚子深处欢快地游去……

犹太人用这个寓言教育子女：金山不会无缘无故地出现在我们面前，不要幻想某天的奇遇来改变自己的生活。我们需要的是自己一步一步脚踏实地朝着目标的前进，只有这样，成功才会有水到渠成来到的一天。

海涅的课

一个人不论想要在哪一行有所作为，获得别人的尊敬，首先必须做一个有修养的人，一个守信并能同情和宽容他人的人。

莱德勒少尉服役的德国海军炮艇"塔图伊拉"号停泊在威尔士。这天，他兴致勃勃地参加当地举办的一种碰运气的"不看样品的拍卖会"。

那位拍卖商是以恶作剧而闻名遐尔的，所以当拍卖一个密封的大木箱时，在场的人都肯定箱里装满了石头。然而，莱德勒却开价30元，拍卖商随即喊道："卖了！"

打开木箱，里面竟是两箱威士忌酒——战时威尔士极珍贵的酒。

于是，众人大哗，那些犯酒瘾的人出价30元买1瓶，却被莱德勒回绝了，他说他不久要被调走，正打算开一个告别酒会。

当时，在威尔士的著名作家海涅也犯了酒瘾，他来到"塔图伊拉"号炮艇对莱德勒说："听说你有两箱醉人的美酒，我买6瓶，要什么价？"

莱德勒婉言拒绝了。

海涅掏出一大卷钞票，说："给我6瓶，你要多少钱都行！"

莱德勒想了一想说："好吧，我用6瓶酒换你6堂课，教我成为一个作家，如何？"

作家做了个鬼脸，笑道："老兄，我可是花了好几年工夫才学会干这行，这价可够高的。好吧，成交了！"

如愿以偿的莱德勒连忙递上6瓶威士忌。

接着的5天里，海涅不失信用地给莱德勒上了5堂课，莱德勒很为自己的成功得意，他以6瓶酒得到德国最出名的作家指点。海涅眨眨眼说："你真是个精明的生意人。我只想知道，其余的酒你曾偷偷灌下多少瓶？"莱德勒说："1瓶也没有，我要全留着开告别会用呢。"

海涅有事要提前离开威尔士，莱德勒陪他去码头，海涅微笑道："我并没忘记，这就给你上第6课。"

在轮船的轰鸣声中，他说："在描写别人前，首先自己要成为一个有修养的人……"

作家接着说："第一要有同情心，第二能以柔克刚，千万别讥笑不幸的人。"

莱德勒说："这与写小说有什么相干？"

海涅一字一顿地说："这对你的生活是至关重要的。"

正在向轮船走去的海涅突然转过身来，大声道："朋友，你在为你的告别酒会发请束前，最好把你的酒抽样检查一下！再见，我的朋友！"

回去后，莱德勒打开一瓶又一瓶酒，发现里面装的全是茶。他明白，海涅早就知道了实情，然而只字未提，也未讥笑他，依然遵诺践约。此时，莱德勒才懂得，海涅教导他要做一个有修养的人的含义。

文如其人，文由心生。一个作家首先应该是一个有修养的人，只有这样，他才能用一颗同情的心去体会别人的苦难，用一颗真挚的心去感受他人的艰辛，才能写出真正感人的文章，才能谱出真正美妙的人世乐章。而对于我们来说，也应该是一样的，"修身治国平天下"，如果想要有所作为，想获得别人的尊敬，首先让我们从自己做起，让自己成为一个有修养的人。

宽容的最高境界

世界上最有力量的人是化敌为友的人。宽容自己的亲人、朋友容易，宽容自己的敌人才是道德修养的最高境界。

很久以前，犹太国王罗波安决定不久后就将王位传给三个儿子中的一个。一天，国王把三个儿子叫到跟前说："我老了，决定把王位传给你们三兄弟中的一个，但你们三个都要到外面去游历一年。一年后回来告诉我，你们在这一年内所做过的最高尚的事情。只有那个真正做过高尚事情的人，才能继承我的王位。"

一年后，三个儿子回到了国王跟前，告诉国王自己这一年来在外面的收获。

大儿子先说："我在游历期间，曾经遇到一个陌生人，他十分信任我，托我把他的一袋金币交给他住在另一镇上的儿子，当我游历到那个镇上时，我把金币原封不动地交给了他的儿子。"

国王说："你做得很对，但诚实是你做人应有的品德，不能称得上是高尚的事情。"

二儿子接着说："我旅行到一个村庄刚好碰上一伙强盗打劫，我冲上去帮村民们赶走了强盗，保护了他们的财产。"

国王说："你做得很好，但救人是你的责任，还称不上是高尚的事情。"

三儿子迟疑地说："我有一个仇人，他千方百计地想陷害我，有好几次，我差点儿就死在他的手上。在我的旅行中，有一个夜晚，我独自骑马走在悬崖边，发现我的仇人正睡在一棵大树下，我只要轻轻地一推，他就掉下悬崖摔死了。但我没有这样做，而是叫醒了他，告诉他睡在这里很危险，并劝告他继续赶路。后来，当我下马准备过一条河时，一只老虎突然从旁边的树林里窜出来，扑向我，正在我绝望时，我的仇人从后面赶过来，他一刀就结果了老虎的命。我问他为什么要救我的命，他说'是你救我在先，你的仁爱化解了我的仇恨。'这……这实在是不算做了什么大事。"

"不，孩子，能帮助自己的仇人，是一件高尚而神圣的事。"国王严肃地说："来，孩子你做了一件高尚的事，从今天起，我就把王位传给你。"

心有定见，而又善于宽容，一个人兼备了这两点，他就是一个出类拔萃的人。在现实生活中，恩将仇报的人和事屡见不鲜；有机会报仇却放弃，反而帮助自己的仇人脱离危险的人和事并不多见。只有如此宽容和豁达的人，才能享受人生的最高境界！

秘密

对于孩子的错误，要教育他们知错就改，而不是包庇隐瞒，这样才能帮助他们养成诚实正直的品性。

"对不起，您能听一下这孩子的话吗？"那是我在以色列最大的超市柜台工作时遇到的一件一生都难以忘记的事情。

我被一位三十多岁的母亲叫住，有一位犹太男孩子紧张地站在母亲身旁。那男孩儿像贝壳一样闭着嘴，眼睛只是向下看。

他母亲以严厉的语气说："快点，这位阿姨很忙！"我感到空气骤然紧张起来，到底是什么事呢？我一边猜想着，一边仔细看着这母子俩。这时我发现那男孩儿手中握着什么东西，他那双小手还有点儿颤抖——那是件当时很受孩子们欢迎的玩具，这种玩具每次进货都被抢购一空，而且被盗窃的数量不亚于销售量。

"怎么了，你说点儿什么呀！"他母亲很生气，眼眶里充满了泪水，这时男孩儿已经上气不接下气地哭了。

我的心脏仿佛被猛戳了一下，我又一次面向孩子，我想我必须要听他说句话，我甚至感到这个瞬间可能会左右孩子今后的人生。

这时，他的手不自然地伸开，被揉搓得破烂的包装中露出了玩具。

"我没想拿！"他费了很大力气才说出这句话。我现在还记得，孩子最后泣不成声地说了一句："对不起。"母亲那时的表情难以形容，我感到她好像放心地深叹了一口气。

然后，他母亲干脆地对我说："请叫你们负责人来，我来跟他说。"这时，我第一次懂得了母亲对孩子深深的爱和教育子女的不易，我被他母亲的行为深深地感动了。

"不用了，我收下这玩具钱，这件事就作为我们三个人的秘密吧，孩子也明白了自己做错了事，这就够了。"

我觉得自己只道出了心情的一半，我的眼泪已流到面颊。那位母亲几次向我鞠躬表示歉意的身影，我现在也忘不掉，永远也忘不掉。

一粒美好的种子埋进孩子心灵的沃土之后，她将随即开出许多美丽的花朵，结出无数美妙的果实。

施与的真谛

真心换得真心，爱换得爱。有时候，一份不经意的关怀便叩启了一扇紧闭的心门。

"今天，我一定要断然拒绝他们的要求。"出门之前，犹太老妇人这么想。

这一天，下着很大的雨，她在这样的天气却不顾一切地跑出来，目的是想赶快为眼下这件事画个休止符。

犹太老妇人平时以慈善家闻名。到目前为止，她不时捐东西给遭到天灾人祸的人，或买了很多衣料，送给本市的贫民。可是，这一次的事，性质大不相同，使她无法像平时那样，爽口答应。虽然目的是为了贫苦无依的孤儿们着想，但要她捐出祖传的土地来建造孤儿院，她实在无法同意。她对世世代代传下来的那一片土地，有无限的感情，何况，她年纪已老，此后的生活，主要的收入来源，就靠那块土地。这是跟她此后的生活有直接关系的事。说得严重一点，她若失去这一块土地，她的生活马上就要受到影响。

"不管对方如何恳求，也不能起一丁点儿同情心，否则……"想着，想着，犹太老妇人的脚步就越来越快了。

雨越来越大，风也吹得更起劲了。不多久，她到了目的地——一家慈善机构的古色苍然的房子。她推开大门，走进去。由于是个大雨天，走廊上到处湿湿的。她在门口寻找拖鞋来穿。

"请进！"这时候，随着明朗的声音，一位女办事员出现在她眼前。那位女办事员看到没有拖鞋了，立刻毫不考虑地脱下她自己的拖鞋给犹太老妇人穿。

"真抱歉，所有的拖鞋都给别人穿了。"那位小姐还向她恳切地赔不是呢。

犹太老妇人看到那位小姐的袜子，踏在地板上，一刹那就给濡湿了。

犹太老妇人为她这个行为，感动莫名。就在那一瞬间，她才感悟了"施与"的真正的意义。

她想："平时，我被大家称为慈善家，可是，我做的慈善行为，到底是些什么？我捐出来的，全是自己不再使用的旧东西，再不就是挪用多余的零用钱罢了。那与其说是'施与'，不如说是'施惠'更妥当。所谓的'施与'，应该是拿出对自己来说是最重要的东西，那才有莫大的价值呀！"

犹太老妇人的内心突然起了180度的大改变——她决心捐出那块祖传的土地给这个慈善机构，为可怜的孩子们建立设备完善的孤儿院。

犹太老妇人对那位女办事员说："好温暖的拖鞋。"

女办事员红了脸，不好意思地说："对不起，我一直穿着，所以……"

犹太老妇人连忙打断她的话："不，不，我没有怪你的意思，我是说，你的心，令人感到温暖，也让我明白了许多！"

犹太老妇人向她投以亲切的微笑，然后，朝着经理办公室急步走去……

犹太经典《塔木德》告诉我们："黑夜里还有别人，有人弯下腰点了一堆火，也有人在接着这样做。"有的时候我们只需要知道这些就够了！而众多的犹太拉比却要让孩子明白：真正的关心与施与，需要真情与真心，只有心里装着别人的人，才能从别人那里，使自己得到充实和提升。

送花

与其常年把花送给再也不能欣赏它的死者，不如把花送给喜欢它的活着的人。活着只有对别人有些用处才能快乐。

生活的真谛并不神秘，幸福的源泉大家也知道，只是常常忘了，于是这才真有点儿奥妙。

故事是由一个犹太守墓人亲身经历的。在耶路撒冷的某个公墓，一连好几年，这位温和的犹太守墓人每星期都收到一个不相识的妇人的来信，信里附着钞票，要他每周给她儿子的墓地放一束鲜花。

后来有一天，他们照面了。那天，一辆小车开来停在公墓大门口，司机匆匆来到守墓人的小屋，说："夫人在门口车上。她病得走不动，请你去一下。"

一位上了年纪的妇人坐在车上。表情有几分高贵，但眼神哀伤，毫无光彩。她怀抱着一大束鲜花。

"我就是亚当夫人。"她说，"这几年我每礼拜给你寄钱……"

"买花。"守墓人答道。

"对，给我儿子。"

"我一次也没忘了放花，夫人。"

"今天我亲自来，"亚当夫人温存地说，"因为医生说我活不了几个礼拜。死了倒好，活着也没意思。我只是想再看一眼我儿子，亲手来放些花。"

守墓人苦笑了一下，决定再讲几句。

"我说，夫人，这几年您常寄钱来买花，我总觉得可惜。"

"鲜花搁在那儿，几天就干了。没人闻，没人看，太可惜了！"

"你真是这么想的？"

"是的，夫人，你别见怪。我是想起来自己常跑医院孤儿院，那儿的人可爱花了。他们爱看花，爱闻花。那儿都是活人，可这墓里哪个活着？"

老夫人没有做声。她只是小坐一会儿，默默地祷告了一阵，没留话便走了。

守墓人后悔自己一番话太率直、太欠考虑，这会让老妇人受不了。

可是几个月后，这位老妇人又忽然来访，把守墓人惊得目瞪口呆：她这回是自己开车来的。

"我把花都给那儿的人们了。"她友好地向守墓人微笑着，"你说得对，他们看到花可高兴了，这真叫我快活！我的病好转了，医生不明白是怎么回事，可是我自己明白，我觉得活着还有些用处。"

不错，她发现了我们大家都懂却又常常忘记的道理：活着要对别人有些用处才能快乐。

怎样才能让自己的生活过得有意义，过得满足并快乐呢？用《塔木德》上一句浅显的话说就是："活着要对别人有些用处才能快乐。"因为人生的价值不仅仅止于自己本身，更多的是在于自己对别人的奉献。

我知道你是明星

做人要有自尊心，对待任何人都要不卑不亢。

犹太著名电影明星阿依德将车开到检修站，一个女工接待了他。她熟练灵巧的双手和年轻俊美的容貌一下子吸引了他。整个以色列都知道他，但这个姑娘却没表示出丝毫的惊讶和兴奋。"您喜欢看电影吗？"他不禁问到。"当然喜欢，我是个电影迷。"她手脚麻利，看得出她的修车技术非常熟练。半小时不到，她就修好了车。"您可以开走了先生。"他却依依不舍："小姐，您可以陪我去兜兜风吗？""不，先生，我还有工作。""这同样是你的工作。您修的车，难道不亲自检查一下吗？""好吧，是您开还是我开？""当然我开，是我邀请您的嘛。"车跑得很好。姑娘说："看来没有什么问题，请让我下车好吗？""怎么您不想再陪陪我吗？我再问您一遍，您喜欢看电影吗？""我回答过了，喜欢，而且是个影迷。""您不认识我？""怎么不认识，您一来我就认出了，您是当代影帝阿列克斯·阿依德。""既然如此，您为何对我这样冷淡？""不！您错了，我没有冷淡。只是没有像别的女孩子那样狂热。您有您的成绩，我有我的工作。您今天来修车，是我的顾客，我就像接待顾客一样接待您。将来如果您不再是明星了，再来修车，我也会像今天一样接待您。人与人之间不应该是这样吗？"

他沉默了。在这个普通的女工面前，他感觉到自己的浅薄与狂妄，"小姐，谢谢！您让我受到了一次很好的教育。现在，我送您回去。再要修车的话，我还会来找您。"

对权贵和名流的崇拜，只能给我们带来两种结果：第一是对自己的自卑心的安慰，第二是对自尊心的亵渎。人生而平等，生活中的每个人都一样重要，我们有什么必要降低自己的人格去向权贵和名流表达平白无故的敬意？恪守本分，不卑不亢，如此做人才不丧失尊严。可是，生活里有多少人能够这样？

心中的杂草

> 要想根除心灵中那些消极不良的杂念，最好的办法就是播种希望、快乐的种子，并且精心地加以呵护。

休谟的弟子，个个学富五车。一天，这位先哲意识到自己将不久于人世，但对弟子们颇有些放心不下，于是就决定露天讲授最后一堂课。

"你们看，田野里长着些什么？"休谟问。

"杂草。"弟了们异口同声地回答道。

"告诉我，你们该怎么除掉这些杂草？"

众弟子不禁有点愕然，心里说：这个问题也太简单了。

大弟子首先开口道："只要给我一把锄头就足够了。"

二弟子马上说："还不如用火烧来得利索。"

三弟子反驳说："要想斩草除根，只有深挖才行。"

……………

等弟子们全都讲完后，休谟微微一笑，站起来说："这堂课就到此为止。你们回去后按照自己的方法去清除一片杂草，一年之后再来这里相聚。"

一年时间转眼间就过去了，当弟子们再次相聚时，他们都很苦恼，因为无论他们采取什么方法，都没有明显的效果，有的反而更多了。因此，众弟子都急等着要向老师请教。

然而先哲休谟已经与世长辞了，死后只留给弟子们一本书。书中有这么一段话："你们的办法是不能把杂草彻底清除干净的，因为杂草的生命力很强。要想除掉田野里的杂草，最好的办法就是在田野里种上庄稼。是否想过，你们的心灵也是一片田野。"

犹太哲人们认为，心灵是一片田野，清除这片田野上杂草的最好的办法就是在田野里种上庄稼。田野之所以会杂草丛生，有时并非杂草本身，而是这片田野确实荒芜得太久了。时常在你心灵的田野撒播下希望、快乐……在孩子的心中播种这些美好的种子，他们的生命会变得多姿多彩，硕果累累！

守住道德的底线

我们每个人心中都有一条属于自己的道德底线，那就是诚实，守住这条底线需要自觉。

拉斐尔11岁那年一有机会便去湖心岛钓鱼。在鲈鱼钓猎开禁前的一天傍晚，他和妈妈早早又来钓鱼。安好诱饵后，他将鱼线一次次甩向湖心，湖水在落日余晖下泛起一圈圈的涟漪。

忽然钓竿的另一头倍感沉重起来。他知道一定有大家伙上钩，急忙收起鱼线。终于，孩子小心翼翼地把一条竭力挣扎的鱼拉出水面。好大的鱼啊！它是一条鲈鱼。

月光下，鲈鱼一吐一纳地翕动着。妈妈打亮小电筒看看表，已是晚上十点——但距允许钓猎鲈鱼的时间还差两个小时。

"你得把它放回去，儿子。"母亲说。

"妈妈！"孩子哭了。

"还会有别的鱼的。"母亲安慰他。

"再没有这么大的鱼了。"孩子伤感不已。

他环视了四周，已看不到一艘鱼艇和一个钓鱼的人，但他从母亲坚决的脸上知道无可更改。暗夜中那鲈鱼抖动笨大的身躯慢慢游向湖水深处，渐渐消失了。

这是很多年前的事了。后来拉斐尔成为纽约市著名的建筑师。他确实没再钓到那么大的鱼，但他却为此终身感谢母亲。因为他通过自己的诚实、勤奋、守法，猎取到生活中的大鱼——事业上成绩斐然。

在这个故事中，母亲和孩子在放弃时坚守了自己的底线——诚实！而且他们明白这一底线——诚实不是用来做给别人看的，而是用自己的心来判断。我们每个人都有自己的不同底线，只有坚持住了，我们能恰到好处的放弃，才是对自己的"诚实"。

一句谎言引起一场屠杀

要从小教育孩子诚实地说出每一句话，切不可随意编造谎言，因为一句谎言很可能会带来滔天大祸。

1946年7月4日，德国法西斯已经灭亡了一年零两个月。这一天，离华沙170千米的凯尔采市几百名群情激愤的市民冲上街头，见犹太人就打、就捉，有的犹太人被捉到帕兰蒂大街7号的一幢房子里被活活打死。这场屠杀从早上10时持续到下午4时，有42人被杀害，其中2人是被误认为是犹太人而被打死的。

说来令人难以置信，这次屠杀竟是由于小孩说谎引起的。赫里安，波兰一个鞋匠的孩子，当时他和父母从20千米外的乡村搬到凯尔采市，住了才几个星期，对城里的生活很不习惯。7月1日，他偷偷搭车回到乡村小朋友之中，3天后他又溜回城里。

见儿子回来，父亲拿起鞭子就揍他："你这顽皮鬼，这几天跑到哪儿去了？是不是给犹太人拐去了？"孩子见爸爸凶神恶煞，害怕了，于是顺水推舟地"承认"了这几天是被犹太人拐去，还谎称犹太人把他拐到帕兰蒂大街7号的一个地窖里虐待他。第二天上午，愤怒的父亲到警察局去报案。在回家的路上，很多路人好奇地问父子俩发生了什么事，父子俩绘声绘色地说赫里安被犹太人拐去折腾了几天。当时，虽然"二战"已结束了，但德国法西斯的排犹思潮阴云未散。几个群众听信了谎言，异常愤怒，声言要对犹太人报复，而捏造的"事实"在几小时内一传十，十传百，越传越走样（甚至传说赫里安被犹太人杀害了）。于是酿成了这一天对犹太人的屠杀惨剧。

如今赫里安已经是个老人了，但每当他回想起这段历史，就有一种负罪感。帕兰蒂大街7号这幢房子如今已重新修葺，改为纪念馆。

一条胳臂和一只脚

> 与人为善也就是与自己为善，帮助他人也就是帮助自己。

这是一个来自犹太士兵的故事。他打电话给他的父母，告诉他们："爸妈，我回来了，可是我有个愿望。我想带一个朋友同我一起回家。""当然好啊！"他们回答，"我们会很高兴见到的。"

不过儿子又继续下去："可是有件事我想先告诉你们，他在越战里受了重伤，少了一条胳臂和一只脚，他现在走投无路，我想请他回来和我们一起生活。"

"儿子，我很遗憾，不过或许我们可以帮他找个安身之处。"父亲又接着说，"儿子，你不知道自己在说些什么。像他这样残障的人会对我们的生活造成负担。我们还有自己的生活要过，不能就让他这样破坏了。我建议你先回家然后忘了他，他会找到自己的一片天空的。"

就在此时，儿子挂上了电话，他的父母再也没有他的消息了。

几天后，这对父母接到了来自警局的电话，告诉他们亲爱的儿子已经坠楼身亡了。警方相信这只是单纯的自杀案件。于是他们伤心欲绝地飞往旧金山，并在警方带领之下到停尸间去辨认儿子的遗体。

那的确是他们的儿子，没错，但令他们惊讶的是：儿子居然只有一条胳臂和一条腿。

故事中的父母就和我们大多数人一样，要去喜爱面貌姣好或谈吐风趣的人很容易，但是要喜欢那些造成我们不便和不快的人却太难了。我们总是宁愿和那些不如我们健康、美丽或聪明的人保持距离。但是在生活中，我们与别人为善，就是与自己为善，与别人过不去，就是与自己过不去。当您对别人"宽大"之时，即是对您自己宽大。让我们再多一份关爱，多一份体谅，多一份宽容，生活的航船才能承载不幸的侵袭。

一条小面包

> 谦让是最高的美德，懂得谦让的人，终将获得最好的回报。

美国经济大萧条时期，一位富有的犹太面包师把城里最穷的20个小孩召唤来，对他们说："在上帝带来好光景以前，你们每天都可以来拿一条面包。"

每天早晨，这些饥饿的孩子蜂拥而上，围住装面包的篮子你推我嚷，因为他们都想拿到最大的一条面包。等他们拿到了面包，顾不上向好心的面包师说声谢谢，就慌忙跑开了。

只有一个小姑娘，这位衣着贫寒的小姑娘，既没同大家一起吵闹，也没与其他人争抢。她只是谦让地站在一步之外，等其他孩子离去以后，才拿去剩在篮子里的最小的一条面包。她从来不会忘记亲吻面包师的手以表示感激，然后才捧着面包高高兴兴地跑回家。

有一天，别的孩子走了之后，羞怯的她得到一条比原来更小的面包。但她依然不忘亲吻面包师，并向他表达真诚的谢意。回家以后，妈妈切开面包，发现里面竟然藏着几枚崭新发亮的银币。

妈妈惊奇的叫着小女孩，立即把钱给送回去，一定是面包师揉面的时候不小心掉进去的，要小女孩把钱亲自交给好心的面包师。

小姑娘把银币送回去的时候，面包师说："不，我的孩子，这没有错，是我特意把它们放进去的，我要告诉你一个道理：谦让的人，上帝会给予他幸福。愿你永远保持一颗宁静，感恩的心。回家去吧。告诉你妈妈，这些钱是上帝的奖赏。"

谦让的心，有如宇宙中的天空，有如大地的海洋和山谷。谦让者因宽容而博大，因博大而有力。好争的人，天将与之相争；谦让的人，天将与之相让。

永远的一课

生命中的一些逆境其实并没有想象中的那么可怕，勇敢地迎上去，你会发现，困难不过如此，很容易就能被我们击败。

那天的暴风雪真大，外面像是有无数发疯的怪兽在呼啸厮打。雪恶狠狠地寻找袭击的对象，风呜咽着四处搜索。

大家都在喊冷，读书的心思似乎已被冻住了。一屋的跺脚声。

鼻头红红的拉比撒该挤进教室时，等待了许久的风席卷而入，墙壁上的《塔木德》一鼓一顿，开玩笑似地卷向空中，又一个跟头栽了下来。

往日很温和的拉比撒该一反常态：满脸的严肃庄重甚至冷酷，一如室外的天气。

乱哄哄的教室静了下来，我们惊异地望着拉比撒该。

"请同学们穿上鞋，我们到操场上去。"

几十双眼睛在问。

"因为我们要在操场上立正5分钟。"

即使拉比撒该下了"不上这堂课，永远别上我的课"的恐吓之词，还是有几个娇滴滴的女生和几个很横的男生没有出教室。

操场在学校的东北角，北边是空旷的菜园，再北是一口大塘。

那天，操场、菜园和水塘被雪连成了一个整体。

矮了许多的篮球架被雪团打得"啪啪"作响，卷地而起的雪粒雪团呛得人睁不开眼张不开口。脸上像有无数把细窄的刀在拉在划，厚实的衣服像铁块冰块，脚像是踩在带冰碴儿的水里。

我们挤在教室的屋檐下，不肯迈向操场半步。

拉比撒该没有说什么，面对我们站定，脱下羽绒衣，线衣脱到一半，风雪帮他完成了另一半。"在操场上去，站好！"拉比撒该脸色苍白，一字一顿地对我们说。

谁也没有吭声，我们老老实实地到操场排好了三列纵队。

瘦削的拉比撒该只穿一件白衬褂，衬褂紧裹着的他更显单薄。

后来，我们规规矩矩地在操场站了5分多钟。

在教室时，同学们都以为自己敌不过那场风雪，事实上，叫他们站半个小时，他们顶得住，叫他们只穿一件衬衫，他们也顶得住。

正如生命中的许多伤痛一样，其实并不如自己想象的那么严重。如果不把它当回事，它是不会很痛的。你觉得痛，那是因为你自以为伤口在痛，害怕伤口的痛。面对困难，许多人戴了放大镜，但和困难拼搏一番，你会觉得，困难不过如此。

自尊

一个不食嗟来之食，有着自尊心的人才是一个真正的人，也只有这样的人才能获得真正的成功。

1914年一个寒冷的冬天，美国加州沃尔逊小镇来了一群逃难的流亡者。长途的辗转流离，使他们每个人都面呈菜色，疲惫不堪。善良而朴实的沃尔逊人，家家都燃炊煮饭，友善地款待这群流亡者。镇长杰克逊大叔给一批又一批的流亡者送去粥食，这些流亡者，显然已好多天没有吃到这么好的食物了，他们接到东西，个个狼吞虎咽，连一句感谢的话也来不及说。

只有一个年轻人例外，当杰克逊大叔把食物送到他面前时，这个骨瘦如柴、饥肠辘辘的年轻人问："先生，吃您这么多东西，你有什么活儿需要我做吗？"杰克逊大叔想，给一个流亡者一顿果腹的饭食，每一个善良的人都会这么做。于是，他说："不，我没有什么活儿需要你来做。"

这个年轻人的目光顿时黯淡下来，他硕大的喉结剧烈地上下动了动说："先生，那我便不能随便吃您的东西，我不能没有经过劳动，便平白得到这些东西。"杰克逊想了想又说："我想起来了，我家确实有一些活儿需要你帮忙。不过，等你吃过饭后，我就给你派活儿。"

"不，我现在就做活儿，等做完您的活儿，我再吃这些东西。"那个青年站起来。杰克逊大叔十分赞赏地望着这个年轻人，但他知道这个年轻人已经两天没有吃东西了，又走了这么远的路，可是不给他做些活儿，他是不会吃下这些东西的。杰克逊大叔思忖片刻说："小伙子，你愿意为我捶背吗？"那个年轻人便十分认真地给他捶背。捶了几分钟杰克逊便站起来说："好了，小伙子，你捶得棒极了。"说完遂将食物递给年轻人。他这才狼吞虎咽地吃起来。杰克逊大叔微笑着注视着那个青年说："小伙子，我的庄园太需要人手，如果你愿意留下来的话，那我就太高兴了。"

那个年轻人留了下来，并很快成为杰克逊大叔庄园的一把好手。两年后，杰克逊把自己的女儿玛格珍妮许配给了他，并且对女儿说："别看他现在一无所有，可他将来百分之百是个富翁，因为他有尊严！"

果然不出所料，20多年后，那个年轻人真的成为亿万富翁了，他就是赫赫有名的美国石油大王犹太人哈默。哈默穷困潦倒之际仍然有自尊、自立的精神，赢得了别人的尊敬和欣赏，也为自己带来了好运。

哈默成功的经历告诉我们当一个人总是在靠别人的施舍过活并把它当成一种理所当然时，他收获的只会是别人的鄙弃；而当一个人在穷困潦倒时也能坚守自己的一份矜持，也能自己尊敬自己时，他才会赢得别人的尊敬！

品德决定成就的高低

人在事业上能够取得多大成就，在很大程度上依赖于品格有多么高尚。

犹太父母除了教育孩子热爱学习，掌握知识，拥有智慧外，还总是给他们讲品德的重要性，鼓励孩子从小就要做一个品德高尚的人，乐于助人，实事求是。事实上，所有取得巨大成就的人无一不具有高尚的道德情怀，犹太父母总是给孩子们讲述各国成大器者高尚的道德情操。本篇列出了犹太人经常讲给孩子们的一些故事，以及犹太人的亲身经历，以培养孩子良好的道德品格。

列宁的父母乌里扬诺夫夫妇就特别重视对子女进行道德教育。他们采取各种方法，如解释、亲身示范、引导孩子经常实践、及时提醒、耐心培养习惯等，从小教育孩子尊敬长者，待人和气，举止大方。当孩子们还很小的时候，乌里扬诺夫夫妇就常常嘱咐孩子们注意自己讲话的语调，不要高声喧哗；倘若别人偶尔心情不好，对你不友好，你就应予谅解；如果有同学发音不对，应该用委婉客气的语气帮助他纠正，而不应该讥笑；如果佣人情绪不佳，愁眉不展，你应该安慰她，使她高兴起来；睡觉前不要忘记向大家问晚安，包括最小的弟妹在内。在乌里扬诺夫夫妇良好的教导下，列宁和他的兄弟姊妹们，不管是谁，从来没有过粗野无礼的行为，从不欺负别人，除了那些不足挂齿的小人之外，对别人从不采取轻视的态度。

列宁小时候无论同谁谈话都持同样尊重的态度，不管是自己的老师，还是伏尔加河纤夫、搬运工人、洗衣妇。有时他在喀山省柯库什基诺村外公家过夜，和农村儿童玩过家家游戏，他总像对待自己的表兄弟那样，以礼相待。他还很有礼貌地帮助别人。有一次，一个贫苦农民赶的大车陷入沟里，他帮这位农民拉出来，还捡起农民掉在地上的手套，很恭敬地跟他交谈，分别时还客气地和他握手道别。列宁的哥哥亚历山大·伊里奇·乌里扬诺夫对待父亲的信差——一位文化不高的老人十分亲热。每次见面都要热情问好，分开时总拥抱告别。

列宁时时处处保持着这种内心充满善意，行为谦恭有礼的本色。凡是熟悉列宁的人都十分称赞他的举止：走路时一定让同伴先走；给老人和妇女让座；别人哪怕是在很小的事情上帮助了自己，也一定要表示道谢；自己有了过失，总是请求别人原谅；亲吻母亲的手。更难能可贵的是，无论是在穿着树皮鞋和破衣烂衫的农民或工人中间，还是在刚刚从前线回来的士兵中间，弗拉基米尔·伊里奇总是不失这样的高尚本色。正是他那热情又不失礼貌，大方得体的态度，从未使他脱离人民大众。因此，人民也对弗拉基米尔·伊里奇无比亲近，乐意跟他谈心里话。

各位父母在对孩子进行品德教育时，可以借鉴乌里扬诺夫夫妇的教育方法，教育孩子："品德决定成就的高低。"

闻名世界的居里夫人，把自己一生追求事业和高尚品德的精神，影响和延伸到自己的子女和学生身上，利用各种机会培养孩子形成良好的道德品格。在丈夫皮埃尔·居里去世以后，居里夫人开始一人担起抚养孩子的重担。当时她的补贴一部分收入给科研，经济上十分拮据。尽管当时她手里有价值100万法郎的镭，却从来没有想过把它们卖掉换钱。居里夫人认为，不管今后的生活如何困难，也决不能卖掉科研成果。居里夫人毅然将镭无偿献给了实验室，把它用于研究工作。后来她带着两个女儿赴美国接受总统赠送给她的一克镭时，也同样告诫女儿："镭必须属于科学，不属于个人。"以身作则，教导女儿从小养成勤俭朴素、不贪图荣华富贵的思想。

在第一次世界大战期间，居里夫人再一次做出一项重大的决定：将她所获得的诺贝尔奖金献给法国政府，用于战时动员。居里夫人还带着伊伦娜亲自上前线用 X 射线机为士兵服务，并帮助检查伤病员。战争结束时，法国政府为表彰伊伦娜所做的贡献，向她颁发了一枚勋章，这对年轻的姑娘来说真是巨大的荣誉。这让居里夫人得以宽慰。孩子们成长起来了，尤其是伊伦娜在战时的经历使她思想变得更为成熟，行为变得更加高尚。

后来，居里夫人的孩子们都成为对社会有用的人才，尤其是伊伦娜夫妇，不仅继承了居里夫妇的科学事业，也继承并发扬了他们崇高的品德。1940年他们把建造原子反应堆的专利权无偿捐赠给国家科学研究中心。那么，如何培养孩子的品德呢？以下是为犹太人所推崇的居里夫人的品德教育方法，总结起来包括以下四个方面：

首先，教育他们必须热爱祖国。除了教他们波兰语外，居里夫人还以自己致力于祖国科学发展和帮助波兰留学生的行动感染伊伦娜和艾芙。最为突出的是，母亲以祖国波兰来命名首次发现的新元素"钋"，表现了她浓浓的赤子之情。

其次，培养他们勇敢、乐观、坚强、克服困难的品格。她常告诫两个女儿："我们必须有恒心，尤其要有自信心。"

再次，培养他们重实际、不空想的作风。她与子女共勉道："我们不应该虚度此生。"

最后，培养他们节俭朴实的品德。她对女儿的爱，表现为一种有理智的爱，一种有节制的爱，她对女儿生活上严加管束，要求她们"俭以养志"。她教育女儿说："贫困固然不方便，但过富也不一定是好事。必须依靠自己的力量谋求生活。"

各位父母应该重视对孩子的品德教育，从孩子懂事的时候起，就给他们讲述从古到今的各种劝人行善的故事，讴歌仁爱、友情、度量、勇气、牺牲的篇章，把孩子培养成为品德高尚的人。

抬起头来做人

要教育孩子树立正确的价值观，杜绝盲目的攀比心理。让孩子懂得穷人的一块钱或许比富人的一万块钱还要宝贵。

那一年，有个犹太小男孩，不过八九岁。一天，他拿着一张筹款卡回家，很认真地对妈妈说："学校要筹款，每个学生都要叫人捐钱。"

对小孩子来说，直接想到的"人"，就是自己的家长。

小男孩的妈妈取出5块钱，交给他，然后在筹款卡上签名。小男孩静静地看着妈妈签名，想说什么，却没开口。妈妈注意到了，问他："怎么啦？"

小男孩低着头说："昨天，同学们把筹款卡交给老师时，捐的都是100元、50元。"

小男孩就读的是当地著名的"贵族学校"，校门外，每天都有小轿车等候放学的学生。小男孩的班级是排在全年级最前面的。班上的同学，不是家里捐献较多，就是成绩较好。当然，小男孩不属于前者。

那一天，小男孩说，不是想和同学比多，也不是自卑。他一向都认真对待老师交代的功课，这一次，也想把自己的"功课"做好。况且，学校还举行班级筹款比赛，他的班已领先了，他不想拖累整班。

妈妈把小男孩的头托起来说："不要低头，要知道，你同学的家庭背景，非富则贵。我们必须量力而为，我们所捐的5块钱，其实比他们的500元钱还要多。你是学生，只要以自己的品学，尽力为校争光，就是对学校最好的贡献了。"

第二天，小男孩抬起头，从座位走出去，把筹款卡交给老师。当老师在班上宣读每位同学的筹款成绩时，小男孩还是抬起头来。自此以后，小男孩在达官贵人、富贾豪绅的面前，一直抬起头来做人。

妈妈说的那一番话，深深地刻在小男孩心里。那是生平第一次，他面临由金钱来估量人的"成绩"的无言教育。非常幸运，就在这第一次，他学习到"捐"的意义，以及别人所不能"捐"到的、自己独一无二的价值。

当我们有一百块钱时，我们捐出一百，那是我们的百分之百；当我们有一万块钱时，我们捐出一百块钱，那是我们的百分之一。"捐"的意义不在于我们捐了多少，而在于我们捐出了多少比例；"捐"的价值不在于我们是否与别人捐得一样多，而在于我们捐了别人所不能捐出的自己独一无二的价值。

是我打碎了花瓶

孩子的成长，是一个不断犯错、不断改善的过程。父母要培养孩子能够反省自己错误的能力，这比父母或他人指出其错误再改正，效果更好。每个人都会犯有过失，但过失可以教给你的，却是你在任何地方都不可能学到的。

乔治·华盛顿是美利坚合众国的奠基人，美国的第一任总统。他在1775年北美独立战争爆发后任十三州起义军总司令，1789年当选为总统。美国首都华盛顿市就是为了纪念他而命名的。华盛顿出身于大种植园主家庭，家中有大量的果园，果园里长满各种各样的果树，当然也夹杂着一些杂树。杂树会抢掉很多养分，所以为了让果树生长得好，必须把杂树砍掉。一天，老华盛顿给儿子乔治一把斧头，要他到果园里去砍杂树。他嘱咐儿子：要砍掉杂树，但不准错砍一棵果树。儿子答应着向果园里走去。到了果园，乔治挥动斧子，砍掉了一棵又一棵杂树，但一不小心砍倒了一棵樱桃树。他想起了父亲的嘱咐，心中忐忑不安。华盛顿从仆人口中知道了儿子砍断了一棵果树。黄昏时分，他来到果园，站在仍然在劳动的儿子身边，故意问道："孩子！砍得怎么样？没砍掉果树吧？"听了父亲的问话，儿子认真地对父亲说："爸爸，我不说谎。怪我粗心，砍掉了一棵樱桃树。"华盛顿为儿子的诚实感到欣慰。他用鼓励的口气对儿子说："好！原本你砍掉了樱桃树要遭到批评，但是你实话实说，勇于承认自己的错误，我就原谅你了。因为，我宁可损失一百棵樱桃树，也不愿意听你说谎话！"

孩子说谎常常令父母感到头痛，遇到孩子说谎时，有的家长是反应过度，好像孩子犯下了滔天大罪；有的家长则会相当自责，认为自己的管教方式不对；也有的家长似乎不去注意这个问题，反而让孩子不知道说话的分寸。而精明的犹太家长是怎么做的呢？他们经常给孩子们讲述犹太拉比和世界各国成功人士诚实的故事，与孩子一起面对这样的问题，帮助孩子找到比说谎更好的方式，去解决遇到的困难。

一般来说，学龄前后的小朋友尚不具有明确的道德观。在他们的认知能力范围中，并不清楚"对的"与"错的""真的"与"假的"之间差别在哪里。在他们的认知范围内，只要能让自己舒服、高兴的事就是"对的"，而能让父母生气与责备的事就是"坏的"。唯恐犯错的心理往往会使人们不去尝试新事物或承担风险。

父母都希望孩子能认真学习。父母会说："孩子，只要你好好念书，什么都不用你管。"其实，只有家长唤醒孩子内心的责任心，才能让孩子在心理上和思想上起深层次的变化。父母要有意识地教会孩子学会发现错误。父母要了解孩子的能力、爱好、性格及少儿所特有的心态，这样，才能对孩子循循善诱，使他们能认清方向，少走弯路，早日成功。

列宁8岁的时候，有一次母亲玛丽亚·亚历山大罗夫娜带孩子们到阿尼亚姑妈家中做客。活泼好动的沃洛佳（列宁的爱称），一不留神就把姑妈家的一只花瓶打碎了。但是，没有其他人看见。后来，姑妈阿尼亚问孩子们："花瓶是谁打碎的？"其他孩子都说："不是我！"而小沃洛佳因为害怕说出花瓶是自己打碎的，而遭到姑妈的责骂，所以他也跟着大家大声回答："不——是——我！"其实，母亲已经猜到花瓶是顽皮的小沃洛佳打碎的。因为这孩子性情好动、热烈，曾经损坏过其他物品。

应该怎样解决小沃洛佳隐瞒真相的问题呢？最省事的办法就是直接揭穿并惩罚他，这样，父母和孩子都可立即"如释重负"，但是玛丽亚·亚历山大罗夫娜并没有这样做。她认为，重要的是儿子犯错误后是否对自己的不诚实行为有认识，要针对孩子的心理和思想状况启发他的觉悟。于是她装出相信儿子的样子，回到家中一直对这件事保持沉默，等待着儿子从良心中萌发出对自己行为的羞愧感。她敏感地意识到，小沃洛佳正受着良心的谴责。

有一天，在小沃洛佳临睡前，她走到孩子跟前，抚摸着他的头说晚安，不料孩子突然失声大哭起来，痛苦地告诉妈妈："我骗了阿尼亚姑妈，花瓶其实是我打的，可是我不敢说，害怕阿尼亚姑妈生气责骂我。"听着孩子羞愧难受的述说，玛丽亚·亚历山大罗夫娜安慰了儿子，让他给阿尼亚姑妈写封信，承认错误，阿尼亚姑妈一定会原谅他的。看着这天真、聪明、淘气的孩子的成长，玛丽亚·亚历山大罗夫娜愉快地笑了。令她非常高兴的是，在儿子内心深处进行的这场道德斗争中，诚实的品质取得了胜利。

孩子有时并不知道自己所认识的东西是错误的，也未必明白自己做错了事。他用他的眼光去看，用他的头脑去想，难免不受到限制。孩子说谎大多不含恶意，有些可能是因为自我保护意识，害怕被惩罚，或为了吸引大人的注意、分不明白现实与幻想等原因。所以父母应理清孩子说谎的原因，针对不同的原因采取具体的方法，如此一来，养成孩子诚实的习惯并不难。

以下列出的是犹太人面对孩子说谎时所采取的原则：

1.父母对孩子应以理服人并及时对孩子进行教育。孩子做错了事，在进行教育时，必须"晓之以理"，使孩子明白所做的事情为什么不对。并且孩子做错了事应及时进行教育，今天的事今天办完。事过境迁再进行教育，会使孩子失去真实感。

2.父母对孩子的教育应前后、内外一致。教育必须保持一贯性。切忌在自己心情好的时候，见孩子做了错事也不进行教育，心情不好时则进行责备、训斥。教育又必须保持一致性。如果对一种行为表现，母亲说对，父亲说错；今天说错，明天又说对，这会使孩子无所适从，只有看父母的脸色行事。

3.父母应查清孩子不诚实的原因并注意为孩子保密。先了解孩子说谎的原因到底是为什么？是为自我保护、赢得大人注意，还是孩子分不清故事与现实生活有段距离。通常要到五岁左右，孩子对现实与幻想之间才有一定的认知区别。另外，对孩子进行教育时能在家里进行教育的，不必拿到外面去。有的父母常吓唬孩子说："明天我到学校去告诉你的老师。"这样使孩子产生恐惧或不信任感，其结果并不理想。

4.父母对孩子的批评不应重复。孩子做错了事，应当避免多次重复的教育。如父亲说过了，母亲又接着说；今天说过了，明天又接着说，这样容易伤害孩子的自尊心。对感受性比较敏感的孩子应当特别注意。

5.父母以身作则，适时给予鼓励。"言教不如身教"，父母是孩子接触最多的人，他们的一言一行常是孩子学习、模仿的依据，因此父母须以身作则，为孩子做一个榜样。可以告诉孩子，即使他这一次犯错，只要他能有勇气承认，父母相信他下一次不会再犯同样的错误；也可以将自己小时候类似的经验与他分享，让孩子知道这不是最糟糕的情况。此外，当孩子愿意承认错误时，要给予适时的鼓励，让他能继续朝着正向行为发展。

6.就事论事，不要盲目责备孩子。家长必须持针对问题点来解决的态度，而不能一味批评孩子做错事情，让孩子失去自尊心。使用开放式的问题，如您可以这样与孩子讨论："你刚才说的话，似乎不是真正发生的事，你愿意再想一想，想得更清楚一点儿吗？"可以预留一些空间给孩子，将能够给他更多的帮助，同时稳住自己的情绪。如果大声责备或是贸然发火，孩子会受到惊吓，这样就无法清楚知道孩子说谎的目的和动机。要营造一个客观平静的气氛，亲子之间的互动关系才有正向的发展。

拉比告诫世人，不要将大人的生气与自责，投射到孩子身上，打骂他们，这样会造成恶性循环，反而失去教育他们的机会。每个人都会说谎，因此不必太责备孩子的行为，给他们留一些空间，且适宜地给予关心和协助，相信孩子会成为你所期望的那种人。

父母对孩子的教育要掌握分寸。孩子犯了错误，如果父母的批评过于严厉，会挫伤孩子的自尊心，甚至引起孩子反抗；而如果批评不力，平平淡淡又不能震撼其心灵，他就会觉得无所谓。因此，父母必须从爱护孩子出发，一语道破地严肃而又中肯地指出其错误所在、错误性质和危害，彻底揭穿其借口抵赖的心理，并帮助他找出今后改正的办法。这样做，一般都可以达到批评的目的。

我一定能做到

"照亮我的道路，不断给我勇气，让我愉快正视生活的理想。"这就是信心。在任何时候都不能忘记增强自身的信心，用成功的信念取代失败的念头。

玛丽生长在一个普通的犹太家庭中，从小的家庭教育培养了玛丽的高度自信。独立不羁的个性使她常常有一种心理优越感。玛丽所在的学校经常请人来校演讲，每次演讲结束，她总是第一个站起来大胆地提问。不管她的问题是否幼稚，是否尖锐，她总是充满好奇地脱口而出，而其他的女孩子则往往由于胆怯而不敢开口，她们只是面面相觑或抬眼望着天花板。每次回家后玛丽向父亲汇报学校的情况时，父亲总是鼓励她："好孩子，你有这样的信心，我真的为你感到骄傲，你一定会成为一个出色的辩论家。"

父亲的不断鼓励使玛丽对自己的口才充满了自信。玛丽上中学时，她是学校辩论俱乐部的成员，演讲从不怯场。但老实说当时玛丽的演讲技巧一点儿也不高超，用她同学的话说就是根本不能振奋人心，这自然不受同学欢迎。但是，即使这样，玛丽也毫不顾忌，一有机会就滔滔不绝上台演讲。有一次，因为她讲的内容大家不感兴趣，而且她又讲了很长时间，台下嘘声、讽刺声、嘲笑声随之而起，但是玛丽自信好强的个性却使她根本不把这些放在眼里，依然毫不脸红地演讲下去。到后来，听她演讲的人都跑光了，她却仍然坦然地把自己想讲的话讲完才停止。许多同学对她这种突出个性不理解，而她对别人的议论也毫不在乎，一直维持着独立自信、我行我素的个性。

当自己面临困境时，犹太人想到的是"我会赢"，而不是"我可能会输"。当自己与别人竞争时，犹太人想到的是"我跟他们一样好"，而不是"我无法跟他们相比"。当出现机会时，犹太人想到的是"我能做到"，而不是"我不能做到"。他们深知自信的重要性，并对他们的子女从小就灌输这种思想。

每个人迈向成功的第一个步骤，也是不能漏掉的基本步骤，就是要有自信，相信自己一定能够成功，要让关键性的想法"我会成功"支配我们的各种思考过程。成功的信念会激发我们的心智，创造出获得成功的计划。失败的意念正好相反，使我们去想一些会导致失败的念头。

有个犹太小男孩，头戴球帽，手拿球棒和棒球，全副武装地走到自家后院，大声喊："我是世上最伟大的棒球手。"他满怀自信地说完后，便将球往空中一扔，然后用力挥棒，虽然没打中，但是他毫不气馁，继续将球拾起，又往空中一扔，然后大喊一声："我是最厉害的棒球手。"他再次挥棒，可惜仍是落空。他愣了一下，然后仔仔细细地将球棒与棒球检查了一番。之后他又试了三次，这次他仍告诉自己："我是最杰出的棒球手。"然而他这一次的尝试还是落空了。"哇！"他突然跳了起来，"我真是一流的投手。"

可见，信心的大小决定了成就的大小，庸庸碌碌，过一天算一天，总认为做不了什么事的人，仅能得到很少的报酬。这样的人认为自己不可能做出伟大的事情，结果他们就真的不能；他们认为自己很不重要，他们所做的每一件事就真的无足轻重。久而久之，连他们的言行举止也会表现得缺乏自信，如果他们不能将自信抬高，他们就只能在自我评估中萎缩，变得愈来愈渺小，而且他们怎么看待自己，也会使别人怎么看待他们，于是这种人在众人的眼光下又会变得更加渺小。

相反，那些积极向前，肯定自己有更大的价值的人，往往能得到很高的报酬。这种人相信自己能处理艰巨的任务，结果他们就真的能做到。这样的人所做的每一件事情，包括待人接物、个性、想法和见解等，都显示出他是专家、是一位不可或缺的重要人物。每个父母都应该像犹太人父母那样，教育孩子从小树立信心，相信自己。

阳光总在风雨后

只有坚强的面对挫折才能取得成功。

1955年，18岁的金蒙特已经是全美国最受大家喜爱、最有名气的年轻滑雪运动员了。她的照片也被用作《体育画报》杂志的封面。金蒙特积极地为参加奥运会预选赛做准备，大家都认为她一定能夺得奥运会的金牌。然而，1955年1月，一场悲剧使她的这个愿望成了泡影。在奥运会预选赛最后一轮比赛中，金蒙特沿着大雪覆盖的罗斯特利山坡开始下滑。这天的雪道特别滑，她先是身子一歪，然后就失去了控制，像一匹脱缰的野马，直着冲了下去。当金蒙特停下来的时候已经昏迷了过去。人们立即把她送往医院抢救，她的性命虽然最终保住了，但她双肩以下的身体却永久性地瘫痪了。

金蒙特千方百计使自己从失望的痛苦中摆脱出来，从事有益于公众的事业，以建立自己新的生活。她历尽艰难，学会了写字、打字、操纵轮椅、用特制汤匙进食。她还在加州大学洛杉矶分校选听了几门课程。她想当一名教师。金蒙特向教育学院提出申请，但系主任、学校顾问和保健医生都认为她不适宜当教师。因为录用教师的标准之一就是要能上下楼梯走到教室，可她做不到这点。但此时，金蒙特的信念就是要成为一名教师，任何困难都不能动摇她的决心。金蒙特不是一个轻易就放弃努力的人，她决定向洛杉矶地区的90个教学区逐一提出申请。在她申请到第18所学校时，已经有3所学校表示愿意聘用她。学校对她要走的一些坡道进行了改造，以适于她的轮椅通行，这样，从家里坐轮椅到学校教书就不成问题了。此外，学校还破除了教师一定要站着讲课的规定。从那以后，金蒙特一直从事教师职业。暑假里她访问了印第安人的居民区，给那里的孩子补课。

现在，已经过去了很多年，金蒙特从未得过奥运会的金牌，但她的确得了一块金牌，那是为了表彰她的教学成绩而授予她的。

在现实生活中，许多孩子不能坚强地面对挫折，主要表现为稍遇困难就退却，甚至发脾气，通过一些破坏行为"发泄"怨气。犹太拉比经常给孩子们讲述这样一个故事。

犹太女作家戈迪默是犹太民族的骄傲。她是25年来第一位获诺贝尔奖的女作家，也是诺贝尔文学奖设立以来的第七位获得者。然而，这份荣誉来之不易，这是她用40年的心血和汗水浇铸的。这当中，她多次面临困厄与失败，但她从不沉沦，毫不气馁。40年的风雨，那是一段漫长的难忘记忆。

1991年10月3日，一个平淡无奇的日子，但是这一天对于南非犹太裔女作家戈迪默来说，却是非同寻常的一天。正是这一天，她获得了1991年度的诺贝尔文学奖，这块文学金牌勾起她一段难忘的回忆……

戈迪默于1923年11月20日出生在约翰内斯堡附近的小镇——斯普林斯村，是犹太移民的后裔，母亲是英国人，父亲来自波罗的海沿岸，是个珠宝商，金光般的家庭生活造就了小戈迪默的无限憧憬和遐想。6岁那年，她抚摸和凝视着自己纤细而柔软的躯体，做起了当一名芭蕾舞演员的梦。她从剧院里得知，舞台生涯最能淋漓尽致地表现一个人的修养和思想情感，也许这就是她追求的事业。于是，一个阴雨连绵的星期六，她报了名，加入了小芭蕾剧团的行列。但事与愿违，由于体质太弱，她对大活动量的舞蹈并不适应，时不时一些小病小灾纠缠着她不可自拔。久而久之，小戈迪默被迫放弃了对这项事业的追求。遗憾之余，这位倔强的女性暗暗对自己发誓：条条大道通罗马，她终究要找到适合自己的成功之路。

然而，命运不但不赐福给她，反而把她逼上越发痛苦的深渊。8岁时，她又因患病离开了学校，中断了童年时的学业。夜晚，她常常流着无奈的泪盼着天明。白天，她也只能终日坐在床上与书为伴。一个明媚的夏日，心烦意乱又十分孤独的戈迪默，偷偷地走上了大街，她想从车水马龙的街面上获取一点儿快乐。突然，她被一块木牌所吸引，久久不愿离开："斯普林斯图书馆！"她欣喜若狂，早已将课本读熟了的她，最渴望的莫过于读书。此后，她一头扎进了这家图书馆，整日泡在书堆里。图书馆下班铃响了，她却一头钻在桌子底下，等图书馆的大门确实锁上了，她才钻出来，在这自由自在的王国里，她尽情而贪婪地吸吮着知识的营养。无数个日夜，使她对文学产生了浓厚的兴趣。终于她那嫩弱的小手拿起了笔，一股股似喷泉一样的情感流淌在了白纸上。那年，她刚刚9岁，文学生涯就此开头。出人意料的是，15岁时，她的第一篇小说在当地一家文学杂志上发表了。然而，不认识她的人，谁也不知道小说竟然出自一位少女之手。

1953年，戈迪默的第一部长篇小说《说谎的日子》问世。优美的笔调，深刻的思想内涵，轰动了当时的文坛，戏剧界、文学界几乎同时将关注的目光投向了这位非同一般的女作家——内丁·戈迪默。她像一匹脱缰的野马，其创作一发不可收拾。漫长的创作生涯，她相继写出10部长篇小说和200篇短篇小说。多产伴着上等的质量使她连连获奖：1961年，她的《星期五的足迹》获英国史密斯奖；1974年，她意外地又获得了英国文学奖。创作上的黄金季节，戈迪默越发刻苦勤奋。她说："我要用心血浸泡笔端，讴歌黑人生活。"她的满腔热忱很快就得到报答。她的《对体面的追求》一出版，就成为成名之作，受到了瑞典文学院的注意。接着，她创作的《没落的资产阶级世界》《陌生人的世界》和《上宾》等作品，轻而易举地打入诺贝尔文学奖评选的角逐圈。然而，就在她春风得意、乘风扬帆之时，一个浪头伴着一个旋涡使她又几经挫折——瑞典文学院几次将她提名为诺贝尔文学奖的候选人，但每次都因种种原因而未能如愿以偿。面对打击，这位女性有所失望。她曾在自己的著作扉页上，庄重地写下："内丁·戈迪默，诺贝尔文学奖"，然后在括号内写上"失败"两字。然而，暂时的失望并没影响她对事业的追求，她一刻也没有放松过文学创作，终于，她从荆棘中闯出了一条成功之路。

金蒙特的成功无不归功于她能够勇于面对生活中出现的种种挫折。在现实生活当中，也总会遇到这样或那样的挫折和困难，只有勇于克服它们，我们才能取得成功。犹太人在孩子小时候就有意识地培养他们勇于面对挫折的精神。他们对于那些不能坚强地面对挫折，生性懦弱的孩子"对症下药"，经常采取的方法有以下几个方面：

首先，对娇生惯养的孩子，父母不妨让他受点冷落。要注意在生活中利用一些机会赞扬别的孩子的优点，慢慢让孩子习惯"有人比他更强"的事实。对孩子的缺点，不管他如何吵闹不听，也要坚决制止，帮助其克服。在日常生活中有意识设置一些困难，如让他自己穿衣、系鞋带、铺床、收玩具等，鼓励孩子自己的事自己做，不会的事学着做，让孩子得到些磨练。

其次，帮助孩子正确认识"挫折"。如通过给孩子讲英雄人物成功前的挫折或爸爸妈妈小时候遇挫折的故事，让孩子懂得生活中随时可能会遇到挫折，只有勇敢地去克服困难，本领才会越来越大。

再次，教会孩子对待挫折的方法，和孩子一起分析挫折原因。教给孩子一些对待挫折的方法，如自我鼓励："这次虽然没得到第一名，但比在中班时有进步了"；再如补偿法："我跳舞不行，可画画不错，要努力画，争取参加书画比赛。"

最后，成年人应该为孩子提供获得成功的机会。要根据孩子的个性特点、能力水平提出适当的要求，让孩子做力所能及的事，通过成功自我激励，体验成功的喜悦，获得信心。再根据孩子实际水平，设置一些经过努力能够克服的困难，使孩子在克服困难中不断前进，正视"挫折"。

另外，不管什么原因，当孩子不能面对挫折的时候，父母应以乐观的情绪感染孩子，如"哟，这点小事不用怕，让我们一起来想办法"。鼓励孩子自己动手动脑克服困难，不断提高其自身的抗挫折能力。

自强不息，制胜人生

自强不息的精神是催人奋进和获取成功的法宝。有了自强不息的精神，就会产生信心，有了成功的信心，就会设法发挥自己潜在的力量，这种力量用于自己的奋斗目标上，就可以排除万难，使人敢于面对现实，坚持下去，最终获得成功。这就是俗语所说的"精诚所至，金石为开"。

犹太儿童从小就从拉比和父母的各种故事中知道：自强不息是犹太人的优良传统。困难和挫折吓不倒他们，迫害和残杀也阻碍不了他们前进的道路。从罗马帝国时期开始，犹太民族家园就被侵占，犹太人被迫离开故土，从此流散天涯。在漫长的流亡岁月中，犹太民族虽然灾难不断，几乎遭到灭族之灾。1900多年过去了，人们发现今天的犹太民族的特性、文学、传统、历法、宗教、语言、文化习俗和勤劳智慧的资质没有因为这些年悲惨的民族历史而分崩离析，他们至今仍然保持着自己的民族特色和民族凝聚力。长期以来他们遭受到大放逐、大迁移、大捕杀，但他们仍做出种种惊天动地的伟业。千百年来，犹太人人才辈出，精英遍布世界。处境恶劣与成果产出形成强烈的反差，这正是这个民族的旺盛生命意识和自强不息的进取精神的反映。犹太孩子们经常听家长讲这样几个实例。

世界连锁店先驱卢宾，是1849年出生于俄国的犹太人。他随父母生活在俄国，在那里受到歧视，不得不移居到英国，在那里生活了两年，由于温饱不保，不得不又迁居到美国纽约。在纽约，由于没有条件读书，他16岁那年就随淘金潮流到了加州去淘金。但是他没有淘着黄金，这迫使他另谋生路。刚开始的时候，他摆卖小日用品，后来逐步发展成大商店，最后创造出连锁商店经营模式，成为大富豪。卢宾的成功，在于没有因几经波折而气馁，在淘不着黄金的情况下，他能够动脑筋，想办法，在千千万万的淘金者身上打主意，想到他们在矿场上需要各种日用必需品，就把这点作为突破口，从此走上了规模经营和连锁销售的发迹之路。

巴拉尼是个犹太人的儿子，年幼时患上了骨结核病，由于家境贫寒，没能医治好，他膝关节永久性僵硬了。但是，他没有因此丧失生活的信心，相反，生理的病痛却增强了他生存下去和创业的决心。他立志学习医学，历尽艰苦，最后终于学有所成。对医学研究精深，特别对耳科绝症有独到研究。他一生发表了184篇医学科研论文和《半规管的生理学与病理学》《前庭器的机能试验》这两本很有研究价值的论著。由于他科研成果卓著，受到了所在国奥地利皇家授予爵位，于1914年获得诺贝尔生理学及医学奖。可以说，这些荣誉和奖励是对他的自强不息精神的一种奖励。

让我们再从以色列看看犹太人的自强不息精神。这个国家以犹太民族人口占主导地位，占全国人口的83%以上。历尽人间沧桑的犹太人，于1948年才在亚洲西部，地中海东岸的约2万平方千米面积上建立起以色列这个国家。这个国家不但建立较晚，面积狭小，而且土地贫瘠，自然条件恶劣，全国国土有80%~90%是沙漠和荒丘。几乎是"不毛之地"。全国资源贫乏，淡水奇缺。这些，不论是天时或地利对以色列都是不利的。但以色列的犹太人自强不息，靠其民族的顽强生存意识和智慧，经过40多年的努力，使这块土地出现了举世瞩目的奇迹，"不毛之地"长出了丰硕的庄稼。农业不仅使以色列国民自给自足，并成为该国出口创汇的重要组成部分。他们把荒丘和沙漠改造成良田。1949年到1984年间，他们共改造和开发出27.2万公顷可耕土地。由于缺少农业用水，他们以挖掘地下水或远地引排解决，使全国农业用水量从1949年的2.57亿立方米，增加到1984年的13亿立方米。由于气候条件不利，他们以科学调节，这样，使其农业大大发展了。今天，以色列人口是建国初期的8倍多，该国的农业产量比建国初期增长了16倍多。以色列人不但农业方面取得了巨大成就，工业和其他行业同样取得了显著发展。现在，以色列的国民生产总值已人均年超1万美元，已经进入世界经济先进国家行列。

可见，只有那些具有自强不息精神的人才能取得成功。相反，没有自强不息精神的人，会轻易自认不能，妄自菲薄。压抑了自我发展的想法和潜力，成功对这种人会敬而远之。家长应该像犹太人那样，帮助孩子克服困难，培养孩子坚持不懈、自强不息的精神。

我会原谅你

"忍得一时之气，免得百日之忧。"宽容和忍让是避免风险与烦恼的重要手段，其出发点就是维护和睦，是为了团结和大局去忍让。忍意味着善解人意、通情达理并且能容人。遇事多为别人着想，善于体谅他人的难处，助人为乐。能够宽以待人并严以律己，必要时为了顾大局，做到自己吃亏受委屈而忍辱负重、委曲求全并且能够做到虚怀若谷。

一只黑山羊正朝家里赶路。他走的是一条陡峭的山路。在一座狭窄的独木桥上，他遇见了一只白色的山羊。白山羊大声地向他嚷嚷道："喂，小老弟，两眼别往边上瞧！这地方怎能容下我们俩？你快点儿滚开，让我先过去！"黑山羊一听这话，不高兴了，也大声呵斥道："咩咩，你脑子没有不正常吧？我宁可在这里渴死倒下，也绝不会后退半步！"他们就这样对峙着，各不相让，然后就打起架来，四只羊角互相撞击、互相格斗、互相推搡。尽管桥面很狭窄，两只山羊都觉得很危险，犄角相撞也很疼痛，可是它们谁也不肯退让半步。桥下河水流淌，波浪滔滔；空中太阳高照，炎热难熬。可怜两只山羊一起坠落下去，沉入了深深的河底。由于两只羊的倔强，彼此都不能互相退一步，结果是两只羊最后连性命都没能保住。

书法家郑板桥老先生有句名言："难得糊涂"，就是指小事善忍是维德的品质。因为善忍能化解矛盾，长忍者久安。忍字是心上插一把刀。常言道："忍一忍平安无事，退一步海阔天空。"善忍则息事宁人，则家和，家和则万事兴。这就是为什么在生活中善于忍让的意义所在了。

波斯国的劳伦被派到一个小县去担任县令，这个县正好位于波斯国与土洼国的交界处，这地方盛产西瓜。虽然同处一地，可是两国村民种西瓜的方式和态度却大不一样。

波斯国这边的村民种瓜十分勤快，他们经常担水浇瓜，所以西瓜长得快，而且又甜又香。土洼国这边的村民种瓜十分懒惰，又很少给西瓜浇水，所以他们的瓜长得又慢又不好。土洼国这边的县令看到波斯国的西瓜长得那么好，便责怪自己的村民没有把瓜种好。而土洼国的那些村民却没有从自己身上找原因，只是一味怨恨波斯国的村民，嫉妒他们为什么要把瓜种得那么大、那么香甜。于是，土洼国这边的村民就想方设法去破坏波斯国村民的劳动成果。每天晚上，土洼国村民轮流着摸到波斯国的瓜田，踩他们的瓜，扯他们的藤，这样，波斯国村民种的瓜每天都有一些枯死掉了。波斯国村民发现这个情况后，十分气愤，他们也打算夜间派人偷偷过去破坏土洼国的瓜田。一位年纪大的村民劝阻住了大家，说："我们还是把这件事报告给县令，向他请示该怎么办吧？"大家来到劳伦的县衙。劳伦耐心地劝导本国的村民说："为什么要这么心胸狭窄呢？如果你来我往没完没了地这般闹下去，只会结怨越来越深，最后把事态闹大，引起祸患。我看最好的办法是，你们不计较他们的无理行为，每天都派人去给他们的西瓜浇水，最好是在夜间悄悄进行，不声不响地，不要让他们知道。"波斯国村民依照劳伦的话去做了。于是，从这以后，西边土洼国的瓜一天天长好起来。土洼国村民发现，自己的瓜田像是每天都有人浇过水，感到很是奇怪，互相一问，谁也不知道是怎么回事。于是他们开始暗中观察，终于发现为他们的西瓜浇水的正是波斯国的村民，土洼国的村民大受感动。很快，这件事情被土洼国县令知道了，他既感激、高兴，又自愧不如波斯国县令。他把这些情况写下来报告给了土洼国王，土洼国王也同样很受感动，同时也深感惭愧和不安。后来，土洼国王备了重金派人送给波斯国王，希望与波斯国和好，波斯国王欣然同意了。从此后，波斯、土洼两国开始友好起来，边境的两国村民也亲如一家。两边种的西瓜都同样又大又甜。

所以，不要采取"以眼还眼、以牙还牙"的态度去激化矛盾，而是宽宏大量，以德报怨，这样才会促使矛盾缓解，使坏事变成好事。

《圣经》中有很多故事都是在告诫世人，宽容忍让是一种美德，这种美德能让人们和平共处。犹太人深知这一道理，并身体力行地执行上帝的这个契约，除此以外，犹太父母还经常通过各种故事教育孩子，让宽容和忍让从小就进入他们的心田，成为他们自身道德修养的一部分。

有一个男孩有着很坏的脾气，于是他的父亲就给了他一袋钉子并且告诉他，每当他发脾气的时候就钉一根钉子在后院的围篱上。第一天，这个男孩钉下了37根钉子。慢慢地每天钉下的数量减少了。他发现控制自己的脾气要比钉下那些钉子来得容易些。终于有一天这个男孩再也不会失去耐性乱发脾气，他告诉他的父亲这件事，父亲告诉他，现在开始每当他能控制自己的脾气的时候，就拔出一根钉子。一天天地过去了，最后男孩告诉他的父亲，他终于把所有钉子都拔出来了。

父亲握着他的手来到后院，"你做得很好，我的好孩子，但是许多时候，乱发脾气，将像这些钉子一样留下疤痕。如果你拿刀子捅别人一刀，不管你说了多少次对不起，那个伤口将永远存在。话语的伤痛就像真实的伤痛一样令人无法承受。"

人与人之间常常因为一些彼此无法释怀的坚持，而造成永远的伤害。如果我们都从自己做起，开始宽容地看待他人，相信你一定能收到许多意想不到的结果。

一个匈牙利的骑士，被一个土耳其的高级军官俘获了。这个军官把他和牛套在一起犁田，而且用鞭子赶着他工作。他所受到的侮辱和痛苦是无法用文字形容的。因为那个土耳其军官所要求的赎金是出乎意外得高，这位匈牙利骑士的妻子变卖了她所有的金银首饰，典当出去他们所有的堡寨和田产，他们的许多朋友也捐募了大批金钱，终于凑齐了这个数目。匈牙利骑士算是从羞辱和奴役中获得了解放，但他回到家时已经是病得支持不住了。

没过多久，国王颁布了一道命令，征集大家去跟犹太教的敌人作战。这个匈牙利骑士一听到这道命令，再也安静不下来。他无法休息，片刻难安。他叫人把他扶到战马上，气血上涌，顿时就觉得有气力了，而后向胜利驰去。他把那位曾把他套在轭下、羞辱他、使他痛苦万分的将军变成了他的俘虏。现在那个土耳其军官，已经是俘虏的土耳其人现在被带到他的堡寨里来，一个钟头后，那位匈牙利骑士就出现了。他问这个俘虏说："你想到过你会得到什么待遇吗？""我知道！"土耳其人说。"报复！但是我怎样做才能饶恕我呢？""一点也不错，你会得到一个犹太教徒的报复！"骑士说。"耶和华的教义告诉我们爱我们的同胞，宽恕我们的敌人。上帝本身就是爱！放心地回到你的家里，回到你的亲爱的人中间去吧。不过请你将来对受难的人温和一些、仁慈一些吧！"这个俘虏忽然大哭起来："我做梦也想不到能够得到这样的待遇！我想我一定会受到酷刑和痛苦的折磨。因此我已经服了毒，过几个钟头毒性就要发作。我必死无疑，一点办法也没有！不过在我死以前，请再让我听一次这种充满了爱和慈悲的教义。它是这么的伟大和神圣！让我怀着这个信仰死去吧！让我作为一个犹太教徒死去吧！"他的这个要求得到了满足。

有位高傲的富婆，在一家非常昂贵的餐厅里，一直抱怨这样不对，那样不好。侍者耐着性子直赔不是。但这位富婆的气焰反而越发嚣张，指着一道菜对侍者说："你说，这叫作食物？我看连猪都不会吃！"侍者终于按捺不住，对这位富婆说："太太，真的是这样吗？那么，我去替你弄点猪吃的来。"一个是"心中无半点善意"，一个是"胸中无半点宽容"。

再看看下面这对夫妻的对白。

丈夫："听你讲话就像是一个白痴。"太太："你难道不晓得只有这样，你才会懂？""拿去洗衣店的衬衫拿回来了吗？"丈夫问。"我是你什么人，女佣吗？"妻子回答。"当然不是，"他顶了回去，"你如果是女佣的话，至少应该懂得怎样洗衣服。"

我们经常掉进一个陷阱，就是争论必有输赢，在所有的争吵事件中，大家都坚持自己的观念，将之视为金科玉律，不肯退让。更重要的是双方都不愿意放弃说"最后一句话"。似乎谁说了最后一句话，不管有理无理，谁就是胜利者，以致争吵不休。

想解开缠绕在一起的丝线时，是不能用力去拉的，因为你愈用力去拉，缠绕在一起的丝线必定会缠绕得更紧。人与人的交往也一样，很多人只知道"得理不饶人""火上加油"，却不晓得""顺风扯蓬、见好就收"的道理，结果关系缠绕纠结，常闹到不可收拾的地步。是非对错并没有快乐来得重要。快乐的秘诀就是"退一步"，先向别人伸出友善的手。让对方做"对"的人，并不代表你就"错"了。因为，当一切都好转后，你会发现你将获得放下的平安，也会感到让别人"对"的喜悦。由此，你也做"对"了。

丘吉尔在退出政坛后，有一次骑着一辆脚踏车在路上闲逛。这时，也有一位女士骑着脚踏车，从另一个方向急驶而来，由于刹车不住，最后竟撞到了丘吉尔。"你这个糟老头到底会不会骑车？"这位女士恶人先告状地破口大骂："骑车不长眼睛吗？……""对不起！对不起！我还不太会骑车。"丘吉尔对那位女士的恶行恶状并不介意，只是不断地向对方道歉，"看来你已经学会很久了，对不对？"这位女士的气立刻消了一半，再仔细一看，他竟然是伟大的首相，只好羞愧地说道："不……不……你知道吗？我是半分钟之前才学会的……教我骑的就是阁下。"有位智者曾说："几分容忍，几分度量，终必能化干戈为玉帛。"

曾有一对父子坐火车外出旅游，途中有位查票员来检查乘客的车票，父亲因为找不到车票而受查票员怒言以对。事后，儿子就问父亲，为什么刚才不反目以对呢？父亲说："儿子，倘若这个人能忍受他自己的脾气一辈子，为何我不能忍受他几分钟呢？"

"不说最后一句话，则可以避免纷争"，这也是犹太人自己的座右铭。

阿仁·甘地是印度名人圣雄甘地的孙子。在阿仁·甘地8岁那年，他跟随祖父来到了南非，在当地一所小学读书。由于甘地的肤色跟班上其他小朋友的肤色不同，班上的白人和黑人小朋友经常欺负他。小阿仁非常愤怒，于是他在心中暗暗发誓：我一定要锻炼好身体"以牙还牙"，到时候让你们知道我是谁。于是，他开始刻苦地锻炼身体，准备将来报仇。圣雄甘地得知阿仁·甘地的想法后，语重心长地对小阿仁说："愤怒就像电流一样，滥用会造成危害，而运用得当则成为有益的能源。与其受愤怒所左右，不如控制怒火，将其用在造福人类的事业上。"甘地的一番话，终于让小阿仁消除了以暴制暴的错误想法。从此，阿仁·甘地知道了凡事要宽恕别人，并体现在其今后的工作和生活当中。善于宽容和忍让是一种优秀的美德；是一种贤良的品质；是一种美好的世界观；是智慧和善良的结晶。它决不是软弱的表现，更不是窝囊的代名词！它是一种强人的纯洁的风范。无论何时何地我们都要给孩子灌输这种思想。培养孩子的这种美德，必须从小抓起。犹太人在这方面是这样教育孩子的：

1.要教育孩子摆正自己在家庭中的位置，让他懂得他只是家庭中的普通一员，不能给他特殊权利，对他娇惯，无限度地满足他的愿望。

2.告诉孩子心中要有他人，不要总是以"我"为中心，一切只想着自己。给孩子与同伴交往的机会，使之从中得到锻炼。让孩子在发生矛盾的后果中体味到只有团结友爱、宽容谦让，才能享受共同玩耍的快乐。

3.必要时让孩子有一些吃亏让步的经历，以锻炼孩子克制自己的能力。

4.多给孩子与同伴交往的机会，使之从中得到锻炼。让孩子在发生矛盾中体味到只有宽容谦让、团结友爱，才能享受到共同玩耍的快乐。

5.家庭成员间要友爱宽容，让孩子从小就生活在一个温馨、和谐、友爱、宽容的家庭环境中，使其在潜移默化的影响中，逐步形成稳定的宽容忍让的良好品质。

6.要教育孩子尊重和理解自己的长辈，体谅长辈的辛苦，珍惜长辈的劳动成果和对自己的爱护。

美在心灵

人生的幸福美满其实只是人的一种感觉，一种心情。外部世界是一回事，我们内心又是一种境界。一个人是欢欣鼓舞、兴高采烈，还是孤独苦闷、垂头丧气，这主要是由我们的心理、态度来支配。事物本身只能影响我们的态度，并不能直接影响我们的心情。

一天，飓风吹过后，在海岸边留下了许多的海蟹。此时的太阳正变得热辣，有一个年轻人在海边游玩，突然看见不远处有个小孩自己在跳舞，走近一看，原来是那个小孩正在把一只只的海蟹放回海里。年轻人笑着说："孩子，还是算了，别白费力气了！"小孩不解地问："为什么？"年轻人回答道："如果这次它们懒得自己爬到海里去，就算你救了它，也是白搭，因为如果以后飓风再来，这些海蟹是不是还会像这次这样幸运呢？孩子，许多时候，我们要学会'残忍'，就说这些螃蟹吧，我们必须让它们自己独自爬回海里去，这样它们才能生存下去，这就是生存的规则。"那个小孩听了半天最后说："我不太懂，反正我不能眼睁睁地看着它们这么被太阳晒死，我要帮它们回到海里。我相信海蟹会活下来的，因为我相信每次飓风后，都会有像我一样的小孩出现……"

现实生活当中，为什么我们很多人整天都会感觉到压抑和烦闷，快乐为什么与自己无缘呢？关键在于我们很多人总是被人生中的一些挫折所困扰，其实你不妨试着给自己开辟一个心灵的后花园，把这些烦恼统统抛开。

诗人杜锡达斯，在恒河边人们焚化死者的荒地漫步深思。他发现一个女人正坐在她亡夫尸体的脚边，她衣饰华丽，仿佛要去举行婚礼似的。当她看见他的时候，她站起来向他弯身施礼，说道："大师，您开开恩，准许我跟随我的丈夫到天国去吧。""为什么这么急，我的女儿？"杜锡达斯问，"天国是上帝创造，难道这人间不也是他的吗？""我不想要天国，"那女人说，"我要我的丈夫。"杜锡达斯微笑着对她说："回家去吧，我的孩子。不出这个月，你就会找到你的丈夫。"女人满怀希望回去了。杜锡达斯每天去看望她，教给她崇高的思想，让她去思索，直到她的心充满了神圣的爱。一月未尽，她的邻居们去看她，问道："女人，你找到了你的丈夫没有？"这个寡妇微笑着说："我找到啦。"他们急切地问："他在哪儿？""我的丈夫在我心里，跟我合为一体了。"女人说。

一个人光有发达的四肢、健壮的肌体，并不算是一个完全健康的人。在一个发育良好的体内，必须同时具有一种正常而良好的心理，这才是我们获得幸福、取得成功的前提。我们每个人都可能遭受情场失意、官场失位、商场失利等方面的打击；我们每个人都会经受幸福时的欢畅、顺利时的激动、委屈时的苦闷、挫折时的悲观、选择时的彷徨，这就是人生。人生就是一碗酸、甜、苦、辣、咸五味俱全的汤，每种滋味你都可能品尝。

一次，野火烧山，黑烟冲天。凤凰带领百鸟前去救火，远远地看见一只白色羽毛的无名鸟，边飞边喊："着火了，快快救火。"它呼喊着，首先冲向烈火。树下的刺猬，慌慌张张地向洞里钻，说："谁愿救谁去，我逃命要紧。"无名鸟叼根马尾松，拼命地扑打疯狂的山火。它心里只有一个念头："豁出命来，也要保住大伙的森林。"于是它全力以赴扑向熊熊的烈火，可是，无名鸟的羽毛被烧焦了，再也支持不住身子，便跌落在地上，身边有股火苗又慢慢燃烧起来，它忍痛滚过去，用身子压灭了。无名鸟也因此牺牲了。浓烟冲进地洞，呛得刺猬直咳嗽。它受不住了，钻出地洞，蜷缩着身子，头也不敢伸出来。凤凰和百鸟飞过来，扑灭了山火。那时，森林里浓烟翻腾，空气里充满了焦臭味儿。凤凰望着雾腾腾的森林，从身上拔下几根金光灿烂的羽毛，说："谁能把无名鸟和刺猬的生死情况弄清楚，这羽毛就给谁。"

"哇哇，我先去。"乌鸦抢着飞下去，找到无名鸟的尸体，它用喙扒扒，见无名鸟已停止了呼吸；它扒扒刺猬，刺猬"吱吱"叫唤。乌鸦飞回来，说："我看清楚啦，无名鸟早已死去，刺猬却还活着。"凤凰好像没听见，说："谁去看看呢？""我去。"喜鹊滑翔到地面，它踩了刺猬一脚，来到无名鸟身旁，用爪子在地上刨了一个坑，把无名鸟埋葬了，还把无名鸟用来扑山火的松枝，端端正正地插在坟头，一切办好了，才飞到树上，说："我看清楚了，无名鸟还活着，刺猬早已死了。"凤凰点点头，把金色的羽毛交给了喜鹊。"哇哇！"乌鸦带着哭音，说："凤凰啊，您奖励错了啊！""没有！"凤凰看着百鸟，说，"大伙应该知道，无名鸟为集体利益而死，虽死犹生；刺猬为个人利益而生，虽生犹死。""轰！"凤凰的话音未落，无名鸟的坟墓上，红光闪闪，彩气腾腾，一只新生的无名鸟飞向天空。凤凰和百鸟赶紧上去迎接它。喜鹊把金光灿烂的羽毛捧了送给它，说："无名鸟啊，你是我们的英雄，这荣誉应当归于你。"百鸟立刻给无名鸟的翅膀插上这金色的羽毛，从此，它比以往更加美丽，人们就叫它金翅鸟。凤凰、金翅鸟和其他鸟儿，快乐地在蓝天翱翔，欢呼歌唱，其乐无比。刺猬仰头一看，满脸羞愧，一头钻进地洞，从此，它只好在百鸟休息了的深夜出来找点吃的，光明的白天，再也看不到它的影子了。直到今天，金翅鸟还受到人们的普遍喜爱。

有这样一句话："世界由两类人组成：一类是意志坚强的人，另一类是心志薄弱的人。后者面临困难挫折时总是逃避，畏缩不前，面对批评，他们极易受到伤害，从而灰心丧气，等待他们的也只有痛苦和失败。意志坚强的人不会这样。他们来自各行各业，有体力劳动者，有商人，有母亲，有父亲，有教师，有老人，也有年轻人，然而心中都有股与生俱来的坚强特质。"所谓坚强的特质，是指在面对一切困难时，仍有内在勇气承担外来的考验，这就是美丽的心灵。

小燕子吉吉飞了很远很远的路，才在一片光秃秃的山坡上发现了一棵苹果树。吉吉又累，又渴，又饿呀，那么远的路，竟然只有这么一棵树。他落定后，在稀疏的树叶中找了半天，只找到一个红苹果。哎呀，这是多么珍贵的一个苹果呀。这个苹果红红的，在微风中晃来晃去。忽然，小燕子吉吉发现这个苹果在流泪，而且发出轻轻的哭声。"咦？你怎么啦？"小燕子吉吉问红苹果。"我，我肚子痛。哎哟哟，好痛呀！"红苹果痛得直冒汗。小燕子非常着急，他忙说："红苹果，你等一等，我马上去找啄木鸟医生。"他不顾疲劳，一展翅膀就飞走了。

　　小燕子又飞了很远的路，终于在一片小树林里找到了啄木鸟医生。"啄木鸟医生！啄木鸟医生！红苹果病了，你去给她看看病吧。"啄木鸟正给一棵树看病，他停下来，问了问红苹果的病情，思考了一阵说："真对不起，红苹果的病太严重了，我已经治不了啦。"小燕子吉吉听了，只好去找住在一棵大树上的猫头鹰。猫头鹰说："我只能在夜间活动，白天是看不见路的。而且，而且，我也不会治病。"小燕子吉吉很失望，请不到医生，心里又惦念着红苹果，只好扭头飞回去。当他重新落在那棵苹果树上时，发现红苹果正哇哇大哭，她的肚子已经出现了一个小洞。小燕子吉吉焦急地看着。好奇怪哟，红苹果肚子上的洞越来越大，突然，从里面钻出一个头戴红帽子的绿虫子。吉吉非常生气，斥责道："原来是你这个害虫在欺侮红苹果！"说着就用嘴去啄那虫子。大绿虫又很机灵，一下子又缩回到洞里。

　　红苹果痛得已经没有力气哭了，她的声音越来越小。小燕子吉吉站在旁边不住地安慰她："红苹果，忍耐一下，只要那大虫子一出来，我就啄死他，吃掉他！"吉吉等呀，等呀。他一直守住这个洞口。忽然从洞口里飞出一只花蝴蝶，一直向远处山坡下的一丛小野花飞去。小燕子吉吉一愣，马上醒悟到，这是大绿虫子变的。于是一抖翅膀，向山坡下追去。花蝴蝶见燕子吉吉追来，惊慌地叫道："哎呀，我是多么美丽呀，我在点缀生活，你不要吃我呀！""呸！是你残害苹果姑娘，你再美丽也是个害虫！"吉吉说着，一个俯冲，一口将花蝴蝶吞进肚子里。消灭了花蝴蝶，小燕子吉吉重新飞回来，他想看看红苹果好了没有。可是，他围着苹果树转了五圈儿，也没找到。结果，却在地上发现了她。这唯一的苹果已经烂了，瘫在地上一动不动。小燕子真是悲伤极了，他的眼泪落在烂苹果上。这时，烂苹果强打精神说："好心的燕子，我就要死了，请你将我肚子里的籽粒种在山坡上。他们是我的孩子，你要精心地照料他们……"

　　小燕子吉吉怀着非常悲痛的心情，按照苹果的吩咐，把苹果肚子里的籽粒一粒一粒地啄出来，然后又一粒一粒地种在山坡上。他请来风伯伯把籽粒用土盖上；他请来雨婆婆给籽粒浇水；他央求太阳公公给大地多些温暖……不久，山坡上的苹果籽粒发芽了，长出一株一株的小苹果树的幼苗。在小燕子吉吉的精心照料下，苹果树苗越长越高，很快，这里就成了一片苹果园。小燕子吉吉还请来啄木鸟医生为果园防病，请来猫头鹰保卫果园。

　　后来，这片苹果园里的苹果树，棵棵都结满了大大的红苹果。红苹果们都冲小燕子吉吉点头欢笑。吉吉呢，把自己原来的好朋友，各种鸟儿都请来，让他们在这欢乐的果园里一起生活，过着快快乐乐的日子。

　　小燕子不辞劳苦，主动帮助苹果，它那美丽的心灵正是我们要学习的！

　　犹太人长期遭到迫害，必须要面对现代生活中瞬息万变、纷繁复杂的生活，适应快节奏高压力的生活，调适、转换心态的能力必须要加强。正是这种情况促使他们十分注意自身心灵的修养，与此同时，他们也是这样教育他们的子女的。做家长的都应该注意孩子这方面的教育，让他们拥有一颗美丽的心灵，造福社会。

大家一起来

团结就是力量，只有团结起来，才会产生巨大的力量和智慧，去克服一切困难。

在苏黎运河旁的一个小村庄里，住着10来户人家。虽然村里的人经过一年到头辛勤的劳动，基本上能够养家糊口，但是日子并不好过。他们的生活朴素而节俭。每天晚上，男人们拖着疲惫不堪的身子回家，晚饭后不久就得歇息。女人们在男人休息之后还要做一些收拾屋子、缝补浆洗的事。勤劳俭朴的习惯就这样一代代往下传，村里各家各户的少女也从日常的家务劳动中练就了一双灵巧、能干的手。她们不仅在白天帮助家里做一些烧水做饭、养鸡养畜的工作，到了晚上，还要搞手工编织、做针线活。

因为经济上都不宽裕，点灯用烛成了一道难题。为了节省一点灯烛钱，村里的姑娘们商量决定，大家分摊着凑一些蜡烛，每晚集中起来在一户住房较宽的人家一起干活。有一个因家境贫寒而买不起蜡烛的少女，每天晚上也到村里姑娘集体活动的那户人家去做夜活。日子一长，那些出了蜡烛的姑娘开始嫌弃这个少女。她们风言风语地想撵她出去。这个少女面对和自己从小一起长大的同伴们的无理做法愠而不发，并且很有礼貌地说道："我因为买不起蜡烛，所以常到这里来借光。我不能为这个集体活动的场所出一份钱，可是我多少能为大家出一点力。每天晚上我来得最早，一来就打扫屋子、整理坐席，正是出于这个原因。等你们都到齐的时候，这间房子并不显得拥挤；我每次坐在你们的后面，借着墙面反射的烛光干活，并没有遮挡你们的光线。我对你们没有任何妨碍，你们为什么要吝惜墙面反射的一点余光呢？我对你们并不是一点好处都没有，你们为什么一定要把我赶走呢？"那些看不起这个少女的姑娘们听了这番话以后，觉得很有道理。经过一番议论，她们终于决定把这个少女留在全村做夜活的姑娘们的队伍中。

一群农村姑娘，在生产力很低的古代社会，自发结成集中劳动的群体，这是有益于社会进步的一件好事。那个因为家贫而买不起蜡烛的少女被做夜活的姑娘们所接纳的事实，告诉我们，团结合作的互助精神是一种美德。

犹太人深知这个道理，并且身体力行，在孩子们小的时候就教育他们，要团结友善。犹太家长经常给孩子讲下面的故事来教育他们。

从前，有个叫马力诺夫的官员。平日，大家只见他整天弹琴作乐，悠闲自得，根本没见他走出过办公之地。然而在他的治理之下，他所管辖的地方生活富足，人心安定。后来，马力诺夫离开了这个地方，接替他的是思潘德勒。思潘德勒每天天没大亮，星星还没消失就出去了，一直忙到夜里繁星密布才疲惫不堪地返回办公地方。思潘德勒为了工作，吃也吃不香，睡也睡不好。大小事情无不亲自处理，好不容易才将这个地区治理好。思潘德勒听说马力诺夫治理简直不费什么气力，可当时这个地方也一样富足，便特意到马力诺夫府上求教，探讨治理这个地区的窍门。马力诺夫得知思潘德勒来意后，微微一笑，说道："我哪里有什么治理的窍门呀。只不过我治理时凭借大家的力量。而你治理时，你用的方法是只用你自己的力量。光依靠自己的力量治理当然辛苦不堪，而我动员了大家的力量，依靠众人当然使我自己安逸得多了。"

马力诺夫与思潘德勒同在做官，同样将所管辖地区治理得很好。然而一个工作得悠闲，一个工作得辛苦，这个故事不正说明了众人力量的重要吗？

一天，梭子鱼、虾和天鹅，出去把一辆小车从大路上拖下来。三个家伙一齐负起沉重的担子。它们用足了劲，身上青筋根根暴露，但无论怎样地拖呀，拉呀，推呀，小车还是在老地方，一码也没有移动。倒不是小车重得动不了，而是另有缘故：天鹅使劲儿往上向天空直提，虾一步步向后倒拖，梭子鱼又朝着池塘拉去。究竟哪个对，哪个错，谁也不知道，谁也不想寻根究底，只知道小车还是停在老地方。可见，合伙的人不一致，事情就要糟糕。

从前，吐任浑国的国王威廉有20个儿子。他这20个儿子个个都很有本领，难分上下。可是他们自恃本领高强，都不把别人放在眼里，他们认为只有自己最有才能。平时20个儿子常常明争暗斗，见面就互相讥讽，也总爱在背后说对方的坏话。威廉见到儿子们这种互不相容的情况，很是担心，他明白敌人很容易利用这种不和睦的局面来各个击破，那样一来国家的安危就悬于一线了。威廉常常利用各种机会和场合来苦口婆心地教导儿子们停止互相攻击、倾轧，要相互团结友爱。可是儿子们对父亲的话都是左耳朵进、右耳朵出，表面上装作遵从教诲，实际上并没放在心上，还是依然我行我素。威廉的年纪一天天老了，他明白自己在位的日子不会很久了。可是自己死后，儿子们怎么办呢？再没有人能教诲他们、调解他们之间的矛盾了，那国家不是要四分五裂了吗？究竟用什么办法才能让他们懂得要团结起来呢？威廉越来越忧心忡忡。

有一天，久病在床的威廉预感到死神就要降临了，他也终于有了主意。他把儿子们召集到病榻跟前，吩咐他们说："你们每个人都放一支箭在地上。"儿子们不知何故，但还是照办了。威廉又叫过自己的弟弟布鲁斯说："你随便拾一支箭折断它。"布鲁斯顺手捡起身边的一支箭，稍一用力，箭就断了。威廉又说："现在你把剩下的19支箭全都拾起来，把它们捆在一起，再试着折断。"布鲁斯抓住箭捆，使出了吃奶的力气，咬牙弯腰，脖子上青筋直冒，折腾得满头大汗，始终也没能将箭捆折断。威廉慢慢地转向儿子们，语重心长地开口说道："你们也都看得很明白了，一支箭，轻轻一折就断了，可是合在一起的时候，就怎么也折不断。你们兄弟也是如此，如果互相斗气，单独行动，很容易遭到失败，只有20个人联合起来，齐心协力，才会产生无比巨大的力量，可以战胜一切，保障国家的安全。这就是团结的力量啊！"儿子们终于领悟了父亲的良苦用心，想起自己以往的行为，都悔恨地流着泪说："父亲，我们明白了，您就放心吧！"威廉见孩子们真的懂了，欣慰地点了下头，闭上眼睛安然去世了。

折箭的道理告诉我们：正是因为犹太人始终信奉"团结就是力量"，他们才能在长期的迫害中生存下来。这种美德是他们能够奋斗到今天的至关重要的因素。家长们都应该像犹太家长那样，教育孩子，无论什么时候都要团结。

一诺千金

一诺千金看来只是一种作风，一种实在，一种牢靠，可它的内涵涉及对世界是否郑重。诚挚、严谨的人做人做事光明磊落，说话落地生根，一言既出，驷马难追。这种准则已超出了功利价值，而饱含着崇高的人类理想、精神和正气在其中。

犹太人很早就意识到了这一点，他们常用"一诺千金"来形容一个人很讲信用，说话算数。在他们的学习和日常生活当中，也确实做到了无时无刻不信守诺言。而且他们还将这种优良品质灌输给孩子，告诉他们"君子一言，驷马难追"的道理。他们常给孩子讲下面这个故事。

从前，有一对好朋友陀力卡拉和劳伦司基。两个人都很有学识，德行也受到大家的称赞，分不出谁好一些，谁差一点。有一年，洪水泛滥，淹没了许多村庄和大片的良田，百姓叫苦连天。陀力卡拉和劳伦司基的家乡也遭了灾，房子都被大水冲走了，盗贼也趁火打劫，四下作案，很不太平。无奈，陀力卡拉和劳伦司基只得和别的几个邻居一起坐了船去逃难。船上的人都到齐了，物品也装妥了，马上就要解缆离岸出发。这时候，远处忽然奔过来一个人，他背着包袱跑得气喘吁吁，大汗淋漓。这个人也顾不得擦汗，一边朝这边挥手一边扯开嗓子大叫道："先别开船，等等我，等等我呀！"这人好不容易跑到船跟前，上气不接下气地说："船都被人叫完了，没有人肯收留我，我远远看到这边还有一条……船，就跑过来……求求你们……带上我……一起走吧……"陀力卡拉听了，皱起眉头想了想，对这个人说："对不起得很，我们的船也已经满了，你还是再去另想办法吧。"劳伦司基却很大方，责备陀力卡拉说："陀力卡拉兄，你怎么这样小气，船上还很宽裕嘛，见死不救可不是君子所为，带上人家吧。"陀力卡拉见劳伦司基这样说，就不再坚持自己的意见，略微沉思片刻，答应了那人的请求。

陀力卡拉和劳伦司基的船平安地走了没几天，就碰上了盗贼。盗贼们划船追过来，眼看盗贼越追越近了，船上的人们都惊慌不已，不知该怎么办好，拼命地催促船家快些、再快些。劳伦司基也害怕得不行，他找陀力卡拉商量说："现在我们遇上盗贼，情况紧急，船上人多了没有办法跑得更快。不如我们让后上船的那个人下去吧，也好减轻船的重量。"陀力卡拉听了，严肃地回答道："开始的时候，我考虑良久，犹豫再三，就是怕人多了行船不便，弄不好会误事，所以才拒绝人家。可是现在既然已经答应了人家，怎么能够又出尔反尔，因为情况紧急就把人家甩掉呢？"劳伦司基听了这番话，面红耳赤，羞愧得说不出话来。在陀力卡拉的坚持下，他们还是像当初一样，携带着那个后上船的人，始终没有抛弃他。而他们的船也终于在大家的共同努力下，摆脱了盗贼，安全地到达了目的地。

劳伦司基表面上大方，实际上是在不涉及自己利益的情况下送人情。一旦与自己的利益发生矛盾，他就露出了极端自私、背信弃义的真面孔。而陀力卡拉则一诺千金，不轻易承诺，一旦承诺就一定要遵守。我们应该向陀力卡拉学习，守信用、讲道义，像劳伦司基那样的德行，是应该被人们所鄙弃的。

处在大千世界，有着太多随意许诺，却从不兑现的人。那种人较这种一诺千金的人似乎活得轻松。可惜，这种情景不会长久，一个人失信多了，他的诺言也就被当成戏言，大打折扣，全面降价且不说，别人会怎样看轻他呢！就是他自己，那种无聊、倦怠都会渐渐袭上心头。人一沾上那种潦倒的气味，做人的光彩就会大为逊色。

作为家长要像犹太家长那样，教育孩子注意自己的言行，说过的话一定要兑现，这样的人才能有所作为。

孝敬父母是天职

你必须对父亲和母亲献上相同分量的孝心。（《塔木德》）

孝敬父母是一项宗教义务，《塔木德》将其置于至关重要的地位，《圣经》则将敬奉父母与敬奉无所不在的上帝放在同等地位。

人有三个伴：上帝、父亲、母亲。一个人应该尊敬父母，不仅仅因为他们把他带到这个世界上来，更因为他们给了他道德教训。每一个人都要尊敬父母。

《塔木德》中记载了这样一则寓言故事：

一头骡子在路上走，遇到了一只狐狸，狐狸从来没有见过它。狐狸观察着它脸上的庄严神气，它的眼睛很明亮，它的耳朵很长，狐狸心里说："我看到的这个家伙是谁呢？我还从来没有看到像它这样的……"

狐狸问骡子是谁生的。骡子回答说："我的叔叔是国王的坐骑。打仗的时候，它腾跳奔跃，猛烈地刨地。它的脖颈上披覆着鬃毛，它高贵的嘶鸣令人恐惧。它的蹄子像燧石。它们渴望鏖战和毁灭……它的眼睛像火焰，像闪电。它是主人的力量之塔……这就是骡子的家谱。"

这个寓言说的是把自己从头到脚华丽地装扮起来的人。他装得很伟大的样子，但是，当有人问他的名字和血缘，他怕说出自己的父母感到不光彩，就说出使他显得尊贵的亲戚……

在那些说自己的父母"我从来没有见过他们"的人中，找不到一个真正的人。

另一方面，犹太人认为要尊敬父母，重要的不是你做了什么而是你怎么做。

一个人可能给父亲吃肥鸡而下地狱，一个人可能让他的父亲在磨坊里做工而去天堂。

为什么这样呢？

有一个人常常给父亲吃肥鸡。有一次父亲对他说："孩子，你从哪里得到的这些鸡？"他回答说："老东西，别出声，吃吧，就像狗那样吃东西的时候不出声。"这样的人虽然给父亲吃肥鸡，但要下地狱。

有个人在磨坊里工作。国王下令每一户出一个男人给自己干活。这个人对他的父亲说："父亲，你待在这里，替我在磨坊工作，我要去给国王干活了。因为如果工人要受辱，我宁愿自己承受，不愿你承受。如果有责罚，希望挨打的是我而不是你。"

这样的人让父亲在磨坊里工作，但还能去天堂。

对父母不仅要实实在在的孝敬，而且孝敬的行为必须出于正确的心态。

一个人不能在言辞中对父亲表示不敬。比如，如果父亲年纪大了，早晨想早点吃饭。他要求儿子早点弄吃的，儿子说："太阳还没升起来呢，你就起床要吃的。"

或者父亲说："孩子，你给我买这件衣服，买这些吃的花了多少钱啊？"儿子说："不关你的事，不要问了！"

或者他自己想着，说："这个老家伙什么时候死？那时候我就解脱了。"

如果父亲不小心违反了《律法书》，孩子不能斥责他说："父亲，你犯法了。"他也不能说："父亲，《律法书》是那样规定的吗？"因为这两种说法都是对父亲的侮辱。

他应该这样说："父亲，《律法书》是这样规定的。"然后他引用原文，让他的父亲自己得出结论——自己错了。

犹太人认为，人最亲近的伙伴是上帝和父母。犹太人拉比说，当人尊敬父母的时候，也等于在尊重上帝，所以犹太人非常孝敬父母。

这里就有几则犹太人孝敬父母的小故事：

有人问埃利泽尔拉比："孝敬父母，什么限度最为合适？"

拉比回答："问问达玛，也许他有更好的答案。"

有一次，代表整个部落的一块玉丢失了，于是拉比问："谁有与这块玉相似的碧玉？"

有人回答："达玛有。"

于是，他们一起来找达玛商量，准备买下那块碧玉。那块玉石的售价是100个第纳尔。达玛上楼去取玉石，他发现父亲和母亲睡着了，并看见父亲的脚放在宝石盒子上，而且开盒子的钥匙也在父亲手里。

达玛马上下楼对来人说："我不能给你。"

来人怀疑达玛嫌价钱低了，他们把价格抬到了1000个第纳尔。正在这时，达玛的父母醒了。达玛上楼，取出玉石交给了来人。正当来人准备给达玛高价时，他非常生气地说："什么，难道孝敬父母也能卖钱吗？"

有此发财机会，却因不愿打扰熟睡中的父亲而放弃，这是多么令人感动的事啊。

在犹太人的世界中，这样的佳话很多：

一次，拉比塔福恩的母亲在乡间走路时，不小心把鞋带弄坏了。为了不让母亲的脚踩到地上，塔福恩就让母亲踩着自己的两只手走过去。

一天，塔福恩病了，许多长老们都来看望他。他母亲对这些长者说："为我的孩子祝福吧！他为我尽了最大孝道。"这位母亲把这事原原本本地说出来。

长老们听完后，对塔福恩的母亲说："我们要为这样孝敬母亲的拉比做祈祷，愿他永远平安、幸福。"

犹太人认为赡养父母，是对父母养育之恩的回报。只要对造物主的敬重还没有消失，赡养双亲的律例将永无止境。

《圣经》上说："尊敬你的父亲和母亲。"

《塔木德》这样告诫人们："不管你是十恶不赦的罪犯，还是遵纪守法的臣民，都得把孝敬父母看成是自己的天职，哪怕你是落魄天涯、衣食无着的人。"

慈善乃公义

把属于上帝的还给他，因为你及你的所有都是他的。

如果一个富人不肯把他的财富作布施，财富就不会给他带来荣耀。（《塔木德》）

在世界各国的商人中，犹太人是最有社会意识的商人。他们最愿意用捐赠的方式来表达自己的社会责任感。几乎所有的犹太商人都有过巨额的捐赠。

施格兰王国的山姆·布朗夫曼是加拿大犹太共同体的"俗界"领导人，第二次世界大战前曾奋不顾身地解救欧洲犹太难民。他们整个家族一年通常要为慈善事业捐献150万美元。

埃特蒙·罗思柴尔德曾为巴勒斯坦犹太移民区花费了1000万英镑。

修建土耳其东方铁路的莫里茨·赫希男爵作为有成就的犹太人，曾捐助1亿美元。

南非钻石商巴奈·巴纳特为医院、孤儿院提供捐赠，建造了约翰内斯堡犹太教会堂。

上海犹太富商维克多·沙逊为避难上海的犹太难民一次捐款15万美元。

至于像雅各布·希夫和伦敦罗思柴尔德这样的犹太共同体领袖的有形无形的捐赠资助，更是不计其数。

19世纪中期至20世纪初期，俄国银行家金兹保家族从1840年创立第一家银行起，经过几十年的经营，在俄国开设了多家分行，并与西欧金融界建立了广泛的业务关系，发展成为俄国最大的金融集团，其家族成员成为世界知名的大富豪。金兹堡家族像其他犹太富豪一样，在其发迹过程中做了大量的慈善工作。

他在获得俄国沙皇的同意下，在彼得堡建立了第二家犹太会堂。1863年，他又出资建立俄国犹太人教育普及协会；并用他在俄国南部的庄园收入建立犹太农村定居点。金兹堡家族第二代继续把慈善工作做下去，曾把其拥有的在当时欧洲最大的图书馆捐赠给耶路撒冷犹太公共图书馆。

美国犹太商人施特劳斯，从商店记账员开始，步步升迁，最后成为美国最大的百货公司之一的总经理，20世纪30年代成为世界上首屈一指的巨富。他也做了大量的慈善活动。除了关心公司职工的福利外，他曾多次到纽约贫民窟察访，捐资兴建牛奶消毒站，并先后在美国36个城市给婴幼儿分发消毒牛奶。到1920年止，他捐资在美国和国外建立了297个施奶站；他还资助建设公共卫生事业，1909年在美国新泽西州建立了第一个儿童结核病防治所；1911年，他到巴勒斯坦访问，决定将他1/3的资产用于该地兴建牛奶站、医院、学校、工厂，为犹太移民提供各项服务。

犹太商人如此乐于做善事，实际上也是一种生意经。他们大量地捐资为所在地兴办公益事业，对他们开展各种经营十分有利。有些犹太富商由于对所在国的公益事业有重大义举，获得了国王的封爵，如罗斯查尔德家族有人被英王授予勋爵爵位。有些犹太商人还获得当地政府给予优惠条件开发房地产、矿山、修建铁路等，赚钱的路子得到拓宽。

犹太裔人热心捐钱办公益事业，归根到底是一种营销策略，为企业提高知名度、扩大影响，博取消费者的好感，起到重大的作用。目前这种营销策略已广为人知和广为企业所应用，犹太商人高明之处在于一百多年前已率先采用。

这种营销策略也与犹太民族的历史背景和文化传统有很大的关系。

《圣经》中就明确规定，以色列人必须将收入的1/10作为向上帝的献祭，其中包括供养祭司阶层、用作宗教礼仪的，也包括由族人分享的。除此之外，还有诸如留1/10土地上的庄稼不要收割，收割时故意遗落一些供人拾取，以及在安息年（7年一次）不耕作，也不管理葡萄园、橄榄园，任凭地里的东西自生自长，供人拾用。

每当安息日到来之前的周五黄昏，犹太家庭的母亲们必定会点燃蜡烛，父亲则将手放在孩子们的头上吟诵祝福。此外，每个犹太家庭里都有一只上面写着"jewish national fund"的捐献箱。在吹熄蜡烛的时候，孩子们便将父母所给的硬币投入箱中作为慈善之用。这是在教导孩子从小行善。周五午后，穷人们四处拜访富有人家乞求施舍。有的父母看见有人上门乞讨时，为了培养孩子们的慈善心，并不直接把钱施予穷人，而是通过孩子的手取钱用以救济行善。

在所有这样的安排中，犹太人都有一条明确的原则，即有钱人向穷人尽"公共义务"。用《圣经》中上帝的话来说就是："原来那地上的穷人永不断绝，所以我吩咐你说：'总要向你地上困苦穷乏的弟兄松开手。'"

这种制度在犹太民族进入大流散之后，发挥了巨大的作用。无论什么地方，只要有一个完整的犹太社群，就必有自己的教会堂，教会堂中必有一个犹太人称为"司幕"的救济员，以解决犹太人一般日常需要。在他出外经商时，无论走到哪里，只要那里有犹太社群，他就会受到该集体的热情款待。如果他们的船只遇险，附近犹太社群就会主动帮助他们脱险；而要是他们不幸落入海盗之手，那么附近社群还会花钱将他们赎回来。在中世纪时，海边的犹太社群中一般都设立了专门用来赎还被掳掠犹太人的基金。

通过这样一种传统，犹太民族主要借助富人的钱，绝大多数情况下也就是商人们的钱财，把流散的犹太人联系起来。更重要的是，在每个犹太人，尤其是有钱的大商人头脑中有了这样一个观念：慈善就是公义。他们自觉地把捐赠作为协同整个民族乃至整个世界的一个机制。

所谓的"慈善"不是犹太人的说法，在他们眼里，这样的行为只是一种"公义"，捐献，也就是捐献一定数量的钱是每个犹太人必须履行的"公共义务"。

在犹太人看来，不及时捐助穷人与犯罪无异。犹太典籍《米德拉西》里记载如下典故：

有个瞎子乞丐坐在街角，两名男子行经此地，一名男子拿出一枚铜板施与乞丐，另一名男子则无任何表示。死神当场现身，告诉两名男子："刚才把铜板施与这个可怜乞丐的人，此后50年间不必怕我。但是另外一名男子马上就得死！"那名缺乏爱心的男子闻言连忙求饶："请再重来一次，我将对那个乞丐施舍铜板。"死神冷然拒绝："来不及了！乘船出海之时，岂有等到船已出海，再来检查船底是否有漏洞的道理？"

同样，《塔木德》上也记载道：

纳乌细一次赶着两头驴子出门，一头驴子驮着食物，一头驴子驮着水，遇到一个穷人。穷人向纳乌细乞食，纳乌细说："等我把东西都卸下来吧。"东西还没有卸下来，穷人就死了。纳乌细请求上帝降罪于自己，让自己的眼睛失明了，四肢断了，身上长满了疖子。

犹太人从小便用这样的故事教育自己的孩子，培养他们救济穷人的善心。

犹太人洛克菲勒，成为当时世界首富的时候，别人劝他把这些钱留给他的孩子们，洛克菲勒激动地回答："这些钱是从大众那里来的，因此也应该回到大众那里去，到它们应该发挥作用的地方去。"洛克菲勒成立了以自己名字命名的"洛克菲勒基金会"，他帮助成千上万的食不果腹的孩子，让他们可以吃上饭，并且让他们上学接受教育，让他们成为对社会有用的人。他主要投资在医疗教育和公共卫生上面。他的基金会先后投资达7.5亿美元，是世界上最大的慈善机构。

而且他还让自己的孩子们尽可能地把钱花在那些需要它的人们身上，他的孩子们秉承了他的愿望，整个洛克菲勒家族的捐款和赞助达到了10多亿美元。

在洛克菲勒知道了密西根湖湖岸的一家学校因为抵押权而被迫关闭时，他立刻捐出数百万美元去援助它，将它建设成为目前举世闻名的芝加哥大学。

他也尽力帮助黑人。像塔斯基古黑人大学，需要基金来完成黑人教育家华盛顿·卡文的志愿，他毫不迟疑地捐出巨款。他也帮忙消灭十二指肠虫。当著名的十二指肠虫专家史太尔博士说："只要价值5美分的药品就可以为一个人治愈这种病——但谁会捐这5美分呢？"洛克菲勒捐了出来。后来，他成立了一个庞大的国际基金会——洛克菲勒基金会——致力于消灭世界各地的疾病、文盲及无知。

洛克菲勒深知全世界各地有许多有识之士，进行着许多有意义的工作。但是这些拥有高科技的工作，却经常因缺乏资金而宣告结束。他决定帮助这些开拓者——并不是"将他们接收过来"，而是用他的金钱资助。1915年，洛克菲勒基金会成立中国医学委员会，由该委员会负责在1921年建立了北京协和医科大学，这所大学为中国培养了一代又一代的现代医学人才。

他的赞助给慈善业带来了一场革命。在他之前，富有的捐赠人往往只是资助自己喜爱的团体，或者遗赠几栋房子，上面刻上他们的名字以显示其品行高尚。洛克菲勒的慈善行为则更多地致力于促进知识创造和改善公共环境，其影响也更加深远。在他死后，一位曾经审问过他的检察官这样评论："除了我们敬爱的总统，他堪称我国最伟大的公民。是他用财富创造了知识，舍此更无第二人。世界因为有了他变得更加美好。这位世界首席公民将永垂青史。"

洛克菲勒的这些慈善举动，有力地说明了这样一个道理："给予，也是一种幸福。"

"有钱是好事，但是知道如何使用更好。"《塔木德》中这样记载着。

犹太人认为，提供帮助是"富人的责任"，获得帮助是"穷人的权利"。在长期流亡的艰苦岁月中，犹太富人往往自觉地替穷人掏腰包，接济贫穷在犹太人中成为一种社会习惯。哪怕是家无三餐的穷苦犹太人，也都保存着一个攒钱的小盒子，准备施舍给比他们更穷的人家。

犹太社团里必定会有慈善机构，这些慈善机构都是靠着富裕的犹太人的捐助来维持的。在每周不同的日子里，穷苦的犹太学生分别到不同的犹太人家庭中去吃饭，以便使得这些学生能够安心读书。

可以毫不夸张地说，在一些庞大的犹太共同体，如英国伦敦或美国纽约的犹太共同体中，最大最多的机构也许就是从事慈善救济和募捐的机构。它们不单保证了共同体成员的需要，而且在其他共同体处于危难之中，或面临大量移民时，提供了至关重要的支持与资助。

每当以色列处于战争之时，海外犹太人的捐款便会潮水般地涌来。除了现金和支票，人们还会送来房屋和汽车加油站的契据。妇女会献出自己的戒指和首饰。孩子会献出自己积攒的硬币。一个老人甚至献出了他的全部财产：30美元6角9分。犹太教神学院的一位教授给募捐组织送来一张2.3万美元的支票。他附带在便条上所写的一段话，最具代表性地体现了"慈善乃公义"的巨大感召力："我们愿以任何方式帮助你们，只要你们觉得可行，我会心甘情愿地奔赴以色列，换下别人去完成其他任务。"

犹太人的慈善概念可以说在死于20世纪30年代的一个犹太妇女的墓志铭上得到体现：

她向学者赠送《圣经》，向被盗者赠送祈祷书。

她经常邀请穷人去她家一起用餐。

她亲自为赤身裸体的人穿衣，并为穷人准备了数百件衬衫。一位普通的犹太妇女尚且如此，犹太富人当然更不能等闲视之。

被誉为当代最慷慨的慈善家的伊沙克·沃夫森是一个苏格兰犹太人，也是英国最大的百货公司"大宇宙百货公司"的总裁。该公司拥有3000多家零售商店，同时涉及银行业、保险业、房地产及水陆运输业等。1955年，沃夫森设立了以自己名字命名的基金会，并在以后的20年间为教育机构提供了4500万美元的经济资助。许多大学和学院都向他颁发了荣誉学位证书。

罗森沃尔德曾为美国28个城市的"基督教青年联合会"和美国一些贫困地区建立乡村学校提供资助。为解决芝加哥黑人的住房问题，他出资270万美元，还分别为芝加哥大学、芝加哥科学和工业博物馆各捐赠500万美元。1917年，他创立了"朱利叶斯·罗森沃尔德基金会"，基金总额为3000万美元，并且按照他的要求，本利必须在他去世以后的25年内用完。罗森沃尔德向华盛顿"国家美术馆"捐献了7.5万件雕塑与绘画作品。他还曾向"国会图书馆"赠送了约2000册珍贵图书，其中有许多是印刷术发明后的首批印刷品，另外还有许多手稿。为此，他被赞誉为"美国文化史上最值得称颂的英雄……人民的最大施主之一"。

在美国20世纪90年代末期的股票大潮中，新一代的超级富翁们应运而生。尽管后来的经济形势很不景气，但是他们对慈善捐助的热情丝毫没有减退。从1990年以来，个人慈善捐款的数额从1100亿美元增加到2001年的1640亿美元。

1999年，世界首富比尔·盖茨做出了令人震惊的举动：他为改善贫穷国家的卫生保健，建立了170亿美元的基金会。盖茨和他的妻子已经为这个基金会投入了256亿美元，占他们现有财产的60%。这个基金会已成为世界上最大的私人基金会。

谦卑是最高尚的道德

> 降低自己的人，上帝抬高他；抬高自己的人，上帝降低他。
>
> 在众人面前要谦卑。（《塔木德》）

犹太古谚有一句批评自大的话："没有你，太阳照样东升西下。"

犹太人认为，当人自满自大时，就会失去一个人应有的谦虚以及改过向上的念头。因此，虽不认为自大是一种罪过，却认为它是一种愚昧。有很多人总认为自己是世界中心，但是周围的任何人却绝不可能那么重视他，因此他厌恶别人的漠不关心，同时更为他自己没有达到更高的目标而生气，于是就会产生过度的自我嫌恶。在犹太人看来，这也算是自大的一种。因为这种自我嫌恶和虚荣心是互为表里的。

犹太人说："如果自己的内心已被自己占满时，就再也不会有留给神住的地方了。"

犹太人告诫孩子们不可自大时，常引用《圣经·创世记》做比喻：

在《创世记》中，神首先分别光明与黑暗；再分割天空和地面；并将地面划分为水、陆；然后他开始创造生物；到了最后才创造人——亚当。因此，甚至跳蚤都比人早到这个世界，所以人有什么了不起呢？

谦虚是美德。因此《塔木德》对谦虚有很严格的规定，告诫人们说："即使是一个贤人，只要他炫耀自己的知识，他就不如以无知为耻的愚者。"

犹太人有许多嘲笑不谦虚的人的故事。

有一位从事神圣工作的拉比好像在熟睡。他旁边的信徒讨论这位神圣的人无与伦比的美德。

"他是多么虔诚！"一个信徒带着陶醉叫了出来，"在整个波兰也找不到第二个像他的人！"

"谁能和他比仁慈？"另一个狂热地呐喊，"他给人宽广无私的施舍。"

"还有多么温和的脾气！"另一个信徒眼睛发光地低语。

"啊，他是多么的博学！"一个信徒用圣歌般的调子说。

信徒们陷入了沉默。这时这位拉比慢慢地睁开眼睛，用一种受伤害的表情看着他们。

"怎么没有人说说我的谦虚？"他责备说。

这则故事的名字就叫《谦虚的拉比》，它嘲讽了一个毫不谦虚的拉比的愚蠢。

犹太拉比希雷尔据说是一位最谦卑的人，他的名言："我的谦卑就是我的高贵，我的高贵就是我的谦卑。"

下面这则轶事体现了他这方面的品质：

有两个年轻人打赌，如果谁能让希雷尔拉比发怒，谁就可以赢400元钱。这天刚好是安息日前夜，希雷尔拉比正在洗头。

这时，有个人来敲门，并大声喊道："希雷尔，希雷尔在家吗？"

希雷尔拉比忙用毛巾包好头问道："孩子，你有什么事吗？"

"我有一个问题不明白。"年轻人说。

"请讲吧，孩子。"希雷尔拉比说。

"为什么巴比伦人的头是圆的？"年轻人问道。

"这的确是一个重要的问题，原因在于巴比伦人缺乏熟练的产婆。"希雷尔拉比回答。

那个年轻人听完就走了。没过多久，这个年轻人又来了，大声喊道："希雷尔，希雷尔在家吗？"

希雷尔拉比连忙又包好头，走出门来问道："孩子，你有什么事吗？"

"我有一个问题不明白。"这个年轻人说。

"那就请讲吧，孩子。"希雷尔拉比说。

"为什么帕尔米拉地方的居民都长烂眼睛？"那人问道。

"这的确是一个重要的问题，因为他们生活在沙尘飞扬的地区。"希雷尔拉比回答。

这个年轻人又说道："我还有许多问题要问，但我怕惹您生气。"

希雷尔拉比干脆把身上都裹好，坐下来说："有什么问题，你尽管问吧。"

"你就是那个被人们称为以色列亲王的希雷尔吗？"

"不错。"

"但愿以色列不要有太多像你这样的人。"

"为什么呢？"

"因为为了你，我输掉了400元钱。"

希雷尔问明情况后，对他说："年轻人，希雷尔是值得你为他输掉400元钱的，即使再加400元钱也不算多，不过希雷尔是肯定不会发火的。"

面对年轻人一次又一次的刁难，希雷尔始终以一种谦卑的态度耐心作答。试想，没有很高的修养，是很难做到这一点的。

另外一位拉比美雅也可称得上是一位谦卑的人：

拉比美雅是一位天才演说家。每个周五晚上，他都要在礼拜堂里宣讲教义，听者数以百计。其中有一位妇女为之着迷不已。

通常周五晚上，犹太妇女都要在厨房准备安息日的饭菜，但是这位崇拜美雅的妇女，每次都到教堂听讲而耽误了家里的事。

美雅讲道时间很长，但听众却觉不出来。有一天，这位妇女听完讲演回到家时，发现丈夫怒气冲冲地在门口等她，看到她就暴跳如雷地骂道：

"明天就是安息日了，饭菜还没有准备好，你到哪里野去了？"

妇女回答道：

"我到教堂去听拉比美雅讲道了。"

丈夫气急败坏地说：

"除非你往拉比的脸上吐一口痰，否则你休想再进这个家。"

这位妇女只得暂时借住在朋友家中。

消息传到拉比美雅的耳朵里，他深感不安。自责的同时，他邀请这位妇女到自己家中，对她说：

"我的眼睛很痛，用水洗一洗也许会好一些。请你替我洗一洗。"

这位妇人以为美雅是在调戏她，就朝美雅的眼睛吐了一口痰。

这位妇女回家了。

弟子们问美雅：

"您是一位尊贵的受人尊敬的拉比，怎能甘受侮辱而不声不响呢？"

美雅说："只要能挽回一个家庭的和睦，任何牺牲都是值得的。"

这就是高贵人的谦卑之处。《塔木德》以此教导世人。

第 三 篇

信念：生命的支柱

别让任何人偷走你的梦

对孩子的梦想要支持，而不可用冷嘲热讽将之摧毁。鼓励孩子坚持自己的梦想，不因他人而轻易改变。

美国某个小学的作文课上，老师给小朋友的作文题目是"我的志愿"。一位犹太小朋友非常喜欢这个题目，在他的簿子上，飞快地写下他的梦想。他希望将来自己能拥有一座占地十余公顷的庄园，在壮阔的土地上植满如茵的绿草。庄园中有无数的小木屋、烤肉区及一座休闲旅馆。除了自己住在那儿外，还可以和前来参观的游客分享自己的庄园，有住处供他们歇息。

写好的作文经老师过目，这位小朋友的簿子上被划了一个大大的红"×"，发回到他手上，老师要求他重写。小朋友仔细看了看自己所写的内容，并无错误，便拿着作文簿去请教老师。

老师告诉他："我要你们写下自己的志愿，而不是这些如梦呓般的空想，我要实际的志愿，而不是虚无的幻想，你知道吗？"

小朋友据理力争："可是，老师，这真的是我的梦想啊！"

老师也坚持："不，那不可能实现，那只是一堆空想，我要你重写。"

小朋友不肯妥协："我很清楚，这才是我真正想要的，我不愿意改掉我梦想的内容。"

老师摇头："如果你不重写，我就不让你及格了，你要想清楚。"

小朋友也跟着摇头，不愿重写，而那篇作文也就得到了大大的一个"E"。

事隔30年之后，这位老师带着一群小学生到一处风景优美的度假胜地旅行，在尽情享受无边的绿草，舒适的住宿及香味四溢的烤肉之余，他望见一名中年人向他走来，并自称曾是他的学生。这位中年人告诉他的老师，他正是当年那个作文不及格的犹太学生，如今，他拥有这片广阔的度假庄园，真的实现了儿时的梦想。老师望着这位庄园的主人，想到自己30余年来，不敢梦想的教师生涯，不禁感叹："30年来为了我自己，不知道用成绩改掉了多少学生的梦想。而你，是唯一保留自己的梦想没有被我改掉的。"

《塔木德》中说：不要让任何人偷走你的梦想，因为只有你才对自己的梦想享有发言权。你认为它值得追随，值得实现，它便具有了那份意义。并且，不要让现实篡改了你的梦想，不要因为困难轻易放弃。经过努力而没有实现梦想的人并不失败。因为他心底的坚持使他更值得尊敬。

不害怕，人生才会精彩绝伦

> 怯懦者安于平凡，不敢跨越雷池一步，因此永远无法享受精彩的生活。克服生命中的恐惧，勇敢地活出自己吧。

《不带钱去旅行》的作者麦克·英泰尔是一个犹太人，他原本只是个平凡的上班族，就在37岁那一年，他做了一项疯狂的决定。他放弃了收入丰厚的记者工作，并将身上仅有的3美元捐给街角的流浪汉后，只带了干净的内衣裤，从阳光明媚的加州出发，以搭便车的方式走遍了整个美国。

然而，这个决定，竟是他在精神快崩溃时所做的仓促决定，而这趟旅程的目的地，则是美国东岸北卡罗来纳州的恐怖角。

一切缘起于某个午后，他莫名地哭了起来，因为他问了自己一个问题："如果有人通知我，今天就要死了，我会不会后悔？"

停顿了一会儿，英泰尔肯定地说："会！"

面对一直以来平顺的日子，他发现，生活中从来没有激起过丁点儿火花，甚至连一场小赌注都玩不起。

继续回想这30多年的时光，他又发现，因为个性懦弱，即使有机会做自己想做的事，却因为"害怕"两个字，而一再退缩。

不断地回想、反省，他懊恼地对自己说："什么都怕，活着能干什么？什么都听别人的，活着有什么意义？"

当他强烈质疑着自己的存在价值时，忽然鼓起勇气下定决心："我一定要突破这一切！"

一个什么事都担心、害怕的人，要独自来到传说中的恐怖角，确实需要很大的勇气与决心，特别是当亲友们还语带恐吓与嘲讽地说："你确定自己行吗？这一路你恐怕会遇到各种麻烦，你一定很快就会退缩。"

"不会的！"英泰尔对亲友们说，也向自己保证。

凭着一个冲动的决心和一份坚强的毅力，从来没有独立完成过一件事的英泰尔，真的成功了，他仰赖了82位从小到大最害怕面对的陌生人，完成了4000多英里的路程，终于抵达了目的地。

一毛钱也没有花的英泰尔，在成功抵达目的地时，立即对着那些等待他的人们说："我不是要证明金钱无用，这项挑战最重要的意义是，我终于克服了心理的恐惧！"

望着"恐怖角"的路标，英泰尔若有所悟地说："原来恐怖角一点也不恐怖，这就像我的恐惧一样，现在我终于明白了，过去实在太胆小怕事了。"

我们都希望梦想能够实现，更希望能拥有精彩的人生，然而，当我们准备迈出步伐时，难免会像英泰尔一般，犹豫半天，"万一失败了怎么办？万一出现问题，要怎么解决？”

步伐都还没有迈出去，心中就开始想象跌倒的姿势，当然只能在原地踏步，然后一再地懊恼机会的错失。

别再给自己那么多的恐吓，唯有亲自体验，你才会明白英泰尔的体会，"原来，一切不是我想象中的那样困难。"

德国犹太诗人海涅曾经写道："命运并非是一种选择，我们不应该期待命运的安排，必须凭自己的努力创造命运。"世上无难事，只怕有心人，只要有心，勇于突破，就没有难得倒自己的事。同时，也不要害怕未来的不可预测，生活中最大的乐趣不在于预知，而在于一再地挑战未知。

成功并不像你想象的那么难

并不是因为事情难我们不敢做，而是因为我们不敢做事情才难的。

1965年，一位犹太学生到剑桥大学主修心理学。在喝下午茶的时候，他常到学校的咖啡厅或茶座听一些成功人士聊天。这些成功人士包括诺贝尔奖获得者，某一些领域的学术权威和一些创造了经济神话的人，这些人幽默风趣，举重若轻，把自己的成功都看得非常自然和顺理成章。时间长了，他发现，在国内时，他被一些成功人士欺骗了。那些人为了让正在创业的人知难而退，普遍把自己的创业艰辛夸大了，也就是说，他们在用自己的成功经历吓唬那些还没有取得成功的人。

作为心理系的学生，他认为很有必要对犹太成功人士的心态加以研究。1970年，他把《成功并不像你想象的那么难》作为毕业论文，提交给现代经济心理学的创始人威尔·布雷登教授。布雷登教授读后，大为惊喜，他认为这是个新发现，这种现象虽然在东方甚至在世界各地普遍存在，但此前还没有一个人大胆地提出来并加以研究。惊喜之余，他在给以色列首脑的信中说，"我不敢说这部著作对你有多大的帮助，但我敢肯定它比你的任何一个政令都能产生震动。"

后来这本书果然伴随着以色列的经济起飞了。这本书鼓舞了许多人，因为他们从一个新的角度告诉人们，成功与"劳其筋骨，饿其体肤""三更灯火五更鸡""头悬梁，锥刺股"没有必然的联系。只要你对某一事业感兴趣，长久地坚持下去就会成功，因为上帝赋予你的时间和智慧够你圆满做完一件事情。

人世中的许多事，只要想做，都能做到，该克服的困难，也都能克服，用不着什么钢铁般的意志，更用不着什么技巧或谋略。告诉你的孩子：只要一个人还在朴实而饶有兴趣地生活着，他终究会发现，造物主对世事的安排，都是水到渠成的。

炼金术

成功其实没有所谓捷径可循，唯一的办法是脚踏实地的努力奋斗，聚沙成塔，集腋成裘。

大卫统治时期，犹太国有个叫奈哈松的人，一心想成为一个人富翁。他觉得成为富翁的最短的捷径便是学会炼金之术。

此后他把全部的时间、金钱和精力，都用在了炼金术的实验中了。不久以后他花光了自己的全部积蓄，家中变得一贫如洗，连饭都没得吃了。妻子无奈，跑到父亲那里诉苦。她父亲决定帮女婿改掉恶习。

他让奈哈松前来相见并对他说："我已经掌握了炼金之术，只是现在还缺少一样炼金的东西……"

"快告诉我还缺少什么？"奈哈松急切问道。

"那好吧，我可以让你知道这个秘密。我需要3千克香蕉叶的白色绒毛。这些绒毛必须是你自己种的香蕉树上的。等到收齐绒毛后，我便告诉你炼金的方法。"

奈哈松回家后立刻将已荒废多年的田地种上了香蕉。为了尽快凑齐绒毛，他除了种以前就有的自家的田地外，还开垦了大量的荒地。当香蕉长熟后，他便小心地从每张香蕉叶下收刮白绒毛。而他的妻子和儿女则抬着一串串香蕉到市场上去卖。就这样，10年过去了。奈哈松终于收集够了3千克绒毛。这天，他一脸兴奋地拿着绒毛来到岳父的家里，向岳父讨要炼金之术。

岳父指着院中的一间房子说："现在你把那边的房门打开看看。"

奈哈松打开了那扇门，立即看到满屋金光，竟全是黄金，她的妻子儿女都站在屋中。妻子告诉他这些金子都是他这10年里所种的香蕉换来的。面对着满屋实实在在的黄金，奈哈松恍然大悟。

如果把捷径理解为一蹴而就的话，成功是没有捷径可以走的；如果把捷径理解为到达成功最短的距离的话，成功的捷径就是我们脚踏实地的奋斗，扎扎实实的努力！

简单的事情重复做

成功其实并没有想象中的那么复杂，有时候需要的只是持久的耐心，把人人都能做到的简单的事情持续做下去，日积月累，你就成功了。

一位著名的推销大师即将告别他的职业生涯，应行业协会和社会各界的邀请，他将在该城中最大的体育馆，做告别职业生涯的演说。

那天，会场座无虚席，人们在热切地、焦急地等待着那位当代最伟大的推销员，做精彩的演讲。当大幕徐徐拉开，舞台的正中央吊着一个巨大的铁球。为了这个铁球，台上搭起了高大的铁架。

一位老者在人们热烈的掌声中，走了出来，站在铁架的一边。他穿着一件红色的运动服，脚下是一双白色胶鞋。

人们惊奇地望着他，不知道他要做出什么举动。

这时两位工作人员，抬着一个大铁锤，放在老者的面前。主持人这时对观众讲：请两位身体强壮的人，到台上来。好多年轻人站起来，转眼间已有两名动作快的跑到台上。

老人这时开口和他们讲规则，请他们用这个大铁锤，去敲打那个吊着的铁球，直到把它荡起来。

一个年轻人抢着拿起铁锤，拉开架势，抡起大锤，全力向那吊着的铁球砸去，一声震耳的响声，那吊球动也没动。他就用大铁锤接二连三地砸向吊球，很快他就气喘吁吁。

另一个人也不示弱，接过大铁锤把吊球打得叮当响，可是铁球仍旧一动不动。

台下逐渐没了呐喊声，观众好像认定那是没用的，就等着老人做出什么解释。

会场恢复了平静，老人从上衣口袋里掏出一个小锤，然后认真地，面对着那个巨大的铁球。他用小锤对着铁球"咚"敲了一下，然后停顿一下，再一次用小锤"咚"敲了一下。人们奇怪地看着，老人就那样"咚"敲一下，然后停顿一下，就这样持续地做。10分钟过去了，20分钟过去了，会场早已开始骚动，有的人干脆叫骂起来，人们用各种声音和动作发泄着他们的不满。老人仍然一小锤一停地工作着，他好像根本没有听见人们在喊叫什么。人们开始愤然离去，会场上出现了大块大块的空缺。留下来的人们好像也喊累了，会场渐渐地安静下来。

大概在老人进行到40分钟的时候，坐在前面的一个妇女突然尖叫一声："球动了！"霎时间会场立即鸦雀无声，人们聚精会神地看着那个铁球。那球以很小的幅度动了起来，不仔细看很难察觉。老人仍旧一小锤一小锤地敲着，人们好像都听到了那小锤敲打吊球的声响。吊球在老人一锤一锤的敲打中越荡越高，它拉动着那个铁架子"哐哐"作响，它的巨大威力强烈地震撼着在场的每一个人。终于场上爆发出一阵阵热烈的掌声，在掌声中，老人转过身来，慢慢地把那把小锤揣进兜里。

奥本海默曾经说过："在成功的道路上，你没有耐心去等待成功的到来，那么，你只好用一生的耐心去面对失败。"耐心也是一种意志力，成功固然离不开创新，但许多创新的质的飞跃，就是将简单的事重复做。努力学习的奥秘不就如此吗？

成功路上的相对论

把长远的目标分成一个个短期小目标，这样实行起来就不会感到过于艰难，可以轻松地从一个胜利走向另一个胜利。

美国专栏作家弗兰克·A.格拉顿年轻时深受英国作家威廉·科贝特的影响，辞掉了报社的工作，一头扎进创作中去。由于没有收入，连房租都交不起。白天，为了躲避房东催交房租，只好漫无目的的在马路上走来走去，何时才能写出自己的鸿篇巨著呀，他感到有些绝望。

一天，在42号街遇到了他当记者时曾采访过的俄国著名犹太歌星夏里宾先生，没想到这位名噪一时的人物还记得他。格拉顿忍不住向夏里宾倾诉了自己的苦恼，夏里宾听过之后，对他说："我的旅馆在103号街，跟我一同过去，好不好？"

"什么，103号街？我怎么可能一下子走这么远的路？"格拉顿惊叹道。

"是呀，从这里到103号街要过60个街口，少说也要走上两个多小时！"夏里宾换了一种口气说，"我们不到我的旅馆了，咱们向前走，过6条街，到贝里射击游艺场玩玩怎么样？"

夏里宾的这番话打消了格拉顿的顾虑，他们到了游艺场门口，看了一会儿两名屡次射击不中目标的水兵。然后继续前进，不一会儿就到了长纳奇大戏院，"现在离中央公园只有5条横马路了，我们去看看那只奇怪的猩猩吧！"夏里宾愉快的话语让格拉顿感到说不出的轻松……就这样走走停停，不知不觉间已到了103号街。原该精疲力竭的他，却并没感到一点累。格拉顿掏出怀表看了看，时间已过去了将近4个小时。

夏里宾先生满意地对他说，"并不太远吧。现在我们到我旅馆附近的餐馆去吃饭吧。"在餐桌上，格拉顿听到了让他终生难忘的一席话，"今天走的路你要记在心里，你无论与你的目标之间有多远，也要学会轻松地走路，只有那样，在走向目标的过程中，才不会感到烦闷，才不会被遥远的未来吓住。"

轻松地走路，轻松地享受生活。我们没有必要不断告诫自己马不停蹄日以继夜地朝目标赶路，有时候我们树立目标本身就只是为了确定一条我们到达它的线，怎样去走，才是我们真正要思考的。生活并不是为了追求赶路的疲惫，那样无异于南辕北辙，赶得再累，也难以达到生活的真谛。让我们的生活变得轻松而自在，生活并不是沉重的负担。

登山人的选择

人生就是一次登山的旅程，从哪条路上山，完全在于你自己的选择。每一条路上都有自己独特的风景，既然走过了，就不必后悔。

在迦南，有一座山，高耸入云，飞鸟难越，没有人知道它有多高。山前山后有两条路可供攀登，前山大路石级铺就，笔直坦荡；后山小路，荆棘丛生，蜿蜒曲折。

一天，希伯来人三父子来到山脚。父亲举手遮阳，眺望峰顶，声如洪钟："你俩比赛爬上这山；上山有两条路，大路平而近，小路险而远——选择哪条路，你们自己裁夺。"哥俩思忖再三，各自凭着自己的选择，踏上征程。

时间过去了两个月，一个身着亮装的身影出现在峰顶，哥哥走来了。他面色潮红，略显发福，头发油光可鉴。他骄傲地掸了一下笔挺的襟袖，走向充满期待的父亲，说："我赢了，我赢了！这一路真是春风得意。在坦荡的大路上我只需向前，向前！舒缓的坡度让我走得从容，平整的石阶使我心旷神怡。这里没有岔道让我伤神，没有突出的山石给我绊脚。我的心灵没有欺骗我，是英明的选择助我胜利。实践证明：在平坦和崎岖间，只有傻瓜才会放弃平坦，选择崎岖。聪明的选择使我有了多么得意的旅程啊。我获得了胜利，我理当获得胜利！"

父亲慈祥地看着他："你选择得的确聪明，一路走得也十分风光，我的好儿子……"

这之后不知过了多久，又一个身影出现了：他步伐稳健，全身充满着生命的活力；尽管瘦削，衣衫褴褛，但双目炯炯有神，透着聪慧与睿智。弟弟微笑着走向父亲和哥哥，从从容容地讲起路上的故事："哦，这是多么有意义的一次旅程！感谢您，父亲，感谢您给我选择的机会。一路上陡峭的山崖阻挡着我攀爬的脚步，丛生荆棘刺破了我裸露的臂膊，疲惫的身心增添着孤独的酸楚。但我坚持住了，终于我学会了灵活与选择，学会了机敏与自护，学会了独立与坚忍。路边美丽景色，使我放慢脚步享受自然的馈赠。在山脚下，我看见山花烂漫，彩蝶翩翩，于是我与山花同歌伴彩蝶共舞。在山腰，我看见绿草如茵，华木如盖，清澈的小溪静静流淌在林间，朝圣的百鸟尽情放歌于林梢。我拥抱自然的和弦，追逐欢快的节奏。这些往往是我最快乐的时光。可更多的时候是阴冷浓雾的环抱，荆榛丛棘的阻隔。放眼望去，黄叶连天，衰草满路，但我在黄叶林中看到丰硕的果实，从衰草丛内悟出新生的希望。

我感觉自己在成熟，一寸寸地成熟。再往上，是没有一点生机的寒风和石砾，我曾想放弃，但曾经的艰辛温暖着我，启迪着我，给我力量，给我信心，使我忘掉比艰险更艰险的死寂，抛掉比痛苦更痛苦的迷茫！我最终到达了这里！一路上，我阅尽山间春色，也饱尝征途冷暖，为此，我感谢您，父亲，感谢您给我选择的权利，我从自己心灵的选择中懂得了很多很多……"

哥哥眼中露出不解，但旋即消失，他不无轻蔑地说："可是你输了！""是的，"父亲遗憾地说，"孩子，你输掉了比赛……"

弟弟极目远方，脸上露出平和的微笑："但，我赢得了人生！"

凡走过，必留下痕迹。人生，没有任何过程是白费的，包括所有的辛苦、泪水、心酸，每一笔都会增加你未来成功的光彩。人生就是这样，正是因为崎岖才更多了几分韵味，才更显得其丰富。平坦纵然快捷，但无法与崎岖之丰富相比。人生之崎岖往往于其崎岖之中包含智慧和成熟。顺境和逆境是书写人生的两张纸，相互承载了人生的酸甜苦辣。顺境和逆境共同承托起追求人生的更高境界。

改说"下一次"

过去的已经过去，永远也无法挽回，但是我们可以吸取过去的经验教训，在"下一次"中不再犯相同的错误。

有一位犹太心理医生，成就卓著，在他即将退休时，写了一本医治各种心理疾病的专著。这本书有1000多页，书中有各种心理疾病的治疗办法。

书出版后引起了很大轰动，许多团体和大学邀请他去为学生们讲学。一天，他应邀到一所大学讲学，在课堂上，他拿出了这本厚厚的著作，对学生们说："这本书有1000多页，里面有治疗各种心理疾病的方法3000种，药物10000类，但所有的内容，概括起来却只有几个字。"

学生们都很吃惊，纷纷投之以惊愕的目光。于是他转身在黑板上写下了"如果，下一次"。他继续说道："事实上，许多人倍受精神折磨的原因都是'如果'这两个字，比如'如果我不做那件事''如果我当年不娶她''如果我当年及时换一项工作'……书中医治方法有几千种，但最终的方法只有一种，那就是把'如果'改为'下一次'，比如'下一次我有机会一定那样做''下一次我一定不会错过我爱的人'……总之，造成自己心理疾病的，影响自己幸福观念的，有时候，并不是因为物质上的贫乏或丰裕，而取决于一个人的心境的改变。如果心灵浸泡在后悔和遗憾的水中，痛苦就必然会牢牢占据你的整个心灵。

"懊悔在人的一生中，就像一剂慢性毒药，在无休无止地磨灭你的意志，在不知不觉中消耗你的快乐，降低你成功的概率。它又像一些蛰伏在我们生命长堤上看似渺小的蚁穴，但总有一天，我们会被它引来的巨浪所吞噬。

"去掉'如果'，改说'下一次'，你就找回了真实的自己，它就是你生命里的阳光、空气和水。"

学会向前看，如果硬要说这世界上有后悔药可以用来医治自己的懊悔，那就是对自己多说"下一次"。下一次机会来临时，记得全心全意去为自己的梦想而奋斗。不要用永不可能的"如果"将自己牢牢绑在过去，珍惜现在，珍惜将来，其实这才是对自己过去的悔恨最好的良药！

换票

思路决定出路，想法决定命运。面对同样的环境，不同的人会有不同的想法，而正是这些想法决定了他们未来截然不同的命运。

有两个乡下人准备外出打工。一个爱尔兰人买了去纽约的票，一个犹太人买了去波士顿的票，到了车站，打听才知道纽约人很冷漠，指个路都想收钱；波士顿人特别质朴，见了露宿街头的人会特别同情。

去纽约的爱尔兰人想，还是波士顿好，挣不到钱也饿不死，幸亏车还没到，不然真掉进了火坑。去波士顿的犹太人想，还是纽约好，给人带路都能挣钱，幸亏还没上车，不然真失去了致富的机会。最后，两个人在换票地点相遇了，原来要去纽约的去了波士顿，打算去波士顿的去了纽约。

去波士顿的爱尔兰人发现，这里果然好。他初到那里的一个月，什么都没干，大商场里有欢迎品尝的点心也可以白吃。

去纽约的犹太人发现，纽约到处都可以发财。只要想点办法，再花点力气就可以衣食无忧。凭着乡下人对泥土的感情和认识，第二天，他在建筑工地装了10包含有沙子和树叶的土，以"花盆土"的名义，向不见泥土而又爱花的纽约人兜售。当天他在城郊往返6次，净赚了50美元。一年后，他竟然凭着"花盆土"拥有了一间小小的门面。

在常年的走街串巷中，他又有了一个新的发现：一些商店楼面亮丽而招牌较黑，一打听才知道这是清洗公司只负责洗楼不负责洗招牌的结果。他立即抓住这一机会，买了人字梯、水桶和抹布，办起一家清洗公司，专门负责擦洗招牌。如今他的公司有了150多个员工，业务还发展到了附近的几个城市。

不久，他坐火车去波士顿旅游。在路边，一个捡破烂的人伸手向他乞讨，两人都愣住了，因为5年前，他们曾换过一次票。

犹太家长都常常鼓励孩子敢于挑战自己，挑战生活！正所谓：宝剑锋从磨砺出，梅花香自苦寒来。安逸舒适的环境容易消磨人的意志，最后导致人的一事无成。而那些充满挑战的地方才是我们磨炼自己，施展抱负，实现梦想的好地方。

老钟表匠

人生在世，最重要的是要对他人、对社会有实际的用处，光有花哨浮华的外表终究会被社会所遗弃。

从前，德国有一位很有才华的犹太诗人，写了很多咏月、写景抒情的诗篇。可是他很苦恼。因为，人们都不喜欢读他的诗。这到底是怎么一回事呢？难道是自己的诗写得不好吗？不，这不可能！犹太诗人向来不怀疑自己在这方面的才能。于是，他去向父亲的朋友——一位老钟表匠请教。

老钟表匠听后一句话也没说，把他领到一间小屋里，里面陈列着各色各样的名贵钟表。这些钟表，诗人从来没有见过。有的外形像飞禽走兽，有的会发出鸟叫声，有的能奏出美妙的音乐……

老人从柜子里拿出一个小盒，把它打开，取出了一只式样特别精美的金壳怀表。这只怀表不仅式样精美，更奇异的是：它能清楚地显示星象的运行、大海的潮汛，还能准确地标明月份和日期。这简直是一只"魔表"，世上到哪儿去找呀！诗人爱不释手。他很想买下这个"宝贝"，就开口问表的价钱。老人微笑了一下，只要求用这"宝贝"，换下青年手上的那只普普通通的表。

诗人对这块表真是珍爱之极，吃饭、走路、睡觉都戴着它。可是，过了一段时间之后，渐渐对这块表不满意起来。最后，竟跑到老钟表匠那儿要求换回自己原来的那块普通的手表。老钟表匠故作惊奇，问他对这样珍异的怀表还有什么感到不满意。

犹太诗人遗憾地说："它不会指示时间，可表本来就是用来指示时间的。我带着它不知道时间，要它还有什么用处呢？有谁会来问我大海的潮汛和星象的运行呢？这表对我实在没有什么实际用处。"

老钟表匠还是微微一笑，把表往桌上一放，拿起了这位青年诗人的诗集，意味深长地说："年轻的朋友，让我们努力干好各自的事业吧。你应该记住：怎样给人们带来用处。"

诗人这时才恍然大悟，从心底里明白了这句话的深刻含义。

故事中的犹太诗人会用普通表换一个不能显示时间的"美丽的表"，会选择他人的评价作为自己诗篇的价值。我们不也一样吗，我们在确信事物的不同中忽视了有些东西的不可替代，忽视了它们带来了的不同用处。我们要在生活中学会欣赏自己内在价值，也要教育子女多干实事，而不要太在意表面的浮华。

你就是自己的上帝

> 每个人都埋藏着无限的潜能，只要充满自信，充分发挥潜能，你就没有做不到的事情。

有个贫穷的犹太工人在帮农场主人工作，搬运东西时，不小心打破了一个花瓶。农场主人看见后，要求他一定要赔偿，但是三餐都成问题的工人，哪里赔得起这么昂贵的花瓶？

苦恼的工人只好到教堂，向神父请教解决的办法。

神父听完工人的问题，他说："听说有一种能将碎花瓶粘好的技术，不如你去学习这种技术，只要能将这个花瓶修补、复原，事情不就解决了？"

工人听完后却摇了摇头，说："哪有这么神奇的技术？要把这个碎花瓶粘得完好如初，根本是不可能的事。"

神父指引他说："这样吧！教堂后面有一个石壁，上帝就待在那里，只要你对着石壁大声说话，上帝便会答应你的要求，去吧！"

于是，工人来到壁前，大声对着石壁说："上帝，请您帮帮我，只要您愿意帮助我，我相信，我一定能将花瓶粘好！"

工人的话一说完，上帝便立即回应他："一定能将花瓶粘好！"

工人真的听见了上帝的承诺，于是，他充满自信地向神父辞别，朝着"复原花瓶"的高超技术迈进。

一年以后，经过认真学习与不懈地努力，他终于学会了粘碎花瓶的技术。结果他将农场主人的花瓶复原得天衣无缝，令人赞叹！

这天，他将花瓶送还给农场主人后，再次来到教堂，准备向上帝道谢，谢谢他给予的帮助与祝福。

神父将他再次带到教堂后面的石壁前，并笑着对诚恳的工人说："其实，你不必感谢上帝。"

工人不解地看着神父："为什么不必感谢？要不是上帝，我根本无法学会修补花瓶的技术啊！"

神父笑着说："其实，你真正要感谢的人，是你自己啊！因为，这里根本就没有上帝，这块石壁具有回音的功能，当时你听到的'上帝的声音'，其实就是你自己的声音啊！而你，就是你自己的上帝。人要勇敢地做自己的上帝，因为真正能主宰自己命运的人，不是别人而是我们自己。当你相信自己能够改变命运时，步伐便会慢慢地移动，一步步地实现心中的愿望。你的潜能就在你的身上，你的未来也掌握在你的手中，一切都等待着你开始行动，实现每一项'不可能的任务'。"

犹太小说家菲茨杰拉德曾经写过一段值得我们深思的感叹："在我们18岁的时候，信念是我们站在上面眺望的山头，但是到了45岁，我们的信念就成了藏身的山洞。"你还在等待别人的帮助吗？或者期望上帝赋予的"神奇力量"？别再等待了，因为只有你，才能将身上的潜能发挥出来，也只有你，才能主宰自己的命运。

你是胡萝卜，是鸡蛋，还是咖啡豆

困难像弹簧，你弱它就强。面对人生挫折，要学会做一颗坚强不屈的咖啡豆，把逆境转化为机遇，让自己更加完美。

在今天的以色列，父母教育子女，常常给他们讲下面这个真实的故事：

一个女儿对父亲抱怨她的生活，抱怨事事都那么艰难。她不知该如何应付生活，想要自暴自弃了。她已厌倦抗争和奋斗，好像一个问题刚解决，新的问题就又出现了。

她的父亲是位厨师，他把她带进厨房。他先往三只锅里倒入一些水，然后把它们放在旺火上烧。不久锅里的水烧开了。他往一只锅里放些胡萝卜，第二只锅里放些鸡蛋，最后一只锅里放入碾成粉末状的咖啡豆。他将它们浸入开水中煮，一句话也没有说。

女儿咂咂嘴，不耐烦地等待着，纳闷父亲在做什么。大约20分钟后，他把火关了，把胡萝卜捞出来放入一个碗内，把鸡蛋捞出来放入另一个碗内，然后又把咖啡舀到一个杯子里。做完这些后，他才转过身问女儿，"亲爱的，你看见什么了？""胡萝卜，鸡蛋，咖啡。"她回答。

他让她靠近些并让她用手摸摸胡萝卜。她摸了摸，注意到它们变软了。父亲又让女儿拿一只鸡蛋并打破它。将壳剥掉后，她看到了一只煮熟的鸡蛋。最后，他让她喝了咖啡。品尝到香浓的咖啡，女儿笑了。她怯生生地问道："父亲，这意味着什么？"

他解释说，这三样东西面临同样的逆境——煮沸的开水，但其反应各不相同。胡萝卜入锅之前是强壮的，结实的，毫不示弱，但进入开水之后，它变软了，变弱了。鸡蛋原来是易碎的，它薄薄的外壳保护着它呈液体的内脏，但是经开水一煮，它的内脏变硬了。而粉状咖啡豆则很独特，进入沸水之后，它们倒改变了水。"哪个是你呢？"他问女儿，"当逆境找上门来时，你该如何反应？你是胡萝卜，是鸡蛋，还是咖啡豆？"

你呢，我的朋友，你是看似强硬，但遭遇痛苦和逆境后畏缩了，变软弱了，失去了力量的胡萝卜吗？你是内心原本可塑的鸡蛋吗？你先是个性情不定的人，但经过死亡、分手、离婚或失业，是不是变得坚强了，变得倔强了？你的外壳看似从前，但你是不是因有了坚强的性格和内心而变得严厉强硬了。或者你像是咖啡豆？改变了给它带来痛苦的开水，并在它达到高温时让它散发出最佳的香味。水最烫时，它的味道反倒更好了。如果你像咖啡豆，你会在情况最糟糕时，变得更有出息，并使周围的情况变好了。

当你似乎已经走到山穷水尽的绝境的时候，离成功也许仅一步之遥了。问题在于，你将以怎样的心态面对人生的逆境。问问自己是如何对付逆境的。你是胡萝卜，是鸡蛋，还是咖啡豆？

五盘三胜制

一次失败，并不等于最终的失败，不断挑战，终有成功之时。

一向一帆风顺的皮特，在生意上第一次遭受了巨大的挫折与失败。皮特心灰意冷，整天待在家里闷闷不乐。

7岁的儿子普里特放学回来，兴高采烈地向皮特大声宣布："爸，我有个好消息向您宣布！"

"是吗？普里特。"

皮特漫不经心地回答。聪明的普里特看出了皮特的不快，问道："哦，爸爸，您为什么总不高兴？是打球输了吗？"

普里特刚刚加入学校乒乓球业余培训班，对乒乓球非常感兴趣。皮特回答他说："差不多，我输给了对手。"

"那有什么了不起！"普里特说，"我刚进业余班那阵，连球拍都不会握，可我盯住了班上的冠军，非要跟他拼拼不可。每天训练一完，我就找他挑战，当然我从来没赢过，心情非常沮丧，所以我非常同情您，爸爸，您的对手是冠军吗？"

"那不见得！"皮特答道。

"哇！"普里特叫了起来，"连冠军都不是，那就更不应该输给他。您知道我是如何战胜冠军的吗？我给自己打气，经过一段时间准备后，我又去向骄傲的冠军挑战，果然，第一局我又输了。

"第二局呢？"

"也输了。"

"那你真的又输了。"

"可是，爸爸，第三局我赢了他。"

"可你，最终还是输给了他。"

"不，爸爸。"普里特自豪地说，"记住，第三局我赢了他，我终于打败了他一回。爸爸，您失败了几次？"

"一次！"

"爸，您真笨，才一局您就认输了，您应该来五盘三胜制，彻底打败对手。

"五盘三胜制？这主意真好！"皮特豁然开朗，心情也好多了，便问普里特："你刚进门时说有好消息告诉我，是什么好消息？"

普里特认真地答道："就是在第三局我终于战胜了对手呀！"

成功者的人生并不是没有失败的人生。失败了能再爬起来，从失败中吸取教训，牢牢盯住自己的目标，才能获得真正的成功。犹太人是不怕失败挑衅的，他们都坚信谁能笑到最后，才是笑得最好。不到最后，绝对不放弃。

头上的那条绿色缎带

其实我们每个人本身都有一份独特的美丽，然而这份美丽往往被自卑的偏见所扼杀。勇敢地亮出自己，你将发现欣赏自己的人很多。

在一家以色列跨国集团中，大部分同事都有了自己的恋人，但是，没有人会邀请害羞的姑娘玛莉。玛莉沿着走廊走着，耷拉着头，从她的样子来看，心情很沉重。一块标着"吸引异性物"的招牌挡住了她，牌后放着一些丝带，周围摆着各式各样的蝴蝶结，牌上写着：各种颜色应有尽有，挑选适合你个性的颜色。玛莉在那儿站了一会儿，尽管她有勇气戴，但还为她母亲是否允许她戴上那又大又显眼的蝴蝶结而犹豫不决。是的，这些缎带正是伙伴们经常戴的那种。

"亲爱的，这个对你再合适不过了。"女售货员说。

"噢，不，我不能戴那样的东西。"玛莉回答道，但同时她却渴望地靠近一条绿色缎带。

女售货员显得惊奇地说："哟，你有这么一头可爱的金发，又有一双漂亮的眼睛，孩子，我看你戴什么都好！"

也许正是售货员这几句话，玛莉把那个蝴蝶结戴在了头上。

"不，向前一点。"女售货员提醒道，"亲爱的，你要记住一件事，如果你戴上任何特殊的东西，就应该像没有人比你更有权戴它一样。在这个世界上，你应抬起头来。"她用评价的眼光看了看那缎带的位置，赞同地点点头，"很好，哎呀，你看上去无比地令人兴奋。"

"这个我买了。"玛莉说。她为自己做出决定时的音调而感到惊奇。

"如果你想要其他在集会，舞会、正规场合穿着的……"售货员继续说着。玛莉摇摇头，付款后向店门口冲去。速度是那么快，以致与一位拿着许多包裹的妇女撞了个满怀，几乎把她撞倒。

过了一会儿，她吓得打了个寒战，因为她感到有人在后边追她，不会是为那缎带吧？真是吓死人了。她向四周看看，听到那个人在喊她，她吓得飞跑，一直跑到一条街区才停下来。

出人意料，玛莉眼前正是卡森咖啡馆，她意识到她开始就一直想到这儿来的。

这儿是镇上每个姑娘都知道的地方，因为伯特——大家都喜欢的一个好小伙每个星期六下午都在这儿。

他果然在这儿，坐在卖饮料的柜台旁，倒了一杯咖啡，并不喝掉。"莉妮把他甩了，"玛莉暗想，"她将与其他人去跳舞了。"

玛莉在另一端坐下来，要了一杯咖啡。很快她感觉到，伯特转过身来在望着她。玛莉笔挺地坐着，昂着头，意识得到，非常意识得到头上的那绿色缎带。

"嗨，玛莉！"

"哟，是伯特呀！"玛莉装出惊讶的样子说，"你在这儿多久了？"

"整个一生。"他说，"等待的正是你。"

"奉承！"玛莉说。她为头上的绿色缎带而感到自负。

不一会儿，伯特在她身边坐下，看起来似乎他刚刚注意到她的存在，问道："你的发型改了还是怎么的？"

"你通常都是这样注意吗？"

"不，我想正是你昂着头的样子。似乎你认为我应该注意到什么似的。"

玛莉感到脸红起来："这是有意挖苦吧？"

"也许。"他笑着说，"但是，也许我有点喜欢看到你那昂着头的样子。"

大约过了10分钟，真令人难以相信，伯特邀她去跳舞。当他们离开卡森咖啡馆时，伯特主动要陪她回家。

回到家里，玛莉想在镜子跟前欣赏一下自己戴着绿色缎带的样子，令她惊奇的是，头上什么都没有——后来她才知道，当时撞到那人时，绿色缎带被撞掉了……

亚伯拉罕说过："偏见常常扼杀很有希望的幼苗。"为了避免自己被"扼杀"，只要看准了，就要充满自信，敢于坚持走自己的路。把亚伯拉罕这句话作为格言，这样对你和孩子都有好处。

向生活索取一个梦想

不要因为贫穷就抑制自己正常合理的欲望，大胆地向生活要求自己的所需，并为之努力地付出，你的境遇将不断得到改变。

故事传到中国，人们已经忘记了她那冗长拗口的美国犹太人名字，都亲切地叫她阿济。阿济退休前，是美国的财政部长。

当阿济还是一个小姑娘的时候，脑海里就一直有一个问题萦绕不去：为什么别的孩子都跟爸爸妈妈生活在一起，而自己只能跟妈妈一起生活呢？她一遍又一遍地想，但总是不明白。她问她的妈妈，一次又一次地，但妈妈总是不回答她。她妈妈是个聋子，压根听不见她的话。

阿济入学了。她用最先学到的几个单词拼写了一句稚嫩的话，并把她写在纸上给妈妈看：我的爸爸在哪里？

妈妈接过阿济手中的笔，写道：你没有爸爸。

阿济接着问：为什么？

妈妈略顿了一顿，写下这样一句话：因为你是个特别的孩子。

阿济很高兴。她要为自己的"特别"格外努力。她认为自己了不起。

但当她真正地懂事后，她才知道，她得为这个"特别"付出多大的代价！

首先是周边同学的压力，大家都说她来自于一个不健全的家庭。这还不算什么，更难忍受的是贫困。别的孩子有的，她都没有。她于是盼着过圣诞节，因为她相信，那天会有圣诞老人送给她她想要的礼品。可是真正到了圣诞节，她还是失望，她收到的礼品总是比别的孩子的少。她虽然委屈，但还是忍住了，她在一张纸上写给自己一句话：不流泪。她觉得，作为一个"特别"的孩子，能跟其他孩子一起读书已经应该知足了。

不断抑制自己的欲望并没有给她带来好运，相反，她失学了。失学让她明白：她除了有一个聋子妈妈外，什么也没有。

她暗暗告诫自己：这已经是底线了。她必须开始学会向生活"索取"。

最容易索取的是什么呢？阿济开始想这个问题。这时候，她的"特别"帮助了她。因为她得到的答案不是金钱，不是圣诞礼物，甚至不是一次重新回到学校的机会，而是梦想。在阿济眼里，向生活索取一个梦想是她首先要干的。

搞定了这个，她想她还需要赚点钱。她得到的第一份工作是在一家农场的棉花田做事。她坚持了下来。在最困顿的日子里，不幸甚至有些残酷的生活拿走了她几乎所有的东西，但她死死地拽住了梦想，直至当上财政部长也没有松手。

犹太人认为："如果情况不尽如人意，我们总可以想办法加以改变。改变情况的办法有多种，但最可靠的一种就是：你首先回答'我希望变成什么样'这个问题，然后努力，再努力。""我希望变成什么样"，其实就是向生活索取一个梦想。

永远不说自己做不到

要从小用"你能行""你真棒"等正面词语激励孩子，永远不要对孩子说"你做不到""不可能"等打击孩子积极性的消极话语。

犹太男孩琼尼降生时，他的双脚向上弯着，脚底靠在肚子上。医生向他父母保证说经过治疗，小琼尼可以像常人一样走路，但像常人一样跑步的可能性则微乎其微。琼尼三岁之前一直在接受治疗，和支架、石膏模子打交道。经过按摩、推拿和锻炼，他的腿果然渐渐康复。七八岁的时候，他走路的样子已让人看不出他的腿有过毛病。

要是走得远一些，比如去游乐园或去参观植物园，小琼尼会抱怨双腿疲累酸痛。这时候父母会停下来休息一会儿，来点苏打汁或蛋卷冰淇淋，聊聊看到的和要去看的。他们并没告诉他，他的腿为什么细弱酸痛；也不告诉他这是因为先天畸形。因为不对他说，所以他不知道。

邻居的小孩子们做游戏的时候总是跑过来跑过去，毫无疑问小琼尼看到他们玩就会马上加进去跑啊闹的。父母从不告诉他不能像别的孩子那样跑，从不说他和别的孩子不一样。因为不对他说，所以他不知道。

　　七年级的时候，琼尼决定参加跑步横穿全美的比赛。每天他和大伙一块训练。也许是意识到自己先天不如别人，他训练得比任何人都刻苦。虽然他跑得很努力，可是总落在队伍后面，但父母并没有告诉他为什么，没有对他说不要期望成功。训练队的前7名选手可以参加最后比赛，为学校拿分。父母没有告诉琼尼也许会落空，所以他不知道。

　　他坚持每天跑4~5英里。有一次，他发着高烧，但仍坚持训练。放学后父亲来到训练场，心想琼尼兴许不参加晚上的训练了。但父亲发现他正一个人沿着长长的林荫道跑步呢。两个星期后，在决赛前的3天，长跑队的名次被确定下来。琼尼是第六名，他成功了。他才是个七年级生，而其余的人都是八年级生。父母从没有告诉他不要去期望入选，从没有对他说不会成功。是的，从没说起过……所以他不知道，但他做到了！

　　犹太人坚信：上帝拯救那些能够自我拯救的人。你的欲望有多么强烈，就能爆发出多大的力量；当你有足够强烈的欲望去改变自己命运的时候，所有的困难、挫折、阻挠都会为你让路，欲望有多大，就能克服多大的困难，就能战胜多大的阻挠。父母也不要只是一心想当保护伞，不要告诉孩子"不可能"，而是要说"你真棒！"孩子完全可以挖掘生命中巨大的能量，激发成功的欲望，因为欲望即力量。

勇敢做自己

　　每个人都是第一个"无前古人，后无来者"的自己，没有必要去做第二个别人。做别人的复制品，你只能永远生活在别人的阴影中。

　　多年前，有位受人尊敬的犹太拉比名叫苏西亚，他是个闻名世界的学者、老师和医生。弥留之际，他的学生聚集在他的床前，不久，拉比掉下眼泪。

　　拉比的学生不禁问他："老师，您为什么哭泣？"

　　拉比回答他说："如果上了天堂以后，天使问我：'为什么你不能像摩西一样？'我一定会肯定的回答他说：'因为我本来就不是摩西'。"

　　如果天使再问我："可是你也没有像艾利西（希伯来的大预言家）一样的丰功伟绩。"

　　那我也可以肯定的回答："因为我来到世上的任务和艾利西不同。"

　　可是，有一个问题，恐怕我会答不出来。我怕他问："你为什么不能像拉比苏西亚？"

　　拉比苏西亚过世后的两百年，一个小女孩珍妮佛·卡碧雅提在她的人生过程中崭露头角。她以12岁的小小年纪，多次向世界网球冠军赛叩关。她在尚未踏入青少年期时，就已经跃升为第一级选手，并向许多实力强大的成人明星球员挑战，且获胜利。

　　当有人问她是不是希望当第二个克莉丝·艾芙特时，珍妮佛回答说："不，我要当第一个珍妮佛·卡碧雅提。"这种当仁不让的自信心，和她在球场上的表现是一致的，因为她知道，成功的唯一途径，就是展现自我，而不是模仿别人。

芸芸众生都在追寻自我。有时候在愉悦的自我发现过程中，珍贵的自我即可显现，有时候却是经过煎熬和挣扎，才能求得自我。然而不论我们走的是哪一条路，我们都要和处于云端的自我意识，一起分享这段艰辛的旅程。家长一定要让孩子从小明白：每个人都带着独特的目的来到世上，希望每个人都能拿出勇气，发掘美丽的自我。

用忍耐构建生命的支点

千里之行，始于足下。一口吃不成一个胖子，要想实现远大的目标，就必须依靠持久的耐心，一步一个脚印地去达成。

普利策是一位犹太人，21岁时获得律师开业许可证，开始了他独自创业的生涯。作为一个有抱负的年轻人，普利策觉得当个律师创不了大业。经过深思熟虑，他确定进军报界。

古希腊物理学家阿基米德说过："只要给我一个支点，就能使地球移动。"这给普利策以很大启发，他决心先找个"支点"，有了"支点"才去实现移动"地球"的壮举。据此，他千方百计寻找进入报业工作的立足点，以此作为他千里之行的起点。他找到圣路易斯的一家报馆，老板见他颇具热情，机敏聪慧，便答应留下他当记者，但有个条件，以半薪试用一年后再商定去留。

普利策明知老板对自己不那么信任，但仍乐意屈就。他在报馆期间，充分利用犹太人"善于忍耐"的优势，顶住老板的百般刁难和同事不屑的白眼，虚心研究报馆的各个环节的工作，最后老板高兴地提前吸收他为正式员工，第二年还把他提升为编辑。随着他署名的文章增多，影响力扩大，1869年他当选为密苏里州议会议员。1871年至1872年，他牵头筹组密苏里州自由共和党，声望大增，地位和声望常常与经济相关，普利策的收入也开始增多。1878年他用自己的积蓄买下一家濒临歇业的报馆，开始了独立办报的奋斗。他首先把该报改名为《圣路易斯邮报快讯报》，以一个新的名称引起读者注意，试图改变该报馆过去的形象。接着，他改革办报宗旨，以经济和社会生活为导向，汇集了当时美国人普遍关注的消息。此外，他还改革报馆内部的管理工作，裁减一些可有可无的部门和人员，增强广告部的力量。该报经过5年的经营，成为当时美国最成功的报纸，每年为他赚取15万美元以上的纯利润。

随着资本积累的增多，普利策又收购了《纽约世界报》，不久这家惨淡经营的报纸一举跃升为全美最有影响和利润最丰的大报。正是凭借"忍耐"和"不断进取"，普利策最终成为美国的报业巨头和大富豪，实现了他创业之初的目标。

忍耐是犹太民族的基本精神，逆境是成功的一种回响，根据一些心理学家分析，对于每一次失败的经验，他们都看成为一种"响应"，这种"响应"告诉他们应该怎样尝试不同的方法。在他们的信念系统中，他们坚信通过这样的回馈机制，他们总有一天会成功。

犹太人可以说是世界上忍耐力最强的民族，他们在恶劣的环境下和腹背受敌的攻击中，常常表现得从容自信，练就了一种特殊的心理素质：能忍一切不可忍之事。犹太人认为，逆境可以试验人有多大的忍耐力，境遇越恶劣，人就需要越强的忍耐力。

只要你想就能做到

你对自己的生命拥有比你想象的更多的主宰权。

曾有一个有关著名犹太医生卡尔·赛蒙顿的有趣故事。赛蒙顿医生是一位专门治疗晚期癌症病人的专科医生，他提起有一次治疗一位61岁喉癌病人的经过。当时这名病人因为病情的影响，体重大幅下降，瘦到只有98磅（约合44千克），癌细胞的扩散使得他无法进食。

赛蒙顿医生告诉这位患者，自己将会全力为他诊治，帮助他对抗恶疾。同时，每天将治疗进度详细地告诉他，并清楚讲述医疗小组治疗的情形，及他体内对治疗的反应，使病人对病情得以充分了解，并缓解不安的情绪努力与医护人员合作。

结果治疗情形好得出奇。赛蒙顿医生认为这名患者实在是个理想的病人，因为他对医生的嘱咐完全配合，使得治疗过程进行得十分顺利。赛蒙顿医生教这名病人运用想象力，想象他体内的白血球大军如何与顽固的癌细胞对抗，并最后战胜癌细胞的情景。结果两个星期之后，医疗小组果然抑制了癌细胞的破坏性，成功地战胜了癌症。对这个杰出的治疗成果，就连赛蒙顿医生也感到十分惊讶。

其实赛蒙顿医生是因为运用了心理疗法来治疗这名癌症病人，才获得了如此成功的疗效。他对患者说："你对自己的生命拥有比你想象的更多的主宰权，即使是像癌症这么难缠的恶疾，也能在你的掌握中。"他继续说："事实上，你可以运用这种心灵的力量，来决定你的生或死。甚至，如果你选择活下去，你还可以决定要什么样的生命品质。"

犹太先哲弥迦一向主张，当你设定一个目标时，必须先在心里想象自己实现目标时的情境，描绘出一幅成功的景象，并随时将那幅景象摆在脑海中。如此，总有一天你的愿望就会变成现实。

我曾经看过一幅反映"二战"时犹太人生活的电影海报，令我印象极深。海报上面分别画着一个蚕茧、一条毛毛虫和一只蝴蝶。底下则是一行文字，写着："选择——同样是一生，你愿意当哪一种？一条虫？一个茧？还是飞上枝头的蝴蝶？只要你想做，你就能做到！"

做个永不退缩的人

人生是一次奋斗的旅程，在强者的眼中，那些高山、峡谷、险滩、阴霾只增添了沿途的风景，让人生之旅显得更加壮丽。

在6年前，以色列有个小天使诞生了。珍妮·布拉斯对她的犹太家庭来说是个奇迹。几年前，医生早就告诉她母亲萝莉，她不可能再有小孩。而她却怀了双胞胎，三个半月时其中一个胎死腹中。小小的珍妮第一次展现了她不放弃生存的勇气。两岁半时，珍妮被诊断患了癌症。她的医生说她活不了太久，但凭借着爱与决心，她活了更多年。

珍妮患的是生殖细胞癌。每年7500个患癌症的孩子中只有75个患的是生殖细胞癌，医生们必须从她的骨盆中抽取骨髓。

珍妮在接受骨髓移植前经历了两年的化学疗法。那是一个威胁生命且不能预测结果的手术。骨髓移植和接近致命的化学疗法使她徘徊于生死之间。

医生说在化学疗法之后她会终生瘫痪不能走路。但她在体重仅27磅时竟能行走。萝莉说：“孩子们的生存意志真是不可思议。”她的勇气自始至终都很惊人，她以顽强的斗志宣示她永不放弃。珍妮还因此在圣塔克拉拉的美的盛会中得到一个奖杯，以鼓励她不屈不挠的勇气。

在珍妮最难熬的时期，她常在夜里惊醒，坐直了身子，紧抓着她的父母，她要求她的母亲别让她到天堂去。萝莉只能以沙哑的声音回答：“天哪！我多么希望我可以答应你。”

有时她甚至是个小讨厌。有天她跟她妈妈到杂货店去，有个友善的人对她们开玩笑：“你把这个小男孩的头发剪太短了！”珍妮则不带攻击意味地回答：“先生，你知道吗？我是一个患了癌症、快要死的小女孩。”

有天早上，珍妮不断地咳嗽，她妈说：“我们必须再到斯坦福去。”

“不，我很好。”珍妮坚称。

“我认为我们必须去，珍妮。”

“不，我只是感冒而已。”

“珍妮，我们非去不可！”

“好吧，但只能去3天，否则我会搭便车回家！”

珍妮的不屈不挠和乐观精神让有幸在她周围的人觉得生命充满意义。

珍妮在意的并不是她自己和她的需要。当她病恹恹地躺在病床上，她还会跳起来帮助她的室友，倾听他们的需求。

还有一天，她看见有个满面愁容的陌生人走过她家，她就冲出门外，递给他一朵花，祝他有快乐的一天。

珍妮的母亲对珍妮和其他患了绝症的孩子有如下看法：

"他们用心度过短暂人生。他们本身自然重要，但周围世界更重要。"

4岁时，小天使珍妮在生死线上挣扎，她的家人知道到了她该离去的时候了。聚在她床缘的家人，鼓励她走向通往光的隧道。珍妮回答："太亮了。"有人要她走向有天使的那条路，她回答："他们唱歌唱得太大声了。"

如果你路过基尔罗伊看到小珍妮的墓碑，你会读到她家人写的话："愿你和其他天使们手牵手。这世上没有任何东西可以改变我们的爱。"

以色列的一个总统说过："此路破败不堪又容易滑倒。我一只脚滑了一跤，另一只脚也因而站不稳，但我回过气来告诉自己，这不过是滑一跤，并没有死掉爬不起来了。"正如恶劣的品质可以在幸运中暴露一样，最美好的品质也正是在厄运中被显示的。犹太拉比希勒尔说过：若欠缺有待克服的障碍，在多样的人生经验中将失去一些回馈的喜悦。若欠缺需要跋涉的黑谷，山顶的时光，只有不到一半的美妙。

民族的精神领袖

教师是学生生活中地位最高的人，他比父母享有更高的荣誉。（《塔木德》）

早期的犹太社会中，社会上不存在专职教师这一职业。教育子女的责任主要是由父亲和拉比分别完成的。在家庭内，父亲不仅仅是子女的监护人，还承担着教育子女的重任。他把学识以及为人处世之道和做人准则传授给自己的子女。

其实在希伯来语中，"父亲"一词本身就具有"教师"的含义。如今在西方语言中以"Father"（父亲）来称呼教师，正是希伯来习俗的延续。在社会上，教师的职责由象征着智慧与权威的拉比来完成。因为在希伯来语中，"拉比"一词的第一涵义就是"教师"。

因此，现实中的拉比是各地犹太学校（早期的学校往往与教堂合二为一）的负责人与专职教师。他们被视为智慧的化身，人们有难题的时候，往往也求助于拉比，因此拉比的言语往往被视为金科玉律。

公元6世纪，学校逐渐独立。教师与父亲、教师与拉比的两位一体化也随之慢慢分离，实际意义的专职教师也随之应运而生。

在犹太人看来，教师的职业是一种神圣的职业。因此，"每一个人要像尊重上帝那样尊重教师"。

犹太经典《密西拿》中把教师（犹太人习惯上把有名望的法学家也称为教师）叫作"塔尔米德哈卡姆"，意思为"圣贤的门徒"。犹太人对待获得"塔尔米德哈卡姆"身份的人非常尊重。犹太教义规定：凡是侮辱了"塔尔米德哈卡姆"的人都要罚以重金，情节如果很严重者就被逐出犹太区。能与"塔尔米德哈卡姆"的女儿结婚被犹太人视作一种高尚且值得夸耀的行为。

在犹太人中曾长期流传着这样一则故事：

有一个孩子，出生于贫困家庭，父亲含辛茹苦地把他拉扯大。一次，出海的时候，父亲和教师都同时落入水中，而这时的条件只允许他救一个人，这位孩子的选择是先救出教师，再救出父亲。

《塔木德》中也记载着这样一个故事：

两位检察员受拉比之命来到一个镇上，要求拜见镇上的守卫之人。镇上的警察局长闻讯后急忙出来迎接，检察员却说："我们要见的是守卫这个市镇的人，不是你。"这时，守备局长又跑出来迎接，检察员仍然摇头。他们说道："我们想见的既不是警察局长，也不是守备局长，而是学校的教师。警官和部队都会破坏市镇，教师才是市镇的真正守护者。"

可见，在犹太人的眼中，教师是民族利益的守护者，教师的事业关系到整个民族的未来。

在犹太人心中，拉比是至高无上的圣者，是上帝的代表和使者，是他们的精神领袖。

犹太教中把精通经典律法的学者称为拉比，负责执行教规、律法并主持宗教仪式。

其实，在犹太社会中，拉比身兼数职，传道、教学、咨询、评判等都是他们的职责，是享有崇高地位的精神领袖。

在罗马人统治犹太人时期，为了毁灭犹太民族，他们想尽了各种办法，例如封锁学校、禁止做礼拜、焚烧书籍、禁止犹太人的各项庆典、禁止培育拉比等。

罗马统治者发出布告，如果有人参加拉比的任命仪式，不管是任命的一方还是被任命的一方，都将被判处死刑。举行这种仪式的城市村庄，也将遭到毁灭。

这是罗马统治者采取的各种压迫手段中最极端最残忍的一种。这种手段在一段时间内确实起到了恐吓的作用。

犹太人并没有就此屈服。对犹太人而言，没有拉比，就等于社会宣告瓦解。拉比是犹太民族的领导者，代表犹太人社会中的一切权威。如果没有了精神领袖，犹太民族必会陷入诚惶诚恐的慌乱中。

有位德高望重的拉比看破了罗马统治者的险恶阴谋，于是率领他最可靠的5个弟子溜出城市，来到荒无人烟的两座大山之间。因为在这样的地方，可以避开罗马人的视线，万一被罗马人捉住也只有自己受到刑罚，不会导致整座城市被毁。

在这个距离城镇很远的地方，这位杰出的拉比任命了他的5个弟子为新拉比。

但是，他们的活动还是被罗马人知道了，于是派军队来抓他们。老拉比说："我活了这么大的年纪，死而无憾。你们必须尽快逃走，因为有好多事业等着你们去继承并发扬光大！"

5位新拉比听从老拉比的话，都安全地逃走了，最后只有年迈的老拉比被罗马人抓住了，恼怒的罗马人把老拉比凌迟处死。

老拉比死了，但是5个年轻的新拉比继承了他的事业。老拉比虽死，但是犹太人的精神生活却复活了。

在犹太人的观念里，拉比是整个社区最有智慧的人，所有人都应该听从这位智慧和学识都很高的教师的教导。一个犹太人在为自己的女儿选择夫婿的时候，他会选择一个受过良好教育的青年，而不会选择一个世俗的有钱青年。

犹太人就是这样的民族。尊重知识，追求真理。知识是最伟大的，在它的面前，世俗的一切统治都要让位。

犹太人的杰出就是因为拥有了智慧的拉比们。犹太精神不灭，与拉比们的功劳分不开。犹太人的心灵不死，是拉比精神指引的结果。犹太教最后成为世界性的宗教，正是犹太拉比用上帝之言广为传播的结果。

尽管拉比们经历了犹太社会不同的动荡时期，但他们的精神却超越了各自的时代和历史事件，打造并完成了共同的宗教原则和伦理规范。这对犹太教有着积极、永恒的意义。

无论苦难与快乐，犹太人始终团结在拉比的周围，用真理去战胜谬误，用屈辱去谋求生存。因此犹太人被追杀后能重新聚集，生生不息，不断壮大。

犹太拉比们用自己的智慧启迪着伟大的犹太民族。在拯救宗教、发展宗教的同时，形成了犹太民族特有的生存智慧。

做自己命运的主人

上帝夺取了我们的一切，剩下的只有我们。（《塔木德》）

从前，一头驴子不小心掉到一口枯井里，它哀怜地叫喊呼救，期待主人把它救出去。驴子的主人召集了数位亲邻出谋划策，却想不出好办法。大家倒是认定反正驴子已经老了，"人道毁灭"也不为过，况且这口枯井迟早也会被填上。

于是，人们拿起铲子开始填井。当第一铲泥土落到枯井中时，驴子叫得更恐怖了，它显然明白了主人的意图。又一铲泥土落到枯井中，驴子出乎意料地安静了。人们发现，此后每一铲泥土打在它背上的时候，驴子都在做一件令人惊奇的事情：它努力抖落背上的泥土，踩在脚下，把自己垫高一点。

人们不断把泥土往枯井里铲，驴子也就不停地抖落那些打在背上的泥土，使自己再升高一点。就这样，驴子慢慢地升到了枯井口，在人们惊奇的目光中，从从容容地走出枯井。

这则故事给我们三个启示：其一，假若你现在就身处枯井中，求救的哀鸣也许换来的只是埋葬你的泥土。那么，驴子教会我们走出绝境的秘诀，便是拼命抖落背上的泥土，变本来用来埋葬你的泥土为拯救自己的泥土，即将不利因素转化为有利因素。其二，无论绝望与死亡如何惊天动地，有时候走出"枯井"原来就这么简单。其三，驴子走出枯井时，表现得从从容容，这应该说是从生活或从困境中走出来的人，面向未来，充满活力的一种值得探讨和推崇的理念。

《塔木德》教导人们："要救赎自己"，这种救赎不能靠别人，必须由自己来完成，看看犹太人是如何救赎自己的。

因为犹太人会精心设计自己的人生，所以在发现自己真正想要从事的职业之前，他们会不断地变换工作。美国犹太商人朗司·布拉文就属这一类人。

布拉文是37岁才开始经商的。他的父亲在洛杉矶经营一所拥有100名员工的会计师事务所，他在大学学的是会计学，毕业以后他马上进了父亲的事务所工作。周围人都认为他会顺其自然地成为事务所的第二代继承人继续经营会计师事务所，但是，他总是觉得事务所的工作不适合自己，最后辞职了，开始自己尝试着经商。

他进入商界也就十几年时间，但年交易额已达35亿日元。他主要向日本出口高尔夫用品等与体育有关的用品、服装及辅助设备等。经销地点除了公司本部的拉斯维加斯外，还有日本及瑞士。他设想有朝一日能够建立世界规模的公司。

幸亏布拉文转换了工作，才发现更适合自己发展的道路。但是，当初做出从父亲的事务所辞职的决定肯定是很难的。虽说犹太社会父子关系是各自独立的，但是就这么眼瞅着放弃非常成功的父亲的事业，自己出去独立发展是需要很大决心的。但是，遇到该选择父亲还是该选择自己的情况，犹太人会毫不犹豫地选择自己。

看看下面这则很有寓意的故事吧，之后你会有所感悟：

有三个人要被关进监狱三年，监狱长说可以让他们每人提一个要求。

美国人爱抽雪茄，要了三箱雪茄。

法国人最浪漫，要一个美丽的女子相伴。

而犹太人说，他要一部与外界沟通的计算机。

三年过后，第一个冲出来的是美国人，嘴里鼻孔里塞满了雪茄，大喊道："给我火，给我火！"原来他忘了要火了。

接着出来的是法国人。只见他手里抱着一个小孩子，美丽女子手里牵着一个小孩子，肚子里还怀着第三个。

最后出来的是犹太人。他紧紧握住监狱长的手说："这三年来我每天与外界联系，我的生意不但没有停顿，反而增长了200%。为了表示感谢，我送你一辆劳施莱斯！"

这个故事告诉我们：什么样的选择决定今后过什么样的生活。今天的生活是由三年前我们的选择决定的，而今天我们的抉择将决定我们若干年后的生活。

犹太人就是这样，什么事情都是靠自己来争取。不能因为环境改变了，就要放弃自己的计划。中国有句俗语：三句话不离本行。犹太人素来以经商为主，不管他在哪里，他都会牢牢记住自己的理想，不会放弃。因为一旦放弃了，那么就等于放弃了自己。在他们的意识里面，生活只能靠自己去选择，去创造。

追求成功，得靠实力，追求财富也离不开自身的拼搏。只要拥有了凡事求己的坚强和自信，人人都能成为自己的财神。其主旨就是要揭示这样一条真理：凡事不要依靠别人施舍，也不要希望财富与成功自天而降。只有将命运之舟紧紧地掌握在自己的手中，才能使它准确地驶向成功的彼岸，驶向财富的绿洲。只有自己才是操纵自己人生的真正主人。

休·赫胡是美国一家著名杂志的老板，他的杂志在国内极受读者欢迎，是美国最热门的杂志之一。

赫胡早年经历极为平凡，只不过是一位记者，这在美国是一个普通得不能再普通的职业。在他当记者的时候经常因为工作而耽误了吃饭休息，甚至连好几个女朋友都先后离他而去，但他仍然勤奋工作，毫不懈怠。

到后来，他才突然发现，自己这样做，并没有得到应该得到的报酬。

于是，他终于鼓起勇气，来到总编办公室，要求总编给他增加10美元的工资。

总编对这位年轻的记者丝毫不放在眼里。他轻蔑地对赫胡说："像你这样的年轻人，值得拿这么多的工资吗？况且，要那么多钱干什么？"

赫胡听到总编说出这样粗鲁的话，看到总编的态度如此蛮横无理，顿时有被要弄的感觉，当场提出辞职要求，并且毫不犹豫地离开了报社。

他虽然离开了报社，但报社也曾给他带来很多好处，让他从这份薪俸微薄的记者工作中积累了丰富的生活素材，为他后来成就事业打下了坚实的基础。

赫胡凭着自身具备较为优越的条件，开始筹集资金，发行杂志。这个被迫辞职的记者，不久成了杂志社的编辑，又不久成了杂志社经理。

杂志成功后，赫胡又在芝加哥开设了俱乐部，其俱乐部形式生动活泼，项目新鲜，服务周到，分店很快就遍布了全世界。他也因此成了一个蜚声中外的成功人士，可谓名利双收。

休·赫胡决意掌握自己的命运，不甘于仰人鼻息，为他人卖命。他通过自己的努力，闯出了一条成功之路。

第四篇

智慧：成功大门的钥匙

1＋1＞2

成功离不开超常的智慧，当别人只看到1加1等于2时，你应该敏锐地发现其实存在着使1加1大于2的办法。

多年以前，在奥斯维辛集中营里，一个犹太人对他的儿子说："现在，我们唯一的财富就是智慧了。当别人说1加1等于2的时候，你应该想到它也可以大于2。"

纳粹在奥斯维辛集中营毒死了几十万人，这对父子却凭着智慧奇迹般地活了下来。1946年，他们来到美国，在休斯敦做铜器生意。某日，父亲问儿子一磅铜的价值是多少，儿子回答说35美分。父亲却说："对，这里的人都知道每磅铜的价格是35美分，但作为犹太人的儿子，你应该说3.5美元。不信，你就试着把铜做成门把手看看。"

20年后，父亲死了，儿子独自经营那家铜器店。他始终牢记着父亲的话，做过铜鼓，做过瑞士钟表上的弹簧片，做过奥运会的奖牌。他甚至把一磅铜卖到了3500美元，这时他已经是麦考尔公司的董事长了。然而，真正让他扬名的却是纽约州的一堆垃圾。

1974年，美国政府为清理给自由女神像翻新扔下的一大堆废料，向社会广泛招标，但几个月过去了没人应标。当时正在法国旅行的他听到这个消息后，立即终止休假，飞往纽约。在看过自由女神像下堆积如山的铜块、铅丝和木料后，他毫不迟疑，当即与政府部门签下了协议。

纽约的许多运输公司对他的这一举动都暗自发笑，因为在纽约州，垃圾的处理有严格规定，弄不好就会受到环保组织的起诉。他的许多同僚也认为废料回收吃力不讨好，能回收的资源价值十分有限，都觉得他此举实在愚蠢至极。就在很多人都等着要看这个犹太人的笑话时，他已经开始组织工人对废料进行分类加工了。他让人把废铜熔化，然后做成一些小的自由女神像，把废铅、废铝做成纽约广场的钥匙，他甚至把从自由女神身上扫下的灰尘也包装起来，出售给那些花店。结果，自然就可想而知了：在不到3个月时间里，他就让那堆废料变成了350万美金，每磅铜的价格竟然翻了10000倍。

生活中没有一成不变的等式。当你在抱怨生活时，也许别人正在享受成功的喜悦，其中的奥妙就在于：你只知道1加1等于2，而别人却明白1加1可以大于2的道理。没错，不单是犹太人，世上大多数人都知道任何东西都有价的，都能失而复得，只有智慧才是人生无价的财富。智慧可以提升，可以创造，可以化无为有，化不利为有利，可以最大程度地改变一个人甚至千千万万人的命运，可以这样说，正是智慧，引导我们一步步走向自由。

爱生智慧，智慧改变命运

当你的心中充满爱，就会主动热情地寻找各种办法帮助他人解决困难，而智慧由此产生，你在帮助他人的过程中也会获得丰厚的回报。

一天夜里，已经很晚了，一对年老的夫妻走进一家旅馆，他们想要一个房间。犹太侍者回答说："对不起，我们旅馆已经客满了，一间空房也没有剩下。"但是侍者不忍心深夜让这对老人出门另找住宿。而且在这样一个小城，恐怕其他的旅店也早已客满打烊了，这对疲惫不堪的老人岂不会在深夜流落街头？于是好心的侍者将这对老人引领到一个房间，说："也许它不是最好的，但现在我只能做到这样了。"老人见眼前其实是一间整洁又干净的屋子，就愉快地住了下来。

第二天，当他们来到前台结账时，侍者却对他们说："不用了，因为我只不过是把自己的屋子借给你们住了一晚——祝你们旅途愉快！"原来如此。侍者自己一晚没睡，他就在前台值了一个通宵的夜班。两位老人十分感动。老头儿说："孩子，你是我见到过的最好的旅店经营人。你会得到报答的。"侍者笑了笑，说这算不了什么。他送老人出了门，转身接着忙自己的事，把这件事情忘了个一干二净。没想到有一天，侍者接到了一封信函，打开看，里面有一张去纽约的单程机票并有简短附言，聘请他去做另一份工作。他乘飞机来到纽约，按信中所标明的路线来到一个地方，抬眼一看，一座金碧辉煌的大酒店耸立在他的眼前。原来，几个月前的那个深夜，他接待的是一个有着亿万资产的富翁和他的妻子。富翁为这个侍者买下了一座大酒店，深信他会经营管理好这个大酒店。

换个角度看问题

有些事情，从常规的角度看，似乎是吃了大亏，但从另一个角度看，却是占了天大的便宜。这就是智慧。

一个犹太人走进纽约的一家银行，来到贷款部，大模大样地坐了下来。

"请问先生，我可以为你做点什么？"贷款部经理一边问，一边打量着这个西装革履满身名牌的来者。

"我想借些钱。"

"好啊，你要借多少？"

"1美元。"

"只需要1美元？"

"不错，只借1美元，不可以吗！"

"噢，当然，不过只要你有足够的保险，再多点也无妨。"经理耸了耸肩，漫不经心地说。

"好吧，这些做担保可以吗？"犹太人接着从豪华的皮包里取出一堆股票、国债等等，放在经理的写字台上。

"总共50万美元，够了吧？"

"当然，当然！不过，你真的只要借1美元吗？"经理疑惑地看着眼前的怪人。

"是的。"说着，犹太人接过了1美元。

"年息为6%，只要您付出6%的利息，一年后归还，我们就可以把这些股票退还给您。"

"谢谢。"

犹太人说完准备离开银行。一直站在旁边冷眼观看的分行长，怎么也弄不明白，拥有50万美元的人，怎么会来银行借1美元，于是他慌慌张张地追上前去，对犹太人说：

"啊，这位先生……"

"有什么事吗？"

"我实在弄不清楚，你拥有50万美元，为什么只借1美元呢？你不以为这样做你很吃亏吗？要是你想借三四十万美元的话，我们也会很乐意……"

"请不必为我操心。在我来贵行之前，问过了几家金库，他们保险箱的租金都很昂贵。所以嘛，我就准备在贵行寄存这些东西，一年只需要花6美分，租金简直是太便宜了。"

看到这个题目的时候我是迷惑的，吃亏与占便宜怎么可能是一回事，看了这个故事后我就豁然开朗了。打破自己的思维定式，换个角度去想问题，往往会有意想不到的收获。家长从小培养孩子智力时，最重要的莫过于让他多角度思考问题。

财富与智慧

有财富而无智慧，财富是不能永久的，而有了智慧就不愁没有财富，因为智慧是财富的源泉。

在犹太人心中，学者是人们尊敬的中心。把学者置于一切人甚至国王之上，就可以看出犹太民族是多么注重智慧。这一点是犹太民族可引以自豪的传统，因为其他民族都把贵族、王侯、军人或商人的地位放在学者之上。

犹太儿童中间流传着这样一则寓言：

在远古的耶路撒冷有一种精灵，他们干着仆役的事情，做家务，打扫房屋，有时还兼管花园。其中有一个精灵，给一个小康之家管理花园。他干活不声不响，相当熟练，热爱主人，还特别热爱那个花园。他工作非常卖力，主人对他也很满意。尽管他和他的同伴一样，生性非常轻盈，可以随时去各种地方，但为了更好地表明他是个忠实的仆役，他始终住在这家主人那里。但可怕的是，他的同行——其他精灵对他百般诽谤，以至于精灵的头目很快下令，把他调到北极去照料一所终年被雪覆盖的房屋。动身前，精灵对他的主人说："我不知道自己犯了什么错误，别人逼着我离开你们。在这里，我只能再待很短的一段时间，可能是一个月，也可能是一个星期。请你们抓紧时机说出三个愿望，我帮你们实现这三个愿望，但是只能三个，不能再多。"主人和夫人合计了一下，第一个愿望就是要求财富。果然，立即便有大堆大堆的金钱装满了他们的钱柜和大大小小的箱子，仓库里全是小麦，地窖里全是酒，一切都装得满满的。但究竟怎样来管理这些财物呢？该设立多少账本，耗费多少时间和心血？两人都感到十分为难，贼人要来算计他们，王公大人要来借贷，国王要来征税，这对可怜的夫妇因为太过富有而感到痛苦。"快来帮我们摆脱这些因钱财而引起的麻烦吧！"他们两人请求说，"穷人是多么幸福，她们无忧无虑！贫困远远胜过财富。财富，快走开！而贫穷女神，快回来吧！"说完这些话，所有的一切都消失了，他们又和原来一样了。他们重新获得了安宁和平静。精灵因他们的觉悟而和他们同声大笑。最后他们请求精灵赐给他们智慧。他们明白，这才是一种从不引起麻烦的财富。

犹太人蔑视一般的学习，他们告诉孩子一般的学习只是一味模仿，而不是任何的创新。实际上，学习应该是思考的基础。正因为如此，《犹太法典》上说："学识及能力，都像是价值最昂贵的怀表。"

动脑的结果

> 事在人为，积极的人只为成功想办法，不为失败找借口。

佛瑞迪只有16岁。在暑假即将来临的时候，他对父亲说："爸爸，我不要整个夏天都向你伸手要钱，我要找个工作。"

父亲从震惊中恢复过来之后，对佛瑞迪说："好啊，佛瑞迪，我会想办法给你找工作，但是恐怕不容易。现在正是人浮于事的时候。"

"你没有弄清我的意思，我并不是要您给我找个工作。我要自己来找。还有，请不要那么消极。虽然现在人浮于事，我还是可以找到工作，毕竟有些人总是可以找到工作的。"

"哪些人？"父亲带着怀疑问。

"那些会动脑筋的人。"儿子回答说。

佛瑞迪在"事求人"广告栏上仔细寻找，找到了一个很适合他专长的工作，广告上说找工作的人要在第二天早上8点钟到达42街的一个地方。佛瑞迪并没有等到8点钟，而在7点45分钟就到了那儿。可他看到已有20个男孩排在那里，他只是队伍中的第21名。

怎样才能引起特别注意而竞争成功呢？这是他的问题，他应该怎样处理这个问题呢？根据佛瑞迪所说，只有一件事可做——动脑筋思考。因此他进入了那最令人痛苦也是令人快乐的程序——思考。在真正思考的时候，总是会想出办法的，佛瑞迪想出了一个办法。他拿出一张纸，在上面写了一些东西，然后折得整整齐齐，走向秘书小姐，恭敬地对她说："小姐，请你马上把这张纸条转交给你的老板，这非常重要。"

她是一名老手，如果他是个普通的男孩，她就可能会说："算了吧，小伙子。你回到队伍的第21个位子上等吧。"但是他不是普通的男孩，她直觉感到，他散发出一种自信的气质。她把纸条收下了。

"好啊！"她说，"让我来看看这张纸条。"她看了不禁微笑了起来。她立刻站起来，走进老板的办公室，把纸条放在老板的桌上。老板看了也大声笑了起来，因为纸条上写着：

"先生，我排在队伍中第21位，在你没有看到我之前，请不要做决定。"

他是不是得到了工作？他当然得到了工作，因为他很早就学会了动脑筋。一个会动脑筋思考的人总能掌握住问题，也能够解决它。

在激烈的竞争中，如何使自己脱颖而出，又如何体现自己与他人的不同，你不能只是傻傻地等着，等着别人来证明你或是等着时间来证明你。你需要的是自己积极主动地行动，而这个时候开动你的脑筋吧，它会告诉你最好的方法！

看不懂的故事

很多可能的事会成为不可能，不可能的事却会成为可能……

胡塞尔教授每天都要给临睡前的孙子讲个故事，但《家教周刊》上的一篇叫作《三个猎人》的故事，却让胡塞尔教授讲不下去了。故事是这样的：

从前有三个猎人，两个没带枪，一个不会打枪。他们碰到三只兔子，两只兔子中弹逃走了，一只兔子没中弹，倒下了。

他们提起一只逃走的兔子朝前走，来到一幢没门没窗没屋顶也没有墙壁的屋子跟前，叫出房屋主人，问："我们要煮一只逃走的兔子，能否借个锅？"

"我有三个锅，两个打碎了，另一个掉了底。"

"太好了！我们正要借掉了底的。"三个猎人听了特别高兴！他们用了掉了底的锅子，煮熟了逃走的兔子，美美地吃了个饱。

胡塞尔教授琢磨了好几天，也没有琢磨出这个故事是啥意思。于是给《家教周刊》写了封信，指出这篇故事让人瞠目结舌的逻辑性错误：其一，中了弹的兔子怎么能逃走，没中弹的兔子又如何会倒下？其二，既然兔子逃走了，猎人如何能将它提起煮着吃？其三，没底的锅怎么能煮熟逃走的兔子，且美美地吃了个饱？

胡塞尔教授的信刊出之后，多家报刊做了转载，胡塞尔教授也收到了大量的读者来信。来信当然都是支持胡塞尔教授的观点，胡塞尔教授深受鼓舞，对幼儿读物成人也看不懂的现象，又一连发表了多篇批评文章。

一年以后，胡塞尔教授的家里来了位客人。客人与胡塞尔教授一见如故，相谈甚洽。谈到某重点大学毕业生因为害怕失去一份高收入的工作，考上研究生之后却放弃读研究生的机会，到储蓄所去做了储蓄员；劣迹斑斑、臭名昭著的黑社会分子却做了警察局局长等等现象，两人更是唏嘘不已、再三叹惜。

不知不觉大半天过去，醉眼朦胧中客人突然举杯问教授："你还记得《三个猎人》的故事吗？你现在能读懂《三个猎人》了吗？"胡塞尔教授愣了愣，默然无语。客人止住谈兴，端起酒杯，呷了呷嘴，又终于放下。良久，教授又喊："喝酒、喝酒。"两人便再喝酒，边喝边叹，边叹边喝。突然，胡塞尔教授眼睛一亮，"哎哟"一声，端起酒杯顿了顿，说："最简单的真理往往最难发现。《三个猎人》就是为了让孩子们从小就懂得，有很多可能的事会成为不可能，不可能的事却会成为可能……"

最简单的真理往往是最难发现，最没逻辑的故事也许隐含最深刻的道理。真实往往是通过一种夸张表现出来的，最荒诞的论断正是以它的光芒让我们看到其中我们曾过分忽略的事物，正像文中《三个猎人》的故事，它以它独特的角度告诉我们：生活的逻辑与思维的逻辑是不同的，生活才是真实的。

没有标准答案

任何问题都不只一种解决方案，也没有所谓必须如此的标准答案，要敢于打破权威，独辟蹊径，创造性地解决问题。

很久以前，以色列国立大学教授卡兰得拉接到他的同事的一个电话，他问卡兰得拉是否愿意为一个试题的评分做鉴定人。因为同事想给他的一个学生答的一道物理题打零分，而他的学生则声称应该得满分。这位学生认为这种测验制度不对，他一定要争取满分。因此老师和学生同意将这件事委托给一个公平无私的仲裁人，而卡兰得拉被选中了……

卡兰得拉到他同事的办公室，并阅读了这个试题。试题是："试证明怎么能够用一个气压计测定一栋高楼的高度。"

学生的答案是："把气压计拿到高楼顶部，用一根长绳子系住气压计，然后把气压计从楼顶向楼下坠，直到坠到地面为止；然后把气压计拉上楼顶，测量绳子放下的长度。这长度即为楼的高度。"

这是一个有趣的答案，但是这学生应该获得称赞吗？卡兰得拉指出，这位学生应该得到高度评价，因为他的答案完全正确。另一方面，如果高度评价这个学生，就应该给他物理课程的考试打高分；而高分就证明这个学生知道一些物理学知识，但他的回答又不能证明这一点……

卡兰得拉让这个学生用6分钟回答同一个问题，但必须在回答中表现出他懂得一些物理学知识……在最后一分钟里，学生赶忙写出他的答案。答案是：把气压计拿到楼顶，让它斜靠在屋顶的边缘处。让气压计从屋顶落下，用秒表记下它落下的时间，根据落下的距离等于重力加速度乘下落时间的平方的一半，算出建筑物的高度。

看了这答案之后，卡兰得拉问他的同事是否让步。同事让步了，于是卡兰得拉给了这个学生几乎是最高的评价。正当卡兰得拉要离开他同事的办公室时，突然记得那位同学说他还有另外一个答案。于是卡兰得拉问是什么样的答案。学生回答说："啊，利用气压计测出一个建筑的高度有许多办法。例如，你可以在有太阳的日子在楼顶记下气压表的高度和它影子的长度，又测出建筑物影子的长度，就可以利用简单的比例关系，算出建筑物的高度。"

"很好，"卡兰得拉说，"还有什么答案？"

"有呀，"那个学生说，"还有一个你会喜欢的最基本的测量方法。你拿着气压表，从一楼登梯而上，当你登楼时，用符号标出气压表上的水银高度，这样你可以用气压表的单位得到这栋楼的高度。这个方法最直截了当。

"当然，如果你还想得到更精确的答案，你可以用一根弦的一端系住气压表，把它像一个摆那样摆动，然后测出街面和楼顶的g值（重力加速度）。从两个g值之差，在原则上就可以算出楼顶高度。"

最后他又说："如果不限制我用物理学方法回答这个问题，还有许多其他方法。例如，你拿上气压表走到楼房底层，敲管理人员的门。当管理人员应声时，你对他说下面一句话'亲爱的管理员先生，我有一个很漂亮的气压表。如果你告诉我这栋楼的高度，我将把这个气压表送给您……"

《塔木德》上说：问题的解决方法往往不只有一种，没有必要把自己的思维固定在某一点上。开放性的思维远比一些所谓的标准答案更值得我们的赞赏！因为你会发现，你原来并不需要待在狭小屋里，只要推开那扇门，你会发现，你的面前本有一片广袤的天地。

难忘的一课

不知并不可怕，最可怕的是不知道却要装作知道，欺骗自己，欺骗他人。

医学院三年级，我们开始临床实习，给病人看病了。

我们心情都有点紧张，口袋里装满了各种医疗手册和工具，显得鼓鼓囊囊的。但是我们没有带听诊器，我们的犹太老师让我们把自己的听诊器放在护士办公室了。

我们站在第一位病人的床头边。老师把我们上下打量了一番。"这位病人是沃特金斯先生，"他说，"我已把我们的实习安排向他作了解释，他不会介意的，只要你们需要，尽可以听听他的心脏。他患的是心脏僧帽瓣硬化症。简直太典型了，我不知道你们今后是否还能碰到这样的病例。"

"关于心脏僧帽瓣硬化症的病理知识，我们以前早就学过。我们知道这种病的心跳规律是先有一声清晰的强音，接着是两下微弱的杂音。"

指导老师把他的听诊器递给我们。"你们要仔细听听。沃特金斯先生的心跳强音很明显。"

我们一个接一个地拿过听诊器，集中精力听诊。"噢，没错，听得很清楚。"大家都点点头说。我们互相注视着，只见人人都是一脸轻松的表情。我们很感谢指导老师能把实习课安排得如此顺利。

这节实习课结束后，我们6个学生来到护士办公室，坐了下来。"你们都听清楚了吗？"指导老师问。我们点点头。老师并不多说，慢慢拆开我们刚用过的那个听诊器。只见他从口袋里取出一个小镊子，用它夹出塞在听诊器里的一团棉球。

原来这是一个失效的听诊器，仅仅一个摆设而已！根本不可能用它听清什么心脏杂音的。

"再也不要这么干了，"老师说，"如果你们听不到什么声音，就直说好了。如果你们不理解别人在讲什么，就告诉他你确实不明白。本来糊涂却假装清醒，也许能欺骗你们的同事，但对你们自己——还有你们的病人，一点好处也没有。"

一时间，我们都尴尬极了。现在，25年过去了，我想，这也许是我有生以来所上过的最好的一堂医学课。

我们不断地学习，就是因为有很多东西我们不懂，所以不懂并不可耻，最重要的是不能不懂装懂，不懂装懂往往比不懂更无知，因为它不但在欺骗别人，更是在欺骗自己。"知之为知之，不知为不知"，只有这样，我们才能不断学到新的知识，不断进步。而这种品质一定要从小培养。

人是由猴子变的吗

孩子对这个世界充满了好奇，会提出许多稀奇古怪的问题，作为父母，对孩子的问题应耐心地认真回答。

一天，塞德尔兹先生正在与哈塞先生就孩子爱提问题这个话题进行讨论时，哈塞先生说："小孩子有时真的很烦，他那张嘴整天都没有停过，叽叽喳喳不停地问这问那，我的头都快要被他吵炸了。"

就在此时，塞德尔兹的儿子小塞德尔兹走了过来。他手里拿了一本达尔文的进化论的少儿读本，书中用生动的笔调描述了生物进化的过程，并且配有极为有趣的插图。

"爸爸，进化论中说人是由猴子变来的，这是对的吗？"儿子问道。

"我不知道是否完全对，但达尔文的理论是有道理的。"

"可是既然人是由猴子变的，那么为什么现在人还是人，猴子仍然是猴子？"儿子问。

"你没有看见书是这样写的吗？猴子之中的一群进化成了人类，而另一群却没有得到进化，所以它们仍然是猴子。"

"这恐怕有问题。"儿子怀疑地说。

"什么问题？"

"既然是进化论，那么猴子们都应该进化，而不光是只有一群进化。"

"为什么这样说？"

"我觉得另一群猴子也应该得到进化，变成一群能够上树的人。"

这时，哈塞先生的脸上流露出极不以为然的神色，他的眼光似乎是在说："看你有多大的耐心。"

"那是不可能的，因为事实上是猴子当中的一部分没有得到进化……"塞德尔兹说。

"为什么？"儿子仍然不放过这个问题。

于是，塞德尔兹只能尽自己所知给他讲明其中的原因："据我了解，一群猴子由于某种原因不得不在地面上生存，它们的攀缘能力逐渐退化，而又学会了直立行走，经过漫长的进化变成了人类；另一群猴子仍然生活在树上，所以没有得到进化。"

"我明白了。可是为什么要进化呢？如果人能够像猴子那样灵活不是更好吗？"儿子又开始了另一个问题。

"虽然在身体和四肢上猴子比人灵活，但人的大脑比猴子的灵活。"塞德尔兹说道。

"大脑灵活又有什么用呢？又不能像猴子那样可以从一棵树跳到另一棵树上。"儿子说道。

"身体灵活固然好，但只有身体上的优势是远远不够的，大脑的灵活才是最重要的，因为只有这样才能创造出文明。"

"为什么要创造文明？"儿子问道。

"因为文明代表着人类的进步。"塞德尔兹说道。

就这样，儿子的问题一个又一个地如潮水般涌来，他的很多问题在成年人看来非常可笑且毫无根据，但即使这样，塞德尔兹也尽力不让他失望。

"塞德尔兹博士，我真佩服你的耐心。"哈塞先生说道。

塞德尔兹说："其实也并非我的耐心比其他人好，只不过我认识到认真回答孩子问题的重要性，因为只有这样才能够培养起他的探索精神，而不是将这宝贵的品质抹煞掉。"

现在许多父母都讨厌孩子问问题，这是大错特错的。犹太父母认为，这种愚蠢的做法虽然能换来片刻的宁静，但却在不知不觉中压抑了孩子的好奇心和求知欲，更为严重的是抹煞了孩子最可贵的求知精神。犹太人总是认真而耐心地回答孩子提出的问题，决不会像很多父母那样嫌麻烦而应付了事。

扛着驴的父子

凡事要自己拿主见，别人的意见只能作为参考，而不能听凭别人的摆布。

在中世纪时期的耶路撒冷，有个父亲带儿子去市场卖驴子，驴子走在前头，父子俩随行在后，村里的人看了都觉得很可笑。"真傻啊！骑着驴子去多好，却在这沙尘滚滚的路上漫步。""对啊！说的对啊！"父亲突然觉得很有道理。

"孩子，骑上驴子吧！我会跟在旁边，不会让你掉下来的！"父亲让孩子骑在驴子上，自己则跟在旁边走着。这时，对面走来两个父亲的朋友。"喂！喂！让孩子骑驴，自己却徒步，算什么！现在就这么宠孩子将来还得了！为了孩子的健康，应该叫他走路才对，让他走路，让他走路！"

"噢！对呀！有道理。"于是父亲让孩子下来，自己则骑上驴背。孩子跟在驴子后面，蹒跚地走着。走着走着，碰见一个挤牛奶的女孩。女孩用责备的口吻说："哎唷！世间竟有这么残酷的父亲，自己轻轻松松的骑在驴背上，却让那么小的孩子走路，真可怜。瞧，那孩子多痛苦，东倒西歪地跟在后头，实在可怜啊！"

"是啊！你说得有理！"父亲点头赞同。于是，父亲叫孩子也骑到驴背上，朝着市场的方向前进。驴子同时要载两个人，渐渐的举步非常吃力，呼吸急促，腿摇摇晃晃的发抖。可是父亲并没有发觉，还轻轻松松的哼着歌曲，一边在驴背上摇晃呢！驴子好不容易走到教堂前，喘了一大口气，休息、休息。

教堂前面正好站了一位牧师，叫住了他们。"喂！喂！请等一下，让那么弱小的动物载两个人，驴子太可怜了。你们要去那里呢？""我们正要带这匹驴子去市场卖呀！""哦！这更有问题。我看你们还没走进市场，驴子就先累死了，恐怕还卖不出去呢！信不信由你。""那么，该怎么办呢？""把驴子扛着去吧！"

"好！有道理。"父子俩立刻从驴背上跳下来，然后把驴子的脚绑起来，再用棍子扛着驴子。这样扛着，当然非常重，所以父子俩涨红了脸，摇摇晃晃地喊着："怎么这么重呢！"看见这情景的人都呆住了。"真是奇怪的人啊！"扛驴子的父子不久走到一座桥上。"孩子，市场快到了，再忍耐一会儿吧！"父亲虽然这么说，可是自己和孩子都已经累得精疲力尽了。

驴子毕竟是驴子，被倒吊着反而痛苦得不得了，不但口吐白沫，还粗暴地扭动起来。"嘿！乖一点啊！"父亲严厉的斥骂着，可是驴子不听，扭动的更厉害，结果，棍子啪的一声折断了。绳子也弄断了，驴子倒栽葱似的掉进河里。很不凑巧，雨后河水暴涨，驴子就在那瞬间，被急流吞没，看不见踪影了。"啊！怎么会这样呢？这都是一味听别人的意见，而产生最严重的后果啊！"父子俩只好垂头丧气地走回家。

父子俩由于自己不思考，盲目听从别人的意见，结果吃了大亏。凡事要动脑筋，不能随意采纳别人的意见。思维力是智力活动的核心，也是智力结构的核心，因而思维能力是成才最重要的智力因素。思维能力也是要从小就开始发展的，它会使人更聪明、更胜人一筹。犹太人从孩子小时候就开始培养孩子的思维能力。

学无止境

"生也有涯，而知也无涯"，知识的海洋无边无际，学习的道路永远没有止境。

耶鲁大学毕业考试的最后一天。在一座教学楼前的阶梯上，有一群大四的学生挤在一起，正在讨论几分钟后就要开始的考试。他们的脸上显示出很有信心的神情，这是最后一场考试，接着就是毕业典礼和找工作了。有几个说他们已经找到工作了。其他的人则在讨论他们想得到的工作。

怀着对4年大学教育的肯定，他们觉得心理上早有准备，能征服外面的世界。

即将进行的考试他们知道只是很轻易的事情——教授说他们可以带需要的教科书、参考书和笔记，只要求考试时不能彼此交头接耳。

他们喜气洋洋地鱼贯走进教室。

教授把考卷发下去，学生都眉开眼笑，因为看到试卷上只有5个论述题。

3个小时过去了，教授开始收考卷。学生们似乎不再有信心，他们的脸上出现可怕的表情。没有一个人说话。教授手里拿着考卷，面对着全班同学，端详着他们担忧的脸，问道："有几个人把5个问题全答完了？"

没有人举手。

"有几个答完了4个题？"仍旧没有人举手。

"3个？2个？"

学生们在座位上不安起来。

"那么1个呢，一定有人做完了吧？"全班学生仍然保持沉默。

教授放下手中的考卷说："这正是我预期的。我只是要加深你们的印象：即使你们已完成4年工程教育，但仍旧有许多有关工程的问题你们不知道。这些你们不能回答的问题，在今后的日常操作中是非常普遍的。"

教授微笑着说下去："这个科目你们都会及格，但要记住：虽然你们是大学毕业生，但你们的教育才刚刚开始。"

时间消逝，这位教授的训诫清晰依旧，这位教授便是犹太著名学者列维·斯特劳斯。

学习知识就像在画圈。随着知识的日积月累，你的圈也就越画越大。当你扬扬自得时，不妨看看圈外的世界，你会发现这个圈所接触的空白也相应地在增加。真实的生活正在向我们展示它的博大精深。学无止境！

智慧的力量

智慧是世界上最强大的力量，学习知识必须转化为智慧才有意义。

世界著名的军事家拿破仑曾说过："在部队里面，勇敢的将军固然重要，但是善于动脑筋思考的将军更重要，一个士兵，更需要有一个智慧的将军。"其实，在生活的各个方面都是如此。

世界著名的"酒店大王"——希尔顿，觉得自己人生得到的最大一次启示，来自他12岁时的一段经历。当时在美国西部人人带枪，但他爸爸从来不带，他说："带枪的人必须依靠拔枪的速度，不带枪的人，需要的则是智慧，我相信智慧的力量会远远大过武器的力量。"

希尔顿很快领教了父亲这句话的含义：一天，他发现爸爸在一个酒馆里面，被一个醉汉用枪逼着，若没有回答出醉汉的任何一个问题，就会立即被枪打死。面对这生死存亡的一瞬间，他却吃惊地发现爸爸很平静，用一种非常感人的语调，慢慢地对那个拿枪的人说话，那人的态度逐渐软化，枪掉在了地上，最后，那人竟然抱着他的爸爸哭了起来！

"智慧的力量大于任何力量。"这一启示，指导了他后来的经商之道，最终成为闻名世界的"酒店大王"。

犹太民族非常重视学问，但是与智慧相比，学问也略低一筹，他们把仅有知识而没有智慧的人，比喻成"背着很多书本的驴子"。在犹太人看来，这种人即使有一肚子知识，也丝毫派不上用场。而且，知识必须为善，如果用知识做坏事，知识反而有害了。为此，犹太人认为，知识是为磨炼智慧而存在的。假如只是单纯地收集很多知识而不消化，就同徒然堆积许多书本而不用一样，都是一种浪费。

因材施教

每个人都有自己的优点和长处，没有必要强求一致，重要的是要扬长避短。

犹太少年琼尼·马汶的爸爸是木匠，妈妈是家庭主妇。这对夫妇准备送儿子上大学，所以节衣缩食，一点一点地存钱。马汶读高中二年级时，一天，学校聘请的一位心理学家把这个16岁的少年叫到办公室，对他说："琼尼，我看过了你各学科的成绩和各项体格检查，仔细研究了你各方面的情况。"

马汶插嘴道："我一直很用功的。"

"问题就在这里，"心理学家说，"你一直很用功，但进步不大，你的各科成绩都远远落后于其他同学，你对高中的课程有点力不从心，再这样学下去，恐怕你就是在浪费时间了。"

孩子用双手捂住了脸："啊！那样我爸爸妈妈会难过的。他们一直巴望我上大学。"

心理学家抚摸着孩子的肩膀。"人的才能各种各样，琼尼，"心理学家说，"工程师不认识简谱，画家背不全九九乘法表，这都是可能的。但每个人都有自己的特长——你也不例外。终有一天，你会发现并发挥自己的特长。到那时，你的爸爸妈妈就会为你骄傲了。"马汶从此再没去上学。

那时城里的工作很难找，马汶替人修建园圃修剪花坪。因为勤勉，所以很忙碌。不久，他的手艺开始受到雇主们的注意，他们称他为"绿拇指"——因为凡经他修剪的花草无不出奇地美丽繁茂。

一天，他又进城来，凑巧来到市政厅后面，一位市政参议员就在他眼前不远处，马汶看到这是一块满是垃圾、污泥浊水的场地，便向参议员鲁莽地问道："先生，你是否能答应我把这个垃圾场改为一个美丽的花园？"

"市政厅没有这笔钱。"参议员说。

"我不要钱，"马汶说，"只要允许我去做就行。"

参议员大为惊异，他还不曾碰见过哪个人办事不要钱呢！于是他把这孩子带进了办公室。

马汶步出市政厅大门时，满面春风，因为他有权清理这块被长期搁置的垃圾场地了。

当天下午，他拿了几样工具，带上种子和肥料来到目的地。一位热心的朋友给他送来一些树苗；一些相熟的雇主请他到自己的花圃剪用玫瑰枝条，有的则提供做篱笆用的木料。消息传到了本城一家最大的家具厂，厂长立刻表示要免费承做公园里的条椅。

不久，这块泥泞的垃圾地就变成了一个美丽的公园：曲幽幽的小径，绿茸茸的草坪，因为马汶也没有忘记给小鸟安家，所以人们在条椅上坐下来还能听到鸟儿在唱歌。全城的民众都在谈论，说有一个人办了一件了不起的事。人们通过它看到了琼尼·马汶的才能，公认他是一个天生的风景园艺家。

这已经是好几十年前的事了，如今的琼尼·马汶已经是全国闻名的风景园艺家。

不错，马汶至今没学会说拉丁文，也不懂法国话，微积分对他更是个未知数，但园艺和色彩是他的特长。他使已年迈的双亲感到了骄傲，这不仅是因为他在事业上取得的成就，而且还因为他能把人们的住处弄得无比舒适和漂亮——他工作到哪里，就把它们带到哪里！

对于年幼的孩子来说，最重要的是教育而不是天赋。孩子的天赋是有差异的，然而这差异是有限的。就是那些只有一般禀赋的孩子，只要教育得法，也都能成为非凡的人。犹太人认为，孩子的不同爱好，或有益于身体的健康，或有益于智力的开发，有益于个性形成，或有益于情操的陶冶。只有尊重和发展孩子的正当爱好，方有遂愿的可能。

钥匙

你的兴趣就是一把开启你人生成功大门的钥匙。

2001年5月，美国内华达州的麦迪逊中学在入学考试时出了这么一个题目：比尔·盖茨的办公桌上有5只带锁的抽屉，分别贴着财富、兴趣、幸福、荣誉、成功5个标签：盖茨总是只带一把钥匙，而把其他的4把锁在抽屉里，请问盖茨带的是哪一把钥匙？其他的4把锁在哪一只或哪几只抽屉里？

一位刚移民美国的外国学生，恰巧赶上这场考试，看到这个题目后，一下慌了手脚，因为他不知道它到底是一道英文题还是一道数学题。考试结束，他去问他的担保人——该校的一名理事。理事告诉他，那是一道智能测试题，内容不在书本上，也没有标准答案，每个人都可根据自己的理解自由地回答，但是老师有权根据他的观点给一个分数。

外国学生在这道9分的题上得了5分。老师认为，他没答一个字，至少说明他是诚实的，凭这一点应该给一半以上的分数。让他不能理解的是，他的同桌回答了这个题目，却仅得了1分。同桌的答案是，盖茨带的是财富抽屉上的钥匙，其他的钥匙都锁在这只抽屉里。

后来，这道题通过E-mail被发回了这位外国学生原来所在的国家。这位学生在邮件中对同学说，现在我已知道盖茨带的是哪一把钥匙，凡是回答这把钥匙的，都得到了这位大富豪的肯定和赞赏，你们是否愿意测试一下，说不定从中还会得到一些启发。

同学们到底给出了多少种答案，我们不得而知。但是，据说有一位聪明的同学登上了美国麦迪逊中学的网页，他在该网页上发出了比尔·盖茨给该校的回函。函件上写着这么一句话：在你最感兴趣的事物上，隐藏着你人生的秘密。

只有对自己感兴趣的事情，我们才会不惜倾洒我们的汗水；只有不惜倾洒汗水，我们才能在收获成功的果实的基础上，获得我们的荣誉；在获得心灵满足的基础上，发现我们的幸福所在！作为家长，一定要记住比尔·盖茨的这一句话：在孩子最感兴趣的事物上，隐藏着他人生的秘密。

杂草也有用处

生活中难免会遇到一些负面的事物，能化无用为有用，从失败中汲取前进的动力，才是真正的大智慧。

犹太人善于从别人轻视的东西中，寻找到它存在的价值和用途。所以有句犹太名言说"杂草亦有用处"。

据说，这句格言来自一则寓言故事：

有一天，一位农夫弯着腰在院子里锄草。天气很热，他满头大汗，汗珠不停地顺着脸颊流下来。

"可恶的杂草！假如没有这些杂草，我的院子一定很漂亮，神为什么要造这些讨厌的杂草来破坏我的院子呢？"农夫这样嘀咕着。

有一棵被拔起的小草正躺在院子里，它回答农夫说："你说我们可恶，也许你从来就没有想到过，我们也是很有用的。现在，请你听我说一句吧。我们把根伸进土中，等于是在耕耘泥土，当你把我们拔掉时，泥土就已经是耕过的了；此外，下雨时，我们防止泥土被雨水冲掉；在干涸的时候，我们能阻止强风吹起沙尘；我们是替你守卫院子的卫兵，如果没有我们，你根本就不可能有种花、赏花的乐趣，因为雨水会冲走泥土，狂风会吹散泥土……所以希望你在看到花儿盛开之余，能够想起一些我们的好处。"

农夫听了这些话，不禁肃然起敬，站得直直地，从那天以后，他就再也不会瞧不起任何东西了。

犹太人这种观念同中国的"天生我材必有用"的古训有些类似。它强调每一件东西都有用处，每一个人也是这样。事物的好坏在相互转换、变化，好东西并不绝对的好，它也必定会有一种缺陷；坏东西也并不绝对的坏，它也有自身的特殊用途，凡事就在于人的发掘了。

人也是这样，每一个人都有坚强的一面，同时也有脆弱的一面。可是，在人们视之为脆弱的一面当中，也往往包含着许多有用的因素。逆境和顺境、失败和胜利也如此。每一个人都能有作为，关键在于自身的努力与否。

犹太民族是一个很奇特的民族，他们纪念胜利的日子，同时也纪念败北屈辱的日子。曾经有人嘲笑犹太人，说他们是"败北的天才"，但是，几乎所有的犹太人都相信一点：只要记住失败那一天，就会产生出强大的力量。

在犹太社会的纪念日中，最隆重的节日应该算是"逾越节"了。这一天，是犹太人纪念他们重返以色列的日子。

在返回以色列之前，犹太人曾在埃及为奴，过着很悲惨的日子。犹太人在摩西的率领之下，越过沙漠，千里迢迢地回到以色列，这已经是很久很久以前的事了。可是时至今日，犹太人仍然在纪念那段苦难的日子。每年到这一天，分散在各地的犹太人都召开盛大的聚会，来庆祝这个"获得解放"的日子。

在逾越节的晚餐上，犹人人要吃一种很粗的面包，这种面包是当时犹太人在埃及作奴隶时吃的，它代表屈辱；还有一种很苦的叶子，这种叶子很难吃，一般谁也不会把它摆在庆祝宴会上，犹太人吃它是为了回味当时败北的苦味。

犹太人认为，遇到的苦难愈艰深，败北的次数愈多，就会愈坚强。

人生有成功，也有失败，这是必然的，犹太人普遍地对失败持一种容忍、接受的态度。犹太人认为，如果一个人沉湎于成功的甜美之时，而忘掉了失败的苦涩，那么终有一天他会尝到失败的苦果。因为成功会使人松懈，使人自满；而失败却使人紧张，使人警戒，是一个很好的老师，人们可以从它那里学到一种本事，没有把它舍弃的道理。并且，人应该是透过自己的经验来学习的。

犹太人甚至还认为，失败比成功还要珍贵。自古至今，不可能有一个人从来没有失败过，失败是使人走向成功的必经之路。

失败不可怕，如果能振作起来，能够从失败中学习成功的经验，即便是杂草也一样有用处，有作为。犹太人能够在接踵而来的磨难中前进，就是因为他们坚信杂草也有用处。为此，他们善于在困难和失败时发现自身存在的价值。这就是犹太人不寻常的智慧。

智慧重于门第

智慧是内在的，谁也夺不走，而门第出身是外在之物，不过是贴在自己身上的标签。所以，一个人值得自豪的是自己的智慧而不是出身。

在《犹太法典》中有一则小故事：有两个犹太人，一个是处处以自己家世为荣的青年，另一个则是一贫如洗的牧羊人。

当家世显赫的那个青年人夸耀完自己的祖先之后，牧羊人说："原来你是那样伟大祖先的后裔啊！不过，你要知道，我极有可能就是我们家族的祖先，而我的家族一定会像你的祖上一样的。"金钱和事业上的成功，对于"家"的荣誉并不是很重要的因素。

有一则这样的犹太故事：以色列某贵人有两个儿子。一个追求财富，一个研究学问。后来，一个成了大富翁，一个成为当代的博士。这富贵腾达的儿子很瞧不起他那有学问的兄弟。他说："我富可敌国，你却依然一无所有。"那博士回答说："兄弟！我当感谢至尊至贵的上帝，给了我这样大的恩惠。因为，我得到的是先知的遗产——智慧。"

犹太人经常对孩子说，我们不能选择家庭出身，也没有必要重新选择，因为那不重要，不能代表我们的实力。应该做的事情是努力学习，掌握知识，并最终变为自己的智慧。

在人与人交往中，犹太人很少有趋炎附势之举，出身高贵的人也难以依靠出身攫取社会地位，或者取得其他什么优势，人们都是依靠智慧和勤劳获得个人地位。个人智慧重于门第出身是犹太人处世的重要理念，它激励了许多出身低贱的人去积极进取，也体现了社会公平竞争的原则。犹太人没有家园，四处流浪，没有生存和发展的权利保障。他们所到之处，唯一的支撑就是自己头脑中的知识，用知识创造财富，从而由财富来为自己争得一条求生的道路，一方生存发展的空间。

在老师面前要谦虚

老师对我们有教育之恩，我们应该像尊重自己的父母那样尊重老师，在老师面前要永远保持谦虚礼让。

约瑟夫擅长摔跤。他的技术高明，浑身解数足有290种，并且每次出手都各有不同。徒弟里头，他最喜欢长得英俊的萨缪尔。他力大无比，本事高明，是所有弟子中最有建树的一个。萨缪尔名气很大，有一天，所罗门国王点名要看他的摔跤。赢得比赛后，萨缪尔跑到国王面前夸口，说他不愿摔赢师傅的原因，不是自己技术差，而是因为师傅的年龄已大。其实，自己的本领和力气，绝不比师傅差。

他这样不尊重师长、狂妄自大，所罗门很不高兴，叫人选了一处宽大的场地，把满朝文武百将都请了来。让师徒二人比赛。

萨缪尔耀武扬威地走进场地，像一头被激怒的狮子，仿佛他的敌人即使一座铁山，也会被他推倒。

约瑟夫看他力气比自己大，所用技术又和自己如出一辙，于是就用一个谁也没见过的招数一把将他扭住。萨缪尔还不知怎样招架，已经被师傅举过头顶，摔在地上了。满场的人都欢呼起来。所罗门奖给师傅一件华丽的袍子，并斥责萨缪尔说："你太狂妄了，竟然妄想和你师傅较量，可是你失败了。"

萨缪尔说道："国王！他胜过我并不是凭力气，而是有一招没有传授给我。就凭这小小的一点本事，今天把我打败了。"

约瑟夫说道："我留下这一手就是为着今天。记得圣人说过：'不要把本事全部教给你的朋友，万一他将来变成敌人，你怎样抵挡得住？'从前有个吃过徒弟亏的人曾经说过，不知道是这世上本来就没有情义，还是如今人心变得太快，我向他们传授射箭技艺，最后他们却把我当作天上的鸽子。这些都让我不得不引以为戒啊！本来我看你基础不错，把我全部的技艺传授给你，但你目无尊长，实在是太令我失望了。"

如果萨缪尔谦虚谨慎，尊敬传授给自己超人技艺的师傅，可以想象，不久的将来，约瑟夫一定会将这最后一招也传授给他，使他成为世界上最强大的摔跤手。

犹太人常常对孩子说："要像尊重你的父母一样，尊重你的老师。"尊敬老师，尊重老师的劳动，不仅仅是师生和谐相处的基本前提，更是每一个有良知的人应该拥有的最起码的品德。老师把所有知识毫无保留地传授给学生，如果他们希望得到什么回报的话，就是希望看到学生长大成才，在知识的高峰上越攀越高。

智慧是财富之源

犹太人唯一的财富是智慧。（《塔木德》）

犹太人有则笑话，谈的是智慧与财富关系。

两位拉比在交谈：

"智慧与金钱，哪一样更重要？"

"当然是智慧更重要。"

"既然如此，有智慧的人为何要为富人做事呢？而富人却不为有智慧的人做事？大家都看到，学者、哲学家老是在讨好富人，而富人却对有智慧的人摆出狂态。"

"这很简单。有智慧的人知道金钱的价值，而富人却不知道智慧的重要。"

拉比即为犹太教教士，也是犹太人生活等方面的"教师"，经常被作为"智者"的同义词。所以，这则笑话实际上也就是"智者说智"。

拉比的说法不能说没有道理，知道金钱的价值，才会去为富人做事，而不知道智慧的价值，才会在智者面前露出狂态。笑话明显的调侃意味就体现在这个内在悖谬之上。

有智慧的人既然知道金钱的价值，为何不能运用自己的智慧去获得金钱呢？知道金钱的价值，却只会靠为富人效力而获得一点带"嗟来之食"味道的酬劳，这样的智慧又有什么用，又称得上什么智慧呢？

所以，学者、哲学家的智慧或许也可以称做智慧，但不是真正的智慧。在金钱的狂态面前俯首帖耳的智慧，是不可能比金钱重要的。

相反，富人没有学者之类的智慧，但他能驾驭金钱，有聚敛金钱的智慧，有通过金钱去役使学者智慧的智慧。这才是真正的智慧。

不过，这样一来，金钱又成了智慧的尺度。金钱又变得比智慧更为重要了。其实，两者并不矛盾，活的钱即能不断生利的钱，比死的智慧即不能生钱的智慧重要；但活的智慧即能够生钱的智慧，则比死的钱即单纯的财富——不能生钱的钱——重要。那么，活的智慧与活的钱相比哪一样重要呢？我们都只能得出一个回答：

智慧只有化入金钱之中，才是活的智慧。钱只有化入了智慧之后，才是活的钱；活的智慧和活的钱难分伯仲，因为它们本来就是一回事。它们同样都是智慧与钱的圆满结合。

智慧与金钱的同在与统一，使犹太商人成了最有智慧的商人，使犹太生意经成了智慧的生意经！

　　真正有智慧的人，懂得金钱的价值，懂得如何用自己的知识来获取金钱，用自己的知识来创造现实社会的财富。

　　如果知识不应用到实践中去，知识没有转化为金钱也是没有价值的。

　　犹太人对待那些整天只知道学习的人的看法是："有些人过度钻研学问，以至于无暇了解真相。"他们甚至这样看待死读书的人："学者中也有类似驴马之人，他们只会搬运书本。学者中有人被喻为载运昂贵丝绸的骆驼，但骆驼与昂贵的丝绸是毫不相干的。"如果这样说来，他们只是书籍的搬运工而已，根本算不上是有知识的人。真正有知识的人就应该把自己所学的知识和实践联系起来，在实际的生活中，创造出他所能创造的价值。

　　财富不光是钱，也不光是财产。财富是智慧，财富是力量，财富是智慧和魄力的结晶，财富是物质和精神的统一。

　　有些人的财富装在脑袋里，有些人的财富装在口袋里，财富装在脑袋里的才是真正的富翁。财富的源头是智慧。有智慧的人，赤手空拳也可以创造财富。

　　很多年前，一则小消息在人们之间传播：皇宫的大殿需要重新装修，其中的石料因破损需要更换。这时，一位不起眼的珠宝店老板却没有等闲视之，他毅然买下了这些报废的石料。

　　没有人知道小老板的企图。他一定是疯了，人们都这样想。他关起店门，将那些石料重新打磨切制，变成一小块一小块的石块，然后装饰起来，作为纪念物出售。皇宫大殿的纪念物，还有比这更有价值的纪念品吗？

　　就这样，他轻松地发迹了。接着，他买下了宫廷中流传的皇后的一枚钻石。人们不禁问：他是自己珍藏还是抬出更高的价位转手？他不慌不忙地筹备了一个首饰展示会，当然是冲着皇后的钻石而来。可想而知，梦想一睹皇后钻石风采的参观者会怎样蜂拥着从世界各地接踵而至。他几乎坐享其成，毫不费力就赚了大笔的钱财。

　　许多人拥有智慧，但是他们的智慧都没有用来创造价值，所以他们始终是十分贫困的。学者应该运用自己的知识来获得智慧，而且应该学习那些真正的智慧，可以赚钱的智慧。

　　有位叫阿巴的外科医生非常著名，他给人看病是收费的。当时人们的观念是医生是救死扶伤的天使，收费是不应该的，医生们于是在大街上摆上一个箱子，向路人募捐。人们纷纷指责这位名医，但是阿巴告诉他们："不收费的医生是不值钱的医生。"

　　在商界，还流传着这么一个故事：

　　一次，美国福特汽车公司的一台大型电机发生故障，公司的技术人员都束手无策。于是公司请来德国电机专家斯坦门茨，他经过检查分析，用粉笔在电机上画了一条线，并说："在画线处把线圈减去16圈。"公司照此维修，电机果然恢复了正常。在谈到报酬时，斯坦门茨索价1万美元。一根线竟然价值1万美元！很多人表示不解。斯坦门茨则不以为然："画一条线只值1美元，然而，知道在哪里画值9999美元。"

　　这就是知识的价值。

　　有智慧的人敢于为自己的知识喊价，这也是他们善于把知识转化为金钱的聪明之处。

　　世界上各个民族中唯有犹太人是最能够运用智慧的，因为他们知道怎样把自己头脑中的智慧变成他们手中的金钱，这就是犹太人的过人之处。他们对知识的崇拜和敬爱之情达到了疯狂的程度，因为这些知识不仅仅显示他们的博学，最关键的是这些知识教会了他们怎样赚钱。犹太人说："手艺者比宗教家更值得尊敬。"因为宗教家虽然有知识，但是他的知识没有运用出来，这样的知识等于没有知识。而手艺者虽然知识不多，但是他们把自己仅有的一点知识也贡献出来了，这样他的智慧虽然少，却是有用的，所以更值得尊敬。

笑是风力，哭是水力

　　思考时请感情离开，因为你需要的是理智。（《塔木德》）

　　"笑是风力，哭是水力。"犹太人的父母这样批评他哭泣的孩子。

　　一个犹太孩子和他的姐姐争夺玩具，他的姐姐不给他，他于是哭了。他旁边的父母这样笑话他："笑是风力，哭是水力。"这句话是什么意思呢？是说笑就像风刮过去一样消失了，而哭就像水流过去一样没有了痕迹。在他们的父母看来，小孩的哭泣是他自己一种不愉快的感情的宣泄。而小孩子任意宣泄自己的感情只是他不肯动脑筋想办法的一种没有能力的表现而已。犹太人是很不喜欢这样单纯的感情的需求的，他们需要的是事情的圆满解决，而事情的解决只能依靠他动脑筋，想办法。

　　笑也是一样的。没有根据的笑和不解决问题的哭都是一种短暂的感情宣泄，都是没有多大意义的。犹太人始终认为，在任何时候运用理性的思考，想办法去解决摆在面前的问题，才是真正有用的。而遇到问题就感情用事，是一件很没有意义、让人觉得可笑的事情。

　　用理性看待这个世界，绝不要盲目。这是犹太人的思维方式。而理性摒弃了愚昧和偏见，所以，人应该用理性去恢复这个世界的本来面目。在他们看来，生活中有许多事情，是我们自己的盲目和冲动造成的。我们任意使用自己的感情才造成了对世界的惶恐、惧怕。

　　犹太人为我们列举了生活中我们由于感情的冲动而造成的偏见，"我一点儿都不像自己的母亲""我忙得实在没有时间锻炼""我根本不需要治疗""我不想结婚"等。再如，大家讨厌"恶"的行为，但是犹太人却说："恶的冲动有善吗？有，如果没有恶的冲动，相信就不会有人盖房子，娶太太，生孩子，或者拼命地赚钱了。"

　　"没有根据的憎恨，是最大的罪恶。"犹太人这样理智地告诉人们，不要轻易地喜欢和憎恨一个人。

　　犹太人从来不喜欢感情用事，他们认为感情用事只是犯愚蠢错误的开始。而理性思考的人才是真正明智的人。那么，是不是就不需要感情，不再要热情，只是一味的理性呢？

犹太人把人的热情分为两种：一种是感情所煽起的热情，另一种则是理智所支持的热情。

犹太人认为，感情所煽起的热情是很危险的，因为感情不能持久，理智则可贯彻终生。

人的热情要靠理性来支持。比如爱因斯坦对"相对论"的研究，都充满着热情，并以理智为基础，理智促进热情，使热情向困难挑战，终于建造了伟大的理论金字塔。

同时，在犹太人心中，凡是经不起时间折磨，过了一段时间就会失去价值的东西，都不珍贵，感情便是这种不堪时间折磨的东西。

犹太人认为同情是一种感情煽动起来的热情。

犹太人称同情为"雷赫姆"，"雷赫姆"是"母亲的子宫"之意。

拉比们说母亲怀胎10月时，不管肚子里的孩子是男是女，她都一定会流露出深切的母爱，"同情"的语源就是这么来的。

《圣经》上说：神本来打算让这个世界成为只有正义才可以统治的地方，但是没有成功。在不得已的情况下，他把"同情"给了人，使人能继续生存于世上。

犹太拉比告诫人们：绝不可因过度的热情而引火焚身，毁灭自己。因为这种热情会使人生的齿轮狂转，恋爱就是其中的一项。犹太人很少有激烈的热恋，他们认为，恋爱只不过是为建立家庭预做准备而已。

虽然如此，但并不是所有的犹太人都不重视感情。

《塔木德》中有一句很美的话："心满了的时候，就会从眼睛溢出来。"可见《塔木德》是肯定感情的存在。

作为商人，应该是一个纯粹的理性主义者，需要用理性的态度对待商务上发生的一切事情，而不应该感情用事。

众所周知，犹太人是最注重遵守契约的人，如果有谁违反了这个契约，那他就会被认为是犯了一件绝不可以饶恕的错误，这个错误是所有错误里面最严重的。但是一旦发生这样的事情，犹太人会怎么做呢？

一次有个印度人和犹太人洽谈好了一笔生意，结果最后的时候印度人不能履行合同了。这个印度人和犹太人打过交道，知道犹太人最讲究的就是生意的契约。他忐忑不安地去见犹太人，找出了种种的理由，试图说明不能履行合同的原因，同时他心里还在想对方是不是已经发怒了。可是犹太人简单地听了几句之后，就立即打断他，平静地对他说："哦，你违反了我们的合同，按照协议，你应该赔偿我的损失，这个损失是这样计算的……"印度人听了，觉得简直不可思议，犹太人居然没有动怒。

其实，犹太人是聪明的。即便是你再计较契约的严肃性，愤怒地谴责他，也是没有任何的意义的。事情已经发生了，现在只有尽快地弥补自己的损失才是最重要的。生意人应该是彻底的理性主义者。因为金钱和利润是可见的、现实的。而感情是无形的、很快消逝的。

犹太人在经营自己的企业和公司时也是一样，如果自己的公司连续三个月都没有赢利，而且可以判断出三个月后仍然没有获利的可能，便会毫不犹豫地舍弃这个公司。而很多人在为当年开创公司时所流的血汗而感到难过，对自己对公司投入的深厚的感情感到难以割舍的时候，犹太人会轻松地一笑："伙计，公司又不是自己的老婆和情人，有什么好留恋的。"

总之，在处世智慧中，犹太人作为整体民族来说，是比较偏重理性而较少感情的。

舌头是善恶之源

语言的价值是一个塞拉，沉默的价值是两个塞拉。

沉默对聪明的人有好处，对愚蠢的人则更有好处。（《塔木德》）

犹太人强调，尽管舌头没有骨头，但也应该特别小心。因为话一旦说出口，就像射出的箭，再也不能收回了。

犹太人常常对他们的孩子讲这样一个故事，拉比西蒙·本·噶玛利尔对他的仆人塔拜说：

"到市场去给我买些好东西。"

塔拜去了，带回来一个舌头。

西蒙又对塔拜说："到市场上给我买些不好的东西。"

塔拜去了，又带回来一个舌头。

拉比对他说："为什么我说'好东西'你带回来一个舌头；我说'不好的东西'，你还是带回来一个舌头？"

塔拜回答说："舌头是善恶之源。当它好的时候，没有比它再好的了；当它坏的时候，没有比它更坏的了。"

从这则犹太故事中可以看出舌头的重要性。人之所以有两个耳朵、一张嘴巴，是为了让人多听少说。于是，那些懂得听话艺术的人总是让人尊敬，而那些只知喋喋不休地说个不停的人只能让人更厌恶。

犹太人认为，愚者常常暴露出自己的愚昧，贤者却总是隐藏自己的知性。基于这样，犹太人坚信："假如你想活得更幸福、更快乐的话，就应该从鼻子里充分吸进新鲜空气，而始终关闭你的嘴巴。"

犹太人有一句俗话说："当傻瓜高声大笑时，聪明人只会微微一笑。"因为善于听话的人，易表露知性；而喜欢表现自我、喋喋不休的人，通常都是些傻瓜。

一个国王快要病死了。他的医生告诉他，喝母狮子的奶是存活的唯一希望。国王转向仆人们，"谁去把母狮子的奶给我拿来？"他问道。

"我愿意去！"有个人回答说，"条件是让我带上10只山羊。"

那人带着羊群上路了。他找到一个狮子洞，那儿有一头母狮子正在给幼崽喂奶。第一天，这人远远站着，把一只山羊扔给母狮子，它很快就把山羊吃掉了。第二天，他走近了一些，又扔过去一只山羊。这样他一点点往前走着。到第10天，他和母狮子成了朋友。最后他取了一些它的奶。这人就返回来了。

走到半路，这个人睡了一觉，梦见自己身体的各个部分吵了起来。他的腿说："要不是我们走近母狮，这个人就没办法取到奶。"

手回答说："要不是我们挤奶，他也没有办法取到奶给国王。"

"但是，"眼睛说，"要不是我们指路，他什么也干不了。"

"我比你们都好！"心喊叫着，"要不是我想到这个办法，你们都没有用。"

"而我呢，"舌头回答说，"是最好的！要不是我，你们还能干什么？"

"你怎么敢和我们比？"身体的各个部分一起叫起来，"你整天在那个黑暗的地方待着，你甚至连一根骨头都没有。"

"你们早晚会知道的，"舌头说，"到那时你们就会承认我是统治者。"

这个人醒过来，继续赶路。当他走进国王的宫殿，他宣布："这是我给你带回来的狗奶！"

"狗奶！"国王咆哮道，"我要的是狮子奶。把这人带走吊死。"

在去刑场的路上，这个人身体的各个部分都颤抖起来。这时舌头对它们说："如果我救了你们，你们会不会承认我统治你们？"它们都忙不迭地同意了。

"把我送到国王那里去。"舌头冲着刽子手大喊。这人又被带到国王面前。

"为什么你下令把我绞死？"这人问道，"你不知道有时候母狮子也叫作母狗吗？"

国王的医生从这人手里接过奶，检查后发现真的是母狮子奶。国王喝了以后，病很快就好了。

这个人获得了丰厚的奖赏。现在身体的各个部分都转向舌头：

"我们向你致敬，你是我们的统治者。"它们谦恭地说。

从这则犹太故事可知，话应该一字一句地斟酌才对。适量的言语可以一针见血，但是用量过多就会有害。警惕自己的舌头，如同慎重地对待珍宝一样。使自己的舌头保持沉默，人生将会得到很大的好处。

善待自己

每时每刻都要善待自己。（《塔木德》）

要享受自己的生活，这样才是有意义的人生。

犹太人不赞成过分节俭。《塔木德》说："当富人没有机会买东西的时候，他会自认为是个贫穷的人。"如果自己拥有了金钱，却守着它们不松动，把它们紧紧地攥在自己的手里，是愚蠢的。

犹太人认为，即使追求神圣的精神生活也不应该让自己贫困。信仰上帝和追求享受是可以相提并论的。他们认为自己追求精神的崇高，也应该追求世俗生活的幸福。一味追求精神生活而忽略物质上的舒适是不可取的。

因此，犹太人对自己的生活要求有一种很高的品位。他们喜欢豪华的居所、精美的食物和名贵的车辆，因为这样才配得上自己所赚取的财富和自己高贵的地位。犹太人的节俭精神与他们享受生活并不矛盾。犹太人认识到赚取财富是为了更好地生活。他们在日常生活中，也买自己喜欢的东西，并愿意为这样的昂贵的物品付出代价。在纽约这样的大城市，经常可以在晚上看到在装饰豪华的中国餐馆和意大利餐厅，坐着颇有绅士风度的犹太人，他们和家人、朋友一边吃着精美的食品，一边亲密地交谈，那惬意的神态让人羡慕不已。他们毫不吝啬地把白天赚来的钱花出去，通常可以为了一顿精美的晚餐而一掷千金——为了享受他们是愿意花钱的。

犹太人有个习惯，就是不在餐桌上谈论工作。

犹太人的工作简直就和打仗一样充满了战斗的气息，即使是一分钟也要尽量抓紧。

犹太人就是这样拼命赚钱的，在这种紧张的工作气氛下，倘若忙活了整天，到了晚上好好地吃顿可口的晚餐，那将是多么好的享受啊，而这顿喷香的饭菜就是对自己努力工作最好的奖赏。

犹太人说，人生就是为了吃饭而活着，要好好地享受吃饭的乐趣。他们还说，喷香的饭菜是上帝赐给自己的礼物，一定要好好享受，他们把吃饭当作是一种高级的享受。

尤其是晚上的那顿饭，在豪华的饭店里端上喷香精美的食物，犹太人就和朋友们一起开始海阔天空地聊天，但是他们也有三不谈：不谈政治、不谈战争、不谈女人。

犹太人享用晚餐的时间长达两个小时。在尽情享用美食的同时，他们还会聊很多话题，例如娱乐、名胜古迹、花卉、动物等，但同时，他们绝不会谈到战争、宗教和工作。战争和宗教的话题，常常会勾起他们被迫害的痛苦回忆，破坏融洽的气氛；谈工作，则会影响就餐的情绪。总之，犹太人在吃饭时，一定是放松心情，慢慢地吃，把人生和工作的烦恼统统抛诸脑后。

这是他们一天最为幸福的时候，他们把白天赚来的钱大把大把地花出去，这样他们觉得自己的人生很有意义。

犹太商人的这种生活方式，令同为当今世界著名商人的日本商人叹为观止。其他不说，光犹太商人不管工作如何忙，对一日三餐从不马虎，总留出专门的进餐时间，还要吃得像模像样，而且进餐时忌讳谈工作，就让日本商人感慨万分。

岂止吃饭这点时间不谈工作，虔诚的犹太商人每周同样要过那整整24小时不谈工作甚至不想工作的安息日！因为犹太人是世界上最谙熟"平常心即智慧心"的民族。

每周星期五晚上一直到星期六的傍晚，是犹太人禁烟、禁酒、禁欲的时间。他们将一切杂念都抛到九霄云外，一心一意地休息和祈祷。事实上他们正是在运用这段时间养精蓄锐，准备投入下一场生意的搏斗。星期六的晚上，犹太人则开始尽情享受，过一个开心的周末，以一种动态的休息方式来排遣工作压力。这种动静兼顾的适度休息，保证了犹太商人在下一周有充沛的体能和精力去投入新一轮的商业竞争。

有人这样问一个犹太富翁：

"你们工作一小时可赚钱50美元以上，如果每天休息一小时，一月就少赚1500美元，一年少赚1.8万美元以上，这值得吗？"

犹太人算得更快：

"假如一天工作8小时不休息，一天可赚400美元，那我的寿命将减少5年，按每年收入12万元计算，5年我将减少60万美元收入，假如我每天休息一小时，那我虽然损失每天1小时50美元，但将得到5年每天7小时工作所赚的钱，现在我60岁，假设我按时休息可活10年，那么我将损失15万美元，15万和60万谁大呢？"

犹太人确实是很精明的！

不会休息的人是愚蠢的人。连视钱如命的犹太人也愿意放弃钱来休息，而那些为钱所束缚的人们为什么不保护一下自己的生命，在工作之余找点时间休息？

犹太人从周五日落到周六日落的时间是休息日。

所以这一天是放假的日子。这一天不可谈论有关工作的事，不可思考有关工作的问题，不可阅读有关工作的书。当然，也不可从事有关工作的计算，甚至连煮饭做菜都在禁止之列。

休息的意义何在呢？

一张弓如果一直绷着，即使是钢做的，也会失去弹力。同样，不管大脑多么聪慧，长时间地紧张、过度疲劳地思考，就会开始麻木。犹太人就是用八分的紧张和二分的松弛来保持最佳的工作状态。

根据犹太律法，休息日的活动范围原则上是从街口起1英里，当然，这个规则在现在犹太人当中已经没有什么约束力了。但是，作为一个思考方式，即以不疲劳为限，还是得到了广泛的认同。

休息的目的就是缓解一周工作的疲劳，恢复原有精力。有的人利用周末休息的时间来工作，这种做法实在是本末倒置。要进行生产和创造性的活动，本来就应该学会养精蓄锐。

在古代，只有犹太人在每周都拿出一天时间来休息。这在当时的外国人看来是非常奇特的事情。美索不达米亚文明、希腊文明和罗马文明里都没有过休息日这样的事情。在那种环境中，犹太人还是遵守着他们一周休息一天的习惯。这种休息日的制度即使一个犹太人皈依了其他教派后仍会继续得到遵守。

如果说犹太人在休息日什么也不干，也不尽然。他们只是在这一天停止一切的商业活动。从另一层意思上讲，休息日也是劳动日，就是说使用大脑的劳动。他们早上8点就出去做礼拜，一直到中午。他们用希伯来语诵读祈祷文，倾听《圣经》的教诲。拉比们会讲述那些平时接触不到的深邃思想，让人们心智一片光明。回到家后，犹太人一家其乐融融地吃过午饭，很快就午睡了。4点左右，他们会在自家或是犹太教堂和朋友或是拉比们一起交流，研究《塔木德》和《圣经》。

俗话说："不会休息，就不会工作。"那些不重视休闲生活的人，总是以工作太忙，抽不出时间为由，来自欺欺人。实际上这些人总是浪费自己的休息时间，使自己一天到晚在紧张忙碌中度过。而这一切对身体健康、提高工作效率、个人生活都是有害的。

因为越是工作忙时，越应该合理地休息。俗话说："休息是为了更好地工作。"必须学会强迫自己休息。工作繁忙的公司总经理们，就非常注意休息，常常把自己的休息安排得适当合理。我们应该把休息列进作息时间表，与工作一样重要，坚持执行。

犹太人认为，活着就是为了享受，应该在条件容许的情况下尽量善待自己。

一位住在芝加哥的犹太人已经70岁了，却要买一套很豪华的公寓，别人觉得很奇怪，问他："你年纪这么大，估计也就只有几年的寿命了，还要这么大的房子干什么？"

这位犹太人反问道："难道只有几年就不可以享受了吗？"

来看看洛克菲勒的教训吧：

洛克菲勒在33岁时第一次赚到了100万美元。43岁时，他建立了世界上前所未有的最大垄断企业——"标准石油公司"。但他在53岁时又怎么样呢？烦恼和高度紧张的生活已经破坏了他的健康，他的头发全部掉光，甚至连眼睫毛也一样，"看起来像个木乃伊"。

根据医生们的说法，他患的病是"脱毛症"。这种病通常是由过度紧张引起的。他的头部光秃秃的，模样很古怪，使他不得不戴上帽子。后来，他订制了一些假发——每顶500美元。从此他就一直戴着这些假发。

做不完的工作，无穷的烦恼，长期的不良生活习惯，经常失眠以及缺乏运动和休息，已夺去他的健康，使他挺不起腰来。

洛克菲勒早在23岁的时候就全心全意追求他的目标。当他做成一笔生意，赚到一大笔钱时，他就高兴得把帽子摔在地上，痛痛快快地跳起舞来。但如果失败了，那他也随之病倒。

"缺乏幽默感和安全感"，这是洛菲勒一生的特征。他说："每天晚上，我一定要先提醒自己，我的成功也许只是暂时性的，然后才躺下来睡觉。"

他手上已有数百万美元可以任意支配，但他仍然担心失去一切财富。他没有时间游玩或娱乐，从未上过戏院，从没玩过纸牌，从来不参加宴会。诚如马克·汉纳所说："在别的事务上他很正常，独独为金钱而疯狂。"

这些就是洛克菲勒前半生生活的真实写照。他为了金钱，为了事业，将自己彻底地搞垮了。美国一个著名企业家福特说过："只知工作而不知休息的人，就像没有刹车的汽车，极为危险。"

53岁以前他一直沉溺于不择手段地赚钱，使得他的身体每况愈下。最终洛克菲勒选择了从事业上退休。他学习打高尔夫球、整理庭院、和邻居聊天、打牌、唱歌。总之，他是彻底地休息，开始善待自己。

甚至于后来洛克菲勒在吃饭的时候从不谈工作，只是尽情地享用他的美食。这种良好的习惯，让他在90高龄的时候还能精力充沛地工作。洛克菲勒是当时世界上最为富有的人，也是所有商业大亨中最为高寿的一位。

以上我们不难看出犹太民族是一个很会享受的民族。在日常的生活中，他们注重吃喝的享受，吃得好，身体自然就健康。健康是犹太人最大的本钱。犹太人亡国了2000多年，浪迹天涯，处处遭人歧视和迫害，但是犹太人并没有因此而灭绝，不能不归功于他们养身有术——注重健康。还有和饮食一样对健康有相同功效的就是充分的休息，犹太人也是非常注重的。

　　善待自己，就要善待自己的身体。

第 五 篇

心态：一面生活的魔镜

永远乐观的詹姆斯

生活乐趣的大小是随我们对生活的关心程度而定的。总是乐呵呵的人最能说明他聪明。如果把人生比喻成一条时而宁静时而波涛汹涌的大河，那么彼岸的灿烂烟火注定只有乐观的摆渡者才能看到。

詹姆斯是美国一家餐厅的经理，他总是有好心情。当别人问他最近过得如何，他总是有好消息可以说。他总是回答说："如果我再过得好一些，我就比双胞胎还幸运！"

当他换工作的时候，许多服务生都跟着他从这家餐厅换到另一家，为什么呢？因为詹姆斯是个天生的激励者，如果有某位员工今天运气不好，詹姆斯总是适时地引导那位员工往好的方面想。

这样的情景真的让约翰很好奇，所以有一天约翰到詹姆斯那儿问他："没有人能够老是那样地积极乐观，你是怎么办到的？"

詹姆斯回答："每天早上我起来告诉自己，我今天有两种选择，我可以选择好心情，或者我可以选择坏心情，我总是选择有好心情。即使有不好的事发生，我可以选择做个受害者，或是选择从中学习，我总是选择从中学习。每当有人跑来跟我抱怨，我可以选择接受抱怨或者指出生命的光明面，我总是选择生命的光明面。"

"但并不是每件事都那么容易啊！"约翰抗议地说。

"的确如此，"詹姆斯说，"生命就是一连串的选择，每个状况都是一个选择——你要选择如何回应，你要选择人们如何影响你的心情，你要选择处于好心情或是坏心情，你要选择如何过你的生活。"

数年后，约翰听到詹姆斯意外地做了一件令人想不到的事：有一天他忘记关上餐厅的后门，结果早上3个武装歹徒闯入抢劫，他们要挟詹姆斯打开保险箱。由于过度紧张，詹姆斯弄错了一个号码，造成抢匪的惊慌，开枪射击詹姆斯。幸运的是，詹姆斯很快被邻居发现了，送到医院紧急抢救，经过18小时的外科手术以及长时间的悉心照顾，詹姆斯终于出院了，但还有块弹片留在他身上。

事件发生6个月之后约翰遇到詹姆斯，问他最近怎么样。他回答："如果我再过得好一些，我就比双胞胎还幸运了。要看看我的伤痕吗？"约翰婉拒了，但约翰问他当抢匪闯入的时候，他的心路历程。詹姆斯答道："我第一件想到的事情是我应该锁后门的。当他们击中我之后，我躺在地板上，还记得我有两个选择：我可以选择生，或选择死。我选择活下去。"

"你不害怕吗？"约翰问他。

詹姆斯继续说："医护人员真了不起，他们一直告诉我没事，放心。但是在他们将我推入紧急手术间的路上，我看到医生跟护士脸上忧虑的神情，我真的被吓到了，他们的脸上好像写着——他已经是个死人了！我知道我需要采取行动。""当时你做了什么？"我问。

詹姆斯说："当时有个护士用吼叫的音量问我一个问题，她问我是否会对什么东西过敏。

"我回答：'有。'

"这时，医生跟护士都停下来等待我的回答。我深深地吸了一口气喊道：'子弹！'

"等他们笑完之后，我告诉他们：'我现在选择活下去，请把我当作一个活生生的人来开刀，不是一个活死人。'"

詹姆斯能活下来当然要归功于医生的精湛医术，但同时也由于他令人惊异的态度。我们从他身上可以学到，每天你都能选择享受你的生命，或是憎恨它。这是唯一一件真正属于你的权利。没有人能够控制或夺去的东西，就是你的态度。如果你能时时注意这件事实，你生命中的其他事情都会变得容易许多。

以微笑面对不幸

一颗高尚的心应当承受灾祸而不是躲避灾祸，因为承受灾祸显示了意志的崇高，而躲避灾祸显示了内心的怯懦。

在美国艾奥瓦州的一座山丘上，有一座不含任何合成材料、完全用自然物质搭建而成的房子。住在里面的人需要依靠人工灌注的氧气生存，并只能以传真的形式与外界联络。

这个房子里的主人叫辛蒂。1985年，辛蒂还在医科大学念书。有一次，她到山上散步，带回了一些蚜虫。回来后，她拿起杀虫剂为蚜虫去除化学污染，就在这时，她突然感觉到一阵痉挛。她原以为那只是暂时性的症状，却没有料到自己的后半生从此变得悲惨至极。

原来，这种杀虫剂内所含的一种化学物质使辛蒂的免疫系统遭到破坏，使她对香水、洗发水以及日常生活中可接触的所有化学物质一律过敏，甚至连空气也可能使她的支气管发炎。这种"多重化学物质过敏症"是一种奇怪的慢性病，到目前为止仍无药可医。

患病的前几年，辛蒂一直流口水，尿液变成绿色，有毒的汗水刺激背部形成了一块块疤痕：她甚至不能睡在经过防火处理的床垫上，否则就会引发心悸和四肢抽搐—辛蒂所承受的痛苦是令人难以想象的。1989年，她的丈夫吉姆用钢和玻璃为她盖了一所无毒房子，一个足以逃避所有威胁的"世外桃源"。辛蒂所有吃的、喝的都得经过选择与处理，她平时只能喝蒸馏水，食物中不能含有任何化学成分。

多年来，辛蒂没有见到过一棵花草，听不见一声悠扬的歌声，阳光、流水和风等正常人毫不费力就可以拥有的美好东西，她都无法享有。她躲在没有任何饰物的小屋里，饱尝孤独之苦。更可悲的是，无论怎样难受，她都不能哭泣，因为她的眼泪跟汗液一样也是有毒的物质。

坚强的辛蒂并没有在痛苦中自暴自弃，她一直在为自己，同时更为所有化学污染物的牺牲者争取权益。辛蒂在生病后的第二年，就创立了"环境接触研究网"，以便为那些致力于此类病症研究的人士提供一个窗口。1994年辛蒂又与另一组织合作，创建了"化学物质伤害资讯网"，保证人们免受化学物质威胁。目前这一资讯网已有5000多名来自32个国家的会员，不仅发行了刊物，还得到美国上议院、欧盟及联合国的大力支持。

在最初的一段时间里，辛蒂每天都沉浸在痛苦之中，想哭却不能哭。随着时间的推移，她渐渐改变了生活的态度，她说："在这寂静的世界里，我感到很充实。因为我不能流泪，所以我选择了微笑。"因为她知道每一种生命都有自身的价值，因为在绝境中她仍然能看到自己的价值所在。

不要试图和自己过不去

人，就是一条河，河里的水流到哪里都还是水，这是无异议的。但是，河有狭、有宽、有平静、有清澈、有冰冷、有混浊、有温暖等现象，而人也一样。

有两个都有着亚洲血统的犹太孤儿，后来都被来自欧洲的外交官家庭所收养。两个人都上过世界各地有名的学校。但他们两个人之间存在着不小的差别：其中一位是40岁出头的成功商人，他实际上已经可以退休享受人生了；而另一个是学校教师，收入低，并且一直觉得自己很失败。

有一天，他们在一起吃晚饭。晚餐在烛光映照中开场了，不久话题进入了在国外的生活。因为在座的几个人都有过周游列国的经历，所以他们开始谈论在异国他乡的趣闻轶事。随着话题的一步步展开，那位学校教师开始越来越多地讲述自己的不幸：她是一个如何可怜的亚细亚孤儿，又如何被欧洲来的父母领养到遥远的瑞士，她觉得自己是如何的孤独。

开始的时候，大家都表现出同情。随着她的怨气越来越重，那位商人变得越来越不耐烦，终于忍不住在她面前把手一挥，制止了她的叙述："够了！你说完了没有？！你一直在讲自己有多么不幸。你有没有想过如果你的养父母当初在成百上千个孤儿中挑了别人又会怎样？"

学校教师直视着商人说："你不知道，我不开心的根源在于……"然后接着描述她所遭遇的不公正待遇。

最终，商人朋友说："我不敢相信你还在这么想！我记得自己25岁的时候无法忍受周围的世界，我恨周围的每一件事，我恨周围的每一个人，好像所有的人都在和我作对似的。我很伤心无奈，也很沮丧。我那时的想法和你现在的想法一样，我们都有足够的理由报怨。"他越说越激动，"我劝你不要再这样对待自己了！想一想你有多幸运，你不必像真正的孤儿那样度过悲惨的一生，实际上你接受了非常好的教育。你负有帮助别人脱离贫困旋涡的责任，而不是找一堆自怨自艾的借口把自己围起来。在我摆脱了顾影自怜，同时意识到自己究竟有多幸运之后，我才获得了现在的成功！"

那位教师深受震动。这是第一次有人否定她的想法，打断了她的凄苦回忆，而这一切回忆曾是多么容易引起他人的同情。

商人朋友很清楚地说明他二人在同样的环境下历经挣扎，而不同的是他通过清醒的自我选择，让自己看到了有利的方面，而不是不利的阴影，"凡墙都是门"，即使你面前的墙将你封堵得密不透风，你也依然可以把它视作你的一种出路。

至少我还有腿

总有一些人觉得自己很不幸，这个不如意，那个不顺心，每天都在怨天尤人。而或许，在你面前的风景其实并没有想象中那么差，只是眼前的障碍物挡住了你的视线。

希望是苦难的唯一药方。

卡特曾经是一个对一切都不满意的人，所以整天都不快乐。但是在1934年春天，当他在威培城道菲街散步的时候，目睹了一件事，使他的一切烦恼从此消解。这件事发生在10秒钟内，而他自称在这10秒钟里所学到的东西，比从前10年还要多。

当时卡特在威培城开了一家杂货店，经营了两年，不但把所有的积蓄都赔掉了，而且还负债累累。就在上一个星期六，他这家杂货店终于关门了。当时，他正在向银行贷款，准备回老家找工作。连他走路的样子看起来都像是一个毫无生气的人，因为他已经失去了信念和斗志。

这时，卡特突然瞧见一个没有腿的人迎面而来，他坐在一个木制的有轮子的木板上，他两只手各撑着一根木棒，沿街推进。卡特恰好在他过街之后碰见他，他正朝人行道滑去，他俩的视线刚好相碰了。他微笑着，向卡特打了个招呼："早安，先生！天气很好，不是吗？"他的声音是那样富有感染力，那样有精神，好像根本就不是一个身体有缺陷的人。

面对那个坐在轮椅上的先生自信的目光，卡特觉得自己才是一个残疾者！他对自己说："既然他没有腿也能快乐高兴，我当然也可以。至少我还有腿！"

顿时，卡特感到心胸豁然开朗，他想："我本来只想向银行借100元钱，但是，我现在有勇气向银行借200元了。我本来想到的只是回老家求人帮忙，随便找一件事做，但是，现在我自信地宣布，我要到堪萨斯城获得一份好工作。"最后他钱也借到了，工作也找到了。

后来，卡特把这次经历中的感想写了下来，贴在自己浴室的镜子上，每天早晨刮脸的时候。他都要大声地朗读一遍：

"我苦恼，因为我没有鞋。

直到在街上遇见一个人，

——他没有脚！"

医生与喜剧演员

面对一成不变的生活，我们有时会失去耐性，认为自己所从事的事情既无聊，又无趣，甚至会因此而产生厌世的心理。这时候，如果能让自己尝试另外一个角色，站在别人的立场上来审视自己的生活，你就会重新发现生活的意义和乐趣。

弗洛姆是一位著名的犹太心理医生，他每天要看许多病人，并且要很有耐心地倾听病人述说心中的忧郁和焦虑。他每天所接触的都是一张张的愁眉苦脸，所以被那些不快乐的情绪感染得也很不快乐，日子一久，他觉得心理压力非常大。为了稳定自己的情绪、缓解压力，他时常去看喜剧，让自己开怀大笑一番。

有一天，弗洛姆的病人又是一个接一个，他正低头在一位病人的病历卡上记录诊断结果，却听到一个很熟悉的声音说："医生，我很不快乐，生活中没有能够让我开心的事情，活着实在是没有什么意义，我真想死。"

弗洛姆抬头一看，却看到一张熟悉的面孔，他居然是让自己捧腹大笑的喜剧演员。

这样的巧遇，让弗洛姆不禁哑然失笑。他低头想了一下说："这样吧！你我交换，我当一天喜剧演员，你当一天心理医生，怎么样？"

喜剧演员原本以为弗洛姆在开玩笑，但是看他一脸认真的表情，又不像是开玩笑，于是考虑片刻，接受了这个建议。

喜剧演员扮演了一天"代理医师"，除了药方由在幕后的弗洛姆开列之外，他有模有样地询问病人的病情，并且努力开导病人要寻找一个正确的人生方向。

弗洛姆在喜剧演员的教导之下，也在剧院表演了一幕喜剧。他忘却了自己的医师身份，在舞台上装疯卖傻，惹得观众捧腹大笑。弗洛姆站在舞台之上，看到台下有这么多的笑脸，他的心情也好极了。

之后两人又恢复各自的身份。有一天，喜剧演员又来看心理医师。

"医生，我找到了平衡点。现在我知道了，其实我的工作非常有意义，我的每一个喜剧动作所引起的每个笑容都是我的成就。我不想死了，因为我的存在可以帮助那么多不快乐的人，让他们获得生活上的平衡。"喜剧演员容光焕发地说。

弗洛姆微笑着点了点头说："是啊！我也要谢谢你让我有机会知道，我也有能力制造许多的笑脸。"

从此以后，当病人坐在候诊室等候看病时，都能听到由弗洛姆的诊疗室中所传出来的幽默话语和病人的哈哈大笑声。

人生光明面

心态是我们命运的控制塔，悲观是失败、疾病与痛苦的源流，而乐观是成功、健康、快乐的保证！

无论情况好坏都要抱着积极的心态，莫让沮丧取代热心，生命可以价值很高，也可以一无是处，随你怎么选择。

美国亿万富翁约翰·洛克菲勒曾说过这样一句话："心态是一把双刃剑，是人人都有的精神物质。"的确，心态这一看不见的法宝会产生两种惊人的力量：它可以让你获得财富、拥有幸福、健康长寿；也能让这些东西远离你，剥夺一切使你的生活富有意义的东西。在这两种力量中，前者——积极心态，可以使你达到人生的顶峰，尽享成功的快乐和美好；后者——消极心态，则可以使你整个一生都陷于困难与不幸中。

一位忧愁的人找到智者，向他不断地诉苦。

智者对他说："拿张纸来，把你剩余的资产一一记下来。"他叹息："我已经一无所有了。"

"没有关系，让我们试试看，你太太还在你身边吗？"……"你的孩子呢？"……"你的朋友呢？"……"你的诚信情况？"……"你的健康？"……"对于我们的政府？"

"现在，把你拥有的资产列举出来吧！"

·了不起的妻子，结婚30年；

·愿意帮助我的3个乖顺的孩子；

·乐于帮助我，并尊敬我的好友；

·诚实……没有做过可耻的事；

·良好的健康状况；

·居住在世界上优秀的国家里。

终于，忧愁者露出了笑容，对智者说："我好像从没有想过这些事，甚至从来没有思考过。不过，现在我认为事态并不如我想象的那般严重。如果我能获得某些自信，或许我真的能够重新再来！"

请以合理、正确的态度对你所拥有的重新评估，将有助于你认清事实，进而了解，情况并没有你所想象的那般糟糕。

如何面对人生的得失？这其实取决于你的心态，平和、乐观、积极的心态会让丧失变为再度获取的基石，而悲观、消极的心态则会让丧失成为埋葬成功的坟墓。有人说，生活就像一面镜子，你用怎样的心态对待它，它就用怎样的态度对待你。的确，心态是世界上最神奇的力量，它常常栖息在你的心灵深处，悄无声息地左右你的思想和判断，控制你的情感与行动。

活着就是幸福

苦痛、伤害、低迷等，一切的一切仅仅是生活中小小的注脚而已。活着，即意味着追求幸福的资本和契机。

有位青年，厌倦了生活的平淡，感到一切只是无聊和痛苦。

为寻求刺激，青年参加了挑战极限的活动。

活动规则是：一个人待在山洞里，无光无火亦无粮，每天只供应5千克的水，时间为整整5个昼夜。

第一天，青年颇觉刺激。

第二天，饥饿、孤独、恐惧一齐袭来，四周漆黑一片，听不到任何声响。于是他有点向往起平日里的无忧无虑来。

他想起了乡下的老母亲不远千里地赶来，只为送一坛韭菜花酱以及小孙子的一双虎头鞋。

他想起了终日相伴的妻子在寒夜里为自己掖好被子。

他想起了宝贝儿子为自己端的第一杯水。

他甚至想起了前天与他发生争执的同事曾经给自己买过的一份工作餐……

渐渐地，他后悔起平日里对生活的态度来：懒懒散散，敷衍了事，冷漠虚伪，无所作为。

到了第三天，他几乎要饿昏过去。可是一想到人世间的种种美好，便坚持了下来。第四天、第五天，他仍然在饥饿、孤独、极大的恐惧中反思过去，向往未来。

他责骂自己竟然忘记了母亲的生日；他遗憾妻子分娩之时未尽照料的义务；他后悔听信流言与好友分道扬镳……他这才觉出需要他努力弥补的事情竟是那么多。可是，连他自己也不知道，他能不能挺过最后一关。此时，泪流满面的他发现：洞门开了。

阳光照射进来，白云就在眼前，淡淡的花香，悦耳的鸟鸣——他又迎来了一个美好的人间。

青年扶着石壁蹒跚着走出山洞，脸上浮现出了一丝难得的笑容。5天来，他一直用心在说一句话，那就是：活着，就是幸福。

放下死亡的包袱，敲开自己的心扉，积极地对待生活中的每一天，你才能好好地活着。

一位名人去世了，朋友们都来参加他的追悼会。昔日前呼后拥、香车宝马的名人躺在骨灰盒里，百万家财不再属于他，宽敞的楼房也不再属于他，他所拥有的只有一个骨灰盒大小的空间，山珍海味浇灌的肚子也化成了一把灰烬。

从名人的追悼会上回来，几乎每一个人都会产生看破红尘的念头，那么聪明的一个人，那么会算计的一个人，每一个曾经与他斗的人最终都败下阵来，可是他斗来斗去也斗不过命。撒手人寰以后，一切都是空。

人们想：趁现在好好活着吧，活着就是幸福，什么利、权、势，轰轰烈烈了一世，最后还不是一个人孤零零地上路？以前踩着那么多人的肩膀向上爬，得罪了那么多人，值得么？

追悼会是一次洗礼。从死亡的身边经过以后，才知道活着是怎么回事。

明天还是要忙忙碌碌地奔波，钩心斗角地生活。

一边是死亡的震撼，一边是活着的琐碎，我们很容易被死亡所震撼，然而我们更容易被活着的琐碎所湮没。不要去在意那些繁杂的纠葛，活着就是幸福，让我们好好珍惜现在鲜活的生命。

态度决定人生的高度

人的一生中，要紧处只有几步，如何使自己的生命更有意义，态度至关重要。

一天，有位犹太拉比带弟子们出行。途中，他问弟子们："有一种东西，跑得比光速还快，瞬间能穿越银河系，到达遥远的地方……这是什么？"弟子们争着回答："我知道、我知道，是思想！"

拉比微笑着点点头："那么，有另外一种东西，跑得比乌龟慢，当春花怒放时，它还停留在冬天；当头发雪白时，它仍然是个小孩子的模样，那又是什么？"

弟子们不知如何回答。

"还有，不前进也不后退，没出生也不死亡，始终漂浮在一个定点。谁能告诉我，这又是什么？"

弟子们更加茫然，面面相觑。

"答案都是思想！它们是思想的三种表现，换个角度来看，也可比喻成三种人生。"

望着聚精会神的弟子们，哲学家解释说："第一种是积极奋斗的人生：当一个人不断力争上游，对明天永远充满希望和信心，这种人的心灵不受时空限制，他就好比一支射出的箭矢，总有一天会超越光速，驾驭万物之上。"

"第二种是懒惰的人生：他永远落在别人的屁股后面，捡拾他人丢弃的东西，这种人注定被遗忘。"

"第三种是醉生梦死的人生：当一个人放弃努力、苟且偷安时，他的命运是冰封的，没有任何机会来敲门，不快乐也无所谓痛苦。这是一个注定悲哀的人，像水母的空壳漂浮于海中，不存在于现实世界，也不在梦境里……"

弟子们大悟。播种怎样的人生态度，将收获怎样的生命高度和深度。

冷遇也是一种幸运

对冷遇说声感谢吧，它是另一种动力和幸运。

有时候，白眼、冷遇、嘲讽会让弱者低头走开，但对强者而言，这也是另一种幸运和动力。

美国人常开玩笑说，是一位布朗小姐的厚此薄彼，才刺激"造就"了一位美国总统。

原来故事是这样的：

在读高中毕业班时，查理·罗斯是最受老师宠爱的学生。他的英文老师布朗小姐，年轻漂亮，富有吸引力，是校园里最受学生欢迎的老师。同学们都知道查理深得布朗小姐的青睐，他们在背后笑他说，查理将来若不成为一个人物，布朗小姐是不会原谅他的。

在毕业典礼上，当查理走上台去领取毕业证书时，受人爱戴的布朗小姐站起身来，当众吻了一下查理，给他来了个出人意料的祝贺。

当时，人们本以为会发生哄笑、骚动，结果却是一片静默和沮丧。

许多毕业生，尤其是男孩子们，对布朗小姐这样不怕难为情地公开表示自己的偏爱感到愤恨。不错，查理作为学生代表在毕业典礼上致告别词，也曾担任过学生年刊的主编，还曾是"老师的宝贝"，但这就足以使他获得如此之高的荣耀吗？典礼过后，有几个男生包围了布朗小姐，为首的一个质问她为什么如此明显地冷落别的学生。

"查理是靠自己的努力赢得了我的赏识，如果你们有出色的表现，我也会吻你们的。"布朗小姐微笑着说。

男孩们得到了些安慰，查理却感到了更大的压力。他已经引起了别人的嫉妒，并成为少数学生攻击的目标。他决心毕业后一定要用自己的行动证明自己值得布朗小姐报之一吻。毕业之后的几年内，他异常勤奋，先进入了报界，后来终于大有作为，被杜鲁门总统亲自任命为白宫负责出版事务的首席秘书。

当然，查理被挑选担任这一职务也并非偶然。原来，在毕业典礼后带领男生包围布朗小姐，并告诉她自己感到受冷落的那个男孩子正是杜鲁门本人。

查理就职后的第一件事，就是接通布朗小姐的电话，向她转述美国总统的问话："您还记得我未曾获得的那个吻吗？我现在所做的能够得到您的吻吗？"

生活中，当我们遭到冷遇时，不必沮丧，不必愤恨，唯有尽全力赢得成功，才是最好的答复与反击。

不幸造就的天才

幸福可以转化为苦难，苦难也能演变成幸福，一切只看你的态度与行动。

上天常常如此捉弄世人，给了你这样礼物，再拿走那样。善待苦难、厄运，你才能在另一面寻觅到奇迹。

有这样一个不幸者，4岁时，一场麻疹和强直性昏厥症，差点儿使他进入棺材。7岁时患上了严重的肺炎，不得不进行大量的放血治疗。46岁牙床突然长满脓疮，拔掉了几乎所有的牙齿。牙病才刚刚痊愈，又染上可怕的眼疾，视线不再清晰，只能靠人搀扶着走路，于是幼小的儿子成了他手中的拐杖。50岁后，关节炎、肠道炎、喉结核等多种疾病吞噬着他的肌体。后来声带也坏了，靠儿子按口型翻译他的思想。他仅活到57岁，就口吐鲜血而亡。死后尸体也备受磨难，先后搬迁了8次。

上帝带给他的苦难实在太残酷无情了。

而这个人似乎觉得这还不够深重，又给生活设置了各种障碍和旋涡。他长期把自己囚禁起来，每天练琴10~12小时，忘记饥饿和死亡。13岁起，他就周游各地，过着流浪生活。

但他另一面的人生足以让人瞠目结舌：12岁他就举办首场音乐会，并一举成名，轰动舆论界。之后他的琴声遍及法、意、奥、德、英、捷等国。他的演奏使帕尔玛首席提琴家罗拉惊异得从病榻上跳下来，木然而立，无颜收他为徒。

听了他的琴声，卢卡观众欣喜若狂，宣布他为共和国首席小提琴家。在意大利巡回演出时，人们到处传说他一定有魔鬼暗授他妖术，要不怎么他的琴声会魔力无穷。维也纳一位盲人听他的琴声，以为是乐队演奏，当得知台上只有他一人时，大叫一声"他是个魔鬼"，然后竟然逃走了。巴黎人为他的琴声陶醉，早忘记了当时正在流行的严重霍乱，演奏会依然场场爆满……

凭借独特的指法、弓法和充满魔力的旋律，他征服了整个欧洲和世界，几乎欧洲所有文学艺术大师，如大仲马、巴尔扎克、司汤达等都听过他的演奏并为之震动。音乐评论家勃拉兹称他为"操琴弓的魔术师"；歌德评价他"在琴弦上展现了火一样的灵魂"；李斯特大喊："天啊，在这四根琴弦中包含着多少苦难、痛苦和受到残害的生灵啊！"

他就是文艺史上的三大怪杰之一、伟大的小提琴家帕格尼尼。

将苦难当做情人，予以悲壮、热烈的拥抱，命运之神终会向你微笑。

生命的恩赐

万事万物，世间的一切名誉、地位最终统统都会随风而逝，而个人的终极命运则是"荒冢一堆草没了"。生让所有人平等，而死亡则会使卓越的人凸显出来。

在生命的黎明时分，走来一位带着篮子的仁慈仙女，她对一个少年说：

"篮子里都是礼物，你挑一样吧，而且只能带走一样。小心些，做出明智的选择。哦，之所以要你做出明智的抉择，因为，这些礼物当中只有一样是宝贵的。"

礼物有5种：名望、爱情、财富、欢乐、死亡。少年人迫不及待地说："这根本没有必要考虑，我选择欢乐。"

他踏进社会，寻欢作乐，沉湎其中。可是，到头来每一次欢乐都是短暂、沮丧、虚妄的。它们在行将消逝时都嘲笑他。最后，他颇为后悔地说："这些年我都白过了。假如我能重新挑选，我一定会做出明智的选择。"

话音未落，仙女出现了，说："还剩4样礼物，再挑一次吧，哦，记住，光阴似箭，要做出明智的选择。这些礼物当中只有一样是宝贵的。"

这个男人这次很慎重，沉思良久，然后挑选了爱情。仙女见此，眼里涌出了泪花。但是，这个男人并没有觉察到。

很多年过去了，这个男人坐在一间空屋里，守着一口棺材。他神情沮丧，喃喃自语道："她们一个个抛下我走了。如今，最后一个最亲密的人也躺在这儿了。一阵阵孤寂朝我袭来。爱情这个滑头的商人，每卖给我一小时的欢娱，我就需要付出一个小时的悲伤。我从心底里诅咒它呀。"

"重新挑吧，"仙女又出现了，说，"岁月无疑把你教聪明了。还剩3样礼物。记住，它们当中只有一样是有价值的，注意选择。"

这个男人沉吟良久，然后小心翼翼地挑了名望。仙女叹了口气，扬长而去。

很多很多年以后，仙女又回来了。此时，那个男人正独坐在暮色中冥想。她站在他的身后，她明白他的心思：

"我名扬全球，有口皆碑。我虽有一时之喜，但毕竟转瞬即逝！忌妒、诽谤、中伤、嫉恨、迫害却接踵而来，然后便是嘲笑，这是收场的开端；一切的末了，则是怜悯，它是名望的葬礼。哦，出名的辛酸和悲伤啊！声名卓著时，遭人唾骂；声名狼藉时，受人轻蔑和怜悯。"

"再挑吧。"仙女开口说，"别绝望，还剩两样礼物，记住我的礼物中只有一样是宝贵的，而且你很幸运，它还在这儿呢。"

"财富，它就是权力！我真瞎了眼呀！"那个男人疯狂地叫喊着，"现在，我终于挑选到生命中最有价值的礼物了。我要挥金如土，大肆炫耀。那些惯于嘲笑和蔑视的人将匍匐在我脚前的污泥中。我要用他们的忌妒来喂饱我饥饿的心魂。我要享受一切奢华，一切快乐，以及精神上的一切陶醉，肉体上的一切满足。我要买名望、买遵从、买崇敬—庸碌的人间商场所能提供的人生的种种虚荣享受。在这之前，那些糊涂的选择让我失去了许多时间。那时我懵然无知，尽挑那些貌似最好的东西。"

短暂的3年过去了。一天，那个男人坐在一间简陋的顶楼里瑟瑟发抖。他衣衫褴褛，身体憔悴，脸色苍白，双眼凹陷。他一边咀嚼一块干面包皮，一边愤愤地嘀咕道：

"为了那种种卑劣的事端和镀金的谎言，我要诅咒人间的一切礼物，以及一切徒有虚名的东西！它们根本不是礼物，只是些暂借的东西罢了。欢乐、爱情、名望、财富，都只是些暂时的伪装，它们永恒的真相是痛苦、悲伤、羞辱、贫穷。仙女说得一点不错，她的礼物之中只有一样是宝贵的，只有一样是有价值的。现在我知道，与那无价之宝相比，这些东西是多么可怜卑贱啊！那珍贵、甜蜜、仁厚的礼物呀！沉浸在无梦的永久酣睡之中，折磨肉体的痛苦和咬啮心灵的羞辱、悲伤便一了百了。给我吧！我疲倦了，我要安息。"

仙女又出现了，而且又带来了4样礼物，唯独没有死亡。她说：

"我把它给了一个母亲的爱儿——一个小孩子。他虽懵然无知，却信任我，求我代他挑选。你没要求我替你选择啊！"

"哦，我真惨啊！那么留给我的是什么呢？"

"侮辱，你只配遭受垂垂暮年的反复无常的侮辱。"

不完满才是人生，不必追求完美

> 人生当有不足，因为不完美才让人们有盼头、有希望。古人常说，人生不如意事十之八九，聪明的人常想一二。

一位名叫奥里森的人希望寻找到一个完美的人生，他某天有幸遇到了一位女士，她告诉奥里森她能帮他实现愿望，并把他带到了一所房子前让他选择他的命运。

奥里森谢过了她，向隔壁的房间走去。

里面的房间有两个门，第一个门上写着"终生的伴侣"，另一个门上写的是"至死不变心"。奥里森忌讳那个"死"字，于是便迈进了第一个门。接着，又看见两个门，左边写着"美丽、年轻的姑娘"，右面则是"富有经验、成熟的妇女和寡妇们"。

当然可想而知，左边的那扇门更能吸引奥里森的心。可是，进去以后，又有两个门。上面分别写的是"苗条、标准的身材"和"略微肥胖、体型稍有缺陷者"。用不着多想，苗条的姑娘更中奥里森的意。

奥里森感到自己好像进了一个庞大的分拣器，在被不断地筛选着。下面分别看到的是他未来的伴侣操持家务的能力，一扇门上是"爱织毛衣、会做衣服、擅长烹调"，另一扇门上则是"爱打扑克、喜欢旅游、需要保姆"。当然爱织毛衣的姑娘又赢得了奥里森的心。

他推开了把手，岂料又遇到两个门。这一次，令人高兴的是，介绍所把各位候选人的内在品质也都分了类，两个门分别介绍了她们的精神修养和道德状态："忠诚、多情、缺乏经验"和"天才、具有高度的智力"。

奥里森确信，他自己的才能已能够应付全家的生活，于是，便迈进了第一个房间。里面，右侧的门上写着"疼爱自己的丈夫"，左侧写的是"需要丈夫随时陪伴她"。当然奥里森需要一个疼爱他的妻子。下面的两个门对奥里森来说是一个极为重要的抉择：上面分别写的是"有遗产，生活富裕，有一幢漂亮的住宅"和"凭工资吃饭"。

理所当然地，奥里森选择了前者。

奥里森推开了那扇门，天啊……已经上了马路啦！那位身穿浅蓝色制服的门卫向奥里森走来。他什么话也没有说，彬彬有礼地递给奥里森一个玫瑰色的信封。奥里森打开一看，里面有一张纸条，上面写着："您已经'挑花了眼'。人不总是十全十美的。在提出自己的要求之前，应当客观地认识自己。"

没有卖不出去的豆子

罗曼·罗兰说："所谓内心的快乐，是一个人过着健全的、正常的、和谐的生活所感到的快乐。"对于一个乐观者而言，"倒霉"与他绝缘。

以智慧著称的犹太人说："这个世界上卖豆子的人应该是最快乐的！因为他们永远不必担心豆子卖不出去。"假如他们的豆子卖不出去，可以拿回家磨成豆浆，然后拿出来卖给行人，如果豆浆卖不完，可以制成豆腐，如果豆腐卖不成，变硬了，就当做豆腐干来卖。如果豆腐干卖不出去的话，就把这些豆腐干腌制起来变成腐乳。

另外一种选择是：卖豆子的人把卖不出去的豆子拿回家，加上水，让豆子发芽，几天后就可以改卖豆芽了。豆芽如果卖不动，就让它长大些，变成豆苗。如果豆苗还是卖不动，就让它再长大些，移植到花盆，当做盆景来卖，如果盆景卖不出去的话，那么再把它移植到泥土里，让它生长，几个月后，它结出许多新豆子，一颗豆子变成上百颗豆子，想想是多划算的事！

原来，小小的豆子，也可以让人如此快乐。

生活中，我们经常看到许多人，成天乐呵呵的，自己十分羡慕，却又学不来。总觉得现实中烦人的事经常出现，哪能乐得起来呢？其实，诚如古语所说："仁者乐山，智者乐水。"欧阳修说："山水之乐，得之心而寓之酒也。"即是说，如果自己心中无乐，再好的山水也不会使你快乐。

永远保持乐观的精神状态，经常"笑一笑"，不仅可以"十年少"，而且对我们事业的成功也大有裨益。俄国伟大的诗人普希金，曾写诗劝慰他的一位对人生充满失望与忧伤的朋友，希望这位朋友从痛苦的阴影中走出来，重新焕发对生活的乐观情绪。诗的结尾这样说：

啜饮欢乐到最后一滴吧！

潇洒地活着，不要忧心！

顺遂生命的瞬息过程吧！

在年轻的时候，你该年轻！

这最后一行饱含深情的嘱语，很值得人们永久地思忖。

快乐在于心灵的富有

快乐只在于心灵的富有，如果它可以用钱买到，大多数人都会因价格贵得离谱而不快乐。

快乐是一种心境，跟财富、环境和年龄无关。

50多年前，美国知名小提琴家梅纽因到日本演出，听说有一个擦鞋童为了听他的音乐会，想方设法凑钱买了一张最便宜的票。谢幕后，梅纽因穿越了贵宾席上的社会名流的盛情簇拥，径直来到低档席，找到了那位擦鞋童，轻轻地问他需要什么帮助。孩子羞怯地说："我什么都不需要，只想听听你的琴声。"

热泪盈眶的梅纽因，一把搂住衣衫褴褛的孩子，把心爱的小提琴送给了他。

转眼间，30年过去了。当梅纽因再度访日演出时，回忆起了当年的情景，他想方设法找到了在一家贫民救济院工作的小知音。梅纽因得知，30年来尽管小知音的生活清贫、坎坷，却多次决然地拒绝了想以高价购琴的人。

这次会面，他仍和第一次一样回答梅纽因："我什么也不需要，只想听听你的琴声。"梅纽因默默地接过那把阔别30年的旧琴，奏起当年的那支旧曲，所有在场的人无不落泪。

远隔时空，我们无法听到梅纽因的琴声，却能够用心演绎那支曲子，在人们共享的美好时光里，依然那么动人。

这个动人的故事验证了这样一句话：幸福的程度与金钱无关，心灵的富有才是最富有的。

你最喜欢的就是世上最好的

快乐的标准不一。无论是你拥有的，还是未曾拥有的；复杂的，还是简单的；便宜的，还是昂贵的；实在的，还是虚无的；只要你喜欢，它就是最好的。

一天，一个终日愁苦的青年去拜见一位大师以求得到快乐的良方。大师说："只有世界上你认为最好的东西才能使你快乐。"

于是，他辞别妻儿，踏上了寻找世界上最好的东西的漫漫旅途。

第一天，他遇见了一位重病患者，他问："你知道世界上最好的东西是什么吗？"病人恹恹地说："那还用问吗？是健康的体魄。"青年想，健康？我每天都拥有，算不上世界上最好的东西。

第二天，他遇见了一个正玩耍的孩童，他问："你知道世界上最好的东西是什么吗？"

孩童想了想，说："是一大堆玩具啊。"这个人摇了摇头，继续去寻找世界上最好的东西。

接着，他又先后遇到了一个老者、一个商人、一个画家、一个囚犯、一个母亲和一个女孩。

老者说："年轻是世界上最好的东西。"

商人说："利润是世界上最好的东西。"

画家说："色彩是世界上最好的东西。"

囚犯说："自由是世界上最好的东西。"

母亲说："我的宝贝孩子是世界上最好的东西。"

女孩说："我爱过一个青年，他脸上那灿烂的笑容是世界上最好的东西。"

唉！没有一个回答令他满意。

失望的他继续走啊走啊，最后，他穿过熙熙攘攘的人群，带着五花八门的"答案"又回到了大师那里。

大师见他回来了，似乎知道了他的遭遇和失望，微笑着说："先不要去追究你的问题，它永远不会有一个确切而唯一的答案。你现在考虑这样一个问题——把你最喜欢的东西和情景找出来，告诉我。"

此时，青年饥寒交迫、蓬头垢面。他想了一会儿，对大师说："我出门很多天了，我想念我亲爱的妻子和可爱的孩子，想念一家人冬夜里围着火炉谈笑聊天的情景……"说到这里，他长叹一声："那是我现在最喜欢的东西啊！"

大师拍了拍他的肩，说："回去吧！你最好的东西在你的家里，它们可以使你快乐起来。"

青年疑惑地问："可我就是从那里走出来的啊！"

大师笑了，说："你出来之前，不知道自己喜欢什么东西；你出来之后——比如现在，你已经知道自己喜欢什么样的东西了。"

青年醒悟。

每个人的心目中，关于最好的、最快乐的答案各不相同，但有一点是相似的：最喜欢的，即是世上最好的。

快乐怕懒汉

幸福拒绝消极、懒惰。唯有一双辛勤的手、一颗乐观积极的心，才能找到快乐所在。

在一个富庶的乡村，来了一个乞丐，这个乞丐看上去只有30来岁，长得很结实。乞丐每天端着一个破碗到村民家中讨饭，他的要求不高，无论是稀饭还是馒头他从不嫌弃。

不久，便有人看中他的身体和力气，想让他去帮着打打零工，并许之以若干工钱，不料此等好事，该乞丐竟一口回绝，说："给人打工挣点钱多苦，还不如讨饭来得省力省心。"

而在邻村，每天傍晚，都会有一个老妇人到垃圾箱里捡垃圾。老人是个驼背，这使得她原本就矮小的身体愈发显得矮小，老人每次从垃圾箱里拾垃圾都仿佛是在进行一场战斗。为了捡到垃圾，她必须将脸紧紧地靠在垃圾箱的开口上，否则她的手就不足以够到里面的"宝贝"。而那个开口正是整个垃圾箱最脏的地方。

每次捡完垃圾，老妇人都像打了一场胜仗，她完全不顾及别人脸上的那种鄙夷的目光。看着那些可以换钱的"战利品"，走在乡村的路上，她总是显得格外的高兴。

对于懒汉而言，命运会吝啬于给他幸福和运气。

生活中，穷困并不可怕，可怕的是在贫穷与苦难面前丧失积极进取的心态。其实，快乐与幸福的衡量标准不是财富的多少，而是我们在生活中有无美好、乐观的心态。

保持自己本色，就会靠近幸福的天堂

不必为了世人的目光而活着，生活是你自己的。你有权利把它打造得像你，而非其他的一切人。

伊笛丝从小就特别敏感而腼腆，她的身体一直太胖，而她的脸使她看起来比实际还胖得多。伊笛丝有一个很古板的母亲，她认为把衣服弄得漂亮是一件很愚蠢的事情。她总是对伊笛丝说："宽衣好穿，窄衣易破。"而母亲总照这句话来帮伊笛丝穿衣服。所以，伊笛丝从来不和其他的孩子一起做室外活动，甚至不上体育课。她非常害羞，觉得自己和其他的人都不一样，完全不讨人喜欢。

长大之后，伊笛丝嫁给一个比她大好几岁的男人，可是她并没有改变。丈夫一家人都很好，也充满了自信。伊笛丝尽最大的努力要像他们一样，可是她做不到。他们为了使伊笛丝开朗而做的每一件事情，都只是令她更退缩到她的壳里去。伊笛丝变得紧张不安，躲开了所有的朋友，情形坏到她甚至怕听到门铃响。伊笛丝知道自己是一个失败者，又怕她的丈夫会发现这一点，所以每次他们出现在公共场合的时候，她假装很开心，结果常常做得太过分。事后，伊笛丝会为这个难过好几天，最后不开心到使她觉得再活下去也没有什么意思了，伊笛丝开始想自杀。

后来，是什么改变了这个不快乐的女人的生活呢？只是一句随口说出的话。随口说的一句话，改变了伊笛丝的整个生活，使她完全变成了另外一个人。

有一天，她的婆婆正在谈自己怎么教养几个孩子，她说："不管事情怎么样，我总会要求他们保持本色。"

"保持本色！"就是这句话！一刹那，伊笛丝发现自己之所以那么苦恼，就是因为她一直在试着让自己适应一个并不适合自己的模式。

伊笛丝后来回忆道："在一夜之间我整个人都改变了。我开始保持本色。我试着研究我自己的个性、自己的优点，尽我所能去学色彩和服饰知识，尽量以适合我的方式去穿衣服。我主动地去交朋友，我参加了一个社团组织—起先是一个很小的社团—他们让我参加活动，把我吓坏了。可是我每一次发言，就增加了一点勇气。今天我所拥有的快乐，是我从来没有想到可能得到的。"

退化的名花

心灵无私，这是我们保持自身高贵的唯一秘密。其实，生活的真谛并不神秘，幸福的源泉大家也知道，只是常常忘了，记住：美丽需要共同培植，快乐要与人分享。

一个精明的犹太花草商人，千里迢迢从非洲引进了一种名贵的花卉，培育在自己的花圃里，准备到时候卖上个好价钱。对这种名贵花卉，商人爱护备至，许多亲朋好友向他索要，一向慷慨大方的他却连一粒种子也不给。他计划培植三年，等拥有上万株后再开始出售和馈赠。

第一年的春天，他的花开了，花圃里万紫千红，那种名贵的花开得尤其漂亮，就像一缕缕妩媚的阳光。第二年的春天，他的这种名贵的花已经有五六千株，但他和朋友们发现，今年的花没有去年开得好，花朵变小不说，还有一点点的杂色。到了第三年的春天，他的名贵的花已经培植出了上万株，令这位商人沮丧的是，那些名贵的花的花朵已经变得更小，花色也差得多了，完全没有了它在非洲时的那种雍容和高贵。当然，他也没能靠这些花赚上一大笔。

难道这些花退化了吗？可非洲人年年种养这种花，大面积、年复一年地种植，并没有见过这种花会退化呀。他百思不得其解，便去请教一位植物学家。植物学家拄着拐杖来到他的花圃看了看，问他："你这花圃隔壁是什么？"

他说："隔壁是别人的花圃。"

植物学家又问他："他们种植的也是这种花吗？"

他摇摇头说："这种花在全荷兰，甚至整个欧洲也只有我一个人有，他们的花圃里都是些郁金香、玫瑰、金盏菊之类的普通花卉。"

植物学家沉吟了半天说："我知道你这名贵之花不再名贵的致命秘密了。尽管你的花圃里种满了这种名贵之花，但和你的花圃毗邻的花圃却种植着其他花卉，你的这种名贵之花被风传授了花粉后，又染上了毗邻花圃里的其他品种的花粉，所以你的名贵之花一年不如一年，越来越不雍容华贵了。"

商人问植物学家该怎么办，植物学家说："谁能阻挡住风传授花粉呢？要想使你的名贵之花不失本色，只有一种办法，那就是让你邻居的花圃里也都种上你的这种花。"于是商人把自己的花种分给了自己的邻居。次年春天花开的时候，商人和邻居的花圃几乎成了这种名贵之花的海洋——花朵又肥又大，花色典雅，朵朵流光溢彩，雍容华贵。这些花一上市，便被抢购一空，商人和他的邻居都发了大财。

近朱者赤，近墨者黑。高贵也是这样，没有一种高贵可以遗世独立。要想保持自己的高贵，就必须拥有高贵的"邻居"；要想拥有一片高贵的花的海洋，就必须与人分享美丽，同大家共同培植美丽。只有这样，我们才能保持自身的纯洁和华贵。

拥有一颗爱的心

世界上最大的悲剧是一个人大言不惭地说："没人给过我任何东西！"这种人不论生活贫穷还是富有，他的灵魂一定是贫乏的。

以前，有一个犹太女孩名叫埃尔莎。她有一位年纪很大的老奶奶，头发都白了，脸上也布满了皱纹。

埃尔莎的父亲在山上有一栋大房子。

每天，太阳都从南边的窗户里射进来。房子里的每件东西都亮亮的，漂亮极了。

奶奶住在北边的屋子里。太阳从来照不进她的屋子。

一天，埃尔莎对她的父亲说："为什么太阳照不进奶奶的屋子呢？我想，她也是喜欢阳光的。"

"太阳公公的头探不进北边的窗户。"她父亲说。

"那么，我们把房子转个方向吧，爸爸。"

"房子太大了，不好转。"她爸爸说。

"那奶奶就照不到一点阳光了吗？"埃尔莎问。

"当然了，我的孩子，除非你给她带一点进去。"

从那以后，埃尔莎就想啊想啊，想着如何能带一点阳光给奶奶。

当她在田野里玩耍的时候，她看到小草和花儿都向她点头。鸟儿一边从这棵树跳到那棵树，一边唱着甜美的歌儿。

世间万物好像都在说："我们热爱阳光，我们热爱明亮、温暖的阳光。"

"奶奶肯定也是喜欢阳光的，"孩子想，"我一定要带一点给她。"

一天早晨，她在花园里玩时，看到了太阳温暖的光线照到了她金色的头发上。然后，她低下头，看到衣摆上也有阳光。

"我要用衣服把阳光包住，"她想，"然后把它们带进奶奶的房子。"于是，她跳了起来，跑进了奶奶的屋子。

"看，奶奶，看！我给你带来了一些阳光！"她叫着。然后，她打开了她的衣服，可是看不到一丝阳光。

"孩子，阳光从你的双眼里照出来了，"奶奶说，"它们在你金色的头发里闪耀。有你在我身边，我就拥有阳光了。"

埃尔莎不懂为什么她的眼睛里可以照出阳光。但她很愿意让奶奶高兴。

每天早上，她都在花园里玩耍。然后，她跑进奶奶的房子里，用她的眼睛和头发，给奶奶带去阳光。

小埃尔莎为了能给奶奶带去阳光而每天早上用眼睛和头发把阳光带进奶奶的房里。行为虽然幼稚，却足以显露出她的心灵之高尚。这是小埃尔莎在心灵深处为了表达对奶奶的关爱而做出的可爱举动。

我们也拥有阳光，但我们是否也有这样的爱心，乐意把爱的阳光带进黑暗的屋子，温暖那冰冷、孤寂的心灵？

当我们在享受着生命生活中的美好时，让我们也乐意关爱、帮助那些有需要的人，与他们分享生活中的美好事物，当我们这样做时，我们就是别人的阳光了。

与他人讲和

俗话说，多一个朋友多一条路。反过来说，多得罪一个人就少一条路！

库克是英国一家公司的职员，在业务上是公认的尖子，可是在处理人际关系时往往意气用事，得罪了不少人。所以，他在公司干了好几年总是得不到升迁。

有一段时间，库克新搬来的一位女邻居进出时总是把门碰得很响，而且常常在房间里大声哼唱，吵得库克睡不好觉。直到有一天，他们碰到了一起，愤愤不平的库克瞪着女邻居大声喊道："你能不能安静一点，让我好好休息！"

女邻居也瞪圆双眼回敬库克："和谁说话哪！你以为你是谁，是总统！"说完对库克不屑一顾地扭转身子走了。

库克咬咬牙心想："我会让你尝尝我的厉害。"

第二天，库克回家时，女邻居也正好回了家。库克故意把门碰得很响，并在房间大声吼叫，也想让她尝尝吵闹的滋味。

可是接下来的几天，邻居的吵闹更厉害，令库克连连叫苦。

"老这样下去能行吗？该怎么办呢？"不久库克有了一个好主意。

几天后的一个早晨，女邻居一开门就发现地上放着一个信封，她打开一看，只见上面写着：

尊敬的女邻居：

很抱歉我那天向您大喊大叫，这也不是我惯有的作风，只是那天我从信箱里拿到了带来坏消息的信件……我希望您能够原谅我。

您的男邻居

紧接着一个早晨，当库克走出房门时，一眼就发现了地上的信封，他迫不及待地抽出信纸。

尊敬的男邻居：

这些日子我也一直心烦意乱，因为我工作上遇到了麻烦，我很高兴看到您写的便条，我想我会成为您的好朋友的。

您的女邻居

从那以后，每当他们再相见时，都会愉快地微笑着打招呼。

接下来的故事更耐人寻味：女邻居后来当上了一家大公司的董事长，经过一段时间的交往考察以后，她聘请库克担任了公司一个部门的经理。

库克改掉了得罪人的脾气，抱着与人为善的心态面对生活，最终使自己强大起来，由普通职员升迁为公司高层管理人员。

生活中，有很多人总是与别人斤斤计较，结果周围的人都成了他的敌人，他把自己陷入了尴尬痛苦的境地。

社会是由不同的人组成的，人活在社会上，不管日常生活、上班，还是经营自己的事业，都会和别人产生一种互动关系。换句话说，人是靠彼此互助才得以生存，即便是流落荒岛的鲁宾逊也得到了一位名叫"星期五"的伙伴的帮助，更何况身处竞争激烈、人际往来频繁的我们？因此，"得罪人"是一种剥夺自己生存空间的行为。

我们之所以不能轻易得罪人，至少有以下两个道理：

一是得罪一个人，就为自己堵住了一条去路。

当然，你也许会想，人还不至于得罪了几个人就无法生存下去吧。但你要知道，世界虽然很大，但有时却显得很小，连走在路上都会仇人相见，更何况同行？同行有同行的交往圈子，得罪同行，彼此碰面的机会更大，那多尴尬！而且多么不利！本来你可以和他合作获利，却因得罪他而失去机会，这多么可惜！

二是得罪一个小人，就为自己埋下一颗不定时的炸弹。

得罪君子只不过大家不讲话，各干各的；但要是得罪小人就会没完没了，他即使不采取报复行动，也要在背后对你造谣中伤，你有理也会变成无理，多不值得！

我们在这里强调"不轻易"得罪人，当然也是有一定分寸的。

当事有不可忍时，当正义公理不能伸张时，还是要有雷霆之怒的，否则就是是非不分、黑白不明了。这种雷霆之怒有时会得罪人，固然有可能为自己堵住一条去路，但也有可能开出更多的康庄大道。

总之，为了坚持真理，主持正义，该提出批评意见时就不要怕得罪人，但要注意方式方法。

所以，当你感到自己的利益被侵害时，得不到他人的尊重时，请冷静地想想，勿轻易动气。此外，也切记不要气焰嚣张，盛气凌人，这种只有自己而没有别人的态度也很容易得罪人，而且常常是得罪了人自己还不知道。

最重要的一点是，得罪人会成为一种习惯，老是压不下怒气，改不了个性，便会说"反正我就是这样"，那就会条条是死路。

第 六 篇

习惯：决定未来的力量

把最重要的事情放在前面

在安排时间时，要永远把重要的事情放在第一位，在没有完成重要的事情之前，决不着手做次要的事情。

萨缪尔森教授在给即将毕业的MBA班的学生上最后一次课。令学生们不解的是，讲桌上放着一个大铁桶，旁边还有一堆拳头大小的石块。"我能教给你们的都教了，今天我们只做一个小小的测验。"教授把石块一一放进铁桶里。

当铁桶里再也装不下一块石头时，教授停下了来。教授问："现在铁桶里是不是再也装不下什么东西了？""是。"学生们回答。"真的吗？"教授问。

随后，他不紧不慢地从桌子底下拿出了一小桶碎石。他抓起一把碎石，放在已装满石块的铁桶表面，然后慢慢摇晃，然后又抓起一把碎石……不一会儿，这一小桶碎石全装进了铁桶里。

"现在铁桶里是不是再也装不下什么东西了？"教授又问。"还……可以吧。"有了上一次的经验，学生们变得谨慎了。

"没错！"教授一边说，一边从桌子底下拿出一小桶细沙，倒在铁桶的表面。教授慢慢摇晃铁桶。大约半分钟后，铁桶的表面就看不到细沙了。"现在铁桶装满了吗？""还……没有。"学生们虽然这样回答，但心里其实没底。

"没错！"教授看起来很兴奋。这一次，他从桌子底下拿出的是一罐水。他慢慢地把水往铁桶里倒。

水罐里的水倒完了，教授抬起头来，微笑着问："这个小实验说明了什么？"

一个学生马上站起来说："它说明，你的日程表排得再满，你都能挤出时间做更多的事。"

"有点道理。但你还是没有说到点子上。"

萨缪尔森教授顿了顿，说："它告诉我们：如果你不是首先把石块装进铁桶里，那么你就再也没有机会把石块装进铁桶里了，因为铁桶里早已装满了碎石、沙子和水。而当你先把石块装进去，铁桶里会有很多你意想不到的空间来装剩下的东西。在以后的职业生涯中，你们必须分清楚什么是石块，什么是碎石、沙子和水，并且总是把石块放在第一位。"

最没有效率的人就是那些以最高的效率做最没用的事的人。总是做重要且紧迫的事的人，常常有很多的剩余时间。做完"正事"之后，他们有相当多的时间去做"重要而不紧迫""不重要且紧迫"甚至"不重要且不紧迫"的事，就像装石块的铁桶里有意想不到的剩余空间来装碎石、沙子和水。犹太人总是告诉自己的孩子：集中精力在能获得最大回报的事情上；别花费时间在对成功无益的事情上。

创新的作用

要从小教育孩子养成创新思维的习惯，一个人只有不断创新，才可能超越前人，有所成就。

1926年，有着犹太血统的兰德才17岁，他还是哈佛大学一年级的学生。一天晚上，他走在繁华的百老汇大街，从他面前驶过的汽车车灯刺得他眼睛都睁不开。他突然灵机一动：有没有办法既让车灯照亮前面的路，又不刺激行人的眼睛呢？他觉得这是很有实用价值的课题。兰德说干就干，第二天便去学校办了休学手续，专心研究偏光车灯的创造发明。

1928年，兰德的第一块偏光片终于制成了。他匆匆赶去申请专利，不料已有4个人申请此项专利。他辛辛苦苦做出的第一项成果就这样白费了。3年后，经过改进的偏光片研制成功，专利局终于在1934年把偏光片的专利权给了兰德，这是他获得的第一项专利。

1937年，兰德成立了拍立得公司。有人把他介绍给华尔街的一些大老板，他们对兰德的才能和工作效率十分赏识，向他提供了37.5万美元的信贷资金，希望他把偏光片应用到美国所有汽车的前灯上，以减少车祸，保证乘车人的安全。

1939年，"拍立得"公司在纽约的世界博览会上推出的立体电影更是轰动一时。观众必须戴上该公司生产的眼镜才能入场，这又为"拍立得"赚了一大笔钱。

有一次，兰德给他的女儿照相。小姑娘不耐烦地问："爸爸，我什么时候才能看到照片？"这句话触动了兰德，经过多年高效率的研究，他终于发明了瞬时显像照相机，取名为"拍立得"相机。这种相机能在60秒钟洗出照片，所以又称"60秒相机"。

"拍立得"公司1937年刚成立时，销售额为14.2万美元，1941年就达到100万美元，1947年则达到150万美元，为10年前的10倍。"拍立得"相机投入市场后，使公司销售额从1948年的150万美元猛增至1958年的6750万美元，10年里增长了45倍。

然而兰德并不就此停步，后来他又制造出一种价格便宜，能立即拍出彩色照片的新相机。兰德说："一个企业，不仅要不断地推出新产品，改善人们的生活，给人们带来方便，而且要考虑下一步该怎么办。这样，企业就不会停滞不前，将永远充满活力。"

当人们问兰德有什么成功奥秘时，他只是笑笑说："我相信人的创造力，它的潜力是无穷的，我们只要把它挖掘出来，就无事不成。"

《圣经》告诉我们：创造力是上天赐予我们的最珍贵的礼物，它能给我们带来许多意想不到的惊喜。但是怎样发掘你的创造力呢？兰德的经验告诉我们：创造并非遥不可及；只要你处处留心，你会发现在我们日常生活中处处充满创造的灵感，创造就在我们身边。

独木桥的走法

一个人的习惯性心态对其性格的形成有着决定性的作用，可以说习惯形成性格，性格决定命运。

曾有几个学生向弗洛伊德请教：心态对一个人会产生什么样的影响？

他微微一笑，什么也不说，就把他们带到一间黑暗的房子里。在他的引导下，学生们很快就穿过了这间伸手不见五指的神秘房间。接着，弗洛伊德打开房间里的一盏灯，在这昏黄如烛的灯光下，学生们才看清楚房间的布置，不禁吓出了一身冷汗。原来，这间房子的地面就是一个很深很大的水池，池子里蠕动着各种毒蛇，包括一条大蟒蛇和三条眼镜蛇，有好几只毒蛇正高高地昂着头，朝他们"嘶嘶"地吐着信子。就在这蛇池的上方，搭着一座很窄的木桥，他们刚才就是从这座木桥上走过来的。

弗洛伊德看着他们，问："现在，你们还愿意再次走过这座桥吗？"大家你看看我，我看看你，都不作声。

过了片刻，终于有3个学生犹犹豫豫地站了出来。其中一个学生一上去，就异常小心地挪动着双脚，速度比第一次慢了很多；另一个学生战战兢兢地踩在小木桥上，身子不由自主地颤抖着，才走到一半，就挺不住了；第三个学生干脆弯下身来，慢慢地趴在小桥上爬了过去。

"啪"，弗洛伊德又打开了房内另外几盏灯，强烈的灯光一下子把整个房间照耀得如同白昼。学生们揉揉眼睛再仔细看，才发现在小木桥的下方装着一道安全网，只是因为网线的颜色极暗淡，他们刚才都没有看出来。弗洛伊德大声地问："你们当中还有谁愿意现在就通过这座小桥？"

学生们没有作声，"你们为什么不愿意呢？"弗洛伊德问道。"这张安全网的质量可靠吗？"学生心有余悸地反问。

弗洛伊德笑了："我可以解答你们的疑问了，这座桥本来不难走，可是桥下的毒蛇对你们造成了心理威慑，于是，你们就失去了平静的心态，乱了方寸，慌了手脚，表现出各种程度的胆怯——心态对行为当然是有影响的啊。"

其实人生又何尝不是如此呢？在面对各种挑战时，也许失败的原因不是因为势单力薄、不是因为智能低下、也不是没有把整个局势分析透彻，反而是把困难看得太清楚、分析得太透彻、考虑得太详尽，才会被困难吓倒，举步维艰。倒是那些没把困难完全看清楚的人，更能够勇往直前。如果我们在通过人生的独木桥时，能够忘记背景，忽略险恶，专心走好自己脚下的路，我们也许能更快地到达目的地。

父亲和儿子

很多道理，我们每个人都懂，但没有将其贯彻在我们日常的生活习惯之中，因此，我们也无法从这些道理中获得真实的人生收益。

哈西德运动时期，有个流浪的犹太艺人，虽然才四十几岁，但是骨瘦如柴，形容枯槁，医生诊断结果是肝癌末期，临终前，他把年仅16岁的独子找来，叮咛着："你要好好读书，不要像我少壮不努力，老来没成就。我年轻时好勇斗狠，日夜颠倒，烟酒都来，正值壮年就得了绝症。你要谨记在心，不要再走我的老路。我没读什么书，没什么大道理可以教你，但你要记住把'少壮不努力，老来没成就'这句话传下去。"

说完，他咽下最后一口气，16岁的儿子却懵懵懂懂地站立一旁。

长大后，他儿子仍然在酒家、赌场闹事，有一次与客人起冲突，因出手过重而闹出人命，被捕坐牢。出狱后，人事全非，发觉不能再走老路，但是无一技之长，无法找个正当的工作，只好下定决心，回到乡下，靠做一些杂工维生。

由于他年轻时无法体会父亲交代的遗言，耽误终身大事，年近半百才成婚。虽然年事渐长，逐渐能体会父亲临终前交代的话，但似乎为时已晚。他的体力一天不如一天，一年不如一年，面对着无法撑持起来的家，心里有着无限的忏悔与悲伤。

有个夜晚，他喝点酒，带着酒意，把16岁的儿子叫到跟前。他先是一愕，这不就是当年16岁的我吗！父亲临终前交代遗言的景象在脑海中显现。他有些自责地喃喃自语：

"我怎么没把那句话听进去啊。"

说着，眼泪直滴脸颊，儿子站在面前，懂事地安慰着：

"爸爸，您喝醉了，早点休息吧！"

"我没有醉，我要把你爷爷交代我的话告诉你，你要牢牢记住。"

"爸爸！什么话这么慎重呀！"

"当年你爷爷临终时交代我不可以'少壮不努力，老来没成就'，我没听进去，也没听懂。结果我费尽一生才体会出这一句话的道理，但为时已晚。"

"这句话不是人人都知道吗？"

"是啊。但是，并不是每个人都愿意努力从年轻时就努力奋发向上。一定要年轻时就学好，不然老了就像我一无是处。你一定要认真对待这句话。希望你好好做人，将来儿孙都能成才，不必再把这句话当遗言交代了。"

懂道理的人很多，可是真正明白、并将其作为指导自己行为准则的人就太少了。所以，人在年轻时一定要懂得珍惜时间，懂得运用自己的时间多做一些有意义的事情。才不至于年老时悔恨，只能将自己的失败教训告诫给后辈。

勇于尝试

当孩子认为自己"不行""办不到"时，要鼓励孩子勇于尝试，或许你会由此发现孩子真正的天赋所在。

犹太人经常强调这一点：父母是孩子最早的老师，父母的言传身教对孩子的影响非常大。父母应当鼓励孩子勇于尝试，让孩子不断提升自我。

拉比还经常给孩子们讲这个故事：

18世纪下半叶，本杰明·韦斯特在英国画坛被称为艺术奇才"横空出世"。这位英国皇家学院的院长，一生的作品除少数宗教、神话题材以外，绝大多数是描绘英国在殖民北美洲时期的一些历史题材。他被英王乔治三世奉为上宾，雷诺兹爵士称他为最值得尊敬的怪物。本杰明·韦斯特1738年10月出生于美国，不到20岁就已经是纽约市颇有名气的肖像画家了。关于自己的成功，他宣称是母亲的一个吻才使他有了今天的成就。

本杰明·韦斯特的母亲年轻时叫萨拉·皮尔森，是一个贵格会信徒的女儿，她嫁给了一个贵格会信徒韦斯特之后就一直定居在宾夕法尼亚州的印第安人居住地。他们共有10个孩子，本杰明·韦斯特是10个孩子中的老幺。韦斯特的家庭很清贫，10个孩子的大家庭的重担几乎都压在了萨拉一个人的身上。

1745年，本杰明·韦斯特7岁。这年夏天的一天，母亲让本杰明去照看亲戚家的一个婴儿。让他用扇子赶走婴儿脸上的苍蝇。那天中午，在本杰明的细心呵护下，婴儿慢慢地进入了梦乡。小本杰明·韦斯特被熟睡着的婴儿的异常美丽吸引住了。他用手在扇子上比划着，好像要画下婴儿美丽的脸庞。这一切被母亲萨拉捕捉到了。"你想画下宝宝的脸吗？"萨拉微笑着问本杰明。"我不会画画，我画不出。"本杰明说。"可是你不画怎么知道你画不出呢？"萨拉指着桌子上的一红一蓝两瓶墨水说，"你试试。"母亲说完便走了。本杰明拿出一张纸，打开墨水瓶，画了起来。过了好一会儿，画是画好了，可是在他的脸上、衣服上都沾了很多的墨水，桌子上也是一片狼藉。他担心母亲看到这个脏乱的局面的话他可能会挨骂。哪知母亲走来后，用她特有的慈爱目光看了一眼那张画，声音颤抖着惊叫起来："哦，天哪，这简直就是小萨莉的照片啊！"然后她搂着本杰明的脖子，亲吻了他一下，并且说，"总有一天你会成为一个伟大的艺术家。"

孩子的成长过程也是认知的过程，大人的经验固然对孩子的成长有很大的帮助，但孩子的亲身体会要比大人的"教诲"深刻得多，即使孩子在亲身体会的过程中犯错误，我们也要允许他们犯错误，因为他们有能力去犯错误，也同样有能力改正自己的错误，在犯错误中得到正确的答案，那是最珍贵的。

黄油狮子

生命中的一次小小的机会就很可能改变人生。

一天，在西格诺·法列罗的府邸正要举行一个盛大的宴会，主人邀请了一大批客人。就在宴会开始的前夕，负责餐桌布置的点心制作人员派人来说，他设计用来摆放在桌子上的那件大型甜点饰品不小心被弄坏了，管家急得团团转。

这时，西格诺府邸厨房里干粗活的一个仆人走到管家的面前怯生生地说道："如果您能让我来试一试的话，我想我能造另外一件来顶替。"

"你？"管家惊讶地喊道，"你是什么人，竟敢说这样的大话？"

"我叫安东尼奥·卡诺瓦，是雕塑家皮萨诺的孙子。"这个脸色苍白的孩子回答道。

"小家伙，你真的能做吗？"管家将信将疑地问道。

"如果您允许我试一试的话，我可以造一件东西摆放在餐桌中央。"小孩子开始显得镇定一些。

仆人们这时都显得手足无措了。于是，管家就答应让安东尼奥去试试，他则在一旁紧紧地盯着这个孩子，注视着他的一举一动，看他到底怎么办。这个厨房的小帮工不慌不忙地要人端来了一些黄油。不一会儿工夫，不起眼的黄油在他的手中变成了一只蹲着的巨狮。管家喜出望外，惊讶地张大了嘴巴，连忙派人把这个黄油塑成的狮子摆到了桌子上。

晚宴开始了。客人们陆陆续续地被引到餐厅里来。这些客人当中，有威尼斯最著名的实业家，有高贵的王子，有傲慢的王公贵族们，还有眼光挑剔的专业艺术评论家。但当客人们一眼望见餐桌上卧着的黄油狮子时，都不禁交口称赞起来，纷纷认为这真是一件天才的作品。他们在狮子面前不忍离去，甚至忘了自己来此的真正目的是什么了。结果，这个宴会变成了对黄油狮子的鉴赏会。客人们在狮子面前情不自禁地细细欣赏着，不断地问西格诺·法列罗，究竟是哪一位伟大的雕塑家竟然肯将自己天才的技艺浪费在这样一种很快就会融化的东西上。法列罗也愣住了，他立即喊管家过来问话，于是管家就把小安东尼奥带到了客人们的面前。

当这些尊贵的客人们得知，面前这个精美绝伦的黄油狮子竟然是这个小孩仓促间做成的作品时，都不禁大为惊讶，整个宴会立刻变成了对这个小孩的赞美会。富有的主人当即宣布，将由他出资给小孩请最好的老师，让他的天赋充分地发挥出来。

西格诺·法列罗果然没有食言，但安东尼奥没有被眼前的宠幸冲昏头脑，他依旧是一个淳朴、热切而又诚实的孩子。他孜孜不倦地刻苦努力着，希望把自己培养成为皮萨诺门下一名优秀的雕刻家。

也许很多人并不知道安东尼奥是如何充分利用第一次机会展示自己才华的。然而，却没有人不知道后来著名雕塑家卡诺瓦的大名，也没有人不知道他是世界上最伟大的雕塑家之一。

这个世界上有才能的人不在少数，但并非一切有才能的人都必定成功，这往往是因为有些人没有把握住成功的机遇。对于这种关键的时刻，人们都会很重视甚至会有点紧张，这些都是可以理解的。但我们要意识到，人只有在关键的时刻发挥出自己的水平才能够成功。这便是人与人能力的真正差距，这便是有的人能够成功有的人不能成功的原因。

剪除规矩的网

生活中，养成将东西整齐摆放的习惯固然值得称赞，但如果过于整齐，事事苛求，容不得一点儿"乱"，也会作茧自缚，自寻烦恼。

成长过程中，有很多烦恼伴随着我们左右，可往往这些烦恼源于我们自己心灵条条框框的束缚，是自己囚禁了自己。

一天，女儿走到雅斯贝尔斯面前，问了一个问题："爸爸，为什么东西总是很容易就弄乱了呢？"

雅斯贝尔斯便反问道："乖女儿，你这个'乱'字是什么意思？"

女儿说道："你知道吗，那是指东西没有摆放整齐。看看我的书桌，东西都不在一定的位置，这不叫作乱叫什么？昨天晚上我花了不少时间才把它重新摆放整齐，可是没法保持很久。所以，我说东西很容易便弄乱了。"

雅斯贝尔斯听完后就告诉女儿说："什么叫作整齐，你摆给我看看。"于是女儿便开始动手整理，把书桌上的东西都重新归位，然后说道："请看，现在它不是整齐了吗？可是它没法保持长久。"

雅斯贝尔斯又再问她："如果我把你的水彩盒往这里移动一二英寸，你觉得怎么样呢？"

女儿回答说："不好，这么做书桌又弄乱了，你最好将桌面维持的'规规矩矩'，不要出现那些'脱线'情形。"

随后雅斯贝尔斯又问道："如果我把铅笔从这儿移到那儿呢？"

"你又把桌面弄乱了。"女儿回答道。

"如果我把这本书打开呢？"他继续问道。

"那也叫作乱。"女儿再回答道。

雅斯贝尔斯这时微笑着对女儿说道："乖女儿，不是东西很容易弄乱，而是你心里对于乱的定义太多了，对于整齐的定义却只有一个。"

无规矩不成方圆。可规矩太多，也是对心灵的束缚。生活中，我们的不少烦恼都是自找的，用自己的规矩捆住了自己，无怪乎一些人会被痛苦给缠得动弹不得。那就好像那些人给自己罩上了一张大网，越是想挣脱却越挣不脱，越是想逃避越逃避不了。犹太人不用过多的规矩束缚孩子的心灵，而是让他们的心灵自由飞翔。哲人雅斯贝尔斯的话定能让我们思考良久。

经验的障碍

　　每个人都有自己特殊的人生经验，由此形成自己对生活的看法。世界究竟是什么样的，需要自己亲身去体验，不可轻信所谓"过来人"的劝告。

　　麦立克要坐火车从佛勒斯诺去纽约旅行。临行前，他的老舅舅嘉乐来看他，告诉他一些旅行的经验。

　　"你上了火车后，先选一个位置坐下，不要东张西望，"嘉乐告诉他的外甥，"火车开动以后，会有两个穿制服的顺通道走来问你要车票，你不要理他们，他们是骗子。"

　　"是的，舅舅。"麦立克点了点头说。

　　"走不到20里，会有一个和颜悦色的青年来到你跟前，敬你一支烟。你就说不会。那烟卷是上了麻药的。"

　　"是的，舅舅。"麦立克微微一怔，但照例点了点头。

　　"你到餐车去，半路上会有一个漂亮的年轻女子故意和你撞个满怀，差点儿一把抱住你。但是，你要理智地走远些。那女子是个妓女。要是她逗你说话，你就装个聋子。这是唯一的摆脱之道。"

　　"是的，舅舅。"麦立克不禁有点儿惊讶，还是点了点头。

　　"我在外边走得很多了，以上并非我无中生有的胡说，就告诉你这些吧！"

　　"还有一件，"嘉乐好像又想起了什么，叮咛道，"晚上睡觉时，把钱从口袋里取出来放在鞋筒里，再把鞋放在枕头底下，头在枕上，别睡着了。"

　　"是的，舅舅，多谢您的指教！"麦立克向他的老舅舅深深地鞠了一躬。

　　第二天，麦立克坐上了火车，横贯美洲向纽约而去。

　　那两个穿制服的人不是骗子，那个带麻药烟卷的青年没有来，那个漂亮女子没碰上。第一晚麦立克把钱放在鞋筒里，把鞋放在枕头下，一夜未合眼。可是，到了第二晚他就不理会那一套了。

　　第二天，他自己请一个年轻人吸烟，那人竟高兴地接受了。在餐车里，他故意坐在一位年轻女子的对面。吸烟间里，他发起了一桌扑克。火车离纽约还很远，麦立克已认识车上的许多旅客了，而客人也都认识他了。

　　火车经过俄亥俄州时，麦立克与那个接受烟卷的青年，跟两个瓦沙尔女子大学的学生组成一个四人合唱队，大唱了一阵，获得了旅客们的好评。

那次旅行对麦立克来说是够快乐的了。麦立克从纽约回来了，他的老舅舅又来看他。

"我看得出，你一路没有出什么岔子，你依我的话做了没有？"一见面嘉乐就高兴地问麦立克。

"是的，舅舅！"麦立克还是那样做了回答。

嘉乐很高兴地自言自语道："我很高兴有人因我的经验而得益！"

很多人总是积极地为别人提供意见，虽然出自好心，但他们从没想到意见仅仅是从他们自己的经历中获得的，然而别人有别人的经历，在这一点上谁也代替不了谁的。人们总是过于武断的在别人的事情上加上自己的判断，其实大可不必。如果你曾经被别人这样断言过，也不必过于在意。要紧的是让自己去经历一切，并且从这份经历中获得快乐、感受痛苦，这样人生才有意义。

莫忘致谢

教育孩子从小学会感恩，对别人的帮助、礼物，要及时表示谢意。

依琳娜、莎拉和德鲁还小的时候，每当他们要向人家致谢，就口述感谢词句，由他们的母亲——犹太教信徒贝德福德作笔记。但是到孩子长大一些，有能力自己写谢柬了，却必须三催四请才肯动笔。

贝德福德会问："你写了信给爷爷，谢谢他送你那本书没有？"或问："陶乐思阿姨送了你一件毛线衫，你可向她道谢了？"他们的回应总是含糊其词，或耸耸肩膀。

有一年，贝德福德在圣诞节过后催促了几天，儿女们竟一直毫无反应，她大为气脑，便宣布："谢柬写妥投寄之前，谁也不准玩新玩具或穿新衣。"

但他们依旧拖延，还出言抱怨。

贝德福德忽然灵机一动，说："大家上车。"

"要去哪里？"莎拉问，觉得好奇怪。

"去买圣诞礼物。"

"圣诞节已经过去了。"她反驳。

"不要啰唆。"贝德福德斩钉截铁地说。

待孩子都上了车，贝德福德说："我要让你们知道，人家为了送你们礼物，要花多少时间。"

贝德福德对德鲁说："麻烦你记下我们离家的时间。"

来到镇里，德鲁记下抵达的时间。3个孩子随贝德福德走进一家商店，帮她选购礼物送给她的姊妹。然后贝德福德他们回家。

3个孩子一下车便向雪撬走过去。贝德福德说："不许玩，还要包礼物。"孩子们垂头丧气回到屋里。

"德鲁，记下到家的时间没有？"

德鲁点点头。

"好，请你记录包礼物的时间。"

孩子包礼物时，贝德福德替他们冲泡可可，终于最后一个蝶形结也系好了。

"一共花了多少时间？"贝德福德问德鲁。

他说："到镇上去，用了28分钟，买礼物花了15分钟，回家用了38分钟。"

"包这几个盒子用了多少时间？"依琳娜问。

"你们俩都是两分钟包一个。"德鲁说。

"把礼物拿去邮寄，要花多少时间？"贝德福德问。德鲁计算了一下，答道："一来一去56分钟，加上在邮局排队的时间，要71分钟。"

"那么，送别人一件礼物总共花多少时间？"德鲁又计算了一阵，"2小时34分钟。"

贝德福德在每个孩子的可可杯旁放一页信纸、一个信封和一支笔。

现在请写谢束。写明礼物是什么，说已经拿来用了，用得很开心。"

他们沉默构思，接着响起了笔尖在纸面上的声音。

"花了我们3分钟。"德鲁一面说一面把信封封好。

"人家选购一件情意浓厚的礼物，然后邮寄给你，所花时间也许超过两个半小时，我要你们花3分钟时间道谢，这难道是过分要求吗？"贝德福德问。

3人低头望着桌面，摇摇头。

"你们最好现在就养成这习惯。早晚你们要为很多事情写谢束的。"

故事里的孩子一定是因为偷懒而不想写谢束的，母亲非要督促他们写是想教会他们感恩。感恩是我们对待周遭事物应该保持的一种心态。人们习惯索取，所以无法体会付出、给予的分量，心中还总是盘算没有得到的东西，却从没想过自己已经获得了多少。写谢束其实只是个形式，母亲真正想说的是对于很多事情我们应该学会感恩。

勤勉是生存的关键

> 勤勉和懒惰都源自习惯，养成什么样的习惯，就会拥有什么样的人生。

犹太人有一句发人深省的谚语："成功和失败都是习惯！"

在犹太人心中，成功的背后定有辛苦。远古犹太人生火，要花很长的时间去摩擦木头或石头；要吃果实，就爬到很高的树上去摘。因此《圣经》中有两句话："流泪撒种的，必欢呼收割。""那流着泪出去的，必要欢欢乐乐地带禾捆回来。"犹太人认为，勤勉或懒惰很少来自一个人的本性，很少有人一生下来就是辛勤的工作者，也很少有人是天生的懒虫，大多数人的勤勉或懒惰都是后天的，是习性所致。此外，孩童时期的家庭环境，以及所受的教育，也都有很大的影响。勤勉有两种：一种是外力强迫的勤勉，另一种是自己自愿的勤勉。

在贫穷的时代里，犹太人在劳动条件非常恶劣的环境中，从事长时间的劳动，否则，便无法维持生活。犹太人认为这是自愿的勤勉。

犹太人在埃及受奴役期间，曾经长时间从事田里的工作，劳动量大得使人们听了都会打寒战。但是，辛勤工作的结果并没有使他们的生活获得改善，这是因为这些辛勤是由于外力强迫之故。如果是外力所强迫的勤勉，是永远无法获得成功的。

外力强迫的勤勉对人自身决不会有作用，因为一旦外力消失，这种勤勉就会荡然无存。自愿的辛勤较易产生出自己的东西，从而逐步培养自己。久而久之，就能确立一个完完整整的自我。

有这样一个故事：埃及法老尼科看见一个犹太老人正在努力工作，种植无花果树。他问老人道："你是否期望自己能够享受果实？"老人回答说："如果我不能活到吃无花果的时候，我的孩子们将会吃到，或许上帝会特赦我。""如果你能够得到上帝特赦而吃到这树的果实，"法老对他说，"那就请你告诉我。"时光流逝，果树果然在老人的有生之年结出了果实，老人装了满满一篮子无花果来见法老。见到法老时，他解释说："我就是你看见过的那个种无花果树的老人，这些无花果是我劳动的成果。"法老命他坐在金椅子上，把他的篮子装满了黄金。

可法老的仆人反对道："您想给一个老犹太人那么多荣誉吗？"法老回答说："造物主给勤劳的他以荣誉，难道我就不能做同样的事吗？"后来，老人有一个懒惰的邻居，他妻子听了老人的故事，她对丈夫说："法老爱吃无花果，给他点无花果，他就会给你金子。"丈夫听从了妻子的话，也拿了满满一篮子无花果到皇宫，要求换取金子。

仆人报告法老，法老大怒："让这个人站在皇宫门口，每个进出的人都可以向他脸上扔一个无花果。"黄昏时，这个可怜的人被送回了家，浑身又青又肿。"我要把我得的全给你！"他冲妻子喊道。

在犹太人看来，懒惰使人一事无成，上帝和人们都是奖赏勤勉的人的。因此，犹太人的生存之法是培养勤勉的习惯，因为这才是成功的关键。永远不要让一个傻瓜看到一件做了一半的事。犹太人认为，勤勉和成功是互为表里的，常常有很多人因为勤勉而成功，但却很少因懒惰而成功的人。虽然勤劳并不一定能获成功，但是无论如何，人们都要辛勤工作，因为这是导致成功的最基本条件。

瑞典的法国建筑

命运掌握在自己的手中，强者总是主动寻找改变命运的途径、方法和机遇，而不是听凭命运的摆布。

19世纪时瑞典有一位犹太青年，家境很不好，穷困得连肚子都填不饱，更别提入学受教育了。青年虽然在这种环境之下成长，但是丝毫不气馁，一有多余的时间就自学，因此学习了许多关于建筑和化工方面的知识。他决心要用自己的所学改变自己的命运。

后来，青年凭着所学的一些知识，开始进入建筑公司做起了小助理。他积极努力地工作，因为表现出色，先后协助了一些著名建筑师的工作，在这段时间里，他累积了许多宝贵的经验和知识，再加上潜在的天分，逐渐在建筑界小有名气，为许多人所肯定。但是，由于他没有好的学历和出身背景，所以不管他再怎么努力，也无法打入上流社会，成为地位崇高、有名望的建筑师。看到无法实现愿望，青年因此郁郁终日。

有一天，他在街上远远地见到一群侍卫，簇拥着瑞典国王查理四世出访，他情不自禁地想："如果我有跟国王接触的机会就好了。"

查理四世原来是个法国人，曾是拿破仑身边的元帅，由于他的卓越才能为老瑞典国王所赏识。因此在临终之前收他为义子，要他统治瑞典。

查理四世不负老瑞典王的厚望，将瑞典治理得井井有条。

但是，要怎么样才能引起国王的注意呢？青年动起了脑筋。

"如果我能建造一个很特殊的建筑物，来吸引国王，那就好了！"青年的眼睛一亮，"对呀！国王原来是法国人，如果我在瑞典建造一座类似法国凯旋门的建筑物，一定能引起他的注意。"

有了这个想法，于是青年四处奔走，争取到几位过去有生意往来的企业家的支持，不久之后就在一座瑞典小城内，盖起了一座抓住了法国凯旋门神韵的建筑物。一天，国王经过小城，看到这个建筑物时，惊讶得说不出话来，睹物思情，缅怀过往，引了他许多的感慨。

事后国王特别召见这位青年，夸赞他的建筑技术。

受到国王赞赏的犹太青年，忽然之间声名大噪，各种媒体争相报导有关他和他的建筑作品，他被大家奉为天才。从此，他不但挤进了上流社会，更一跃成为瑞典建筑界的大师，身价百倍。

要想改变自己的命运，只能靠自己的双手，靠自己不懈的奋斗！家长一定要从小让孩子明白：路是自己走出来的，只要有恒心，没有什么困难不可以克服。记住一句老话：有志者事竟成！

守时的康德

> 守时是一个人信誉的重要体现，也是一种值得称道的美德。我们要教育孩子从小养成守时的良好习惯。

1779年，德国哲学家康德计划到一个名叫瑞芬的小镇去拜访朋友威廉·彼特斯。他动身前曾写信给彼特斯，说3月2日上午11点钟前到他家。

康德是3月1日到达瑞芬的，第二天早上便租了一辆马车前往彼特斯家。朋友住在离小镇12英里远的一个农场里，小镇和农场中间隔了一条河。当马车来到河边时，车夫说："先生，不能再往前走了，因为桥坏了。"

康德下了马车，看了看桥，发现中间已经断裂。河虽然不宽，但很深而且结了冰。

"附近还有别的桥吗？"他焦虑地问。

"有，先生。"车夫回答说，"在上游6英里远的地方还有一座桥。"

康德看了一眼怀表，已经10点钟了。

"如果走那座桥，我们什么时候可以到达农场？"

"我想要12：30才能到。"

"可如果我们经过面前这座桥最快能在什么时间到。"

"不用40分钟。"

"好！"康德跑到河边的一座农舍里，向主人打听道："请问您的那间披屋要多少钱才肯出售？"

"您会要我简陋的披屋，这是为什么？"农夫大吃一惊。

"不要问为什么，你愿意还是不愿意？"

"给200法郎吧！"

康德付了钱，然后说："如果您能马上从披屋上拆下几根长的木条，20分钟内把桥修好，我将把披屋还回给您。"

农夫把两个儿子叫来，按时完成了任务。

马车快速地过了桥，在乡间公路上飞奔着，10点50分赶到了农场。在门口迎候的彼特斯高兴地说："亲爱的朋友，您真准时。"

可能有人会觉得康德过于迂腐，为了守时付出的代价太大。的确，每个人都有自己的价值观念，但守时、守约对于康德来讲无疑是最重要的。守时看似是小事，但它反映的是一个人的生活作风和行事方式。康德对这种小事都能做到一丝不苟，可见他在治学方面的严谨程度，在哲学方面能够创造出如此高的成就也就没什么意外了。很难想象一件小事都处理不好的人会有什么大作为。

听与说

上帝给了我们一张嘴、两只耳朵，就是让我们多听少说。

当所有人都不再在背后道人长短时，一切纠纷的火焰就会熄灭。因此要如同对待珍宝一样，慎重地使用自己的舌头。犹太人非常强调说话时自我控制的重要性。他们认为话一旦说出口，就像射出的箭，再也不能收回了。他们也是这样教育孩子的。他们认为，话不可以随便乱说，应该一字一句地斟酌才对。为此犹太人常常用药来比喻言语，即适量的言语可以一针见血，但是用量过多就会愈描愈黑，反而有害。

有一个犹太女人很喜欢东家长、西家短地道别人是非。她的多嘴连平常饶舌的三姑六婆们也都无法忍受，终于有一天大家一起到拉比那里去控诉她的行为。拉比仔细倾听每一个女人的控诉之后，便要这些女人们先回去。然后拉比叫人去找那个多嘴的女人来。"你为什么对邻居太太们品头论足，无中生有？"多嘴的女人笑着回答说："也许我有一点儿夸张事实的习惯，但是我并没有杜撰什么故事啊！不过我说的不是很接近事实吗？我只是把事实稍微修饰一下，使它更有声有色而已。但是或许我真的太多嘴了，连我丈夫都这么说呢！""你已经承认你的话太多了，好吧！让我们来想一想，有没有什么好的治疗方法？"拉比想了一会儿之后，走出房间，然后拿回一个大袋子，他对女人说："你把这个袋子拿去，到了广场之后，你就打开袋子，一面把袋子里的东西摆在路边，一面走回家。但是，回到家之后，你便要掉过头来，把东西收齐以后，再回到广场上去。"女人接过这个袋子，觉得很轻，她很纳闷，非常想知道里面装的是什么东西？于是加快脚步走到广场去，到了广场之后，她迫不及待地打开一看，里面装的竟然是一大堆羽毛。那是一个万里无云的晴朗秋天，微风轻吹，令人觉得非常舒服。女人照着拉比的吩咐，一面走，一面把羽毛摆在路边，当她走进家门时，袋子刚好空了。然后她又提着袋子，一边捡，一边回广场。可是，凉爽的秋风却吹散了羽毛，以致所剩寥寥无几。女人只好回到拉比那里，她向拉比说，一切都照拉比的吩咐去做了，但是，只能收回几根羽毛。"我想也是的。"拉比说，"所有的马路新闻，都像是大袋子里的羽毛一样一旦从嘴里溜出去，就永远没有收回的希望。"于是，拉比的机智矫正了这个女人的坏习惯。

《犹太法典》告诫人们说："不要说得太多——听的分量要有说的两倍。"犹太人认为，长舌远比三只手更令人头痛，假话传久就会变成恶言，谣言足以隔离亲近的朋友。因此，不要用嘴巴去发现看不见的东西。同时，拉比们还告诫人们说："遇到鬼的时候，你一定会拔腿就跑；同样的，遇到马路消息时，你也要快速地逃。"因此，犹太人在自己的周围，总是尊敬那些懂得听话艺术的人，而讨厌那些只是喋喋不休地说个不停的人。

伟大的称赞

养成随时随地对他人进行恰如其分地赞美的习惯，你将获得良好的人缘，处处受欢迎。

霍里斯和他的犹太人朋友在纽约搭计程车。下车时，朋友对司机说："谢谢，搭你的车十分舒适。"这司机听完愣了一愣，然后说："你是在嘲笑我吗？"

"不，司机先生，我不是在寻你开心，我很佩服你在交通混乱时还能沉住气。"

司机没再说什么，便驾车离开了。

"你为什么会这么说？"霍里斯不解地问。

"我想让纽约多点人情味。"他答道。

"靠你一个人的力量怎么办得到？"

"我只是起带头作用。我相信一句小小的赞美能让那位司机整日心情愉快。如果他今天载了20位乘客，他们受了司机的感染，也会对周围的人和颜悦色。这样算来，我的好意可间接传达给1000多人，不错吧？"

"但你怎能寄望计程车司机会照你的想法做呢？"

"我并没有寄望于他，"朋友回答，"我知道这种效果是可遇不可求的，所以我习惯多对人和气，多赞美他人，即使一天的成功率只有30%，但仍可连带影响到300人之多。"

"我承认这套理论很中听，但能有几分实际效果呢？"

"就算没效果我也毫无损失呀！开口称赞那司机花不了我几秒钟。如果那人无动于衷，那也无妨，明天我还可以再称赞另一个计程车司机呀！"

"我看你脑袋有点毛病了。"

"从这就可以看出你越来越冷漠。我曾调查过邮局的员工，他们最感沮丧的除了薪水微薄外，还有就是欠缺别人对他们工作的肯定。"

"但他们的服务真地很差劲呀！"

"那是因为他们觉得没人在意他们的服务品质。我们为何不多给他们一些鼓励呢？"

他们边走边聊，途经一个建筑工地，有5个工人正在一旁吃午餐。朋友停下了脚步，"这栋大楼盖得真好，你们的工作一定很危险、很辛苦吧？"那群工人带着狐疑的眼光望着霍里斯的朋友。

"工程何时完工？"犹太人朋友继续问道。

"6月。"一个工人回应了一声。

"这么出色的成绩，你们一定很引以为荣。"

离开工地后，朋友对霍里斯说："这些人也许会因我这一句话而更起劲地工作，这对所有的人何尝不是一件好事呢？"

"但光靠你一个人有什么用呢？"

"我常告诉自己千万不能泄气，让这个社会更有人情味原本就不是一件简单的事，我能影响一个就一个，能两个就两个……"

"刚才走过的女子姿色平庸，你还对她微笑？"霍里斯插嘴问道！

"是呀！我知道，"他答道，"如果她是个老师，我想今天上她课的人一定如沐春风。"

犹太拉比认为，学会赞美他人的人，才会真正被他人称赞，世界上任何收获都需要付出。人类本质中最殷切的需求是：渴望被肯定。被人赞美是令人喜悦的事情，恰如其分的赞美，能使人感受到人际间的理解和温馨，并有效地增进赞美者与被赞美者之间的良性心理交流，成功地缔结合作者之间的友谊。学会了赞美，能使人受益无穷。一句由衷的称赞虽然简单，却在不知不觉中改变了我们身边的人们，改变了我们的世界。

学会"照镜子"

认识自己，找回自信，是一个人走向成功的前提。

美国从事个性分析的犹太专家罗伯特·菲力浦有一次在办公室接待了一个因自己开办的企业倒闭而负债累累、离开妻女到处流浪的人。那人进门打招呼说："我来这儿，是想见见这本书的作者。"说着，他从口袋中拿出一本名为《自信心》的书，那是罗伯特许多年前写的。流浪者继续说："一定是命运之神在昨天下午把这本书放入我的口袋中的，因为我当时决定跳到密歇根湖，了此残生。我已经看破一切，认为一切已经绝望，所有的人（包括上帝在内）已经抛弃我，但还好，我看到了这本书，使我产生新的看法，为我带来了勇气及希望，并支持我度过昨天晚上。我已下定决心，只要我能见到这本书的作者，他一定能协助我再度站起来。现在，我来了，我想知道你能替我这样的人做些什么。"

在他说话的时候，罗伯特从头到脚打量流浪者，发现他茫然的眼神、沮丧的皱纹、10来天未刮的胡须以及紧张的神态，这一切向罗伯特显示，他已经无可救药了。但罗伯特不忍心对他这样说。因此，请他坐下来，要他把他的故事完完整整地说出来。听完流浪汉的故事，罗伯特想了想，说："虽然我没有办法帮助你，但如果你愿意的话，我可以介绍你去见本大楼的一个人，他可以帮助你赚回你所损失的钱，并且协助你东山再起。"罗伯特刚说完，他立刻跳了起来，抓住罗伯特的手，说道："看在老天爷的份上，请带我去见这个人。"

他会为了"老天爷的份儿上"而做此要求，显示他心中仍然存在着一丝希望。所以，罗伯特拉着他的手，引导他来到从事个性分析的心理试验室里，和他一起站在一块看来像是挂在门口的窗帘布之前。罗伯特把窗帘布拉开，露出一面高大的镜子，他可以从镜子里看到他的全身。罗伯特指着镜子说："就是这个人。在这世界上，只有一个人能够使你东山再起，除非你坐下来，彻底认识这个人，否则，你只能跳密歇根湖里，因为在你对这个人作充分的认识之前，对于你自己或这个世界来说，你都将是一个没有任何价值的废物。"

他朝着镜子走了几步，用手摸摸他长满胡须的脸孔，对着镜子里的人从头到脚打量了几分钟，然后后退几步，低下头，开始哭泣起来。一会儿后，罗伯特领他走出电梯间，送他离去。几天后，罗伯特在街上碰到了这个人，而他不再是一个流浪汉形象，他西装革履，步伐轻快有力，头抬得高高的，原来那种衰老、不安、紧张的姿态已经消失不见。他说，他感谢罗伯特先生，让他找回了自己，并很快找到了工作。后来，那个人真的东山再起，成为芝加哥的富翁。

如今，在每一场的成功训练里，都有这样一个"照镜子"的课程。我想，哪位失败的朋友和追求成功的朋友，进去"照一照"，定会与你以往出门前"一照"的效果大不一样。

一分钟

> 珍惜生命中的每一分钟，利用起来尝试改变一些什么，你的人生将变得充实。

著名教育家班杰明·D曾经接到一个青年人的求教电话，并与那个向往成功、渴望指点的青年人约好了见面的时间和地点。

待那个青年人如约而至时，班杰明的房门敞开着，眼前的景象却令青年人颇感意外——班杰明的房间里乱七八糟、狼藉一片。

没等青年人开口，班杰明就招呼道："你看我这房间，太不整洁了，请你在门外等候一分钟，我收拾一下，你再进来吧。"一边说着班杰明就轻轻地关上了房门。

不到一分钟的时间，班杰明就又打开了房门，并热情地把青年人让进客厅。这时，青年人的眼前展现出另一番景象——房间内的一切已变得井然有序，而且有两杯刚刚倒好的红酒，在淡淡的香水气息里还漾着微波。可是，没等青年人把满腹的有关人生和事业的疑难问题向班杰明讲出来，班杰明就非常客气地说道："干杯。你可以走了。"

青年人手持酒杯一下子愣住了，既尴尬又非常遗憾地说："可是，我……我还没向您请教呢……"

"这些……难道还不够吗？"班杰明一边微微笑着一边扫视着自己的房间，轻言细语地说，"你进来又有一分钟了。"

"一分钟……一分钟……"青年人若有所思地说，"我懂了，您让我明白了一分钟的时间可以做许多事情，可以改变许多事情的深刻道理。"

班杰明舒心地笑了。青年人把杯里的红酒一饮而尽，向班杰明连连道谢后，开心地走了。

一分钟是能改变很多事情的，所以当我们对人生和事业的疑难问题，苦苦思索而不得其解的时候，这时与其浪费时间，不如马上去尝试。也许尝试的结果是失败，但我们至少解决了疑难问题的一部分；当我们在尝试的时候，我们改变了问题，我们也改变了自己，生活也就生动起来！

一封感谢信

> 生活中要学会感谢那些批评你、打击你的人，因为正是他们指正你的错误，让你变得更加坚强。

乔治·罗纳是西欧犹太人后裔，他曾在维也纳当过多年律师，第二次世界大战期间，他逃到瑞典，变得一文不名，急切地需要一份工作。他能说能写几国的语言，希望能在一些进出口公司找到一份秘书的工作。但是，绝大多数公司都回信告诉他，因为正在打仗，他们不需要这类人才。不过他们会把他的名字存在档案里……

在这些回复中，有一封信这样写道："你完全没有了解我们的生意。你又蠢又笨，我根本不需要什么替我写信的秘书。即使需要，也不会请你这样一个连瑞典文也写不好，信里全是错字的人。"

乔治·罗纳看到这封信时，气得发疯。乔治·罗纳也写了一封信，想气气那个人。但他冷静下来对自己说："等等！我怎么知道这个人说得不对呢？瑞典文毕竟不是自己的母语。如果真是如此，想要得到一份工作，就必须不断努力学习。他用难听的话来表达他的意见，并不意味着我没有错误。因此，我应该写封信谢谢他才对。"

于是，他重新写了一封感谢信："你写信给我，我实在是感激不尽，尤其是在你并不需要秘书的情况下。我对自己将贵公司的业务弄错一事表示抱歉。之所以给你回信，是因为听他人介绍，说你是这个行业的领导人物。我的信上有很多文法上的错误，而自己却无法自知，我倍感惭愧，而且十分难过。现在，我计划加倍努力去学瑞典文，改正自己的错误，谢谢你帮助我不断地进步。"

不久，乔治·罗纳就收到那个人的回信，并且给了他一份工作。通过这件事，乔治·罗纳发现了宽容的妙处。

犹太人教给孩子重要的美德之一，就是宽容，因为他们明白宽容别人也就是善待自己！让我们学着用一颗包容的心去对待身边的人和事，不知不觉中，我们会发现，自己的生活已经变得越来越美好了。

依赖是一种束缚

依赖就像一根绳索，将你悬挂在半空，只有勇敢地剪断这根绳索，才能跌落到坚实的大地上，依靠自己行走。

以色列小学课本中有这样一个故事：

有一个登山者，一心一意想要登上世界第一高峰。在经过多年的准备之后，他开始了他的旅程。但是，由于他希望完全由自己独得全部的荣耀，所以他决定独自出发。他开始向上攀爬，但是时间已经开始变得有些晚了，然而，他非但没有停下来准备他露营的帐篷，反而继续向上攀登，直到四周变得非常黑暗。山上的夜晚显得格外的黑暗，这位登山者什么都看不见。到处都是黑漆漆的一片。能见度为零，因为，月亮和星星又刚好被云层给遮住了。即使如此，这位登山者仍然继续不断的向上攀爬着。就在离山顶只剩下几步的地方，他滑倒了，并且迅速地跌了下去。跌落的过程中，他仅仅能看见一些个黑色的阴影，以及一种因为被地心引力吸住而快速向下坠落的恐怖感觉。他不断地下坠着，而在这极其恐怖的时刻里，他的一生，不论好与坏，也一幕幕地显现在他的脑海中。当他一心一意地想着，此刻死亡是正在如何快速地接近他的时候，突然间，他感到系在腰间的绳子，重重地拉住了他。他整个人被吊在半空中……，而那根绳子是唯一拉住他的东西。

在这种上不着天，下不着地，求助无门的的境况中，他一点办法也没有，只好大声呼叫："上帝啊！救救我！"

突然间，天上有个低沉的声音回答他说："你要我做什么？"

"上帝！救救我！"

"你真的相信我可以救你吗？"

"我当然相信！"

"那就把系在你腰间的绳子割断。"

在短暂的寂静之后：登山者决定继续全力抓住那根救命的绳子。

第二天，搜救队找到了他的遗体，已经冻得僵硬，他的尸体挂在一根绳子上。

他的手也紧紧地抓着那根绳子……在距离地面仅仅1米的地方。

当你在不断编织各种关系网的时候，你是否想过，这些网会把你围在中央，密封不透。你变成了茧中的幼虫，这就叫作作茧自缚。只有你鼓足勇气，破茧而出，才能化成美丽的蝴蝶。脐带被剪断，新生命才真正的诞生。而对于家长来说，你可以成为孩子的助手，但千万不要让孩子依赖你，这种依赖迟早会成为一种束缚。

犹太人和骆驼

帮助他人也必须把握好度，面对别人得寸进尺的不合理要求，要斩钉截铁地给予拒绝。

一个寒冬的夜晚，在穿越戈兰高地的旅途中，有位犹太人正坐在自己的帐篷中，梦见弥赛亚的来临，外面是呼啸的寒风，里面则比较暖和。一会儿，门帘轻轻地撩起来了，原来是他的那头骆驼，它在外面朝帐篷里看了看。

犹太人很和蔼地问它："你有什么事吗？"

骆驼说："主人啊，外面太冷，我冻得受不了了。我想把头伸到帐篷里暖和暖和，可以吗？

仁慈的犹太人说："没问题。"

骆驼就把它的头伸到帐篷里来了。过了不久，骆驼又恳求道："能让我把脖子也伸进来吗？"犹太人想想反正也占不了多少地方，又答应了它的请求。骆驼于是把脖子也伸进了帐篷。它的身体在外面，头很不舒服地摇来摇去，很快它又说："这样站着很不舒服，其实我把前腿放到帐篷里来也就是占用一点地方，我也可以舒服一些。"

犹太人说："说得也对，那你就把前腿也放进来吧。"犹太人挪动一下身子为骆驼腾出一点空间来，因为帐篷实在是很小。

一会儿，骆驼又摇晃着身体，接着说话了："其实我这样站在帐篷门口，外面的寒风引进来，你也和我一起受冻，我看倒不如我整个儿站到里面来，我们都可以暖和了！"可是帐篷实在是小得可怜，要容纳一人一驼是不可能的。但是，主人非常善良，保护骆驼就好像保护自己一样，说："虽然地方小了点，不过你可以整个站到里面来试试。"骆驼进来的时候说："看样子这帐篷是住不下我们两个的，你身材比较小，你最好站到外面去。那样这个帐篷我就住得下了，而且空间能被充分利用。"

骆驼说着，进来的时候挤到了主人，这位犹太人打了一个趔趄就退到了帐篷外面，主人就这样被骆驼挤了出去。

助人为乐本是一种美好的品质，但没有原则地答应别人的要求，是非常不明智的，有时候甚至会把自己搭进去。有时候我们也要学会拒绝。

鱼骨刻的老鼠

任何规则都有漏洞，有时候为了取胜，可以避开实力的对抗，直接钻规则的空子，以智巧取胜。

在犹太王国，有两个非常杰出的木匠，他们的手艺都很好，难以分出高下。在犹太新年来临之际，国王突发奇想：到底哪一个才是最好的木匠呢？不如我来办一次比赛，然后封胜者为"全国第一的木匠"。于是，国王把两位木匠找来，为他们举办了一次比赛，限时3天，看谁刻的老鼠最逼真，谁就是全国第一的木匠；不但可以得到许多奖品，还可以得到册封。在那三天里，两个木匠都不眠不休地工作，到第三天，他们把已雕好的老鼠献给国王，国王把大臣全部找来，一起做本次比赛的评审。

第一位木匠刻的老鼠栩栩如生、纤毫毕现，甚至连鼠须也会抽动。

第二位木匠的老鼠则只有老鼠的神态，却没有老鼠的形貌，远看勉强是一只老鼠，近看则只有三分像。胜负即分，国王和大臣一致认为第一个木匠获胜。

但第二个木匠当廷抗议，他说："大王的评审不公平。"工匠说："要决定一只老鼠是不是像老鼠，应该由猫来决定，猫看老鼠的眼光比人还锐利呀！"国王想想也有道理，就叫人到后宫带几只猫来，让猫来决定哪一只老鼠比较逼真。没有想到，猫一放下来，都不约而同扑向那只看起来并不像老鼠的"老鼠"，啃咬、抢夺。而那只栩栩如生的老鼠却完全被冷落了。事实摆在面前，国王只好把"全国第一"的称号给了第二个木匠。事后，国王把第二个木匠找来，问他："你是用什么方法让猫也以为你刻的是老鼠呢？"

木匠说："大王，其实很简单，我只不过是用鱼骨刻了只老鼠罢了！猫在乎的根本不是像与不像，而是腥味呀！"

人生的竞赛往往是这样，获胜者往往不是技巧最好的，而是最接近人性的，因此只有靠逻辑做事才能更符合自然规律，才能更容易成功。所以我们在教育孩子的时候，在注重外表的形式时，一定要使之接近自己孩子的品性，不要被纷繁复杂的教育法弄混了头脑，也不要因此而打乱孩子的心境。

勿盗窃时间

今天就是最后一天，永远不要等待明天，因为没有人知道明天会是什么样子。（《塔木德》）

在犹太人看来，时间和商品一样，是赚钱的资本，因此盗窃了时间，就等于盗窃了商品，也就是盗窃了金钱。

犹太人把时间看得十分重要，在工作中也往往以秒来计算时间。一旦规定了工作的时间，就严格遵守。下班的铃声一响，打字员即使只有几个字就可以打完，他们也会立即搁下工作回家。因为，他们的理由是"我在工作时间没有随便浪费一秒钟，因此我也不能浪费属于我的时间"。

瞧！这就是犹太人的时间观念。

他们把时间和金钱看得一样重要，无缘无故地浪费时间和盗窃别人金柜里的金钱一样是罪恶的事情。一个犹太富商曾经这样计算过：他每天的工资为8000美元，那么每分钟约合17美元，假如他被打扰而因此浪费了5分钟时间，这样就等于自己被盗窃现款85美元。

犹太人的思想观念里，时间是如此重要，千万不可以随便浪费。即使一些看来是必要的活动，也被他们简单化了。比如客人和主人约定时间谈事情，说好在上午10：00~10：15的，那么时间一到，无论你的事情是否谈完，都请自动离开。犹太人为了把会谈的时间尽量压缩。通常见面后，他们便直奔主题："今天我们来谈谈什么事情……"而不像其他民族，见面就谈一些"今天的天气不错"之类的客套话。在犹太人看来那些是毫无意义的，纯粹是在浪费时间，除非他觉得和你客套能从中得到什么好处，才跟你客套几句。

约定时间，请务必准时到达，即使差一分钟也是不礼貌的；一进办公室，立即进行谈话，这样才是礼貌的商人。在规定的时间把话题说完，如果需要，请你来之前作好谈话的准备，但是既然来了，切勿拖延对方的时间，这就是礼貌。

钱可以再赚，商品可以再造，可是时间是不能重复的。因此，时间远比商品和金钱宝贵。

犹太人把时间看得那么重，是有其道理的。时间是任何一宗交易必不可少的条件，是达到经营目的的前提。与对方签订合同时，要充分估计自己的交货能力，是否能按客户要求的质量、数量和交货期去履行合约。如果可以办到，就与其签约；如果办不到，切不可妄为。

时间的价值还显示在赶季节和抢在竞争对手前获取好价格和占领市场方面。在竞争激烈的市场中，谁能在一个市场上一马当先，把质优款新的产品抢先推出，谁就一定能够获得较好的经济效益。

时间的价值还表现在生意的全过程。一个企业经营效益的高低，是与其经营费用水平的高低息息相关的。如一个企业一年的营业额为10亿美元，其资金年周转率为两次，言下之意，该企业每年占用资金为5亿美元。按通常的银行利息为12%（年息）计算，一年共支付利息达6000万美元。如果该企业能把握一切时间和进行有效管理，使资金周转达到一年4次，那么，其支付的利息就可节省3000万美元，换句话说，该企业就可多盈利3000万美元了。除此之外，加快货物购入和销出，加快货款的清收等，都体现出时间的价值。

时间就像海绵里的水，只要善于挤，就总会找出来。商人的时间更是如此，要想赚钱，首先就得有赚钱的时间。有空闲才能集中精力经商。会赚钱的商人，就应该是一个管理时间的高手。

时间，是这个世界上最宝贵的东西。它不像金钱和宝物，丢失了可以再找到或者赚回来，而时间只要被浪费掉了，就永远不会回来了。

人最不该浪费的东西就是时间，对人而言，时间就是命运；对于商人而言，时间就是金钱。要经商，首先就要保证自己拥有充足的时间。

犹太人喜欢紧迫地工作，一分钟都不可以放弃。因为要经商就要有时间，必须有大量的时间可以让你支配，否则是不会轻易成功的。成功是经过大量艰苦的劳动得到的。他们善于利用和把握时间。

把每一天都当作最后一天吧。犹太人就是这样紧迫看待时间，时间就是金钱，是绝对不可以随便浪费的。犹太人说"不要盗窃时间"。

一个商人要赚钱，首先就要考虑好如何合理地安排好时间。

正因为对时间有了这样一种认识，犹太商人在做生意也好，工作也好，对时间的使用极为精打细算。

所以，犹太人在商业活动中非常注意时间安排。公司每天上班开始的一小时内，是所谓的"发布命令时间"，将昨天下班后至今天上午上班前所接到的一切业务往来的材料或事务处理或做出具体安排。在这段时间里，不允许任何外人的打扰。而外人即使是商业上的联系，也必须事先约定。"不速之客"在犹太人的商务活动中，几乎等于"不受欢迎的人"。因为不速之客会打乱原先的时间安排，也会浪费大家的时间。

日本某著名百货公司宣传部的一位年轻职员，曾经为了进行市场调查，来到纽约市。当他想到自己应该有效地运用自由时间，就直接跑到纽约某个著名犹太商人的百货店，贸然叩开了该公司宣传部主任办公室的大门，向门房小姐说明来意。

门房小姐问："请问先生您事先预约好时间了吗？"这位青年微微一愣，但马上滔滔不绝地说："我是日本某百货店的职员，这次来纽约考察，特意利用空闲时间，来拜访贵公司的宣传部主任……"

"对不起，先生！"小姐打断了他的话说。

就这样，这位职员被拒之于冰冷的大门之外。

这位职员利用余暇，主动地访问同行人，从某个角度看，应该值得表扬。但犹太人不假思索地拒绝了他，为什么呢？这仍然和"盗窃时间"的警言有关。对于贯彻"时间就是金钱"的犹太人来说，在工作时间里，放弃几分钟而跟一个根本没有把握的"不速之客"去谈判，是根本不可想象的。犹太人从来不做没有把握的生意，因此，"不速之客"在犹太人看来是妨碍他们工作的绊脚石。只有拒绝他，才能让自己的工作畅通无阻，直奔"时间就是金钱"的主题。

现在来看看犹太巨商摩根是如何有效利用时间的。

摩根的办公室和其他人的办公室是连接在一起的。摩根这样做就是为了经理们有什么需要请示的事情，他直接就在现场告诉他怎样处理哪个问题。如果工厂出现了什么问题，也可以直接来找他解决问题，他不会让问题随便拖延哪怕一分钟。

摩根和人会面的时候，就是犹太人这种处理方式。他直接地问你有什么事情要处理，他一般简明扼要地交代三两句，就把来人打发了。他的经理们都知道他的这种作风，于是给他汇报工作的时候，都必须干净利落地说明问题，任何含糊和拖泥带水的行为都会遭到他严厉的批评。他也很少和人客套寒暄，除非是某个十分重要的人物来了，他才说几句客套的话。但是他有个原则就是与任何人的聊天时间不超过5分钟，即使是总统来了，他也一样对待。

时间足可以使财富"无中生有"。

巴奈·巴纳特是一个旧服装商的儿子，出生于佩蒂扣特港，以后就读于一所专为穷人孩子建立的犹太免费学校。成年后，巴纳特带着40箱雪茄烟作为创业资本来到南非。他把这些雪茄抵押给探矿者，获得了一些钻石，从而开始了钻石买卖。巴纳特的赢利呈周期性变化，每个星期六是他获利最多的日子，因为这一天银行较早停止营业，巴纳特可以放心大胆地用支票购买钻石，然后赶在星期一银行重新开门之前将钻石售出，以所得款项支付货款。

说到底，巴纳特其实是钻了银行停止营业一天多这个"时间"空子，然而只要他有能力在每星期一早上给自己的账号上存入足够兑付他星期六所开出的所有支票的钱，那他就永远没有开"空头支票"。所以，巴纳特的这种拖延付款，是在吃透了市场运行的时间表，没有侵犯任何人的合法权利的前提下进行的。

巴纳特靠打"时间差"生财，真可谓精明到了极点。在此，时间成了商人手中的"王牌"，"一寸光阴一寸金"已不再是一个隐性的比喻，而成为了一种现实的陈说。

商业竞争就是时间的竞争。学会合理有效地安排时间，这是商人最大的智慧。

做幽默的人

幽默的人是拥有智慧的人。（《塔木德》）

笑话和金钱，是犹太人处世时的敲门砖。犹太民族，有着天生的幽默细胞。在他们看来，笑话不仅可以改善人际关系，还可以博得人心，其积极效果不见得比给予物质利益来得差。在犹太人几千年的流亡中，尽管几经血与火的洗礼，但他们乐观幽默的本性不改，他们时常利用笑话来舒缓身心，让一切不愉快的事情随着放声大笑而烟消云散，这种超乎寻常的精神，也是犹太人之所以能创造奇迹的重要原因。犹太人有很多关于"笑"的谚语：

"生物中只有人会笑，而越贤明的人越会笑。"

"人不能哭着过完一生。"

"要逗天地发笑，先逗孤儿笑吧！"

犹太人的幽默表现他们豁达的人生态度，是他们对待苦难的乐观，是他们蔑视敌人的高傲。

犹太人把幽默当作一种重要的精神食粮。在希伯来语中，智慧被称为"赫夫玛"，幽默也被称为"赫夫玛"，而幽默正好成为了犹太民族苦中作乐的生存和处世的智慧。

他们用幽默来嘲笑和面对残酷的人生，他们用幽默来表达对自己和对敌人的讥讽，有这样一个故事：

希特勒这个杀害了600万犹太人的刽子手，是犹太民族的仇敌，但是他居然也非常害怕别人杀害他。

有一天，他请了一位犹太占星师来占卜，算一算他什么时候会被暗杀。听到这个问题，占星师回答说："你会在犹太人庆典的那一天被暗杀。"

希特勒赶忙把卫队长召来，下令以后凡是有犹太人庆典的日子，就要特别地警备。

这位犹太占星师冷冷地说："没有用的，因为你被暗杀的日子就是犹太人民的庆典。"

即使是在犹太人遭受极大创伤的时候，也要对敌人幽默一下。在犹太人眼中，幽默是只有强者才能拥有的特权。

犹太人常说："笑是百药中最佳的良药之一。"因为"笑"能在痛苦时安慰他们的心，可是，犹太人认为笑所隐藏的力量绝不仅此。笑是人类所有与生俱来的能力中，最强有力的一种武器。犹太人认为幽默就是要使人笑起来。

犹太人讲笑话，更是信手拈来。在大多数犹太教堂里，每天下午的祷告仪式和傍晚的祷告仪式通常会合在一起举行。在两个仪式之间，有几分钟的休息时间。做祷告的人们常聚在一起谈论一些轻松的话题，或开几句玩笑。

在费城的一个教堂里，两个老朋友聚在一起聊天。一个说："看那个家伙——他是当地的小富。30年前他只穿着一条磨破的裤子来到了这里，可是如今，他拥有了100

万！""什么！他是不是疯了？他要100万条破裤子干吗？"

这套说笑话的天赋，也被杰出的犹太商人所利用，现在商界里还流传着"尼桑借笑话广结人缘"的故事呢。

犹太商业巨头罗斯柴尔德有5个儿子。他们成年后，每一位都成为了商业奇才。在五兄弟当中，罗斯柴尔德的三儿子尼桑相貌平平，但他的外交能力是最强的，其中一个重要的原因就是他特别喜欢说笑话。为了这一爱好，他甚至专门建立了一套"笑话快递"制度。尼桑刚到伦敦时，英语能力并不强，于是，他决定用笑话来弥补这个缺陷。所以，尼桑专门建立了一个通信网，其任务就是帮助他尽快收集和传递欧洲最新的笑话，以便他能够利用这些笑话在伦敦社交界广结人缘。这个笑话网不断扩大，各国的外交官，甚至用报告的形式，将各种笑话传递给尼桑。直到今天，伦敦罗斯柴尔德银行的博物馆里，还保存着当年欧洲各地送来的笑话邮件。

幽默不只是孩童的把戏，开心的笑脸，它和提高生产效率应该是相辅相成的。运用幽默进行经商管理，往往可以取得很好的效果。因此，每逢尴尬的场面，犹太人总喜欢借助笑话、幽默来活跃气氛。尽管有些幽默反而会使局面更加难堪。但最后犹太人看重的是个人的心态，而不计较效果。

犹太人在做生意的时候也特别讲究幽默。

有这样一个故事：

劳布做生意的时候缺少资金，于是他打算找他的一个朋友格林借点钱暂渡难关。

"格林先生，我的手头拮据，能先借我点钱吗？"

"啊，不必客气，您要借多少？"

"您先告诉我，我要支付您的利息是多少？"

"9%的利息。"

"什么？你发疯了，你怎么可以向你的教友要这么高的利息呢？对教友应该只有6%的利息，你这样的行为让上帝看到了，他会有什么想法呢？"

"上帝不会有什么想法的，因为上帝从天上看下来的时候，9像个6。"

犹太人一向非常重视笑和幽默，无论被逼到何种地步，他们都能笑着面对痛苦，借以中和心中的苦闷。他们很了解笑的意义——快乐时固然要笑，但是痛苦时更需要笑。

在其他民族的心目中，认为笑话只能改变心情于一时，所以只把它当作是调味品之类的副食，但犹太人却认为笑话是主食，它是人类生活中最为重要的一种精神食粮。

尽管犹太人有着苦难的经历。但他们对生活一直充满信念，否则他们的民族就不可能经受住那么多折磨而存活下来。事实上正是苦难造就了犹太人不可动摇的乐观精神。

欢乐和笑声是犹太人生活中必备的良药，这使他们总能保持一种乐观的生活态度。迫害、痛苦和他们在潮湿的"贫民监狱"里的贫困生活都不能阻止他们的欢笑。但是，犹太人的笑声不是一般的无聊取乐，也不仅仅是消遣，而是对残酷生活的一种顽强而又反抗的回答。因而在犹太人的幽默里存在着一种独特的智慧。

第七篇

情谊：与人为善，广交朋友

5万人的名字

记住别人的名字并正确地称呼，能帮助你处处受人欢迎，获得良好人缘。

吉姆·佛雷10岁那年，父亲就意外丧生，留下他和母亲及另外两个弟弟。由于家境贫寒，他不得不很早就辍学，到砖厂打工贴补家用。他虽然学历有限，却凭着犹太人特有的精明和坦率，处处受人欢迎，进而转入政坛。

他连高中都没读过，但在他46岁那年已有4所大学颁给他荣誉学位，并且高居民主党要职，最后还担任邮政首长之职。

有一次有记者问起他成功的秘诀，他说："辛勤工作，就这么简单。"记者有些疑惑，说道："你别开玩笑了！"

他反问道："那你认为我成功的原因是什么？"

记者说："听说你可以一字不差地叫出1万个朋友的名字。"

"不，你错了！"他立即回答道，"我能叫得出名字的人，少说也有5万人。"

这就是吉姆·佛雷的过人之处。每当他刚认识一个人时，他定会先弄清他的全名、他的家庭状况、他所从事的工作，以及他的政治立场，然后据此先对他建立一个概略的印象。当他下一次再见到这个人时，不管隔了多少年，他一定仍能迎上前去在他肩上拍拍，嘘寒问暖一番，或者问问他的老婆孩子，或是问问他最近的工作情形。有这份能耐，也难怪别人会觉得他平易近人，和善可亲。

吉姆很早就已发现，牢记别人的名字，并正确无误地唤出来，对任何人来说，是一种尊重、友善的表现。

对别人的尊重、友善不仅要放在心里，更要表现在行为中。只要有你真诚的灌注，哪怕只是你一个小小举动，也会让人深深感动！

爱你的仇人

以恨对恨，恨将永无休止；以爱对恨，恨将消弥。

1944年冬天，苏军已经把德军赶出了国门，成百万的德国兵被俘虏。每天，都有一队队的德国战俘面容憔悴的从莫斯科大街上穿过。当德国兵从街道走过时，所有的马路都挤满了人。苏军士兵和警察警戒在战俘和围观者之间。围观者大部分是妇女。她们当中的每一个人，都是战争的受害者，或者是父亲，或者是丈夫，或者是兄弟，或者是儿子，都让德国兵杀死了。她们每一个人，都和德国人有着一笔血债。

妇女们怀着满腔仇恨，当俘虏们出现时，她们把一双双勤劳的手攥成了拳头，士兵和警察们竭尽全力阻挡着她们，生怕她们控制不住自己的冲动。

这时，最令人意想不到的事情发生了：一位上了年纪的犹太妇女，穿着一双战争年代的破旧的长筒靴。她走到一个警察身边，希望警察能让她走近俘虏。警察同意了这个老妇人的请求。

她到了俘虏身边，从怀里掏出一个用印花布方巾包裹的东西。里面是一块黑面包，她不好意思地把这块黑面包塞到了一个疲惫不堪的、两条腿勉强支撑得住的俘虏的衣袋里。看着她身后那些充满仇恨的同胞们，她开口说话了："当这些人手持武器出现在战场上时，他们是敌人。可当他们解除了武装出现在街道上时，他们是跟所有别的人，跟'我们'和'自己'一样具有共同外形的共同人性的人。"

于是，整个气氛改变了。妇女们从四面八方一齐拥向俘虏，把面包、香烟等各种东西塞给这些战俘。

面对敌人，普通人的情感是恨不得杀之而后快，这种被我们视为再正常不过的感情，有时恰恰最具毁灭性，它使我们冤冤相报。故事里的犹太老妇恰恰看到了这一点，才能善待自己的敌人。其实，仇恨对于问题的解决根本没有任何作用，它只会激化已有的矛盾。而任何矛盾要想解决，前提就是忘记仇恨，淡化差异，找到双方利益的共同点。

把金牌熔掉

在人生的竞技场上，除了你输我赢的激烈竞争之外，还有更加珍贵的东西，那就是友谊。

运动员为奥运会上的一枚金牌，付出的太多了。他们从很小的时候起，就开始进行专项训练，以至于人生最美好的时光都在训练场度过。他们所做的一切努力只有一个目的：金牌。而当真正的金牌挂到脖子上时，蓦然回首，怅然若失：用半生的光景换取半分钟的掌声，到底值不值？金牌凝聚了他们几乎全部的注意力。他们为金牌执着，为金牌所伤。

而发生在1936年柏林奥运会上的一件事，则值得我们深思。当时最有希望夺得跳远金牌的是美国选手杰西·欧文斯。他是当时的一位田径天才，一年前，他曾跳出8.13米的好成绩。

预赛开始后，一位名叫卢茨·朗格的德国选手第一跳就跳出了8米的不俗成绩。卢茨·朗格的出色发挥使欧文斯很紧张——这次比赛对他有着非同寻常的意义，当时，希特勒的"非犹太民族白种优越论"甚嚣尘上，欧文斯太想用成绩证明这是谬论了！

由于心急，第一次试跳，欧文斯的脚超过了起跳板几厘米，被判无效。第二次试跳还是如此。如果第三次仍然失败，他将不得不被淘汰出局，而无缘真正的决赛。可欧文斯显然还是无法使自己平静下来；只要欧文斯被淘汰，决赛中可以说冠军就非卢茨·朗格莫属了。

可卢茨·朗格没有选择金牌，他选择的是友谊——他走上来，拍了拍欧文斯的肩膀说："你闭上眼睛都能跳进决赛。你只需跳7.15米就能通过预选，既然这样，你就根本用不着踩上跳板再起跳——你为什么不在离跳板还有几厘米的地方做个记号，而在记号处就开始起跳——这样，你无论如何也不会踩线了。"

欧文斯恍然大悟，照卢茨·朗格的话做了，轻松进了决赛。在决赛中，他发挥出了应有的水平，夺得冠军。夺冠后第一个上来向他祝贺的是卢茨·朗格。

后来，欧文斯在他的传记中深情地写道：把我所有的奖牌熔掉，也不能制造我对卢茨·朗格的纯金友谊。而在我熔掉奖牌之前，卢茨·朗格在心中早已把他的金牌熔掉了。

生活有时犹如比赛，目的就像挂在远处的金牌，不断招引着我们的注意力，使我们无暇顾及目的之外的路边的风景。

把最后一碗粥留给自己

> 信任一种有效的制度比信任个体的人更可靠。

有这样7个犹太人，命运安排他们必须住在一起。他们每天都会得到一桶粥，这桶粥勉强可以维持他们7个人的生计。

开始他们一看见装粥的桶，就争先恐后地去抢，唯恐少了自己那份。后来大家觉得这样会伤和气，就聚拢起来商量，最后他们想出一个办法：轮流分粥，每人负责一天。这样做，当然比争来抢去好多了，但是每个礼拜，只有自己负责分粥的那天才能吃饱，其余六天还是饿肚子——毕竟，给自己尽量多分一点粥的权力，每个人每周也就那么一次。时间久了，他们觉得这个办法不妥，于是决定选一个德高望重的人出来，由他负责每天的分粥事务。

开始还好，可没过多久，大家就跟当初抢粥那样，抢着巴结讨好那个德高望重的人——这其间当然会产生腐败，分粥仍然没有公正可言。最后，他们决定：选出三个人组成分粥执行委员会，另四个人组成分粥评议委员会。这样大家互相监督，权力制衡，谁也不能轻易给自己多分一点粥。这个精妙的办法导致的直接结果是：每到粥桶送到的时间，大家都围着粥桶喋喋不休，互相争辩，等最终分到大家都满意的程度时，粥显然已经凉了。虽然这样谁也不能轻易占到别人的便宜，但每次都喝凉粥显然还是令人很不愉快。

最终，他们还是放弃了这个看来不失民主的办法，而重新选择了那种古老的分法：轮流分粥，每人负责一天。但他们给这条规则后加了一条限制语：负责分粥的那个人，只有等别人挑完后，最后一碗粥才是他的。这条限制语的聪明之处在于：负责人为了不让自己拿到最少的那碗粥，所以会尽可能把粥分得一样多——这样，他虽然在行使权力时无法为自己牟取比他人更多一点儿的粥，但至少能保证自己不吃亏。"不吃亏"这时候已经成了负责人的目标，而不是像以前那样仅仅是他人的目标。从此以后，他们便和和气气地住在一起，谁也没有因为分粥的事跟他人闹过不愉快。

如今，我们生活在一个分工非常细化的时代，每个人都不可能脱离了他人而存在，这样，人际关系就是令许多人非常头疼的事情。之所以头疼，是因为每个人潜意识里都认为那桶粥是不变的，而他人多分去一份，也就意味着自己少了一份，他人于是变成自己的地狱——设防是当然的了，不信任是当然的了。在这种心理机制下，快乐离我们越来越远。要重获那种久违了的快乐，犹太人总结出的办法之一就是：把最后一碗粥留给自己。

不能分享是痛苦的

> 快乐有人分享，快乐就加倍；痛苦有人分担，痛苦就减半。

有一个故事，说一位犹太教的长老，酷爱打高尔夫球。在一个安息日，他觉得手痒，很想去挥杆，但犹太教义规定，信徒在安息日必须休息，什么事都不能做。

这位长老却终于忍不住，决定偷偷去高尔夫球场，想着打9个洞就好了。

由于安息日犹太教徒都不会出门，球场上一个人也没有，因此长老觉得不会有人知道他违反规定。

然而，当长老在打第2洞时，却被天使发现了，天使生气地到上帝面前告状，说某某长老不守教义，居然在安息日出门打高尔夫球。上帝听了，就跟天使说，会好好惩罚这个长老。

从第3个洞开始，长老打出超完美的成绩，几乎都是一杆进洞。长老兴奋莫名，到打第7个洞时，天使又跑去找上帝：上帝呀，你不是要惩罚长老吗？为何还不见有惩罚？上帝说：我已经在惩罚他了。

直到打完第9个洞，长老都是一杆进洞。因为打得太神乎其技了，于是长老决定再打9个洞。天使又去找上帝了：到底惩罚在那里？上帝只是笑而不答。

打完18洞，成绩比任何一位世界级的高尔夫球手都优秀，把长老乐坏了。天使很生气地问上帝：这就是你对长老的惩罚吗？

上帝说：正是，你想想，他有这惊人的成绩，以及兴奋的心情，却不能跟任何人说，这不是最好的惩罚吗？

生活需要伴侣，快乐和痛苦都要有人分享。没有人分享的人生，无论面对的是快乐还是痛苦，都是一种惩罚。

原来当快乐不能分享时，竟然会变成一种惩罚。快乐如果能够分享，快乐会加倍，痛苦如果能够分担，痛苦会减少。一个很有名的人举了一个例子，他用物理的公式来传达这个想法，他说：压强公式 $P=F/S$，压强的大小等于外力除以接触面积，换句话说，当外力都是一样的时候，如果接触的面积大，压强就会变小。我们心里会有压力，一定有什么事情困扰着我们，我们可能没有办法改变这件事，但要让心里的压力减小，我们可以跟其他人倾诉，让受力面积扩大。当然你要记得，不是只有痛苦才找人分担，快乐也要跟人分享，否则以后大家看到你就躲得远远的。最后，你也可以想想，如果你愿意当那个分享人家快乐的人，或是分担别人痛苦的人，我相信，你也会是一个很幸福的人，因为很多人会很感激你的。

快乐简不简单？与其说追求快乐，还不如说拥有快乐，因为它本来就在我们身上。说穿了，快乐是一个观念的拥有，但它还必须具备一些条件，那就是分享。一个人无论看到怎样的美景奇观，如果他没有机会向人讲述，他就决不会感到快乐。人终究是离不开同类的。一个无人分享的快乐决非真正的快乐，而一个无人分担的痛苦则是最可怕的痛苦。所谓分享和分担，未必要有人在场，但至少要有人知道。永远没有人知道，绝对的孤独，痛苦便会成为绝望，而快乐——同样也会变成绝望！

渡过"法门"

每个人都有一道属于自己的法门，看准了就要勇敢地闯进去，生命经不起太多的等待。

犹太著名作家卡夫卡给我们讲述了一个故事。

从前在法的门前站着一个门卫，一个男人来到法的门前，他要求进去。但门卫说："现在不能让你进去。"他就问："那么以后可不可以进呢？"门卫说："以后是可能的，但现在不行。"通往法的大门其实一直大开着，这个男人便弯下腰，以便通过大门看一看法的内部。门卫见了笑道："你既然那么想进去，何不试试看，不顾我的禁令，往里走好了。不过，我不过是最下级的门卫，一层一层门厅都站着门卫，而且一个比一个威武。"这么多难关他可没料到，他决心等待下去，直到获准进去为止。这个男人日复一日，年复一年地等在法门外。他做了许多设法进去的尝试，一次一次的请求都把他自己弄疲倦了，可门卫还是说不能进去。他为这次出门曾经带了好多东西，如今他把什么都拿来花了，贵重的东西当然用以贿赂那位门卫。门卫一件件收下，但同时又说："我收下这一切，只是为了使你不致因此耽误了什么。"在等待的日子里，这个男人忘记了还有其余的门卫，他只认为这一个是他进法门的唯一障碍。于是他咒骂这一倒霉的偶然性，渐渐的，他等老了，视力也不行了，身体不能再站起来了。最后他示意门卫过来听他说话。门卫俯下身，他说："所有的人都在追求法，但为什么这么多年来除我之外没有一个人到这里来要求进法的大门呢？"门卫见他快走至生命的终点时才开始注意到这一点，便大声说："这里不可能再有人获准进去了，因为这个门仅仅是为你而开的。我现在只好把它关上了。"

可怜的人，他本来是可以走进他想进去的法门的，只是因为缺乏勇气，又不善用智慧，并且心怀侥幸。他死在法门之外了。对于我们来说，大到事业、爱情，小到一次约会、一次巧遇，种种都可能是面临的一道法门。当我们站在门槛前的时候，心中大约早已有了一些领悟。每个人都会有一道属于自己的法门，有多少道门卫并不重要，重要的是你自己的力量、智慧和执着。生活的前景就在你闯开第一道门卫的防守时洞开，进去了，酸甜苦辣都是自己的生命旅程。

我们还会期冀谁的引渡吗？

共同的信赖

值得信赖是幸福的，而信赖他人是高尚的。

心理学教授柏格森带着一群学生做实验。他先让同学们面朝他站成两排横队，然后命令后一排的同学做好救助准备，待他喊了"开始"之后，前一排同学就往后一排相对位置的同学身上倒，他说："前面的同学别有顾虑，要尽力往后倒。好，开始！"

前排的同学们嘻嘻哈哈地笑着，按照柏格森教授的指令，身子一点点向后倾斜，但是，大家明显地暗自掌握着身体的平衡，并不肯把身体毫无保留地撂倒到后面那个人的身上；后排的同学本来已经拉开了架势，预备扮演一回救人危难的英雄角色，但是，由于前面送过来的重量太轻，他们也只好扫兴地用手轻触了一下别人的衣服就算完事。

可是，这里面有个例外——一位男生在听到柏格森教授的指令之后，紧紧地闭上了双眼，十分真实地向后面倒去。他的搭档是一位小巧玲珑的女生。当她感到他毫不掺假地倒过来时，先是微微一怔，接着就倾尽全力去抱住他。看得出，她有些力不自胜，却倔强地抿紧了双唇，誓死也要撑起他……

她成功了。

柏格森教授笑着去握他和她的手，告诉大家说："他俩是这次实验中表现最为出色的人。这位男生为大家表演了'信赖'——信赖是什么呢？信赖就是真诚地抽干心里的每一丝猜疑和顾忌，连眼睛都让它暂时歇息，百分之百地交出自己。这名女生为大家表演的则是'值得信赖'——值得信赖，其实是信赖催开的一朵花，如果信赖的春风吝于吹送，那么，这朵花就有可能遗憾地夭折在花苞之中，永远也休想获取绽放的权利；当然，如果信赖的春风吹得温暖，吹得和畅，那么，被信赖的人就被注入了一种神奇的力量——就像你们看到的那样，一个弱不禁风的女生可以扶起一个虎背熊腰的男生，一只充满了爱意的手可以托举起一个美丽多彩的世界。同学们，值得信赖是幸福的，而信赖他人是高尚的。让我们先试着做高尚的人，然后再去做幸福的人吧。"

"值得信赖是幸福的，而信赖他人是高尚的。"学会去信赖他人，因为它是我们与他人进行交往的必要前提；学会让我们自己变得值得信赖，因为在我们与他人进行交往时，还有什么比获得别人信赖更让我们幸福的呢？

没有人能独自成功

> 一个好汉三个帮，每个人的成功都离不开他人的帮助。

15世纪，在纽伦堡附近的一个小村子里住着一户犹太人家，家里有18个孩子。光是为了糊口，一家之主、当金匠的父亲丢勒几乎每天都要干上18个小时——或者在他的作坊，或者替他的邻居打零工。

尽管家境如此困苦，但丢勒家年长的两兄弟都梦想当艺术家。不过他们很清楚，父亲在经济上绝无能力把他们中的任何一人送到纽伦堡的艺术学院去学习。经过夜晚床头无数次的私议之后，他们最后议定掷硬币——输者要到附近的矿井下矿4年，用他的收入供给到纽伦堡上学的兄弟；而胜者则在纽伦堡就学4年，然后用他出卖的作品收入支持他的兄弟上学，如果必要的话，也得下矿挣钱。

在一个星期天做完礼拜后，他们掷了钱币。阿尔勃累喜特·丢勒赢了，于是他离家到纽伦堡上学，而艾伯特则下到危险的矿井，以便在今后4年资助他的兄弟。阿尔勃累喜特在学院很快引起人们的关注，他的铜版画、木刻、油画远远超过了他的教授的成就。到毕业的时候，他的收入已经相当可观。

当年轻的画家回到他的村子时，全家人在草坪上祝贺他衣锦还乡。音乐和笑声伴随着这顿长长的值得纪念的会餐。吃完饭，阿尔勃累喜特从桌首荣誉席上起身向他亲爱的兄弟敬酒，因为他多年来的牺牲使自己得以实现理想。"现在，艾伯特，我受到祝福的兄弟，应该倒过来了。你可以去纽伦堡实现你的梦，而我应该照顾你了。"阿尔勃累喜特以这句话结束他的祝酒词。

大家都把期盼的目光转向餐桌的另一端，艾伯特坐在那里，泪水从他苍白的脸颊流下，他连连摇着低下去的头，呜咽着再三重复说："不……不……不。"

最后，艾伯特起身擦干脸上的泪水，低头瞥了瞥长桌前那些他挚爱的面孔，把手举到额前，柔声地说："不，兄弟。我不能去纽伦堡了。这对我来说已经太迟了。看……看一看4年的矿工生活使我的手发生了多大的变化！每根指骨都至少遭到一次骨折，而且近来我的右手被关节炎折磨得甚至不能握住酒杯来回敬你的祝词，更不要说用笔、用画刷在羊皮纸或者画布上画出精致的线条。不，兄弟……对我来讲这太迟了。"

为了报答艾伯特所做的牺牲，阿尔勃累喜特·丢勒苦心画下了他兄弟那双饱经磨难的手，细细的手指伸向天空。他把这幅动人心弦的画简单地命名为《手》，但是整个世界几乎立即被他的杰作折服，把他那幅爱的作品重新命名为《祈求的手》。

如果你有机会看见这幅动人的作品时，请多花一秒钟看一看。记住这幅画，记住关于它的故事，它会提醒你，没有人——永远也不会有人能独自取得成功。

你自己的态度决定周围的人际关系

> 生活就是一面镜子，你对它笑，它就对你笑，你对它愁眉苦脸，它也对你愁眉苦脸。要改变生活，就要先改变自己。

从前有一位智慧的犹太老人，每天坐在加油站外面的椅子上，向开车经过镇上的人打招呼。这天，他的孙女儿在他身旁，陪他慢慢地共度光阴。他俩坐在那里看着人们经过，一位身材很高看来像个游客的男人（他们认识镇上每个人）到处打听，想要找地方住下来。

陌生人走过来说："这是个怎样的城镇？"

老人慢慢转过来回答："你来自怎样的城镇？"

游客说："在我原来住的地方，人人都很喜欢批评别人。邻居之间常说别人的闲话，总之那地方很不好住。我真高兴能够离开，那不是个令人愉快的地方。"摇椅上的老人对陌生人说："那我得告诉你，其实这里也差不多。"

过了个把小时，一辆载着一家人的大车在这里停下来加油。车子慢慢转进加油站，停在老先生和他孙女儿坐的地方。母亲带着两个小孩子下来问哪里有洗手间，老人指着一扇门，上面有根钉子悬着扭歪了的牌子。

父亲也下了车，问老人说："住在这市镇不错吧？"坐在椅子上的人回答："你原来住的地方怎样？"父亲看着他说："我原来住的城镇每个人都很亲切，人人都愿帮助邻居。无论去哪里，总会有人跟你打招呼，说谢谢。我真舍不得离开。"老先生转过来看着父亲，脸上露出和蔼的微笑："其实这里也差不多。"

然后那家人回到车上，说了谢谢，挥手再见，驱车离开。等到那家人走远，孙女儿抬头问祖父："爷爷，为什么你告诉第一个人这里很可怕，却告诉第二个人这里很好呢？"祖父慈祥地看着孙女儿美丽湛蓝的双眼说："不管你搬到哪里，你都会带着自己的态度；那地方可怕或可爱，全在乎你自己！"

当年幼时，我们充满无限的幻想，梦想着要改变世界。当长大一点，我们发现世界不会改变。其实，物以类聚，人以群分，每个人都以自我为中心，建立了一个社会交往圈，在交往圈里，人们在不断地效仿别人的行为，就如同镜子的内外。无论是自私冷漠，还是无私热情，都如同投入平静水面的石头，以你自己为中心点，一圈一圈地扩展，使周围的人和你同步波动。

"人缘"的获得

> 好的人缘不是一朝一夕之间获得的，要靠平时在日常生活中点点滴滴的积累。

20世纪30年代，一位犹太传教士每天早晨，总是按时到一条乡间土路上散步。无论见到任何人，总是热情地打一声招呼："早安。"

其中，有一个叫米勒的年轻农民，对传教士这声问候，起初反映冷漠，在当时，当地的居民对传教士和犹太人的态度是很不友好的。然而，年轻人的冷漠，未曾改变传教士的热情，每天早上，他仍然给这个一脸冷漠的年轻人道一声早安。终于有一天，这个年轻人脱下帽子，也向传教士道一声："早安。"

好几年过去了，纳粹党上台执政。米勒成为了纳粹党中的一名指挥官。

这一天，传教士与村中所有的人，被纳粹党集中起来，送往集中营。在下火车、列队前行的时候，有一个手拿指挥棒的指挥官，在前面挥动着棒子，叫道："左，右。"被指向左边的是死路一条，被指向右边的则还有生还的机会。

传教士的名字被这位指挥官点到了，他浑身颤抖，走上前去。当他无望地抬起头来，眼睛一下子和指挥官的眼睛相遇了。

传教士习惯的脱口而出："早安，米勒先生。"

米勒先生虽然没有过多地表情变化，但仍禁不住还了一句问候："早安。"声音低得只有他们两人才能听到。最后的结果是：传教士被指向了右边——意思是生还者。

人是很容易被感动的，而感动一个人靠的未必都是慷慨的施舍，巨大的投入。往往一个热情的问候，温馨的微笑，也足以在人的心灵中洒下一片阳光，它很可能成为你走上柳暗花明之境的一盏明灯。有时候，"人缘"的获得就是这样"廉价"而简单。

朋友不在多而在于肝胆相照

> 与其有千百个酒肉朋友，不如有一个知己。

忧国忧民的犹太先知耶利米曾进述了这么一个故事：

从前有一个犹太年轻人，整天不务正业，结交了一群酒肉朋友。父亲劝他说："这些人只是贪图我们家里的财富和吃喝玩乐，不要和这些人来往。"年轻人不听，反而说："多个朋友多条路，有事的时候他们会帮忙的。"

于是父亲和他打赌，让年轻人约这些人来家里喝酒。在这些人到来之时儿子躲在屏风后，父亲出面慌张地对他们说："大事不好了，我儿子刚才出去买酒，与店老板争吵起来并杀了他，你们是他的朋友，帮助他逃走吧。"

这群狐朋狗友一听出了这么大的事，纷纷找借口跑掉了。父亲对满脸羞愧的儿子说："我的朋友很少，一生就交了一个半朋友，你去见识一下。"儿子纳闷不已。他的父亲就贴近他的耳朵交代一番，然后对他说："你按我说的去见我的这一个半朋友，朋友的要义你自然会懂得。"

儿子先去了他父亲说的"半个朋友"那里，对他说："我是某某的儿子，现在正被仇人追杀，情急之下投身你处，希望予以搭救！"这"半个朋友"听了，对眼前这个求救的避难之人说："孩子，这等大事我可救不了你，我这里给你足够的盘缠，你远走高飞快快逃命，我保证不会告发你……"

儿子明白了：在你患难时刻，那个能够明哲保身、不落井下石加害你的人，可称做你的半个朋友。然后，儿子去了父亲认定的"一个朋友"那里，抱拳相求把同样的话说了一遍。这人一听，容不得思索，赶忙叫来自己的儿子，喝令儿子速速将衣服脱下，穿在这个并不相识的避难之人身上，而让自己的儿子穿上避难之人的衣服。儿子明白了：在你生死攸关的时候，那个能与你肝胆相照，甚至不惜割舍自己的亲生骨肉来搭救你的人，可以称作你的一个朋友。

你可以广交朋友，也不妨对朋友用心善待，但绝不可以苛求朋友给你同样的回报。善待朋友是一件纯粹的快乐的事，其意义也在此。如果苛求回报，快乐就大打折扣，而且失望也同时隐伏。古人说过：人生但得一知己，足矣。朋友不在于多，而在于知心，与其有千百个酒肉朋友，不如有一个知己。

他知道是谁开的枪

以宽容的心原谅伤害你的朋友，你将赢得更加真挚的友谊。

"二战"期间，由犹太人组成的一支游击部队在森林中与敌军相遇，激战后两名战士和部队失去了联系。这两名战士来自同一个小镇。

两人在森林中艰难跋涉，他们互相鼓励、互相安慰。十多天过去了，仍未与部队联系上。这一天，他们打死了一只鹿，依靠鹿肉又艰难度过了几天，可也许是战争使动物四散奔逃或被杀光。这以后他们再也没看到过任何动物。他们仅剩下的一点鹿肉，背在年轻战士的身上。这一天，他们在森林中又一次与敌人相遇，经过再一次激战，他们巧妙地避开了敌人。就在自以为已经安全时，只听一声枪响，走在前面的年轻战士中了一枪——幸亏伤在肩膀上！后面的士兵惶恐地跑了过来，他害怕得语无伦次，抱着战友的身体泪流不止，并赶快把自己的衬衣撕下包扎战友的伤口。

晚上，未受伤的士兵一直念叨着母亲的名字，两眼直勾勾的。他们都以为他们熬不过这一关了，尽管饥饿难忍，可他们谁也没动身边的鹿肉。天知道他们是怎么过的那一夜。第二天，部队救出了他们。

事隔30年，那位受伤的战士安德森说："我知道谁开的那一枪，他就是我的战友。当时在他抱住我时，我碰到他发热的枪管。我怎么也不明白，他为什么对我开枪？但当晚我就宽容了他。我知道他想独吞我身上的鹿肉，我也知道他想为了他的母亲而活下来。此后30年，我假装根本不知道此事，也从不提及。战争太残酷了，他母亲还是没有等到他回来，我和他一起祭奠了老人家。那一天，他跪下来，请求我原谅他，我没让他说下去。我们又做了几十年的朋友，我宽容了他。"

犹太人相信："以恨对恨，恨永远存在；以爱对恨，恨自然消失。"宽宏大量会使你的精神达到一个新的境界，即使一个很宽容的人，往往很难容忍别人对自己的恶意诽谤和致命的伤害。但唯有以德报怨，把伤害留给自己，才能获得真正的友谊，才能赢得一个充满温馨的世界！

愚蠢的朋友比敌人更危险

交朋友要交聪明的朋友，愚蠢的朋友往往好心却做了坏事。

中世纪时期的中东犹太人中流行着这样一个故事：

一个没有亲属的孑然一身的犹太隐者，住在远离城市的荒僻的森林里。虽然隐士的生活在故事里描摹得天花乱坠，但适宜于离群索居的可绝不是寻常的人们。无论是处在安乐或是忧患之中，人类的同情总是甜蜜的。

穿过美丽的草原和茂盛的树林，越过山峰和溪流，躺在软绵绵的青草上，的确是赏心悦目，然而，如果没有人与你分享这些快乐，也还是十分寂寞无聊的。我们的隐士，不久也承认离群索居是并不愉快的。他到森林中的草地上去散步，到熟悉的邻居那儿去走动，要想找个人谈谈话儿。然而，除了狼或熊以外，谁还到这种地方去溜达呢？

他看见几尺以外有一只健壮的大熊，他脱下帽子，向他漂亮的新朋友恭恭敬敬地鞠一躬。他的漂亮的新朋友伸出一只毛胡胡的爪子来，他们就开始谈起来，谈到了天气如何如何。他们不久就成了好朋友，谁都觉得不能分离，所以整天待在一起。两个朋友怎样谈话，他们谈些什么，说些什么笑话，玩些什么把戏，以及怎样的互相取乐助兴，总而言之，我直到现在还不知道。隐士守口如瓶，熊天性不爱说话，所以局外人一点儿也不知道。不管怎么说，隐士找到这样一个宝贝做他的伴儿，心里十分高兴。他整天和熊形影不离，没有了它心里就要不痛快。他对熊的称赞，接连几个钟头也说不完。

在一个明朗的夏天，他们制订了一个小小的计划，要到森林里草地上去散步，还要翻山越岭地去远足。可是，因为人的力气总比不上熊，我们的隐士在正午的炎热下跑得累了，熊回头看到它的朋友远远地落在后面，心里充满了关切。它停下脚步来喊道："躺下来歇一歇吧，老朋友，如果你想睡，何不打个瞌睡呢！我坐下来给你看守，以防有什么意外。"

隐士感到有睡觉的必要，就躺下来，深深地打了个呵欠，很快就睡熟了。熊忠实地守候在朋友身边。

一只苍蝇落在隐士的鼻子上，熊连忙驱赶。苍蝇又飞到隐士的脸颊上。"滚开，坏东西！"真荒唐！苍蝇又落到朋友的鼻子上去了，而且越发坚持要留在那时。你瞧熊，它一声不响，捧起一块笨重的石头，屏住气蹲在那儿。

"别吭气儿，别吭气儿！"它心里想道，"你这淘气的畜生，我这回可要收拾你！"它等着苍蝇歇在隐士的额角上，就使劲儿把石头向隐士的脑袋砸过去，这一下砸得好准，把脑袋砸成两半，熊的朋友就永远长眠不醒了。

犹太人都承认，友情是一笔无形的巨大的财富，越孤独的人越渴望朋友的陪伴。紧急的时候得到帮助是宝贵的，然而他们也用上面的故事教育子女并不是人人都会给予恰当的帮助；但愿老天爷让我们别交上愚蠢的朋友，因为殷勤过分的蠢才比任何敌人还要危险。

这是詹姆斯的儿子

好名声是一个人一生最大的财富，它的价值是无法估量的。

有一年夏天，拉姆的父亲叫他去自己的农场买些铁丝和修栅栏用的木材。当时拉姆16岁，特别喜欢驾驶自家那辆"追猎"牌小货车。但是这一次他的情绪可不是那么高，因为他的父亲叫他去一家商店赊货。

16岁是满怀傲气的年龄，一个年轻人想要得到的是尊重而不是怜悯。当时是1934年，欧洲犹太人的生活中到处仍笼罩着种族主义的阴影。拉姆曾经亲眼目睹过自己的朋友在向店老板赊账时屈辱地低头站着，而商店的老板则趾高气扬地盘问他是否有偿还能力。拉姆知道，像他这样的犹太青年一走进商店，售货员就会像看贼一样地盯着他。拉姆的父亲是个非常守本分的人，从来没有欠账不还的情况。但谁知道别人会不会相信他们？

拉姆来到戴维斯百货商店，只见老板巴克·戴维斯站在出纳机后面，正在与一位中年人谈话。老板是位高个子的男人，看上去饱经风霜。拉姆走向五金柜台时，慌张地对老板点了点头。拉姆花了很长时间选好了所需要的商品，然后有点胆怯地拿到出纳机前。他小心地对老板说："对不起，戴维斯先生，这次我们得赊账。"

那个先前和戴维斯谈话的中年人向拉姆投来轻蔑地一瞥，脸上立刻露出鄙视的神色。然而戴维斯先生的表情却没有任何的变化，他很随和地说："行，没问题。你父亲是位讲信用的人。"说着他又转向中年人，手指着拉姆介绍道："这是詹姆斯·威廉斯的儿子。"

就是在那一天，詹姆斯·威廉斯的儿子，一个16岁的少年，发现一个好名声竟然能够给一个人带来如此意想不到的收获。他父母所获得的好名声，不仅使他们全家人赢得了邻居们的尊敬，而且还为了他们将来的创业奠定了良好的基础。好名声是一笔财富，它的价值是任何数字都无法表达的。

1 + 1 + 1 > 3

合作就是个人或群体相互之间为达到某一确定目标，彼此通过协调作用而形成的联合行动。参加者须有共同的目标、协调的互动、相近的认识、一定的信用，才能使合作达到预期的效果。在合作中双方的目标是共同的，所取得的成果也是共享的。

1996年8月，在某城市举行的国际小学数学邀请赛上。比赛分两场进行，一场是团体赛，每队派5人参加，按个人比赛成绩的总分排列团体名次；一场是队际赛，每队派3人，靠集体的力量完成8道题目，成绩最好、花时最少的为优胜者。比赛结果是：团体赛成绩，A队遥遥领先；而队际赛成绩却是B队领先。也就是说，在团体赛中取胜的A队3位单个成绩优秀的学生，合作起来完成8道题目时，却失败了。失败的根本原因在于队际赛不仅仅是凭个人的努力，还需要3个人的合作精神，尤其是合作策略。

事实上，在规定时间内要完成8道题是有很多策略的。如大家先审题，然后按自己的水平来选择题；分工做题，遇到困难再集体讨论等。所以不仅要有合作的愿望，还要有合作的策略。选择策略的过程实际上就是对问题的分析过程。这里会涉及到问题解决者的智力水平、知识、经验及思维水平等诸多因素。A队恰恰缺少的就是这些，才"三个和尚没水喝"。在教导子女具有团队合作精神这一点上，我们可以学学犹太人的教育方法。

犹太民族在其5000多年的发展历史中，有2000多年是过着颠沛流离的生活，在长期的流浪生涯中，每到一处，他们十分注重与当地的居民合作，友好相处，建立起和睦的关系。因此，在孩子小时候，他们就教导孩子：团队精神是指一种团结一致、互帮互助，为了一个共同的目标坚毅奋斗到底的精神。目前，在青少年甚至成人中都存在着缺乏团队精神，一意孤行的现象。这其中一个重要原因就是在幼儿教育中缺乏对孩子团队精神的培养。

父母要通过学习情境以及日常生活，让孩子明白任何合作的有效性取决于选择合适的合作策略。例如要用最快速度完成家庭清洁工作，如果妈妈一个人做，要花1个多小时；如果爸爸、妈妈和儿子分工合作，则半个多小时就完成了。妈妈也可以同时提出几个合作分工方案，大家讨论，在讨论中教育孩子明白分工的合理性和可行性，则合作的有效性也就高。

卡耐基通过自己的成功经验发现了一个重要的规律：一个人的成功，15%靠专业知识，85%靠人际关系和处世技巧，而所谓处世技巧和人际关系就是学习合作。现在企业在招聘人员时特别强调：应聘人员要求具备有关的知识技能，爱岗敬业并具有团队精神。团队精神包含着诸如团结、合作、信任、诚实、奉献、敬业等很多道德品质的内容，其中主要的是善于合作。

中国有句古话：一个篱笆三个桩，一个好汉三个帮。三个和尚会没水喝，三个臭皮匠也会赛过一个诸葛亮。能正确认识这个道理，是人们合作成功的一个很重要的条件。在科技高度发展的21世纪，一个人的成功在某种意义上取决于他是否善于合作。父母要利用生活中、学习中、游戏中的有关情境，让孩子从具体事实中初步体会到：一个人再能干，也难以独自做完所有的事。有些事需要众多人的同心协力来做。人与人只有彼此尊重和理解，各自发挥自己的长处，共同向着同一目标努力，才能产生1+1+1大于3的功能。如果互相都不信任，甚至相互攻击、相互推诿责任，那么1+1+1就小于3。

帮助别人是对的，但是要以尊重对方为前提。在现实生活中，人们总是带着良好的愿望与人交往，但有时却达不到预期目的。究其原因，除了有些是双方缺乏真诚合作的需要和有效的策略之外，还有一个很重要的原因就是在交往中人们缺乏认知的换位。认知的换位，要求人们在交往过程中经常需要站在对方的位置上，思考一下自己的言行对对方可能产生的影响和心理反应。例如，富有同情心是与人共处的基本素质，但同情不等于施舍，当你同情人，帮助人的时候，特别要注意维护被帮助者的尊严。

让孩子懂得一个"合"字，也就是要培养孩子有与人合作的愿望，有合作的能力和行为，这是时代和社会发展的需要。有一项调查显示，在六种儿童人格需要中，独生子女的亲和需要最强，孩子盼望能和同辈交往。有20%左右的独生子女感到孤独，认为"孤单寂寞"是最大的苦恼。但儿童还有另一种人格倾向就是富有攻击性，这是儿童向外界证实自己的存在和自己的力量的一种方式，但直接的结果却使儿童在行为上表现出不懂交往、不会交往，甚至破坏交往的情形。这两种人格体现在一个孩子身上是一种矛盾的心态。

家庭成员相互尊重本身就是一种无声教育。如果家中每个人都能为别人着想，多付出些，互相帮助，孩子就会从父母的言行中学会关心别人，与人合作，与人共处，学会做人。除了家庭之外，现代的年轻父母可以从犹太人对孩子的培养中学到一些在其他环境下的团队精神的养成方式：

首先，在学校日常生活中培养孩子的爱心和责任心，消除孩子孤僻的心理障碍。要想具有团队精神，爱心、责任心以及合群意识是必不可少的，因此在日常生活中要注意这些素质的综合培养。比如，在吃饭和睡觉时要让孩子互相帮助，值日时要负责任，对有困难的小朋友要有同情心并及时给予帮助。对于孤僻的儿童，首先要消除他与其他孩子的疏远感，使他真正参加到孩子们中间去，然后才有可能进一步培养其团队精神。

其次，在游戏中培养儿童的团队精神。游戏可以说是孩子的重要课目，它是一种对社会活动的模仿，深受孩子们的喜爱，因而也就能起到很好的教育效果。游戏中父母和老师有意识培养孩子团结协作，为了集体的荣誉而努力的精神。比如，将孩子分成几个小组，选择需要互助合作才能完成的游戏让孩子比赛，赛完后分析获胜和失败的原因，让孩子知道只要服从集体利益，即使自己吃亏也是光荣的。

最后，树立孩子正确的竞争意识。在当今社会竞争日益激烈的形势下，对孩子教育时适当让他树立争第一的意识，使每个小朋友用较高标准要求自己。但同时也要让孩子明白，在争第一中要有正确的心态，要用正当的手段，各种教育活动对孩子起着潜移默化的影响。

未来的时代是一个需要团队精神的时代，因此，我们从小注重培养儿童的团队精神是非常重要和亟需的。

做我的朋友吧

一句温馨的祝福比得过大笔的资金，社交能力是孩子所必要的一种能力。

斯特娜夫人在女儿很小时，就教她学习世界各国的语言。同时，让她用世界语和世界各国的小朋友通信，这一方面当然是为了提高孩子的学习兴趣和学业水平，但是，另一方面却是为了让女儿逐渐学习与人交往。

斯特娜夫人很注意培养女儿的社交能力。她让女儿经常和其他小朋友一起玩，也常常让女儿和男孩子们一同玩耍，但是，绝对不允许她只跟一个孩子玩。她认为，女孩子敏捷并富于想象力，而男孩子则富于理解力。让他们在一起玩，可以互相取长补短，女孩子可以从男孩子身上学习勇敢果断等品德，男孩子可以从女孩子身上学习亲切柔和等品德，这样对双方都有益。两个孩子在一起玩的结果，很容易使一个居"主人"地位，另一位则处在"仆人"的地位。几个孩子在一起玩，就能有效地避免这种情况。当女儿长大一些后，母亲又鼓励她和其他小朋友一起组织开会等集体活动。当然，这类会应是有益而愉快的。在母亲的鼓励和支持下，女儿担任了"美国少年和平同盟"会长以及"少年慰问团"会员等职务。

斯特娜夫人从完善孩子性格的角度出发，鼓励女儿与同龄孩子一起游戏、组织活动。而更多的犹太人是出于经商的需要。犹太人以其卓越的经商才能闻名于世，在与人做生意的时候，他们善于把握对方心理，比其他民族的商人更懂得人际交往的技巧。有关人际交往中的技巧及注意原则，是犹太儿童从小就要接受的重要教育方面。

与人交往是人类特有的社会性需要，儿童也不例外。儿童在与成人的交往中，不仅能够得到关心和爱抚，而且通过成人的言行了解了初步的社会道德规范和行为准则，并逐步以成人的要求评价、判断和调节自己的行动。在与同龄伙伴的交往中，通过共同的游戏和共同的活动也能逐渐学会如何表达自己的愿望，如何彼此友好相处。

但好多父母对孩子的关切过度，事事代为安排，往往令孩子失去发展合群性的机会。例如当孩子学习自己玩的时候，父母常过分注意他，拿东西给他、抱他，令孩子不能自由、充分地发展自己的兴趣。这样的孩子很少向人打招呼，因为总是父母先开口，教他叫某叔叔或某姨姨。父母常喜欢拿他来向人炫耀，次数多了则令孩子感到尴尬。孩子生病时，父母总是不眠不休地细心照顾，同样，当孩子顽皮时，父母也往往把事情看得太严重，以致小题大做。凡此种种，使孩子太少练习出口的其乐之道，不懂如何合群与讨人喜欢。入学以后，这类孩子也很难适应学校生活，不容易结识朋友。与同龄的伙伴玩耍时，也不能相安无事，不是畏缩，便是争吵打架，最后被群体孤立。

正因为以上原因，使当代独生子女的社会适应能力普遍发展较缓慢。如果不能及时辅导，孩子便逐渐养成内向、孤僻、沉默寡言、软弱怕事的性格，没有一般小朋友的天真活泼气息。另一方面，也会造成做事过分认真，追求完美，以至容易钻进"牛角尖"。

一个女孩走过一片草地，看见一只蝴蝶被荆棘弄伤了，她小心翼翼地为它拔掉刺，让它飞向大自然。后来蝴蝶为了报恩化作一位仙女，向小女孩说："为了报答你的仁慈，请你许个愿，我将帮您实现。"小女孩想了一会儿说："我希望永远快乐。"于是仙女弯下腰来在她耳边悄悄细语一番，然后消失无踪。小女孩果真很快乐地度过一生。当她年老时，邻人问她："请告诉我们吧，仙女到底说了什么，让您的一生都这么快乐？"她只是笑着说："仙女告诉我，我周围的每个人，都需要我的关怀，需要我真心以待。"

那么，如何培养孩子的交往能力呢？下面几点犹太父母常用的方法可供你参考：

1.创造平等和谐的交往氛围。家长不能摆出"长道尊严"的面孔训斥孩子。家庭中涉及到孩子的问题，更应想到孩子，听听他们的意见。家庭中的大事，孩子可以知道的应该让孩子知道，适当地让孩子"参政议政"。

2.教给孩子基本的交往技能。孩子的交往技能，如分享、协商、轮流、合作等，需要家长在潜移默化中传授给孩子。通过一个个生动的故事，教孩子学会关怀别人——这正是与他人积极相处、培养孩子的社交能力的根本。

3.鼓励孩子走出家门。交往的技能只有在与人交往中才能学会，家长应该尽可能地为孩子打开生活空间，鼓励孩子走出家门，广交朋友，要提供更多的交往机会。如：让孩子去找伙伴玩，邀请邻居家的小孩子、同班同学来家做客。心理学家指出，同伴对指导或训练儿童掌握社会交往技能，帮助孩子走出孤独具有特殊作用，因为这种技能，儿童是无法在成年人那里学到的。还应适当地带孩子进入自己的社交圈，外出做客时，尽可能带孩子参加，提醒孩子注意大人间的交往与谈话礼貌；家中有客来，把孩子介绍给大家，让孩子参与接待、倒茶、让座、谈话等等，不要一味地将孩子赶走。让孩子在实践中学习交往，有利于消除孩子交往中的胆怯、恐惧心理。平时家长还可以有意识地让孩子去完成一些需要交往的任务，比如说去楼下小店买个日用品，帮忙把什么需要转交的东西送到哪里等。总之，很多帮孩子学习交往的机会就在生活中，家长只要花点心思注意利用就可以了。

4.鼓励孩子的每一点进步。随着孩子的成长，在与他人交往时一定会有明显的进步，一见陌生人就胆怯退缩不敢说话等情况一定会有所改变。但这时候，别忘了，为人父母者还有一件十分重要的事要做：及时去发现孩子的每一点变化——课堂上勇敢地举手发言；第一次主动与老师打招呼；热情邀请同学来自己家做客；向一个陌生人微笑致意；购物时学着讨价还价；同情弱者；帮助他人——所有这一切，你要随时看在眼里，记在心里，并持续不断地鼓励他。如此坚持下去，你一定能看到孩子的良好表现而倍感欣慰。

人是社会人，每个人要想在社会上生存就必须学会与他人沟通、交流，掌握一定的交往技巧有利于少走弯路、少得罪人，更快地融入团体。所以本篇列出了犹太人教育子女与人交往时应注意的事项，希望可以为中国的父母提供一个借鉴。

我来帮助你

乐于助人，是构成当今世界高素质人才非常重要的品质要素。人的本质是爱的相互存在，人的生活是与他人的相互交往构成的。乐于助人，就是要求人们善于理解他人的处境、他人的情感和需要随时准备从道义上去支持别人，从行动上去关心帮助别人。培养孩子从小乐于帮助他人的美德，对孩子今后具有高尚的情操、健全的人格有不可估量的影响。

从前有一个商人在过河时翻了船，他只好抓住水中漂浮的一堆枯枝乱草拼命挣扎。一个打鱼的人听到呼救的喊声，立即把船划过去救他。商人看到了缓缓驶来的小船，顿时产生了获救的希望。然而汹涌的河水无情地告诉他，随时都有被淹没的危险。为了抓紧时间死里逃生，商人对着渔夫大声喊道："我是济阴的名门富豪，只要你能救我，我就送给你100金！"渔夫使出浑身的力气，抢在商人沉没之前把他救到岸上。可是商人上岸后只给了渔夫10金。渔夫对商人说："你不是答应给我100金的吗？现在你得救了却只给10金，这样做对不对呢？"商人一听变了脸色。他恶狠狠地说道："像你这样的一个渔夫，往常一天能挣几个钱？刚才一眨眼工夫你就得到了10金，难道还不满意吗？"渔夫不好跟他争辩，低着头、闷闷不乐地走了。过了些日子，那个商人从吕梁坐船而下。他的船在半路上又触礁翻沉了。从前的那个渔夫碰巧正在附近。有人对渔夫说："你为什么不把岸边的小船划过去救他呢？"渔夫答道："他就是那个答应给我酬金，过后却翻脸不认人的吝啬鬼！"说完，渔夫一动不动地站在岸上袖手旁观。不一会儿，那个商人就被河水吞没了。

在这个故事中，商人爱财如命、言行不一和渔夫见死不救的作为，反映出他们缺乏乐于助人的人道主义精神，都是不可取的。独生子女在智能、体能发展方面比较占优势，但在个性品德方面却是个弱势。这是由于他们处在四二一的特殊地位：没有兄弟姐妹一起生活，这就失去了许多和别人分享食物、玩具、争论、吵架、吃亏、让步或合作互助的实践机会。加之双亲、家族不鼓励，不要求其与别的伙伴交往，不要求他关心别人，帮助别人，以至使他们"自我中心"严重，只知自己接受抚爱和关心的需要，不知别人也有被抚爱和关心的需要。所以当他们一旦进入集体生活，在建立良好的人际关系方面就遇到较大的困难，缺少"帮助他人"的责任心和义务感。

从前有一个骡夫，赶着一头骡子和一头驴在路上走着，骡子和驴都驮着货物。它们在平地上行走时，驴驮着它的货物觉得还不费力，但走到陡峭的山路时，驴就觉得驮的货物沉重得让它受不了，忍不住求骡子帮它分担一部分，让它把剩下的驮回家。可是骡子听了它的恳求，并没有理睬它。过了半天的时间，驴实在坚持不住了，倒地死去了。这地方渺无人烟，骡夫没有别的办法，只好把驴驮的货物一并加到骡子驮的货物上面，从驴身上剥下来的皮还放在骡子身上。骡子在重负下呻吟说："我这真是自作自受。如果我肯答应给驴帮忙，我这会儿用不着再驮上它的货物外加驴皮了。"

骡子自私自利，不帮助驴子驮货物，最后得到了应有的下场。

乐于助人是犹太人格外崇尚的美德。犹太儿童从小就被灌输乐于助人的思想。犹太拉比经常给孩子讲这个故事来教育他们。

从前一个农场里有个叫罗思的年轻人。有一天接近黎明时，窗户外一片混乱，被惊醒的罗思睁开惺忪的双眼，他猜出是恶狼闯进了邻居家的畜圈，咬得牲口在院子里直叫唤。"罗思，我还以为您不在家呢！"早晨见了面，邻居责备他说，"我家的一头小牛犊被狼拖走了，您怎么不带上猎枪出来搭救一下呢？""我实在困倦，累得要命，睡得太死！"罗思打个哈欠说："我什么都没听见啊……"什么人装聋作哑，无视邻居的祸患，这则寓言他应该牢记心里：要知道另外一个罗思，说不定和你是邻居。

现实生活当中，常常会有些事情给人带来喜悦或烦恼，带来幸福或悲伤，带来顺利或困难，带来成功或失败，无论处于何种境地，人都需要别人给予相应的理解和帮助。对于儿童也需要去关心和帮助别人及接受别人的关心和帮助。因此，培养孩子乐于助人的精神就成为了儿童教育中的一个重要课题。犹太人在这方面是这样做的：

首先，布置有用的任务。让孩子在邻居之间或是校园里做点有益的事情，比如照料宠物，做饭，教更小的弟弟妹妹们做游戏，或者给不幸的孩子制作玩具，这些都可以培养大多数孩子乐于助人的品质。当然，并非所有的孩子都能自发地做这些事情，必须有人鼓励他们，教他们，甚至有时需要强迫他们，但只能是温和的强制，否则会适得其反。

其次，父母以身作则。要培养乐于助人的孩子，最重要的就是：如果你希望孩子表现得体贴、大度、肯帮忙，你就必须身体力行，示范给孩子们看。要是你自己都言行不一，孩子们只会模仿你的行为，即使你把原则和指令讲得头头是道，也一点用处也没有。

再次，要创造温馨的家庭环境。有些父母爱孩子，教育孩子时经常鼓励孩子，他们的孩子就总是乐于助人、更为别人着想、更富有同情心。这反映出孩子效仿了你的行为。要是孩子情绪好的话，他是极有可能帮助别人的，所以努力让他保持那种状态是非常值得的。

最后，定规矩，并且解释。有些父母会对孩子说："要是你打他，会弄痛他的。"然后他们会向孩子解释这类行为的后果，然后指出"你不可以打人"这条原则。他们用这种方法培养的孩子更具有同情心。有许多研究表明，对孩子阐明慷慨助人的理由，尤其是强调说明他人的感受时，最能帮助孩子养成体贴、友善的行为方式。

许多父母都花大量时间告诫孩子别去做什么，其实更重要的是告诉孩子们为什么有些事不应该做——特别是当行为的结果可能会影响到别人的时候。完全没有纪律约束对培养孩子是有害的。略带专制的家长式作风会令孩子成长、发展得更好。大体上说，使孩子对于行为标准和规矩有明确的偏好，这也是培养高度自尊和令孩子受欢迎的方法。

只捡5分的硬币

嘲笑就是恶意的捉弄，嘲笑某人通常是为了让被嘲笑者遵守某种规则，或把被嘲笑者驱赶出某个群体。

一棵无花果树枝头挂满了青青的果子。无花果树发现，一棵大树挡住了它的阳光，这棵遮挡阳光的树上一个果子也没有。"你是谁，敢把我的阳光夺走！"那树回答："我是一棵老榆树。"无花果树说："你一个果子都不会结，你还站在我的面前，难道不感到害羞吗？你等着瞧吧，我的青果子成熟以后，我的孩子们每一个都会变成一棵大树，组成一片茂密的森林，把你团团地围住！"无花果一天一天地成熟了，青果子也变成了红果子。不久，一队士兵从这儿路过，发现了这棵果实累累的无花果树。他们立刻爬上去摘果子。结果可想而知，树枝被踩断了，树叶被弄掉了，所有的无花果一个也不剩，全被采光了，可怜的无花果树只剩下光秃秃的树干和断枝残叶。榆树感慨万千，十分同情地对无花果树说："无花果树呀，如果你不曾结果实，如果你不会想入非非，那么你也不会变成今天这副可怜的模样啊！"

儿童喜欢嘲笑他人是有原因的。他们不再因为喜欢同一种颜色或同一首歌而交友，相反，他们喜欢与外表相似、行为也相似的孩子在一起，嘲笑他人能使这些孩子团结起来，孩子们也用嘲讽来表达他们的竞争意识。在学校里，在运动与功课方面，孩子们经常要参加考试，以分出个上下，而嘲讽是显示自己占了上风的最简单方式。孩子语言能力的增强也对嘲讽起了加速剂的作用，稍微大些的孩子不仅能够表达较为复杂的思想，而且还会把个人的价值观念附加到自己的观察上去。一个幼童会天真地评论说另一个孩子超重了，而大些的孩子就会附加一个观念上去"傻胖蛋"。在这个例子中，这种附加是负面的，因为他们会说这个孩子笨手笨脚。

犹太家长在孩子小时候就教育他们，不要嘲笑别人。还经常给孩子讲下面这个故事。

美国第九任总统威廉·亨利·哈里森出生在一个小镇上。他幼时怕羞而文静，被认为是一个小傻瓜。小镇上的人经常捉弄他，把一枚一角和一枚5分的硬币同时扔到他面前，让他任意捡一个，威廉总是捡那枚5分的硬币而引来大家的一阵嘲笑。一天，一位老妇人看到小威廉的样子很可怜，就把小威廉拽到一旁，问他："你难道不知道一角比5分值钱吗？"威廉慢条斯理地说："我当然知道，不过，如果我捡了那枚一角硬币的话，他们恐怕就再没兴趣扔钱给我了。"

在这个故事中，嘲笑者让被嘲笑者嘲笑了，这大概不是嘲笑者的初衷；而嘲笑者并不知道自己才是被嘲笑者，这是深层次的悲哀。威廉后来成为总统，当初的嘲笑者会不会有人去献媚，说自己曾经"救济"过他呢？当然，这则小故事的流传，并不因为威廉是总统，只是依赖故事本身的幽默。

嘲讽给孩子以一种控制他人或控制局面的快感，嘲讽者很快地发现聪明的嘲笑会产生两个结果，其他孩子的哄笑与被嘲笑者的反应，大多数孩子都承认他们嘲笑同伴主要是为了寻找乐趣。作为家长，要像犹太家长那样，教育孩子从小养成不嘲笑别人的好品质。

选准你的伙伴

> 如果孩子失去了朋友，或者不被同伴接受，那么即使日后取得了很大成功，也会终生有一种不满足感和不完全感。

从前有一个农夫跟蛇交上了朋友。我们都知道，蛇是很聪明的，它不久就设法使农夫跟它十分亲热。农夫只夸赞它一个，并且永远把它捧到天上。然而，如今农夫的一切老朋友和亲戚，竟然没有一个上门来了。

"这是怎么回事呢？"农夫问他的一个昔日的朋友说，"请你告诉我，你们一个也不来看我，这是为什么呢？是我的老婆没有按照礼数款待你们呢，还是你们嫌弃我的食物粗劣呢？"

"不，"他的朋友回答道，"问题不在这！我们很愿意和你一起谈谈说说。你们夫妻两人，谁也没有在什么地方得罪我们或是让我们不高兴，没有人会这样埋怨你们的，我可以保证！可是，如果跟你一块儿坐着，老是要东张西望、提心吊胆的，提防着你的朋友蛇会爬过来从背后咬我们一口，那又有什么乐趣呢！"交上了坏朋友的人，是难以得到世人的敬重的。

农夫交上了蛇这个朋友，因此失去了其他的好朋友，即使这条蛇不会对其他的朋友造成危害，别人在与农夫交往时也是战战兢兢，这对农夫来说是得不偿失的。所以在鼓励孩子交朋友时，要妥善选择自己的择友范围，交对朋友。

犹太人非常重视人际关系对孩子性格发育的重要性，认为孩子的性格发育和他的人际关系的总和是相等的。当然，孩子的人际关系首先开始于与父母的相处，同时也包括同龄人对他的影响。孩子到了7~8岁时，开始脱离父母的影响，越来越看重同学和朋友对他的喜欢、支持和赞成。尽管他们的感情食粮理所当然地要从父母身上汲取，但从朋友身上也能得到意外的精神与情感的源泉。儿时的友谊影响孩子的自尊心和交友习惯等，其程度几乎相当于父母的抚育和爱护。

孩子的交友技能在儿童期过后就很难再学会了，它有些像学习游泳，对蹒跚学步的幼儿来说极其容易，但如果在童年时代失去了机会，等到成年时再学就比较难了。当然，尽管孩提时代没有朋友并不注定成人后就会孤单，但应该承认，有些情商技能的发展是有时间性的，正常的时间一过去，一样的技能就会变得很难学会。所以要鼓励孩子们多交朋友，但择友时一定要慎重。

鸡蛋确实很好吃，可是对于老鼠来说偷运鸡蛋是件不容易的事情。老鼠甲想出了一个绝妙的主意——它找来了朋友乙，在鸡窝里，让老鼠乙仰面朝天，四只脚紧紧抱住鸡蛋，老鼠甲咬紧乙的尾巴，拖着战利品和它的朋友上路了。

一路上，老鼠甲心中有说不出的骄傲和自豪："不是吹牛，这绝对是鼠类的创举！"它为自己的主意哼起了小曲。老鼠乙却闷不作声地打起了小算盘：它悄悄地用牙齿叩开了蛋壳，在老鼠甲的歌声里品尝起美味来。

目的地终于到了。老鼠乙一翻身推开了已吃光只剩下的鸡蛋壳："倒霉！没挑准，弄了一只空的！再见吧，我亲爱的朋友。"说着，它一抹嘴巴，腆起大肚子，溜了。

看着老鼠乙的背影，老鼠甲一句话也说不出来，"哎，再妙的主意，也得选准伙伴哪！"

除此以外，犹太父母还经常给孩子们讲这个故事，说明交友要慎重的道理：

在孩子交友的不同阶段，父母应给予不同的帮助与指导。

1.以自我为中心阶段（0~7岁）

在这个阶段，父母应该设计一些活动，邀请有共同兴趣或性格相近的孩子参加。活动中，孩子们如何相处并不是重要的，重要的是他们有机会在一起，这些共同的经历为日后的社交技能打下了基础。当孩子上学以后，就会更愿意和同龄伙伴相处。如果父母这时仍然不断地出现在孩子的左右，对他们是有害的。

2.满足需要阶段（4~9岁）

孩子一旦喜欢和同伴相处，你就应该对他们强化朋友的价值，鼓励他们交往，看重孩子们之间的友谊。如果你的孩子对另一个孩子表示出正面的积极情感，即使你对对方表示怀疑和担忧，也千万不要否定和诋毁对方。并且，如果孩子被他人取笑或欺侮后，怀有一些负面的情绪，你也决不能火上浇油。不要鼓励孩子抱怨同学，否则就会强化他的孤僻，你只要当个好听众就可以了。

父母应起到表率和带头作用，经常和孩子谈谈自己的朋友，谈你们一起做过的事，为什么朋友对你很重要等等。让孩子参加你和朋友的活动，让他们亲眼看到你们如何相处，以及友谊对你们的重要性，等等。

3.互利互惠阶段（6~12岁）

这个阶段父母的支持和参与，会给孩子以安全感和满足感。当孩子们在交友相处的过程中，体会到酸甜苦辣咸五味俱全的感受时，你的知识和经验就会使孩子大大受益。孩子与朋友相处出现危机时，为人父母者过去或现在的经历会给孩子提供一些教益，但请不要给他们任何劝告。应该让他们养成容忍他人的品格，忍受亲密朋友的不可避免的伤害，由自己决定如何处理这些负面感情和经历。不管他们最后如何决定，是保持还是放弃这份友谊，或是寻找新朋友，都是正确的。只要不是就此避开同伴就可以。

4.亲密相处阶段（8~15岁）

当孩子有了亲密的朋友以后，父母的作用便是指导：灌输适当的价值观，确定与孩子年龄适应的限制，鼓励孩子个人的成长和人际关系的发展。同时，这时孩子对你的依赖日益减少，你一方面觉得解脱，而另一方面却又感到失落，这是很正常的。

父母在帮助孩子学会交友时应该牢记拉比的教诲：拥有一个"好朋友"是孩子成长过程中的重要任务，这会影响他日后的人际关系，要保证让孩子有机会掌握与年龄相适应的交往的技巧。

外貌不重要

对于境况不如自己的人，不要以貌取人，不要歧视他们，不要瞧不起他们。

有个小老鼠没见过什么世面，有一天它回家对它的母亲说："妈妈，我简直吓坏了！我发现了一只庞然大物，我不知道它是什么动物。它的头上有顶红冠，眼睛特别凶，盯住我看。它还有个尖嘴巴，用两条腿走路。忽然，它伸出长脖子，把嘴巴张得非常大，叫出的声音尖得吓人，我认为它要来吃我了，就拼了命跑回家来。遇到它真是倒霉。因为我刚才先看到另一只动物可爱得多，个子很高大，要不是头上有顶红冠子的那只讨厌的动物，我就会和那只漂亮的动物交上好朋友的。它有着很温和的眼睛，有点像没睡醒的样子。它的毛和我们的一样柔软，只不过是灰白的颜色。它很温和地看着我，摇动着它的长尾巴。我想它是要和我谈话，我本想靠近它，可是那只可怕的大动物开始喔喔叫了，我就只好急忙跑回来。"

母鼠听完它的话说："我的傻孩子，你跑回来就对了。你说的那只凶恶的动物倒不会害了你，那是只对我们无害的公鸡。反倒是那只毛很柔软的漂亮东西很危险，它是猫，一口就会把你吃掉，在这个世界上它是我们最大的敌人。"

还有一个寓言是关于孔雀的。百鸟聚会选举鸟中之王。孔雀翘起它的尾巴，展示绚丽的彩屏，并且自命为鸟中魁首。于是所有的鸟儿都推举孔雀为王，因为它实在是太漂亮了，任何鸟儿都不能和它相提并论。但是喜鹊在这时候说话了："孔雀，请你告诉我们，假如你当了鸟中之王，万一碰到敌人来迫害我们，你能采取什么措施保护我们呢？"孔雀不知道怎么回答才好。一看到这种局面，所有的鸟儿都开始重新思考，它们选孔雀为王是对还是错。最后，它们放弃了孔雀，推举能够保护它们的鹰为百鸟之王。

在犹太人的社会里，尽管富人和穷人的差距有时候是十分巨大的。但是，他们认为富人并不一定快乐，穷人也并不一定绝望。一直以来，犹太人是非常尊重穷人的，但是，他们坚持认为，即使一个靠别人施舍为生的穷人也应该有施善行为。这就是犹太人对于穷人的态度。

再好吃的东西也要适量

以不利条件强迫他人的做法是不可取的，不能强迫别人。

皇帝安东尼有一次派使者到朱丹拉比那里，问了这样一个问题："帝国的国库马上就要空了，你能给我一个增加收支的建议吗？"朱丹拉比一句话也没有回答，他把使者带到了自己的花园里，然后安静地干起活来。他把大的甘蓝拔掉，种上小甘蓝，对萝卜和甜菜也是这样。看到朱丹拉比无意回答问题，使者对他说："请您抽出宝贵的时间，给我个回信。"

"你什么都不需要，马上回到皇帝身边去吧！"

于是，使者返回到皇帝安东尼那里。

"朱丹拉比给我什么回信了吗？"皇帝问。

"很遗憾，他没有。"

"那他给你说了什么吗？"

"也没有。"

"那他一定做了什么吧？"

"是的，他把我领到他的花园里，把那些大棵的蔬菜拔掉，种上小的。"

"那我明白他的建议是什么了！"皇帝兴奋地说。于是，他立刻遣散了他所有的税收大臣和官员，换成少量的但更诚实、更有能力的人。不久，国库就充足起来。

犹太人运用这个国王要补充国库应该去想办法，而不能以不利的条件去强迫百姓多缴税的故事说明：不要去强迫别人做他们不愿意做的事情。这不仅是犹太人的处世方法之一，在现实生活中犹太人更是反对以不利条件去强迫别人。

在现实生活中，人们进行种种欺骗的事情屡见不鲜，但是，犹太人认为坏事掩不住别人的耳目，人们终会有一天发现事情的真相。即使能够侥幸地瞒过别人，但是做了坏事之后，自己的心里一定会觉得很不舒畅，并时时怀着恐惧之心。因此，以不利条件强迫他人的做法是不可取的，不能强迫别人。

犹太父母经常给孩子们讲这样一个故事：有一天，拉比在路上碰到两个男孩正在争辩。两个男孩子正在面红耳赤地争论到底谁的个子比较高，吵来吵去，还是没有结果。后来，其中一个男孩强迫另一个男孩站在水缸里和自己比较，他终于证实了自己的个子高一些。

拉比看到了这一幕，很伤心地对自己的弟子说："是否世界上的人都经常这么做呢？为了证实别人不如自己，就强迫别人站到水缸里；如果别人不愿意下去，他们就会自己爬到椅子上面，以显示自己优越于别人。"

犹太人经常引用这个故事告诫那些以不利条件去强迫别人的人，例如，赌场的老千们，总是以不正当的手段诈取人们的财富。还有一则故事更是清楚无误地说明了这个道理：

福卡准备了一大锅汤，请朋友杰米扬前来品尝。

"请啊，老朋友，快吃啊！这个菜是特别为你准备的。"福卡热情地说。

"不，亲爱的福卡，我吃不下了！你的菜都很好吃，我已经吃到喉咙眼了。"杰米扬回答道。

"没关系，才一小盆而已，一定能吃得下去。味道好极了，能够喝到这样的鱼汤是一种口福啊！"

"我知道，可是我已经吃过三盆了！"

"嗨，何必那么计较数量呢？哦，你的胃口太差了！凭良心说，这汤真稠，真香，在盆子里凝结起来，简直跟琥珀一样漂亮。请啊，老朋友，替我吃完它！吃了对身体有好处的！看，这些都是我今天早上买来的，可新鲜了！这是肚片，这是鲈鱼，这是鲟鱼。只吃半盆，吃吧！"福卡喊自己的妻子，"亲爱的，你来敬客，客人会领你的情的。"

福卡就这样热情地款待杰米扬，不让他停止，不让他休息，一个劲儿劝他吃。杰米扬汗流浃背，勉强又吃了一盆，并装出吃得津津有味的样子，把盆子里的汤吃了个干净。

"这样的朋友我才喜欢，我一看见那些吃东西挑剔的先生大人们，我就觉得可气。"福卡嚷道，"吃得痛快！好，再来一盆吧！"

可怜的杰米扬虽然喜欢吃汤，但马上站起身来，赶紧拿起帽子、手杖和腰带，用足全力跑回家去了，从此再也不登福卡家的门。

再好的东西，如果不加节制地强加于人，也会变得和福卡的汤一样令人讨厌。

因此，犹太人在教育孩子和别人进行竞争时，总是站在平等公平的立场上，而不是以不利的条件去强迫别人。

爱人者，人恒爱之

希望得到别人的关心和注意是人的心理需要，世上每一个人都应当了解这一点。当一个人感到周围的人对自己十分关心时，他心中便会有一种安全、温暖的感觉，就会充满自信和快乐。既然受了别人的关心，那么同样也会去关心别人，这样，人们互相间就容易有一种亲密友好的关系。

犹太人中流传着这样一则寓言：狐狸跟鹤成为了好朋友。有一天，狐狸突然想要鹤到自己家里做客，它邀请鹤来吃晚饭。"鹤，亲爱的，来吧，一定要来！真的，我要请你吃顿饭！"

鹤拗不过狐狸的邀请，只好去赴宴。此时的狐狸已经将碎麦米饭煮好，把饭平抹在盘子上。它端上盘子，对鹤说："吃吧，亲爱的鹤！"

鹤用嘴笃笃地敲着盘子，但由于它尖尖的嘴，什么也没有吃着。而狐狸灵巧地舔着盘子上的饭粒，就这样她把饭全都吃掉了。它把饭吃光以后，说："鹤，亲爱的。请别见怪！没有别的东西可以招待啦。"

鹤回答道："狐狸，我怎么会怪你呢？为此我该谢谢你啦！明天请到我家里做客吧。"

第二天，狐狸来到鹤的家里，鹤已经把冷杂拌汤做好，并且把汤倒入颈部细长的罐里，然后把罐放到桌上说："狐狸，请吃吧！说实话，没有别的东西可以招待你。"狐狸围着罐打转转。它一会儿绕着罐走，一会儿又闻闻罐，一会儿舔舔罐，总之，任凭它怎样做，它也没法使它的嘴钻到罐里去。而鹤用它那尖尖的嘴啄汤喝，直到把汤全部喝光为止。"狐狸，请别见怪！没有别的东西可以招待你啦。"

狐狸懊恼极了。它原来想在鹤家吃上它整整一个星期，然后再跑回家里，可现在只得灰溜溜地回家了。

如果狐狸真心地对待鹤，考虑到鹤嘴尖而细长的特点准备饭食，让鹤饱餐一顿，那么在鹤回请它时，也一定不会如法炮制，使狐狸饿着肚子回家的。这就叫以其人之道，还治其人之身。

犹太拉比告诫世人：当别人有求于自己时，只要是正当的要求，就要尽己所能满足对方的要求；当看到别人有困难时，要主动地去帮助别人，这样能使别人懂得你的存在对他的价值，其结果必然是"爱人者人恒爱之"。

犹太父母告诫小孩子说：人不自利，会变成寄生虫；但只自利，则会成为吸血鬼。完美的人生，是自利与利人的统一！现在他们经常给幼小的孩子们讲述这个故事：

弗莱明是一个穷苦的苏格兰农夫。有一天，当他在田地里工作时，听到附近泥沼里有人发出哭喊声，于是急忙跑过去，发现一个小孩子掉到了粪池里，于是他把这个小孩从死亡边缘救了出来。

第二天，一辆崭新的马车停在农夫家门前，一位绅士优雅地走出来，自我介绍是那个被救小孩的父亲。绅士诚恳地说："你救了我小孩的生命，我要报答你。"农夫说："我救你的小孩是为了自己的良心和对于生命的呵护，我不能因救你的小孩而接受报酬。"就在这时，农夫的儿子从茅屋里走出来，绅士说："让我们来个协议，让我带走他，并让他接受良好的教育。假如这小孩像他父亲一样，他将来一定会成为一位有用于社会的人。"

农夫答应了这个协议。后来农夫的小孩就读于圣玛利亚医学院，并以优异成绩毕业，成为举世闻名的弗莱明·亚历山大爵士，也就是青霉素的发现者，并因此荣获诺贝尔奖。

数年后，绅士的儿子不幸染上肺炎。此前，这是一种不治之症，无药可救，但是，有了青霉素，他就得救了。绅士是谁呢？是上议院议员丘吉尔。他的儿子是谁呢？就是英国政治家丘吉尔爵士。

真诚地关心他人要无私。生活中这类情况屡见不鲜：有些人，一开始接触给人印象不错，但时间长了，人们却逐渐对他敬而远之，疏远他；有的人刚刚相处，似乎很难交往，但时间一长，人们却越来越喜欢他了。是什么原因造成这种局面呢？原因就在于他们的"人品"不同。前一种人尽管表面上待人很热情，实际上却是奔着回报去的。他帮助别人，目的是希望放长线钓大鱼，想从别人那里捞取更多的好处。后一种人正好相反，他帮助别人不露声色，施人勿念，并不要求什么回报；但别人对他的帮助，他却受施勿忘，时刻铭记在心，一定找机会报答才能安心。真诚地关心别人还要尽可能避免给对方出难题。有些人只顾自己的需要，丝毫不考虑别人的难处，常向别人提出一些使人难以达到的要求，例如同学之间，考试时要求同学将考卷给他抄袭等。这样做只会使同学之间产生隔阂，造成关系紧张。

犹太父母告诉孩子们说：为人处事之道就是要真诚地对待每一个人，发自内心地去关怀他们。互利改善了世界的品质。汉语的"人"字，十分具有哲学意味，那就是两个人之间的互相支撑——今天你帮我，明天我帮你，这是最浅显的表述。犹太民族之所以具有强大的生命力，就是因为人们之间的互相帮助，这不仅给当事人带来了益处，也给世界带来了进步与温馨。

善待他人也是善待自己

善待他人就是善待自己。学会善待他人，用理性、善意、爱心和责任去面对生活的现实。只有善待他人，才能把自己融入人群，获得友谊、谅解、信任和支持；只有善待他人，才能调整失衡的心态，解脱孤独的灵魂，走出无助的困境；只有善待他人，才能在人生的道路上，拥有充满快乐的感觉，踏入充满机遇的境界，走向充满希望的未来。

从前有一个渔夫，他一整天也没有休息。他站在没膝的海水中，在黎明的微光已经照在岸边岩石中间时，把捕捉到的海鲜熟练地扔进大篓子里。夜色降临，在离大海不远的渔夫家里，一只牡蛎遇到了渔夫的这几条鱼。它们被扔在地上，喘着粗气，脸色十分难看。"哎，我真害怕，我们在这儿都得死，真是没有办法呀！"牡蛎从来没有这样忧伤过，它望着同伴们低声地说。就在这时，一只老鼠从这儿经过。这只老鼠对自己的健康十分得意。牡蛎准备利用这从天而降的唯一一机会来挽救自己。"老鼠，您的心肠这么好，肯定能把我带到海边去吧？"老鼠看了牡蛎一眼。它可不是傻瓜，心里想，这个牡蛎又肥大又漂亮，一定有许多富有营养的、可口的精肉。"好，我马上就行动！"老鼠回答，它已经决定要吃掉牡蛎，"但是，为了把你带到海边，你得把壳张开一点儿。你的壳紧闭着，我怎么带你走呢！""好的，听你的！"牡蛎同意了。但是，它十分警惕地将其壳半张半开，因为牡蛎也不是傻瓜。老鼠立刻伸过嘴巴就来咬牡蛎。尽管老鼠的行动很迅速，但牡蛎事先就预料到了这一步，一下子就夹住了老鼠的脑袋。老鼠疼得吱吱叫。叫声传到猫的耳朵里，猫立刻跑过来，捉住了这只害人害己的老鼠。

从这则故事我们可以看出，在伤害别人之前，要想到别人也会同样伤害我们。所以要培养孩子从小就要有一颗善良的心，害人之心不可有。

犹太人很早就意识到了这个道理。犹太儿童经常听拉比讲下面几则故事。

有位犹太青年住在海边，非常喜欢鸥鸟，鸥鸟也乐于亲近他。每天晨曦初露，当他摇船出海的时候，总有一大群鸥鸟尾随在他的渔船四周，或在空中盘旋，或径直落在他的肩上、脚下、船舱里，自由自在地与青年一道嬉戏玩耍，久久不愿离去，相处十分和谐。后来，青年的父亲听说了这件事，就对他说："人家都说海上的鸥鸟喜欢跟你一道玩耍，毫无戒备，你何不乘机抓几只回来，给我也玩玩？"于是他满口答应道："这有何难？"第二天，青年早早地出了家门，他将小船摇出海面，焦急地等待着鸥鸟们的到来。可是，那些聪明的鸥鸟早已经看出了他今日的神情不对，因此总只是在空中盘旋，而不肯落到他的船上。当青年准备伸手抓它们的时候，鸥鸟们就"呼"的一声全飞走了，青年只好干瞪眼。

这个故事告诉我们，彼此交往要想达到和谐友好的境界，必须以真诚为前提，要善待他人。如果你自以为聪明，想去算计朋友，那么朋友必然会弃你而去。

有一个在阿而特国出生，在土洼国长大，直至花甲之年还不曾回过家乡的阿而特国人，因为思乡心切，不顾年事已高，气血衰退，居然独自一人不辞劳苦，千里迢迢去寻故里。他在半路上遇到一个北上的人。两人自我介绍以后，很快结成了同伴。他们一路上谈天说地，起居时互相照应，因此赶起路来不觉得寂寞，时间仿佛过得很快。不知不觉，他们就到了尼尔国的地界。

可是这个阿而特国人没有想到与自己朝夕相处、一路风尘的同伴竟在这时使出了捉弄人的花招。他的那个同伴指着前面的尼尔国城郭说道："你马上就要到家了。前面就是阿而特国的城镇。"这阿而特人一听，一股浓厚的乡情骤然涌上心头。他一时激动得说不出话来。他的两眼被泪水模糊了，脸上怆然失色。过了一会儿，那同伴指着路边的土神庙说："这就是你家乡的土神庙。"阿而特人听了以后，马上叹息起来。家乡的土神庙可是保佑自己的先辈在这块阿而特国的土地上繁衍生息的圣地呵！他们再往前走，那同伴指着路边的一栋房屋说："那就是你的先辈住过的房屋。"阿而特人听了这话，顿时热泪盈眶。滚滚的泪水把他的衣衫也弄湿了。祖居不仅是父母、祖辈生活过的城堡，而且是自己初生的摇篮。祖居该有多少动人的往事和令人怀念的、神圣而珍贵的东西呵！那同伴看到自己的谎话已经在阿而特人身上起了作用，心里暗暗为这种骗人的诡计自鸣得意。他为了进一步推波助澜，拿阿而特人取乐，没有等阿而特人的心情平静下来，又指着附近的一座土堆说道："那就是你家的祖坟。"这阿而特人一听，更是悲从中来。自己的祖辈和生身的父母都安息在眼前的坟墓里。这座祖坟不就是自己的根吗？虽然说这个阿而特人已年至花甲，然而他站在阔别多年的先辈坟前，却感到自己像一个失去了爹娘的孤苦伶仃的孩子，再也忍不住强烈的心酸，一个劲地放声痛哭起来。到了这个地步，那同伴总算看够了笑话。他忍不住满腹的畅快，哈哈大笑起来。像个胜利者一样，那同伴对阿而特人解嘲地说："算了，算了，别把身子哭坏了。我刚才是骗你的。这里只是尼尔国，离阿而特国还有几百里地哩。"听了同伴这么一说，阿而特人知道上了当。他怀乡念旧的虔诚心情顿时烟消云散。紧接着占据他心灵的情感是，他对因轻信别人而导致的过度冲动深感难堪。

这个阿而特国人真正到了阿而特国的时候，阿而特国的城镇和祠庙，先辈的房屋和坟墓，已不像他在尼尔国见到的城市、祠庙、房屋和坟墓那样具有感召力。回到了自己的家乡，他触景生情的伤感反而减弱了。在几十年里蓄积起来的一腔思乡激情提前在尼尔国爆发，随后又遭到了亵渎。因此，当他真的到了故乡，不仅再也无法重新积聚刚踏上归途时的那股强大的追求力量，而且神圣的信仰也被欺诈蒙上了一层黯淡的阴影。

其实，善待他人就是真诚地对人。这则寓言告诉我们，要用真诚的态度对待朋友。尔虞我诈到处泛滥的社会环境，很容易动摇人们高尚的信念。真诚有"听君一席话，胜读十年书"的作用，就像汪洋中有一艘轮船。真诚也有使一株枯草起死回生的作用，就像黑暗中有束阳光，生活中有个向导。无论在何时何地，我们都应该拥有真诚。用真诚的阳光支起一片丽日晴空。每个人的一生既有喜悦、欢乐与追求，也有忧愁、寂寞与失落，然而，我们不能只享受晴空丽日的温暖而忘了乌云翻滚的寒流，即使虎啸雷鸣，沧海横流，大地颤抖也不必失去生活的信心，因为人生有真诚相伴，人生有真诚相陪。

一天早晨，一个农人挑了一担菜进城去卖，在街上，农人拾到一叠钱，他点了一下，共有15张。回家后，农人把15张钱交给他母亲，他母亲说："孩子，人家丢了钱。一定很着急，我们怎么能要人家的钱呢？赶快送还失主，说不定人家正找得着急呢！"这位农人按照母亲的吩咐，赶回拾钱的地方，等待失主来领。在前面不远处，农人发现有一个人好像低着头在地上寻找什么东西，便连忙上前问他："老弟，你丢了钱吧？这，我拾到了，现在还给你吧。"不等那人回答，农人便将15张钱全都给了那人。这时，有一些人围了上来，见此情景，有人提出，失主应给些赏钱给农人。不料，这个人却十分吝啬地说："我丢失的原本是30张钱，现在才只找回一半，我怎么能再分一些赏给他呢？"

农人觉得那人太不讲理，自己如数将钱归还给他，他不但不谢，反而有诬蔑自己贪了一半的意思。农人实在气愤不过，便跟那人争吵起来，两人互相扭着来到县衙门的堂上，他们各自向县令叙说事情的缘由。县令听后，心里已有几分底了，他对那领钱人的行为颇为生气。县令派人将农人的母亲叫来，当面对质核实，证明农人说的情况属实。接着，县令让农人和那个领钱人各自具状。于是他们分别写道："拾钱人的确是拾到15张钱钞""丢钱人确实是丢失了30张钱钞"。县令将两张状纸捏在手上，对失主说："你丢的是30张钱钞，而他拾到的是15张钱钞，可见这钱不是你的钱，而是上天赐给这位贤良母亲的养老钱。假若他拾到的是30张，那就是你的了，你可以到别的地方去找你的钱吧！"那人知道自己撒谎，自觉理亏，便也不敢再作狡辩，灰溜溜地离开了县衙。于是，县令把15张钱钞交给农人的母亲，说："你是位贤德的母亲，这钱就归你了！"人们听说了，都拍手叫好。

那位贤良的母亲教儿子将拾来的钱交还失主，反遭诬诈；贤明的县令又机智地将钱判送贤母，而那靠诬诈欺骗的人却不得好下场。所以，为人都应有一颗善良的心才好。

孩子们生活的世界绚丽多彩、生动美好，但同时也存在着一些缺陷。这些缺陷往往不利于善良人的生存，因而善良人要活下去，经常需要依靠他人的关爱。犹太家长经常告诉孩子们不能总想着自己，也要多想想别人。应该以开朗豁达的心境、热情友好的态度，去尊重他人，理解他人，关爱他人，帮助他人。

在人生的道路上，我们需要感情的理解、安全的庇护、精神的安慰、生活的照顾、行为的支持。苦恼的时候，希望别人能接受自己的倾诉；成功的时候，希望别人能赞赏自己的成绩；危难的时候，希望别人能伸出援助之手；困惑的时候，希望别人能给予指点……

等待狼的灭亡

亲和是人们在交际应酬里，往往因为彼此间存在着某种共同之处或近似之处，从而感到相互之间更加容易接近。而这种相互接近，通常又会使交往对象之间萌生亲切感，并且更加相互接近，相互体谅。

在说明这个道理时，犹太父母通常给孩子们讲这样一个长长的故事。

有那么一座山，山清水秀，丰庶富饶，半山处最好的地方生活着一群羊，羊们守着天赐的足水足食，过得很舒服，以为自己就是这山上唯一的统治者。直到有一天从山顶忽然冲下来一群狼，羊们在损失惨重后才意识到山顶是狼的世界，没有什么比狼更有威胁了，羊们的日子开始暗无天日。老羊头领是个投降派，一味地为了保命不予抵抗，甚至还把不听话的小羊送入狼口，这么一来，羊们觉得攘外必先安内，于是造了老羊的反，新一代羊领袖诞生了。

这个领袖有着"过羊"的智慧和"惊羊"的胆识，羊们像崇拜水源一样的崇拜他，都尊称他为"阿水"，特别是阿水领着众羊奇迹般地打退了一次狼的进攻后，羊们更加发疯似地爱戴他，家家户户都挂着阿水的肖像，言必称阿水，阿水说的话被印成了小册子，每羊一本，广为流传。但是狼依旧在吃羊，羊们没有还蹄之力，整日里东躲西藏的，羊们活得十分辛苦。终于有一天，阿水召集众羊开会。阿水说他和狼们有了一次谈判，狼首领同意由阿水每天提供给狼足够的羊，这样狼就不再下山来捕羊了，在狼吃饱的前提下，羊们可以过一种相对平安的日子。羊们被这个谈判结果震惊了，因为这样每天就将有不少数量的羊被送上山吃掉，那么羊们最终不是全被吃完了嘛，阿水为什么要同意这样做呢？但是羊们还是相信阿水的权威，他是几百年来羊群中罕见的睿智的领袖，羊们仰望着阿水，希望他只不过是说了一个玩笑。

阿水语气沉痛但十分刚毅地说，这是一个没有法子的法子，这不是玩笑而是即将实行的法律。阿水说他将亲自组建一只铁血执行队，每天所有的成年羊都要参加抓阄，抓到的羊不能有异议，由铁血执行队送上山顶去给狼吃。铁血队的羊也毫不例外，也要参加抓阄，只不过为了不影响任务的执行，每天轮流派铁血队的一只羊参加。阿水说自己和未成熟的小羊不参加抓阄。阿水不抓阄并不是因为他怕死，阿水说他若死得太早这方法就无法推行，等到阿水挑选出新的有足够毅力和决心来继续实行其方法的新羊类领袖时，阿水将不抓阄就自行上山去送给狼吃。讲到这里，阿水已是泪流满面，羊们都被震撼了。为了那个崇高而壮丽的梦想，羊们热血沸腾。终于，羊们全体通过阿水的新法律，那就是每天送10只羊给狼吃。在阿水的提议下，考虑到要照顾母羊和小羊的合法权益，每天只要求一半的母羊参加抓阄，小羊则除非是狼特别提出要吃羊羔餐，否则不能参与抓阄。

此外，还有一些补充细则也在阿水的建议下秘密讨论通过，比如，羊们要致力于烹饪事业，尽管羊不吃荤，但手艺不可不练；又比如，羊们要致力于生育事业，鼓励多生，只要能生，就要不停地生下去。再比如，羊们要加强外语学习，特别是狼的语言，要作为羊的第二语言普及教育等等。日子就这样一天天过去了，狼和羊的世界都在悄无声息地发生着变化。

首先是羊的数量飞速地增多了，狼们再能吃，每天十只大肥羊也足够了，想想以前穷追猛打下来，一天也不见得能扑到几只羊，狼们现在的日子简直像天堂一样。而羊呢，除了抓阄时凄惨一点外，其余的时候，羊们不再担惊受怕地左躲右闪，一日三餐两觉过得极有规律，身体都健壮起来，半山坡又不缺水草，羊们吃饱喝足后可以放心大胆地生儿育女，到后来每天出生的羊发展到几十只乃至上百只。狼呢？狼本来就不如羊会生，而且狼们比较文明，狼们一定要相爱才生孩子，不像羊那样无后为大，加上每只狼都过得很舒服，物质生活水平一高，精神生活就更上档次，狼们不愿意为了生育孩子而让自己辛苦不堪，所以慢慢的狼社会开始流行丁克家庭。许多年轻狼都声称这辈子只要两狼世界。

这时候，羊的数量已经多得不能在半山坡上住下了，有本事、有条件的羊都开始千方百计谋求到山顶狼的世界，虽然那个世界与他们的家园是那么的不相同，但是好歹可以换个身份，成了狼以后就不用再遵守羊国的法律，至少没有日日抓阄的恐惧，就算是在羊国当大款也比不上在狼国当小厮啊。

就在阿水的孙子顺利成为第一个留学狼国的羊的那一年，阿水去世了。他选了一只被尊称为阿山的年轻羊作为下一任头领，阿山完全明白老头领的计划，他在老头领在世时就是法律最忠实的执行者。

狼世界的变化愈来愈大，主要是由于大多数狼不用捕食，一天到晚什么事都不干，一闲古怪就多，狼的后代们开始变得叛逆怪异。最突出的是有一批自称为护羊党的狼出现了，他们要求不再歧视在狼国生存的羊，要给具有狼国籍的羊们和狼一样的权利，狼和狼国籍的羊应有平等地位等等。甚至还说，羊是狼的朋友，号召众狼抵制吃羊。狼集中全部精力，一门心思收拾兔子，就算不吃羊也饿不死。

最后一只纯种狼的去世，在狼国并没有受到关注，但是在羊国，却引起了地震般的轰动，因为羊领袖（第四代领导）大草宣布，已是到了打开老首领阿水留下的盒子的时候了。这时距阿水时代已差不多有百年，阿水当年当着众羊声称他要将狼从山顶上赶走的故事几乎已成了神话，现在居然神话在现实中实现，每只羊都激动地聚到了安放阿水遗体的灵堂里。

大草无比崇敬地从阿水棺中小心地取出了盒子，打开来，拿出一张已经发黄发脆的纸，上面写着密密麻麻的字。大草的嗓子微微有些发颤，但声音还是清晰可辨的：

"我的子孙们，我的后代们，你们如能听见下面我要说的话，那就说明我的梦想终于实现了，我从心底坚信这一点，真的到了这一天时，我在九泉之下也会大笑。我的方法，想必聪明的你们已经猜到了。是啊，我们是羊，狼吃羊是天道自然的规律，而如果我们和狼比拼武力，则千代万世都逃不脱被吃的命运，所以，唯有忍得了一时，用我们羊最厉害的武器去谋求长远的胜利。而我们的武器是什么？那就是亲和。我们所谋求的最终胜利是什么呢？那就是再也没有吃羊的狼存在。我们一定要对狼亲和，学会忍让，要学会他们的生活，要渗透到他们中间，甚至要变成他们的样子。我坚信，若论生命的坚韧力和适应力，我们羊比狼要强。为了生存，我们能忍受千辛万苦。狼本来也是善于生存的，可是，如果我们让他们过得越来越舒服，他们的生活能力就会越来越弱，他们最后就不得不什么都依赖我们，我深信最后连生育繁衍他们都将不得不依靠我们，那么到了那个时候，羊征服狼的日子就不远了。"

羊群因为听了阿水的话，最初忍受了狼的霸道，牺牲了部分羊的生命，而最终换来的是永久的平静生活。由此可见，亲和的力量是无穷的。

亲和是人们在交际应酬里，往往会因为彼此间存在着某种共同之处或近似之处，从而感到相互之间更加容易接近。而这种相互接近，则通常又会使交往对象之间萌生亲切感，并且更加相互接近，相互体谅。交往对象由接近而亲密、由亲密而进一步接近的这种相互作用，有时被人们称为亲和力。犹太人很早就意识到了这一点的重要性，并且身体力行。家长应该从孩子小时候就注意对他们亲和力的培养，可以让孩子在今后的人生道路上更加具有亲和力，与人为善，有所作为。

不许和任何人说

能够守口如瓶的人才是善于处世的高手。

从前有一个国王，对手下的臣仆说了一个秘密，他嘱咐他们不能对任何人说。这个秘密在他们中间保存了一年多没有讲，可是有一天，这个秘密还是被传了出去，并且立即传遍了大街小巷。国王对此很愤怒，叫刽子手把手下的臣仆一律斩首，决不留情面。

一个臣仆请求道："国王啊！请您别乱杀我们，秘密泄露出去错不在我们，而是您的错误。这好比洪水泛滥，而您正是洪水的源头，你没有截住它，才使今天白浪滔天。你心中的秘密本来就不应该对别人说出。古人说得好：要想保守秘密首先要自己当心。秘密只要不说出口永远是秘密，一旦出口那便由不得自己。"

在处世智慧中，犹太人很强调为人保守秘密，认为能够守口如瓶的人才是善于处世的高手。保守秘密是一个人是否值得信赖的试金石，犹太人常常把人的价值用保守秘密到何种程度来予以计量。同样，他们认为没有秘密就不算真正的儿童时代。秘密的存在可以帮助儿童的成长。但是，保密与撒谎之间的痛苦挣扎，始终会伴随着拥有秘密的儿童。

犹太人告诉孩子许多的格言，说明保守秘密的重要性：

"听到秘密很容易，但要将之保存下来则是很困难的。"

"有 3 个以上的人知道的消息就不能称之为'秘密'了。"

"只有傻瓜和小孩不能保守秘密。"

在众多犹太人守秘的格言中，犹太人最喜欢的是："喝下秘密这种酒，舌头就会跳起舞来，所以应该特别小心。"

巴斯·莱维林和范梅南教授把人与人之间的秘密分成三种类型：生存秘密、交际秘密和个人隐私。世界上没有两个完全相同的人，每个人对他人来讲，都是一个程度不等的秘密存在，在这种意义上，他人的存在永远是一个神秘的生存秘密。此外，人与人之间交往会受到语言和思想等各方面的限制，人们往往不可能充分地表达自己，不可能达到完全的交流与沟通，因此，人与人之间也存在着交际秘密，实际上，交际秘密就是人不能充分向别人表达的部分，是人不能充分理解的部分。个人秘密则是人可以诉说，但是不愿意向别人诉说的事情。

个人秘密会影响人际关系，人们通常会把秘密告诉自己信赖的人，围绕着秘密的知晓者之间是亲密关系，而被秘密排斥在外的，则有可能是排斥关系甚至敌对关系。

孩子们的秘密多种多样，有不让父母知道的秘密、有不让朋友知道的秘密、令人难以理解的幻觉秘密、藏身或脱身的秘密场所、被人出卖的秘密、被人信任的秘密以及与其他重要的人共同拥有的秘密。

一项心理研究发现，只有 6～9 岁的孩子才会经常去思考该不该把秘密泄露出去的问题。10 岁的孩子就会用友谊的标准来衡量自己的行为。12 岁的孩子就越来越能够感觉到自己有为他人保守秘密的责任，他们认为，泄露他人的秘密就意味着自己失去一份友谊。如果他们泄密，会受到朋友和良心上的谴责。

犹太人认为当一个人得知一个秘密时，都会沉不住气地想把那一份秘密透露出去，并且认为这是人之常情。因为一个人拥有某种秘密时，他希望可以借此引人注意。每一个人都喜欢打探别人的秘密，同时也希望吸引众人注目的眼光。说出秘密时，必定会受到大众的注目，而使人觉得高人一等。但是，犹太人又认为，当一个人从朋友甲处听来一件秘密，再将此秘密转告给乙时，表面上似乎非常信任乙，事实上却不是这样。他非但不信任乙，而且也已经辜负了朋友甲的信任。为此，拉比教育犹太人说："只要秘密仍在你手中，你便是秘密的主人；但当你说出秘密后，便会成为它的奴隶。"

在日常生活中，犹太人保守秘密，为人守口如瓶，常常表现为对别人隐私的尊重。

有一次，占卜者巴拉姆去诅咒以色列人，可是，一看到他们的营地，他就开始为他们祈祷。原来，巴拉姆看到以色列人的帐篷并非彼此正对着，他认为他们尊重彼此的隐私，所以为他们祈祷。

犹太人把对隐私的高度尊重诉诸法律，防止对隐私做任何方式的探查。为了尊重别人的隐私，犹太拉比告诫人们说："在他宣誓的时候不要向他提问。""当你的朋友愤怒的时候，不要试图安慰他。""尸体还停在他面前的时候，不要试图消弭他的悲伤。""在他不幸的时候不要坚持去看他。"

《犹太法典》规定，如果一个人的屋顶特别高，高到可以俯瞰邻居的庭院，他应该在屋顶周围修建足够高的栏杆，以拦住视线，使自己看不到人家的庭院。

拉比们是这样解释特殊规定的：庭院的主人只在特定的时候使用自己的院子，可屋顶的主人却没在特定的时间使用他的屋顶。庭院的主人没法知道屋顶的主人什么时候到屋顶上来，这样庭院的主人就没法不让人看到自己在院子里，也没办法保护自己的隐私。

所以，每一个犹太父母都会教育小孩要尊重别人，尊重他人不同的生活习惯，保守别人说给自己的秘密。只有这样，才能成为一个值得别人信赖的人，成为一个人人尊敬的人。

无朋友，毋宁死

> 两个人总比一个人好。
>
> 人应交友以便能跟他一起读《圣经》，一起研习《密西拿》，一块吃饭，一同饮酒，并向他吐露心曲。（《塔木德》）

犹太人认为，人需要有朋友一起吃饭，一起喝酒，一起学习《圣经》，一起学习《塔木德》……给自己找个朋友，对他倾诉心底所有的秘密——关于《圣经》和世俗生活的秘密。

《塔木德》里有这样一个故事：画圈者豪厄生活于公元前5世纪的罗马帝国早期。他不但是位著名的学者，还被认为是魔法师，尤其擅长求雨。他的绰号"画圈者"大概来自他求雨时最壮观的技艺表演：他在地上画一个圈，和他的祈祷者一起站进去，雨不多不少正好满足庄稼的需要。当雨下够了，他就再祈祷，雨就停了。

有一天画圈者豪厄看到有个老人在栽豆荚树。他问那人需要多长时间这棵树才能结果子，那人回答说要70年。

豪厄坐下来吃东西，觉得昏昏欲睡，他躺下睡着了。他周围的石头升起把他遮在里面，他一口气睡了70年。

醒来的时候，他看见有个人正在摘树上的果子。

"你是栽这棵树的人吗？"豪厄问。

"不，我是他的孙子。"那人说。

"那么我睡了70年！"豪厄惊讶地叫起来。

豪厄回到原本自己生活的地方。

"画圈者豪厄的儿子还活着吗？"他问那个地方的人。

"他的儿子不在了，"人们说，"不过他的孙子还活着呢！"

"我是画圈者豪厄。"他说，但是没人相信他。

豪厄不得不离开家，来到他学习的地方，他看到很多学者正在一起学习。

"法律对于我们就像在画圈者豪厄的时代一样清楚，"他听见学者说，"因为不论什么时候豪厄来到学习的地方，他总能澄清学者们阅读文本时遇到的问题。"

"我是豪厄。"他兴奋地对他们大声说。

但是学者们不相信他。

豪厄受到深深的伤害，他祈求死去。他的祈祷得到回应，他死了。

于是便有了谚语："要么结成伙伴，要么死去。"从这个悲剧可知，友谊犹如生命的阳光，缺少友谊，不如死去。犹太先贤对此认为，要么和朋友在一起，要么去死。

《塔木德》中还记载了这样一则故事：

有个富翁生了10个儿子，他计划自己去世的时候给他们每人100第纳尔。

可是，随着时光流逝，他只剩下950第纳尔。所以他给前9个儿子每人100第纳尔，对最小的儿子说：

"我只剩下50第纳尔了，我还得留出30第纳尔作丧葬费。我只能给你20第纳尔。不过，我有10个朋友，准备都给你，他们比100个第纳尔好多了。"

他把最小的儿子介绍给朋友们，不久就死去了。

那9个儿子各自谋生，最小的儿子也慢慢地花父亲留给他的那点钱。当他只剩下最后一个第纳尔的时候，他决定用它请父亲的10个朋友美餐一顿。

他们一起吃啊喝啊，纷纷说："在这么多兄弟中他是唯一还记得我们的人。让我们报答他对我们的好意。"

于是，他们每个人给了他一只怀了牛犊的母牛和一些钱。母牛产下小牛，他卖了牛犊，开始用换回来的钱做生意。最后他比自己的父亲还富有。

然后他说："我父亲说朋友比世上所有的钱都珍贵，这话一点都不假。"

朋友的可贵之处在于，他总在你最需要帮助的时候出现，救你于水火。中国有句俗语说"患难见真情"，就是这个道理。

在犹太人看来，朋友比世上所有的金钱都珍贵，为了朋友，甚至可以牺牲生命。

有两个亲密的朋友，由于战争受阻，被分隔在两个敌对的国家。

有一次，其中的一个去看望另一个，结果被当作间谍囚禁起来，判了死刑。

他乞求国王发一次善心。

"陛下，"他说，"您让我回自己的国家用一个月时间料理好后事，月底我就回来接受死刑。"

"我怎么能相信你还会回来？"国王说，"你给我什么保证？"

"我的朋友可以保证，"这个人说，"如果我不回来，他可以替我死。"

国王把这个人的朋友找来，他的朋友对这个条件表示同意。

到了一个月最后一天，太阳已经落下去了，那人还没有回来。国王下令把他的朋友处死。就在刀即将落下的时候，那个人飞快地赶回来了，把刀搁在了自己的脖子上。可是他的朋友阻止了他。

"让我替你死吧。"他请求道。

国王被深深地感动了。他下令把刀拿开。

"既然你们有这么深的爱和友谊，"他说，"我恳求你们让我也加入进来吧。"从那一天起，他们都成了国王的朋友。

忠诚的朋友是可靠的避难所。中国名言说得更妙："人生得一知己，足矣！"

犹太人相信一种东西和另一种东西接触时，一定会互相影响、互相渗透。

同样道理，当一个人和另一个人接触时，一定也会产生出同一种现象——甲的一部分进入乙的心中，乙的一部分进入甲的心中，但两个都毫无感觉。丑恶和善良都可能潜移默化地进入人的内心深处。

犹太人对于交友是非常慎重的。每当他们遇到一个人时，他们都会思索一个问题：应该花多少时间接触那个人？又该沾上多少他的习性呢？

但是，犹太人又认为没有朋友的人就如同失去手臂一样。因此，他们把朋友分成三种：第一种是像面包的朋友，这种朋友是经常需要的；第二种是像菜的朋友，这种朋友是偶尔需要的；最后一种是像病的朋友，这种朋友应尽量避开。

没有一个人能独自成长或独自堕落，所以在犹太人看来，寻求一个适合自己的朋友是人生中一件很重要的事。

正如犹太格言所说："走进香水店，就是什么都不买，也会沾上芳香的气味。"

第 八 篇

进取：塑造完美的自我

自己爬台阶

　　自己的事情一定要亲自去做。哪怕你完成得没有别人好，那终归也是你自己的劳动成果。只有一次一次的不好，才能换来以后的完善。如果总是依赖别人，那么你的一生将始终与贫穷和低声下气为伴。孩子有了自己的能力和地位后，与家人和社会的沟通才会变得更容易，才更能适应周围环境的变化。

　　洛克菲勒家族仅在1974年资产总额就已经达到3305亿美元。纵观创始人约翰·戴维森·洛克菲勒的成长历程，他所取得的成就无不归功于其父母的严格要求和其自身的独立。洛克菲勒从小家教严厉，平时靠给父亲做"雇工"挣零花钱。清晨他便到田里干农活，有时还帮着母亲挤牛奶。他有一个专门用于记账的小本子，将自己的工作按每小时0.37美元记入账，然后再与父亲结算。他做这件事做得很认真，因为感到既神圣又趣味无穷。更有意味的是，洛克菲勒的第二代、第三代乃至第四代，都严格照此方法办理，而且还要定期接受检查，否则，谁也别想得到一分钱的零花钱。

　　洛克菲勒的家长让孩子这样做并非家中一贫如洗，也不是父母有意苛待孩子，而是为了从小培养孩子艰苦自立的品格和勤劳节俭的美德。那小账本上记载的不仅仅是孩子打工的流水账，更是孩子接受考验和磨难的经历！

　　犹太父母从小便教育孩子，自己的事情自己做，只有这样才能适应环境变化，使自己不断成熟起来，从而走向成功。

　　从前有一个犹太商人有两个儿子。父亲宠爱大儿子，他想把自己的全部财产都留给他。但是母亲很可怜小儿子，她请求丈夫先不要宣布分财产的事。她总想找个办法让两个儿子分得平均一些。商人听从了妻子的劝告，暂时没有宣布分财产的决定。

　　有一天，母亲坐在窗前哭泣，一位过路人看见了，就走上前来，问她为什么哭得这么伤心。她说："我怎么能不伤心呢？对我来说，两个儿子都一样亲，可是我的丈夫却想把全部财产留给大儿子，而小儿子什么也得不到。在我还没想出帮助小儿子的办法以前，我请求丈夫先不要向儿子们宣布他的决定。但是我到现在也不知道怎样才能解决这个烦恼。"过路人说："你的烦恼其实很容易解决。你只管让丈夫向两个儿子宣布，大儿子将得到全部财产，小儿子什么也得不到。但以后他们将各得其所。"小儿子一听说自己什么也得不到，就离开家到耶路撒冷去谋生了。他在那里学会了许多手艺，增长了知识。而大儿子一直依赖父亲生活，什么也不学，因为他知道，他是富有的。父亲去世后，大儿子什么都不会干，最后把自己所有的财产都花光了；而小儿子却在外面学会了挣钱的本事，变得富裕起来。

　　实际上，在不少发达国家，对在校学习的孩子要求也是非常"刻薄"的。在日本，许多学生利用课余时间，在饭店端盘子，洗碗，做家教，在商店售货或照顾老人等，以此挣钱交学费及零用。美国人一贯教育孩子自主自立，七八岁的小孩就成了"小商人"，出售他们的"商品"来挣零用钱。美国中学生有个口号："要花钱自己挣。"每逢假期，他们就成了打工族，自食其力。

今天的孩子是21世纪的主人。在这个充满竞争、复杂多变的快节奏的现代社会，要求每一位社会成员都要具备较强的应变能力。而现代家庭里的孩子大多是独生子女，物质生活相对优越，许多事情都由大人包办，衣来伸手，饭来张口，孩子在这样的环境中免不了失去独立生活的能力。这对以后孩子参与社会竞争是十分不利的。因此为人父母者要从小就培养孩子的独立能力。家长应该让孩子成长为一棵独立支撑、独当一面的大树，而不是靠大树遮风挡雨的、经不起风吹雨打的脆弱小草。

有一个1周岁左右的小男孩，被年轻的妈妈牵着小手来到公园的广场前，等到要上有十几个阶梯的台阶了，小男孩一下子挣脱开了妈妈的手，要自己爬上去。他用胖胖的小手向上爬，他的妈妈也没有抱他上去的意思。当他爬上两个台阶时，他就感到台阶很高，回头看一眼妈妈，妈妈没有伸手去扶他，只是眼睛里充满了慈爱和鼓励。小男孩又抬头向上看了看，他放弃了让妈妈抱的想法，还是手脚并用小心地向上爬。他爬得很吃力，小屁股抬得老高，小脸蛋也累得通红，那身娃娃服也被弄得都是土，小手也脏乎乎的，但他最终爬上去了。年轻的妈妈这才上前拍拍儿子身上的土，在他那通红的小脸蛋上亲了一口。这个小男孩就是后来的美国第16届总统——林肯。他的母亲便是南希·汉克斯。

不言而喻，人的一生有无数级台阶——学习、工作和生活。可是如何面对和攀登这些人生的台阶呢？对于孩子，是牵着手、搀扶着上，还是抱着上？不同的父母会有不同的答案。显而易见，如果家长牵着、搀扶着孩子，就会使孩子产生依赖性，常常把父母当成拐棍而难以自立。如果家长抱着孩子上台阶，把孩子揽在襁褓里，那么，孩子就会成为"被抱大的一代"，不经风雨，不见世面，更难立足于社会。平时，孩子饭来张口，衣来伸手，上学接送，晚上陪读，甚至考上大学父母还要跟着做"保姆"。孩子大学毕业后找工作，又得父母跑单位，当"职介"……这样，孩子是很难自立，大有作为的。

犹太父母认为，再富也不能富孩子，我们也不妨让孩子吃点苦，有"台阶"让他自己爬。这样，孩子才能"一鼓作气"，攀上光辉的顶点。

什么是美的，什么是丑的

美感教育又称审美教育。它主要是通过艺术手段，或者借助于大自然和社会生活中一切美好的事物对人们进行有计划、有目的的教育。

犹太人是这样认为的，也是这样来教育其子女的。犹太孩子经常听家长讲下面这个故事。

德国法学家卡尔·威特的父亲很讲究住宅的布置，在住宅里，决不放置任何没有情趣和不和谐的东西。墙上糊着使人心情舒畅的壁纸，上面挂着经过自己精心挑选的有镜框的画。室内摆设的各种器具都很有情趣，决不摆设与周围物品不搭配的东西。如果人们赠送的礼品和自家的陈设不和谐就决不摆出来。穿衣服也是这样，父亲反对花哨的服装，不仅要求自己这样，而且要求孩子也穿着朴素、雅致、衣帽整齐，打扮得干净朴素。在住宅的周围，父亲砌上雅致的花坛，里面种上四季常开不败的花卉，但同样不种植没有情趣和与周围环境不和谐的花卉。父亲十分注意培养威特的文学爱好，结果使得威特成了了不起的文学通，几乎背下了所有的名诗，而且很早就会写诗，后来又成了研究但丁的权威。父亲还注意陶冶孩子的感情。威特三岁时候的一天，他看到一条狗跑过，他象其他孩子喜欢做的那样，一把拽住狗的尾巴，把它拉到自己身边，这个举动正巧被父亲看见。于是父亲拽住威特的头发，脸色吓人，揪住不放。威特吃了一惊，把拽着狗尾巴的手放开了。这时他父亲也把手放开了。然后说："威特，你喜欢被人拽着头发吗？"威特红着脸说："不喜欢。""如果是这样，那么对狗也不应当那样。"在父亲的教导下，威特终于成为一个感情丰富、心地善良、情趣高雅的人。

犹太人认为，孩子大部分时间是在家庭中度过的，因此对孩子进行美感教育应先从家庭开始。日常生活中，只要我们对孩子进行细致的观察就会发现：刚出生几个月的孩子就喜欢看色彩鲜艳的会动的物体，他们听到有韵律的乐曲会停止哭声。1~2岁的孩子对穿颜色好看的新衣服会流露出愉快的表情，喜欢听别人夸奖他好看之类的话。学龄前儿童则多伴以新奇作为评判美与丑的标准。儿童表现出的对某一事物所持有的喜爱度，是他们最初对美的感受能力的原始反应。因而对儿童进行的审美教育应该从出生后不久就开始。当孩子处在婴儿时期时，家长有目的地在他视觉所能触及到的范围内，悬挂一些色彩艳丽的气球、形象可爱的玩具、简洁明快的图片，这虽对孩子的审美教育不可能有即时效果，但对他形成最初美的感受能力有着不可低估的作用。

在日常生活中，家长要经常帮助孩子提高鉴赏、评判美的能力，告诉孩子什么东西是美的，什么是丑的。同时家长在平时不论是与成年人交谈，还是和孩子们说话，都要注意自己的言语对孩子产生的影响。行为举止要符合社会文明规范，待人接物要彬彬有礼。不要说粗话、脏话。从小就对孩子进行文明礼貌教育，使孩子养成良好的习惯。

随着孩子的成长，知识的逐渐积累，生活经验的不断丰富，他们对美的感受能力也会有所提高，但毕竟还不成熟，在感知美的过程中具有表面性、情绪性和模仿性的特点。即他们对事物的认识往往是停留在物体外表的形状、色彩上，不能理解美的内在涵义。他们经常以是否认识感知对象或是否对它感兴趣作为评判的依据。儿童善于模仿的特点，导致他们在感受美的过程中出现严重的从众心理。鉴于孩子的这些特点，家长在对孩子的教育中，须从孩子的生活实际出发，具体地加以培养和指导。

对学龄前儿童的美感教育，是不能一蹴而就的，家长必须身体力行，时时做有心人。首先，在家庭的室内布置上要注意色彩协调而不繁杂，整洁而有条理，美观而不入俗套，让孩子在其中享受到一种协调的美。全家和睦相处，尊老爱幼，给孩子心理上充分的安全感，产生愉悦的情绪体验，时时体味到家庭所特有的温馨，这些对于孩子审美情趣的形成和发展、高尚情操及健康审美能力的形成都有很大的帮助。

随着孩子年龄的增长，家长也要逐步扩大审美的内容。带孩子走出家门到大自然中领略自然风光和造型优美的建筑，参加有特色的音乐会，阅读优秀的儿童作品，欣赏五彩缤纷的展览等，激发孩子对美的事物的情感流露，启发他们把对事物现象美的认识发展到对事物本质美的认识。

犹太家长认为，培养孩子的审美意识，这样既能丰富孩子的精神生活，陶冶情操，也能起到发展孩子智力的作用。

美是到处都有的，对于我们的眼睛不是缺少美，而是缺少发现。如果我们不想让孩子成为"美盲"，那么仅仅带他们到自然环境中去是很不够的，还要引导、培养他们热爱自然和注意知识的陶冶。

有人认为，自然美是客观存在的，只要有眼睛和耳朵，就都能感受和理解美了。其实不然。美学史上有一首题为《美盲》的诗，描写一农妇置身于枫林夕照、画眉清音、美丽如画的境界中，却视而不见，听而不闻，对此美景无动于衷。如果撇开诗中嘲讽劳动妇女的意思，人们对自然美的欣赏不确实需要具备一定的审美能力和艺术修养吗？既然这样，那么如何使孩子有一双审美的眼睛呢？

犹太人认为，幼儿思维的主要特征是通过具体形象来认识事物进行联想的。培养孩子认识自然美的能力，要从他们思维的特点出发，从一花一木，一山一水入手，采取由表及里、由浅入深的方法引导。

首先，让孩子认识自然界外部的特征美。拿颜色美来说，自然界中可谓是五光十色。黄菊花、红玫瑰、粉杜鹃、白水仙、争奇斗艳、媚态百生。不同种类的动物也以特有的色彩装扮自己，金龟子金光闪烁，红蜻蜓通透鲜红，大熊猫黑白分明，孔雀开屏更是灿烂夺目。节假日带孩子到公园或郊外，以自然界提供的天然色彩为教材，给孩子讲解颜色的种类和特点，相互的关系，以及各种颜色构成的自然画，从而能给孩子以美的享受，提高孩子感受自然美的能力。自然界形态美也极其丰富：挺拔的青松，巍峨的山峰，给人以不同的造型美；奔腾的江河，咆哮的大海，给人以锐不可挡的力量，表现出磅礴的气势美……面对自然界各处独具一格的形态美，只要家长引导得法，孩子必将从中吸取美的养料。

其次，运用知识提高孩子审美能力，可从多方面入手。比如：建筑美的欣赏。建筑艺术历来被称作"凝固的音乐"。那些造型精巧、风格多样的古今中外建筑，以其巧夺天工而被世人赞叹。我国是建筑艺术驰名世界的国家，在辽阔的国土上，有数不胜数的宫殿、寺院、石碑、桥、塔、楼、台、亭、阁、轩、廊，像明珠一样灿烂夺目。平时，家长只要有机会就可进行审美教育。在观赏时，先让孩子看到建筑物的全貌，讲解建筑物的布局、功能、结构、色彩、造型上的特点，使孩子真正感受到古代建筑宏伟、气势的美。有的古代建筑和风景胜地还有动人的神话传说，让孩子了解这些故事和传说，既可增长知识，又能激发孩子的想像力，使审美有一定的广度和深度。

家长们要积极利用并创造各种条件，用知识启迪孩子感受美、发现美、欣赏美的能力，全面提高孩子的审美能力。

我要负责任

责任感，是一个人日后能够立足于社会、获得事业成功与家庭幸福至关重要的人格品质。不论孩子有什么过失，只要他有一定的能力，就应当让他承担责任。自瞒自欺其实很容易，但是却无法逃离世人锐利的眼睛。因此，自己的责任一定要自己负。

古代的拉比们说过："好事可以分享，但是自己的责任一定要自己负。"因为不管是把事情推给别人，还是归咎于环境；自己的责任仍然存在而无法消失，所以犹太人从不把责任推给别人，而是自己动手去做。

关心和爱护孩子是所有父母的天性。可是，很多父母在关心、保护孩子的同时，却忽略了孩子是需要学会承担责任的。他们总是怕孩子为难，怕孩子辛苦。于是，有的家长替孩子做值日，有的替孩子洗衣服、洗袜子，更有甚者替孩子做家庭作业……长期这样，孩子不知道怎样自己照顾自己，更谈不上对他人、对社会的责任感了。犹太人认为在这种家庭环境中长大的孩子，由于从小就受到过多的呵护，不会动脑筋，一方面他们会变得自我意识很强，处处都以自我为中心；而另一方面，他们对周围的人和事经常表现出漠不关心的态度，缺乏基本的责任感。

70多年以前，有一位11岁的美国男孩踢足球，一不小心踢碎了邻居家的玻璃，人家向他索赔12.5美元。那个时候，12.5美元可不是个小数目，可以买125只鸡蛋。闯了大祸的美国男孩向父亲认错后，父亲让他对自己的过失负责。儿子为难地说："可是我没有钱赔人家。"父亲说："我先借给你12.5美元，一年后你必须把钱还我。"从这以后，这位美国男孩开始了自己艰苦的打工生活。经过半年的努力，小男孩终于挣足了这12.5美元，把钱还给了父亲。这位男孩就是已经故去的美国前总统里根。他在回忆这件事时说，通过自己的劳动来承担过失，使我懂得了什么叫责任。

犹太人认为，孩子有了过失的时候，恰好是父母对其进行教育的良机。因为内疚和不安使他急于救助，而此时明白的道理有可能刻骨铭心。不论孩子有什么过失，只要他有一定的能力，就应当让他承担责任，这才是现代父母的真正爱心。同时，犹太父母还经常给孩子们讲这个故事，以告诉他们具有责任感能为别人，同时也能为自己带来幸福。他们让自己的孩子切记："我应该负责任。"

从前，有个犹太人开设的公司在中国招聘员工，他们在面试的房间里故意把一个椅子倒放在地上，用以观察应聘人员的反应，是否能把椅子扶起来成了能否进入复试的第一道题目。可见，缺乏责任感的人是不可能在现代社会立足的。也许有的家长会说："孩子还小，长大后他们就知道该怎么做了，不要对孩子要求太高"。然而，他们却忽略了孩子的责任感是在生活中一点一滴地形成的。平时把所有事情都为孩子安排好的家长，希望孩子能在某一天突然变得有责任感，这无异于白日做梦。

放弃自己的责任是上帝所不宽恕的事情，所以犹太人在现实的生活中，从不逃避自己的责任。为了负起自己的责任他们甚至可以倾家荡产，可以牺牲性命。正是因为犹太人在任何时候都不会放弃自己的责任，所以他们在别人心中讲究诚信，在商场注重契约。

有一个犹太人，接到美国芝加哥一个食品公司3万个刀叉餐具的订货单，双方商定的交货日期是9月1日。这个商人必须在8月3日从本港运出货物，才能在9月1日如期交货。但是，由于发生一些意外，这个商人没能在8月3日赶制出3万个刀叉餐具。这位犹太商人陷入了困境，但他丝毫没有想到要给对方写封情真意切的信，要求延期交货并表示歉意，因为这本身就是违背契约，不符合犹太商法，并且也是逃避责任的做法。结果后来，这位犹太商人花巨资租用飞机送货，3万个刀叉如期交货了，这位犹太商人也因此损失了1万美元。

在犹太人眼中，人是永远无法逃避责任的。但是责任感不是天生的，孩子的"先天"不足，不应该责怪孩子，它应归咎于我们的家庭教育。许多父母对孩子在生活上呵护备加，而对责任感的教育却严重不足。他们认为孩子还小，长大会慢慢意识到的。有一位年轻的母亲对儿子自私、不合群发愁，她去请教生物学家达尔文。达尔文问："你的孩子多大啦？"她回答说："快4岁了！"达尔文马上严肃地说："对不起，你对孩子的教育已经晚了快4年了！"这则故事告诉我们，对孩子责任感的教育应从小抓起。

不逃避责任，自己的责任自己负，这是犹太人为人处世的一个原则。也正是因为他们这样做了，犹太人才在世界赢得了良好的声誉。孩子是一张纯净的白纸，他一来到世界，就观察大人的一言一行、一举一动。家长们应像犹太父母那样，严格要求自己，做有责任感的好家长，好公民，并时刻以身作则。要求孩子办到的事，自己首先要做到，为孩子树立一个好的榜样。从平时抓起，从点滴做起，让孩子们时时处处去体验。让他们学会去关心他人、热心公益、热爱集体、尊敬师长，使这些行为成为孩子们日常生活的一种习惯，把这些教育作为责任感培养过程中，由浅入深，由低到高，由表及里的阶梯。父母应该让孩子学会为自己的行为负责，以培养他们的责任感。要让孩子懂得，如果是自己办错了的事，就该自己负责任，从而引以为戒，不犯或少犯类似错误。

不要胆小怕黑

胆量、勇气和魄力无疑是这个时代重要的品质。许多成功人士都是依靠勇气在事业上胜人一筹、取得成功的。

居里夫人被称为"镭的母亲"，是世界著名的科学家。她不仅在事业上取得了辉煌成就，而且在对女儿的教育上也非常成功，她的长女也曾经获得过诺贝尔奖。居里夫人一心钻研科学，很晚才结婚。婚后她生了一个女儿叫绮瑞娜。绮瑞娜出世后，居里夫人把她当作掌上明珠，疼爱地叫她"我的小皇后"。每天她都把女儿的体重、饮食和乳齿的生长情况记录下来，就像观察镭一样细致地观察女儿的生长发育情况。绮瑞娜的胆子很小，连雨天响雷她都害怕。居里夫人心想：一个人要在科学上有所发明创造，胆小怕事肯定是不行的。于是她便有意识地注意培养她不怕雷鸣的勇气。一次夜里下着大雨，居里夫人悄悄地到女儿房里一看，绮瑞娜正用被子蒙住头呢！居里夫人掀起被子，把她领到窗前，给她讲雷电的原理。从此，女儿的胆子渐渐大了起来。居里夫人不喜欢孩子们轻率鲁莽，也并不鼓励她们进行杂技式的冒险，但是鼓励她们勇敢尝试。她教育女儿们不要"胆小怕黑"，不许她们在打雷下雨的时候用枕头遮住头，不许怕贼或怕生病。虽然她的丈夫死于车祸，可是她仍旧放心地让孩子们从十一岁起就单独出门。

一般来讲，女孩子比男孩子更胆小一些。胆小的孩子可能有很强的自尊心，她总担心自己受到别人的训斥而不敢去做；胆小的孩子可能有完美主义倾向，她总怕自己做错了什么而不敢去做；胆小的孩子还可能有着强烈的不安全感，她总担心自己会受到伤害而不敢去做。胆小在很大程度上来自于先天，但后天的教育也有着很大的影响。所以，如果能给胆小的孩子一个适宜的家庭环境，他们同样也可以勇敢地去面对生活的挑战。

做父母的都希望自己的孩子具备勇敢的品质，但有些孩子胆子却很小。比如有些孩子，父母不在身边时就会感到害怕，有的孩子怕黑，有的孩子怕"鬼怪"等等。长期下来，这些都会影响到孩子的个性发展，使他们缺乏独立性，甚至会导致某些心理疾病的发生。有些父母往往会在这种情况下训斥孩子，说孩子是"胆小鬼"，甚至给以处罚，这些做法是极不明智的，会对孩子的自尊心造成极大伤害。而且改变不了孩子的胆小状况，反而可能使孩子的惧怕心理更加严重。

一位儿童心理学家说过："儿童产生惧怕心理的原因与成年人一样，关键的问题是成年人懂得如何去应付恐惧，而孩子们却还不知道如何应付。"因此，父母应细心观察，找出孩子产生恐惧的原因，并帮助他们消除恐惧，从而培养孩子的自信心和勇敢的品质。犹太父母在这方面是从以下几个方面做的：

1.注重父母的榜样力量。孩子特别爱模仿自己父母的言行，因而，父母的榜样作用对孩子影响极大，父母应该以自己无所畏惧的形象来影响孩子。此外，父母还应该坦率地承认自己也曾害怕过某些东西，但现在已经不再害怕它们了。这样，孩子就会明白，他并不是世界唯一害怕这些事物的人。让孩子从你的身上知道，这些事物并不那么可怕，是可以被征服的，恐惧的心理便会得到克服。

2.按照孩子的方式消除他们的惧怕心理。孩子们从小就从童话故事和小人书里知道了"鬼怪"的故事，因而他们惧怕"鬼怪"。但是这时给他们讲唯物论是没用的。最有效的办法是对孩子说他是勇敢的孩子，当他在屋里时"鬼怪"是不敢跑进来的，或者说"鬼怪"怕好孩子等。这样，孩子便很容易接受你的话，并消除惧怕心理。

3.了解孩子真正害怕的事。有些时候，孩子们往往言行不一地掩盖他们真正所害怕的事情。比如一些孩子每当父母要外出时总是哭闹不止，不让父母出去，实际上他们是怕一个人呆在屋子里。因此，要细心观察孩子的日常言行，了解他真正害怕的事情，然后对症下药加以解决。

4.从小就培养孩子的独立性，树立他们的自信心。父母不要对孩子过分呵护，相信他们自己能够做到很多我们认为他们难以做到的事情。要经常鼓励孩子自己去面对困难，克服其依赖性，使他们感到自己有能力、有办法应付遇到的问题和困难。

5.不要强迫孩子否认令他们感到害怕的事物及掩盖他们的恐惧感。做父母的要正确对待孩子所害怕的事物。心理学家认为只有当孩子感到你承认他们害怕的东西是客观存在的时候，他才会相信你对解除他的害怕所做的解释。一种非常有效的方法是教给孩子关于某些事物的知识。如有的孩子害怕猫、狗等小动物，父母就可以给孩子讲一些有关这些动物的小故事，并告诉他们这些动物一般不会伤害人，但要学会与它们相处的方法。这样，就可以帮孩子增强安全感。

从以上犹太家长教育孩子的方法上看，要培养出勇敢的孩子，父母们就要从自身做起，并经常与孩子进行沟通，了解他们的真实想法，有意识地锻炼他们的独立性。坚持下去，你就会发现自己的孩子正渐渐成为一个勇于面对困难的勇敢的孩子！

从小爱劳动

> 只有那些既学到了智慧又能维持生计的人，才算是选择了人生的正道。那是一条能给选择者以他人之赞誉和荣耀的道路。

从前，在犹太的一个城镇里有个人上无片瓦，下无立锥之地，自己又无一技之长，没有谋生的手段，每天只有靠在城里乞讨度日，生活十分困窘。那时的城市又不大，他天天走的都是那几条街巷，讨的总是那几户人家。开始，人们出于一种同情心，还给他一点残菜剩饭；时间长了以后，人们就觉得他来的次数太多了，令人生厌，于是谁也不愿意再给他一些食物了。为此，他只有忍饥挨饿的份儿了。恰在此时，有个马医因活太多，忙不过来，需要找一个帮手。这个乞丐便主动找上门去，请求在马厩里给马医打打杂工，以此换取一日三餐。这样，他再也不用沿街乞讨，晚上也不必漂泊流浪，安定的生活使他的日子变得充实起来，干活也格外卖力。可是，又有人在一旁取笑他了："马医本来就是一个被人瞧不起的职业，而你不过是为了混口饭吃，就去给马医打杂、当下手，这不是你莫大的耻辱吗？"这个昔日的乞丐平静地回答："依我看，天下最大的耻辱莫过于寄生虫，靠乞讨度日。过去，我为了活命，连讨饭都不感到羞耻；如今能帮马医干活，用自己的劳动养活自己，这又怎么能说是耻辱呢？"

故事中这个人的生活态度是正确的，劳动没有高低贵贱之分，在任何情况下，都是自食其力好。

犹太人认为只有具备精明和勤奋的人才能有所建树。因此他们把培养孩子爱劳动作为孩子全面发展的一种重要手段，当作早期幼儿教育的重要组成部分。他们要利用幼儿期这个人类身心发展的重要阶段，对他们进行早期劳动教育，让他们在轻松愉快、多种多样的劳动中获得全面发展。让孩子从小就"自己能做的事情自己做"，能增强他动手做事，克服困难的信心和能力，而且有助于培养他们的独立意识。随着孩子年龄的增长，犹太父母还会培养他们为大家做事的良好意识。这样还可以促使孩子神经系统、骨骼、肌肉及各部分器官都得到锻炼，同时培养孩子良好的社会公德。

犹太儿童经常听家长讲这个故事。在炎热的夏天，蚂蚁们仍是辛勤地工作着，每天一大早便起床，紧接着一个劲儿地工作。蟋蟀呢？天天"叽哩叽哩，叽叽、叽叽"的唱着歌，游手好闲，养尊处优地过日子。每一个地方都有吃的东西，满山遍野正是花朵盛开的时候，真是个快乐的夏天啊！蟋蟀对蚂蚁的辛勤工作感到非常奇怪。"喂！喂！蚂蚁先生，为什么要那么努力工作呢？偶尔稍微休息一下，像我这样唱唱歌不是很好吗？"可是，蚂蚁仍然继续工作着，一点也不休息地说："在夏天里积存食物，才能为严寒的冬天作准备啊！我们实在没有多余的时间唱歌、玩耍！"蟋蟀听蚂蚁这么说，就不再理蚂蚁。"啊！真是笨蛋，干么老想那么久以后的事情呢！"快乐的夏天结束了，秋天也过去了，冬天终于来了，北风呼呼地吹着，天空中下着绵绵的雪花。蟋蟀消瘦得不成样子，到处都是雪，一点食物都找不到。"我若像蚂蚁先生，在夏天里贮存食物该多好啊！"蟋蟀眼看就要倒下来似的，蹒跚地走在雪地上。一直劳动着的蚂蚁，冬天来了也不在乎。积存了好多食物，并且建了温暖的家。当蟋蟀找到蚂蚁的家时，蚂蚁们正快乐地吃着东西呢！"蚂蚁先生，请给我点东西好吗？我饿得快要死了！"蚂蚁们吓了一跳。"咦！你不是在夏天里见过面的蟋蟀先生吗？你在夏天里一直唱着歌，我们还以为你到了冬天会是在跳舞呢！来吧！吃点东西，等恢复健康，再唱快乐的歌给我们听好吗？"面对着善良亲切的蚂蚁们，蟋蟀忍不住留下欣喜的眼泪。

培养孩子从小爱劳动是幼儿早期教育的重要组成部分，也是孩子全面发展的一种重要手段。让孩子像故事中的蚂蚁那样，从小就"自己能做的事情自己做"能增强他们动手做事，克服困难的能力和信心，而且有助于培养他们的独立意识。

列宁爱劳动的习惯就是在父母的教育和影响下养成的。列宁的父亲能够熟练地使用镟工工具和木工工具。他教列宁和其他的孩子们手工劳动，男孩子大一点就教他们使用凿子、刨子和其他工具。男孩子们用小锯锯出盛菜的盘子、像框，用硬木头、纸板、箔和锡制作玩具，几乎所有玩具都是孩子们自己制作的。成功使孩子感到劳动的愉快，也使他们更加热爱劳动。母亲教儿女们使用针线，简单地缝补衣服。等女儿们稍大一点就教她们刺绣、编织和缝纫等手工艺活。列宁的姊妹玛利姬总是觉得为手帕镶边这种工作没有趣味，想到院子里去玩。于是妈妈就一边干活，一边用温柔的话劝她留下来做，并给她讲故事来增添劳动中的趣味。最后，玛利姬终于顺利地完成了。此外，母亲还从玩玩具做游戏开始，让孩子自己收拾玩具和小人书，当然也让他们自己穿衣服、自己吃饭；等孩子们稍大一点就让他们帮忙做家务，照顾小弟弟小妹妹。

每年，列宁的母亲都要和孩子们一起用彩纸和硬纸板为新年松树做装饰品。在制作五彩缤纷的装饰物的过程中需要孩子们互相帮助、齐心协力才能完成得好，这里还包含着劳动竞赛，看谁更有创造性，手更巧，制作更精美。集体劳动的方式很多，如帮助大人打扫屋子、整理果园、打扫院子等等。整理果园的劳动更具有乐趣，孩子们在这里观察昆虫的生活习性和植物的生长过程。各种各样绿色的果树、彩色的花朵，使孩子们心旷神怡。所有的孩子都参加为树木花草浇水的劳动，用木桶在井里打水，提着喷壶将水送到指定的地方，既快又好，谁也不叫苦，谁也不甘落后。

劳动教育的目的在于培养孩子做人的基本能力和基本品质。列宁父母的做法就很值得各位家长借鉴。家长们应该意识到如果家长忽视了劳动教育，就是忽视了孩子学做人的最重要的内容和机会，害处很大。另外，进行劳动教育，家长在提高认识的同时，还要解放思想。有的家长怕耽误孩子学习不让他们劳动，但是这些孩子未必会把时间真正用在专心学习上，何况劳动不仅养成好习惯、好品德，还对发展智力有很大好处呢！一旦孩子成了懒人，想让他变勤奋就非常困难了。

一个犹太家长这样讲道："我有七个孩子，家里条件很优越，但为了给孩子更多机会学习各种劳动技能，每年我都要在夏季带孩子到山里去住一段时间，让他们过山里人的生活：喂牛、砍柴、挖水渠、给牛建围栏、给马洗澡。每天要给他们布置劳动任务，为了在劳动中培养他们的责任心，每个人分配不同的工作，让大一点的孩子挖水渠、建牛栏，让小一点的孩子照顾比他更小的孩子，让他们在自己工作的范围内去发现问题，解决问题，学会并懂得如何战胜困难。孩子们从山里回来增加了许多生活经验，认识了各种植物，他们比其他孩子知道的多，还会把山里劳动学会的技巧和解决问题的方法用到学习中去。还有重要的一点就是孩子不怕吃苦了。我的七个孩子都已读完大学工作了，从他们的成长看，我认为我带他们在山里生活的经历对他们有着积极的影响。"

随着孩子年龄的增长，还应培养他们为大家做事的良好意识，这样可以促使孩子神经系统、骨骼、肌肉及各部分器官都得到锻炼，同时培养良好的社会公德。所以，要利用幼儿期这个身心发展的重要阶段，对他们进行早期劳动教育，让他们在轻松愉快、多种多样的劳动中获得全面发展。具体来讲，重视劳动教育要注意三个层面：

首先，劳动岗位应固定。给孩子确定一个长期固定的劳动岗位，如洗碗、铺自己的床等，并规定具体的标准。完成得好应给予一定的奖励。有意逃避劳动的，应与孩子交谈，了解其心理状况，视具体情况加以解决。

其次，随时教授孩子劳动技能。孩子做事常常会越帮越忙，比如洗碗反而打破了碗等，这时不应责备，更不要由此不让孩子做事，而应教给他一些技巧。如有进步，及时鼓励。

再次，选择劳动岗位应有的放矢。这里有两个原则值得借鉴：一是"推进"，孩子有哪方面长处，可以为他选择相关联的劳动活动。如孩子喜欢看母亲做菜，家长可以让孩子试试手。二是"弥补"，孩子有哪方面弱点，则可以选择一些对他弱点进行锻炼的劳动活动。如孩子胆小羞涩，就可以安排让孩子上街购物等。

犹太人认为，无论孩子是聪明早慧还是大器晚成，他们所取得的成绩都和环境有直接的影响，他们所受的教育也与个人是否勤奋努力都有着密切的联系。因此，有意识地培养孩子的劳动习惯，对于今后的发展也是大有裨益的。

尽我所能帮助你

能适时付出点点滴滴的爱，关怀他人、帮助他人，如此才会有美好幸福的人生。一般人常常觉得自己所拥有的太少，永远不满足，也吝于布施。然而求助者也许所求不多，只需要微少的东西而已！若不肯及时帮助遇到困难、逆境的人，往往会造成无法弥补的悔恨。

犹太儿童从小就常听父母"日行一善""积善之家必有余庆""施比受幸福"等等庭训，每每都是在鼓舞善良的民风，能持之以恒并发扬光大。

在法兰德斯的一个小村庄里，有一个名叫约翰的小男孩，他跟着爷爷住在一起。老爷爷是靠着为村民们运送牛奶到安特瓦普的小镇的工作，来维持祖孙两人的生活。约翰的爷爷因为年纪已大，脚部有些毛病，不可以走太远的路或用太多的力气，所以约翰常常在后面推着车，减轻老爷爷的负担。他们就这样努力地工作着。

有一天当他们将工作都做完了之后，正准备早些回家的途中，突然约翰发现有一只狗，非常痛苦地倒在路边呻吟。"好可怜啊！如果没人理会，这样下去一定会死掉的，让我来帮助他吧！爷爷！"约翰回过头征求爷爷的同意。老爷爷便把小狗放在他们的板车上，带回了家中。祖孙俩亲切地为这只狗治病，喂它吃东西。贫穷的他们，将他们所吃的面包、牛奶全都给小狗吃，一点儿也不吝啬！小狗在他们的亲切照顾之下，渐渐恢复了体力。约翰和老爷爷看着健康的小狗，心里都很高兴。约翰决定帮小狗取个好听的名字，他想了又想，终于决定叫他"汉思"，小狗好像也很喜欢被叫"汉思"一般，高兴地摇了摇尾巴。

汉思在被约翰祖孙救起以前，每天必须拖着沉重的板车。如果稍微走慢一点，就会被主人的鞭子毒打。可怜的汉思就这样日复一日地工作着，身子变得非常虚弱，终于病倒在路旁，汉思便被主人丢弃在路边了。汉思受约翰和老爷爷的爱护，心里十分的感激和快乐。有天早上，约翰和老爷爷向往常一样，将牛奶搬上了板车，正准备运送到镇上的时候，汉思忽然跑了过来，钻到板车的手把前，就再也不愿意走开。"噢！汉思，是不是想帮约翰和老爷爷的忙呀？"老爷爷呵呵地笑了起来，汉思听了爷爷的话，赶忙摇了摇尾巴，老爷爷便将皮绳系在汉思的身上，让它可以轻松地拉动板车。汉思的力气非常大，它一站起来之后，就很快地将车子拉动了。如此一来，真的是帮了老爷爷一个大忙了呢！可是好景不常，老爷爷因为年纪大了，生了病，脚也无法走路了，只好躺在床上休养。

约翰便和汉思一起去搬牛奶，虽然老爷爷不在身边，但有汉思的帮忙，约翰一样可以工作得很好。每天把工作做好之后，约翰总会到镇上的教会去为老爷爷祷告，汉思总是乖乖地在外面等。可是有一天，当汉思像往常一样在外面等的时候，小主人约翰却一面叹着气，一面自言自语地说"我真想看看那个啊！……"汉思看到了约翰这样叹气的样子，也很心疼，他不禁想着："小主人到底想看些什么啊？"原来这教会里面，陈放着许多幅名字叫"达芬奇"的画家的作品。约翰从小时候，便非常地喜欢画画，尤其是达芬奇是他最喜欢的一个画家。可是尽管只是看一眼，也不可能啊，因为约翰没有钱。教会的人是很现实的，约翰没捐献钱，是不被允许去观赏那些名画的。教会的人曾大声地赶约翰说："没有钱就赶快出去吧！"

约翰和村子里的一个叫"阿萝"的女孩非常要好，常常在一块玩耍。有一天，正当约翰在草地上为阿萝画像的时候，正巧被阿萝的父亲看见了，便很不高兴地责怪着阿萝："阿萝！你不可以跟那穷小子在一起，赶快跟我回家去！"阿萝的父亲强拉着阿萝的手，把她带回家去了，剩下约翰和汉思呆立着。约翰的爷爷自从生病后，一直躺在床上，无法工作。而且病况似乎越来越不乐观，为了爷爷的病，约翰已经花去了所有的积蓄，如今就连为爷爷买药的钱，也没有着落。约翰被安特瓦普镇所举行的一个盛大的绘画比赛给吸引了，他想拿自己所画的图去比赛，以争取那些奖金。"汉思，如果我能得到第一名，那么爷爷的药和你的食物便没有问题了。"约翰打定了主意之后，便利用送完牛奶后的空档时间，赶紧画图，好赶上绘画比赛的时间。

终于，寒冬降临了大地，而约翰的图也已经完成了，约翰望着自己的图，心里默默地祈祷着："上帝啊，请你赐给我力量，为了生病的爷爷，我一定要争取最好的成绩，才能够为爷爷买最好的药来治病啊！"汉思坐在一旁默默地望着小主人。当约翰做完了工作，在回家的途中，捡到了一个可爱的布娃娃。"这个布娃娃送给阿萝的话，阿萝一定会很高兴的。"约翰想到这里，便很快地跑到阿萝的家门前，他站在阿萝房间的窗下小声地叫着："阿萝！阿萝！我是约翰啊！"阿萝听见了约翰的声音，很快地打开了窗户，约翰便将布娃娃送给了阿萝。那一天夜晚，阿萝家的仓库发生了大火，村子里的人都纷纷跑过来救火。约翰听到了这个消息之后也赶过来帮忙。可是，阿萝的父亲看见了约翰，便很生气地抓住他，并且大骂着："你这小子刚才是不是跑到我家附近，贼头贼脑的，是不是你放的火？快点给我招来。"阿萝的父亲无理的态度，把约翰吓得不知所措。"各位，一定是约翰放的火，请各位以后不要再给他工作，好吗？"因为阿萝的父亲是村子里最富有的人家，所以他所说的话，没有一个人出来反对。可怜的约翰从这件事发生了以后，再也没有人愿意让他搬运牛奶了。如此一来，原本就很穷的约翰，失去了工作后，就完全没有钱买东西过活了。

圣诞节即将来临了，村子里的人都纷纷准备着食物和圣诞节礼物，村里面一片欢乐的景象。可是，可怜的约翰家，因为没钱买食物，也没钱买药为爷爷治病，老爷爷的病越来越严重了，最后终于去世了。"呜……爷爷，不要死啊！……"不管约翰怎么伤心地哭着，老爷爷只是紧闭着眼睛，约翰知道再也唤不回爷爷了，便抱着爷爷不停地哭。隔天早上，约翰便和汉思草草地为老爷爷做了一个简单的墓地，让老爷爷安静地躺在地底下。埋葬了爷爷后的约翰，连房租的钱也付不出来了，只好搬离了那个房子。这时候，风雪呼呼地下个不停，道路全被掩在一片白雪之中。

约翰带着汉思，孤独地走在街上，肚子非常的饥饿，以至于连抬起脚的力气都没有了，就这样走着走着。到了圣诞节的早上，也就是安特瓦普镇所举行的绘画大赛公布入选的日子。约翰带着汉思，一早便来到了会场。会场里，早已有很多人在那里，等待着名单的公布，约翰一走进去以后，便看到了入口处最醒目的墙壁上，挂着一幅入选的作品，可是，这并不是约翰花了好几天所完成的作品。"唉！汉思，我真的不行呢！那作品不是我的！"约翰说到这里，眼泪不停地流了下来。他盼望已久，第一名的美梦终于被无情地粉碎了。约翰很失望地离开了会场，这时候雪却越下越大，约翰又饿又累地走在寒冷的街上，好像要不支倒地似的。汉思的肚子虽然也很饥饿，可是却鼓起精神，一步不离地跟在小主人后面。"汪！汪！"突然间，汉思好像发现什么似的，停了下来。汉思不停地用脚挖着雪堆。约翰蹲了下来，从雪堆中发现了一个钱包，约翰便把它拾起来打开一看："哇！好多钱啊！咦！这皮包上面还写着阿萝父亲的名字。我得赶快把皮包拿去还给人家。"约翰就加快脚步，向着阿萝家的方向走了过去。约翰将皮包交给了阿萝的母亲。此刻，阿萝和他的母亲，正在为这个皮包不见了而烦恼着呢！约翰很有礼貌地对阿萝的母亲说："是汉思发现的喔！请你们给汉思一点食物吃好吗？拜托拜托！"

约翰说完话以后，就赶紧跑出去，走回原来的路。"等一等！约翰，你的肚子一定也饿了吧！"阿萝的妈妈在背后叫着。可是汉思面对着眼前的食物，一点儿也不心动。他急忙冲了出去，在风雪之中寻找着他一向敬爱的小主人。风雪实在太大了，以至于饥饿的汉思支持不住跑到教会去避风雪时，意外地发现倒在一旁的小主人约翰，约翰看见了汉思，非常高兴地说："汉思，你还是跑来了！你真是个忠心的伙伴呢！"约翰感动得泣不成声。汉思疼爱地舔了舔小主人的脸，并且用力地拉开了布幔。这时候月光从窗口照了进来，正巧照在墙上的这幅"达芬奇"的名画上，约翰看到画，不禁睁大了眼睛。"那是我长久以来盼望见到的画啊！一定是神听到了我的祷告，特地让我看的吧！感谢上帝，此刻我觉得非常的幸福呢！……"约翰的眼中流下了喜悦的眼泪。第二天早上，约翰抱着汉思，静静地躺在教会的地板上，永远地睡着了。

这个情形，被到教会来祷告的人发现了，约翰的脸上还依然留着一个甜美的微笑。以前曾经责骂过他的人，心里都很惭愧。尤其是阿萝的父亲，当他知道了约翰和汉思的死后心里更是羞愧万分。从此以后变成一个乐善好施的人。

不仅阿萝的父亲，我们大家都应该像约翰和爷爷那样，乐善好施。其实大多数的人都能做到乐善好施。但是都说一些财主缺乏精神财富，内心空虚，他们想做好事，以获口碑；老百姓期望他们做些好事，不要"为富不仁"。难道他们果真是"一毛不拔的铁公鸡"吗？实际上，在这些人的创业阶段，他们大多数是勤劳苦干的人，有着丰富的道德资源，也需要释放自己的道德能量，他们又希望自己的善举和义行得到社会的承认、尊重和褒奖。

那么在日常生活中，怎么样才能做到乐善好施呢？犹太人在这方面是这样教育子女的：

首先，个人必须妥善处理好自己的事情，在经济能力许可下，无后顾之忧后，才能安心地对他人伸出援手。

其次，必须用智能来衡量施舍的对象，是否值得去帮助。正确的选择才不会被不肖之徒，利用人性的弱点来骗取财物，满足自私贪婪的欲望，助长不良的风气。

再次，直接将爱心送达，不必借助他人，更不要因为一时的挫折而减低爱心的热度。

思考敏于行

　　想要事情做得好，就必须善用你的头脑。人的一生，难免会经历许多困难和危险，假如在事前能有周密的思虑，想出万全的办法来加以防范，就可以化解很多麻烦。

　　犹太人认为，做任何事情，都要思考敏于行。他们也是这样教育其子女的。孩子们经常听家长讲下面这个故事。

　　有一户人家住着婆媳两人，儿子经常外出，很长时间才能回家一次。这个婆婆在家专横跋扈，经常对媳妇横挑鼻子竖挑眼，媳妇不能申辩，更不敢反抗，总是偷偷地伤心。幸亏隔壁有位好心的大妈，十分同情这位媳妇，常常安慰这位媳妇并暗中帮助她。一次，婆婆外出走亲戚，下午回到家里，忽然发现家里的肉少了。婆婆心里顿时来了气，她怎么想也觉得是媳妇偷吃了。于是不问青红皂白就劈头盖脸地骂起来："你这个好吃懒做的贱女人，我不在家你就无法无天了，竟敢在家偷吃东西！"媳妇觉得实在冤枉，忍不住说："老天爷在上，我偷没偷吃东西，他看得最清楚。"还没等媳妇说完，婆婆就气得要跳起来，她指着媳妇大声喊道："这还了得，敢顶撞我！算是我冤枉了你，我瞎了眼睛！我家养不起你这个媳妇了，你马上给我滚回你娘家去，我家不要你了！"就这样，婆婆把媳妇给休弃了。

　　媳妇无可奈何，只得服从婆婆的命令。她在回娘家之前，去向隔壁的大妈告别，哭着向大妈讲了这件事。大妈听了，很替这位媳妇难过，但大妈也知道那位婆婆的为人，如果现在马上去替媳妇解释，恐怕婆婆是不会听的。于是大妈安慰了媳妇一阵后，对她说："你先慢慢地走，我这就去想办法让你婆婆把你叫回来。"媳妇擦了擦眼泪，慢慢朝村外走去。

　　大妈待媳妇一走，马上在家里搜寻了一把乱麻，她将乱麻扎在一个小棍上做了一个火引子，然后到这个媳妇家里去找婆婆借火。婆婆问："现在不是做饭的时候，借火做什么？"大妈对婆婆说："我家的狗不知从哪里叼来一块肉，几条狗为争这块肉，互相咬得很凶，我想借个火回去治治它们。"婆婆一听，恍然大悟，肉原来是被狗叼走了。她心里感到有几分愧疚。因此赶紧找来一个人，让他马上去追赶媳妇，把她接回来。

　　这则故事告诉我们，在解决人与人之间的矛盾纠纷时，必须讲究策略。要想弄明真相、息事宁人，既要抓住问题的症结，又不可急于求成。

　　从前，有一个人要过河，他穿了一套新衣服，腰上佩着一把宝剑，来到渡口，找到一个船夫替他撑船过河。船夫看他穿着新衣，以为他腰包里一定装了不少金银财宝，便想等船到河中央时，谋财害命。这个人坐在船尾，看船夫不住飘过来不怀好意的眼光，知道他心中有邪念，便故意叫着说："哎呀！好热哟！要不要我来帮你撑一会儿船？"说着，当着船夫的面，把身上的衣服一件件脱下来放在船板上。船夫看他放下衣服时，并没有钱币的声音，知道他身上没有财宝，便打消抢劫的坏主意了。

孩子的年龄小，在这个充满迷惑的世界里容易由于无知而受到伤害，因此在他们成长过程中需要与一些敏感的、有责任感的、了解他们的身心发展的成人在一起以获得安全，逐渐地一步一步学会做事。他们才能像故事中的这个人一样，机智地逃避生活中遇到的灾难。如果父母对孩子的控制太多，孩子将很难有机会发展独立性，他们会更多地依靠父母告诉他们该做什么、如何做以及什么时候做、怎么做。我们在生活中常常会看到一些孩子不管做什么事之前总是不能离开父母的眼神或指导，这样如何才能真正地敢于去尝试，掌握做事的技能呢？

古埃及有一位将军，曾经降服了一个叫科西亚的山贼作他的侍卫。科西亚力大无穷，可惜生性粗心大意，不大用头脑。这一天，将军骑马，科西亚步行，两人来到一片树荫下休息。见树下有一群蚂蚁在爬，将军便对科西亚说："科西亚，你打这些蚂蚁看看。"科西亚伸出拳头，第一次用力，地面凹进一块，蚂蚁却没事；再用力，痛得哇哇大叫，蚂蚁还是若无其事。科西亚眼见小小蚂蚁都打不死，急得满面通红。将军说："看我的。"只见他伸出食指，轻轻一揉，蚂蚁一下死了好几只。科西亚看得目瞪口呆，将军便对他说："有很大的勇气和力量，还要懂得运用谋略和智慧，只有这样才能做大事、成大器。"

这则故事告诉我们：做事情若靠蛮力，而不懂得运用技巧，效果就会大打折扣。这就好比打棒球，你本来具有能打出全垒打的力气，但假如你不用心选球、不晓得用正确的姿势来挥棒的话，往往就会失误。

犹太人认为，人做事是需要勇气的，但在勇气之前更需要思考的智慧。通常，在婴幼儿时期，成人总是容易把自己放在发号施令的位置上，一会儿让孩子干这个，一会儿指使干那个。对孩子来说，玩什么、怎么玩似乎都被大人限制住了，孩子自身的主动性思考常常无从体现。因而父母在培养孩子做事能力之前最重要的在于训练孩子学会自己独立的思考。别看孩子年纪小，可是他们也有自己的思维能力和计划性。父母怎么在做事中培养孩子的自主思考呢？犹太家长是这样做的：

1.分享孩子做事的快乐。良好的情绪情感是促进孩子智能发展的重要因素。与孩子分享做事的快乐能够使孩子经常处于正向的情绪中，并且增加他的做事热情和积极性。譬如当孩子即使做成一件很小的事时，爸爸妈妈都会真诚地邀请孩子展示一下，或者和孩子一起重新体验一遍他做事的过程，这种情绪将极大丰盈孩子做事的激情。

2.父母要学会平衡自己的权威和孩子自主之间的关系。比如妈妈在洗衣服的时候，孩子也想凑凑热闹，在旁边转来转去，试图"浑水摸鱼"，这时妈妈不要怕麻烦或担心孩子弄湿衣服，可以拿一块小手巾给孩子，问孩子"手巾该怎么洗啊？"有意识地让孩子用行动或语言来展示一下，这样孩子就会细心观察、模仿学习、产生思考的兴趣。

3.多鼓励孩子的探究行为。孩子的探究行为是一种主动的适应性行为。由于孩子在很小的时候就表现出内在兴趣，随着孩子年龄的增长，用于探索的时间逐渐延长，在这种情形下，妈妈千万不要急躁，急于让孩子做自己认为有用的活动，其实孩子此时正是处于发挥想像力、思维能力和创造力的时候。

可以说孩子在做事的过程中总是在无意识地深化自己对世界的认识，逐渐形成自己的一套经验和知识系统，并从中抽象出一定的规律和模式，进而增强自己的做事能力。

所以，家长要培养孩子学会做事，还是要像犹太家长那样，从锻炼孩子学会思考开始吧！

自信是成功的良药

很多时候，阻碍我们成功的主要障碍，不是我们能力的大小，而是我们的心态。当孩子认为自己一无所用时，就会走向自暴自弃，那便是教育的失败和家长的悲哀。只要孩子保持着自信，就是希望，就有进步的立足点。

1952年，世界著名的游泳好手弗洛伦丝·查德威克从卡德林那岛游向加里福尼亚海滩。两年前，她曾经横渡过英吉利海峡，现在她想再创一项纪录。这天，当她游近加里福尼亚海岸时，嘴唇已冻得发紫，全身一阵阵地寒颤。她已经在海水里泡了16个小时。远方，雾霭茫茫，使她难以辨认伴随着她的小艇。查德威克感到难以坚持，她向小艇上的朋友请求："把我拖上来吧。"艇上的人们劝她不要向失败低头，要她再坚持一下。"只有一英里远了。"他们告诉她。浓雾使她难以看到海岸，她以为别人在骗她。"把我拖上来。"她再三请求着。于是，冷得发抖、浑身湿淋淋的查德威克被拉上了小艇。后来，她告诉记者说，如果当时她能看到陆地，她就一定能坚持游到终点。大雾阻止了她去夺取最后的胜利。

这件事过后，她认识到，事实上，妨碍她成功的不是大雾而是她内心的疑惑。是她自己让大雾挡住了视线，迷惑了心，先是对自己失去了信心，然后才被大雾给俘虏了。两个月后，查德威克又一次尝试着游向加里福尼亚海岸。浓雾还是笼罩在她的周围，海水冰凉刺骨，她同样望不见陆地。但这次她坚持着，她知道陆地就在前方；她奋力向前游，因为陆地在她的心中。同样道理，犹太女子玛莉身为一个举重者，最大的障碍是如何突破当前的瓶颈，顺利地举起500磅的重量。

几乎每一位运动员在某一段时间都会遇到瓶颈，像是无法突破既有的分数、表演形式或演出水准；也可能是无法超越快速球的速度、射击的准确性、竞赛的时间、某一高度或距离。玛莉在举重训练中稳定地持续克服更高的重量限制：从400磅、450磅、475磅、490磅、495磅、一直到498磅。但玛莉举不起500磅的重量。虽然玛莉口口声声说自己一定能够举起500磅的重量，但玛莉心中并不以为然。

当你举重达到一定重量时，你通常不会自己抬着举重杆，否则在你举重开始前，你已经疲惫不堪了。所以一般而言，都由教练或看守员帮你抬着举重杆。有一天玛莉的教练对玛莉说："嗳，玛莉，再试一次，然后就可以洗个澡回家。来吧，再来一次400磅。"玛莉举起重量杆，然后玛莉的教练宣布："我的天！我想他们弄错了，我敢肯定这个杆有506磅！"从那刻起，对玛莉而言要举重500磅不再有任何困难。

当时真正阻碍玛莉的不在于玛莉的训练不够或体能不足。单以玛莉的体力来看，玛莉很可能在几个星期前就可以举起500磅的重量。真正的原因在于玛莉的意念：玛莉知道自己能举重500磅是因为自己已经做到了。虽然事后为了确定起见，玛莉数度尝试再举起500磅的杆子却举不起来，但玛莉明白是因为体力的原因而非心理因素。玛莉不再怀疑自己有能力担起500磅的重量。

可见，孩子的潜力是巨大的。但是，对孩子期望、要求过高，远远超出孩子的能力所及的水平，也是家长对孩子不满、难以发现长处的一个重要原因。孩子达不到家长的要求和标准，自然得不到家长的表扬和鼓励。长此以往，在父母的训斥和批评中长大的孩子，会逐渐对自己的能力失去信心，变得消极、被动，对学习自然就毫无兴趣。特别是对年幼的儿童来讲，自我意识正在形成中，长期的失败感，持久的来自家长的批评，会使其形成一种消极的自卑意识。一旦形成消极的自我意识，那他就可能用低标准要求自己，甚至自暴自弃。所以，家长一定要从点滴做起，发现孩子的"长处"，培养孩子的自信心。

亨利·比彻博士曾经做过一个试验。他以100个医学院学生为研究对象。他将这些研究对象分为二组，每组50人。第一组人分配了红色胶囊包装的兴奋剂，第二组人则分配了蓝色胶囊包装的镇定剂。可是实际上，胶囊里面的药粉却被博士调了包，但学生并不知道。结果两组学生的反应都如先前所以为的那样，吃了红色胶囊的一组很兴奋，吃了蓝色胶囊的一组则很平静，由此可见，他们的信念压制住了身体对药物的化学反应。亨利·比彻因此推论，药物的功效不仅得看药性，同时还得看病人是否相信药物的药效。

亨利·比彻博士的研究结果说明，与其说是药物使病人身体康复，不如说是归功于病人的信念。这就是诺曼·卡曾斯所说的："吃药打针不是绝对必要，但康复的信念不能没有。"

有这样一个故事：有一个女人，患了一种奇怪的血漏病，流血长达12年之久，拜访了各方名医，但都不见好转。她听说只要摸一下耶稣，便可百病全无。于是有一天她趁着耶稣给大家布道的时候，夹在人群中摸了摸耶稣的衣服，令人惊奇的是血漏的源头立即干了，血也不再流了，血漏病奇迹般地痊愈了。正在这时，耶稣发觉到了，于是问道："刚才谁摸过我？"女人恐惧战兢，俯伏在地上将情况一五一十地告诉耶稣，耶稣说："女儿，是你的自信救了你。平平安安回去吧，你的灾病痊愈了。"

故事中的妇女相信只要摸耶稣一下，她就会痊愈，正是这种信心，使她战胜了自己的心理障碍，重新获得了健康。人们常常在和别人比较后，发现自己有许多不如人的地方，渐渐地，连自己也讨厌起自己来了。与人接触时，这种晦暗、卑下的心态会不自觉地传达给对方，而惹人嫌恶。不过，只要观念一转，结果就会大大不同。虽然自己不是满分，但也有不少优点，做事规规矩矩，态度谦和有礼，有耐性，运动方面更是拿手。如果能把心思放在这些地方再加以发挥，便会对自己产生信心，心情也会慢慢开朗起来。这种明亮的气氛感染周围的人，自己便成为一个拥有自我的发光体。我们无法期望一个人完美无缺，每个人都优缺点并俱，但是选择以缺点或优点看待自己，衍生出的人生态度便天差地别。发现并发挥自己的优点，是积极人生努力的目标。

自信不仅是故事中的妇女战胜疾病的法宝，更是孩子进步的强大内驱力。孩子学业的暂时落后并不可怕，可怕的是自信心的丧失以及精神的垮塌。当孩子认为自己一无所用时，就会走向自暴自弃，那便是教育的失败和家长的悲哀。只要孩子保持着自信，就是希望，就有进步的立足点。那么，该怎样树立孩子的自信心呢？犹太家长是这样看待这个问题的。

1.要善于发现并且开启孩子自信的"窗户"。有句话说得好："天生我才必有用。"事实上，人的才能是各种各样的，不可能存在"全才"，每个人都是"专才""偏才"。有的人善于学习，有的人善于手艺，有的人善于组织，有的人善于文体。单单是在学习上，又有人擅长形象思维，有人擅长计算，有人擅长抽象思维，有人擅长语言。西方有句谚语说："上帝为你关上了一道门，必然为你打开一扇窗。"对于孩子，我们不可能也没有必要要求他们门门学科拔尖、总分领先。当今社会不只需要科学家和学者，还需要企业家、工人、农民、商人等各行各业的建设者。我们何不允许孩子各学科平平而优先发展某一领域？孩子在某一方面进步了、领先了，听到的表扬、接受的鼓励多了，自信的"窗户"自然而然就会开启。

2.要将孩子自信的"窗户"开多、开大。孩子在某一方面领先了，证明了自己并不笨，那为什么不能在其他方面也有所进步呢？已经开启了一个自信的"窗户"，为什么不能开启更多的"窗户"呢？家长要密切关注孩子各个方面的点滴进步，及时给予表扬和鼓励，及时指出进一步提高的路径和方法。进步不可能是一帆风顺的，做家长的要宽容地看待孩子的反复和倒退，更多地注意孩子发展的总趋势，这便是开大"窗户"。

20世纪80年代日本曾创办过一所"鼓气学校"，办学宗旨就是要千方百计培养孩子的自信心。学校经常组织各种活动，让孩子们寻找自我的"闪光点"，组织他们在公共场合表现自己，甚至高呼口号"我是最优秀的！""我能行！"这种做法家长们在家庭教育中也可借鉴。要经常鼓励孩子，让孩子在学习中有成就感，因为成就感是激励孩子认真学习的动力。如果孩子在学习中经常获得成功（如获奖、考试得高分等），他的自尊心就会得到满足，进而产生较强的自信心，对学习会更有兴趣，更有信心，从而不断地进步，形成良性循环。相反，如果孩子学习成绩总是上不去，考试分数总是落在后面，就会逐渐失去对学习的兴趣，甚至对自己失去信心，一旦形成恶性循环，孩子就很可能一步步地走向下坡路。因此，积极培养孩子对学习的兴趣，家长的鼓励和积极、肯定的评价显得尤为重要。比如从孩子读幼儿园开始，家长就应该把孩子获得的奖状贴在起居室的墙上，以此来鼓励他继续努力，以获得更多的奖状。

3.父母要多给孩子抚慰。造成孩子羞怯的主要原因是他们缺乏依靠，缺乏安全感，缺乏交流和亲情的抚爱，从小就觉得比别人差，有低人一等的感觉，形成羞怯自卑的情结。所以父母不要长时间地与孩子分离；孩子出生后要尽量使用母乳喂养，让孩子在母亲的怀抱中有一种温暖、安全的感觉；父母要多与孩子进行交流，多抚摸、拥抱他，这是消除其羞怯心理的良策。

4.父母对孩子要多鼓励，少批评。孩子需要父母的肯定和表扬，对于胆怯的孩子，赞赏就如一缕缕阳光，能照亮其心灵的每一个角落。相反，父母若一味地苛求孩子，经常批评、责备孩子，则会使孩子变得更加无所适从，唯唯诺诺，不敢与人交往，甚至封闭自己，用一种退缩的方式来保护自己受伤的心灵。

5.父母要给孩子营造温馨的家庭气氛。平等、民主、充满亲情和理解的家庭环境能给孩子勇气和信心。对于与孩子有关的事，父母要多与孩子商量，征求他们的意见，尊重他们的意愿，不要滥用家长权威。和孩子说话时要注意使用平等民主的语言，诸如"你认为怎样？""这样行吗？"等等。不管孩子为你做什么，父母都应说："谢谢！"让孩子体会到平等和尊重，这有利于克服其自卑情绪。

6.父母应鼓励孩子多交朋友，多参加有益的社会活动。结交朋友是孩子社会化的一种表现，有利于孩子增强信心。可先让他与比较熟悉的孩子一起玩，然后再鼓励他与陌生的孩子交往。另外，让孩子多参加自己感兴趣的活动，比较容易使孩子摆脱羞怯情绪。幼儿园的各种兴趣班是害羞孩子的最佳选择，是他们走向自信、走向成功的第一步。

积极进取，永不停留

"世间没有不能成功的事，只有不愿意走向成功的人。"不管是一个国家、一个民族、一个企业，或是个人，都应该具有积极进取，永不停留的精神，这样才能在时代发展的潮流中不被大浪淘沙，衰退落伍。

犹太人是颇具积极进取的精神的，他们无论在任何场合、任何环境、任何时间都能保持着寻求积极面的意识，这是犹太人成功的秘诀。他们对自己的子女也从小就灌输这种思想。当然，他们在正视积极面的过程中，并不是忽视否定面。恰恰相反，他们敢于面对现实，无所畏惧或自我陶醉。正因为犹太人具有的这种积极进取的精神，使他们遇到困难时总能设法把它转变为积极面，帮助自己克服困难。

有句名言："人苦不知足，既得陇复望蜀。"此话讲明人不是没有知足的极限，而是不断谋求更大的发展。确实，在人类发展的进程中，如果知足不前，那会有今天的高度文明的社会吗？

大财团罗思柴尔德是犹太商人的典型。罗思柴尔德的始祖名为梅耶·亚莫夏，少年当学徒的时候，由于积极进取、刻苦好学，自己开始经营古董商店，逐步积累资本。他利用欧洲工业革命的时机，把资金、情报及自己的智慧融合，纵横于英国、法国等欧洲各地进行紧俏货物的买卖，不惜斥下巨资开设银行，开展股票业务，投资矿业、铁路，甚至把自己5个儿子分散在法兰克福、巴黎、伦敦等5大城市开设公司，很快把罗思柴尔德家族办成一个跨国大财团。

类似罗思柴尔德的发财致富成功的犹太商人不胜枚举，在世界许多地方都有，如连锁先驱卢宾，报业奇才奥克斯，好莱坞老板高德温，沙逊跨国集团，金兹堡金融家，地产大王里治曼等等，均是凭着一双空手，靠积极进取精神，创立他们的企业的。

在科学技术方面，犹太人的伟大发明，也是举世闻名的。据历史记载，飞船的发明人是都柏林，但有人证实是犹太人大卫·舒华滋发明的。大卫·舒华滋自己建造飞船，经过数次试飞，在接近成功时，不幸猝死，因此，都柏林伯爵向舒华滋的未亡人买到了这一飞船的技术，完成了具体的飞行而一举成名。

发明飞机的莱特兄弟能够名扬世界，在其背后也是有一位犹太人奥多·利安达替他们开飞机促成的。发明直升飞机的，是犹太人亨利·斐纳。

据历史记载，发明有线电话者为葛拉汉·贝尔。但在贝尔发明成功的1876年之前16年，已经有犹太人试制成电话机，该电话机现在被收存在史密苏尼安博物馆。

此外，有近百名犹太人获得诺贝尔科学文艺奖，如前面讲的20世纪最伟大的科学家爱因斯坦，原子结构理论权威波尔，著名化学家赫维西，免疫学奠基人埃尔利希，"氢弹之父"特勒，化学名家赖希施泰因等等，举不胜举。

又如杰出文艺专家有：世界著名画师毕加索，音乐大师马勒，文学巨匠比亚利克，杰出女作家米林，魔术大师霍迪尼，还有众多的政坛上的大将名人等。

犹太人中有那么多的出类拔萃的人物，很关键的一个原因，是他们形成一种积极进取的民族精神，自幼接受了"我一定要有所作为"的积极观念。由于犹太人从小就被培养了成功的信心，所以他们能够努力学习，应用本身所具有的潜力，把自己升高壮大。这种精神成为他们前进路上的"马达"，加速了他们的速度，增强了面对现实和排除困难的信心和力量。他们永远相信"世上无难事，只怕有心人。"

天生我才必有用

每个人都要树立正确的自我观念，正确对待自己、正确对待别人。摆正自己在集体中的位置，能在复杂变化的社会环境中，适时变换自己的角色，按照不同角色的不同要求，适时调整自己的行动。树立远大的理想和抱负、优良的敬业精神和事业心，努力建立良好的道德风范。从自己的实际出发，确定自己的奋斗目标。

在选美竞赛上，众人瞩目的总是亮丽鲜艳的面孔，婀娜多姿的体态。外表总是评选的主要决定因素，可是也有人相信内在气质的焕发才是选美最重要的条件，而且这样的理念也得到证实了，至少在美国小姐唐娜·亚松真身上，世人见识到内在美获得认同的实例。

唐娜出生在阿肯色斯的一个小镇上，她的青春期就像大多数的青少年一样，生涩、害羞，对自己的将来无所适从。那个时候她把自己想像成是只丑小鸭，而并不是选美的皇后。可是唐娜有一些远比外在的美丽更要紧的特质，她的气质清新，风度稳健。从审美的角度来看，她是一块璞玉，稍加琢磨就能大放异彩。至少她相信是这样的。她决定要把自己的内在美表现出来。她去练习健美，学习仪态，然后报名参加一场选美比赛。虽然那一场比赛她没进入决赛，可是唐娜并没有灰心，接着她又参加了好几场比赛，直到参加第16场选美比赛的时候，她最终当选了阿肯色斯小姐，然后又成为美国小姐。以后她带着那一份同样自然芬芳的内在气质以及辛勤努力的工作踏入娱乐界。现在，她已经是一个相当出色的艺人了，并且拥有了自己的节目。

犹太人认为，要获得成功就必须正确认识自己。他们坚信"天生我才必有用"，并尽力把自身的潜力发挥到极限。在希腊帕尔纳索斯山南坡上的神殿门上面，写着这样一句话："认识你自己。"古希腊哲学家苏格拉底最爱引用这句格言来教育别人。因此后世人们往往错误地认为这是他讲的话。当时，人们都认为这句格言是阿波罗神的神谕。犹太家长在平时的日常学习和生活当中也是这样教育孩子的。

自我意识，是人的个性心理结构中的核心成分，是对自己的认识、看法和态度。孩子的青春期，是自我意识发展较明显的时期。我们不能将青年的自我意识看成是个人主义，是"以我为中心"，必须正确地分析青年自我意况发展的问题。

爱因斯坦大学时的老师佩尔内教授有一次严肃地对他说："你在工作中不缺少热心和好意，但是缺乏能力。你为什么不学习医学、不学习法律或哲学而要学习物理呢？"幸亏爱因斯坦能够正确认识自己，深知自己在理论物理学方面有足够的才能，没有听那个教授的话。否则，也许他就不会在物理科学方面取得这样非凡的成绩了，也许我们的物理科学就不会像今天这样了。

伦琴原来学的是工程科学，他在老师孔特的影响下，做了一些物理实验，逐渐体会到，这就是最适合自己干的行业，后来他果然就成了一个有成就的物理学家。

阿西莫夫是一个科普作家的同时也是一个自然科学家。一天上午，他坐在打字机前打字的时候，突然意识到"我不能成为一个第一流的科学家，却能够成为一个第一流的科普作家。"于是，他几乎把全部精力放在科普创作上，终于成了当代世界最著名的科普作家。

达尔文从小就对数学、医学呆头呆脑，但是一摸到动植物就灵光焕发。

英格兰最伟大的法学家厄斯金勋爵，在最初走上社会的时候，他先是在海军中服役四年，因为没有很快得到提升，后来他便转到了陆军部队。有一次，他所在的部队驻扎在某个小城镇，他无意间走进了一间审判室，在那里巡回审判正在开庭审判。审判长正好是他的一个熟人，叫他在后面的座位上就座。他听完了那些律师们的演讲，审判长告诉他，这些律师是法律界的佼佼者。厄斯金立刻意识到他也可以做得同样漂亮。从此以后，他就开始研究法律。后来，厄斯金爵士成为他那个时代最雄辩的律师，也是英国的首席司法官。

作为一个正常人，对自己做人的形象，对自己的身体外观、优点和缺点、品德和才能、过去和现状、特长和不足以至自己的价值和责任，总会有一定的认识。然而，自己对自己的这些认识是否符合自己的本来面目和实际情况，每个人都会出现许多差异。有些人看到自己很多问题，但却看不到自己的主要问题；有些人容易看到自己的优点和长处，而看不到自己的缺点和错误；也有些人看到自己的弱点和不足，却看不到自己的一点长处。可见人对自己的认识，也和自己对客观世界的认识一样，需要有一个了解和学习的过程，并不像镜子那样简单。

成功者有着非凡的能力去认识他们自己与周围环境的关系，去认识每天影响着自己生活的人和事。他们懂得"适应"是精神上和肉体上获得成功的钥匙。上面是犹太儿童常听家长讲的几个故事，孩子们从这些故事中能够逐渐体会到正确认识自己的重要性。那么如何让孩子准确地为自己定位呢？犹太家长认为，必须让孩子遵从以下几个规则。

首先，不能贪心。有很多人不能成功，或是在成功之后突然破产，原因都是因为太贪心。当然贪心不是唯一的因素，有一个很快可以测试出你是否过于贪心的方法。你只要问自己一个问题：假如我现在开始销售某些东西，我是不是不会留下任何东西给其他人？你应该要有肯定的答案。假如你顺利完成某项计划，你应该总是留一些东西与其他人分享。一定要记住，今日你需要或忽视的人，往往可能变成你明日的盟友。

其次，要能完全控制任何情况。你对自己要负完全的责任，而忽视这项责任，不但自己无法达成目标，最后你更会变得没有能力帮助其他人。通常，当某个情形变得不可收拾，或计划即将失败时，我们就可能失去控制。其实，能完全控制局面是最重要的！它可以让你面临危机时，仍能从中获取经验，将危险化为机遇，而不是被危机所打倒。

再次，确认你自己就是人生目标的发起人。这不是说你必须要打先锋，但是，它的确意味着：你应该在所有事情的周期中，辨认出其中某个特别的机会，让你能够提供出与自己定位相关的信息或减轻所面临的问题。最重要的是，你必须认同改变的益处，准备好要做的改变，让自己成为一个控制中心。建立这个连作模式，并且将它当成是生活的一部分。只有这样，你的人生目标才可能正确定位。

最后，关于自我定位。必须切记的是：在这个复杂多变的世界上，将自己定位在一个你想要运作的位置上，不要太过于怀疑或过度小心——因为这些因素会让你麻木，让你充满恐惧或疑虑。这个世界充满了机会。所以我们只要遵循这个大方向，并给自己一个最完美的定位，那么就一定能够达到自己的人生目标。

是油炸圈饼还是窟窿

乐观者在每次危难中都会看到机会，而悲观的人在每个机会中都看到了危难。乐观的态度对孩子的成长发育起着至关重要的作用。

犹太人有一则名叫"飞马腾空"的童话故事。从前，一个人因惹怒国王而被判了死刑，这个人请求国王饶恕一命，他说："只要你给我一年的时间，我就能让您最心爱的马飞上天空。如果过了一年，您的马不能在天空自如飞翔的话，我宁愿被处死刑，绝不会有半点怨言。"国王答应了他。在他回到牢房之后，另一位囚犯对他说："请你不要胡乱说好不好，马怎么能飞上天空呢？"这个人回答说："在一年之内，也许我自己病死，也许国王会死，也许那匹马出了意外送了命。总之，在这一年之内，谁知道会发生什么事呢？所以只要有一年的时间，没准儿马真的能飞上天空！"

犹太民族一向是以苦中作乐而著称的。我们纵观犹太人颠沛流离的历史，尽管大多数时期都与苦难为伴，但他们对生活一直充满坚定的信念，到处都弥漫着这种乐观的精神。否则他们的民族就不可能经受住那么多折磨而幸存下来。事实上正是苦难造就了犹太人不可动摇的乐观精神。欢乐和笑声是犹太人生活中必备的良药，这使他们总能保持一种乐观的生活态度。可以说，犹太民族就是因为心中充满希望，有了这种乐观的精神，他们才能生存下来。

有一对犹太孪生兄弟，其中一个过分乐观，而另一个则过分悲观。父亲欲对他们作"性格改造"。一天，他买了许多色泽鲜艳的新玩具给悲观孩子，又把乐观孩子送进了一间堆满马粪的车房里。第二天清晨，父亲看到悲观孩子正泣不成声地哭泣，便问："为什么不玩那些玩具呢？""玩具玩了就会坏的。"孩子仍在哭泣。父亲叹了口气，走进车房，却发现那乐观孩子正在兴高采烈地在马粪里掏着什么。"告诉你，爸爸，我想马粪堆里一定还藏着一匹小马呢！"那孩子得意洋洋地向父亲宣称。

乐观者与悲观者之间，其差别是很有趣的：乐观者看到的是油炸圈饼，悲观者看到的是一个窟窿。犹太人中有一句流传很广的谚语："有十个烦恼比仅有一个烦恼好得多。"他们认为，因为仅有一个烦恼时，这个烦恼一定是相当深刻的，所以一个人如果同时有很多烦恼，他就应该谢天谢地。我们常听说有人为一个烦恼而自杀身亡，但却很少听到有人为十个烦恼而自杀。犹太人的这个观念听起来似乎十分有趣，但是其中也体现出了犹太人面对折磨和苦难的从容姿态。

珍珠港事变之后，尼米兹元帅接任美军太平洋舰队司令的职务。他为人平易近人，遇事沉着稳定，留着一把胡子，士兵们背后都叫他"老山羊胡"。有一天，他乘坐的旗舰在海上遇到敌人的军舰，双方立刻展开猛烈的炮轰，尼米兹一连指挥好几个钟头，觉得有点儿疲倦，便叫旁边一个水兵替他端一杯咖啡来。水兵才离开没多久，因为日机来袭，尼米兹便下令熄灯，一下子整条旗舰立刻一片漆黑。水兵端了咖啡，在黑暗中到处找尼米兹，找了很久都没找到，便很不耐烦地说："咖啡来了，可是这个'老山羊胡'哪里去了？"不巧尼米兹就站在他旁边，便回答说："山羊胡子就在这里，不过下次要记住，最好不要加个'老'字！"

幽默感，可以调剂精神生活，松弛我们紧张的情绪，并进而促进人与人之间情感与心灵的交流。尼米兹因为有充分的幽默感，所以能丝毫不介意属下对他不敬的称呼，轻松地化解了尴尬的场面。"只要是幽默就能使人放松心情，而惟有贤者才能在任何情况下，都永远保持着宽松的心情。"

对于犹太人来说勇气和希望是深深地埋藏在他们心底的，任何人都无法夺去。所以，他们一直乐观向上，纵使在世间最罕见的苦难中也坚强无比。苦中作乐是犹太民族最杰出的处世智慧。犹太人常说："笑是百药中最佳的良药之一。"在犹太人眼中，幽默是只有强者才能拥有的特权。因此他们很重视幽默。因为幽默是人所具备的力量中最强大者。"笑"能在痛苦时安慰他们的心，能使快乐的犹太人更加充满活力，可是，犹太人认为笑所隐藏的力量绝不仅如此；只要重视笑，它就会成为人类所有与生俱来的能力中，最强而有力的一种武器。犹太人认为幽默就是要使人笑起来。对犹太人来说，他们的生活压力太大了，他们无法用泪水和无休止的呻吟来化解它。迫害、痛苦和他们在潮湿的"贫民监狱"里的贫困生活都不能阻止他们的欢笑。

幽默是人们所能拥有的最强大的力量。它能使人放松心情，持宽和的心态。因此，每逢尴尬的场面，犹太人总喜欢借助笑话、幽默来使气氛、场面活跃起来。犹太人时常教育他们的子女们把幽默当作一种重要的精神食粮。因为他们认为只有那些坚强的人，那些不屈不挠的人，才能在危机之中，瞬间离开自己所处的境地一步，站在客观的立场上，来观察自己、幽默自己。在犹太人眼里，幽默既代表了强人的韧性，也代表了强人的胆量。因此，他们要让自己的子女也具备这种胆量。

说大话者让人鄙视

虚张声势，从来是不可怕的。

从前，有个农夫正在菜园里松土，突然从土疙瘩后面跳出一只很大的毒蜘蛛。"多么可怕的蜘蛛！"农夫吓得惊叫一声，跳到一边去。"谁敢动动我，我就咬死谁！"毒蜘蛛发出咝咝怪叫，舞动着长爪子，威胁农夫。毒蜘蛛向前爬了几步，张开大嘴做出咬人的凶相，对农夫说："蠢农夫，你要听明白，只要被我咬一口，你就会有死的危险。你先是在痛苦中抽搐，接着在极度痛苦中咽气！走开，别靠近我，否则，你就要倒大霉了！"农夫心里清楚，这个小东西是在装腔作势，而且过高地估计了自己。农夫向后退了一步，用足了力气，光着脚丫子狠命地踩着蜘蛛，一边说："你嘴上讲得挺厉害，可你又怎么样呢？我这个泥巴腿倒要领教领教，看你能不能咬死我！"毒蜘蛛被踩死了。在他生命的最后一息，仍然狠命地在农夫的大脚掌上咬了一口。不知是农夫因为脚掌长满了厚厚的老茧，还是深信蜘蛛的威胁只不过是吹牛，他除了感到轻轻一蜇之外，没有任何别的感觉。

说大话者永远让人鄙视。犹太人很早就认识到了这一点，他们也是这样教育孩子的。犹太拉比经常给孩子们讲这两个故事。

从前，有一只山雀飞到海边，它夸下海口，说是要把大海烧枯！全世界都为山雀这一奇怪的举动而不安地议论纷纷。京城里挤满了吃惊的居民；森林里的野兽川流不息地跑过来；鸟儿也成群结队地往海边飞。大家都想看海水怎样燃烧，热量又有多大。那些听到这轰动消息的人们都跑了过来，大家挤到一块，张大着嘴巴眺望这场奇观，他们默默地凝视着海洋，这时有人说话了："快看！快看！海沸腾了！快看，海着火了！""不对头！海在燃烧吗？不，没有燃烧。海发烫了吗！一点没有呀！"山雀吹牛夸口，结果如何呢？我们的英雄羞惭地逃回了它的巢。山雀的大话闹得满城风雨，却不曾把海烧着。

有只老鹰总在村子上空飞翔，一心一意想要下来抓小鸡。可不幸的是它被猎人看见了，猎人瞄准他就是一枪。空中强盗给打中了，顿时掉到地上，然而，鹰毛仍在空中飘了很久……这时公鸡从矮树林里正往外走，一看，他最怕的家伙一动也不动，两眼没有了神，利嘴失去了劲。这时候公鸡一下子变得威武万分！它的那顶鸡冠简直跟血一样红。"喂，鸟儿们，都来瞧一瞧吧！"它发出胜利的呼声，几乎喊破了喉咙。鸟儿飞来，看见老鹰在公鸡脚下。"好样的，大公鸡！好样的，智谋家！你的力气竟这么大！"这位吹牛大王越叫越威风，用战胜者的姿态向四面瞅。偏偏有位朋友过去把那老鹰翻个脸朝天，从毛里面一啄啄出一颗子弹，接着又啄出一颗。于是，真相大白，吹牛大王灰溜溜地溜走了。

有的人很像这只公鸡，最擅长的就是吹牛。

犹太家长从孩子小时候就教育他们要实事求是，不说大话。只有凡事符合实际，才能令人信服，赢得他人的信任。盲目吹嘘只能引起别人的反感，久而久之，会失去原本相信自己的朋友。

你不比别人差

自卑，就是自己轻视自己，自己看不起自己。自卑是缺乏魅力的根源，也是衰老的催化剂。许多心理问题来自于自卑情结。"通往成功的道路上，完全不必为"自卑"而彷徨，只要把握好自己，成功的路就在脚下。"让孩子排除自卑心理，战胜自我、超越自我对孩子的成长发育也是至关重要的。

拿破仑的父亲是一个极其高傲但又很穷困的科西嘉贵族。但是他却把拿破仑送进了一个在布列讷的贵族学校。在这里与拿破仑往来的都是一些在他面前讥讽他穷苦，而极力夸耀自己富有的同学。这种讥讽行为，虽然引起了他的愤怒，但是他却无从选择，只能一筹莫展，屈服在威势之下。后来拿破仑实在受不了了，他写信给父亲，说道："为了忍受这些外国孩子的嘲笑，我实在疲于解释我的贫困了，他们唯一高于我的便是金钱，而至于说到高尚的思想，他们是远在我之下的。难道我应当在这些富有高傲的人面前谦卑下去吗？"

"虽然我们没有钱，但是你必须在那里读书。"这是他父亲的回答。这使他在这所学校忍受了5年的痛苦。但是每一种欺侮，每一种嘲笑，每一种轻视的态度，都使他增加了决心，他发誓要做给他们看看，他要告诉这些人，自己确实是高于他们的。他是如何做的呢？这当然不是一件容易的事。他一点也不空口自夸，他只在心里暗暗计划，决定利用这些没头脑但却傲慢的人作为桥梁，去使自己得到富有、得到技能、得到名誉的地位。

等他到了部队的时候，他看见他的同伴们正在利用多余的时间赌博和追求女人。而他那不受人喜欢的身材使他决定改变方针，用埋头读书的方法，去努力跟这些人竞争。对他来讲，读书是和呼吸一样自由的。因为他可以不花钱在图书馆里借书读，这使他得到了很大的收获。他并不是以读书来消遣自己的烦恼，也不是读些没有意义的书，他读书是为了自己的理想和将来做准备。他下定决心要让全天下的人知道自己的才华。因此，在他选择图书时，也就是以这种决心作为选择的范围。平时他住在一个既小又闷的房间内。在这里，他脸无血色，而且沉闷、孤寂，但是他一点也不在乎这些，只是不停地读书。他经常将自己想像成是一个总司令。他将科西嘉岛的地图画出来，在地图上清楚地指出哪些地方应当布置防范，这些都是用数学的方法精确地计算出来的。因此，他的数学才能也因此获得了提高，这使他第一次有机会表现自己能做什么。

拿破仑的长官看见拿破仑的学问很好，便派他在操练场上执行一些工作，这是需要极其复杂的计算能力的。他的工作做得极好，于是长官又给了他新的机会，拿破仑慢慢地开始走上有权势的道路了。这时，一切情形都改变了。以前嘲笑他的人，现在都涌到他面前来，想分享一点他得的奖励金；从前轻视他的，现在都希望成为他的朋友；从前讽刺他的人，现在也都改为尊重他。现在，这些人都变成了拿破仑的忠心拥戴者。

可见，自卑的心理就是促使一个人在人生道路上常走下坡路，加速自身衰老的催化剂。因此，希望健康的人如果想要防止早衰，就应象拿破仑那样，摒弃自卑心理，客观地分析自我，认识自我，热爱自我，树立起生活的勇气。

犹太人认为，自卑心理严重的人，并不一定就是他本人具有某种缺陷或短处，而是常把自己放在一个低人一等的位置，不能容纳自己，自惭形秽，不被别人喜欢，进而演绎成被别人看不起的位置，并由此陷入不可自拔的境地。他们经常给孩子们讲下面这个例子来教育他们不要自卑。

美国总统罗斯福是一个有缺陷的人，小时候是一个脆弱且胆小的学生。他在学校课堂上动不动就显露出一种惊惧的表情。他呼吸就好像喘大气一样。如果被喊起来背诵，他的嘴唇立即会颤动不已，双腿发抖，回答问题含含糊糊，吞吞吐吐，然后会颓然地坐下来。由于牙齿的暴露，难堪的境地使他更没有一个好的姿态。

虽然罗斯福有这方面的缺陷，但他却有一种积极奋斗的精神。事实上，正是这些缺陷才促使他更加努力奋斗。他没有因为同伴对他的嘲笑而气馁。他喘气的习惯变成了一种坚定的嘶声。他咬紧自己的牙床，用坚强的意志，使嘴唇不颤动而克服心里的惧怕。没有一个人能比罗斯福更了解自己，他清楚地知道自己身体上的种种缺陷。他从来不欺骗自己，也从不认为自己是勇敢、强壮的。但是他能用自己的行动来证明自己是可以克服先天的障碍而得到成功的。凡是他能够克服的缺点他便克服，不能克服的他便加以利用。通过演讲，他学会了如何利用一种假声，掩饰他不被人喜欢的姿态，以及他那无人不知的暴牙。虽然他的演讲中并不具有任何惊人之处，但他不因自己的姿态和声音而认为自己是失败的。他没有洪亮的声音或是威严的姿态，他也不像有些人那样具有惊人的辞令，然而在当时，他却是最有震撼力的演说家之一。

由于罗斯福没有在自己的缺陷面前消沉和退缩，而是全面、充分地认识自己。在意识到自我缺陷的同时，能做到不气馁，能正确地评价自己，在顽强之中抗争，甚至将它加以利用，将这些缺憾变为资本，变为扶梯而登上名誉巅峰。后来，到了罗斯福晚年的时候，很少有人知道他曾经有过这些严重的缺憾。

故事中的罗斯福克服了自身的困难及自卑心理，最终取得了成功。我们知道，自卑的人做事缺乏信心，没有自信，优柔寡断，毫无竞争意识，享受不到成功的喜悦和欢乐，因而感到疲劳，心灰意冷。他们终日郁郁寡欢，心情低沉，常常因害怕别人瞧不起自己而不愿与别人来往，只想与人疏远。他们缺少朋友，甚至内疚、自责和自罪。因此要时刻提醒自己：我能行！

曾长期担任菲律宾外长的罗慕洛穿上鞋时身高只有1.63米。原先，他与其他人一样，为自己的身高而自惭形秽。年轻时，他也穿过高跟鞋，但这种方法终令他不舒服，主要是精神上的不舒服。他感到自欺欺人，于是便把高跟鞋扔了。后来，在他的一生中，他的许多成就却与他的"矮"有关，也就是说，矮促使他成功。以至他说出这样的话："但愿我生生世世都做矮子。"1935年，大多数的美国人都不晓得罗慕洛是什么人。那时，他应邀到圣母大学接受荣誉学位，并且发表演讲。那天，高大的罗斯福总统也是演讲人，演讲结束后，罗斯福笑吟吟地怪罗慕洛"抢了美国总统的风头"。

更值得回味的是，1945年，联合国在旧金山举行创立会议。罗慕洛以无足轻重的菲律宾代表团团长身份，应邀发表演说。讲台差不多和他一般高。等大家静下来，罗慕洛庄严地说出一句："我们就把这个会场当作最后的战场吧。"这时，全场顿时寂然，接着爆发出一阵掌声。最后，他以"言辞和思想比枪炮更有力量、维护尊严……唯一牢不可破的防线是互助互谅的防线"结束演讲时，全场响起了雷鸣般的掌声。后来，他分析道：如果大个子说这番话，听众可能客客气气地鼓一下掌，但是菲律宾那时离独立还有一年，自己又是矮子，由他来讲，就有意想不到的效果。从那天开始，小小的菲律宾在联合国中就被各国当作资格十足的国家了。

这件事以后，罗慕洛认为矮个子比高个子有着天赋的优势。矮子起初总被人轻视，等到后来有了表现，别人就觉得出乎意料，不由得佩服起来。在人们的心目中，平常的事一经他手，也就有了惊天破石的效果。身为"矮子"的罗慕洛的成功之处，就在于承认缺点，却又超越缺点，把它化为发展自己的机会。

罗慕洛由于不自卑，而且能够充分利用自己的缺点，使其转化为优点，取得了成功。我们知道，由于自卑的人大脑皮层长期处于抑制状态，中枢神经系统处于麻木状态，导致体内各器官的生理功能也不能得到充分的调动，不能发挥各自应有的作用；与此同时，他们的分泌系统的功能也因此失去常态，有害激素随之分泌增多；免疫系统失去灵性，抗病能力下降，从而使人的生理过程发生改变，出现各种病症，如头痛、乏力、反应迟钝、记忆力减退、食欲不振、焦虑、性功能低下等等，这些表现也都是身体衰老的征兆。因此，要象罗慕洛那样，勇于战胜自卑心理。犹太人在这方面是这样教育孩子的。他们认为要让孩子克服自卑感，要做到如下几点：

1.观察自己的自卑感是由什么原因造成的。你会发现原来自己的自我主义、胆怯心、忧虑及自认比不上他人的感觉小时候就已存在，而自己和家人、同学、朋友之间的摩擦往往是由自卑的消极心态造成的。若对此能有所了解，则你就等于已经踏出克服自卑感的第一步了。为了证明你不再是小孩，若能将小时候不愉快的记忆从内心清除，即表示你向前迈进了一步。通过辩证、全面地看待自身情况和外部评价，认识到人并不是神，不可能十全十美，也不可能全知全能这一现实。人的价值追求，主要体现在通过自身的努力达到力所能及的目标，而不是片面地追求完美无缺。对自己所遇到的挫折，无论什么时候都应该持理智的态度，既不能自欺欺人，也不能将其视为天塌地陷，而应该以积极的方式面对这些挫折，这样才会有效地消除自卑。

2.用自己的行动证明自身的能力与价值。要看一个人有没有价值，用不着进行什么深奥的思考，也用不着问别人。原则就是，有人需要你，你就有价值；你能做事，你就有价值；你能做成多大的事，你就有多大的价值。因此，你可先选择一件自己较有把握也较有意义的事情去做，做成之后，再去找一个目标。这样，你就可以不断取得成功的喜悦，又在成功的喜悦中不断走向更高的目标。每一次成功都将弱化你的自卑感，强化你的自信心，一连串的成功会使你的自信心趋于巩固。当你切切实实地感觉到自己能干成一些事情时，你还有什么理由怀疑自己的价值呢？

3.全面了解自己，正确评价自己。不妨将自己的兴趣、嗜好、能力和特长全部列出来，哪怕是很细微的东西也不要忽略。然后再和其他同龄人做一比较。通过全面、辩证地看待自身情况和外部世界，认识到凡人都不可能十全十美，人的价值主要体现在通过自己的努力，达到力所能及的目标，对自己的弱项和遭到失败持理智态度。既不能自欺欺人，又不看得过于严重，而是以积极态度应对现实，这样自卑便失去了温床。

4.对自己的自卑进行心理分析。这种方法可在心理医生的帮助下进行。具体做法就是通过自由联想和对早期经历的回忆，分析找出导致自卑心态的深层原因。并让自己明白自卑情结是因为某些早期经历而形成的，并深入潜意识，一直影响着自己的心态，而实际上目前的自卑感是建立在虚幻的基础上的，与自己的现实情况无关，因而是没有必要的。这样就可以从根本上瓦解自卑情结。

5.从另一个方面弥补自己的弱点。一个人有着多方面的才能，社会的需要和分工更是万象纷呈。一个人这方面有缺陷，便可从另一方面谋求发展。一个身材矮小或过于肥胖的人，可能当不成模特和仪仗队员，可是这世界上对身材没有苛刻要求的工作多的是。一个人只要有了积极心态，对自己扬长避短，将自己的某种缺陷转化为自强不息的推动力量，也许你的缺陷不但不会成为你的障碍，反而会成为你的福音。因为它会促使你更加专心地关注自己选择的发展方向，往往能促成你获得超出常人的发展，最终成为超越缺陷的卓越人士。这方面的著名事例数不胜数，如身短耳聋的贝多芬、下肢瘫痪的罗斯福、身材矮小的拿破仑、少年坎坷艰辛的巨商松下幸之助、王永庆、霍英东、曾宪梓，这些人要么有自身缺陷，要么有家庭缺陷，但他们都成了卓越人士，都从某个方面改变了世界。

6.要勇敢地面对自己的恐惧。一定要记住，对自己绝不可放纵，应该正视自己的问题，从正面去试着解决问题。譬如你害怕在众人面前发表意见，就应多在大庭广众前与人交谈；如果你为了加薪问题想找上司谈判，但因心生胆怯，事情一拖再拖无法获得解决。那么你不妨一鼓作气走到上司面前，开门见山地要求加薪，相信结果一定比你想像的还好。因此，如果你现在心里有尚未完成而需要完成的事，切勿迟疑，赶快展开行动吧！

7.转移注意力。一个人既不可能十全十美也不可能一无是处。不要老关注自己的弱项和失败，而应将注意力和精力转移到自己最感兴趣，也最擅长的事情上去，从中获得的乐趣与成就感将强化你的自信，驱散你自卑的阴影，缓解你的心理压力和紧张。

8.投入各项活动。将注意力转移到自己感兴趣也最能体现自己价值的活动中去。可通过致力于书法、绘画、写作、制作、收藏等活动，从而淡化和缩小弱项在心理上的自卑阴影，缓解心理的压力和紧张。每当做好一件工作，你便能获得进一步的信心；而有了信心，又可为你带来物质上的报酬，使你获得别人的赞美，进而得到心理上的满足。这些连续美好的反应，是让你走上成功的推进器，使你爬得更高，看得更远，彻底发挥所长，并获得自己想要的事物。

9.悦纳自己。每个人的成长经历不同，表现的风格也不一样，不可能存在唯一"好"的模式。在你身上的一些"问题"，其实可能就是你的特点，是构成你独特风格的一部分。学会接受自己，悦纳自己。因为这些特点是由许多方面的因素所形成的，它是难以完全改变的，也是没有必要改变的。相反，能保持整个个性协调，展示个人的风采，你的人生会变得更加美丽。

最后，通过自己的努力奋斗，用某一方面的突出成就来补偿自身生理上的缺陷或心理上的自卑感。有自卑感就是意识到了自己的弱点，就要设法予以补偿。强烈的自卑感，往往会促使人们在其他方面有超常的发展，这就是心理学上的"补偿作用"。通过补偿的方式扬长避短，把自卑感转化为自强不息的推动力量。家长们都应该有这个意识，像犹太家长那样让孩子克服自卑。

最丑陋的是自大

世界上有很多不美丽的东西，但是其中最丑陋的便是"自大"。

犹太人认为，当一个人自满自大时，就会失去一个人应有的谦虚以及改过向上的念头。自满自大的人很容易犯错。因此，《犹太法典》虽不认为自大是一种罪过，但却认为它是一种愚昧。有很多人总以为自己是世界的中心，但是周围的任何人却不可能那么重视自己，因此他厌恶别人的漠不关心，同时更为自己没有达到更高的目标而生气，于是就会产生过度的自我厌恶。在犹太人看来，这也是自大的一种。这种自我厌恶和虚荣心是互为表里的。

犹太人常说："如果自己的内心已由自己占满，就再也不会有留给神住的地方了。"因此在犹太人中，在夸奖别人之前，绝不会夸奖自己。

犹太人告诫孩子们不可自大时，常引用《圣经·创世纪》做比喻：在《创世纪》中，神首先分开了光明和黑暗；再分割天空和地面；并将地面划分为水和陆；然后他开始创造生物；到了最后才创造人——亚当；因此，甚至连跳蚤都比人早到这个世界，所以人有什么了不起呢？就是在动物面前，也没有耀武扬威的资格。

同时，犹太人教育孩子要谦虚，谦虚是一种美德。因此《犹太法典》对谦虚有很严格的规定。告诫人们说："即使是一个贤人，只要他炫耀自己的知识，他就不如一个以无知为耻的愚者。"

中国古代也流传着一个有关做人要谦虚，不要狂妄自大的故事，相信很多人都知道。

从前，有个小国，国土面积极小，人口稀少、土地贫瘠，物产也极少。可是那个国家的国王却非常骄傲、自以为他所统治的国家是天下唯一的大国。有一次，一个国土面积大概是该国10倍的大国使臣访问该国。这位国王在和使臣谈话的时候，竟不知高低地说道："你国与我的国家比起来，究竟哪个大？"所以这个故事广为流传，用来比喻妄自尊大的人。

如上文中国王，自大者不知天多高，地多厚，也不知道山外有山，天外有天，盲目自高自大。

人的某种盲目性的产生，往往是因为他们对某种事物缺乏深刻的了解。人的高傲或者自卑，也是由于他们对自身缺乏一定的了解所致。实践证明，人们只有对自己有了透彻的了解，那他才会将自己置于恰当的位置，做到有自知之明。这里，如何认识自己的角色是很重要的。

不论是上司还是下属，既然都是人，那么他们都会有许多相同的地方。以男性为例，他们对爷奶来说是孙子，对爸妈来说是儿子，对妻子来说是丈夫，对儿女来说是爸爸，对哥姐来说是弟弟，对弟妹来说是哥哥等等。再以上司乘专车外出开会为例，此时上司和司机，一个是前去参加会议，一个是为了保证参加会议者能够及时到会，二人志同道合，可谓同志；第二天饭后，二人同逛商店，相互出主意购买各自喜欢的东西，彼此可互为参谋；晚上有文艺节目，司机非常想看，可上司却想和他下象棋，司机便成全了上司的意愿，二人可谓是朋友；上司在街上遇到歹徒的纠缠，司机挺身而出，为其解除了麻烦，此时的司机可谓是上司的保镖，如此等等。类似以上角色，绝不会以人的职务来划分。

上述事实说明，一个人的角色多种多样的，职务的角色仅是一个人众多角色中的一种。角色会随着时间、地点、条件的变化而变化，绝不可能固定在一种方式上。一个人，尤其是做上司的人，如果他能够认清这个问题的话，那么他就能够做到从事的事业也一定会顺利和成功。可以说，分析自己的多种角色是人们能够做到有自知之明的思想基础，离开了这个基础要想做到自知之明是不可能的。

"夜郎自大"者好大喜功，属于功劳型。这里的功劳型并非真正的功劳型，是专指那种自以为对某个领导成员的任命等帮过"大忙"的人，例如说些好话，拉了选票等等。这种人视野很狭窄，闭口不讲受命者的功绩和才干，看不到组织的力量，无视群众的作用，常常在人们面前借夸夸其谈以炫耀自己。因他也曾说些好话，拉过选票，所以就"居功自傲"，甚至使领导受之驾驭。一旦被驾驭，就可能会在工作的协调中失去平衡，先是在部属中，继而在领导成员中形成积怨，经常导致新的矛盾。功劳型的人将自己应享受的民主权力当作要挟领导的资本，一旦目的达不到，就会散布不满情绪，腐蚀领导班子的团结。

此外，法典还对自大的危险提出了警告："金钱是自大的捷径，而自大是罪恶的捷径。"

犹太家长时常告诫孩子：不把内在显现给别人看的人，才是最聪明的人。不自大，也是犹太民族处世技巧之一。

只有老鹰才能飞

人能守本分，才能尽本事。就像小鸟飞翔在天空中，歌声嘹亮而悦耳，增添了大自然的生气，这就是它们的本分、本事。

至于人，本分是安分守己，本事是发挥良能为人群服务。但是有的人只想展现本事，却不知自己的本分，不愿守住本分，导致人生方向脱序违规，这实在是很可怕的事情！

一位年轻人靠着卖鱼来维生，有一天，他一面吆喝，一面环视四周，注意看是否有人来买鱼。突然，一只老鹰从空中俯冲而下，在他的鱼摊咬了一条鱼后立刻转身飞向空中。卖鱼郎很生气地大喊大叫，可是，只能无奈地看着那只老鹰愈飞愈高、愈飞愈远……

他气愤地自言自语："可惜我没有翅膀，不能飞上天空，否则一定不放过你！"那天他回家时，经过一座地藏庙，他就跪在地藏庙前，祈求地藏王菩萨保佑他变成老鹰，能展翅飞翔于天空。从此以后，他每天经过地藏庙，都会如此殷切地祈求。一群年轻人看到他天天向菩萨祈求，就很好奇地相互讨论，其中一人说："这位卖鱼的人，每天都希望能变成一只老鹰，可以飞上天空。"另一人就说："哎哟！他傻傻地祈求，要求到何时？不如我们来作弄作弄他！"大家交头接耳，想了一个方法要欺负他。

第二天，其中一位年轻人先躲在地藏菩萨像的后面。卖鱼郎来了，照样虔诚地祈求、礼拜，这时，躲在菩萨像后面的那位年轻人就说："你求得这么虔诚，我要满足你的愿，你可以到村内找一棵最高的树，然后爬到树上试试看。"卖鱼郎以为真的听到地藏菩萨的指示，非常欢喜，赶快跑进村里找到一棵最高的树，然后爬到树上。那棵树实在太高了。他愈往上爬，愈觉得担心。他爬上树顶，向下看——"哇！这么高！我真的能飞吗？"那群年轻人也跟着来了，他们在树下故意七嘴八舌地喊道："你们看，树上好像有一只大老鹰，不知道它会不会飞？""既然是老鹰，一定会飞嘛！"卖鱼郎心里很高兴，他想：我果然已变成一只老鹰了！既然是老鹰，哪有不会飞的呢？于是展开双手，摆出展翅欲飞的架势，从树顶跳下去。可是，怎么不是向上飞，而是向下坠落呢？好怕啊！但是已经来不及了。幸好，他落在泥浆地上，陷入烂泥巴和水草之中，只受到轻伤。那些年轻人跑过来，幸灾乐祸地取笑他。他说："你们笑什么？我是两只翅膀跌断了，不是飞不起来啊！"

这故事可以给我们很大的警惕——

一个人要守本分，才能尽本事。若只想得到大本事，却没有守好自己的本分，不自量力盲目去做超越自己能力的事，是非常危险的。所以，孩子们要时刻反省自己的心念、言行是否已偏离本分，如此才能尽本事，充分发挥良能为人群服务。总归一句话：一定要多用心啊！

不断地自我挑战

每个人成长的道路都不可能是一帆风顺的，但为什么有的人在不平坦的人生道路上摘取了迷人的桂冠，而有的人却碌碌无为呢？成功者之所以取得了成功，就在于他们在人生的旅程中，选择了努力作为人生和生命的支点，直到登上了理想的高峰。

海伦刚出生的时候，是个正常的婴孩，能看、能听，也会咿呀学语。可是，一场疾病使她变成既盲又聋的小聋哑人，那时，小海伦刚刚1岁半。

这样的打击，对于小海伦来说无疑是巨大的。每当遇到稍不顺心的事，她便会乱敲乱打，野蛮地用双手抓食物塞入口里。若试图去纠正她，她就会在地上打滚，乱嚷乱叫，简直是个十恶不赦的"小暴君"。父母在绝望之余，只好将她送至波士顿的一所盲人学校，特别聘请沙莉文老师照顾她。

在老师的教导和关怀下，小海伦渐渐地变得坚强起来，在学习上十分努力。

一次，老师对她说：希腊诗人荷马也是一个盲人，但他没有对自己丧失信心，而是以刻苦努力的精神战胜了厄运，成为世界上最伟大的诗人。如果你想实现自己的追求，就要在你的心中牢牢地记住"努力"这个可以改变你一生的词，因为只要你选对了方向，而且努力地去拼搏，那么在这个世界上就没有比脚更高的山。

老师的话，犹如黑夜中的明灯，照亮了小海伦的心，她牢牢地记住了老师的话。

从那以后，小海伦在所有的事情上都比别人多付出了10倍的努力。

在她刚刚10岁的时候，名字就已传遍全美国，成为残疾人士的模范，一位真正的强者。

1893年5月8日，是海伦最开心的一天，这也是电话发明者贝尔博士值得纪念的一日。贝尔在这一日建立了著名的国际聋人教育基金会，而为会址奠基的正是13岁的小海伦。

若说小海伦没有自卑感，那是不正确的，也是不公正的。幸运的是她自小就在心底里树起了颠扑不灭的信心，完成了对自卑的超越。

小海伦成名后，并未因此而自满，她继续孜孜不倦地努力学习。1900年，这个年仅20岁，学习了指语法、凸字及发声，并通过这些方法获得超过常人知识的姑娘，进入了哈佛大学拉德克利夫学院学习。

她说出的第一句话是："我已经不是哑巴了！"她发觉自己的努力没有白费，兴奋异常，不断地重复说："我已经不是哑巴了！"

在她24岁的时候，作为世界上第一个受到大学教育的盲聋哑人，她以优异的成绩毕业于世界著名的哈佛大学。

海伦不仅学会了说话，还学会了用打字机著书和写稿。她虽然是位盲人，但读过的书却比视力正常的人还多。而且，她写了7册书，她比正常人更会鉴赏音乐。

海伦的触觉极为敏锐，只需用手指头轻轻地放在对方的嘴唇上，就能知道对方在说什么；她把手放在钢琴、小提琴的木质部分，就能"鉴赏"音乐；她能以收音机和音箱的振动来辨明声音，还能够利用手指轻轻地碰触对方的喉咙来"听歌"。

如果你和海伦·凯勒握过手，5年后你们再见面握手时，她也能凭着握手认出你来，知道你是美丽的、强壮的、幽默的，或者是满腹牢骚的人。

这个克服了常人"无法克服"的残疾的人，其事迹在全世界引起了震惊和赞赏。她大学毕业那年，人们在圣路易博览会上设立了"海伦·凯勒日"。

她始终对生命充满了信心，充满了热爱。

在第二次世界大战后，海伦·凯勒以一颗爱心在欧洲、亚洲、非洲各地巡回演讲，唤起了社会大众对身体残疾者的注意，被《大英百科全书》称颂为有史以来残疾人士最有成就的由弱而强者。

美国作家马克·吐温评价说："19世纪中，最值得一提的人物是拿破仑和海伦·凯勒。"身受盲聋哑三重痛苦，却能克服残疾并向全世界投射出光明的海伦·凯勒，以及她的老师沙莉文女士的成功事迹，说明了什么问题呢？答案是很简单的：如果你在人生的道路上，选择信心与热爱以及努力作为支点，再高的山峰也会被踩在脚下，你就会攀登上生命之巅。

荣誉的圣殿

在人生的旅途中谁都不会一帆风顺。在遇到被拒绝、挫败等事情时，不要太早放弃努力，也许你与成功就差这一点坚持的距离。一切都是暂时的状态，对此我们要对自己说："我只是还未成功。"切莫因放弃而与荣誉失之交臂。

凡尔纳是享誉世界的法国著名科幻小说家，但是在他成名之前可谓饱尝挫败的滋味。凡尔纳的父亲是一名颇有成就的律师，正因为此，父亲希望他能够子承父业，然而这并不是凡尔纳的兴致所在。

他从小喜欢幻想，爱海洋，也爱冒险，一次他偷偷地报名作为海上见习生想航行印度，但计划未能如愿，因为他的行踪被家人获悉。回到家后等待他的是一场猛烈的拳头。从此，凡尔纳开始了他的幻想之旅，利用想像来表达他眼中的世界。"天将降大任于斯人也"，一个伟大作家的诞生注定要一波三折。

1863年冬天的一个上午，凡尔纳刚吃过早饭，正准备到邮局去，突然听到一阵敲门声，凡尔纳开门一看，原来是一个邮政工人。工人把一包鼓囊囊的邮件递到了凡尔纳的手里。一看到这样的邮件，凡尔纳就预感到不妙，自从他几个月前把他的第一部科幻小说《乘气球五周记》寄到各出版社后，收到这样的邮件已经是第14次了，他怀着忐忑不安的心情拆开一看，上面写道："凡尔纳先生：尊稿经我们审读后，不拟刊用，特此奉还——某某出版社。"每看到这样一封封退稿信，凡尔纳都是心里一阵绞痛：这次是第15次了，还是未被采用，

凡尔纳此时已深知，对于出版社的编辑来说，一个籍籍无名的作者是多么微不足道。他愤怒地发誓，从此再也不写了，他拿起手稿向壁炉走去，准备把这些稿子付之一炬。凡尔纳的妻子赶过来，一把抢过手稿紧紧抱在胸前，此时的凡尔纳余怒未息，说什么也要把稿子烧掉。他妻子急中生智，以满怀关切的感情安慰丈夫："亲爱的，不要灰心，不妨再试一次，也许这次能交上好运的。要知道在荣誉的大道上，从来没有放弃的容身之处。"听了这句话以后，凡尔纳抢夺手稿的手，慢慢放下了，他沉默了好一会儿，然后接受了妻子的劝告，又抱起这一大包手稿到第16家出版社去碰运气。

这次没有落空，读完手稿后，这家出版社立即决定出版此书，并与凡尔纳签订了20年的出版合同。

没有他妻子的疏导，没有"永不放弃"的精神，我们也许根本无法读到凡尔纳笔下那些脍炙人口的科幻故事，人类就会失去一份极其珍贵的精神财富。

屡败屡战的菲尔德

> 人生在世，不可能事事如愿。遇见了什么失望的事情，你也不必灰心丧气。你应当下个决心，想法子争回这口气才对。

当塞洛斯·W.菲尔德从商界引退的时候，他已经积累了大量的财富。而这时他却对在大西洋中铺设海底电缆这一构想发生了极大的兴趣，这样一来欧洲和美洲就能建立电报联系。塞洛斯·W.菲尔德倾其所有来完成这一事业。前期的准备工作包括建造一条从纽约到纽芬兰的圣约翰的电话线路，全长1600多公里。这其中有600多公里需要穿过一片原始森林，为此他们不得不在铺设电话线的同时修建一条穿越纽芬兰的道路。这条线路中还有200多公里要通过法国的布列塔尼，建设者们在那儿也投入了大量的人力。与此相同的还有铺设通过圣劳伦斯的电缆。

通过艰苦的努力，塞洛斯·W.菲尔德得到了英国政府对他的公司的援助。但是在国会里，他遭到了一个很有影响力的团体的强烈反对，在参议院表决时，塞洛斯·W.菲尔德的方案仅以一票的优势勉强获得通过。英国海军派出了驻塞瓦斯托波尔舰队的旗舰阿伽门农号来铺设电缆，而美国则由新建的护卫舰尼亚加拉号来承担这一工作。但是由于一次意外，已铺设了8公里长的电缆卡在了机器里，被折断了。在第二次实验中，船只驶出300多公里时，电流突然消失了，人们在甲板上焦急沮丧地来回走动，似乎死期就

要来临。正当菲尔德先生要下令切断电缆的时候，电流就像它消失时那样，突然又神奇地恢复了。接下来的一个晚上，船只以每小时6公里的速度移动，而电缆以每小时10公里的速度延伸，但由于刹车过于突然，船只猛烈地倾斜了一下，电缆又被卡断了。

菲尔德不是一个轻言放弃的人。他重新购买了1100多公里长的电缆，委托一位精通此行的专家设计一套更好的铺设电缆的机器设备。美国和英国的发明家齐心协力地工作，最后决定从大西洋中央开始铺设两段电缆。于是两艘船开始分头工作，一艘往爱尔兰方面，另一艘驶往纽芬兰，每艘船都各自承担一头的铺设工作。大家希望这样能够把两个大陆连接起来。就在两艘船相距5公里时，电缆断了。人们重新连上了电缆，但是当两艘船相距120多公里时，电流又消失了。电缆再次连上了，大约又铺设了300公里之后，在距阿伽门农号不远处，不幸电缆又断了，阿伽门农号随即返回了爱尔兰海岸。

项目负责人都感到非常沮丧，公众开始怀疑，投资商开始退却。如果不是菲尔德先生不屈不挠、夜以继日、废寝忘食地工作，说服众人，整个工程项目早就被放弃了。终于开始了第三次尝试，这一次成功了，整条电缆线顺利地完成铺设。几个信号在大西洋上传送了将近1000多海里之后，电流突然中断了。

很多人都失去了信心，只有菲尔德先生和他的一两个朋友仍然对此抱有希望。他们继续坚持工作，并且说服了人们继续投资进行试验。一条崭新的更为高级的电缆由大东部号负责铺设。大东部号慢慢地驶向大西洋，一边前进一边铺设。一切都进行得很顺利，直到距离纽芬兰1000海里处，电缆突然折断沉入海底。几次捞起电缆的尝试都失败了，这一项目也因此停顿了将近一年。

但是菲尔德先生并没有被这些困难吓倒，他继续为自己的目标努力。他组建了新公司，并制造了一条当时最为先进的电缆。1866年7月13日，试验开始了，这一次成功地向纽约传送了信息，全文如下：

"无比满足，7月27日。

我们于早上9点到达，一切顺利。感谢上帝！电缆铺设成功，运行良好。

塞洛斯·W.菲尔德"

那条旧的电缆也找到了，重新连接起来，通往纽芬兰。这两条线路现在仍在使用，而且将来也会继续使用。

哑巴与奥斯卡金像奖

人生并非一帆风顺。真正的成功者是那些在跌倒后能一次一次爬起，在苦难中毫不退缩、不言放弃的人。就像玻璃钢的杯子，哪怕摔得再多，它还是能一次又一次以自己的完好证明着自己的韧性。不倒翁并非不倒，只是它在倒了之后能重新站立！

1987年3月30日晚上，洛杉矶音乐中心的钱德勒大厅内灯火辉煌，座无虚席，人们期盼已久的第59届奥斯卡金像奖的颁奖仪式正在这里举行。在热情洋溢、激动人心的气氛中，仪式一步步地接近高潮——高潮终于来到了。主持人宣布：玛莉·马特琳凭借在《上帝的孩子》中出色的表演，获得最佳女主角奖。全场立刻爆发出雷鸣般经久不息的掌声。玛莉·马特琳在掌声和欢呼声中，一阵风似的快步走上领奖台，从上届影帝—最佳男主角奖获得者威廉·赫特手中接过奥斯卡金像。

手里拿着金像的玛莉·马特琳激动不已。她似乎有很多很多话要说，可是人们没有看到她的嘴动，她又把手举了起来，但不是那种向人们挥手致意的姿势，眼尖的人已经看出她是在向观众打手语，内行的人已经看明白了她的意思："说心里话，我没有准备发言。此时此刻我要感谢电影艺术科学院，感谢全体剧组同事……"

原来，这个奥斯卡金像奖最佳女主角奖获得者，竟是一个不会说话的哑女。

玛莉·马特琳不仅是一个哑巴，还是一个聋子。

玛莉·马特琳出生时是一个正常的孩子，但她在出生18个月后，被一次高烧夺去了听力和说话的能力。

这位聋哑女对生活充满了激情。她从小就喜欢表演。8岁时加入伊利诺伊州的聋哑儿童剧院，9岁时就在《益司魔术师》中扮演多萝西。

但16岁那年，玛莉被迫离开了儿童剧院。所幸的是，她还能时常被邀请用手语表演一些聋哑角色。正是这些表演，使玛莉认识到了自己生活的价值，克服了失望心理。她利用这些演出机会，不断锻炼自己，提高演技。

1985年，19岁的玛莉参加了舞台剧《上帝的孩子》的演出。她饰演的是一个次要角色。可就是这次演出，使玛莉走上了银幕。

女导演兰达·海恩丝决定将《上帝的孩子》拍成电影。可是为物色女主角—萨拉的扮演者，使导演大费周折。她用了半年时间先后在美国、英国、加拿大和瑞典寻找，但竟然都没找到中意的。

于是她又回到了美国，观看舞台剧《上帝的孩子》的录像。她发现了玛莉高超的演技，决定立即启用玛莉担任影片的女主角，饰演萨拉。

玛莉扮演的萨拉，在全片中没有一句台词，全靠极富特色的眼神、表情和动作，揭示主人公矛盾复杂的内心世界—自卑和不屈、喜悦和沮丧、孤独和多情、消沉和奋斗。玛莉十分珍惜这次机会，她勤奋、严谨，认真对待每一个镜头，用自己的心去拍，因此表演得惟妙惟肖，让人拍案叫绝。

就这样，玛莉·马特琳实现了人生的飞翔。她成为美国电影史上第一个聋哑影后。

正如她自己所说的那样："我的成功，对每个人，不管是正常人，还是残疾人，都是一种激励。"

是的，如果你想成功，不管自身条件如何，都不能坐等和指望苍天，一切取决于自己。

人生总有路可走

命运并非机遇，而是一种选择；我们不该期待命运的安排，必须凭自己的努力创造命运。

1967年夏天，美国跳水运动员乔妮·埃里克森在一次跳水事故中，身负重伤，除脖子以上，全身瘫痪。

乔妮哭了，她躺在病床上夜不能眠。她怎么也摆脱不了那场噩梦，为什么跳板会滑？为什么她会恰好在那时跳下？不论家里人怎样劝慰她、亲戚朋友们如何安慰她，她总认为命运对她实在不公。出院后，她叫家人把她推到跳水池旁。她注视着那蓝盈盈的水波，仰望那高高的跳台。她，再也不能站立在那洁白的跳板上了，那蓝盈盈的水波再也不会溅起朵朵美丽的水花拥抱她了，她又掩面哭了起来。从此她被迫结束了自己的跳水生涯，离开了那条通向跳水冠军领奖台的路。

她曾经绝望过。但是，她拒绝了死神的召唤，开始冷静思索人生意义和生命的价值。

她借来许多介绍前人如何成才的书籍，一本一本认真地读了起来。她虽然双目健全，但读书也是很艰难的，只能靠嘴衔根小竹片去翻书，劳累、伤痛常常迫使她停下来。休息片刻后，她又坚持读下去。通过大量的阅读，她终于领悟到："我是残了，但许多人残了后，却在另外一条道路上获得了成功，他们有的成了作家，有的创造了盲文，有的创造出美妙的音乐，我为什么不能？"于是，她想到了自己中学时代曾喜欢画画。"我为什么不能在画画上有所成就呢？"这位纤弱的姑娘变得坚强起来了，变得自信起来了。她捡起了中学时代曾经用过的画笔，用嘴衔着，练习画画。

这是一个多么艰辛的过程啊。用嘴画画，她的家人连听也未曾听说过。

他们怕她不成功而伤心，纷纷劝阻她："乔妮，别那么死心眼了，哪有用嘴画画的，我们会养活你的。"可是，他们的话反而激起了她学画的决心，"我怎么能让家人养活我一辈子呢？"她更加刻苦了，常常累得头晕目眩，汗水把双眼弄得咸咸的，而且辣痛，有时委屈的泪水把画纸也弄湿了。为了积累素材，她还常常乘车外出，拜访艺术大师。多年过后，她的辛勤劳动没有白费，她的一幅风景油画在一次画展上展出后，得到了美术界的好评。

不知为什么，乔妮又想到要学文学。她的家人及朋友们又劝她了："乔妮，你绘画已经很不错了，还学什么文学，那会更苦了你自己的。"她是那么倔强、自信，她没有说话，她想起一家刊物曾向她约稿，要她谈谈自己学绘画的经过和感受，她用了很大力气，可稿子还是没有写成，这件事对她刺激太大了，她深感自己写作水平差，必须一步一个脚印地去学习。

这是一条满是荆棘的路，可是她仿佛看到艺术的桂冠在前面熠熠闪光，等待她去摘取。

是的，这是一个很美的梦，乔妮要圆这个梦。终于，这个美丽的梦成了现实。1976年，她的自传《乔妮》出版了，轰动了文坛，她收到了数以万计的热情洋溢的信。两年后，她的《再前进一步》一书又问世了，该书以作者的亲身经历，告诉残疾人，应该怎样战胜病痛、立志成才。后来，这本书被搬上了银幕，影片的主角由她自己扮演，她成了千千万万个青年自强不息、奋斗不止的榜样。

坚持自己的选择

美丽的梦，不可因为小小的风浪而随意搁浅。许多时候，放下多余的东西，坚持自己的梦想，幸福都有希望完满。

每一个人都有各种各样的梦，但并非谁都能圆梦。

科尔和马克一起去医院看病，他们都是鼻子不舒服。在等待化验结果期间，科尔说如果是癌，立即去旅行。马克也表达了相同的意愿。

结果出来了，科尔得的是鼻癌，马克长的是鼻息肉，科尔留下了一张告别人生的计划表离开了医院，马克却住了下来，科尔的计划是：去一趟埃及和希腊，以金字塔为背影拍一张照片，在希腊参观一下苏格拉底雕像；读完莎士比亚的所有作品……

他在这生命的清单后面这样写道："我的一生有很多梦想，有的实现了，有的由于种种原因，没有实现。现在上帝给我的时间不多了，为了不遗憾地离开这个世界，我打算用生命的最后几年去实现剩下的愿望。"那一年，科尔辞掉了公司的职务，去了埃及和希腊。现在科尔正在实现他出一本书的夙愿。

一天，马克在报上看到科尔写的一篇有关生命的文章，于是打电话去问科尔的病情。科尔说："我真的无法想象，要不是这场病，我的生命该是多么的糟糕。是它提醒了我，去做自己想做的事，去实现自己想去实现的梦想。现在我才体味到什么是真正的生命和人生。你生活得也挺好吧？"

马克没有回答。他早把自己亲口说的去埃及和希腊的事放在脑后了。

人生在世，每个人最后都不可避免地走向生命的尽头，有的人走得快，有的人走得慢。而走得快的人，为了把自己未完的事情做完，不再让生命留下遗憾，反而活出了精彩的人生。而走得慢的人，总是想着自己还有足够的时间去实现自己的人生目标，一拖再拖，直到最后仍然没有完成，碌碌无为地度过了自己平庸的一生。

拥有积极的心态，把缺点转化为优点

> 把自己最弱的部分转化为最强的优势，对任何人都非常重要。

一位神父要找三个小男孩，帮助自己完成主教分配的1000本《圣经》销售任务。

神父觉得自己只能完成300本的销售量，于是他决定找几个能干的小男孩卖掉剩下的700本《圣经》。神父对于"能干"是这样理解的：口齿伶俐，言辞美妙，让人们欣喜地做出购买《圣经》的决定。于是按照这样的标准，神父找到了两个小男孩，这两个男孩都认为自己可以轻松卖掉300本《圣经》。可即使这样还有100本没有着落，为了完成主教分配的任务，神父降低了标准，于是第三个小男孩找到了。给他的任务是尽量卖掉100本《圣经》，因为第三个男孩口吃很厉害。

5天过去了，那两个小男孩回来了，并且告诉神父情况很糟糕，他们俩总共只卖了200本。神父觉得不可思议，为什么两个人只卖掉了200本《圣经》呢？正在发愁的时候那个口吃的小男孩也回来了，他没有剩下一本《圣经》，而且带来了一个令神父激动不已的消息：他的一个顾客愿意买他剩下的所有《圣经》。这意味着神父将能卖掉超过1000本的《圣经》，神父将更受主教青睐。

神父彻底迷惑了。被自己看好的两个小男孩让自己失望，而当初根本不当回事的小结巴却成了自己的福星，神父决定问问他。

神父问小男孩："你讲话都结结巴巴的，怎么会这么顺利就卖掉我所有的《圣经》呢？"小男孩答道："我……跟……见到的……所有……人……说，如……果不……买，我就……念《圣经》给他们……听。"

故事中的小男孩知道自己的缺点就是口吃得厉害，所以他顺势将自己的缺点转化成了优势。所以，有的时候缺点不一定是件坏事，如果引导得好，就会把缺点转化为优点。

把自己最弱的部分转化为最强的优势，对任何人都非常重要。格兰恩·卡宁汉自小双腿因烧伤无法走路，但是他却成为奥运会历史上长跑最快的选手之一。

他认为，一个运动员的成功，85%靠的是信心及积极的思想。换句话说，你要坚信自己可以达到目标。他说："你必须在三个不同的层次上去努力，即生理、心理与精神。其中精神层次最能帮助你，我不相信天下有办不到的事。"

拥有积极的心态，就能使一个人将自己的弱点积极地转为最强的部分。这种转化的过程有点类似焊接金属一样，如果有一片金属破裂，经过焊接后，它反而比原来的金属更坚固。这是因为高度的热力使金属的分子结构结合得更为严密的缘故。

你可根据下列步骤，把自己的缺点转化为优点。

1. 孤立弱点，将它研究透彻，然后设计一个计划加以克服。
2. 详细列出你期望达到的目标。

3. 想象一幅将你自己的弱势变成强势的景象。

4. 立即开始成为你希望成为的强人。

5. 在你的最弱之处，采取最强的步骤。

不放弃年少时的梦想

一个有事业追求的人，可以把"梦"做得高些。虽然开始时是梦想，但只要不停地做，不轻易放弃，梦想终能成真。

有个叫布罗迪的犹太英国教师，在整理阁楼上的旧物时，发现一叠练习册，它们是皮特金中学B（2）班31位孩子的春季作文，题目叫《未来我是××》。他本以为这些东西在德军空袭伦敦时被炸飞了，没想到它们竟安然地躺在自己家里，并且一躺就是25年。

布罗迪随便翻了几本，很快被孩子们千奇百怪的自我设计迷住了。比如，有个叫彼得的学生说，未来的他是海军大臣，因为有一次他在海中游泳，喝了3升海水，都没被淹死；还有一个说，自己将来必定是法国的总统，因为他能背出25个法国城市的名字，而同班的其他同学最多的只能背出7个；最让人称奇的，是一个叫戴维的盲人学生，他认为，将来他必定是英国的一个内阁大臣，因为在英国还没有一个盲人进入过内阁。总之，31个孩子都在作文中描绘了自己的未来。有当驯狗师的；有当领航员的；有做王妃的……五花八门，应有尽有。

布罗迪读着这些作文，突然有一种冲动——何不把这些本子重新发到同学们手中，让他们看看现在的自己是否实现了25年前的梦想。当地一家报纸得知他这一想法，为他发了一则启事。没几天，书信纷纷向布罗迪寄来。他们中间有商人、学者及政府官员，更多的是没有身份的人，他们都表示，很想知道儿时的梦想，并且很想得到那本作文簿，布罗迪按地址一一给他们寄去。

一年后，布罗迪身边仅剩下一个作文本没人索要。他想，这个叫戴维的人也许死了。毕竟25年了，25年间是什么事都会发生的。

就在布罗迪准备把这个本子送给一家私人收藏馆时，他收到内阁教育大臣布伦克特的一封信。他在信中说："那个叫戴维的就是我，感谢您还为我保存着儿时的梦想。不过我已经不需要那个本子了，因为从那时起，我的梦想就一直在我的脑子里，我没有一天放弃过。25年过去了，可以说我已经实现了那个梦想。今天，我还想通过这封信告诉我其他的30位同学，只要不让年轻时的梦想随岁月飘逝，成功总有一天会出现在你的面前。"

布伦克特的这封信后来被发表在《太阳报》上，因为他作为英国第一位盲人大臣，用自己的行动证明了一个真理：假如谁能把15岁时想当内阁大臣的愿望保持25年，那么他现在一定已经是内阁大臣了。

开动你的脑筋

要相信自己的大脑，要信任你的智慧。任何问题都不会有山穷水尽之时，在能补救之前不必绝望，而要冷静寻找对策。

詹妮芙·帕克小姐是美国鼎鼎有名的女律师。她曾被自己的同行——老资格的律师马格雷先生愚弄过一次，但是，恰恰是这次愚弄使詹妮芙小姐名扬美国。

故事是这样的：

一位名叫康妮的小姐被美国"全国汽车公司"制造的一辆卡车撞倒，司机踩了刹车，卡车把康妮小姐卷入车下，导致康妮小姐被迫截去了四肢，骨盆也被碾碎。康妮小姐说不清楚自己是在冰上滑倒跌入车下还是被卡车卷入车下，马格雷先生则巧妙地利用了各种证据，推翻了当时几名目击者的证词，康妮小姐因此败诉。

伤心、绝望的康妮小姐向詹妮芙·帕克小姐求援。詹妮芙通过调查掌握了该汽车公司的产品近年来的15次车祸—原因完全相同，该汽车的制动系统有问题，急刹车时，车子后部会打转，把受害者卷入车底。

詹妮芙对马格雷说："卡车制动装置有问题，你隐瞒了它。我希望汽车公司拿出200万美元来给那位姑娘，否则，我们将会提出控告。"

马格雷回答道："好吧，不过我明天要去伦敦，1个星期后回来，届时我们研究一下，做出适当安排。"

一个星期后，马格雷却没有露面。詹妮芙感到自己是上当了，但又不知道上了什么当，她的目光扫到了日历上—詹妮芙恍然大悟，诉讼时效已经到期了。詹妮芙怒气冲冲地给马格雷打了个电话，马格雷在电话中得意洋洋地放声大笑："小姐，诉讼时效今天到期了，谁也不能控告我们了！希望你下一次变得聪明些！"

詹妮芙几乎要给气疯了，她问秘书："准备好这份案卷要多少时间？"

秘书回答："需要三四个小时。现在是下午1点钟，即使我们用最快的速度草拟好文件，再找到一家律师事务所，由他们草拟出一份新文件交到法院，那也来不及了。"

"时间！时间！该死的时间！"詹妮芙急得在屋中团团转。突然，一道灵光在她的脑海中闪现——"全国汽车公司"在美国各地都有分公司，为什么不把起诉地点往西移呢？隔1个时区就差1个小时啊！

位于太平洋上的夏威夷在西十区，与纽约时间相差整整5个小时！对，就在夏威夷起诉！

詹妮芙赢得了至关重要的几个小时，她以雄辩的事实、催人泪下的语言，使陪审团的成员们大为感动。陪审团一致裁决：詹妮芙胜诉，"全国汽车公司"赔偿康妮小姐600万美元损失费！

想到更要做到

古希腊哲学家德谟克利特说："一切都靠一张嘴来谈理想而丝毫不实干的人，是虚伪和假仁假义的。"唯有做到理想与行动二者合一，才有可能让梦境全部实现。

安妮是大学里艺术团的歌剧演员。在一次校际演讲比赛中，她向人们展示了一个最为璀璨的梦想：大学毕业后，先去欧洲旅游一年，然后要在纽约百老汇中成为一名优秀的主角。

当天下午，安妮的心理学老师找到她，尖锐地问了一句："你今天去百老汇跟毕业后去有什么差别？"安妮仔细一想："是呀，大学生活并不能帮我争取到去百老汇工作的机会。"于是，安妮决定一年以后就去百老汇闯荡。

这时，老师又冷不丁地问她："你现在去跟一年以后去有什么不同？"安妮苦思冥想了一会儿，对老师说，她决定下学期就出发。老师紧追不舍地问："你下学期去跟今天去，有什么不一样？"安妮有些晕眩了，想想那个金碧辉煌的舞台和那双在睡梦中萦绕不绝的红舞鞋，她终于决定下个月就前往百老汇。

老师乘胜追击地问："一个月以后去跟今天去有什么不同？"安妮激动不已，她情不自禁地说："好，给我一个星期的时间准备一下，我就出发。"老师步步紧逼："所有的生活用品在百老汇都能买到，你一个星期以后去和今天去有什么差别？"

安妮终于双眼盈泪地说："好，我明天就去。"老师赞许地点点头，说："我已经帮你订好明天的机票了。"第二天，安妮就飞赴到全世界最巅峰的艺术殿堂—美国百老汇。当时，百老汇的制片人正在酝酿一部经典剧目，几百名各国艺术家前去应征主角。按当时的应聘步骤，是先挑出10个左右的候选人，然后，让他们每人按剧本的要求演绎一段主角的对白。这意味着要经过百里挑一的两轮艰苦角逐才能胜出。安妮到了纽约后，并没有急着去漂染头发、买靓衫，而是费尽周折从一个化妆师手里要到了将排的剧本。这以后的两天中，安妮闭门苦读，悄悄演练。正式面试那天，安妮是第48个出场的，当制片人要她说说自己的表演经历时，安妮粲然一笑，说："我可以给您表演一段原来在学校排演的剧目吗？就一分钟。"制片人首肯了，他不愿让这个热爱艺术的青年失望。而当制片人听到传进自己鼓膜里的声音，竟然是将要排演的剧目对白，而且，面前的这个姑娘感情如此真挚，表演如此惟妙惟肖时，他惊呆了！他马上通知工作人员结束面试，主角非安妮莫属。就这样，安妮来到纽约的第一天就顺利地进入了百老汇，穿上了她人生中的第一双红舞鞋。

向自己挑战

> 成功的人与失败的人，他们的区别并不在于能力或意见的好坏，而是在于是否相信自己的判断，是否具有适当冒险与采取行动的勇气。

在休闲活动走向惊险刺激的潮流之下，许多人选择了跳伞训练来挑战自己的胆识。就在一次例行的业余跳伞训练中，学员们由教练引导，鱼贯地背着降落伞登上运输机，准备进行高空跳伞。

突然，不知哪个学员一声惊叫，随着这一阵叫声，大家才发现，竟然有一位盲人，带着他的导盲犬，正随着大家一起登机。更令人惊异的是，这位盲人和导盲犬的背上，也和大伙儿一样，有着一具降落伞。

飞机起飞之后，所有参加这次跳伞训练的学员们，都围着那位盲人，七嘴八舌地问他，为什么会参加这一次的跳伞训练。

其中一名学员问道："你根本看不到东西，怎么能够跳伞呢？"

盲人轻松地回答道："那有什么困难的？等飞机到了预定的高度，开始跳伞的警告广播响起，我只要抱着我的导盲犬，跟着你们一起排队往外跳，不就行了？"

另一名学员接着问道："那……你怎么知道什么时候该拉开降落伞？"

盲人答道："那更简单，教练不是教过？跳出去之后，从一数到五，我自然就会把导盲犬和我自己身上的降落伞拉开，只要我不结巴，就不会有危险啊！"

又有人问："可是……落地时呢？跳伞最危险的地方，就在落地那一刻，你又该怎么办？"

盲人胸有成竹地笑道："这还不容易，只要等到我的导盲犬吓得歇斯底里地乱叫，同时手中的绳索变轻的刹那，我做好标准的落地动作，不就安全了？"

做一个敢于冒险的人！向自己挑战！

世界上没有一件可以完全确定或保证的事。成功的人与失败的人，他们的区别并不在于能力或意见的好坏，而是在于是否相信自己的判断，是否具有适当冒险与采取行动的勇气。

没有冒险者就没有成功者。所以，我们敬仰那个第一个吃螃蟹的人、第一个用青霉素的人、第一个乘飞船进入太空的人……

无论在事业或生活的任何方面，我们都可能需要尝试恰当的冒险。在冒险之前，我们必须清楚地认识那是一种什么样的冒险，必须认真权衡得失——时间、金钱、精力以及其他牺牲或让步。如果你从来没有想过冒险，那么你的日子就像一潭死水，你永远无法激起波澜，永远无法取得成功。

冒险不是盲目草率的行为，不是瞎闯、蛮干，不是随心所欲，而是要有目标、有计划，有实施方法和步骤的实践活动。冒险必须建立在对客观事物正确分析、判断的基础上，必须采用科学的方法，否则，就无法实现成就事业的目标。

冒险的基本方法是确立可行的目标，发挥科学的分析判断能力，积蓄冒险的力量，实施冒险的应变策略，付诸冒险的实际行动。

超越自我

超越别人的人，不能算真正的超越；超越从前的自己，才是真正的超越。（《塔木德》）

《塔木德》上记载：超越别人，不能算真正的超越；超越从前的自己，才是真正的超越。在犹太人看来，人有两个生命，一是父母给的，二是自己赋予自己生命的实质。赋予自己生命的实质，只能依靠创造力，而旧有习性却束缚创造力。要获取创造力只能自己凭意志和毅力超越这种旧习性。

犹太人有一则故事教导人们要去超越自己。

有一对父子俩都是拉比。父亲性格温和，考虑周到；而儿子却孤僻、傲慢，所以他一直没有成功。

有一天，儿子对父亲抱怨。老拉比说：

"我的孩子，作为拉比我们之间的区别是：当有人向我请教律法上的问题时，我给他回答。他提的问题以及我的回答，我的提问人和我都满意。但是若有人问你问题，则双方都不满意——你的提问人不满意是因为你说他的问题不是问题；你不满意是因为你不能给他一个答案。所以，你不能怪别人而必须放下架子鼓励自己，才能成功。"

"父亲，你是说我必须超越自己？"

"是的，"父亲回答，"超越从前自我的人，才是真正成功的人。"

道理很简单，如果勤劳自勉，借以超越自己，那么总有一天，就会自然而然地超越别人。人一定要把握住自己的内在动力，超越自己，才能不断地鞭策自己前进。

若想超越自我，就要打破现有的状态，敢于向未知的领域挺进，具有冒险精神，正如犹太科学家爱因斯坦所说："人必经常思考新事物，否则和机器没什么两样。"

犹太人认为，超越自己的事情一天都不能放松，尽量地学不同的事物，将它们组合起来，才会有新的智慧和洞察力，这些不同的事物相互影响之后，往往会有许多新的创见。每个人都有与生俱来的创造力，只是有些人通过坚持不懈地学习，把它发挥了出来，更多的人则因为懒怠让这种才能荒废掉了。

美国著名影星保罗·纽曼是一位犹太人。因为善于适应环境，活用自己身上的天赋，不断超越自我，在演员和商人两重身份间出入自如，从而"财""艺"双收。

保罗·纽曼有杰出的演艺才能和先天的强健体魄，在银幕上成为男性美的化身。他拍摄了许多影片，如1956年的《上帝喜欢我》，1958年的《漫长炎热的夏季》《热锌皮屋顶上的猫》，1960年的《阳台上》《成功》等，其中有不少影片获得好评，他曾先后5次被提名为奥斯卡金像奖最佳男主角。在他60岁那年第六次被提名时，终于摘取了奥斯卡金像奖最佳男主角的桂冠。保罗·纽曼除了有高超的演技外，还是一个出色的导演，他曾导演拍摄过5部电影，也执导过电视剧。他导演的《雷切尔》获得了很大的成功。

这位出生于美国俄亥俄州克利夫兰的犹太人，父亲是一家体育用品商店的小老板，小时候喜欢运动，故长得一副好身材。他的母亲是位音乐戏剧爱好者，小保罗受母亲的影响，也喜欢音乐戏剧。当他上大学时，常参加学生的娱乐活动，有时还登台演出自编自演的小剧目。这样，无形中练就了他的表演技能。

1982年，保罗·纽曼向一位作家朋友提出自己想开发一种拌面条用的酱汁，这种酱汁是保罗自己在厨房做菜时调配的。

两人一谈即合，同意各出资50万美元开发这种产品，取名为"保罗·纽曼面汁"，生产这种面汁的企业亦取名为"保罗·纽曼公司"。公司创办之初，使用最便宜的家具和工具，但他们却使用最好的原料和最佳的配方，以确保面汁质量。产品推向市场后，各地超级市场不断要求补充货源，他们不得不雇请工人扩大生产，仅仅经营了一个月，就纯赚4万美元。

第一炮打响以后，"保罗·纽曼面汁"的销量开始月月增加，合伙投资的100万美元本金，在开业的几个月就收回了。到开业一周年时，公司的纯利润达1200万美元，到第六年，该公司已成为一个大企业，被喻为"食品王国"。

保罗·纽曼无论在台前演戏，还是在幕后经商，都显示出了超凡的能力。不断超越自己使他在演艺界和商界齐头并进，成为了一个名利双收的富豪明星。

保罗·纽曼从商人到演员直到天皇巨星，再从天皇巨星到企业家，再到食品大王，他的人生之路告诉人们，只有不断超越自我，不断让自己在新的生活和环境中去迎接挑战，才能保持住不灭的创造力，才能最大限度地发掘自己的潜力。

过有节制的生活

财产越多，好梦越少；妻子越多，安宁越少；女仆越多，贞洁越少；男仆越多，治安越乱。（《塔木德》）

有一艘船在航行途中遇到了强烈的暴风雨，偏离了航向。

到次日早晨，风平浪静了，人们发现前面不远处有一个美丽的岛屿。船便驶进海湾，抛下锚，作短暂的休息。

从甲板上望去，岛上鲜花盛开，树上挂满了令人垂涎的果子，一大片美丽的绿阴，还可以听见小鸟动听的歌声。

于是，船上的旅客分成五组。

第一组旅客，因担心正好出现顺风而错过起航时机，便不管岛上如何美丽，静候在船上；

第二组旅客急急忙忙登上小岛，走马观花地浏览了一遍盛景，立刻回来；

第三组旅客也上岛游玩，但由于停留时间过长，在刚好吹起顺风时急忙赶回，丢三落四，好不容易占下座位；

第四组旅客一边游玩，一边观察船帆是否扬起，而且认为船长不会丢下他们把船开走，故而一直停留在岛上，直到起锚时才慌忙爬上船来，许多人为此而受了伤；

第五组旅客留恋于美丽的风光，留在岛上。结果，有的被猛兽吃掉，有的误食毒果生病而死。

犹太人认为，第一组对人生的快乐一点也不体会，人生缺少乐趣；第三组、第四组人由于过于贪恋和匆忙，吃了很大苦头；只有第二组人既享受了少许快乐，又没有忘记自己的使命，这是最贤明的一组。

正是出于这个道理，犹太人认为享受人生乐趣是人类的特权和义务。漂亮的衣物、漂亮的家、贤惠的妻子、聪明的儿子，这会使人心情愉快，工作中也是力量倍增。所以，拉比们把发誓不喝酒的人认为是"罪人"和"傻瓜"。

但拉比们在对酒的态度上也体现了犹太人那种掌握适度的分寸感，故而他们也认为，酒这种东西最忌过度，一喝多了，麻烦就来了。"只要不沉溺于酒杯，就不会犯罪"。想一想生活当中那些因烂醉如泥而丢尽脸面的人，更觉犹太人的态度非常有道理。

所以犹太人认为，当魔鬼要造访某人而又抽不出空的时候，便会派酒做自己的代表。

当年挪亚种第一棵葡萄树时，魔鬼撒旦跑来问："你在干什么？"

挪亚说："我在种一种非常好的植物。"

撒旦表示他从来没见过这种植物长的什么样子。

挪亚便告诉他："它会结一种非常甜而可口的果实，喝了这种果实的汁后，人就会觉得非常幸福。"

撒旦一听，来劲了，非得加入这种幸福行列。于是，他跑去抓来羊、狮子、猪和猴子，把它们一只只杀死，拿它们的血作肥料浇下去，葡萄长出来了，最后变成了葡萄酒。

因而，人们刚开始喝酒的时候，温顺得像只羊；再喝一点，就会有狮子那样的强大；再强大下去就会像猪一样亢奋；喝得实在是太多了，就会像猴子一样唱啊跳啊，全无一点自制力。这就是撒旦送给人类的"幸福"。

当然，完全放弃享受，一味地拼命工作也不应提倡。所以，犹太人推崇真实，顺其自然，即使有不好的念头但只要不去做就是高尚的人。这才是真正的、有血有肉的人，而不是不食人间烟火的"神"。

犹太人认为，不但要承受遭遇到的困难，还要让自己享受生活中的快乐。先贤们为幸福而感激的时候从不犹豫，鼓励人们从拥有的一切事物中寻找幸福。

《传道书》中这样赞美美好的生活：

"美丽、力量、财富、荣誉、智慧、年老、成熟和孩子气都是正当的，而且就是世界。去吧，高高兴兴地吃面包，快快乐乐地喝酒，你的行为早已得到了上帝的恩准。把你的衣服洗得干干净净，头上永远不要缺了香油。和你钟情的女人共浴爱河吧，一生中飞驰而过的岁月都是在阳光下赋予你的——你所有飞驰而过的岁月。仅仅为此，凭着你在阳光下所获得的权利，你可以尽力发掘生活。

"不管什么，只要在你权利许可的范围内，你就用最大的力量去做。因为在你即将进入的未来世界里，没有行动，没有思想，没有学问，没有智慧。

"即使一个人已经活了很久，也要让他尽情享受，要记得将来黑暗的日子会多么漫长。那唯一的将来是一片虚空！"

在犹太人看来，世间除了快乐之外，还有罪恶跟在后面，因此人们应防止过度贪婪。

例如，当一个人习惯了高高兴兴地吃喝，一旦吃喝不了，他就会感到失望，他就会为了钱财奔波，只为了保有他已经用惯了的餐桌。这引发了狡诈和贪婪，随之而出的是伪誓和其他一切由之而来的罪恶……然而，如果他不受到快乐的引诱，他就不会堕入这些罪恶的深渊。

正如《塔木德》所示的一样：

"肉越多，蛆越多；财产越多，好梦越少；妻子越多，安宁越少；女仆越多，贞洁越少；男仆越多，治安越乱。"

一个人不过是一个使自己的感觉、精神和物质追求都服从自己的王子，他统治着它们……

他适合做领袖，因为他是国家的王子，他对待肉体和灵魂都一样公平。他征服激情，把它们控制起来，同时也给予它们应得的一份满足，对待食物、饮酒、清洁等都这样……

那时，如果他让每一部分满足（给主要器官所需的休息和睡眠，让肢体苏醒、运动，从事世间的劳作），他召唤自己的集体就像一个受人尊敬的王子召唤自己纪律严明的军队，帮助他一起达到神圣之境。

犹太人这种把自我满足和自我约束给合起来的生活方式正是其伟大高明之处。

以成绩证明自己

人生就像一张洁白的纸，全凭人生之笔去描绘，玩弄纸笔者，白纸上只能涂成一摊胡乱的墨迹；认真书写者，白纸上才会留下一篇优美的文章。

阿兰·米穆是一位历经辛酸从社会最底层拼搏出来的法国当代著名长跑运动员，法国10000米长跑纪录创造者、第14届伦敦奥运会10000米赛亚军、第15届赫尔辛基奥运会5000米亚军、第16届墨尔本奥运会马拉松赛冠军，后来在法国国家体育学院执教。

米穆出生在一个相当贫穷的家庭。从孩提时代起，他就非常喜欢运动。可是，家里很穷，他甚至连饭都吃不饱。这对任何一个喜欢运动的人来讲都是很难堪的。例如，踢足球，米穆就是光着脚踢的，他没有鞋子。他母亲好不容易替他买了双草底帆布鞋，为的是让他去学校念书穿的。如果米穆的父亲看见他穿着这双鞋子踢足球，就会狠狠地揍他一顿，因为父亲不想让他把鞋子踢破。

12岁时，米穆已经有了小学毕业文凭，而且评语很好。他母亲对他说："你终于有文凭了，这太好了！"妈妈去为他申请助学金。但是，遭到了拒绝！

没有钱念书，于是米穆就当了咖啡馆里跑堂的。他每天要一直工作到深夜，但还是坚持长跑。为了能进行锻炼，他每天早上5点钟就得起来，累得他脚跟都发炎了。为了有碗饭吃，米穆就没有多少工夫去训练。不过，他还是咬紧牙关报名参加了法国田径冠军赛。米穆仅仅进行了一个半月的训练。他先是参加了10000米比赛，可是只得了第三名。第二天，他决定再参加5000米比赛。幸运的是，他得了第二名。就这样，米穆被选中并被带进了伦敦奥林匹克运动会。

对米穆来说，这简直是不可思议的事情！他在当时甚至还不知道什么是奥林匹克运动会，也从来想像不到奥运会是如此宏伟壮观。全世界好像都凝缩在那里了。在这个时刻，他知道自己是代表法国。

但有些事情让米穆感到不快，那就是，他并没有被人认为是一名法国选手，没有一个人看得起他。比赛前几个小时，米穆想请人替自己按摩一下，于是他便很不好意思地去敲了敲法国队按摩医生的房门。

得到允许以后，他就进去了。按摩医生转身对他说："有什么事吗，我的小伙计？"

米穆说："先生，我要跑10000米，您是否可以帮助我？"

医生一边继续为一个躺在床上的运动员按摩，一边对他说："请原谅，我的小伙计，我是被派来为冠军们服务的。"

米穆知道，医生拒绝替自己按摩，无非就是因为自己不过是咖啡馆里的一名小跑堂罢了。

那天下午，米穆参加了对他来讲具有历史意义的10000米决赛。他当时仅仅希望能取得一个好名次，因为伦敦那天的天气异常干热，很像暴风雨的前夕。比赛开始了，同伴们一个又一个地落在他的后面。米穆成了第四名，随后是第三名。很快，他发现，只有捷克著名的长跑运动员扎托倍克一个人跑在他前面。米穆最后得了第二名。

米穆就是这样为法国也为自己赢得了第一枚奥运银牌的。然而，最使米穆感到难受的，是当时法国的体育报刊和新闻记者。他们在第二天早上便边打听边嚷嚷："那个跑了第二名的家伙是谁呀？啊，准是一个北非人。天气热，他就是因为天热而得到第二名的！"瞧瞧，多令人心酸！

米穆感到欣慰的是，在伦敦奥运会4年以后，他又被选中代表法国去赫尔辛基参加第15届奥运会了。在那里，他打破了10000米法国纪录，并在被称之为"本世纪5000米决赛"的比赛中，再一次为法国赢得了一枚银牌。

随后，在墨尔本奥运会上，米穆参加了马拉松比赛。他以1分40秒跑完了最后400米，终于成了奥运会冠军！

他不用再去咖啡馆当跑堂了。可是，米穆却说："我喜欢咖啡，喜欢那种香醇，也喜欢那种苦涩。"

第 九 篇

勤奋：重视人生中的每一步奋斗

榜样的力量是无穷的

犹太人在教育子女时，总是鼓励他们树立自己可以效仿的榜样，像他们一样拼搏奋斗实现自己的目标，被视为榜样的既包括犹太传统中的成功商人，也包括各个领域的专家学者，但不管是谁，犹太父母都会辅导孩子结合自己的天赋和能力，树立恰当的榜样。

犹太父母告诉孩子树立榜样时首先观察要被树为榜样的这个人是否真的值得学习、效仿，一旦发现原来自己的榜样盛名之下，其实难符，孩子幼小的心灵会受到极大的伤害，影响他们正常世界观的形成。犹太儿童经常听大人们讲这个故事：

在一个寂静的夜晚。黑暗中，一只色彩绚烂的流浪汉——蝴蝶，没有目标地乱闯。忽然，它发现远方有一点点火光。"那是什么啊？"被火光迷惑的蝴蝶好奇地问。它想都不想就向火光快速地飞去。它靠近了火光，兴奋地绕着火焰飞翔。啊，多么美丽哟！不过，蝴蝶不满足于只欣赏一下火焰，它还想品尝一下，就像吮吸田野上的花蜜一样。它姿势优美地停在了半空，准备落在火焰上。啊！多么可怕的教训！它惊恐地一跳，逃开了。在火光的照耀下，蝴蝶发现自己缺了一条腿，还有非常漂亮的翅膀尖儿也被烧焦了。"这是怎么了？我遇到了什么事？"蝴蝶不知道是什么原因导致这一切的发生。这么美丽的"光亮"还能令人感到遗憾？真是难以想像！蝴蝶带着这种疑虑，休息了一会儿，等恢复了力气，又重新开始"品尝"。被火光迷惑的蝴蝶，眼睛紧紧地盯着窜跳的火焰，怀着占有它的决心，一头扎进了火焰。蝴蝶没有遇到任何东西的阻拦，一下子跌在油灯的油盆里。生命弥留之际，蝴蝶低声地嘀咕："可恶的火焰！我渴望你给我带来光亮、带来幸福，而你却只给我死亡！我现在唯一能做的就是为自己疯狂的梦想哭泣！可惜，我明白得太晚了，是你使我遭遇不幸！"火焰听见蝴蝶的抱怨，心平气和地回答道："可悲的蝴蝶，我可不是你想像的太阳！我是火焰。你知道么？火焰！不谨慎的人不但不会使用我，而且还会自焚！"

犹太父母用这则寓言教育孩子们：崇拜带光环的偶像，可能跟蝴蝶一样跌跟头。告诉他们无论在学习，还是在自己的成长过程中，都要选对榜样，不能像故事中的蝴蝶一样，错把火焰当作自己的偶像，结果送了性命。选对榜样并且从自己做起，从身边做起，才能离目标越来越近。

从很古很古的时代起，鹰王就被认为是价值、尊严和权力的象征。它的形象被罗马人、波兰人、德国人、奥地利人和西班牙人用作国徽。

有一只高傲的鹰王，在他年老的时候，选择了最高峰作为住所，并在那里独居多年。一天，他感到死期将近，就把所有的孩子叫到自己身边。等他们聚齐了，鹰王一个一个地看过他们，说："我养育你们，目的是为了让你们从小就有能力看太阳。我把那些视力低下的孩子——你们的兄弟们都饿死了，因此，你们有资格，也有能力比其他鸟类飞得更高。所有不愿意送死的鸟，从来不会靠近你们的巢。"孩子们恭恭敬敬地听着鹰王的教诲，不断地点着他们高傲的头颅。停了片刻，鹰王继续说道："所有的野兽都应该惧怕你们，但是，你们不能伤害尊敬你们的野兽，并且应该把你们吃剩的食物让给他们吃。""是的，我们遵命……"所有的鹰一齐低声回答。"我马上就要离开你们了，"鹰王说，"但是，我绝不会死在巢里，我要飞向那辽阔的苍穹，飞到双翅能把我带到的天空，我要飞向那万能的太阳。假如能飞到那里，就让太阳的光焰焚烧我的羽毛，我再飞速地冲向地面，跃进大海。在大海中，我会神奇地复活和恢复青春，获得新生。这就是鹰的天性，这就是我们高贵的命运。"讲完之后，鹰王就开始飞行。它庄重、威严地先围绕孩子们居住的高峰飞了一圈。接着，他猛然向高空飞去，以便让太阳的光辉焚烧那一双疲劳的翅膀。

从鹰王那里，孩子们学到了宝贵的尊严。故事中的鹰王选择最高贵、最勇敢的方式结束自己的生命，他用自身的行动为后来的山鹰们树立一道丰碑，成为他们的楷模。

"榜样的力量是无穷的。"对青少年来说这一点更为重要，孩子的年龄越小，榜样的感染力就越大。犹太人对这个问题是这样看的。他们认为，孩子出生以后，首先接触的就是父母及其家庭成员，其最初形成的行为习惯几乎都是从模仿家长而来的。因此，家长要特别重视榜样对孩子的巨大影响作用，时时处处给孩子树立好榜样。前苏联的著名教育家马可连柯曾经讲过："一个家长对自己的要求，一个家长对自己家庭的尊重，一个家长对自己每一行为举止的注重，就是对子女最首要的、也是最重要的教育方法。"如果家长处处以身作则，其一言一行就会成为子女的表率，这不仅可以提高和树立家长在子女心目中的威信，而且可以使家长牢牢地把握住教育管理子女的主动权。

所以，在日常的具体生活中，家长要时时严格要求自己，事事起模范带头作用。要求孩子做到的，家长首先要做到；要求孩子好好学习，做一名好学生，父母首先要在本职岗位上兢兢业业，做出一番成绩来；要求孩子在思想品德上和同学团结友爱，互相帮助，家长自己首先要与邻里和睦相处，友好往来，不在一些鸡毛蒜皮的小事上斤斤计较，不占小便宜，公正无私。

如果家长能始终如一地这样严于律己，就会给孩子以耳濡目染、潜移默化的影响，也就会赢得孩子的信赖与尊敬，因为家长本身的言行就是一种实实在在的巨大的教育力量。

试一试才知道

鼓励孩子勇于尝试，让孩子不断提升自我。

有一个故事叫《小马过河》，说的是从前有一匹小马驹，它第一次过河，但是不知道河的深浅，就去请教正在河旁的老水牛和小松鼠。老水牛对小马驹说：这条河的水很浅，可以过得去。而小松鼠却对小马驹说：这条河的水很深，过不去的。小马驹听这么一说就没了主意，跑去问妈妈，妈妈建议说：你自己下水去试试，不就明白了吗？小马驹听了妈妈的话，跑到河边小心地趟了过去。原来河水并不像老水牛说的那么浅，也没有小松鼠说的那么深。

这个故事中的小马妈妈教育小马的方法就很得当。小马妈妈不是直接告诉小马可不可以过河，而是让小马自己去"试一试"，让它在这个过程中自己得出结论。这种方法与我们很多父母的"训诫"教育相比，能使孩子更深刻地体验到实践的重要性。

犹太人经常强调这一点：父母是孩子最早的老师，父母的言传身教对孩子的影响非常大。但很多父母在教育孩子时，往往只是直接灌输自己的过往经验，代替孩子回答问题，而不是启发孩子，让孩子在亲身实践中得出自己的答案。

孩子的成长过程也是认知的过程，大人的经验固然对孩子的成长有很大的帮助，但孩子的亲身体会要比大人的教诲深刻得多，即使孩子在亲身体会的过程中犯错误，我们也要允许他们犯错误，因为他们有能力去犯错误，也同样有能力改正自己的错误，在犯错误中得到正确的答案，那是最珍贵的。

犹太儿童还经常听长辈们讲这样一个故事。

很久以前，森林中的动物，不论是足智多谋的，还是勇猛强悍的，谁也弄不清楚森林里到底发生了什么灾祸，摸不清楚在那棵粗壮繁茂的古树下面隐藏着什么可怕的动物。这个消息传开之后，传闻变得越来越捉摸不定，大家议论纷纷，最后，大家都说古树下面出现了可怕的怪兽，森林动物的末日到了！动物们胆战心惊地聚在一起商量，一个个苦思冥想，最后，他们不得不求助于狐狸。他们说："狐狸老兄，你是森林动物中最善于思索最聪明的天才，请你发发善心，设法弄清楚到底发生了什么事，探听一下，古树下面到底藏着什么怪兽。"

由于动物们苦苦恳求，狐狸推辞了很久，最后，他才答应去看看。但是，狐狸根本不想为了别人的安危去冒生命危险。因此，他迟迟不肯动身。狡猾的狐狸思索了半天，决定先派自己的朋友、好奇心极强的喜鹊去看个究竟。喜鹊在古树四周飞来飞去，观察了半天，才发现在茂密的古树树叶中有两颗闪闪发光的亮点，还听到不停扇动翅膀的声音。喜鹊急急忙忙地飞回来，把所见所闻告诉狐狸，喜鹊自己也吓得胆破心惊。狐狸立刻召集森林中的动物开会，说："朋友们，我们大难临头啦！森林要毁灭啦！古树下面出现了个大怪物。目前，我们还没法看清怪兽的獠牙和鬼脸，也无法听到他的鸣叫和怒吼。不过，我可不想拿自己的生命当儿戏，我也奉劝各位，别拿自己的生命开玩笑！"狐狸的话音刚落，就夹起大尾巴，窜入密林深处逃命去了，其他动物也一窝蜂似地跟着他逃进了森林。

其实，那棵古树下并没有什么怪兽，一只大眼睛的猫头鹰在茂密的叶丛中栖息着。此时此刻的猫头鹰也感到莫名其妙，它不知为什么森林中的动物都惊恐地逃跑，也不知为什么森林变得死一般的沉寂。动物们都不能做到身体力行，不能探究问题的究竟，结果弄得自己惶惶不可终日。

孩子也是一样。孩子在日常的学习和生活当中会有许许多多的疑问。做家长的要意识到疑问是孩子求知的动力。犹太家长在孩子有了疑问的时候，先不忙着给孩子正确的答案，他们会因势利导，让孩子在疑问中探求事情的真相，借此启发孩子的探求欲望，这样，孩子的分析问题能力和解决问题能力将会得到加强。家长们都应该像犹太家长那样，鼓励孩子勇于尝试，让孩子不断提升自我。

时间是最宝贵的财产

> 生命不可重复，时间对每个人只有一次，对时间的损失我们永远无法追偿，谁能抓住时间，谁就是成功者。

犹太人很早就领悟了这个道理。不仅如此，犹太人更把时间看成是生命。犹太家长经常给孩子讲一些关于时间的故事来教育他们要珍惜时间，在他们眼里，时间就是最宝贵的财产。

俗话说："一日之计在于晨。"早晨是美好的，有花香缭绕、鸟语萦耳，我们习惯上把早晨当作一天的开始。可是犹太人认为一天的开始是从太阳落山时算起的。当他们的孩子问父母这是为什么时，父母就说："将黑夜作为开始的人，他的最后才是光明。"

由此可见，犹太人的时间观念相当强。当他们还是小孩子时就被这样影响着，比如当孩子问现在是几点钟时，他们的父母总是说："现在是12点23分45秒。"而不是像有的家长一样，告诉孩子一个模糊的概念：快12点半了，差不多12点半的样子。在他们的信念里，今天就是最后一天，永远不要等待明天，因为没有人知道明天会是什么样子。犹太人懂得如何珍惜时间，他们把时间和金钱看得一样重要，认为无缘无故地浪费时间和盗窃别人金柜里的金钱一样是罪恶的事情。

一个犹太富商曾经这样计算过：他每天的工资为8000美元，那么每分钟约合17美元，假如他被打扰而因此浪费了5分钟时间，这样就等于自己被盗窃现款85美元。在犹太人的思想观念里，时间是如此重要，千万不可以随便浪费。即使一些看来是必要的活动，也被他们简单化了。比如：客人和主人约定时间谈事情，说好在上午10:00~10:15的，那么时间一到，无论你的事情是否谈完，都请自动离开。犹太人为了把会谈的时间尽量压缩，他们在见面后，通常是直奔主题"今天我们来谈谈什么事情……"而不像其他民族，见面就谈一些"今天的天气不错"之类的客套话。在犹太人看来那些是毫无意义的，纯粹是在浪费时间，除非他觉得和你客套能从中得到什么好处，才会跟你客套几句。

正因为对时间有了这样一种认识，犹太商人在做生意时也好，工作时也好，日常生活也好，他们对时间的使用都极为精打细算。在公司里，犹太人工作勤勤恳恳，毫不松懈。但下班时间一到他们也会毫不迟疑地搁下工作，因为哪怕多工作一分钟，对自己还是对公司，都是一种浪费时间的表现。

犹太人在商业活动中非常注意安排时间。公司每天上班开始的1小时内，是所谓的

"发布命令时间"，将昨天下班后至今天上午上班前所接到的一切业务往来的材料或事务处理或做出具体安排。在这段时间里，不允许任何外人的打扰。而外人即使是商业上的联系，也必须事先约定。"不速之客"在犹太人的商务活动中，几乎等于"不受欢迎的人"。因为不速之客会打乱原先的时间安排，也会浪费大家的时间。

日本某著名百货公司宣传部的一位年轻职员，曾经为了进行市场调查，来到纽约市。当他想到自己应该有效地运用自由时间，就直接跑到纽约某个著名犹太商人的百货店，贸然叩开了该公司宣传部主任办公室的大门，向门房小姐说明来意。

门房小姐问："请问先生您事先预约好时间了吗？"这位青年微微一愣，但马上滔滔不绝地说："我是日本某百货店的职员，这次来纽约考察，特意利用空闲时间，来拜访贵公司的宣传部主任……"

"对不起，先生！"小姐打断了他的话说。

就这样，这位职员被拒之于冰冷的大门之外。

这位职员利用余暇，主动地访问同行人，从某个角度看，应该值得表扬。但犹太人不假思索地拒绝了他。在犹太人看来，在工作时间里，放弃几分钟而跟一个完全没有关系的人讨论一个没有把握的生意是毫无价值的，因此，"不速之客"在犹太人看来是妨碍他们工作的绊脚石。只有拒绝他，才能让自己的工作畅通无阻，直奔"时间就是金钱"的主题。

一个人想要尽快地取得成功，首先就要考虑好怎样合理地安排自己的时间。犹太人喜欢紧迫地工作，一分钟都不可以放弃。因为在他们看来，要经商就要有时间，必须有大量的时间可以让你支配，否则任何人都是不会轻易成功的。成功是经过大量艰苦的劳动得到的。他们更善于利用和把握时间。

爱迪生一生只上过三个月的小学，他的学问是靠母亲的教导和自修得来的。他的成功，应该归功于母亲自小对他的谅解与耐心的教导，才使原来被人认为是低能儿的爱迪生，长大后成为举世闻名的"发明大王"。

爱迪生从小就对很多事物感到好奇，而且喜欢亲自去试验一下，直到明白了其中的道理为止。长大以后，他就根据自己这方面的兴趣，一心一意做研究和发明的工作。他在新泽西州建立了一个实验室，一生共发明了电灯、电报机、留声机、电影机、磁力析矿机、压碎机等总计两千余种东西。爱迪生的强烈研究精神，使他对改进人类的生活方式，作出了重大的贡献。

"浪费，最大的浪费莫过于浪费时间了。"爱迪生常对助手说。"人生太短暂了，要多想办法，用极少的时间办更多的事情。"一天，爱迪生在实验室里工作，他递给助手一个没上灯口的空玻璃灯泡，说："你量量灯泡的容量。"他又低头工作了。过了好半天，他问："容量多少？"他没听见回答，转头看见助手拿着软尺在测量灯泡的周长、斜度，并拿了测得的数字伏在桌上计算。他说："时间，时间，怎么费那么多的时间呢？"爱迪生走过来，拿起那个空灯泡，向里面斟满了水，交给助手，说："里面的水倒在量杯里，马上告诉我它的容量。"助手立刻读出了数字。爱迪生说："这是多么容易的测量方法啊，它又准确，又节省时间，你怎么想不到呢？还去算，那岂不是白白地浪费时间吗？"助手的脸红了。爱迪生喃喃地说："人生太短暂了，太短暂了，要节省时间，多做事情啊！"

法国小说家巴尔扎克在二十年的写作生涯中，写出了九十多部作品，塑造了两千多个不同类型的人物形象，他的许多作品成了世界名著。他的创作时间表是："从半夜到中午工作，就是说，在圆椅里坐十二个小时，努力修改和创作，中午到四点校对校样，五点钟用餐，五点半才上床，而到半夜又起床工作。

所以，每一个人的成功都不是轻而易举的，要想成功，我们必须重视人生中的每一步奋斗，抓紧手中的每一秒钟。

现实生活中，我们又有多少人知道时间的宝贵呢？儿童基本没有时间观念，因为他们的生命才刚刚开始，时间还远没有尽头。可时间已像飞轮一样飞转了，等到长大后，他们才能真正认识到时间的重要，于是，便开始了与时间的赛跑。可是，与时间赛跑，就好比马在风中跑一样，永远都在风里跑。同样，我们永远跑不过时间。当我们感叹人生庸庸碌碌，一事无成时，时间却如流水一般，已冲走过半。人生不可重复，"生命既已逝，盛年不再来"，对时间的损失我们永远无法追偿。

犹太人把时间看得很重要，他们把时间和商品对等，提出"切勿盗窃时间"的口号，认为占有别人的时间就像偷窃别人金柜中的钱财一样可耻。在实际工作中往往以秒计算，分秒必争，这种强烈的时间观念提高了他们的工作效率。

有一位犹太拉比带来一块背面镌刻着"爱惜光阴"四个字的手表，他把这块表拿给学生们看，学生们认为这根本就是俗套，不以为然。拉比惊异于学生的无动于衷，他对学生说："有一句俗话叫'时间就是金钱'，其实这句话说得并不对，因为它让人产生误会。假如说时间就是金钱的话，我们就只能为金钱所辛劳，为时间所驱使。因为金钱的欲望是无限膨胀的，而时间却总有限，用有限的时间去追逐无限的金钱，我们就永远不可能成功，只能一直受到时间和金钱的双重压迫。金钱可以增值，而时间却永远不会停息，不抓住时间就意味着永远失去。""时间就是金钱"这句话应改为"时间就是人生"或者"时间就是生命"，我们不是做时间的奴隶，而是做时间的主人，从而做生命的主人。

人与动物不同之处体现在：人懂得时间的不可重复性，一维性。说到底，时间观就是我们人生观之重要意义。我们永远思索着怎样去驾驭时间、去安排时间。如何在有限的生命中去创造最丰富的价值。我们能亲身体验时间的机会只有一次，我们必须好好把握这次机会。因此，我们在珍惜时间、体验时间的同时，更应该善待人生。我们必须在有限的时间和生命中去寻求人生价值的平衡。一方面，不能做工作狂，抓紧了时间，却忽视了人生的乐趣；另一方面，也不能只会享受人生，却放纵了时间，一事无成。

古今中外，每一个有成就的人都是珍惜时间的楷模。爱国将领冯玉祥为了学习英语闭门谢客，在大门上挂出了写着"冯玉祥死了"的牌子。待到学有所成，又把"冯玉祥复活"挂了出去。法国作家雨果成名之后，一张张请柬雪片般飞来。对此，他没有陶醉，他明白这要耗去生命的一部分。于是他毅然拿起剪刀剪下自己的一半头发和胡子，使自己无法出门。待到头发、胡子长全了，世界名著《悲惨世界》也问世了。哥白尼写《天体运行》用了三十年，达尔文著《物种起源》花去二十二年，歌德写《浮士德》耗去六十年……他们的时间从何而来？正像鲁迅先生所说，他们是把别人用来喝咖啡、闲聊的时间都用在了学习和工作上。

富兰克林说："今日必须工作时，就当工作，因为你不知道明天你会遇到什么阻碍。一个今日胜过两个明日；今日事今日毕。"

犹太人中流传着这样一种说法："打算"先生有个伙伴，他的名字叫"不去做"，你曾经碰巧遇见他们吗？他们是否拜访过你？这两个家伙一起住在一间叫"从未成功"的屋子里，听说"原来可以"的鬼魂，经常来纠缠他们。形容的多么贴切啊！犹太人把时间看得如此重要，在工作中也往往以秒计算，分秒必争。一旦规定了工作时间，就严格遵守。下班铃声一响，即使是打字员，他们只要再花几秒钟时间再打10个字就能完成的一件公文，他们也不再打而下班。强烈的时间观念提高了他们的工作效率，而把时间和商品对等，使盗窃时间就像偷取别人金柜内的金钱那样可耻。

歌德的儿子，在自己的纪念册里摘引了别人写的一段诗："人生在这里有两分半钟的时间，一分钟微笑，一分钟叹息，半分钟爱，因为在爱的这分钟中间，他死去了。"歌德偶然看到了儿子纪念册上的这些话，很不满意。他认为对人生采取这样玩世不恭的态度，太不严肃了。于是他提笔写道："一个钟头有六十分钟，一天就超过了一千。小儿子要知道这个道理，人能够有多少贡献。"歌德认为，把一生只当作两分半钟，嬉戏人生，那就只能无所作为，浪费宝贵的光阴。真正用每一分钟作为时间单位来计划自己的一生，争分夺秒地学习、工作和创造，那就成了时间上的大富翁，就可以比那些用年、月、日来计算的人，多做许多事。他给儿子写的这首诗，正是抓住了对孩子教育中的这个关键问题。他不但在言论上这样教育儿子，而且自己就是这样一个人。他在一首诗里写道："我的产业是多么美，多么广，多么宽！时间是我的财产，我的田地是时间！"他把时间集中地用到他的文学事业上。他写名著《浮士德》就用了前后六十年的时间。直到1832年3月22日，这位将近八十四岁的老人在临死前，还伏在自己的桌上写作。他用自己的行动实践了他对儿子的教导，同时也为后代做出了榜样。

孩子们在家中有父母的叮咛；到学校，有老师的教诲。可是，有多少人真正重视，自觉珍惜，像对待生命一样对待时间呢？犹太家长们经常教育孩子说："人若不去享受神赋予的快乐，是一种罪恶；但如果过分享乐，同样是一种罪恶。真正懂得珍惜时间的人，就知道善待人生，珍惜生命，享受生活。适当享乐，抓紧时间，完善生命，这才是最美好的。"怎样对待时间呢？聪明者，利用时间；愚昧者，等待时间；有志者，赢得时间；无志者，放弃时间。愿我们是聪明者、有志者！儿童是一个民族的希望，要让他们从小就养成珍惜时间的意识，这个民族的明天才会更好。

命运掌握在自己手里

每个人的命运都掌握在自己手里。翻开那些成功犹太人士的奋斗史，我们总会看到：他们都是将自己命运掌握在自己手中，从自我做起，不断超越自己，而最终成就为强者。

在犹太社会中，个体的存在是高于家庭，乃至家族的存在的。但这并不是说家族的存在不重要。在个人的成功方面，家庭或家族并不是重要的因素，最重要的因素是自己，是个人的努力与奋斗。正是基于此种认识，我们才有马克思、弗洛伊德、奥本海姆、爱因斯坦等这样伟大的智慧头脑，而他们并没有来自一个显赫的家族，他们依靠的唯一的是自己。就犹太商人而言，那些威仪四方，名震天下的巨贾富商们，更是白手起家，从无到有，不断积累，不断壮大自身实力，最终成为功成名就的代表。

所谓"天生我材必有用"，人来世间，都有各自的使命，唯有尽量发挥自己的优点，为人们服务，才能展现生命的妙用。

从前有位哲人，有一天，这位哲人的朋友告诉他："君主给了我一些大葫芦的种子，我把它们拿去种，长出来的葫芦果然很大，可以容纳五升的水，但是装满水后拿起来就破了。既然无法装水，我就把葫芦剖成两半当勺子，可是因为它太宽，深度又浅，所以也不方便使用。我一气之下就把它打破了。"这位哲人听了，惋惜地说："哎呀！多可惜，既然不能用来装水，那你为何不编一个网把葫芦网住，然后系在腰间，这样不就可以在水上载浮载沉、悠哉游哉吗？多逍遥自在啊！若懂得使用它，它就是很好的东西，可惜你不会用，竟然把它毁坏了。"

这位哲人说的这番话，和人生的道理很相似，人各有优缺点，我们要了解自己的优点在哪里，尽量发挥它的妙用来为人们服务，这样的人生才有价值。所以，能够真正认识自己，才是最有用的人生。所谓"欲知人，先知己"，若不认识自己，只想了解别人，是本末倒置，也是很痛苦的事。想认识自己，就要反观自心，一定要多用心！

海伦·凯勒女士在一岁多的时候，因为生病，从此眼睛看不见，并且又聋又哑了。由于这个原因，海伦的脾气变得非常暴躁，动不动就发脾气摔东西。她家里人看这样下去不是办法，便替她请来一位很有耐心的家庭教师沙莉文小姐。海伦在她的熏陶和教育下，逐渐改变了自己的看法。她了解每个人都很爱她，所以她不能辜负他们对她的期望。她利用仅有的触觉、味觉和嗅觉来体会周围的环境，努力充实自己，后来又进一步学习了写作。几年以后，当她的第一本著作《我的一生》出版时，立即轰动了全美国。海伦·凯勒虽然遭遇不幸，但是她能克服不幸，完成大学教育。以后更致力于教育残疾儿童的社会工作，这种努力上进的精神，实在值得孩子们效法，海伦·凯勒真可算是个残而不废的人。海伦·凯勒能够不因残废而自暴自弃，反而更加努力上进，所以最后才有卓绝的成就。小朋友既聪明又健康，如果能够明白命运掌握在自己手里这个道理，那么他的未来一定是光明的。

美国连锁店先驱卢宾，最早也是一个穷光蛋。他17岁时随着"西部大淘金"的浪潮去加利福尼亚，但淘金并没有为他挣来多少钱。后来他做一些小商小贩的买卖，才开始赚一些钱。他的钱越赚越多，并且将自己的生意扩大到城市，直到发明连锁经营的方式。他的生意才越做越大，以致像滚雪球一样，历经数年的时间，终于成了大富翁。

金融世家罗思柴尔德家族的第一代创始人迈耶·罗思柴尔德也是一个出生于德国法兰克福一条脏乱犹太街的穷小子。开始时他贩买古钱币，并苦苦经营了20多年，终于得到世人对古钱币的喜好而命运陡转，成了富翁，并最终涉身金融领域，一发不可收拾，最后成了威震欧洲乃至全球的金融大亨。

牛仔裤的创始人利维·施特劳斯，服装大王罗森沃德，美国电报大王萨尔诺夫，股票神人孔菲德等等都是以自己为起点，白手起家，从一无所有，而最终成为富翁大亨的犹太人。

法国名画家纪雷有一天参加一个宴会，宴会上有个身材矮小的人走到他面前，向他深深一鞠躬，请求他收为徒弟。纪雷朝那人看了一眼，发现他是个缺了两只手臂的残废人，就婉转地拒绝他，并说："我想你画画恐怕不太方便吧？"可是那个人并不在意，立刻说："不，我虽然没有手，但是还有两只脚。"说着，便请主人拿来纸和笔，坐在地上，就用脚趾头夹着笔画了起来。他虽然是用脚画画儿，但是画得很好，足见是下过一番苦功的。在场的客人，包括纪雷在内，都被他的精神所感动。纪雷很高兴，马上便收他为徒弟。这个矮个子自从拜纪雷为师之后，更加用心学习，没几年的工夫便名闻天下，他就是有名的无臂画家杜兹纳。没有手竟然能成为画家，岂不是很不可思议吗？

这个故事告诉我们：每个人的命运都掌握在自己手里，只要有排除万难的毅力和恒心，你就能创造奇迹，做到别人所做不到的事情。

犹太家长也经常这样教育孩子。在他们的眼里只有自己的力量，其他的诸如家世显赫，门面堂皇之类的东西不过是与己无关的陪衬罢了。他们只相信自己的力量，认为自己的命运掌握在自己的手里，那种将个人的命运依靠在别人身上的人注定是要过悲悯的一生。那么具体而言，犹太家长普遍认为，要想让孩子们将命运握在自己的手心，要具备以下四点才行：首先，要确立自己人生奋斗的远大目标；其次，要具有自强不息的精神；再次，要有顽强的独立意识；最后，要在人生奋斗的旅程中，积极进取。如果孩子做到了这四点，那么他们就找到了掌握自己命运的金钥匙。

走一步是不需要勇气的

一个真正的决定必然是有行动的，并且还应该是立即的行动，此时你就要针对自己的目标拿出立即的行动。你先不要想要行动到什么程度，最重要的是要动起来，打一个电话或拟出一份行动方案都是可行的，只要在接下去的每一天都有持续的行动就可以。当你能这么做时，这十天小小的行动必然会形成习惯，最终把你带向成功。

犹太人很早就注意到了这一点，并经常用下面这些小故事来教育孩子。

1984年，在东京国际马拉松邀请赛中，名不见经传的日本选手山田本一出人意外地夺得了世界冠军。当记者问他凭什么取得如此惊人的成绩时，他说了这么一句话——"凭智慧战胜对手"。当时许多人都认为这个偶然跑到前面的矮个子选手是在故弄玄虚，马拉松是依靠体力和耐力的运动，只要身体素质好又有耐性就有望夺冠，爆发力和速度都还在其次，说用智慧取胜确实有点勉强。两年后，意大利国际马拉松邀请赛在意大利北部城市米兰举行，山田本一代表日本参加比赛。这一次，他又获得了世界冠军。记者又请他谈经验，山田本一性情木讷，不善言谈，回答的仍是上次那句话：用智慧战胜对手。这回记者在报纸上没有再挖苦他，但对他所谓的智慧迷惑不解。10年后，这个谜团终于被解开了，他在他的自传中是这么说的：每次比赛之前，我都要乘车把比赛的线路仔细地看一遍，并把沿途比较醒目的标志画下来，比如第一个标志是银行；第二个标志是一棵大树；第三个标志是一座红房子……这样一直画到赛程的终点。比赛开始后，我就以百米的速度奋力地向第一个目标冲去，等到达第一个目标后，我又以同样的速度向第二个目标冲去。40多公里的赛程，就被我分解成这么几个小目标轻松地跑完了。起初，我并不懂这样的道理，我把我的目标定在40多公里外终点线的那面旗帜上，结果我跑到十几公里时就疲惫不堪了，我被前面那段遥远的路程给吓倒了。

在现实生活中，许多人做事之所以会半途而废，这其中的原因往往不是因为事情的难度较大，而是这些人觉得成功离自己较远，确切地说，这些人不是因为失败而放弃，而是因为倦怠而失败。在人生的旅途中，我们稍微具有一点山田本一的智慧，一生中也许会少许多懊悔和惋惜。

戴尔在少年时期就已显出干劲十足、勤奋好学的优势。有一次，一位女推销员上门，说要和"迈克尔·戴尔先生"面谈他申请中等学历证书的事情。于是，当时才八岁的戴尔就向她解释说，他认为尽早把中学文凭解决掉可能是个好主意。几年后，戴尔有了另一个好主意：在集邮杂志上刊登广告，出售邮票。后来，他用赚来的2000美元买了他的第一台个人计算机。他把买来的计算机拆开，研究它怎样工作。

戴尔读高中时，找到了一份为报纸征集新订户的工作。他根据实际情况推想新婚的人最有可能成为订户，于是他雇请朋友为他抄录新近结婚的人的姓名和地址。他将这些资料输入计算机，然后向每一对新婚夫妻发出一封有他私人签名的信，并允诺赠阅报纸两星期。这次他赚了1.8万美元。他用这些钱买了一辆德国宝马牌汽车。

第二年，戴尔进了奥斯汀市的德克萨斯大学。像大多数大一学生那样，他需要自己想办法赚零用钱。那时候，大学里人人都谈论个人计算机，凡没有的人都想买一台，但由于售价太高，许多人买不起。一般人所想要的，是能满足他们的需要而又售价低廉的计算机，但市场上没有这种计算机。戴尔心想："经销商的经营成本并不高，为什么要让他们赚那么厚的利润？为什么不由制造商直接卖给用户呢？"戴尔知道，IBM公司规定经销商每月必须提取一定数额的个人计算机，而多数经销商都无法把货全部卖掉。而且如果存货积压太多，经销商损失会很大。于是，他按成本价购得经销商的货，然后在宿舍里加装配件，改进性能。这些经过改良的计算机十分受欢迎。戴尔见到市场的需求巨大，于是在当地刊登广告，以零售价的八五折推出他那些改装过的计算机。不久，许多商业机构、医生诊所和律师事务所都成了他的顾客。

有一次戴尔放假回家时，他的父母表示担心他的学习成绩。他父亲劝他说："如果你想创业，等你获得学位之后再说也不迟。"戴尔当时答应了父亲，可是他一回到奥斯汀，就觉得如果听父亲的话，就是在放弃一个一生难遇的机会。"我认为我绝不能错过这个机会。"一个月后，他又开始销售计算机，每月赚5万多美元。这次，戴尔坦白地告诉父母："我决定退学，自己开办公司。""你的目标到底是什么？"父亲问道。"我的目标就是和IBM公司竞争。"他的回答让父母大吃一惊，觉得他太好高骛远了。和IBM公司竞争？但无论他们怎样劝说，戴尔始终坚持己见。终于，他们达成了协议：

他可以在暑假时试办一家计算机公司，如果办得不成功，到9月他就要回学校去读书。

戴尔回到奥斯汀后，拿出全部储蓄创办戴尔计算机公司。当时他19岁。他租了一个只有一间房的办事处，雇用了一名28岁的经理。他的这位雇员负责处理行政和财务工作。戴尔仍然专门直销经他改装的IBM公司个人计算机。在广告方面，他在一只空盒子底上画了戴尔计算机公司第一个广告的草图。朋友按草图重绘后拿到报馆去刊登。第一个月营业额便达到18万美元，第二个月26.5万美元。这样不到一年的时间，他便每月售出个人计算机1000台。他积极推行直销、按客户要求装配计算机、提供退货还钱以及对失灵计算机"保证次日登门修理"的服务举措，这些为戴尔公司赢得了广阔的市场。到了戴尔本应大学毕业的时候，他的公司每年营业额已经达到7000万美元。戴尔停止出售改装计算机，转为自行设计、生产和销售自己的计算机。今天，戴尔计算机公司在全球16个国家设有附属公司，每年收入超过20亿美元。这无不归功于戴尔的努力奋斗。

任何一个专家都是由不会变成会的，而专家之所以能成为专家，就在于他比常人花下更多的时间去学习，学习的时间愈长，下的功夫愈深，所学来的也就愈精。我们不论学习什么，都应该具备这种继续走下去的勇气。

曾经有一位63岁的老人从纽约市步行到了佛罗里达州的迈阿密市。她克服了重重困难，经过长途跋涉，终于到达了迈阿密市。在那儿，有位记者采访了她。记者问她，她是否被这路途中的艰难吓倒过？她是如何鼓起勇气，克服这些困难的？老人答道："走一步路是不需要勇气的，我所做的就是这样。我先走了一步，接着再走一步，然后再一步，我就到了这里。"

是的，每个人做任何事，只要你迈出了第一步，然后再一步步地走下去，你就会逐渐靠近你的目的地。犹太孩子经常听家长讲上面这些故事，他们知道，如果知道自己的具体的目的地，而且已经向它迈出了第一步，那么他们便走上了成功之路。

犹太家长告诉孩子，当他们拟妥一项目标后，首要的步骤就是把它写在纸上，这样才能使目标具体化，才能制定出切实可行的计划，才能最终达到自己的目标。

从我做起

一切都要从自己开始，寄希望于别人远远不够，与其指望别人，不如自己亲自动手。

人最爱犯的错误就是认识和观念错误，一旦观念不正确，就必然导致行为跟着错。任何人都希望别人给予帮助。在困难和危险面前，我们总在想：要是有人帮我一把有多好！于是，我们老寄希望于别人，特别是自己的朋友。但实际上，朋友再好也仅仅是朋友而已，他的心里想什么你只能去揣测，而绝对不会受你的左右，而至于那些不曾相交的一般人，就更别指望了。一般而言，人是有善心的，但是绝不是每个人都是菩萨。所以，自己不做事而寄希望于别人，自己便是天生的寄生虫；与其将希望寄托在别人身上，不如从自己开始，牢牢把握自己。这一点犹太人很早就认识到，他们也是这样教育他们的子女的。

人人都希望有一个好的家庭，在生活中获得成功与幸福；同时也希望自己有个好的工作条件和拥有一个好的祖国。这样的话，我们不怎么努力也可衣食无忧。可是，我们知道如何来创造一个良好的家庭环境、好的工作条件和富裕的国家吗？

那些显赫的家族确实令人羡慕，可我们必须知道的是，当他们的先辈创业时多半也是白手起家，靠自己的双手和智慧才赢得了这片天地。而后继者也是勤耕不辍，兢兢业业，在先辈的基础上继续前进，而绝不是坐享其成，坐吃山空。我们梦想着有个优雅舒适的工作空间，做着令人艳羡的白领或金领贵族，可是我们必须知道，这样的工作空间是靠自己不断地学习和积累经验才可能有的。同样，我们希望自己降生在一个美丽富饶繁荣的国度，可是，正如肯尼迪说的那样：不要问你的国家能给予你什么，而要问自己能为自己的祖国做些什么。如果没有一个个个体的奋斗与努力，一个国家又怎么能够繁荣与富强呢？

可是，人的天性就是对别人的过失总是很敏感，而对自己却异常的宽容，有时甚至还会强词夺理，为自己巧言辩护。人总是严格地要求自己的妻子、儿女、朋友、上司、同事、下属，却惟独不能严格要求自己。因此，人最大的一个缺点就是不能够做到以身作则，从我做起。中国有句俗话叫"正人先正己"，更告诫人们"其身正，不令而行；其身不正，虽令不从"。我们要时时反省自己，"吾日三省吾身也"，先自我批评，管好自己，然后才能推己及人。

《犹太法典》中是这样告诫犹太人的："最值得依赖的朋友在镜子里，那就是你自己"。"人们介意他人身上些微的皮肤病，却睁眼不见自己身上的重病"。"人有两片耳一张嘴，就是要人凡事应多做少说"。同时，《犹太法典》还这样来比喻领导者："身体从头开始"。"没有船长的船，就如同没有舵，全然不知方向"。"能以微笑回答别人非难的人，是领袖之才"。

可见，人首先要严格要求自己，然后才可以要求别人。路要真正自己去踩，才算真正走自己的路。叫别人走，自己不走，是毫无道理的；而踩着别人的脚后跟走，实际上是替别人走路。

犹太人在经营管理活动中，他们从来都是以身作则，先自己做好表率，然后才以自己的行动去影响感化别人，而很少有自己都没有遵守却让别人遵守的情况。或许，履行契约、遵守规章、从我做起，这些只是犹太人从我做起的比较浅层次的表现。在商业活动中，犹太商人严格遵守契约合同，哪怕这种约定是口头上的。在他们看来，既然双方达成了某种一致，就应该一丝不苟地去执行。犹太人在内心的灵魂深处，有着可贵的"慎独"精神，也就是可贵的自我反省、自我批评的精神，他们总是去问自己做了什么，应该做什么，做对了什么，却很少去要求别人该怎样。

同样，犹太人有着凡事从自己做起，善于自我反省，慎独自律的传统。作为上帝的"特选子民"，他们以信守合约，遵守法律著称于世。也就是说，不管如何，都要求自己遵照契约的约定来履行自己的义务和享用自己的权利。他们相信，只有从自己做起，从自己这方面去执行合约，才符合上帝对"特选子民"的要求，而只有这样，才能真正体现合约的精神——按照合约规定来履行自己的义务。两方都按合约来要求自己，这样合约的价值才能真正体现；否则，一方不从自己做起，却要求对方，那合约的执行就会遇到困难；如果双方都想着用合约去牵制别人，那么这个合同就可能要破产。在与犹太人的商业往来中，根本不存在犹太人不履行合约的情况，除非是合约本身有问题。正是这种先从自己做起，自己严格要求自己遵守约定的商业精神，使犹太人获得了"世界第一商人"的桂冠。

在公众面前受到社会的压力，遵守规范是比较容易的。而单居独处之时，外界压力完全消失，只剩下内心的良知抵御着蠢蠢欲动的恶念。惟有此时能把持得住自己，方算得上有道德根底的人，所以《塔木德》上有一句话，叫"在他人面前害羞的人，和在自己面前害羞的人之间，有很大的差别"。这个差别，就是所谓"罪感"和"耻感"的区别。

所谓"罪感"就是把罪之恶看做是由罪本身的属性决定的。无论何时何地，人知我知，犯罪就是为恶，就是一件应该激起愧疚之心的事情。

而所谓"耻感"，则把罪之恶看作某种取决于外界状态的属性，为人知者方为恶，不为人知则无所谓恶不恶。所以，犯罪者的愧疚或者忏悔，不是为了作恶本身，而是为了作恶竟然被人发现。这种"悔"是为了搞错时机而悔，要是正逢无人发现的机会，何悔之有？

很明显，在"罪感"支配下的个体行为要比在"耻感"支配下的行为，在遵守规范时有着更大的自愿性、自觉性和自律性，这在犹太人的行为中表现得是十分明显的。

犹太民族的大门始终敞开着，不能遵守上帝律法的人尽可以自己走出教门，何况连犹太共同体都长期处于某种"独居"状态，更不要说犹太人个体了，这样一个民族不能不要求其成员多多"慎独"，多多"知罪"。在拉比的教诲中，"独居闹市而不犯罪"，之所以能同"穷人拾遗不昧"和"富人暗中施舍十分之一的收入给穷人"同立为"神会夸奖的三件事"，其共同之处，尽在一个"独"字。犹太人的上帝所赞赏的"慎独"，其实正是犹太民族延存的基本要求。

犹太民族弘扬"慎独精神"，但绝不必意味着一切以自我为中心，他们绝不提倡"独善其身"式的"隐士"，而是教导人们要和普通大众生活在一起。

有个拉比，行为高洁，为人亲切而仁慈；对神虔敬，做事审慎，因此他理所当然成为受人景仰爱戴的人。过了80岁后的某一天，他的身体突然一下子开始变得虚弱了，并很快地衰老下去，他知道，自己的死期已经临近，便把所有的弟子叫到床边。弟子到齐了之后，拉比却开始哭了，弟子十分奇怪，便问道："老师为什么要哭呢？难道您有忘记读书的一天吗？有过因为疏忽而漏教学生的一天吗？有过没有行善的一天吗？您是这个国家中最受尊敬的人，最笃敬神的人也是您，照理老师您没有任何哭的理由才是。"

拉比却说："正是因为像你们说的这样，我才哭啊。我刚刚问了自己：你读书了？你向神祈祷了？你是否行善？你是否做了正当行为？对于这些问题，我都可以作肯定的回答；但当我问自己，你是否参加了一般人的生活时，我却只能回答：没有。所以我才哭了。"

以后的拉比们常用这则故事来劝说一些不在犹太人共同体活动中露面的人，以使他们一起"参加一般人的生活"。从这里不难看出，这个"一般人的生活"不是指一般意义上的衣食住行，也不是指常人的其他感性生活，而是特指犹太民族的集体生活。

可见，犹太人"从我做起"的这种以自我为基点的人生观念，并不是与集体或者与别的个体相离移的，犹太人"从我做起"的意义在于提升了自己，却又影响感化了别人，这比单纯地求别人要强得多。

我是最美的

一个人必须懂得如何珍惜自己，然后才懂得如何珍惜别人，不爱自己的人绝不可能做到"爱你的邻居"之类的事情。人只有首先学会了爱自己，才能够很快地爱别人，并通过关心自己、帮助自己来关心别人、帮助别人。这样，你对他人的帮助也就没有虚伪的成分。你帮助别人，不是为了博得他人的感谢或获取奖赏，而是因为你从帮助别人或爱别人之中能够享受真正的快乐。

基督教宣扬博爱，而犹太教却教导人们首先要学会珍惜自己。犹太家长时常教育孩子：只有珍惜自己才懂得去珍惜别人。

美国幽默作家霍尔摩斯有次出席一场会议，席间他是身材最为矮小的人。一天，一位朋友问霍尔摩斯先生："你站在我们中间，是否有鸡立鹤群的感觉？"霍尔摩斯反驳了他一句："我觉得我像一堆便士里的铸币。铸币面值十分，但比便士一分体积小。"

爱你自己，就是根据你的意愿将自己作为一个有价值的人而予以接受；接受，则意味着毫无抱怨。一个思维健全的人从不会经常抱怨，尤其不会抱怨天气太冷、石头太硬、冰太凉等。接受，意味着不加抱怨；要保持精神愉快，则意味着不抱怨那些自己力不能及的事情。缺乏自我依靠的人常常从抱怨和牢骚中求得慰藉。向别人诉说你不喜欢自己的地方，只能使你继续对自己不满，因为别人对此几乎总是无能为力的，至多只能加以否认，可你又不会相信他们的话。向别人抱怨是无济于事的，同样，让别人无休止地倾诉其自我怜悯和痛苦也无助于任何人。要结束这一无益而讨厌的行为，只需要问一个简单的问题"你为什么要给我讲这些问题？"然后你就会认识到，你的抱怨是非常荒唐可笑的，是在浪费时间，而你本可以用这些时间来进行自爱活动，比如帮助别人实现其愿望，或默默地自我赞扬。

《塔木德》上说："客人和鱼一样，新鲜时是美味，但超过三天便会发出恶臭。"

一个15岁的女孩曾经问一个哲人："我该怎么做才能过充实的生活？"他的答案很简单，只有4个字："做你自己。"

在这个世界上，"我"是独一无二的个体。"我"有自己的幻想、希望、美梦以及恐惧。"我"是自己的主人。因为"我"是自己的主宰，所以我能深刻了解自己。由于"我"认识自己，所以"我"能喜欢自己，接纳自己的一切，进而将自己最好的一面呈现出来。

然而多少人会对自己产生疑惑，内心总有一块连自己也无法理解的角落；但只要"我"多支持和关爱自己，"我"必定能鼓起勇气和希望，为心中的疑问找到解答，并更进一步地了解自己。"我"必须接受自己的一言一行，所见所闻，所思所想，因为这是自己的真实感受。之后自己可以回头检视这些发自内心的行为，若有不适宜之处，便加以纠正；若有可取之处，则应继续保持。"我"身心健全，能自食其力。"我"愿发挥自身潜能，并关怀他人，为创造一个更美好的世界贡献一份力量。"我"能掌握自己，做自己的主宰。"我"就是"我"，世上不会有第二个"我"。

"道路的右侧冻成冰块，左侧是一片火海，如果走向右侧就会受冻，如果走左侧便会烧成焦炭。唯有道路的中间保持不冷不热，这是一条恰当的前进道路。"

犹太人在2000多年的流浪漂泊中，受尽歧视、冷落甚至迫害。他们身在异地他乡，除了依靠自己，再无别所依。因此，他们养成了依靠自己，靠自己来拯救自己的信念。在他们看来，人活在世上，首先就要学会为自己谋福利，只有自己有了财富，才会真正具有帮助别人、普善众生的力量；一个有价值的人生，就是靠自己奋斗与拼搏，最终获得成功的人生，而那些一天到晚心忧天下，而自己却潦倒穷困的人，固然值得尊敬，但他们实际上并没有做出贡献。犹太人相信，只有懂得珍惜和完善自己，才真正懂得，也才真正有能力去帮助、去解救别人。

一个人爱自己的方式很多，你可以选择从喜欢自己的身体开始。也许你的某些身体特征确实令自己无法喜欢，你不停地羡慕别人。

对于自我形象，你也可以做出同样的选择。如在智力方面，你可以按照自己制定的标准来判断自己是否聪明。事实上，你越让自己保持愉快，你也就越聪明。如果你在数学、英语或者写作方面水平较差，这并不说明你智力很差，只不过是你到目前为止选择的一种结果，如果你多花些时间加以训练，一定可以大大提高自己的水平，因此，这与你聪明与否并无直接联系。

有些人认为，自爱行为是一种无异于极端利己主义的令人反感的行为，这实在是一种极大的误解。自爱与那种到处夸耀自己多么了不起的行为毫无共同之处。后者并不是一种自爱行为，而是企图靠自吹自擂来赢得他人的注意和赞许。它与自我轻蔑行为一样都是病态行为。自负行为的目的在于赢得他人赞许，采取这些做法的人是根据别人对他的看法来评价自己。如若不然，他便没有必要靠自吹自擂来说服别人。自爱则意味着你爱你自己，它并不要求别人爱你，因而也没有必要说服别人。只要你接受自己便足够了，自爱与别人对你的看法如何毫不相干。

犹太家长经常这样教育自己的孩子：如果要自爱，就必须摒弃一个观点——人的自我形象要么是积极的，要么是消极的。实际上，你具有许多自我形象，而且它们经常在不断变化。如果要你回答："你喜欢自己吗？"你可能倾向于将所有消极的自我形象汇集起来，说"不"。可是，如果你能具体分析自我嫌恶的表象的实质，你就可以明确努力的方向。

讨巧的哈巴狗

不要盲目模仿别人，必须头脑清醒；没头没脑的模仿，定会铸成大错！

蚂蚁排着长长的队伍正在忙忙碌碌地搬运食物。一只乳燕飞过来问："你们在这里做什么？""贮藏食物准备过冬啊！"蚂蚁回答。"你们可真聪明啊！"乳燕敬佩地说，"我也要这样做。"她立即动手把一些死苍蝇、死蜘蛛往自己的巢里衔。母亲忍不住问："你弄这些东西做什么呢？"乳燕回答说："准备过冬呀！亲爱的妈妈，你也来搜集吧！是蚂蚁把这种方法教给我的。""噢，把这种小聪明让给那些蚂蚁吧，"老燕子说，"适合于它们做的并不适合于优秀的燕子。仁慈的大自然给我们做了更好的安排。如果食物丰盛的夏天结束了，我们就从这里飞走。在旅行中我们慢慢地休养生息，随后迎接我们的是温暖的沼泽，在那里我们一点也不缺乏必需的食物，直到一个新的春天到来。"

乳燕和蚂蚁的生活习性本身就不同，而乳燕却要模仿蚂蚁的生活方式，这显然是不合适的。

看见过猴子的，谁都知道它们善于模仿。在阿非利加洲，有许许多多的猴子。有一天，一大群猴子坐在叶子浓密的树枝上，偷偷地瞅着地上的猎人。猎人在草丛里不断地打滚，猴子们暗暗地你推我，我推你，窃窃私语。

"这个人的玩法儿可真不少，简直没完没了！你瞧他呀，一会儿鹞子翻身，一会儿又滚又爬，一会儿跌跌扑扑，一会儿又缩成一团……我们学东西够灵巧的，这挺好的新鲜玩艺儿，干吗不试一试？来吧，亲爱的姐妹们，我们来模仿一下。猎人大概玩得过瘾了，恐怕要走了。他一走，我们就开始模仿。"过一会儿，猎人果然走了，他留下了罗网。"嗨，快来吧！"猴子们嚷道，"别错过机会了，看谁模仿得最像哦！"美丽的猴子们从树上跳下来，一个筋斗翻进猎人的罗网，又跳又闹，相拥相抱，嘻嘻哈哈，叽叽喳喳，玩得真开心！当猴子们玩累了想到要出去时，这场欢喜也就到头了。猎人拿着袋子走出来，把它们一个一个装进袋子里。猴子们想找逃走的办法，可是被罗网裹得紧紧的，谁也没办法逃走。结果，全部被逮进了袋子，一个也没有漏网。猴子不加思考，盲目地模仿猎人的动作，结果被逮个正着。可见，在模仿他人的时候，一定要头脑清醒。

从前有个人养了一头驴和一只哈巴狗。驴子关在栅栏里，虽然不愁温饱，却每天都要到磨坊里拉磨，到树林里去驮木材，工作很繁重；而哈巴狗会演许多小把戏，很得主人欢心，每次都能得到好吃的奖励。驴子在工作之余，难免有怨言，总抱怨命运对自己不公平。这一天机会终于来了。驴子扭断缰绳，跑进主人的房间，学哈巴狗那样围着主人跳舞，又踢又蹬，撞翻了桌子，碗碟也摔得粉碎。驴子还觉得这样不够，它居然趴到主人身上去舔他的脸，把主人吓坏了，直喊救命。大家听到喊叫急忙赶到，驴子正等着奖赏，没想到反挨了一顿痛打，被重新关进了栅栏里。

孩子是最容易和善于模仿他人的行为的。因此，在孩子成长过程中，犹太家长在他们很小的时候就给孩子们讲这些故事，告诫他们，万万不可盲目地模仿他人，可能铸成大错不说，甚至会给自己带来灭顶之灾。

一分耕耘，一分收获

认真是做好任何事情的保证和前提。只有认真负责，通过艰苦细致的劳动才能达到理想的效果。

犹太人十分强调这一点。犹太儿童经常听家长讲这样一个故事。

柯比是一位木匠，他擅长砍削木头制造一种乐器，那时人们称这种乐器为鐻。柯比做的鐻，看到的人都惊叹不已，认为是鬼斧神工。柯比的君主闻听此事后，召见柯比问："你是用什么方法制成鐻的？""我是个工匠，谈不上什么技法。"柯比回答说："我只有体会，在做鐻时，从来不分心，而且实行斋戒，洁身自好，摒除杂念。斋戒到第3天，不敢想到庆功、封官、俸禄；第5天，不把别人对自己的非议、褒贬放在心上；第7天，我已经进入了忘我的境界。此时，心中早已不存在晋见君主的奢望，给朝廷制鐻，既不希求赏赐，也不惧怕惩罚。"柯比在把外界的干扰全部排除之后，进入山林中，观察树木的质地，精心选取自然形态合乎制鐻的材料，直至一个完整的鐻已经成竹在胸，这个时候才开始动手加工制作。"否则，我不会去做！"柯比向君主详细介绍制鐻过程后，继续说："以上的方法就是用我的天性和木材的天性相结合，我的鐻制成后之所以能被人誉为鬼斧神工，大概就是这个缘故。"

这个寓言教育人们，要想成就任何事情，都必须专一、执着、忘我。柯比制鐻虽然有些过分夸大精神作用，但是强调干事业精神专注、摒除杂念是非常重要的。

卡拉出任纽兰西镇的长官。有一天，他碰到他以前的学生奥莱，三句话不离本行，他与奥莱探讨治理地方、管理纽兰西的方法。卡拉和奥莱谈得很投机。卡拉讲到自己的治理经验，认为处理政务绝不能鲁莽从事，管理农民更不可简单粗暴。从治理之道又谈到种田之道，卡拉说自己曾经种过庄稼。那时，耕地马马虎虎，无所用心，果实结出来稀稀拉拉；锄草粗心大意，锄断了苗根和枝叶，一年干下来，到了收获季节、收成无几。听了卡拉的讲述后，奥莱很关心地打听他以后的状况。卡拉吃一堑长一智，总结自己种田的教训，第二年便改变了粗枝大叶的态度。他告诉奥莱，从此他开始精耕细作，认真除草，细心护理庄稼，想不到当年获得好收成，一年下来丰衣足食。

有了种田的失败和成功，卡拉悟出一条道理，做任何事都贵在认真。现在他当镇长，便守住这条做人的准则。奥莱常常拿卡拉的事教育他人。一分耕耘，一分收获。种庄稼是这样，干其他任何事都是这样。作家长的要培养孩子凡事认真的态度，只有这样孩子才能有所作为。

1100万美元的旧房

每一个天真无邪的儿童都是一缕纯洁的白丝，而环境则是一个大染缸，好的环境就像一个色彩明朗的染缸，染出来的丝明艳耀眼；不好的环境却像一个色彩混浊的染缸，染出来的丝黯淡无光。丝一经染过，再怎么洗也不能恢复本色了。想使自己品行端正，做一个有出息的人，就要远离那些容易使你变坏的朋友和环境。

从前，有一位老师率领他的学生经过一家染厂，看见主人把一缕一缕洁白的丝丢进染缸里，立即变了颜色。这位老师看了，非常感慨地说："丝本来是多么纯洁呀，可是丢到红色的染缸里，就变成红色；丢到蓝色的染缸里就变成蓝色；我们人在一出生的时候不也是很纯洁吗？可是却因为后天的影响，就变得形形色色，成为各种各样不同的人了。"

孩子们也是一样，一旦在不好的环境里学坏了，想要再改过来就很不容易了。

从前，有个叫沃伦的人，生性诚恳老实，又是饱学之士，待人忠实厚道，从不跟人家要心眼。沃伦的家教极严，他对每一个晚辈都耐心教导、严格要求、注意监督，所以他家形成了优良的家风，家庭中的每一个成员都待人和气、品行端正。沃伦家的好名声远近闻名。

康而思州长法兰克是个正直的人，他为官清正耿直，秉公执法，从来不愿屈服于达官贵人的威胁利诱，为此他得罪了很多人，一些大官僚都视他为眼中钉、肉中刺，总想除去这块心病。终于，法兰克被革了职。

法兰克被罢官以后，一家人只好从壮丽的大府第搬了出来。到哪里去住呢？法兰克不愿随随便便地找个地方住下，他颇费了一番心思，离开住所，四处打听，看哪里的住所最符合他的心愿。很快，他就从别人口中得知，沃伦家是一个君子之家，家风极好，不禁大喜。法兰克来到沃伦家附近，发现沃伦家子弟个个温文尔雅，知书达理，果然名不虚传。说来也巧，沃伦家隔壁的人家要搬到别的地方去，打算把房子卖掉。法兰克赶快去找这家要卖房子的主人，愿意出1100万美元的高价买房，那家人很是满意，二话不说就答应了。于是法兰克将家眷接来，就在这里住下了。沃伦过来拜访这家新邻居。两人寒暄一番，谈了一会儿话，沃伦问法兰克："先生买这幢宅院，花了多少钱呢？"法兰克据实回答，沃伦很吃惊："据我所知，这处宅院已不算新了，也不很大，怎么价钱如此之高呢？"法兰克笑了，回答说："我这钱里面，100万美元是用来买宅院的，1000万美元是用来买您这位道德高尚、治家严谨的好邻居的啊！"

法兰克宁肯出高得惊人的价钱，也要选一个好邻居，这是因为他知道好邻居会给他的家庭带来良好的影响。所谓"近墨者黑，近朱者赤"，环境对于一个人各方面的影响，是不容忽视的，孩子们应当万分珍惜身边的良师益友。

从前，有一个叫菲克兰的人，他是当时一位有名的哲学家。菲克兰和路易斯是好朋友，但在哲学上他们又是一对观点不同的对手。路易斯与菲克兰经常在一起讨论切磋学问。他们在互相争论研讨中不断深化、提高各自的学识。特别是路易斯，从菲克兰那里受到很多启发。后来菲克兰死了，路易斯再也找不到像他那样才智过人、博古通今，能与自己交心、驳难、使自己受益匪浅的朋友了。因此，路易斯感到十分痛惜。一天，路易斯给一个朋友送葬，路过菲克兰的墓地，伤感之情油然而生。为了缅怀这位曲高和寡不同凡响的朋友，他回过头去给同行的人讲了一个故事：

有这样一个泥水匠，有一次，他在自己的鼻尖上涂抹了一层像苍蝇翅膀一样又薄又小的白灰，然后请自己的朋友、一位姓石的木匠用斧子将鼻尖上的白灰砍下来。石木匠点头答应了。只见他毫不犹豫地飞快抢起斧头，一阵风似地向前挥去，一眨眼工夫就削掉了泥水匠鼻尖上的白灰。看起来，石木匠挥斧好像十分随意，但他却丝毫没有伤着泥水匠的鼻子；泥水匠呢，接受挥来的斧子也算是不要命的，可他却稳稳当当地站在那里，面不改色心不跳，泰然自若。倒是旁边的人为他们捏了一把冷汗。后来，这件事被其州长知道了。州长十分佩服这位木匠的高超技艺，便派人把他找了去。州长对姓石的木匠说："你能不能再做一次给我看看？"木匠摇摇头说："小人的确曾经为朋友用斧头砍削过鼻尖上的白灰。但是现在不行了，因为我的这位好朋友现在已不在人世了，我再也找不到像他那样跟我配合默契的人了。"路易斯讲完了故事，十分伤感地看着菲克兰的坟墓，长叹了一口气，然后自言自语地说："自从菲克兰先生去世以后，我也失去了与我配合的人，直到现在，我再也没有能够找到一位与我进行辩论的人了！"

路易斯和石木匠的感受向我们表明，高深的学问和精湛技艺的产生，依赖于一定的外界环境；红花虽好，还要靠绿叶扶持。一个人如果不注意从周围的人和事中吸取营养，他的智慧和技巧是难以得到发挥和施展的。

家庭的心理氛围、家长的心理特征对孩子的心理发育有着更加至关重要的影响。要创造并保持良好的家庭心理氛围。犹太人在这方面是这样做的：

首先，创造平等的家庭氛围。平等是创造良好的家庭心理氛围的前提，父母、子女任何一方的优越感都会对其他家庭成员造成心理压力、产生心理隔阂。

其次，培养开放的家庭环境。这里所说的开放是指家庭成员能够坦率地平等地以其他成员可接受的方式，表达自己的想法，而不是毫无顾忌地发泄。另外，家长的教育能力和家长之间关系的好坏，也直接影响良好的家庭心理氛围的形成。总之，家长应根据时代的要求和孩子不同年龄段的心理特点，努力创造良好的家庭心理氛围，营造和保护良好的家庭环境。

最后，家长要理智。只有理智能够克制自己的心理冲动，并冷静地对待和处理问题，这样有利于保持良好的家庭心理氛围，而更重要的是有利于孩子形成稳定的心理特征。

每次都是初交

只有自己才能养活自己，靠别人来过活绝对是天真的幻想。

有一天，一只鹦鹉把一颗苹果带上了钟楼。这只鸟用爪子踩着苹果，三番五次地啄着。啊呀！这苹果突然逃掉了。它先滚了一阵，最后掉进墙缝里，不见了。"墙，好墙！"苹果看见自己从鹦鹉的嘴里逃出来，就可怜巴巴地说，"感谢上帝，你被建造得这么结实和高大，厚厚的，又有那么多漂亮的钟。它们响得多好听啊！全世界都能听见！你救救我吧！可怜可怜我吧！"鹦鹉在上面呱呱叫。墙却沉默不语。"墙，好墙！"苹果更加悲切地说，"您知道，我注定要从我的老父亲——苹果树上掉下来，落进铺满黄叶、肥沃的土壤里……啊，你不要抛弃我，我求求您！"苹果接着又说："当我在野蛮的鹦鹉的嘴里时，我曾发誓：如果上帝保佑我逃出来，不管流落到多么艰苦的地方，也决心在那里度过我的余生。"钟轻声地忠告墙壁："你可要当心点啊……注意，苹果可是个危险人物。""危险？它是多么渺小啊！"最后墙说了话。墙终于发了善心，决定客客气气地把苹果留下来：它掉在那儿，就让它在那儿呆着吧！过了些日子，苹果裂开了嘴，接着，又长出来根，长长的须根四处延伸，枝叶也从墙缝中探出脑袋。苹果长得那么迅速，枝叶那么繁茂，不久就长到钟楼上。它的根须是那么粗壮有力，悄悄地毁坏了墙壁，把旧墙弄倒了。墙壁意识到苹果的祸害时，为时已晚。它长叹一声，说："我真后悔，没有听钟的劝告啊！"苹果树还在长，它毫不动摇，长得结实有力，而那可怜的墙壁，却倾斜倒塌了。

对那些不值得信任的人不要存有幻想！钟楼墙壁的悲剧是非常容易重演的。因为每个人在童年时都有一颗纯洁的心，他们并不知道世界的真实面目，只觉得世界很美好。他们不仅相信自己，而且信任周围所有的人。如此天真单纯的人，是无法应付复杂的人类社会的。

"不怕一万，就怕万一"，它提醒人们做事千万要小心谨慎，千万不要因为有多次经历后，就不再那么警惕了。犹太人的现实生活，几乎都是处于动荡与逆境之中。如何在逆境中求得生存和发展，把握住自己的命运，是每个犹太人都在思考和关心的问题。长期的流浪和居无定所，加上所料不及的歧视和压迫，使他们在艰苦恶劣的环境中树立了一种独立的生命意识。而对于后代，在他们还是孩提时就被灌以独立自救的意识，以期能在未来的坎坷人生路上自如应付。这种独立意识的培养，主要来自于父母对孩子只相信自己的知性教育。他们经常给孩子讲下面这个故事。

从前有只母山羊，她有七只小山羊，她非常喜爱这些山羊。一天她要到森林去弄吃的，就把小羊都叫到跟前，向他们交待说："孩子们，我走以后，你们可要多加小心，特别是要小心恶狼，这恶狼很狡猾，又善于伪装，如果让他进屋，他会把你们都吃掉的。你们千万注意，只要听到他的粗嗓门，看他的黑脚掌，就可以把他认出来。小山羊们说："知道了，我们会当心的。"母山羊放心地走了。一会儿小山羊们就听到敲门声："开门吧，亲爱的孩子们，妈妈回来了。给你们带来了很多好吃的东西。"一听那粗嗓门，小山羊们就知道是狼。"我们不开门。"小山羊说，"你不是我们的妈妈，瞧你那粗嗓门，准是狼。"狼只好走了，他去买了一块粉团，吃下去后，嗓门就变细了，他回来又敲敲门："开门吧，亲爱的孩子们，妈妈回来了，给你们每个人都带来了好吃的东西。"狼在说话时，把一只黑爪子放在窗户上，小山羊看见了。"我们不开门，瞧你这黑脚掌，你是狼。"狼只好又走了，他跑到一个面包师那儿，说："我碰伤了脚，请给点生面团敷在脚上。"面包师照办了。狼又跑到面粉店，让主人给他脚上撒点面粉。店主心想，这狼一定又去骗人，于是拒绝了他。但是狼恶狠狠地说："你不给我撒上白粉，我就吃掉你。"店主只好帮他把爪子弄白了。狼又去敲山羊的门："开门吧，孩子们，你们的妈妈回来了，给你们带回好吃的东西。"小山羊们叫道："先给我们看看你的脚。"狼把爪子放在窗上，他们一见是白的，就相信了，便打开了门。狼进来了，小山羊害怕极了，他们东躲西藏，结果还是一只一只被狼抓住，一个接一个被吃掉。

小山羊们轻易相信了狼的谎言，结果葬送了自己的性命。犹太父母在孩子小时候就给他们灌输这种不轻信别人的思想，他们认为这是孩子们独立意识形成的基础，它使犹太小孩从小便有独立生存的意识存在。因此，他们在任何条件下，都能顽强地生存下去。他们凭靠的是自己的能力，再加上强烈的生存意识，他们当然能找到赚钱的好办法去解决自己的生活问题。

犹太人正因为不轻信别人，不被许多事物的表象所迷惑，所以才能在生意场上成就卓然，纵横捭阖。这种"唯我可信"的做法，也使他们在处理所有事务时，小心谨慎，认真思考后再做出抉择，所以他们很少上当受骗。这种培养孩子独立意识的做法，在我们看来虽有些残酷，但这是绝对理智的做法！它正是犹太民族长期流而不散不亡的一个重要原因。在长期的流浪生涯和被人排挤中顽强生存下来的犹太民族自然会对他人疑窦丛生。而商业经营者作为独立掌握自己命运的市场经济一分子，首先应具备的便是这种理智的独立意识与生存意识。这种意识还构成了犹太商人自我保护的防护膜，使他们从不陷于别人的商业陷阱。生意场上最忌讳的就是轻信别人，而一定要有自己的立场。

有一天，一位日本商人请一位犹太画家上银座的饭馆吃饭。宾主坐定之后，画家趁等菜之际，取出纸笔，给坐在边上谈笑风生的饭馆女主人画起速写来。不一会儿，速写画好了。画家递给日本商人看，果然不错，画得形神皆具。日本人连声赞叹道："太棒了，太棒了。"

听到朋友的奉承，犹太画家便转过身来，面对着他，又在纸上勾画起来，还不时向他伸出左手，竖起大拇指。通常，画家在估计人的各部位比例时，都用这种简易方法。日本商人一见画家的这副架势，知道这回是在给他画速写了。虽然因为面对面坐着，看不见他画得如何，但还是一本正经摆好了姿势，让他画。日本人一动不动地坐着，眼看着画家一会儿在纸上勾画，一会儿又向他竖起拇指，足足坐了10分钟。"好了，画完了。"画家停下笔来说道。

听到这话，日本人松了一口气，迫不及待地欠身，一看，不禁大吃一惊。原来画家画的根本不是那位日本商人，而是他自己左手大拇指的速写。日本商人连羞带恼地说："我特意摆好姿势，你……你却作弄人。"犹太画家却笑着对他说："我听说你做生意很精明，所以才故意考察你一下。你不问别人画什么，就以为是在画自己，还摆好了姿势。单从这一点来看，你同犹太商人相比，还差得远呢。"

这时候，那位日本商人才如梦方醒，明白过来自己错在什么地方——看见画家第一次画了女主人，第二次又面对着自己，就以为一定是在画自己了。

正是基于对类似于这位日本商人所犯的错误，犹太商人的生意经上，赫然写着一条："每次都是初交"。哪怕同再熟的人做生意，犹太商人也决不会因为上次的成功合作，而放松对这次生意的各项条件、要求的审视。他们习惯于把每次生意都看作一次独立的生意，把每次接触的商务伙伴都看作第一次合作的伙伴。这样做，起码有两大好处：其一是不会像日本商人那样，因为自己对对方的先入之见而掉以轻心。相反，可以有足够的戒备防止对方可能的一切手脚；其二是可以保证自己第一次辛辛苦苦争取得到的赢利，不至于在第二次生意中被顾念前情而做出的让步所断送。生意毕竟是生意，容不得"温情脉脉"，否则第一次就没有必要斤斤计较。

在商业活动当中，商人之间都以利益维系，一旦不在意，就可能受骗上当。金钱的关系往往会把人的良知和道德扭曲，因此我们看到了那么多的商海骗术上演，一方可能由巨骗变成巨富，而另一方就可能倾家荡产，却呼告无门。在犹太人的生意经中有条叫作"每一次都是初交"，讲的就是"切忌轻信"，意思是要把每一次生意都看作为与对方第一次打交道，不要因为对方先前与你有来往就放松警惕，更不能被对方表现的真诚所迷惑，一定要有自己的立场。所以，"每次都是初交"实在是犹太人在漫长的历史中由活生生的商业活动而得出的高级生意经，而其适用范围竟然已经到达潜意识层次。只有一个创立了精神分析学的民族，才会在这种极其细微、极不容易觉察的地方，有如此清晰的认识，并且驾轻就熟、游刃有余。

"先生，您买这把漂亮的伞吧！我保证这是真绸面子的。""可是，太贵啦。""那么，您就买这把吧。这把伞也很漂亮，可是并不贵，只卖5美元。""这把伞也有保证吗？""那当然。""保证这是真绸？""你放心，我们绝对向你保证……""可它明显不是绸的啊！""这个嘛……我保证它是一把伞。"顾客好险，差一点掉进自己造成的语言陷阱，幸好没有把"第二个保证"当作"第一个保证"，才不至于买下一把仅仅保证是"伞"的伞。

"姜还是老的辣"，犹太商人轻易地走过了"轻信别人"这一关，如果全世界的商人都能像他们那样，那么将会避免多少悲剧。

猴子收到了狐狸的请柬，请它光临狐狸舍赴宴。换一只狐狸，猴子或许会婉言谢绝："不胜感激……实在抱歉……因身体不适……敬祈海涵……"不过，这只狐狸可与众不同，虽然说不以仁慈闻名，可是它遇见猴子从不呲牙瞪眼，在森林或野外从不把猴子摧残，猴子给它鞠躬，它也以礼相还……因此，猴子受宠若惊，告诉母猴："快梳洗打扮！盛情难却，咱们俩一块儿去赴酒宴！"猴子对狐狸怀着深深的敬意，应邀来到了狐狸夫妇的门前，它心里想的是菜肴丰盛，美酒盈盏。客人驾到，主人格外喜欢。狐狸说："多日不见，二位的身体看来很健康！"猴子夫妇刚刚迈步走进前厅，狐狸冲着长獠牙的厨师挤了挤眼睛："怎么样？足足有二十公斤重！"

犹太商人深知，由于人的潜意识，先入之见的厉害之处在于使人都想不到去纠正它。直到事情结果出来，大失所望甚至绝望之余，人们才察觉自己的疏忽。社会上发生的诸多合同诈骗案中，有多少"善良的人们"就是因为单凭熟人甚至仅仅一面之交的熟人的面子或者一次小小的"成功"而上了别人圈套的。

让我想想

思维能力是孩子智力活动的核心，也是智力结构的核心，因而思维能力是孩子成才最重要的智力因素。思维能力也是孩子从小就开始发展的，它会让孩子更聪明、更胜人一筹。犹太人从孩子小时候就开始培养孩子的思维能力。

一个小学生在认真地做作业。这是一系列加、减、乘、除的四则应用计算题，难度相当大，特别那几个繁分数题，计算起来太繁杂。他额头上不知不觉地渗出细珠般的汗珠来了。正在这个时候，不知从什么地方来了一个微型机器人，手里提着火柴盒般的一台小箱子，一跳一蹦地来到小学生跟前，细声细气地冲他问："朋友，你在演算吗？""嗯，是——"小学生抬头看了看，立刻又低着头专心做作业了。他不愿分散注意力，爱理不理地嘟囔一声了事。"你计算遇到了困难了吗？""唔，有点儿——"小学生不想回答，可又回答了。"那么，"细声细气的声音紧接着响起来。"我给你带来一台计算机了。""做什么？"小学生的声音显然很不高兴。"没什么，我是来帮助你的。"细声细气的声音倒是很和气，仿佛在赔不是似的。小学生还是怒气冲冲的："怎么帮助？帮助什么？……""这个你也知道，"细声细气的声音马上搭上碴儿了，"你何必苦思苦索啊，按几下我带来的计算机就得了。它帮助你，一下子把所有的题目全都计算出来了，而且正确无误，速度快，很容易。"余怒未息的小学生，粗嗓门说："不用，我不用计算机！""你不要我帮助？"机器人很失望地，说话声音也大了点儿。"不，不，"小学生摇摇头，"我不愿意，一百个不愿意！我要的是'自力更生'！"后面四个字说得很响很清楚。机器人吃惊地说："你，你，你要自己发明创造一台新的计算机？……""嘻嘻！"小学生笑出声来。"计算机本来是人发明的，它作为人的工具、助手，人使用它，用它来工作，但它并不能代替人思考！你知道吗？"机器人细声细气的声音十分软弱无力，低声下气地说："那么，那么，那么计算机没有什么用处了？""人能思考，独立自主地思考一切。"小学生说着，指指自己的脑袋瓜，"我先要使用我自己的'计算机'，然后才能使用你带给我的计算机，不是吗？——不是你来帮助我，而是我来使用你！"机器人被小学生揭去了罩在身上的神秘的面纱，恍然大悟地说："喔，原来如此：我和计算机都不过是按照人指定的程序动作办事，怪不得我只能是主人要我做什么，我就做什么，自己六神无主地唯命是从！""哈哈，你明白这个道理就好。我相信依靠我自己不断地努力思考，是能把算术题全计算出来的，将来也能发明创造新的机器人和计算机的。"小学生放大了嗓门说话，但是很有礼貌地一字一顿地说："亲爱的机器人，再会吧！"

小朋友们应该欢迎人家帮助，也接受人家帮助——真诚友谊的帮助，可要让对方在自己努力的基础上来启发自己，帮助自己，最后仍要靠自己的力量排除障碍，克服困难的。要不，帮助反而养成依赖的坏习惯和不良的惰性。"这位小学生虽小，却能懂得这个道理，知道自己思考，这很值得孩子们学习。

"学而不思则罔，思而不学则殆。"意思就是说，只学习而不思考，就会迷茫无知，得不出结果；只思考而不学习，就会疑惑不解，也得不出结论，讲的其实就是思维的意义所在。培养孩子的思维能力并不仅是老师的事情，家长也有很多事情可以做，几乎可以说是随时随地都可以做到。思维是一项高级的智力活动，它有一定的规律可循，在实际操作中，可以多加利用。那么，究竟如何培养孩子的思维能力呢？犹太家长是这样做的：

1.让孩子处在问题情景之中。思维是从问题的提出开始的，接着便是一个问题的解决过程，所以说问题是思维的引子，经常面对问题，大脑就会积极活动。当孩子爱提各种各样问题的时候，家长要跟孩子一起讨论、解释这些问题，家长的积极主动对孩子影响很大。如果遇到自己也弄不懂的问题，可以通过请教他人、查阅资料、反复思考获得答案，这个过程最能提高孩子的思维能力。孩子一两岁以后，就不像以前那么爱向家长提问题了，这时家长应该主动提出一些问题进行讨论。

2.利用想象打开思路。想象力是智力活动的翅膀，为思维的飞跃提供强劲的推动力。因此，要善于提出各种问题，让孩子通过猜想来打开思路。牛顿从树上掉苹果而产生想象，进而研究出万有引力定律。某物理学家在评论爱因斯坦时说："作为一个发明家，他的力量和名声，在很大程度上应归于想象力给他的激励。"这些都从一个方面说明了想象的重要性。要孩子发挥想象并不难，关键在于家长随时随地的启发。比如，当看到自己车圆圆的轮子时，可以让孩子想象一下圆的轮子还可以用在什么上面。随便你提出什么需要想象的问题，孩子们的回答都可能千奇百怪，大大出乎你的预料，这个时候千万别嘲笑孩子的创意，打击他的积极性！

3.要有丰富的知识与经验。孩子的知识越丰富，思维也就会越活跃，因为丰富的知识和经验可以使孩子产生广泛的联想，使思维灵活而敏捷。著名的化学家门捷列夫，他因制定了元素周期表而对化学研究的发展起到无法替代的作用，但他不仅仅是懂化学，还对物理、气象等科学领域都有涉猎，才能制定出元素周期表。孩子的阅读能力有限，家长要给孩子多买一些动画书、卡片等，还可以和孩子一起找动脑筋的故事，如寓言故事、科普性读物等，常常拿出来和孩子一起讨论。

4.培养孩子独立思考的习惯。有的孩子遇到疑难问题，总希望家长给他答案；甚至有时候孩子还在自己思考的过程中时，家长就迫不及待地把答案告诉孩子了。虽然当时解决了问题，但从长远来说，对发展孩子智力没有好处。因为家长经常这样做，孩子必然依赖家长的答案，而不会自己去寻找答案，不可能养成独立思考的习惯。高明的家长，面对孩子的问题，应告诉孩子寻找答案的方法。也就是启发孩子，一个问题应该怎样去想、去分析，怎样运用自己学过的知识和经验，怎样看书，怎样查参考资料等。当孩子自己得出答案时，他会充满成就感，思维能力提高而且产生新的动力。

5.讨论、设计解决实际问题的思路。在孩子的生活、学习中，在家庭生活中经常出现各种各样的问题需要解决。家长应引导孩子并与孩子一起共同讨论、设计解决问题的方案，并付诸实施。这个过程中，需要分析问题、归纳问题，需要推理，需要设想解决的方法与程序。这对于提高孩子的思维能力和解决实际问题的能力大有好处。

失败了，重新再来

人生就是一种挣扎与奋斗，只有受过一次打击就一蹶不振的人才是真正失败的人，而只要敢于从失败中重新认识自己，汲取经验和教训，就可以达到新的起点，最终就会取得成功，我们周围充满着困难与障碍，也充满着希望与绝望，我们要做的就是坚定信念，培植希望。

雨后，一只蜘蛛艰难地向墙上一张已经支离破碎的网爬去，由于墙壁潮湿，它爬到一定的高度，就掉下来，它一次次地向上爬，一次次地又掉下来……第一个人看到了，他叹了一口气，自言自语："我的一生不正如这只蜘蛛吗？忙忙碌碌而无所得。"于是，他日渐消沉。第二个人看到了，他说："这只蜘蛛真愚蠢，为什么不从旁边干燥的地方绕一下爬上去？我以后可不能像它那样愚蠢。"于是，他变得聪明起来。第三个人看到了，他立刻被蜘蛛屡败屡战的精神感动了。于是，他变得坚强起来。

或许再没有哪一个民族像犹太民族一样，经历过那么多的不幸，经历过那么多的压迫和杀戮。犹太人四处流浪，他们从血腥的屠杀中挣脱出来，他们从险象环生的黑暗丛林中突围出来，他们在无尽的偏见和仇视中默默地抗争着、奋斗着。面对不幸与欺辱，他们从未被击倒，身临困厄与逆境，他们从不畏缩和气馁；他们坚信自己是上帝的"特选子民"，只要自己不失去信念，不停止奋斗就最终会取得胜利；他们把逆境和打击看做是检验自己信念与意志的机会，也把它们看成是下一次成功的垫脚石。他们已经历了太多的不幸与风浪，习惯了十之八九都是不如意之事的人生，深知世上绝没有一帆风顺。

罗森沃德是美国最大的百货公司西尔斯——娄巴克公司的最大股东，他也是美国20世纪商界风云人物。然而，这个做服装生意起家的富翁却也经历了许多创业时的失败与艰辛。罗森沃德1862年出生在德国的一个犹太人家庭，少年时随家人移居美国，定居在伊利诺伊州斯普林菲尔德市。罗森沃德的家境不大好，为了维持生活，中学毕业后，他就到纽约的服装店当跑腿，做些杂工。罗森沃德从年幼时就受犹太人的教育影响，确立了艰苦奋斗的精神。他确信凡人皆有出头日，一个人只要选定了目标，然后坚持不懈地往目标迈进，百折不挠，胜利一定会酬报有心人的。罗森沃德本着这种精神，十分卖力地赚了几百块钱。

"我要当一个服装店老板。"这是罗森沃德的奋斗目标。为了实现这个目标，他除了在工作中留心学习和注意动态外，把全部的业余时间用于学习商业知识，找有关的书刊阅读。到1884年，他自认为有些经验和小小本金了，决定自己开设服装店。可是，他的商店门可罗雀，生意极不佳，经营了一年多，把多年辛苦积蓄的一点点血汗钱全部亏光了，商店只好关门，罗森沃德垂头丧气地离开纽约，回伊利诺伊州去。痛定思痛，罗森沃德反复思考自己失败的原因。最后，他找出了原由：服装是人们的生活必需品，但又是一种装饰品，它既要实用，又要新颖，这才能满足各种用户的需求。而自己经营的服装店，没有自己的特色，也没有任何新意，再加上自己的商店未建立起商誉，没有销售渠道，那注定要失败的。针对自己出师不利的原因，罗森沃德决心改进，他毫不气馁继续学习和研究服装的经营办法。他一边到服装设计学校去学习，一边进行服装市场考察，特别是对世界各国时装进行专门研究。一年后，他对服装设计很有心得，对市场行情也看得较为清楚。于是，决定重振旗鼓，向朋友借来几百美元，先在芝加哥开设一间只有10多平方米的服装加工店，他的服装店除了展出他亲自设计的新款服饰图样外，还可以根据顾客的需求对已定型的服式改进，甚至完全按顾客的口述要求重新设计。因为他的服装设计款式多，新颖精美，再加其灵活经营，很快博得了客户的欣赏，生意十分兴旺。两年后，他把自己的服装加工店扩大了数十倍，改为服装公司，大批量生产各种时装。从此以后，他的财源广进，名声鹊起。

罗森沃德的成功经验告诉我们：相信信心是成功之父。犹太人历来相信这个观点。他们认为：胜利是一种习惯，失败也是一种习惯，如果想成功，就得取得持续性的胜利。不能贪图一时的胜利，要的是持续性胜利，只有这样才能成为强者。信心会激发人们成功的能力。信心会有伟大的结果，它是所有伟大的事业、书籍、剧本，以及科学新知背后的动力，信心会使人成功，是已经成功的人所拥有的一项基本而绝对必备的要素，但失败者丢掉了这些。失败者经常会说："老实说，我并不以为它会行得通。""我在开始进行之前就感到不安了。""事实上，我对这件事情的失败并不会太惊奇。"采取"我暂且试试看，但我想还是不会有什么结果"的态度。最后一定会导致失败。"不信"是消极的力量。当你心中不以为然或产生怀疑时，你就会想出各种理由来支持你的"不信"。怀疑、不信潜意识里有要失败的倾向，不是很想成功，这些都是失败的主因。心中存疑，就会失败；反之，相信会胜利，就必定成功。

1832年，林肯失业了，这显然使他很伤心，但他下决心要当政治家，当州议员，糟糕的是他竞选失败了。在一年里遭受两次打击，这对他来说无疑是痛苦的。他着手自己开办企业，可一年不到，这家企业又倒闭了。在以后的17年间，他不得不为偿还企业倒闭时所欠的债务而到处奔波，历尽磨难。他再一次决定参加竞选州议员，这次他成功了。他内心萌发了一丝希望，认为自己的生活有了转机："可能我可以成功了！"第二年，即1835年，他订婚了，但离结婚还差几个月的时候，未婚妻不幸去世。这对他精神上的打击实在太大了，他心力憔悴，数月卧床不起。在1836年他还得过神经衰弱症。1838年他觉得身体状况良好，于是决定竞选州议会议长，可他失败了。1843年，他又参加竞选美国国会议员，但这次仍然没有成功。

他虽然一次次地尝试，但却是一次次地遭受失败：企业倒闭、情人去世、竞选败北，他没有放弃，他也没有说："要是失败会怎样？"1846年，他又一次参加竞选国会议员，最后终于当选了。两年任期很快过去了，他决定要争取连任。他认为自己作为国会议员表现是出色的，相信选民会继续选举他、但结果很遗憾，他落选了。因为这次竞选他赔了一大笔钱，他申请当本州的土地官员。但州政府把他的申请退了回来，上面指出"作本州的土地官员要求有卓越的才能和超常的智力，你的申请未能满足这些要求"。接连又是两次失败。在这种情况下你会坚持继续努力吗？你会不会说"我失败了"？然而，他没有服输。1854年，他竞选参议员，但失败两年后他竞选美国副总统提名，结果被对手击败；又过了两年他再一次又竞选参议员；还是失败了。

在林肯大半生的奋斗和进取中，有九次失败，只有三次成功，第三次成功就是当选为美国的第十六届总统。那屡次的失败并没有动摇他坚定的信念，而是起到了激励和鞭策的作用。每个人都难免要遇到挫折和失败。亚伯拉罕·林肯面对失败没有退却、没有逃跑，他坚持着、奋斗着。他始终有充分的信心向命运挑战，压根就没想过要放弃努力，他可以畏缩不前，不过他没有退却，所以迎来了辉煌的人生。

《塔木德》上记载着这样一个故事。有三只青蛙掉进了鲜奶桶中，第一只青蛙说："这是神的意志"，于是盘起后腿，一动不动，静静地等待着。第二只青蛙说："这桶太深，没有希望出去了"，于是绝望地慢慢死去。第三只青蛙说："糟糕，怎么掉到鲜奶桶里了，但我的后腿只要还能动，我就要奋力上跳。"这只青蛙一边划一边跳，慢慢地，青蛙的后腿碰到了硬硬的东西，于是他奋力一跃，出了奶桶。原来，鲜奶在他的搅拌下渐渐变成了奶油。

第一只青蛙相信宿命，第二只青蛙毫无信念可言，第三只青蛙坚守信念，顽强努力，充满希望，他便是犹太人的写照。犹太人顽强而坚韧的精神意志和挑战风险、永不气馁的进取意识，恰恰构成了犹太人成功的又一重要精神积蕴，从而使他们在充满竞争的世界舞台上纵横捭阖，卓尔不群。犹太人不但敢于冒险，更能在逆境当中从容镇定，自由应付。他们不怕风险，更善于在风险中施展自己的智慧和生存技巧。他们面对失败，决不气馁，而是汲取教训，重新再来。

在人生的游戏中，失败时常发生，每个人都不要悲观，因为失败并不意味着没有希望，相反"失败"是成功之母，活用失败与错误，是自我教育和提高的有效途径。商场如战场，成功的背后可能有更多的失败的辛酸。作为商人，面对失败，就应该像爱迪生那样坦然而决不气馁。爱迪生一生有1000项科技发明，当有人问他经过许多试验而失败时是否会感到心灰意冷，他回答说："不，我抛弃了错误的试验，重新采取别的方法，决不沮丧！"的确，面对失败一定要记住，决不气馁！现代管理学的说法就是：失败就是我们的学习曲线和经验曲线的自变量，只有经历失败，才会汲取教训和积累经验，为下一次作准备。总结起来，犹太人教育孩子面对失败和挫折时，遵循的法则就是：首先，遇到失败时，千万不能气馁，要坚忍不拔，矢志不移；其次，焦点不要对着过错与失败！应对准远大的目标，活用自己的过错或失败。再次，对"失败"持正确健康的态度，不要恐惧失败，要懂得失败乃是成功必经的过程。最后，要善于伺机，巧于乘势，等待机遇，发现此路不通时，要设法另谋出路，使自己顺应环境，适应潮流。

坚持就是胜利

孩子有毅力，才能学习好。要学好本领，必须苦练基本功，必须持之以恒。只有坚持不懈地练习，才能精通。

有一天，一只兔子嘲笑乌龟腿短，走起路来慢腾腾的。乌龟笑着回答说："虽然你跑起来快得像一阵风一样，但如果赛跑我一定能赢你。"兔子认为乌龟的话是在吹牛皮，便同意赛跑，它们商量一致，请狐狸选定跑道，定好终点。到了比赛那天，它们同时出发，兔子自信天生跑得快，就没把比赛放在心上，跑到中途它在路边躺下来竟呼呼大睡了。等到兔子一觉醒来，奋力快跑，来到终点，发现乌龟早已到达终点，正在那儿恭候呢！

这个故事告诉我们，虽然慢点，只要坚持不懈，最终会赢得胜利。孩子的意志品质总体情况令人担忧。这首先是家庭教育失误造成的。对独生子女生活方面的溺爱和迁就，势必助长他们的任性和怕苦。过度保护和包办代替严重妨碍孩子意志品质的提高，因为意志本质上是自己管住自己，家长管得太多，他就没有机会学习自己管住自己了。家长对孩子学习上的过高要求也破坏孩子意志，因为意志品质只能在压力较大而不算太大的情境中才能提高，压力过大会导致放弃，意志无法发挥作用。

犹太家长尤其注重孩子非智力因素的培养。非智力因素包括许多方面，对于孩子来说，意志应该是一个重点。意志太重要了。意志薄弱对任何人来讲都是致命的弱点，意志薄弱不只影响孩子的学习成绩，它还会影响孩子一生的发展。杰出人物几乎都是意志非常坚强的人；而几乎所有违法犯罪者都是意志薄弱者，他们控制不了感情，抵挡不了诱惑。犹太家长经常给孩子讲下面的故事。

意大利著名小提琴家帕格尼尼，最擅长演奏旋律复杂多变的乐曲，他高深的琴技很受喜欢古典音乐者的欣赏。有一天晚上，帕格尼尼举行音乐演奏会，有位听众听了他出神入化的演奏之后，以为他的小提琴是具魔琴，便要求一看，帕格尼尼立即答应了。那人看看小提琴，跟一般的琴没什么两样，心里觉得很奇怪。帕格尼尼看出他的心事，便笑着说："你觉的奇怪是不？老实告诉你，随便什么东西，只要上面有弦，我都能拉出美妙的声音。"那人便问："皮鞋也可以吗？"帕格尼尼回答："当然可以。"于是那人立刻脱下皮鞋，递给帕格尼尼。帕格尼尼接过皮鞋，在上面钉了几根钉子，又装上几根弦，准备就绪，便拉了起来。说也奇怪，皮鞋在他手上，演奏起来竟跟小提琴差不多，不知情的人，在听了这个美妙的旋律之后，还以为是用小提琴拉的呢！

可见，钻研任何一种技艺，一定要长期坚持苦练，才能达到出神入化、随心所欲的境界，这是绝对没有偶然的。

从现实生活中的应试来说，孩子的意志品质更加重要。这道理很简单：考试的科目设置和题目安排是不考虑学生有没有兴趣的，考试不能从学生的兴趣出发，只能从选拔的需要出发。而绝大多数学生很难对所有的考试科目都感兴趣。不感兴趣也要学下去，还要学好，这就只好靠意志了。我们会发现，那些考上重点中学和重点大学的学生，差不多都是在学习方面意志比较坚强的学生，他们能忍耐，能坚持，能控制自己的感情去做自己不感兴趣的事情。反之，我见过很多学生，十分聪明，学习成绩却不佳，或者严重偏科，他们的问题往往出在意志上。他们怕苦，他们任性，怕苦和任性是意志薄弱的典型表现。这就是人们通常说的"非智力因素"有问题，影响了孩子的学习成绩。

从前有两个和尚，一个很有钱，每天过着舒舒服服的日子；另一个很穷，每天除了念经时间之外，就得到外面去化缘，日子过得非常清苦。有一天，穷和尚对有钱的和尚说："我很想到印度去拜佛，求取佛经，你看如何？"有钱的和尚说："路途那么遥远，你要怎么去？"穷和尚说："我只有一个钵、一个水瓶、两条腿就够了。"有钱的和尚听了哈哈大笑，说："我想去印度也想了好几年，一直没成行的原因是旅费不够。我的条件比你好，我都去不成，你又怎么去得成？"过了一年，穷和尚从印度回来，他还从印度带了一本佛经送给有钱的和尚。有钱和尚看他果真达成愿望，惭愧得面红耳赤，一句话也说不出来。

俗话说："天下无难事，只怕有心人。"只要下定决心，有恒心、有毅力，那么天底下再难的事也会变得容易了。穷和尚虽然没有钱，坐不起车船，但是因为他有坚强的毅力，能够长途跋涉，达成愿望。

杰克是一位射箭能手。他只要一拉弓射箭，将箭射向野兽，野兽就应声而倒；将箭射向天空飞翔着的飞鸟，飞鸟就会顷刻间从空中坠落下来。只要看到过杰克射箭的人，没有哪一个不称赞他是射箭能手，真是箭无虚发，百发百中。杰克的学生叫保罗，他跟着杰克学射箭非常刻苦，几年以后，保罗射箭的本领赶上了他的老师杰克，真是名师出高徒。后来，又有一个名叫汤姆的人，来拜保罗为师，跟着保罗学射箭。

保罗收下汤姆作徒弟后，对汤姆学习射箭可真叫严！刚开始学射箭时，保罗对汤姆说："你是真的要跟我学射箭吗？要知道不下苦工夫是学不到真本领的。"汤姆说："只要能学会射箭，我不怕吃苦，愿听老师指教。"于是，保罗很严肃地对汤姆说："你要先学会不眨眼，做到了不眨眼后才可以谈得上学射箭。"

汤姆为了学会射箭，回到家里，仰面躺在他妻子的织布机下面，两眼一眨不眨地直盯着他妻子织布时不停地踩动着的踏脚板。天天如此，月月如此，心里想着保罗老师对他的要求和自己向保罗表示过的决心。要想学到真功夫，成为一名箭无虚发的神箭手，就要坚持不懈地刻苦练习。这样坚持练了两年，从不间断；即使锥子的尖端刺到了眼眶边，他的双眼也一眨不眨。汤姆于是整理行装，离别妻子到保罗那里去了。保罗听完汤姆的汇报后却对汤姆说："还没有学到家哩。要学好射箭，你还必须练好眼力才行，要练到看小的东西像看到大的一样，看隐约模糊的东西像明显的东西一样。你还要继续练，练到了那个时候，你再来告诉我。"

汤姆又一次回到家里，选一根最细的牦牛尾巴上的毛，一端系上一个小虱子，另一端悬挂在自家的窗口上，两眼注视着吊在窗口牦牛毛下端的小虱子。看着，看着，目不转睛地看着。10天不到，那虱子似乎渐渐地变大了。汤姆仍然坚持不懈地刻苦练习。他继续看着，看着，目不转睛地看着。三年过去了，眼中看着那个系在牦牛毛下端的小虱子又渐渐地变大了，大得仿佛像车轮一样大小了。汤姆再看其他的东西，简直全都变大了，大得竟像是巨大的山丘了。于是，汤姆马上找来用北方生长的牛角所装饰的强弓，用出产在北方的蓬竹所造的利箭，左手拿起弓，右手搭上箭，目不转睛地瞄准那仿佛车轮大小的虱子，将箭射过去，箭头恰好从虱子的中心穿过，而悬挂虱子的牦牛毛却没有被射断。这时，汤姆才深深体会到要学到真实本领非下苦功夫不可。他便把这一成绩告诉保罗。

保罗听了很为汤姆高兴，甚至高兴得跳了起来，并还用手拍着胸脯，走过去向汤姆表示祝贺说：“你成功了。对射箭的奥妙，你已经掌握了啊！”

做家长的经常会因为孩子的下述表现而苦恼：孩子一会儿学这，一会儿学那，一天到晚忙忙碌碌，却不见成效，这是学习无目的、无计划的表现；孩子在做事前，前怕狼，后怕虎，怯懦胆小，犹豫不决，这是行为缺乏果断性的表现；孩子自制力差，上课经常开小差，学习时精力无法集中，或者是制订计划但不执行，一遇到困难就退缩，这是缺乏行为持久性的表现。以上行为的目的性、果断性、自制性、坚韧性都是意志品质的体现，如果孩子长期存在这种问题，那么他们将来很难有所成。犹太家长在这方面是这样做的：

1.从点滴小事上培养。有些孩子意志不够坚强，但又不肯从小事做起，以为一节课，一次作业，无多大关系，这些与意志无关。岂不知，就是这小小的一堂课，一次作业，滋长了意志薄弱，最后才导致学习上的“全线崩溃”。反之，学习上意志坚强的人，必定认真对待每一堂课，每一次作业，积小胜为大胜而获得学习上的成功。“不积跬步，无以至千里；不积小流，无以成江海。”这是中国古代学者在学习上的经验之谈。

2.凡是孩子自己能做的事情，家长决不要插手，更不能包办。若一时搞不清孩子能不能做到，应该让他先试一试，家长再决定帮不帮、帮到什么程度。请家长注意，孩子经过自己的努力能做到的事情，家长哪怕只多帮一分，都是在阻碍孩子意志力的发展。这方面家长犯的错误太多了，而自己往往并不觉察。为什么？因为他们总怕孩子受委屈，他们心软。这“心软”其实是家长本人意志薄弱的表现，他们控制不了自己的感情。可见，要想使孩子意志坚强，家长自己先要做一个理智的人、能保证自己的“爱心”不泛滥的人。

3.学会拒绝。对孩子的不合理要求，家长必须学会拒绝，否则就是在鼓励孩子放纵感情。这方面特别要注意的是各位家长要互相通气，保持一致，以免孩子钻空子。绝不可以认为谁满足孩子的一切要求谁就是爱孩子，那样会使孩子任性的，任性是学习成绩不好的最重要的原因之一。

4.学会“撤退”。当孩子遇到确实解决不了的学习问题时，家长不要硬逼他完成什么指标，要“撤退”。“撤退”不等于“败退”，“撤退”之后要想办法找内行的人看看孩子问题到底出在哪里，加以解决。明明打不胜的仗硬要打，很容易摧毁孩子的意志。

5.延迟满足。对孩子的合理要求，只要情况允许，最好也不要立刻满足，要让他等一些时日，让他学会忍耐，让他知道这个世界不是为他一个人准备的，他所要的东西不是立刻就可以到手的。要磨孩子的性子，磨他的脾气，使他变得更有弹性，更有耐心，这对学习是非常重要的，因为学习是慢功，不能一蹴而就。

6.帮助孩子制定学习目的和计划。对每章、每节的学习，要制定出学习的目的和计划，且要经常检查和监督。对日常生活中许多小事，也要有计划和目的。比如，为了培养自理能力，坚持让孩子自己洗衣服，自己打扫房间等，日积月累，就会养成干事有目的性的习惯。

7.培养孩子分辨是非的能力。因为孩子意志的自觉性还不强，所以很容易受外界的影响。又由于不能分辨是非，常常不加选择地模仿别人的行为。比如电视、电影中反面人物的动作、语言，日常生活中许多低级下流的东西，应避免让孩子看，同时要教他分辨这些事情的好与坏，积极阻止不良行为的发生。

8.对孩子进行适当的挫折教育。学习中的"失败"，是哪个孩子也不能避免的，关键是教他如何面对失败。遇到困难和挫折时，帮孩子冷静分析其原因，看看用什么办法才能克服困难，切忌动不动就给予帮助和呵护。这样容易使孩子的意志品质不断地被"软化"，无法经受住暴风雨的袭击。如果孩子始终成绩好而失败较少，没有经过这种"耐性"的磨练，很可能细微的刺激都会扰乱情绪。所以对孩子不要娇生惯养得像"小皇帝"那样，这不利于培养其坚强的意志。

9.要求孩子学习时要一心一意。有的孩子学习时，经常是削削铅笔，捅捅这个，摸摸那个，总不能集中精力去学习。有时慑于家长的威严，在那里磨时间，其实是他对学习不感兴趣。为了养成一心一意学习的习惯，可适当缩短其学习时间，要求在一定时间内完成一些作业，做完后，就可以痛痛快快地玩。不通过学习时间的长短来判断学习质量。如果常常在那里磨时间，容易在学习中形成一种惰性，一遇到困难就止步不前。

10.形成良好的学习习惯。孩子意志水平的高低往往取决于是否有良好的学习习惯，独立思考、持之以恒、锲而不舍、循序渐进等都是些良好的学习习惯。而一曝十寒、半途而废、虎头蛇尾、知难而退等，都是些不良的学习习惯。

11.给孩子找点需要长期坚持的事情做。例如天天扫地，坚持晨练，写日记，照顾邻居老人，为教室开门等等，至少要能坚持一个学期。这种事对培养孩子意志作用很大。不过不要硬派，要和孩子商量，让孩子自己下决心。中间如果孩子半途而废，家长不要发火，要再给孩子机会。培养坚持性本身就需要家长有坚持性，不能急于求成，也不要讲什么大道理。培养意志靠的是行动，而不是说教。

总而言之，能否培养孩子毅力，这是对家长教育艺术的考验，更是对家长毅力的考验。意志坚强的家长才能培养出有毅力的孩子。

工作是幸福的保障

一个人的价值不在于职位的高低，而在于体现在工作中的精神、态度。

这世上，工作并无贵贱之分，但是对于工作的态度却有高低之别。看一个人是否能做好事情，只要看他对待工作的态度。要知道，所有正当合法的工作都是值得尊敬的。没有人会否认或贬低你的价值，关键在于我们如何看待自己的工作。那些只知道要求高薪，却不知道自己应承担的责任的人，无论对自己，还是对老板，都是没有价值的。

闻名中外的希尔顿饭店有位清洁员，他在这家饭店工作了将近20年，一直在洗手间做保洁工作。洗手间总是被他打扫得干干净净，他甚至自己花钱在洗手间放上一瓶高级香水，客人进来都能闻到一股芳香的味道。客人们对他的服务交口称赞，有的甚至冲着他的良好服务而专门住进这家饭店。他的朋友都替他惋惜，劝他换份工作。他却骄傲地说："我为什么要换工作呢？我的工作就是最好的，看到客人们对我的赞扬，这就是我最大的幸福了，我又何必换工作呢？"

把自己的工作当成自己最喜欢的事并且乐在其中，我们就能发掘自身特有的能力。其中最重要的是能保持一种积极的心态，即使是辛苦枯燥的工作，也能从中感受到价值，在你完成使命的同时，会发现成功之芽在萌发。我们每一个人的工作，就是自己给自己画的一幅画，是美丽还是丑恶、可爱还是可憎，都是由自己一手造成的。我们每一个人的细微表现，无论是上班赶时间，还是工作中的每一个协作，都在说明自己的美或丑，可爱或可憎。

下面这句话也许是古罗马哲学家们提供给人类的最伟大的告诫之一："没有卑微的工作，只有卑微的工作态度，而我们的工作态度完全取决于我们自己。"

第11次敲门

> 困难，是动摇者和懦夫掉队回头的便桥，但也是勇敢者前进的垫脚石。面对困难掉头就走的人是懦夫，迎头痛击的是勇士。

瑞德公司的面试通知，像一缕阳光照亮了克里弗德焦急期待的心。

面试那天，克里弗德精心地梳洗打扮了一番，又换了一条新领带，以祝福自己好运。上午10点钟，他走进了瑞德公司人力资源部。

等秘书小姐向经理通报后，克里弗德静了静心，提着手提包来到经理办公室门前，轻轻地敲了两下门。

"是克里弗德先生吗？"屋里传出问询声。

"经理先生，你好！我是克里弗德。"克里弗德慢慢地推开门。

"抱歉，克里弗德先生。你能再敲一次门吗？"端坐在沙发转椅上的经理悠闲地注视着克里弗德，表情有些冷淡。

经理先生的话虽令克里弗德有些疑惑，但他并未多想，关上门，重新敲了两下，然后推门走进去。

"不，克里弗德先生，这次没有第一次好，你能再来一次吗？"经理示意他出去重来。

克里弗德重新敲门，又一次踏进房间。

"先生，这样可以吗？"

"这样说话不好……"

克里弗德又一次走进去："我是克里弗德，见到你很高兴，经理先生。"

"请别这样。"经理依然淡淡地说道，"还得再来一次。"

克里弗德又做了一次尝试："抱歉，打扰你工作了。"

"这回差不多了，如果你能再来一次会更好，你能再试一次吗？"

当克里弗德第10次退出来时，他内心的喜悦和憧憬已消失殆尽，开始有些恼火。心想，进门打招呼哪有这么多讲究？这哪是招聘面试呀，分明是在刁难戏弄人。

克里弗德生气地转身离开，可刚走几步又停了下来。"不行，我不能就这样逃开，即使瑞德公司不打算录用我，也得听到他们当面对我说。"

于是，克里弗德稍稍地舒了一口气，第11次敲响了门。这次，他得到的不是拒绝，而是热烈欢迎的掌声。克里弗德没有想到，第11次敲门，叩开的竟是一扇成功之门。

原来，瑞德公司此次是打算招聘一名市场调查员。而一名优秀的市场调查员，不仅要具备学识素质，更要具备耐心和毅力等心理素质。这11次敲门和问候就是考察一个人心理素质的考题。

做好身边的小事

机遇在人人面前都是平等的，就如同玩具中柔软的胶泥一般，可以任由你做主将它捏成任何形状。因此，在平常的社会生活中，只要认真做好每件事情，哪怕只是一件小事情，那么机遇肯定会把成功主动送到你面前。

阿尔莱特是一家美国标准石油公司的普通职员，他在任何场合中签名时，都不忘附加上一句公司的宣传词——一桶4美元的标准石油。后来，客户、朋友们干脆就给他取了个绰号，叫"一桶4美元"。这样时间一长，大家都不习惯叫他的本名了。

公司懂事长洛克菲勒听说这件事后，便叫来了阿尔莱特，并问道："大家都用'一桶4美元'的绰号叫你，你怎么不生气呢？"

阿尔莱特笑了笑后回答道："我们公司的宣传词不正是'一桶4美元'吗？大家叫我一次，就是为公司免费宣传了一次，我又为何要生他们的气呢？其实应该感谢他们才对呀！"

洛克菲勒听后深有感触地说道："像你这样能时时记得为公司做宣传的人还真不多，我们公司就是需要像你这样的职员。"

几年后，当洛克菲勒退下董事长一职后，阿尔莱特接替了洛克菲勒的职位，他得到升迁最重要的原因就是他始终处处为公司着想，哪怕仅是一件极小的事情。洛克菲勒曾说："我之所以能够成功，就是由于我注意到了别人常常容易忽略的小事情。因此，不要总为自己没能完成一件惊天动地的事情而感到沮丧，其实只要努力地做好你身边的每一件小事，你的成功都会因它而起。"

热情，事业成功的加油站

> 激情需要我们自己创造，这就像信心和机遇一样，等待和抱怨会使你失去仅存的激情，同时也使你的智慧和力量在不经意间消磨殆尽。

美国哲学家、散文家及诗人爱默生说过："没有热情，任何伟大的业绩都不可能成功。"对成功不利的所有因素，如迷惑、失望、恐惧、消极、颓废、猜忌、犹豫等都是由缺少激情而引起的，这些因素的存在使我们未老先衰、止步不前;而由激情带来的希望、果断、积极、主动、兴奋等，则可以使我们获得与困难搏斗的勇气和向目标迈进的力量。

激情是我们事业成功和生活幸福的源泉。

激情给我们以智慧，计算机巨人比尔·盖茨说："每天早晨醒来，一想到所从事的工作和所开发的技术将会给人类生活带来巨大的影响和变化，我就会无比兴奋和激动。"

激情给我们以灵感，牛顿从司空见惯的苹果落地现象发现了万有引力定律。

激情给我们以力量，贝多芬能够在耳朵失聪的情况下奏响恢弘壮丽的命运交响曲。

不管什么样的事业，要想获得成功，首先需要的就是工作的激情，而家庭的幸福和生活的快乐也同样需要用激情来浇灌。可以说，没有恒久的激情和蓬勃的朝气，我们将一事无成。

洛克菲勒在写给儿子的信中说："如果你视工作为一种乐趣，人生就是天堂;如果你视工作为一种义务，那么人生就是地狱。"那么，在这位石油大王心目中，工作到底是什么呢?

我初进商界时，时常听说，一个人想爬到高峰需要很多牺牲。然而，岁月流逝，我开始了解到很多正爬向高峰的人，并不是在"付出代价"。他们努力工作是因为他们真正地喜爱工作。任何行业中往上爬的人都是完全投入正在做的事情，且专心致志，衷心喜爱从事的工作，自然也就成功了。

热爱工作是一种信念。怀着这个信念，我们能把绝望的大山凿成一块希望的磐石。一位伟大的画家说得好："痛苦终将过去，但是美丽永存。"

....

热忱是工作的灵魂，甚至就是生活本身。事实上一个热忱的人，等于是有神在他的内心里。人本身就有绝对控制事件的能力——心神。

如果时时保持一颗热忱的心，那么你的事业和生活就会蒸蒸日上。

做好每一个细节

工作中无小事。只有把小事、平凡的事做好了，才能做成大事，才能创造自己人生的非凡业绩。

在许多人眼中，大人物总是和大事件联系在一起，小人物总是和小事情联系在一起。有的人一辈子也不会做成一件大事，但是，无论大人物还是小人物，都会和一件又一件的小事发生关系。因此说，小事情是人一生中最基本的内容，只有做好小事，才能成就你的大事。

美国前国务卿鲍威尔是威望很高的将领和领导人，他就把"注重小事"当成人生信条，而另一位美国人，世界上唯一依靠股市成为亿万富豪的沃伦·巴菲勒也认为一个人要取得成功必须要做好工作中的每一件小事。他认为无论在投资策略还是商务策略上，都必须谨记："细节决定成败。"

20世纪世界上4位最伟大的建筑师之一的密斯·凡·德罗，在被要求用一句最概括的话来描述他成功的原因时，他只说了5个字"魔鬼在细节"。他反复强调的是，不管你的建筑设计方案如何恢弘大气，如果对细节的把握不到位，就不能称之为一件好作品。细节的准确、生动可以成就一件伟大的作品，细节的疏忽会毁坏一个宏伟的规划。

看不到细节，或者不把细节当回事的人，无法把工作当做一种乐趣，而只是当做一种不得不受的苦役，因而在工作中缺乏工作热情。而考虑到细节、注重细节的人，不仅认真对待工作，将小事做细，而且注重在做事的细节中找到机会，从而使自己走上成功之路。

几十年前，格茨·维尔纳白手起家创建了DM连锁店。他有自己的一套注重细节的经营理念，有的地方还会为注重细节做出一些特别"古怪"的行为。

一天，当维尔纳走进一家DM分店时，他要求分店经理拿扫帚来。这家分店的经理把扫帚递给维尔纳，非常疑惑地说："维尔纳先生，我不明白您要它做什么？"维尔纳指着地下的灯光说："您看，灯光的亮点聚在地上，什么用处也没有。"于是，维尔纳用扫帚柄拨了一下上面的灯，让灯光照在货架上。

这样的小事也要由大老板过问，并且亲自动手，岂不把他累死？可就是这样一个大老板现已拥有1370家连锁店、两万名员工，2002年的销售额高达26亿欧元。维尔纳也是同行业中最富有的，2003年年初时他的个人财产达到9.5亿欧元。

工作中注重细节，就表明有一种强烈责任感的敬业精神。没有从细微处做起的敬业精神，眼高手低，小的不能干，大的不能做，岂能成就大事。

不断挑战新的难度

当我们把过多的精力与才华放在一个低水平的事情上，我们的能力就无法提高。想突破事业的瓶颈，必须勇于挑战高难度的工作。

伍德是音乐系的学生，这一天，他走进练习室。在钢琴上，摆着一份全新的乐谱。

"超高难度……"伍德翻动着乐谱，喃喃自语，感觉自己对弹奏钢琴的信心似乎跌到了谷底。

已经3个月了！自从跟了这位新的指导教授之后一直是这样，不知道为什么教授要以这种方式整人。

伍德勉强打起精神，他开始用手指奋战、奋战、奋战……琴音盖住了练习室外教授走来的脚步声。

指导教授是个极有名的钢琴大师。授课第一天，他给自己的新学生一份乐谱。"试试看吧！"他说。

乐谱难度颇高，伍德弹得生涩僵滞、错误百出。

"还不熟，回去好好练习！"教授在下课时，这样叮嘱学生。

伍德练了一个星期，第二周上课时正准备让教授测试。没想到，教授又给了他一份难度更高的乐谱："试试看吧！"上星期的课，教授提也没提。

伍德再次挣扎于更高难度的技巧挑战。

第三周，更难的乐谱又出现了。

同样的情形持续着，伍德每次在课堂上都被一份新的乐谱所困扰，然后把它带回去练习，接着再回到课堂上，重新面临两倍难度的乐谱，却怎么都追不上进度，一点也没有因为上周的练习而有轻车熟路的感觉。伍德越来越感到沮丧和气馁。

教授走进练习室。

伍德再也忍不住了，他向钢琴大师提出这几个月来自己承受着巨大的压力。

教授没有开口，他抽出了最早的那份乐谱，交给伍德。"弹弹看！"他以坚定的目光望着伍德。

不可思议的结果发生了，连伍德自己都惊讶万分，他居然可以将这首曲子弹奏得如此美妙、如此精湛！教授又让伍德试了第二堂课的乐谱，伍德依然呈现超高水准的表现……演奏结束，伍德怔怔地看着老师，说不出话来。

"如果，我任由你表现最擅长的部分，可能你还在练习最早的那份乐谱，就不会有现在这样的程度。"钢琴大师缓缓地说。

锲而不舍才能成功

> 由平凡起步，才会超越平凡。幸福不是空中楼阁，它需要一步步地构建。

生活中，一般人的工作都是很平凡的。虽然是平凡的工作，但只要努力去做，和周围的人配合好，依然可以做出不平凡的成绩。

那种大事干不了、小事又不愿干的心理是要不得的。小至个人，大到一个公司、企业，它们的成功发展，正是来源于平凡工作的积累。

18世纪时，瑞典化学家舍勒在化学领域做出了巨大的成就，然而瑞典国王毫不知情。有一次去欧洲旅行的旅途中，国王才了解到自己的国家有这么一位优秀的科学家，于是国王决定授予舍勒一枚勋章。可是负责发奖的官员孤陋寡闻，又敷衍了事，他竟然没有找到那位全欧知名的舍勒，却把勋章发给了一个与舍勒同姓的人。

当时，舍勒就在瑞典一个小镇上当药剂师，他知道要给自己发一枚勋章，也知道发错了人，但他只是付诸一笑，只当没有那么一回事，仍然埋头于化学研究之中。

在业余时间，舍勒用极其简陋的自制设备，首先发现了氧，还发现了氯、氨、氯化氢，以及几十种新元素和化合物。他从酒石中提取酒石酸，并根据实验写成两篇论文，送到斯德哥尔摩科学院。科学院竟以"格式不合"为理由，拒绝发表他的论文。但是舍勒并不灰心，在他获得了大量研究成果以后，根据这个实验写成的著作终于与读者见面了。舍勒在32岁那年当选为瑞典科学院院士。如果我们也有舍勒这种埋头苦干、锲而不舍的精神，有在平凡中求伟大的品性，那么成功也就离我们不远了。

许多年轻人，尤其是名牌大学，学历又高的毕业生，他们来到工作单位后，总觉得自己比别人高一等，简单的工作不愿做，觉得自己大材小用了；繁杂一点的任务，又总是眼高手低，缺乏经验。可就算是遇到问题了，也不愿向人请教，觉得太丢面子了；出错

第十篇

学习：孜孜以求的求知精神

每个人都是你的教师

成功的方法不能复制，不同的人有不同的发展环境和机遇，但绝大多数真正的成功者都有共同的特点——善于寻找生活中的榜样，学习和借鉴他们的经验。

杰弗逊17岁时就读于威廉与玛丽学院，学习成绩非常优秀，特别是在历史和语言方面。此外，他对农艺、数学和建筑学等也有浓厚的兴趣。后来他自行设计的蒙蒂塞洛宅邸，既具有传统的古典式建筑风格，又有自己独特的特点，堪称为当时美国第一流的建筑，至今仍是美国最值得赞赏的乡间府第之一。

杰弗逊出身贵族，他的父亲是军中的上将，母亲也是名门之后。当时的贵族除了发号施令以外，几乎不与平民百姓交往。但杰弗逊没有秉承贵族阶层的恶习，而是主动与各阶层人士交往。他的朋友中当然不乏社会名流，可更多的是普普通通的仆人、园丁、农民或者贫穷的手工业者。他的优点便是善于从各种人身上学习，因为他知道每一个人都有自己的长处，都有金子般发亮的东西。

杰弗逊仪表堂堂，谈吐生动，富于朝气，喜爱社交。他善于演奏小提琴，常有机会在总督府与一些比他年长很多的社会名流一同演奏古典乐曲。杰弗逊跻身于这些名流之中，经常同他们交谈，获益匪浅。

有一次，他还劝说法国伟人拉法叶特："你必须像我一样到普通民众家去走一走，尝一尝他们吃的面包，看一看他们的菜碗。只有你亲自这样做了，你才会了解到民众不满的原因，并会懂得正在酝酿的法国大革命的意义了。"

不耻下问，善于学习是杰弗逊的过人之处，他也因此比其他的领导者更清楚民众到底在想什么，到底最需要什么，这也是他成为一代伟人的原因所在。

不论是做学问，还是做人，都要善于向每个有专长的人学习，向含有真知灼见的任何一本书、任何一种见解学习。那种"我比我周围的人都聪明，因此我完全不用理会别人说什么。"的想法是错误的。学习是一个非常广泛、综合的内容，每个人都有自己的优点与弱点，你可以向每一个人学到很多东西，要看到每个人的长处、取人之长补己之短。

林肯是美国人心目中最有威望的总统。说起林肯，谁都知道他的父亲是一个庸碌无为而且目不识丁的木匠，他的母亲也是平庸的家庭主妇。那么林肯怎么会有那么卓越的领导和管理才能呢？人们一定会认为林肯受过良好的教育和训练。事实并非如此，不少美国人都知道，林肯所受的教育是极不完整和正规的，他一生中只上过几天的学校而已。在他被选为国会议员后，自己也曾对众人承认过这一点。那么谁是林肯的老师呢？

答案就是在肯塔基州森林地带数位巡游的村儒学究，是他们在无意之中帮助了林肯得到长进。

林肯的教师还包括伊里诺州第八司法区的许多人。他曾每天和许多农夫、律师、商人商讨着国家大事和世界上发生的事情，从他们身上学习到很多知识和道理。林肯成功的秘诀就是：每个人都可能做他的教师。

犹太父母教育孩子说，老师和同学，乃至周围的每一个人都可能成为请教的对象，对青年人而言，其实没有哪一个环境是所谓的好环境，也没有哪一个人是唯一的所谓好老师，只有不断变化的环境才是你最好的环境，也只有不断地向不同的人学习才是你最好的老师。

厚网捞起大鱼

在人生的竞赛场上，没有确立目标，不能在逆境中完善自己，是不容易得到成功的。许多人并不乏信心、能力、智力，只是没有确立目标或没有选准目标，所以没有走上成功的途径。

一个年轻的大学生在逛集市的时候，看见一位犹太老人摆了个捞鱼的摊子，他向有意捞鱼的人提供鱼网，并承诺捞起来的鱼归捞鱼人所有。这个年轻人一时童心大发，蹲下去捞起鱼来，但他一连捞碎了三只网，一条小鱼也没有捞到。

年轻人见老人眯着眼看着自己的蠢样、心中似乎正在暗自窃笑，便不耐烦地说："老板，你这网子做得也太薄了，几乎一碰到水就破了，又怎么捞得起来那些鱼呢？"

老人回答说："年轻人，看你也是念过书的人，怎么也不懂得这个道理呢？当你心生意念想捞起你认为最大最好的鱼时，你打量过你手中所握的鱼网是否真有那个能耐吗？追求不是件坏事，但是首先要了解你自己呀！"

"可是我觉得这个不是主要原因，关键还是觉得你的网太薄，根本捞不起鱼。"

"年轻人，你还是不懂得捞鱼的哲学！这和世人所追求的爱情、事业、金钱都是一样的。当你沉迷于眼前目标的时候，一定要衡量自己的实力。"

拉比告诫世人说：人的生命虽然各有长短，有的人长命百岁，也有的人青壮之时夭折。但不管怎样，每个人都有宝贵的一生，生命对于每个人来说都只有一次。因此，人必须珍惜自己难得的一生，在这有限的人生中确立自己的奋斗目标，实现自己的愿望。

不要"三分钟热血"

在你的生活中，至少有一个领域应当是你最感兴趣的、最认真的，要将重点集中在这件事情上，它可能是你的工作、业余爱好，也可能是某些集体活动。你必须对某件事情有所擅长，而且擅长到能使你自己暗暗为之自豪的程度，从而使你知道自己是一个有价值的人。

犹太人大卫·布朗是一位英国商人，他的发迹过程，就是他一生确立明确的奋斗目标的实现过程。他生于1904年，父亲经营一间小型齿轮制造厂，几十年来一直惨淡经营，仅仅能够赚取一点生活费。尽管如此，布朗的父亲是一个头脑清醒的人，他总结自己没有选好奋斗目标的教训，把希望寄托在儿子身上。为此，他严格要求布朗要勤于读书学习，还规定每逢假日布朗就到自己的齿轮厂去参加劳动工作，与工人们一样艰苦工作，绝不特殊照顾。

布朗在父亲的教育下，在工厂里工作和劳动了很长时间。逐渐熟悉了工业技术和知识，养成了艰苦奋斗的精神，形成了自己人生的奋斗目标，而且知道只有在逆境中才能成才的道理。这样，布朗父亲教育儿子的目标总算实现了。而布朗自己的奋斗目标，不在于齿轮厂方面，而是想利用自己在齿轮业务积累的经验，往生产赛车这个方向去发展。他通过观察，发现当代人对汽车使用已经普及，预感到汽车大赛将会成为人们的一种流行娱乐。这就形成了他自己的奋斗目标——大力发展赛车。凭借着这个信念，他克服了重重困难，成立了大卫布朗公司，不惜投入大量资金聘请专家和技术人员搞设计，采用先进设备机器进行生产。1948年在比利时举办的国际汽车大赛中，布朗生产的"马丁"牌赛车一举夺魁，大卫布朗公司因此名声大振，订单如雪片般飞来，布朗从此走上发迹之路。正是布朗对自己生产赛车的目标坚持不懈的努力，才使布朗父亲及布朗自己确立的目标都实现了，可谓一箭双雕。

每个人都要求自己至少能做好一件事。你不可能在各个领域都做得很好，也没有必要这样。正如一位百发百中的神枪射击手，如果他漫无目标地乱射，其结果可想而知。正如驴子一天到晚绕着石磨不停地转动，但是什么地方也到达不了，正是因为它没有确定的目标的缘故。要向布朗一样，确立明确的奋斗目标，矢志不移地为之努力。

凡是具有创造力、努力工作的人，其最终目的就是为了实现自己的愿望。如果一个人没有了自己的愿望，那他根本不可能有什么动力；而如果他的愿望一会一个，太多变化，那么他很有可能只有三分钟的热血，什么事都做不成。

36岁的斯蒂芬·史匹柏是世界上最成功的制片人，好莱坞电影史上十大卖座的影片中，他个人囊括四部。他是怎么能在这样的年纪里就有这么伟大的成就？他的事迹实在值得我们学习。

史匹柏在十二三岁时就知道，早晚有一天他会成为电影导演。在他17岁那年的某天下午，当他参观完环球制片厂后，他的一生就此改变了。那只不过是一次普通的参观活动，但对于他却远远不是。在他窥得电影全貌后，当场他就决定要怎么做。他先是偷偷摸摸地观看了一场电影实际的拍摄，然后与剪辑部的经理长谈了一个小时，才恋恋不舍地结束了参观。

对许多人而言，故事到此为止，但史匹柏可不一样，他很明确，他知道自己要什么。于是第二天，他借了套西装，提起他老爸的公文包，里头只有一块三明治，再次来到摄影现场，装出一副他是那里的工作人员的样子。当天他故意避开了大门守卫，找到一辆废弃的手拖车，用一些塑胶字母，在车门上拼成"斯蒂芬·史匹柏""导演"等字样。然后利用整个夏天去认识各位编剧、导演、剪辑，终日流连于他梦寐以求的电影世界里。从与别人的交谈中学习、观察并发展出来越来越多关于电影制作的感觉。

终于在20岁那年，他成为了正式的电影工作者——放映了一部他拍得不错的片子，因此与环球制片厂签订了一纸7年的合同，导演了一部电视连续剧。他的梦想终于实现了！

史匹柏为什么能够成功呢？因为史匹柏知道他所追求的目标，并矢志不移地向目标迈进，同时知道做法，善于学习，用恰当的目标，为自己铺就了成功的道路。

确立自己的奋斗目标时还要注意一定要符合客观实际，不能异想天开、哗众取宠。

有一位卡车司机叫拉利·华特斯，他毕生的理想是当一名飞行员。高中毕业后他便加入了空军，希望成为一位飞行员。不幸的是，他的视力不及格。因此当他退伍时，只能看着别人驾驶喷气式战斗机从他家后院上空飞过，而他只有坐在草坪的椅子上，幻想着享受飞行的乐趣。

一天，拉利想到一个办法，可以实现自己的飞行愿望。他到当地的军队剩余物资店，买了一筒氦气和45个探测气象用的气球——那可不是颜色鲜艳的花花气球，而是非常耐用、充满气体时直径达四英尺的大气球。

在自家的后院里，拉利用皮带把大气球系在草坪的椅子上，再把椅子的另一端绑在汽车的保险杆上，然后才开始给气球充气。接下来他又准备了大量的三明治、饮料和一支气枪，以便在想要降落时可以打破一些气球，使自己缓缓下降。

完成这些准备工作后，拉利便坐上椅子，割断拉绳。他的计划是缓缓地降落回到地上，但事实并不像他想得那样。当拉利割断拉绳，他并没有缓缓上升，反而是像炮弹一般向上发射；他也不仅只是飞到200英尺高，而是一直向上升，直停在11000英尺的高空！在那样的高度，他当然不敢贸然弄破任何一个气球，因为那样会失去平衡，在半空中突然坠落。于是他只有停留在空中，飘浮了大约十四个小时，他完全不知道该怎样回到地面。

终于，拉利飘到了洛杉矶国际机场的进口通道。一架法美航机的飞行员发现了他，并通知指挥中心，说他看见一个家伙坐在椅子上悬在半空中，膝盖上还放着一支气枪。洛杉矶国际机场的位置是在海边，到了傍晚，海岸的风便会改变方向。到那时候，海军立刻派出一架直升机去营救，但救援人员却很难接近他，因为螺旋桨发出的巨大风力一再把那自制的新奇椅子吹得越来越远。费尽九牛二虎之力，他们终于停在拉利的上方，放下一条救生索，把他慢慢地拖上去。

拉利一回到地面便立刻遭到逮捕。当他被戴上手铐，一位新闻记者大声问他："华特斯先生，请问你这样做的原因是什么？"拉利停下来，瞪了那人一眼，满不在乎地说："人总不能无所事事。"

故事中的拉利不顾实际想让自己飞起来，结果就飞起来了，却差点为此影响航班的正常运行及自己的性命，实在是毫无意义的冒险。

当然，人各有志，在不同时期、不同社会和不同背景下，人的志向会发生变化的。

几年前的一个炎热的夏天，一群工人正在铁路的路基上工作。这时，一列缓缓开来的火车打断了他们工作。火车停了下来，最后一节特制车厢的窗户被打开了，一个低沉而友好的声音响了起来："是你吗，大卫？"大卫·安德森——这群工人的负责人回答说："是我，吉姆，再次见到你真高兴。"于是，大卫·安德森和吉姆·墨菲——整段铁路的总裁，进行了愉快的会面。在长达一个多小时的愉快交谈后，两人热情地握手道别。

大卫·安德森的下属立刻包围了他，对于他是铁路总裁墨菲的朋友这一点，他们感到非常震惊。大卫解释说，23年以前他和吉姆·墨菲是在同一天开始为这条铁路工作的。其中一个人半开玩笑半认真地问大卫："那为什么你现在仍在骄阳下工作，而吉姆·墨菲却成了总裁？"大卫非常惆怅地说："23年前我为每小时1.75美元的薪水而工作，而吉姆·墨菲却是为这条铁路而工作。"

法国的萨特用了几乎10年的时间来写他的第一本书。在这10年的时间当中，萨特只专心撰写这唯一的一本书，三易其稿，可是最后却不幸遭到了所有出版商的拒绝。而英国作家托尔金把自己大半辈子的心血都花在他的三部曲史诗《行会首领》上。试想如果没有一个远大的愿望和梦想支撑着他们，他们会有这么大的动力吗？他们会牺牲自己生命中这么多宝贵的时间吗？很多艺术家长达几年地专攻一本小说、一部戏剧或一幅画作，过着完全没有保障的生活，常常经济拮据，陷入贫困，但所有这一切他们都可以置之不顾，只为了能够实现自己的梦想。演员、舞蹈家和歌唱家也是如此，虽经几年的奋斗仍然不成功，但是他们却从不肯轻易放弃自己的理想，他们当中有许多人是过了很久的艰苦生活才成名的。如果问他们：付出这么多艰辛值得吗？他们会回答说：必要的话，还会一直这么做下去。在他人的眼里一个人丰富的内心世界和梦想也许会显得很古怪，但这恰恰是一个人拥有的真正财富。犹太人教育孩子们要在少年时代就拥有自己的梦想，矢志不移、坚持不懈地向目标努力奋斗。

爱之深，责之切

只有爱不见得能培养和教育出优秀的孩子来，而应该把热爱和严格要求结合起来。

美国第三十二届总统富兰克林·德拉诺·罗斯福是美国历史上唯一一位连任四届的总统。他的业绩在全美国民众中是有口皆碑的，人们在谈论他所受到的家教时也同样津津乐道。

他出身于富豪家庭，父亲学法律出身，是美国有名的商人，家里很有钱。罗斯福的父亲和母亲年龄相差26岁，当罗斯福出生时，父亲的年纪已经很大了。罗斯福有一个同父异母的哥哥很早就离家在外，罗斯福的降生给这个本来就十分幸福和睦的家庭带来了无比的欢乐。幼小的罗斯福自然成为父母关注的中心。然而，罗斯福的父母并不是娇惯他，而是严格地管束他，特别是罗斯福的母亲。她为小罗斯福安排了严格的作息时间表：7点起床，8点吃饭，然后跟家庭教师学习二三小时才可以休息，下午1点吃饭，午饭后又学到4点才能够自由活动。

小罗斯福玩游戏时总习惯于自己是赢家，为了教育他，有一次母子二人玩一种棋类游戏，母亲故意不让着他，接连几次赢了儿子。小罗斯福生气了，母亲故意不理他，并坚持让儿子向自己道歉。结果，小罗斯福认输了。

正是父母从小对罗斯福的严格要求，才使他比同龄人自立、自律，促使自己不断奋进，取得骄人的成就。

犹太人像世界上所有的父母一样很疼爱孩子，但在他们视为传统的教育问题上，对下一代的要求极为严格。拉比认为，对孩子来说，严格要求是很重要的。因为孩子们往往缺乏经验，是非界限有时弄不清楚，而且对自己行为和情感往往也不善于独立控制。如果家长对他们不严格要求，他们往往不能自觉、主动地学习和按行为道德标准来行动。因此，就更需要父母对他们的思想和行为有严格的要求，使他们养成良好的思想和行为习惯。

家长在对孩子进行严格教育时，若不能了解孩子的特点，具备基本的教育知识，盲目地严格要求会造成教育失败。家长的见解高低在把握分寸时起着关键的作用。不能对孩子的教育以"严"失误，但也绝不能溺爱孩子、放任孩子。还有的家长或宽或严都缺乏依据，凡事随心所欲，教育效果就更难保证。自己一高兴，对孩子百依百顺，该约束的也放任不管；自己心里有气，一点小事就将孩子大加管束，严厉得可怕；有的父母平日一贯溺爱孩子，从来不提要求，学习、品德、锻炼放得很松，时间长了，孩子的坏毛病出来了，父母感到问题严重，立即急刹车，进行严格管教，不择时间、场合，方法粗暴，强迫孩子保证以后再也不犯错误。然而多时积累起来的毛病是不可能因家长突然严格要求就立即消失的，所以这种严格也是无济于事的。

所谓"爱之深，责之切"，就是说，严格要求正是出于深切的爱。所以，做父母的不应该受盲目的爱所支配，要"严"中有"爱"，"爱"中有"严"。当然严格要求并不意味着对孩子的态度严厉、动辄打骂训斥，而是要做到以合情合理为前提。同时，态度应该是耐心的，循循善诱的。父母对子女一定要怀着带有严格要求的热爱，千万不要溺爱姑息孩子、过分地宠爱孩子与迁就孩子。一定要有分寸，有理智。只有这样，才能把孩子培养成为有良好个性品行的优秀人才。

严格教育对生活在优裕环境中的儿童尤为重要。人生要经过许多磨难，特别是要成就大事业。如果只会享福，不能受苦，这样的人将不能立足于社会，更不能为社会献身，为他人造福了。因为这样的人只能满足于自己的成功和幸福，心理永远不会成熟。

书是人类的朋友

犹太人重视学问、重视智慧、重视教育，在这些文化传统的影响下，以"书的民族"著称的犹太人对读书有一种特殊的爱好。

古时候犹太人的墓园常常放有书本，说是在夜深人静时死者会出来看书。当然，它还象征着生命有结束的时候，求知却无止境。犹太人家庭有一个世代相传的习俗，那就是书要放在床头，要是放在床尾，就会被认为是对书不敬。犹太人自己热爱读书、教导孩子读书的同时，还经常把世界上成功人物的爱书故事讲给孩子们听。比如列宁小时候的教育：列宁的父母力求使孩子们从小养成读书的习惯。爸爸向孩子们提供了适合不同年龄阅读的书籍，订阅了各种儿童读物。他们家里的图书馆有很多藏书，孩子们还从市图书馆借阅各种书籍。书是列宁父母促使孩子智力发展的最主要的手段，它以各种各样的新知识丰富了孩子们的头脑。

流散各地的犹太人，不仅仅是出于对宗教的狂热而研读圣书经文，而是把掌握知识视作谋生的手段与资本。即使是一本攻击犹太人的书，犹太人也不禁书。犹太人爱书的传统由来已久，深入人心。在现在的以色列，处处都体现了犹太人嗜书如命的特点。据联合国教科文组织最新的统计数字表明，以色列每年出版的图书达2000种以上，其中不包括教科书和再版书，14岁以上的公民平均每月读一本以上的书。全国的大学图书馆和公共图书馆共1000多所，平均每不到4000人就有一所公共图书馆。在全国450万居民中，办借书证的就有100多万。在以犹太人为主要人口的以色列，在人均拥有图书馆、出版社和每年人均读书的比例上，以色列是世界之最，超过世界上任何一个国家，包括那些发达国家在内。此外，以色列出版的各种刊物达890多种之多，报纸有29种。在街头的报刊亭里，每天都可以买到当天出版的《泰晤士报》《纽约时报》《世界报》等西方各大报纸。总之，犹太民族是名副其实的"知识的民族""书的民族"。正是在这种爱书如命、刻苦求知的优良风尚的滋养下，犹太人形成了独特的教育观。

热爱读书的同时还要讲究方法。犹太人阿尔伯特·爱因斯坦（1879-1955）是世界著名的物理学家，相对论的创立者。被誉为"20世纪的哥白尼""伟大的自然科学的革新家"，他就很注意读书方法的选择，选用"淘金式"读书方法。

爱因斯坦的"淘金式"读书方法的实质在于：在所阅读的书本中找出可以把自己引到本质的东西，而放弃使头脑负担过重和会使自己诱离要点的一切东西。

曾有人问爱因斯坦不锈钢的成分是什么，他建议那个人去查《冶金手册》；有人问爱因斯坦从芝加哥到纽约有多少英里，他说："实在对不起，我记不住那么多，你可以去查《铁路交通》。"爱因斯坦说："我从来不去记辞典上已有的东西。"显然，爱因斯坦有着丰富的阅读经历，但他更乐意去粗取精地把握书本的要点，对一般知识只记住其来源和出处，而把主要精力放在透彻理解重点知识上，放在记忆实质性问题上，放在独立思考和革新创造上，就好像记住了书的目录一样。爱因斯坦说他获得的知识主要是靠自己获得的，热衷于深入理解，但很少背诵。有一次，爱因斯坦读到一本装帧十分精美的几何教科书，立刻就将书中的精华部分清晰地讲了出来。有人十分钦佩他读书的本领，便向他讨教读书的秘诀，爱因斯坦说："我只是抓住了书的骨头，抛掉了书的皮毛。"

如果你的孩子发现读书是一种有趣而且顺利的体验，那你更应当在他心中植入读书的欲望。你应该每天或每周数次念书给孩子听，并形成定时读给他听的习惯。并且选择有趣味性的书给孩子看，比如那些惹人喜爱的有漂亮插图的图书。孩子们喜欢有人物、场景以及他们熟悉的事物的图画和照片。同样，他们也喜欢动物图片。童话故事对孩子们来说是很有魅力的。理论显示它们是有效的工具，可以帮助孩子们在认识世界时免受伤害，并认清现实和虚幻之间的差异。此外，童话故事还能促进孩子们的抽象思维和创造性思维能力。

在给孩子挑选图书时，当代的犹太人通常注意以下几点：

首先，给孩子们看的书篇幅必须简短，几页而已，因为孩子的注意力只能集中一小段时间。另外，这些书应有较大的插图，文字部分较少。孩子们大多喜欢那些有插图但是没有文字的图书。

要确保书里的文字部分人容易理解。一本字号印得很大的书看起来简单，但却有可能包含难字、僻字，所以做父母的事先要把它浏览一遍，看看你的孩子是否能够理解接受里面的文字。

在读书给孩子听时，尽量把气氛搞得很轻松愉悦，这样他们会从中体会到更多乐趣。朗读时，让手指在你读过的字下移动，但不要强迫孩子跟随你的手指读字或者看这些字。

让他们猜测下一步将要发生什么，鼓励孩子注意图画中的事物。并且当他们这样做时，给予表扬。如果孩子要求的话，重复阅读某些书，一本他特别喜爱的书可以反复读给他听。

判断孩子是否对某个问题感兴趣的最好方法是：看他是否常常谈到它，或看他有多少次能够自发地重看他最喜欢的书。当孩子表示出他要读书时，给他一些他熟悉喜爱而又能"读"的书，即使他已经记住了书里面的文字。以后当他在其他书里再看到这些熟悉的词汇时，他就能知道它们的意思了。还要给孩子准备一些新书，这些书里的故事最好有一定的反复性，而且再三出现相同的词汇，要特别注意书的多样性。

即使孩子已经能够自己阅读也不要停止读书给他听。有你与他一起度过这段亲密时光，他仍然会从中得到很多快乐。同时父母还要教导孩子爱惜书籍，保持书的整洁、美观，不让他们乱涂乱画。把书放在孩子房间里低矮的书架上以便于他们翻阅。

无时无刻不在学习

成功需要成本，时间也是一种成本，对时间的珍惜就是对成本的节约，而时间最有效地利用就是在学习上。

居里夫人，作为一位杰出的女科学家，在仅隔8年的时间内就分别摘取了两门不同学科的最高科学桂冠——诺贝尔物理学奖与诺贝尔化学奖，并且在一生中获得了难以计数的其他科学殊荣，可谓是技艺超群、硕果累累。她的长女伊伦娜，核物理学家，与丈夫约里奥因合作发现人工放射性物质共同获得诺贝尔化学奖；次女艾芙，是一名音乐家和传记作家，她的丈夫曾于1965年以联合国儿童基金组织总干事的身份接受瑞典国王授予该组织的诺贝尔和平奖。作为一名普通的母亲，居里夫人十分注意充分利用一切时间与机会培养和教育自己的子女。

居里夫人一生科研工作都十分繁忙，然而她很善于抓紧时间对子女进行早期教育，并善于把握孩子智力发展的年龄优势。比如，居里夫人在女儿不到1岁时，就让她们开始所谓的"幼儿智力体操"训练，带她们到公园去看绿草、蓝天、白云，看色彩绚丽的各种植物和人群；让她们广泛接触生人，到动物园看动物，让她们与小猫玩；让她们到水中拍水，使她们感受大自然的美景。孩子大了一点后，居里夫人又开始了一种带艺术色彩的"智力体操"，给孩子讲童话，教孩子唱儿歌。再大些，就开始智力训练和手工制作，如数字的训练，字画的识别，还教她们作画、弹琴、做泥塑，让她们自己在庭园栽花、种菜等，并抽出时间与她们散步，在散步时给她们讲许多关于动物和植物的趣事，如种子是怎样在花里长成的，小老鼠和鼹鼠是怎样打洞的，哪里能找到兔子窝等等。她还教孩子骑车和烹调等。

居里夫人的教育都力求从实物开始，并且每天更新，以提高孩子的兴趣。全方位幼儿早期"智力体操"的训练，抓住生活中每一分钟的时间，不仅使孩子智力得到了开发，同时也培养了孩子的各种能力，增强了孩子的自信心，锤炼了孩子的性格。

精明的犹太人不仅在经商时考虑投资、成本，在日常生活中更是教育孩子凡事都要考虑投入与产出。他们教育孩子珍惜时间，要善于利用零碎时间。他们从来不认为半小时是微不足道的一段时间。一个人如果认识到学习的重要，看到自己水平不高，感到时间的紧迫，就会自觉地去利用零碎时间。零碎时间最好用来学习自己最喜欢的学科，以吸引自己的注意力。

18世纪俄国有一位杰出的科学家叫罗蒙诺索夫，他生长在俄国北方的一个渔村，是一个渔民的儿子。他8岁丧母，10岁时父亲又娶了继母，从此他从早到晚在咒骂声中度过，整天干着繁重的家务活。凶狠的继母只要看见小罗蒙诺索夫手里拿着书本，就立即上前夺过来，撕个粉碎。可怜的小罗蒙诺索夫只好趁夜深人静的时候，悄悄一个人躲到屋后的一间板棚里，靠着一支蜡烛的微弱光亮，如饥似渴地读书。

有一次，罗蒙诺索夫和父亲一起出海打鱼。突然间，狂风怒吼，海上掀起了巨浪，帆船在海中颠簸起来。就在这千钧一发之际，小罗蒙诺索夫勇敢地爬上了摇摇晃晃的桅杆，迅速地扎起了吹脱的帆篷。帆船安全了，继续平稳地行进。父亲为了奖励他，要给他买一件鹿皮上衣，但是被他拒绝了，而是只要父亲给他买一本讲授自然知识的书。他要去探索天空、陆地和大海的奥秘所在。得到这本书后，他更是抓紧点点滴滴的时间阅读。

1730年，罗蒙诺索夫从家乡来到莫斯科，想求学读书。但在沙俄时代，渔民的儿子是没有读书的权利的。一个偶然的机会，他遇见了同乡的已经做书记官的杜季科夫。以后，他就在书记官家里当佣人，并教书记官的儿子识字。有一天，瓦尔索诺菲神父来到杜季科夫家里，听了罗蒙诺索夫不远千里、长途跋涉来求学的倾诉后，感到十分惊奇，深表同情。于是，瓦尔索诺菲决定隐瞒罗蒙索诺夫的出身，保举他上扎伊科罗帕斯基学校。

罗蒙诺索夫得到了读书的机会，就像鱼儿得水一样。他仅仅用三个月的时间就完成了别人要学一年的课程，一年内连跳三级。在俄国圣彼得堡科学院选拔学生的严格考试中，罗蒙诺索夫的总分名列第一。

但在这时，同为老乡的书记官杜季科夫告发了瓦尔索诺菲神父隐瞒罗蒙诺索夫的出身真相。神父受到了严厉的谴责，而罗蒙诺索夫则要被发配到边远地区的修道院去服苦役。在宣布了对他的惩罚结果之后，官员们征求罗蒙诺索夫还有什么话要说，他用低沉有力的语调说："我的家乡是一个艰苦的地方。我是一个渔民的儿子，有勤劳的双手，艰苦的生活对我并不可怕。从记事起，我就习惯在冰天雪地上听着暴风的吼叫读书，我并不害怕那恶劣的天气。现在我怕的并不是那艰苦严峻的生活，而是不能再学习和认识自己迫切想要了解的世界。对我来说，如果不再学习的话，还不如让我死去。"

这一番感人肺腑的话，使全场的人都激动起来。

这时，科学院代表突然站起来，大声喊道："我代表圣彼得堡科学院宣布，科学院从你校录取的第一名学生就是罗蒙诺索夫！"

罗蒙诺言索夫在科学院认真学习了一年，又因成绩优异被送往德国留学。

他孜孜不倦的追求，终于使他成为伟大的哲学家、科学家和诗人。他的伟大业绩不仅为俄国人民所敬仰，同时，也给全世界的科学事业增添了光辉的一页，激励着全世界的人们。人们从他身上学到的不仅仅是顽强的意志，还有珍惜时间，抓住点点滴滴的时间，分秒必争的学习精神。

当代父母在教育孩子时，要注意将学习与游戏、生活相结合，抓紧每一分、每一秒的时间，寓教于乐，让学习变得生动有趣，不再枯燥。

因材施教

对于年幼的孩子来说，最重要的是教育而不是天赋。孩子的天赋是有差异的，然而这差异是有限的。就是那些只有一般禀赋的孩子，只要教育得法，也都能成为非凡的人。

威特是近百年来德国少有的奇才。他8岁时能够自由运用德语、意大利语、拉丁语、法语、英语和希腊语等七国语言，并且通晓动物学、植物学、化学、物理学，尤其擅长数学。9岁考上莱比锡大学，14岁由于提交数学论文被授予哲学博士学位，16岁又获得法学博士学位，并被任命为柏林大学法学教授。

可是，这样聪明绝顶的一个奇才，婴幼儿时期却是极傻的，连母亲和邻居都认为他是一个白痴。他妈妈当时还曾说："这样的孩子，教育他也不会有什么出息，只是白费力气。"然而威特的爸爸老威特却不这样看，他认为：今天的孩子大都受的是非常不完全的教育，他们的禀赋连一半也没有发挥出来。比如禀赋为八十的只能发挥出三十，禀赋为六十的只能发挥出二十。如果实施能发挥禀赋八到九成的有效教育，那么，即使生下来禀赋只有五十的普通孩子，也会优于禀赋为八十的孩子。他坚持用自己的方法教育儿子，没有多久，这个"傻孩子"就轰动了整个街区乃至后来全德国。

正是老威特的因材施教，才使少年威特从一个别人眼中的"傻瓜"成为德国乃至世界少有的奇才。他的理论及成功的实践，给千万望子成才的父母增添希望和信心。

犹太拉比认为，为人父母者应该按孩子的思维长项来寻找学习和研究的领域。爱迪生偏向观察，于是选择发明。爱因斯坦的思考方式偏向直觉，于是选择理论物理，唯有用好自己的长处，才能找到最适合自己学习与创造的领域。爱因斯坦在《自述》中说："我看到数学分成许多专门领域，每一个领域都能费去我们的短暂一生。因此，我觉得自己的处境就像布里丹的驴子一样，它不能决定究竟该吃哪一捆干草。这显然是由于我在数学领域里的直觉能力不够强，以致不能把真正带有根本性的最重要的东西，与其余那些多少是可有可无的广博知识可靠地区分开来。"

意大利著名的天文学家、物理学家伽利略是中世纪的一颗明星。他在物理学方面的发现，打破了1700多年以来人们对亚里士多德的迷信。牛顿说过："如果我能看得比别人远一点，是因为我站在巨人的肩上。"他所说的巨人，指的就是伽利略。

可是，有谁会想到伽利略年轻的时候曾一度想当修道士。这位科学界的天才差一点被埋没在修道院里。及时改变伽利略这个主意的，不是别人，正是他的父亲凡山佐。

那时候欧洲的教育和科学都是神学的奴仆，许多学校都是附设在修道院下的。为了让伽利略做好进大学的准备，凡山佐把孩子送到修道院的学校去学习。伽利略在学校里受到宗教感情的激动，决心要当一个修道士，把一生都贡献给宗教。

凡山佐自己擅长数学。但是，那时人们并不了解数学的用处，连大学里都没有专职的数学教授。凡山佐又是一个作曲家和琵琶演奏员。但是，他也不能靠音乐来谋生，他只能开一个他不愿意开的小铺子养家糊口。在这种情况下，凡山佐当然不愿意儿子学音乐，也不愿意儿子学数学。他希望儿子成为一名医生。伽利略的名字伽利里奥，就是为了纪念他们的祖先——一位著名的医生而起的。

凡山佐当然不同意伽利略的这个错误决定。他知道这个孩子从小对任何事情都喜欢问一个"为什么"，这样的人是不会甘愿长期受宗教教条束缚的。而且，修道院中令人窒息的枯燥生活，也不是伽利略这样的人能够忍受得了的。他找了一个借口，说伽利略一只眼睛有问题，不能看书，把伽利略从修道院带回家中。

后来，经过凡山佐的耐心劝说，伽利略接受了父亲的劝告，改变了想当修道士的念头，进比萨大学当了学生。虽然他始终没有成为一名好医生，可是，他毕竟摆脱了做一个枯燥的修道士的命运。而且，他在比萨大学读书期间结识了一些数学家，开始观察和研究了一些物理学的现象，走上了科学研究的道路。

"知子莫若父"，如果没有凡山佐果断、及时而正确的引导，伽利略这颗科学巨星很可能埋没在修道院里。

犹太人认为，孩子的不同爱好，或有益于身体的健康，或有益于智力的开发，有益于个性形成，或有益于情操的陶冶。只有尊重和发展孩子的正当爱好，方有遂愿的可能。

爸爸陪你玩

家庭气氛是两种环境关系的产物，一是家庭物质环境，一是家庭心理环境。

丹麦童话作家安徒生住在富恩岛上一个叫奥塞登的小城镇上，那里住着不少地主和贵族，而安徒生的父亲只是个穷鞋匠，母亲是个洗衣妇，祖母有时还要去讨饭来补贴家用。那些贵族地主们很厌恶这些穷人，都不允许自己家的孩子与安徒生一块儿玩。

父亲一点也没有在孩子的面前流露自己对孩子孤独的焦急情绪，反而十分轻松地对安徒生说："孩子，别人不跟你玩，爸爸来陪你玩吧！"安徒生的家很简陋，只有一间小屋子，破凳烂床把这个小小的空间塞得满满的，没有给孩子留下多大的活动空间。然而，就是这么一间破得不能再破的小屋，父亲却把它布置得像一个小博物馆似的，墙上挂满了图画和做装饰用的瓷器，书架上放满了书籍和歌谱，橱窗柜上摆了一些玩具，就是在门玻璃上，也画了一幅风景画。父亲常给安徒生讲《一千零一夜》等古代阿拉伯的故事，还会找时间给他念一段英国莎士比亚的戏剧本，或者丹麦喜剧作家荷尔堡的剧本。

正像安徒生的父亲一样，犹太人认为家庭气氛是家庭教育中发挥重要作用的一个因素。尽管犹太民族在五千多年的发展历史中，大多过着颠沛流离的流浪生活，但是他们竭尽全力给孩子营造出和谐、温馨的家庭氛围。所以不仅犹太人如此，像上文中提到的安徒生一样，大多有所成就的名人其童年时代就有着良好的家庭氛围。

除此以外，列宁的父母也很注意让孩子有一个良好的学习环境。在物质上，父亲给童年的列宁订制了一张书桌供他学习之用，后来又给了他一个书柜。不仅列宁，每个孩子都有一个自己学习的天地。那里非常整洁，所有的书本和文具都摆放得整整齐齐。避免了由于无休止地寻找乱放的课本、笔记本、尺子、钢笔等等，引起的孩子情绪烦躁，进而妨碍学习。

此外，在家庭的心理环境上，列宁的父母相亲相爱，家庭气氛和睦快乐。他们热爱孩子尊重孩子，孩子们也深爱并尊敬父亲母亲。有这样优异的学习环境，孩子们的学习热情很高、学习效率也很高。

家庭的物质环境依每个家庭的富有程度不同而不同，但每个做父母都要尽最大努力满足孩子在学习上的物质需要。犹太父母更注重的是家庭心理环境的营造。良好的家庭气氛主要包括爱的气氛和智力气氛两种。

要创造良好的家庭气氛：一是创造良好的爱的气氛，这不仅要求父母相亲相爱，还要求家长与子女关系融洽。当着孩子的面夫妻不要吵架，家庭成员之间关系不能紧张，要相互信任和体贴，以免给孩子精神上带来苦闷。二是重视和创造家庭中良好的智力气氛，父母本身对知识就要具有巨大的兴趣和追求，给孩子的健康成长产生无形的巨大力量。有的家庭智力气氛差些，可利用邻居、亲戚、朋友及请家教等外部环境的智力气氛来改变家庭智力气氛。

还有一则寓言可以看出家庭环境的重要：有只小袋鼠是学校里最坏的一个学生：他常常将吐有唾沫的小纸团在教室里扔来扔去，把图钉放在老师的椅子上，把胶水倒在门把手上，还在厕所里放鞭炮。

"你的行为简直太不像话了！"校长气愤地说，"我要到你父母那里去告你的状。你是一个多么调皮的孩子！"

校长来到了袋鼠家，袋鼠先生客气地给他让座。

"哎哟！"校长刚坐下去就跳了起来，"椅子上有颗图钉！"

"对，我知道那儿有个图钉，我就是喜欢把图钉放在椅子上。"袋鼠先生说。

嗖，一个沾有唾沫的小纸团飞过来，正好打在校长的鼻子上。

"校长先生，请您原谅，"袋鼠太太说着，走了过来，"我就是喜欢扔东西玩。"

乒乓！一声巨响从卫生间里传了出来。

"别怕、先生，那响声是我们放在洗漱台上的鞭炮声。我们就是喜欢听这噼里啪啦的声音。"袋鼠太太对校长说。

校长一听，赶紧站起来，开门准备离去，可是他的手被粘在门把手上了。

"用力拉呀，我们家里每个门把手上都有胶水。"袋鼠太太边示意边说。校长好不容易把手拉了下来，急匆匆地跑出了房间，头也不回地走了。

"这人真奇怪，我不知道他到这儿来干什么，他一句话也没说就走了。"袋鼠先生说。

"您别在意，他一定是另有约会。晚饭好了，我们来吃饭吧。"袋鼠太太说。

于是，袋鼠一家人便高高兴兴地吃晚饭。饭后，他们就在饭厅里扔起沾有唾沫的小纸团来游戏。

可见，一个孩子的行为是受其父母及家庭环境影响的。

营造良好家庭气氛的同时，要防止孩子从小受较窄家庭智力气氛的影响，教育孩子在良好家庭智力气氛的影响下正常地学习，愉快地成长，又要不受家庭智力气氛的束缚，广泛地吸收来自外界一切有益的"养料"。

在加利福尼亚有一片高大的红杉树林，其中有一种叫作"大谢尔曼"，高达二百多英尺，树围有79英尺，它被砍倒后，木料足够建35幢带5个房间的房屋。日本人种植一种叫"盆景艺术"的树，它虽然只有几英尺高，却有着完美漂亮的树形。'大谢尔曼'与'盆景艺术'种子的质量都不足1/300盎司，但长成后差别却是巨大的，差别背后的故事就是一个环境带给我们的启示。

"谢尔曼"扎根于加利福尼亚的沃土，吸收丰富的水分、矿物质和阳光，最后长成一棵高大的植物，而当"盆景"冒出芽时，日本人将它拔出泥土，除去直根和部分须根，故意抑制其生长，最后它就长成了一棵虽然漂亮但是很小的小型植物。

由此可见不同的生长环境和条件会造成多么大的不同。家庭的心理氛围、家长的心理特征对孩子的心理发育有着重要影响。

总之，家长应根据时代的要求和孩子不同年龄段的心理特点，努力创造良好的家庭心理氛围。

轻松学外语

要跟对方做生意，不会对方的语言，就不能够了解对方的思维模式，也就不能及时地把握对方的思想趋向，当然就很难对生意做出正确的判断。

学过英语的人都知道由韦伯斯特编纂的《英语词典》，这是世界上最有权威性的英语辞典之一。把韦伯斯特的成功归功于家庭成员对他的早期教育，这样说一点也不过分。1785年，韦伯斯特出生在美国康涅狄格州的首府哈特福德市，韦伯斯特的父亲为刚出生的孩子制订了一个富有想像力的大胆的教育计划，并在家庭其他成员的支持与合作下，始终不渝地贯彻这项计划。

根据老韦伯斯特的计划，在家里，父亲只用英语，母亲只讲法语，而祖父只用德语说话，绝对禁止使用其他语种。家里还特意雇佣了一名北欧人做保姆，规定她也只能用本国语言和家人交流。从小开始，父亲、母亲、祖父和保姆就用四种不同的语言与小韦伯斯特交流，他居然毫不费力地就掌握了这四国语言。等到小韦伯斯特长大了，开始接触左邻右舍，他对每个人都只用英语说话大惑不解，因为他一直以为，世界上每个人都在用不同的语言说话的。

老韦伯斯特的教育计划终于在儿子身上取得令人羡慕的结果。韦伯斯特从耶鲁大学毕业后，十分顺利地从事了记者、教师、语言家和法律学家的工作，25岁时，编撰出版了由语法、缀字和课文三部分组成的本国教科书，晚年终于完成了《英语辞典》的编纂。

随着社会的进步，科学技术的不断更新，人类生产力的高度发展，国与国之间的交往不断深入，人类对信息量的需求在不断加强。这种发展和变化将引发世界范围内人们的接触和流动加强，使地球变得越来越小。然而，使不同民族和国家的人们进行相互交往、相互接触成为可能的首要条件，便是语言。犹太商人被认为是掌握语言的天才，他们普遍懂得两门以上的语言，在与外国人打交道时显得自信、从容而又反应准确。为了在生意场上更深一步了解对手，达到知己知彼的目的，犹太人特别强调用外语思考。秉持着这个想法，他们在对孩子进行早期教育时，很注意孩子的语言能力。

学好外语不仅是犹太人对自己的要求，也是世界上各位有识之士对孩子教育的重要方面。

德国伟大的法学专家威特八岁时能够自由运用德语、法语、拉丁语、意大利语、英语和希腊语等六国语言。威特父亲认为，人类之所以优于其他动物，就因为使用了语言。语言是接受知识的工具，要及早教孩子语言。因此，在威特刚学会辨别事物时，父亲就开始教他说话。他经常和儿子玩这个游戏：拿各种东西给他看，同时用缓和而清晰的语调重复东西的名称，没多久，威特就能清楚地发出这些东西名称的音了。比如在儿子的眼前伸出手指头，儿子看到后就要捉住它，刚开始时由于看不准，总是捉不到，最后终于捉到了，儿子非常高兴，把手放到嘴里吃起来。这时他的父亲就用清晰而和缓的语调反复说"手指"给他听。威特稍大一点时，父亲就抱着他教他饭桌上的食品、餐具、衣服各部分和身体的各部位，房子各处，室内器具和物品，院子里草木的名称，丰富孩子的词汇。巧妙地使孩子每天练习这些生活中接触到的单词，持之以恒。

当威特稍微能听懂大人说话时，父母就天天给他讲故事，让孩子尽早知道这个世界。讲故事不仅能丰富词汇，也扩展知识面。威特父亲不仅让威特认真听，而且要他复述，这样就能更好地达到讲故事的效果。

当威特3岁半时，父亲开始正式教他认字，但不是强迫性的，这是一大原则。他给威特买来许多有趣的画册和小人书，念给他听，并且说，"如果你能认字，这些书你自己就能明白。"激发他要识字的愿望。再大一点，老威特就用十厘米见方的德语印刷铅字、阿拉伯数字、罗马字贴在墙上，以游戏的方式教字母，然后做拼音游戏。威特五六岁时，就能够毫不费力地记住1万多词汇，这是多么惊人的数字！他教语言时，很注意不教方言或土话。他认为孩子在2岁左右时，父母如能清晰、缓慢地把名词、动词说给孩子听几遍，一般情况下，孩子都可以发出声来。当然，像学"砸砸"（吃奶）、"YY"（脚）、"汪汪"（狗）这样的词容易些，但没有意义，因为标准的语言同样可以教会。当孩子发音准确时，父亲就摸着他的脑袋表扬说，"说得很好，说得很好！"在父亲的有效教育下，威特很快就学会了，由于学了标准德语，所以很快能读书了。

西方语言有许多相似处，所以威特学英语、法语、意大利语也较快。威特父亲教他外语采取了"背不如练"的方法，他不教孩子系统的语法，而是用各种不同的语言去读同一个故事，此方法非常行之有效。6岁时，父亲让他开始学法语，用了一年时间，就可自由阅读法文书籍了。他之所以学得这样快，也是由于他的德语知识丰富，基础好。学完法语后，开始学意大利语，也只用了6个月的时间。

威特7岁那年，父亲常带他去参加莱比锡音乐会。一次休息时，威特拿着印有歌剧歌词的小册子对父亲说："爸爸，这既不是法语也不是意大利语，这是拉丁语吗？"父亲说："不错，那你看看，它们是什么意思。"威特从法语和意大利语类推，基本明白了歌剧大意。他满怀信心地对父亲说："爸爸，如果拉丁语这么容易，我很想早点学。"这样他只用了9个月时间就学会了拉丁语。

以后学希腊语，再学英语，前者用6个月，后者仅用3个月。到威特8岁就能读德、法、希腊、意、罗马等国文学家的作品。

现代生理心理学、脑科学研究表明，0到6岁不仅是儿童学习母语的关键期，更是儿童学习第二语言的最佳时期。如果过了这个最佳时期，那么学习第二语言就要相对困难得多。赖特和拉姆齐等人对接触第二语言的6岁组和13岁组儿童分别进行了实验研究。结果表明，年幼组儿童中，有68%的孩子的口音被认为"酷似说本族语的人"，而在年龄较大一组中这样的儿童只占7%。

那么，该如何对学前儿童进行语言教育呢？犹太父母多采用自然的方式，激发儿童学习外语的兴趣，创造语言氛围。我国家长可以学习一下，采取以下3种方法，有意识地参与幼儿的双语学习。

1.自然习得法。生活中有很多孩子感兴趣的东西，家长要有目的地选择日常事物，作为激发幼儿兴趣的素材。如逛超市时，家长要时刻注意孩子的眼光，适时地用双语来丰富他们的词汇量；在游玩时，家长要主动地运用英语问候语向外国友人打招呼，使孩子在潜移默化中掌握问候语的使用。再比如，孩子喜欢看卡通片，家长可选择卡通和英语相融的碟片，让孩子在放松看片中习得英语。

2.游戏兴趣法。孩子的思维方式是直观行动思维，主要以行动的、直观的方式进行。这种思维的主要特点是在实际行动和直接感知中进行的。要结合幼儿思维发展的趋势，让孩子在游戏中记忆、在直观中感知的方法，潜移默化地产生学习英语的兴趣和积极性。还以英语为例，当孩子积累了若干个动物单词后，家长们可自编一个边讲边玩的儿歌：I can walk like duck；I can run like horse；I can swim like fish；I can jump like frog。

3.氛围营造法。设立学习外语的情景，与孩子形成一种亲切、良好的个人感情交往的氛围。多与他们玩游戏，多给他们讲故事，在玩玩讲讲中自然渗透已学会的外语内容，互动中给孩子把听到和看到的内容进行充分复述的机会。比如：把孩子已学会的单词标贴在家中相应的物体上，创造语言学习的氛围，增加孩子看、说、练的机会；孩子前几天刚学会小鸡这个单词，家长可以有意识地做小鸡的动作，讲有关小鸡的故事，看小鸡的图书等等。运用各种方法帮助孩子练习并运用已学会的英语。

兴趣是最好的老师

幼年阶段对周围事物发生浓厚的兴趣，可能是终生成就的能源。兴趣是最好的导师，兴趣正是儿童对某种事物的欲望，只要有了欲望，你就会从内心的深处去争取喜欢的事物，才会不知疲惫，感到快乐。

发明轮船的富尔顿，出生在一个贫苦的农民家庭。14岁的时候，他对制炮很感兴趣，并和一个造炮工人结为朋友。他们时常同坐一条小船，到河里去钓鱼。河水流得很急，船在逆水行进的时候，只靠一根竹篙撑动，又缓慢，又费劲。一次一次的劳累使爱用脑子的富尔顿思索起来：能不能制造一样东西来帮人划船，既省了力气，又可节省时间？这个从生活需要所激发的创造火花，一天到晚都像影子一样跟随着他。父母时常看到他在发呆，其实他正在煞费苦心地捕捉创造的灵感，决心把这个既像是玩具又像是机器的东西设计出来。但只停留在想像阶段是没有用的，后来他又一头钻进舅舅家的工棚中——那里什么工具和材料都有，富尔顿可以随着兴趣施展自己的本领。富尔顿一鼓作气地干了7天，带回家一件新奇的玩意，所有人都不明白它的用处。富尔顿不慌不忙地又到那一条湍急的小河中，把那件东西装在小船上，先用手摇动几下，接着就听到突突突的声音响起来了，人们在船上也感觉到船的抖动，船尾有一股被搅动的浪花翻滚着。奇怪，今天再也不需要用竹篙划船了，它却走得比往日快那么多！伙伴们围着含笑的富尔顿欢呼起来。那一件使大家惊奇得喊不出名字的东西，就是现在汽船上的轮子！后来，富尔顿不断地设计创新，不断地摸索改进。终于使他成为有史以来第一个创造轮船的人。

富尔顿幼年时的兴趣，启发引导他创立了自己终生从事的奋斗目标，并艰苦卓绝地为之奋斗。可见，兴趣是最好的老师。

犹太人认为，世人往往对自己的兴趣不了解，大众的行为往往会误导个人去寻找不适合自己的事物。所以要做一个独立的人，不要随大流。

后来成为科普作家的法布尔原本是个教师，在长期的业余研究中，他积累了大量丰富的观察记录和心得体会，写成了闻名全球的《昆虫记》一书。法布尔觉得种族众多的昆虫王国，是一个比人类社会还要有趣的世界。有史以来，这个神奇的领域几乎无人认真地探索过它的奥秘，但他想要做第一个！法布尔常常来到校园的一角，蹲在那里观看黄蚂蚁与黑蚂蚁打仗！他常常不知不觉地趴在草地上，静静地以一个观察员的身份，眼巴巴地盯着双方阵容的变化。蚂蚁是用接吻来传递信息的，它们带着互相厮斗的勇猛劲头，顽强拼杀直到援兵大队的匆匆赶来……真是趣味无穷！法布尔对昆虫的业余研究，有效地促进了他所教授的生物课，博得了师生的一致好评和钦佩。

还有前苏联的生物学家米丘林，原本是个铁路职工，收入微薄。为了能够拥有一块种植果树的园地，就节衣缩食地过日子，日积月攒，好不容易租种了一块贫瘠的荒土，种上各种各样的果树，作为科研的基地。这时的米丘林才十七八岁。他顶着寒风翻地，培育了许多色美味香、果肉丰满的新品种，创立了自己的园艺学体系。兴趣的力量使他成为苏联和全世界的著名的园艺人才。

实践是检验真理的唯一标准。亲身经历是非常重要的，只有亲身经历过，我们才能够获得经验，而随着经验而来的则是价值非凡的知识。回忆自己的亲身经历，了解自己的成败得失，有助于我们了解自己的优点和弱点，在制定人生大目标的时候，知道自己的兴趣所在，扬长避短。如果你在全市音乐比赛中一举夺冠，或者在校园编程大赛中荣获第一名，那么你绝对有实力成为歌唱家或计算机奇才。

犹太父母还反复教育孩子：人们往往在失败时，过低估计自己的实力。其实失败的时候，你应该努力分析这件事你做成功了哪些部分，而这几部分正是实践的结果，你要相信自己的实力。当然，失败正说明你能力还不够，需要继续努力，但千万不要以成败论英雄。要由兴趣出发，设立远大目标。如果爱玩计算机，你可以追求成为下一个比尔·盖茨；如果喜欢游泳，你可以立志成为游泳运动员；如果看重金钱，你可以学习企业管理，成为一个犹太商人一样精明的企业家。

像凸透镜一样聚焦

注意力是通向知识世界的窗户，没有它，再多的知识也无法走入孩子的心灵。

贝索是爱因斯坦最好的朋友，被爱因斯坦称为"在全欧洲都找不到第二个的知音"。他在相对论的创立过程中曾经给予爱因斯坦很多启示，被誉为"相对论的助产士"。他鉴别能力强、思维敏捷、知识渊博，但是他一辈子也没有自己的建树。对此，爱因斯坦曾对他直言相劝："我坚信，如果你具有专注的热情，你一定能够在科学领域中孕育出一些有价值的东西。"

生活中有太多的像贝索一样智商很高的人，但是却未能有多大的成就，原因是没有将精力聚焦在问题上，结果导致能量无端耗散。犹太人做任何事情都很认真，他们非常专注于手中的工作。犹太拉比说：注意力不集中，易分心，是所有孩子的共性。年龄越小，控制注意力的时间越短，小学一年级的学生一次集中注意力时间至多也只有15分钟，1—2岁的孩子自然更短，最多不会超过3分钟。

历史上凡是事业真正有所成的人，在工作和学习时总是注意力高度集中，达到如痴如迷的程度。著名的化学家和物理学家居里夫人就有着非凡的注意力。她小时候读书很专心，完全不知道周围发生的一切，即使别的孩子跟她开玩笑，故意发出各种使人不堪忍受的喧哗之声，都不能把她的注意力从书本上转移走。有一次，她的几个姊妹搞恶作剧，用六把椅子在她身后搭了一座不稳定的三角架。她由于在认真看书，一点也没有注意到头顶上的危险。"木塔"突然地轰然倒塌，引起周围的孩子们的轰笑。至于爱因斯坦看书入了迷，把一张价值一千五百美元的支票当书签丢掉了；大科学家牛顿把怀表当鸡蛋煮做午饭；黑格尔一次思考问题，在同一地方站了一天一夜等类轶事，都是这些伟大人物做事时注意力高度集中，事业上成功的奇闻趣事。

然而，有些孩子的情况却很糟，几乎片刻不停，忙忙碌碌，一丁点儿的事物也可以轻易把他们吸引过去。虽然他们也有兴趣爱好，但对感兴趣的事情也无法主动集中注意力。像这类孩子就具有注意力分散度较大的气质特点，应该及早给予帮助，否则到学龄时期就会出现多动症症状，影响纪律，影响学习。

有一次，一个青年苦恼地对昆虫学家法布尔说："我不辞辛苦地把自己的全部精力都花在我喜爱的事业上，结果却收效甚微。"法布尔赞许说："看来你是一位有志于献身科学的有为青年。"这位青年说："是啊！我爱科学，可我同时也爱文学，对音乐和美术我也很感兴趣。我把时间全都用上了。"法布尔从口袋里掏出一块放大镜对他说："把你的精力集中到一个领域上试试，就像这块凸透镜一样！"

许多有一番成就的人物都是"聚焦"成功的。就拿法布尔来说，他为了观察昆虫的习性，常常达到废寝忘食的地步。有一天，他大清早就趴在一块石头旁，几个村妇去摘葡萄时看见法布尔，到黄昏收工时，她们看到他仍然伏在那儿，她们实在不明白："他花了一天工夫，怎么就只盯一块石头看，简直中了邪！"其实，为了观察昆虫的习性，法布尔不知花去了多少宝贵的时间。

一个人在读书时，如果他的注意力高度集中，书的内容位于他的意识中心，兴奋区域高度兴奋，就会抑制各种外界干扰。反之，读书时注意力不集中，书的内容只位于他的意识边缘，那么他的学习效果肯定不好。苏联有个教育学家说过，"注意力是心灵的唯一门户，意识的一切都要经它进来。"排除外界干扰，也是提高注意力的一个重要方面。

有人曾经问爱迪生，"成功的第一要素是什么？"爱迪生答道："我认为成功的第一要素就是，能够将你身体与心智能量锲而不舍地运用在同一个问题上而不会厌倦。你整天都在做事，不是吗？每个人都是一样。假如你早上6点起床，晚上11点睡觉，你做事就做了整整17个小时。对大多数人而言，他们肯定是一直在做一些事情，唯一的问题是，他们做了很多很多件事，而我只做一件。假如将这些时间运用在一个目的、一个方向上，那就会取得成功。"

是否高度专一，一天就有很大的差别，那么一个月、一年、十年呢？不言而喻，那差异就更大了。因此，卡莱尔说："最弱的人，如果集中精力于单一目标，也能有所成就；反之，最强的人，如果分心于太多事务，很可能一无所成。"使注意力高度集中一个必要的条件就是：使刺激引起的兴奋强烈起来。

作为家长需要了解到，注意力是人的心理现象，分为无意注意和有意注意。一个人从无意注意到有意注意的形成需要有一个发展过程：人在出生后的最初一段时期内，只有无意注意；在教育培养下，随着语言的发展和生活经验的增长，有意注意才逐渐形成和发展起来。学龄前和学龄初期的孩子无意注意占优势，注意力容易随外界事物的变化而转移。有些家长不了解孩子无意注意占优势的心理特点，要求孩子老老实实坐着，布置提前练字或做枯燥的计算题等等，孩子总是很难做到。应该说绝大部分孩子的注意力发展是正常的，家长大可不必过于担心。但是要遵循孩子心理发展规律，关心并培养孩子的有意注意，为今后健康的成长和有效的学习打好基础：

1.注意孩子脑营养。活动要消耗大量的营养物质。在紧张的学习期间，家长应该让孩子多吃容易消化的食品和高蛋白的食物。每次吃饭以八分饱为宜。此外每天还要保证孩子的饮水量，最好每天维持在1.5升以上，多喝矿泉水或温开水，少喝甚至不喝刺激或兴奋性的饮料。

2.增强孩子的信心。孩子在家长的正面引导和鼓励下会渐渐对自己增强信心，认为自己是能够安静地坐下来集中注意力学习的。所以家长要经常用亲切的口吻，平和的态度对孩子说："我相信你再坚持一下，会比前些天做得更好"，"你做作业的速度一定会加快的"，"你注意力比以前集中了"。这样的心理暗示对加强孩子的信心很有好处。

3.保证充足的睡眠。睡眠对保护神经细胞免于衰竭很重要，所以家长要关心孩子睡眠的质和量。学龄孩子每天晚上睡觉不宜晚于10点，这样孩子神经系统还没有彻底疲乏就开始休息，有助于尽快恢复精力。一般而言，孩子的睡眠时间不应少于9个小时。

4.孩子不能过于疲劳。如果连续几个小时埋头做功课，学习效率就会下降。要使孩子能够有效地集中注意力，就要帮助孩子防止、克服和消除疲劳。注意孩子学习内容不要单一化，隔一段时间换一项活动，适当地给孩子中间休息的机会。

5.排除干扰因素。一个好的学习环境能养成孩子一坐到书桌前就投入学习的习惯，集中注意力变得容易主动。学习环境的周围不要有噪音，避免阳光直晒刺激孩子的眼睛，书桌不宜太靠近窗口以免窗外的景物分散孩子的注意力。孩子刚放学回家，家长不妨让他先洗洗脸，吃些点心，和他聊聊学校里的趣事，这样让孩子兴奋的神经先安静下来，把会让孩子分心的事先排除掉。

犹太父母以亲身实践的经验告诉大家：还有一点要记住！只要孩子有一点进步，立即给予鼓励赞美，不要对他心灰意冷或怒加斥责，让孩子在轻松的学习气氛下学习，这样容易集中注意力，学习效果也好。

热爱音乐吧

> 热爱音乐吧！因为它是最情真意切的艺术。

相传摩西曾经写过歌，并吩咐犹太人世代相传："现在你要写一篇歌，教导以色列人，传给他们，使这歌见证他们的不是……那时，有许多祸患灾难临到他们，这歌必在他们面前作见证，他们后裔的口中必念诵不忘。"据说，大卫王本人就有很高的音乐天赋，他不仅写出了许多气势磅礴的优美诗句，而且还能谱写出悦耳动听的乐曲，除此之外，他还是一位优秀的歌手和竖琴师。他为扫罗王及其三个儿子的壮烈牺牲所谱写的哀歌，长期流传在民众中间，感人至深。在大卫王执政时期，雇佣了大批音乐老师，开展音乐活动，普及音乐教育，从小培养儿童的音乐天赋，以便使他们或者能独立接待朋友，或者能参与集体活动，或者通过赞美上帝的恩典感化人们的心灵，或者通过自我娱乐领悟美妙音乐的高雅情感。

自古以来，犹太人就以酷爱音乐而著称。音乐在犹太教中有非常重要的地位，犹太人除了普通的读书之外，如果有条件，音乐学习是最基本的。犹太人特别喜欢学习小提琴，所以出名的小提琴家也非常多。世界一流的就有帕尔曼、祖克曼、明茨等。除了小提琴之外，犹太民族还向世界贡献了众多优秀的音乐家，如波兰作家兼音乐家瓦迪斯瓦夫·希皮曼、奥地利音乐家、西方现代主义音乐代表人物安诺德·动伯格等等是犹太人。

音乐可以调节人的情绪，也可以治疗病患，这早已为人们所发现。但许多人"知其然"而不知其"所以然"。近几十年来，人们已逐渐认识到音乐疗法其实是一门科学的心理治疗方法，高血压病人听完一首协奏曲，血压下降1733.186~2666.44帕；美国剑桥口腔治疗室，用音乐代替麻醉剂，成功拔牙200多例。此外，各国科学家还发现音乐可以调节动物的情绪，促进母鸡多下蛋，奶牛多产奶。音乐可以治病，其主要原因就是音乐对大脑皮层的刺激，可以改变脑电波和调节情绪。

法国教育家卢梭在他刚出生时就失去了母亲，由他的姑姑将他抚养成人，姑姑对他从小进行的音乐教育给他留下了终身难忘的印象。他在《忏悔录》中写道：我对于音乐的爱好，确信是受了姑姑的影响。姑姑会唱无数美妙的歌曲和小调，她清细的嗓音，唱起来十分动听。她的爽朗心情，可以驱散她本人和她周围一切人的悲愁和怅惘。她的歌声对我的魅力是那么大，不仅她唱过的一些歌曲还一直留在我的记忆深处，甚至在我的记忆力已经衰退的今天，有些在我儿童时代就已经完全忘却的歌曲，随着年龄的增长，又浮现在我的脑海中，给了我一种难以言表的乐趣。

国外著名的音乐教育家都非常重视结合语言来培养儿童的音乐能力。德国音乐教育家奥尔夫强调从节奏入手进行音乐教育，其中一个重要的内容就是结合语言的节奏。匈牙利音乐教育家柯达伊认为，只有民间歌曲才最好地保留了本民族的语言和音乐传统，儿童音乐能力的培养必须从本国语言的韵律和音调入手，儿童歌曲应该表现出本国语言的韵律特征。日本音乐教育家铃木镇一发现，不管某种语言的发音和结构多么复杂，幼儿都能够熟练地掌握自己的母语。在这一发现的启示下，他致力于为儿童创造一个同学习本国语言一样的学习音乐的环境。

家长应有意识地为孩子提供学习和欣赏音乐的机会，为孩子创造家庭及社会等不同的环境，如听各种音乐会，利用电视、音像手段，购置各种音像带，让孩子多多接触音乐。如果条件允许的话，可学学唱歌、跳舞、演奏各种乐器，更直接地接触音乐。让孩子融入艺术世界，在艺术殿堂中发展个性、培养美感、完善自我。

小孩生下来就有不同程度的音乐才能——感知节奏、旋律或完美音调，而音乐在很大程度上是后天获得的技能。在音乐之家长大的小孩显然比那些没有同样环境的小孩更容易培养音乐上的技能。为了让你的小孩喜欢音乐，并不要求你必须是一位训练有素的音乐家。比较不同技能的学音乐的学生表明：父母越喜欢音乐，或者父母只是常听音乐，小孩在音乐方面的成绩就越好。在家中放一些乐器也同样会有助于培养小孩的音乐才能。

听音乐、谈音乐，随音乐做一些充满乐趣的游戏，甚至哪怕仅仅让小孩触摸一些乐器，都是激发小孩形成长时间对音乐感兴趣的重要组成部分。如果能播放贝多芬的奏鸣曲，对小孩都是极好的开端与鼓励，但这并不是让小孩热爱音乐的必要条件。有时，正当你和孩子一起分享音乐并告诉他音乐是多么有意思时，他要求你停止唱歌，你千万不要惊讶或失望，有时小孩只希望音乐是他自己的一种经历，或者有时他希望你成为听众而不是参与者。

儿歌与歌曲有着密不可分的关系：好的儿童歌曲常常是在好的儿歌基础上谱曲而成的；可以歌唱的儿歌也就成了儿童歌曲。具有教育意义和充满儿童情趣的儿歌伴随着幼儿的成长，是幼儿喜爱的精神食粮。儿歌对于培养儿童的基本音乐能力具有重要意义，因为儿童音乐能力的培养可以从儿歌开始。

此外，犹太拉比还告诫家长朋友们对孩子的音乐学习不要有什么顾虑，不要怕影响学习。事实上，表现音乐作品时情感和意境的再现所作的艺术创造；综合性艺术表演时不同艺术门类之间的协调与融合；欣赏音乐作品时所产生的独特理解和丰富联想；对音乐的社会功能和艺术品味所作的价值判断和评论；即兴创造中应变与发展等，都给予发展人的想像力，培养人的创造能力的广阔空间。在孩子年级较低时，作业负担不重的情况下，让孩子们广泛接触音乐不但不会影响学习，反而有助于发展孩子的想像力和理解力。

寓教于乐

孩子们更愿意在玩耍、游戏和娱乐中学习知识，增长才干，适应生活，认识环境，促进孩子智力和体力的发育成长。

列宁的父母总是十分注意使孩子们对学习产生兴趣。因为兴趣是促使孩子主动地自觉地好好学习的一个非常重要的条件。对于幼小的孩子，列宁母亲在教他学习外语时总是边玩边学，把学习和游戏结合起来。空闲的时候，父母还和孩子做答题游戏、玩猜字谜，以增强孩子的学习兴趣，促进他们的动脑能力。列宁父亲还很关心培养孩子对学习的责任感和刻苦学习的精神。当二儿子过于轻松地就学会了所有的功课，他没有为之高兴，反而十分担心，恐怕这样会妨碍他刻苦学习的品德和应有的学习责任感的养成。于是便带他去参加一个小学的毕业典礼，给一个勤奋学习因而成绩优异的学生颁发奖状，让他看一看毕业典礼的庄严场面，学习那位学生在学习和生活条件都很差的情况下勤奋顽强学习的精神。通过这些游戏和活动的参加，使孩子们不仅学到知识，更重要的是学会了做人的道理。

从列宁成为一代革命导师的行为来看，他早期的家庭教育是卓有成效的。正是如此，犹太父母在教育孩子时，十分注意将学习与游戏、生活结合起来，寓教于乐，让孩子在愉快的环境下学到知识，让学习不再枯燥。幼小的孩子在家庭生活中一项重要的实践活动是玩耍、游戏和娱乐，寓教于玩，寓教于乐也是教育孩子的一个有效办法。孩子在玩耍、游戏和娱乐中学习知识，增长才干，适应生活，认识环境，促进孩子智力和体力的发育成长。

威特这位近百年来德国少有的奇才，八九岁时能够自由运用德语、意大利语、拉丁语、法语、英语和希腊语等六国语言，并且通晓植物学、动物学、化学、物理学，尤其擅长数学。威特父亲就很讲究对他的教育方法，他认为填鸭式的灌输知识，还不如开阔他的眼界，他利用一切机会丰富威特的见识。在他三四岁时，父亲每天带他散步一两个小时。散步中，他一边与威特谈话，一边捉个小虫，或在路旁摘一朵野花解剖，教他有关昆虫的知识，用一草一木为素材，进行动物学和植物学中有关知识的教育。

在学习外国语的同时，威特还轻松地学到了许多其他知识并养成好的习惯，如动物学、植物学、数学、化学、地理、历史等，但这种学习并不是坐在书桌前读书。威特坐着读书的时间比任何一个同龄人都少，他的父亲用大量时间通过玩耍、散步、运动、旅行以及吃饭等生活时间，使他学到知识，懂得道理。如看到古城和建筑物，就讲它们的名称和历史。从两岁以后，不论是串亲访友、参加音乐会或买东西，到哪都带着他，有空就带他去参观所有的美术馆、博物馆、植物园、动物园、矿山、工厂、医院和保育院等开阔他的眼界。威特父亲的教育秘诀，在于唤起孩子的兴趣，并且他鼓励孩子提出问题，他耐心地加以解释和说明，决不随便敷衍，他认为这样教授的知识最自然并且富有成效。参观中，威特总是用心观察各处景观，认真听导游或父亲的说明。三岁以后，父亲带他到全国各地周游，回来就要他把看到的名胜古迹和古战场等写信告诉母亲或朋友，加深记忆。

威特的父亲没有给他买什么玩具，只是在院子里修了一个大游戏场，上面铺着厚厚的沙子，孩子可以自由地坐在上面玩。威特有一套炊事玩具，可以和母亲一起学做菜。有时威特当主妇，妈妈当厨师，如果威特下达的命令不得要领，就失去了当主妇的资格，改由妈妈当主妇，那样威特就得听从妈妈的命令，去菜园取某种蔬菜等，如果材料拿错，就连厨师的资格都没有了。这种演剧式的游戏很多，妈妈是导演，他们还经常演出某个历史事件的某些情节或重游周游过的地方等等，使威特得到正确的历史和地理知识。

父亲还为他做了许多形状的木块，他可用这些木块盖房子、修塔、建教堂、造城、架桥，这些活动非常有利孩子用脑创造发展。

所以，虽然他们只有很少的玩具，但即使在漫长的冬天，威特也不感到无聊，总是可以愉快而丰富地玩着，并且在游戏中学习知识、增长见闻。

威特父亲的教育，就没有什么学习时间和游戏时间的区分。在散步、游玩或吃饭的时间中，他都注意扩大威特的知识面。他每天只为威特规定了平均只有15分钟的功课时间，用来学习外语等。在这个时间里，他要求威特专心致志地学习，如果不专心，就会受到父亲严厉的批评。在学习中，其他事情都一律停止，包括客人来访等，这就养成了威特学习时严肃认真的精神。

家长在条件允许的条件下，尽量给孩子创造开展娱乐活动和游戏的环境，让孩子玩得高兴，想像得到实现，好奇心得到满足，从而训练孩子的思维，培养孩子的动手技能。比如，让孩子自己骑小自行车，或推动玩具汽车在地上跑，或把铁片、小木板、玻璃瓶、塑料瓶等放在水中，让孩子仔细观察，哪些深入水底，哪些浮在水面。引导孩子自己做事，通过玩耍游戏等实践活动进行教育，对增强孩子体质，提高孩子的智力和能力都是极为有益的。

拉比说，学习不应该是枯燥的，父母有责任为孩子创造有利于学习的环境，这不单单指窗明几净的书房和温馨和睦的家庭气氛，更重要的是让每一件能够引起孩子兴趣的活动都含有知识的踪影，让孩子在潜移默化中学到知识，学到道理。

101比100好

一个成功的学者要手脑并用，并且通过熟读和记忆来引发思考。

在俄国，音乐家拉赫玛尼诺夫有着非凡的记忆力，长期以来，人们一直为此而感到惊叹。有一天，另一位著名音乐家到拉赫玛尼诺夫的老师家里做客，演奏了他刚刚写好的一部新的、任何人都没有听过的交响曲。拉赫玛尼诺夫的老师和他开了个玩笑——把自己的学生事先藏在卧室里，当这位著名的音乐家演奏完他的交响曲之后，老师就把拉赫玛尼诺夫领出来，让他坐到钢琴面前，把这支交响曲完整地重新演奏了一遍。那位音乐家听后百思不得其解：这的确是我头一次演奏这首曲子啊！这个音乐学院的学生是从哪儿知道我的作品的？

故事中的拉赫玛尼诺夫以其非凡的记忆力震惊了他人。的确，人类不仅具有惊人的记忆力，而且记忆保持的时间也很长。人的有些记忆常常能保持七八十年或更长一些，一个90岁的老人，常常还能回忆起五六岁时的许多事情。人的一切活动，从简单的认识和活动，到复杂的学习和劳动，都离不开记忆。记忆对一个人来说是非常重要的。没有记忆，人们的思考就失去了前提。记忆是人智力活动的仓库。在智力发展最重要的幼儿时期，记忆则具有更重大的意义。前苏联心理学家维果斯基认为：学前儿童心理活动的各个方面以记忆占有优势地位，记忆处于意识的中心。如果没有记忆能力，那么幼儿每一次都要去重新认识那些已经见过的事物，那么他们不可能获得任何生活知识经验。有了记忆，先后的经验才能联系起来。通过记忆，人们丰富自己的知识，并形成各自的心理特征。所以说，幼儿记忆的发展对学习文化科学知识有直接作用。

因此，背诵和记忆是古希伯来教育最通用的教学方法。在古以色列人中有读101遍要比读100遍好的说法。在学者们当中，最值得夸耀的事是能一字不差地背诵下《圣经》。希伯来拉比讲过：一个成功的学者要手脑并用，并且通过熟读和记忆来引发思考。

公元前3世纪在古希伯来刚刚兴起的学校里，年轻人开始从学习古代律法转向了解民族衰败和兴旺的各种问题，探索人生的真谛，学习有关实际事物的知识。教师们常常要求学生先背熟内容，然后再逐段、逐句地讲解，其目的就是要让学生一点不落地掌握圣典的内容。除此之外，希伯来人在强调机械性记忆的同时，还主张要勤于思考。当犹太学生背下了所学的内容之后，老师常常引导学生提出各种问题，并对这些问题进行讨论。而在讨论的过程中，学生对所学的知识的认识又会上升到一定的高度。

大多数人躲避思考的理由是"费脑筋"，思考确实是一件苦差事。然而，天才们之所以能够成为天才，正是由于他们勇于完成这个"转换"——变逃避用脑为乐于用脑。

爱迪生仅有17岁的时候，就以发明二重发报机开始了科学发明生涯。尝到思维价值甜头的他，从此就在实验室的墙壁上，贴了一张条幅，上面是雷洛兹爵士的语录："人总是千方百计躲避真正艰苦的思考。"下面是他自己的一句话："不下决心艰苦思考的人，便失去了生活中的最大乐趣。"这种提法耐人寻味：一方面，承认思考是艰苦的，另一方面，思考又是"生活的最大乐趣"！也就是说：艰苦是可以超越的，被超越为"乐"！

爱迪生还有一句世人通晓的名言："天才就是百分之一的灵感加上百分之九十九的汗水！"请注意爱迪生"汗水"的真正含义，他并不是从事机械工作、而是从事发明工作的，所谓"流汗"，就是指不断的用脑，不断的思考。

正因为有这样的勤于思考的意识，爱迪生一生之中的发明近2000多件，平均每15天就有一项发明，被人们称为"世界发明大王"。

犹太人认为，按记忆时的意识状态来分，记忆可以分为无意记忆和有意记忆。孩子越小，无意记忆就越占优势。当孩子年龄小的时候，常常忘记父母的吩咐，为人父母者不要轻易地说他"没记性"，那只是因为他不太感兴趣而已。随着孩子年龄的增长，有意记忆就逐渐发展起来，占主导地位。比如，六七岁的孩子常会自言自语地重复家长对自己说的事情，对一些一下子不太懂的事情还会再度"请示"。

有意记忆又分为机械记忆和意义记忆两种。孩子由于知识经验少，缺乏对事物内在联系的认识，年龄越小，就越多地抓住事物的外部联系去机械记忆，而小学阶段的孩子在记忆某篇文章或某些事情时，就不再逐字逐句地原文照背，已经能在理解的基础上记忆。对于孩子的学习而言，意义记忆的效果会更好。不过，机械记忆也是必不可少的，因为有一些知识内容，如字母的记忆等必须机械记忆。

讲到记忆就会讲到它的"孪生姐妹"——遗忘。人们记忆、背诵，总是希望永远不忘。可是，现实生活中偏偏会出现遗忘。有人做过实验，测试人在学习半个月以后的遗忘情况，结果令人大吃一惊：大学生对物理知识忘了85%，中学生对生物知识忘了60%，小学生对地理知识忘了55%。

犹太人教育孩子说，遗忘并不可怕，关键在于你怎么去认识遗忘。首先，遗忘是生活的常规，只要不超过一定的范围，是很正常的。遗忘对一个人的认识起着过滤的作用，滤去那些不重要，不符合社会和个人需要的东西，保存下来的就是对个人很重要的东西。不要认为只要能记住就是好事，有时记忆中有大量我们完全不需要的琐事，如果我们不把它们赶快遗忘的话，势必会拖累记忆，影响记忆的效果。在日常生活中，有的同学在听老师上课或听演讲的时候，把老师或演讲者的口头禅记住了，而忘记了主要内容，这对他的生活和学习都是不利的。

其次，要与遗忘做斗争。也就是让那些我们不希望遗忘的东西不遗忘或少遗忘，最主要的方法就是复习。通过复习，加强识记就能减少遗忘。

中国有句古话，叫作"学而不思则罔，思而不学则殆"，在教育孩子掌握知识时，必须将记忆与思考结合起来，提高学习效率，取得学习的最佳效果。

这是为什么

怀疑是学习的钥匙，它可以打开知识的大门，因此发问可以使人进步。

英国著名物理学家瑞利小的时候很爱琢磨。一天家里来了客人，母亲端茶出来的时候，由于碟子很光滑，所以茶杯在上面滑动了一下，结果茶泼出来一点在碟子上，但这时茶杯却不再滑动了。这本来是一件很平常的小事，但却引起了瑞利的思考：为什么开始时茶杯很容易滑动，当母亲洒了点热茶在碟子上后，却纹丝不动了呢？瑞利想：这太有趣了，我一定要弄清楚这到底是为什么。

经过反复的试验和分析，他得出这样的结论：茶杯和碟子表面总有一些油腻，使它们之间的摩擦力减少，所以容易滑动，等洒上热茶之后，油腻就被溶解，摩擦加大，所以不容易滑动了。接着，他又开始研究油在固体物磨擦中的作用，提出了润滑油能够减少摩擦力的理论。后来，润滑油被广泛应用于汽车制造等各个行业，瑞利也因此得了诺贝尔奖。

实际上每个孩子天生就是一个发问家。对儿童而言，整个世界就是由一个个问号构成的，所以他的问题很多，为人父母者要做的就是启发孩子敢于怀疑，敢于发问。人没有理由对什么事情都确信无疑。怀疑一旦开始，疑点便会愈来愈多，循着怀疑的线索去追寻答案，答案通常是比较正确的。

《犹太法典》中有一句话："好的问题常会引出好的答案。"可见，好的问题和好的答案同样重要。问题提得出人意料，通常答案也是深刻的。思考就是由怀疑和答案共同组成的，没有好奇心的人，不会发生怀疑。所以有智慧的人其实就是知道如何怀疑和发问的人。

犹太人重视知识，更重视才能。他们教育孩子说，一般的学习只是一种模仿，没有任何的创新。学习应该以思考为基础，而思考恰恰就是由怀疑和问题所组成的。学习便是经常怀疑，随时发问。怀疑是智慧的大门，知道得越多，就越会发生怀疑，而问题也就随之增加。

所有的怀疑和迷惑，都可通过行动予以终止。所以，无论多大的怀疑和迷惑，最后都要寻求答案予以解答。每一个天才，都是真正的"问题猎手"，所以一定要养成凡事多问"为什么"的习惯。即使是一个貌似平常的小事,如果不断将"为什么"问下去,说不定就能够找到一座"金矿"。

牛顿在学校成绩不太好,只喜欢动脑筋做各种模型。有一天,他模仿水车辗粉机做了一个小模型,拿到学校去炫耀,做实验给班上的同学看。实验很成功,可是,当班上的一个高材生让他说明,他所做的水车为什么能够这样把麦辗成粉时,他却无言以对。

那个高材生讽刺说:"如果你不能说明的话,你不就是一个手指灵活的呆子么?"周围的同学也开始嘲笑他,受了羞辱的牛顿扑了过去,双方大打出手,牛顿被打得喘不过气来。但从此以后,不论面对任何事他都会想"为什么",因此成为一位伟大的科学家。

孩子爱提问题是求知欲的一种表现,但很多时候,孩子的问题在大人看来根本不是什么问题,因此他们会说:"傻孩子,这算是什么问题?!"但为人父母者要认识到这一点:孩子的"问"表明了他在思考,如果能给予他巧妙的"答",就会进一步激发他的求知欲望,点燃他智慧的火花。任何一项创新活动都是伴随着积极的思维活动,而思维总是从问题开始的。因此,父母不仅要鼓励孩子提问题,而且对孩子所提出的问题,首先要做的就是热情地、耐心地倾听;其次,对孩子提出的问题,不要急着给出答案,而要给双方留出思考的时间和空间,让孩子自己也认真地想一想;最后,给出简明、易于理解的答案,如果家长能在回答孩子问题后顺着孩子的问题再提出一些新的有关的问题,就会更有利于孩子思维能力的发展。

孩子积极思考,主动提出问题、这对孩子思维的发展极其重要。或许有些父母会问,怎样才能让孩子想问、会问?要让孩子想问题并提出问题,我们可以仿效犹太人的做法——安排一个情境,以激发孩子想问的兴趣。所谓安排"情境",有些技巧可依循。

首先,让孩子感到好奇。如玩猜谜游戏,给一些暗示;故事说一半,让孩子好奇地想问结果等等,然后引导孩子问得清楚,而且有礼貌地问。

其次,鼓励孩子积极思考,主动提出问题。在孩子的天性中,有一种求知的欲望,他们心中原本装着无数个"为什么",想了解这个奇妙世界的本来面目。是成人不以为然的态度和习以为常的姿态,逐渐扼杀了孩子的这种求知冲动。因此,父母如果能够有意识地引导、保护好孩子的好奇心,鼓励孩子积极思考,对孩子的提问表现出自己的兴趣,与孩子一起思考,去寻找未知的答案,孩子提出问题的欲望就会不断增强。

总之,父母要牢记:发问才能使人进步,鼓励孩子多问问题,开发他们的思维能力。

没有教育,就没有未来

"没有教育,就没有未来"。

在建立教育体系的过程中,犹太人高度重视免费义务教育。在犹太历史上,多次记载着为穷苦孩子免去学费的事情。大拉比希雷尔年轻时享受的就是这种待遇。从希雷尔以后，在犹太人中间就有了一条不成文的规定：遇到像希雷尔那样贫穷而又渴求知识的学生，在条件许可的情况下可免交学费，享受免费义务教育。

"没有教育，就没有未来"，这是以色列开国元勋本·古里安的名言。在犹太人的传统中，文化教育和宗教始终占据着举足轻重的地位。每个犹太人都认为，人的一生有三大义务，而教育子女是第一位的。《圣经·箴言》中明确地告诫以色列人要把教育儿童作为毕生最重要的事情，如："我儿，要听你父亲的训诲，不可背弃你母亲的教导。""父亲要给子女的教诲，就是智慧之言"；《圣经·申命记》中也多次提到"要告诉你的儿女们"。第六章中还说："听着，以色列耶和华，我们的上帝是唯一的主，你要尽心尽性，尽力爱耶和华——你的上帝。我今日所吩咐你的话，须铭记在心。也要殷勤教训你的儿女，无论你坐在家里，行在路上都要谈论它们"。犹太人之所以如此强调父母对子女的指导与教诲，是因为他们很早就意识到了平和、虔诚、优雅的个人性格是后天教育的结果。

根据犹太经典《密西拿》的规定，儿童从6岁开始就要学习《圣经》，10岁起学习《密西拿》，13岁开始学习犹太戒律，15岁要学习《革马拉》。19世纪，犹太教育的突出现象是，东欧不少地区形成了律法研究中心，兴办了大量的经学院。在这些经学院中开始划分年级，成绩优异者可以继续学习，终身研究，成为犹太经典的专家拉比。

俄国犹太人一直有热衷于教育的传统。在苏联，犹太人的教育水平超过了其他任何民族。据1920年的统计，当时俄国犹太人只有29.6%处于文盲、半文盲状态，远远低于其他民族。而且，由于对高等教育的渴求和得天独厚的机遇，他们大量地进入大学和各类技术学院。到1929年，在俄罗斯的经济和医学学院中，犹太学生占学生总数的60%以上。在二十世纪七八十年代，犹太人接受大学教育占全部犹太人的2/3，而苏联其他民族中上大学的人口仅占全部人口的1/4。

在俄罗斯的许多犹太社团里，人们都把接受教育看成是最自豪且值得夸耀的事情。希伯来语启蒙作家亚伯拉罕·帕佩纳在他的自传体作品里，详细地记录了在尼古拉一世统治下的一个俄国小城市里犹太人重视教育的现象。科皮尔这座小城市缺少现代化学校，连一所国立或公立的世俗学校也没有。基督徒居民全部都是文盲，可是犹太人却办起了大量的学校。当时，科皮尔共有3000居民，其中包括白俄罗斯人、鞑靼人和犹太人。犹太人数量最少。所有4至30岁的犹太男子都在传统的男子小学校学习。虽然没有规定女孩子必须受教育，但她们大多数都能朗诵祷词，阅读《托拉》的意第绪文译本。在科皮尔，有位犹太父亲为了送自己的孩子上学，不惜倾家荡产。不少穷人为了缴纳学费卖掉自己仅有的枕头或最后一个枝形灯架。科皮尔的犹太人中没有一个文盲，即使那个为浴池烧火和担水的呆子梅尔克——一个低能的水夫也懂些祷词，能够一字不差地背诵对《摩西五经》的祝词。

《塔木德》上指出：如果学习是最高的善，那么，创造有利于学习的机会与环境便是仅次于学习的善。因此，许多犹太社团都把教育投资看成一种责无旁贷的责任与义务。

美国犹太人人口中受过高等教育的人所占的比例，是整个美国社会平均水平的5倍。在现代社会中，这种重视教育、善于学习的回报就是知识和金钱。所以，每一位年轻的父母请重视对孩子的教育，这不仅是你对孩子的责任，更是你应尽的义务。

读书自有妙用

> 与一切有知识的人交朋友，也可以从朋友那里学习知识。（《塔木德》）

犹太民族是"书的民族"。犹太人对书的崇拜，对知识的渴望和追求，已经不能用一般的求知好学来概括了。

用他们的话来说，书就是他们一切智慧的根源，也是获取一切财富的根本。他们对书的喜爱达到了嗜书如命的地步。

以色列每年都要在耶路撒冷举办国际图书博览会。博览会期间，很多世界各地的图书爱好者或商人前来洽谈、参观，选购者都能得到自己想要的书。

当地每年还要举办"希伯来图书周"，这是以色列人自己的图书节。不少犹太人很早就准备一部分钱，像盼望盛会一样等待图书节的来临。

著名典籍《塔木德》上这样记载：把书本当作你的好友，把书架当作你的庭院，你应该为书本的美丽而骄傲！采其果实，摘其花朵。

在每一个犹太家庭里都会有着世代相传的规定：书橱及学习用具只可放在床头，不可放在床尾。这样的规定就是告诫本民族的人：书是神圣的、不可侵犯的，不能对书本有所不敬。

如果一个人在旅途中，发现了他们未曾见过的书，那么这个犹太人一定会买下这本书，带回去与家乡人共同分享。因为他们认为外来的书籍和知识是别人智慧的结晶，应充分地学习和利用，为自己的未来打下深厚的基础。

犹太人认为，人们之间可以有各种恩怨，然而知识却是没有界线的，它是属于全人类的，不能因为存在偏见而影响智慧和真理的存在及传播。因此，不论在什么情况下，都不能抛弃书本。

为了保护书籍的传承性，1736年拉脱维亚的犹太社区通过了一项法律。

该法律规定：当有人借书时，如果书本的拥有者不把书本借给需要它的人，应罚款；如果有人去世了，要在棺材里放几本他生前喜欢的书，让书伴随他死去的躯体，宽慰他的灵魂。这些都充分地体现了犹太人对知识的态度：学习可以让人获得对生命的期望和更多的奖赏。

有一则这样的故事：

在以色列，有一个富翁的儿子对学习毫无兴趣，最后，他的父亲放弃了所有努力，只是教他《创世纪》一书。

后来，侵略者攻打他们居住的城市时，俘虏了这个男孩，并把他囚禁在一个很远的监狱里。

几年过去了，国王来到了这个城市，视察男孩被囚的那座监狱。在视察时，国王要看一看监狱中的藏书，结果他发现了《创世纪》这本书。

"这可能是一本犹太人的书，"国王说，"这里有人会读这种书吗？"

"有！"典狱官答道，"我这就带一个人来见你。"

男孩被典狱官从监狱里提出来，说："如果这次你不能读这本书，国王就会把你的脑袋砍掉。"

"父亲只教我读过这一本书。"男孩答道。

他被带到国王面前。

国王把那本书拿给他。男孩就开始大声朗读起来。

国王听完说："这显然是上帝让我打开囚禁他的监狱，把这孩子送回到他父亲身边。"

于是，国王送给男孩一些金银，安排两名士兵护送他回到父亲身边。

这个普通的故事已经在犹太民族中流传很久了。它教给犹太人这样的道理：虽然这孩子的父亲只教会他读一本书，赐福的上帝就奖赏他了。那么，如果一个父亲能不辞辛苦地教他的孩子读会《圣经》《密西拿》和《圣徒传记》，那他该得到上帝多大的赐福呀！

由此可见，读书自有妙用。

万事教育为先

> 只因有了活泼可爱的学生，世界才得以万世长存。一定不能使学生耽误了学业，即便是为了修筑庙宇。没有学生的城镇终将毁灭。（《塔木德》）

在犹太社会中，文化教育占据着举足轻重的地位。犹太人认为，人生的第一义务是教育子女。在犹太典籍中常见到这样的话："父亲给子女的教诲，就是智慧之言"；"孩子，要听你父亲的教诲，不可背弃你母亲的教导。"

由此可见犹太人把教育儿童作为毕生的事情。犹太人之所以如此强调对子女的教诲，是因为他们意识到一个人的成材不在先天，而在后天的教育。

早在中世纪的时候，遍及欧美的犹太社团都极为重视教育与学术研究。为了让孩子成为有知识的人，犹太人对教育怀着极高的热忱。

以色列建国后为了振兴教育事业，很多以色列国家领导人从领导岗位退下来之后，又全身心投入到教育事业当中来。如前总统纳冯教授在卸职以后又勤勤恳恳地当上了教育部长，而且还全身心投入其中。这在其他国家是极为罕见的，但在以色列却是很平常的事，其原因就在于他们真正认识到了"教育是社会发展的先决条件之一"。

1978年，著名科学家卡齐尔在卸任总统职务后，便到魏茨曼科学研究院和特拉维夫大学从事学术研究，而且常常给学生们上课，三尺讲坛成了他工作中的一部分。

尽管以色列历任政府施政纲领不同，但在教育问题上的政策却始终如一。他们都"视教育为以色列社会的一种重要财富，它是开创未来的关键"。他们教育的目标是把一个人造就成对国家、对民族富有责任感的成员。

犹太人对教育的重视不是空喊口号，而是实实在在地投入，政府会千方百计地为教育创造各种优厚的条件。

《塔木德》上曾经指出：如果学习是最高尚的事，那么，创造学习的机会便是仅次于学习的事。所以，许多犹太社团都把教育投资视作一种责任与义务。

犹太人的教育观：每一个社团都要提供年轻人去各种学校学习所需的经费。他们还支持每个年轻人辅导两个小孩，以便他能和孩子们口头讨论他已学过的《革马拉》，从而体验《塔木德》观念的实质。小孩将由社团慈善基金会或公共食堂提供伙食。

如果社团是由50个家庭组成的，那么它至少要抚养200个青年和儿童。一个家长将被指定抚养一个青年和两个儿童。

在每个社群，学院的院长都享有盛誉。每一个人，不管是富人或穷人都听从他的教诲，每个人都顺从他的吩咐，也没有人对他的权威性表示疑问，当然他的学识很渊博。他手持木棍和鞭子，惩戒和责打越规者，颁布学院法令和禁令。但是，每个人都热爱学院的院长。

由于学习和研究需要花费大量的资金，单靠社团本身来筹措，往往力不从心。因此，犹太人把教育事业与慈善机构结合起来，把"什一税"作为追求学问的经济支柱。

关于"什一税"的用途有一点极为明确，即"什一税"首先要用在"那些把时间都花在研究《圣经》和其他典籍的人身上"。

此外，一些发迹的犹太人也纷纷解囊，为教育和研究提供经费。在他们中间早已达成一种共识：赚钱营利并非最终目的，而是要用赚来的钱"购买知识与经验"。

直至今天，犹太人捐款的第一投向仍是学校建设。在以色列的一些大学里，奖学金、研究基金都由外国犹太商人提供。希伯来大学、特拉维夫大学、以色列理工学院这三所最有名的大学中，至少有一半董事是外国人，尤其是美国犹太人。

20世纪70年代中期以来，以色列教育经费在国民经济中的比重一直很高，甚至超过了许多发达国家。能做到这一点，对于资源贫乏、军费高昂的以色列来说，确实极为不易。

《塔木德》就这样告诫人们："弃绝管教的必致受辱，领受责备的必将尊荣。"由此可见犹太人对教育的态度。犹太人形成了一整套自己的教育思想，这在世界教育史上占有一定的地位。

聪明的犹太人，在流离辗转中，始终念念不忘教育，把教育视作头等大事。以色列建国后，就积极地提出了"教育兴国"的口号，并迅速建立健全了一整套完备而有效的教育制度，发达的教育事业成为这个年轻国家创造奇迹的坚实基础。

一个尊师重教的民族，必然是文化素质很高的民族。犹太民族有尊师重教的优良传统，它使犹太人成为世界上公认的文化水准很高的群体，并为人类社会的进步做出了令人瞩目的贡献。

以色列的第一任总统就是著名的物理学家魏兹曼，刚建国，还在炮火隆隆声中，以色列的首任教育部长盖尔，叫来了他的秘书艾德勒。

"艾德勒，我们一起来草拟教育法，必须强迫3岁到15岁的孩子们，让他们接受免费教育。"

"免费！"艾德勒惊愕不已，要知道当时整个教育部只有盖尔和艾德勒两个人，唯一的财产是一架破打字机。

"是的！免费！"盖尔坚定地回答，"我们处在敌人的包围之中，我们必须培训高素质的人，只有这样才能对付几十倍于我们的敌人。"

盖尔激动地说："我们要建立一个历史博物馆。让孩子们知道3000年前圣殿被罗马人毁掉的悲剧，让他们知道在第二次世界大战中犹太人被屠杀的事实，知道那些毒气室、骷髅、鲜血和希特勒。"

当第一次中东战争结束后，盖尔和艾德勒已用那架破打字机打出了以色列的义务教育法。

第二年，这部法律在以色列议会全票通过。

以色列历届领导人一直把培养高质量的人才看作一个关系到民族生存与否的根本问题。教育立国、科技立国是以色列从成立之日就追求的目标。他们认为，如果不培养高质量的人才，建立一个模范的社会，则以色列在国际上得不到尊重，也无法吸引众多的犹太人来定居。这样，以色列就无法生存下去。

以色列建国后，始终把教育放在优先地位。

1953年颁布了《国家教育法》，1969年颁布了《学校审查法》等。这一系列法律的制定，确立了教育的地位，形成了以色列特色的教育制度。

以色列是个移民国家，来自四面八方的移民把世界各地的文化带到以色列。其中既有东方文化又有西方文化，既有传统农业文化也有现代工业文化。以色列教育的目的之一就是填平这些不同文化的鸿沟与差距。为此《国家教育法》明确规定："以色列的教育目的，一方面是让学生学习知识和技能，以适应国家发展的要求；另一方面是促进来自世界各地的犹太人之间的融合，清除他们之间的文化差别，以形成一种新的犹太国民文化。"

以色列在教育方面投入了较高的经费。从20世纪70年代始，以色列教育经费始终高于全国国民生产总值的8%，最高的1979—1980年度竟达8.8%。

以色列的教育投资之高，在世界上也是罕见的。

另外，散居在世界各地的犹太人都捐款资助以色列发展教育。犹太人重视教育这一优良传统在以色列的发扬光大，造就了大批高质量的杰出人才。除了依靠发展自己的民族教育，浓厚的学术氛围也给以色列送来了大量优秀的人才。几十年来，来到这个国家的移民中，有不少是欧、美、亚地区第一流的科技文化人才。他们的到来，使以色列的科学和教育从一开始就建立在很高的起点之上。正是因为有了较高的教育投资，以色列的教育才有了迅速发展的坚实基础。

高昂的教育投资使以色列的教育结出了累累果实。

以色列的人口只有500多万，但是在校人数达到138万人之多，还有很多成年人参加各种形式的学习。在以色列人中有1/3是学生，也就是说，每3个人中就有1个学生。

以色列的大学是公认的世界一流的大学。凡是到过以色列的人都必去"游览"以色列的大学。凡是到过这些大学的人无不为校园之优美、建筑之宏伟、设备之先进和藏书之丰富而赞叹不已。以色列的大学的许多研究成果被国际学术界承认为权威性项目。

以色列每4500人中就有一名教授或副教授。由于国内容纳不了这么多专家、学者，以色列已开始"输出"人才。

正是对教育的重视，使以色列在许多方面都处于世界前列，如每10万人口中的在校大学生为2769人，仅比美国和加拿大略低，比欧洲和苏联都高；以色列14岁以上的公民平均受教育达11.4年，与美国和英国相等；目前，以色列已基本扫除了文盲，妇女识字率占93.2%。以色列的历届总理也都有大学学历：本·古里安曾上大学法律系；夏里特在三个国家学习过；梅厄夫人毕业于美国一所师范学院；贝京毕业于华沙大学法律系；沙米尔先后在两所大学学习过；佩雷斯是哈佛大学的毕业生；拉宾也曾到一所军事学院进修过。这在其他国家是极其罕见的。难怪以色列人会自豪地说："我国资源缺乏，有的只是阳光、沙漠和大脑。"

发达的教育和优良的人才素质终于使"弹丸之国"以色列成为一股不可忽视的政治力量和国际力量。

套用现在的一个观点，犹太人非常重视人力资本的投资，其中又以教育上的投资为第一。犹太人深刻地体会到教育投资不仅仅是经济上的投资，因为知识是特殊形式的资本，它往往起到放大其他资本（土地、货币）的作用。知识，包括脑的知识——学习，手的知识——技能，同时也就是他们投资的浓缩和凝固形式。犹太人在流散四方的过程中或移居新的居住地后能迅速地找到那些他们具有竞争优势的位置，从而站稳脚跟，恢复元气进而兴旺发达起来，这种智力资本起了至关重要的作用。

在国外居住的犹太人同样对教育非常重视。

以美国为例：

在金融、商业、教育等文化行业中，美籍犹太男子占70%以上，女子占40%以上，而同期全美国平均仅仅有28.3%的男子和19.7%的女子占有这样的比例。在收入最高的两大职业：医生和律师中（他们要求文化素质特别高），犹太人位居首位。如20世纪70年代，美国共有3万多名犹太医生，占美国医生总数的14%；另外有约10万名律师，占美国律师总数的20%左右。

对于任何一个时代来说，教育都是通向成功的途径。在今天的社会中，受教育程度和收入水平之间更是存在着直接关联。据统计，一个高中毕业生一生大约要比一个初中毕业生多挣10万美元。一个大学毕业生要比一个高中毕业生多赚25万美元。一位分析家这样说道："犹太人家庭是学问受到高度评价的地方，在这方面，非犹太人的家庭则相形见绌。就是这个因素构成了其他一切差异的基础。"

早在11世纪时，犹太民族就几乎消灭了文盲，人人都能阅读识字。而在当时欧洲的基督教徒中，绝大多数人却是文盲。当历史进入近现代以后，犹太民族乐于学习、善于学习、崇尚知识的巨大优势立刻体现了出来。他们迅速地适应和接受了现代世俗教育，在文化科学领域里迅速走到了别人的前头。因此，在近现代，犹太民族人才辈出，出现了一大批的科学家、众多的诺贝尔奖获得者和各行各业的杰出人物。一位著名的学者总结得好："犹太人善于赚钱，他们的知识和教育决定了主要方面。"

知识是永远的财富

> 生活困苦之余，不得不变卖物品以度日，你应该先卖金子、宝石、房子和土地，到最后一刻，仍然不可以出售任何书本。（《塔木德》）

犹太民族是一个对知识非常重视的民族。虽然他们在很长的一段时期里连最基本的生活来源都无法保证，但是只要有一段时间的安定生活，他们也能创造出惊人的财富。因为他们其实是富有的，这种富有就是他们本身所拥有的丰富知识。

相传，古时候，犹太人的墓园里常常放有书本。他们认为夜深人静时，死人会出来看书。当然这种做法有一种象征的意义：生命有结束的时候，求知却永无止境。

犹太人还有这样的规定：生活困苦之余，不得不变卖物品以度日的时候，你应该先卖金子、宝石、房子和土地，到了最后一刻，仍然不可以出售你的书籍。他们认为，世间的金银珠宝、房屋土地，都是可以变化消逝的东西，而知识则是可以长久流传的财富。

犹太小孩最早期得到的关于书本的教育就是：书是甜的。

在每一个犹太人家里，当小孩稍微懂事时，母亲就会翻开《圣经》，点一滴蜂蜜在上面，然后叫小孩子去吻圣经上的蜂蜜。这个仪式的用意不言而喻，书本是甜的。让孩子从小就养成与书接触的习惯。慢慢的，孩子们开始喜欢看书。小时候是因为蜂蜜，长大了则是从书的内容中体会到书是"甜"的。

犹太人把知识视为财富，认为"知识可以不被抢夺且可以随身带走，知识就是力量"。

在每个犹太人小的时候，他们的母亲就会经常地问他："假如有一天，你的房子被火烧了，你的财产也被抢光了，你会带着什么逃跑呢？"

如果孩子们回答是"钱"或者是"钻石"的话，他们的母亲就会进一步地问："有一种东西比钻石更重要，它没有形状、没有颜色、没有气味，你们知道是什么东西吗？"

如果孩子回答不上来，母亲就会说："孩子，你们带走的东西，不应该是钱，不应该是钻石，而应该是知识。因为知识是任何人也抢不走的，只要你还活着，知识就永远跟着你。"

父母就是这样告诉他们的孩子：知识是一切财富的来源，是唯一可以永久打开财富之门的金钥匙。犹太人的历史也一再验证了知识的价值。与其把那些有限的财富交给他们，不如把可以永远打开财富之门的金钥匙——知识给他。

在这个世界上，财富是可以随着境遇的改变而消失和增加的，而知识却是永恒的，它是不会随着时间和条件的变化而改变的。《塔木德》记载了这样一个故事：

有一次，一艘大船出海航行。船上的乘客中除了一位拉比外，全是大亨。

大亨们互相炫耀自己的财富。正在他们争得面红耳赤时，拉比插话了："我觉得还是我最富有，只是我现在的财富无法拿给你们看。"

中途，海盗袭击了这艘船，并把大亨们的金银财宝全抢劫一空。等海盗们离去后，这艘船好不容易抵达了一个港口，但已无法继续航行了。

这位拉比因其渊博的学识，很快受到当地居民的尊重，并被聘为学校的教师。

后来，这位拉比偶然遇到曾经同船旅行的大亨。这时，他们已身无分文，只好再一次白手起家。

大亨们深有体会地说："只有知识才是夺不走的财富啊！"

所有的犹太人都知道这个道理，因此，犹太人就特别重视学习。为了让自己的后代注意引导他们的孩子学习，在他们小的时候，就引导他们学习犹太教。犹太教的托拉是这样说的："愈学《塔木德》，生命愈久长……精通《塔木德》的人便在来世获得了永生。"还说，"研习《塔木德》的人值得受到尊敬。他会被称为一个朋友、一个可敬的人、一个崇敬上帝的人；他将变得温顺谦恭，变得公正、虔诚、正直、富有信仰。他将能远离罪恶、接近美德。通过他，世界就有了智慧、忠告、理性和力量。"这些教义就是鼓励犹太人从小要喜欢学习。把钻研和学习提到信仰的高度来看待，这在世界上的各种宗教中是绝无仅有的。

犹太人热爱知识，因为在他们的眼里，知识是唯一的永远也夺不走的财富。在这个世界上世俗的权威不重要，财富和金钱不重要，只有知识才是最重要的。权威没有了人们的拥戴和支持就不能形成，财富和金钱也会随着时间发生变化，而知识是你生存和发展的可靠保证。

犹太人在历史上不断地遭人驱逐，被迫四处流浪，他们的财富可以被任意地剥夺，然而只要他们拥有了知识，他们依然可以凭借自己良好的教育、杰出的智慧、经商的经验，很快再次变得富有。他们的经典如《塔木德》等，是他们保证自己是犹太人的根本，也是他们再度富有的知识和理论的根源。知识是他们在长期的流浪生活中重新振作起来的根本原因。

犹太人在经济运营、商业运作上的非凡成就，是与他们孜孜不倦、不断探索的求索精神分不开的。

犹太人求知精神的基点在于他们对知识有着深刻的，也相当实际的认识，知识就是财富，由此便产生了对知识这种财富近似贪婪的欲望。犹太人四处流浪，没有家园，居无定所，没有生存和发展的权利保障。他们所到之处，唯一的支撑点就是自己头脑中的知识，靠知识创造财富，从而由财富、金钱来为自己争得一条生路，一个生存发展的空间。物质财富随时都可能被偷走，但知识永远在身边，智慧永远相伴，而有智慧有知识，就不怕没有财富。这正是犹太人流浪数千年依然生生不息的原因所在。

也正基于此，犹太人才会认为没有知识的商人不算真正的商人。犹太人绝大部分学识渊博，头脑灵敏。在他们眼里，知识和金钱是成正比的。只有丰富的阅历和广博的知识，在生意场上才能少走弯路少犯错误，这是商人的基本素质。

犹太商人具有令人叹服的经商头脑，正是他们的民族尊重知识、酷爱学习、重视教育的必然结果。以知识武装起来的犹太商人，纵横捭阖，处变不惊，这就是"第一商人"的魅力所在！

以色列是一个小国，资源贫乏，既缺水，又缺能源，且沙漠比重大。但是，它却有丰富的人才。数十年来，世界各地的犹太人纷纷移民到自己的祖国，他们带来了资金，也带来了知识、技术和特长，他们将这些知识用于国家建设，以色列迅速崛起。这个国家独创了举世闻名的农业技术，靠贫瘠的土地养活了自己，还大量出口农产品；这个国家拥有世界上一流的工业技术。创造这些奇迹，靠的就是知识。

在世界上任何地方，犹太人凭借着自己拥有的"可以随身带走"的知识，跻身于知识要求高、流动性强的各种行业，特别是金融、商业、教育、科技、律师、娱乐和传媒行业。科技人员中一半以上是犹太人；犹太人执掌着《纽约时报》《华盛顿时报》《新闻周刊》《华尔街日报》和美国三大电视网ABC、CBS、NBC的帅印，时代华纳公司、米高梅公司、福克斯公司、派克公司也都是犹太人开拓的。在美国前400名巨富中，犹太人占了近三成。我们不得不感叹犹太民族神秘的知识力量。知识在这个古老民族中竟然能焕发出如此巨大的力量，是知识拯救且复兴了这个古老而年轻的民族。

学校在，犹太民族就在

> 一个不重视教育的民族是没有前途的民族。（《塔木德》）

犹太民族的智慧与丰富的知识除了具有学习和求知的传统这样的"软"的东西外，在"硬件"上，则表现为他们尊奉着一套完善的教育制度。犹太人四处流浪，他们的"学校"也随着他们迁移，在流动不居的恶劣环境下，犹太人从来没有忽视教育，而是将其列为第一位的事情。

从历史上看，犹太人很早就实行了义务教育，称得上源远流长。

犹太传统规定父亲对儿子有三项应尽的义务，其中之一就是教儿子学习犹太经典。许多犹太儿童在幼儿时期就随父亲一道学习识字，诵读《托拉》。公元前516年，波斯王居鲁士打败新巴比伦尼布甲尼撒二世，允许巴比伦的犹太人返回故乡。一批有识犹太先知为了保持民族精神和文化传统，进行了一系列宗教改革，家庭教育被看成是保持民族传统的一个重要环节，因而受到极大的重视。犹太会堂的出现使人们多了两个学习场所。公元前3世纪，犹太会堂开始开办学校，招收儿童入学。公元前1世纪，出现了一些非犹太会堂办的学校，主要向儿童教授读书写字的基本技能。大一些的儿童则进专门学校，在那里系统学习犹太宗教文献。至此，义务教育体系开始在犹太民族中形成。第一位为创立全民义务教育体系做出重要贡献的是耶路撒冷元老院的大法官西缅·本·蔡奇。他于公元前75年制定了一项教育计划，推行广泛的初级教育。他颁布法令规定犹太社区必须资助公共教育，父母必须送儿子入学。到了公元64年，大祭司约书亚·本·加玛拉比重申西缅的法令，并规定每个犹太社团都必须设立学校，供6岁以上的儿童就学，同时规定6岁至10岁的儿童必须入学，在老师的监督下学习。约书亚的这一做法标志着正规学校教育的开始。约书亚的功绩在于，他以法律的形式规定每个社团都必须出资聘用教师，以保障所有的儿童都有受教育的机会，从而在立法上完善了义务教育体制。《塔木德》对班级规模有具体规定：如一名教师最多只能教25名学生。如果学生数超过40人，则必须聘请两名教师进行教学。儿童6—10岁在小学学习，10岁毕业后进入律法学校。15岁以后，如父母有能力支付教育费用，还可留校进一步深造。

在19世纪之前，犹太教育体系的典型模式是：一个教师带着一批学生，整日学习宗教课程。这样的学校被称作"和读"（意为"房间"）。所有阿什肯纳兹和塞法迪犹太社团都以这一教育模式对儿童进行教育。虽然学生随着学业的增长，可以从一个教师手中毕业，去跟另一位教师学习，但这样的学校还不是现代意义上的学校。部分社团开设一种称之为律法学校的学堂，有各种班级，但绝大部分课程都与宗教有关。多数学生在这些学校中学上几年，然后便开始做事。很少有人能一学十几年。19世纪犹太教育的一个重要现象是经学院大量开办，这在东欧尤为突出。犹太民族的传统教育模式由此奠定。

20世纪以前，犹太教育在很大程度上是为犹太男子服务的。犹太女子受到的主要是伦理道德的教育和对《圣经》的了解，有关口传律法的课程从不为女子开设。这一局面在20世纪终于得到改变。自1917年美国正统犹太教学校开始系统地为犹太女子开设《塔木德》课程以来，几乎所有的宗教学校都同时为男女开设同样的课程，打破了在教育上男女有别的传统。

20世纪以来，美国正统犹太教为了鼓励人们学习、研究犹太教教义，开设了一些全日制宗教学校，在主要讲授宗教课程外，也开设部分世俗课程。今天这样的学校数量已从第二次世界大战结束的100所增加到了600所。此外，传统经学院的数量也开始在以色列和美国迅速增长。这些经学院主要招收高中毕业生入校，有的是专为大学毕业生开办的。第二次世界大战结束以来，世界许多大学纷纷开办犹太学系，向犹太和非犹太青年提供学习希伯来语和其他犹太学方面知识的机会，使犹太学研究真正成为一种科学。

"宁可变卖所有的东西，也要把女儿嫁给学者；为了娶得学者的女儿，就是丧失一切也无所谓。"

"假如父亲与教师两人同时坐牢而又只能保释一个人出来的话，做孩子的应先保释教师。"

这些犹太格言正是犹太人尊师重教传统的真实写照。

从犹太人对教育的重视和对教师的敬重，任何人都不难想像出教育的场所——学校，会在犹太人生活中具有何等的地位。

今天，人口仅400多万的以色列却拥有6所跻身世界一流的名牌大学：希伯来大学、特拉维夫大学、以色列理工学院、海法大学、内格夫—本古安大学和巴尔伊兰大学。

犹太人之所以特别重视学校的建设，除了他们具有那种"以知识为财富"的价值取向之外，还因为在他们看来，学校无异于一口保持犹太民族生命之水的活井。《塔木德》中记载的三位伟大拉比之一，约哈南·本·札凯拉比就认为：学校在，犹太民族就在。

传说公元68年前，耶路撒冷正陷于罗马军队的包围之中，城内的犹太人面临灭绝的危险。

当时，犹太人内部分成相互对立的两派：一派是主张以武力相拼的鹰派，另一派是主张通过和平解决的鸽派。

相互对立的两派形成了剑拔弩张的态势。鸽派斗争失败后，约哈南被鹰派关押在耶路撒冷的监狱中，受到了严格的监控。

这时，约哈南突然想到了一个办法。

之后不久，从监狱中传出了约哈南的死讯，并且很快传遍了耶路撒冷的大街小巷。

信徒们把约哈南的遗体装进棺材，这样约哈南以下葬为名，逃出了鹰派的看守，来到罗马军队驻守的阵地前。

罗马守兵正要用刀刺入棺材来验尸，约哈南的信徒们纷纷跪地求情说："如果罗马的皇帝死了，你们是不是用刀验尸？我们现在已经没有武装，还能做出危害罗马军队的事吗？"

最后他们一行终于来到了罗马统帅部。

这时，约哈南走出棺材，要求见罗马军队的统帅。

约哈南直视着司令官韦斯巴芗的眼睛，说道："一直以来我对将军阁下和罗马皇帝怀着非常高的敬意。"约哈南想的是，韦斯巴芗不久将会成为罗马帝国皇帝。

粗暴的韦斯巴芗对这位长者所给的头衔摸不着头脑，并怀疑约哈南在羞辱他。

约哈南此时看出了韦斯巴芗的不悦，解释道："阁下不久就会成为罗马帝国的皇帝。"

韦斯巴芗看到约哈南十分认真的样子，火气大消，说道："那么，你来拜见我的目的是什么呢？"

约哈南回答说："请您答应我一个请求，给我留下一个能容纳10多个拉比的学校，并且永远不要破坏它。"

韦斯巴芗认真地点了一下头，并说如果他能到耶路撒冷，约哈南保存学校的愿望就会得以实现。

那一年，先是尼禄皇帝突然遇害。不久，执掌大权的三员大将又相继被暗杀。韦斯巴芗作为帝国最有贡献的将军成为帝位继承人中的预选者，这时他自称国家元首。其帝位被元老们认可。

韦斯巴芗登上皇帝宝座之后，也许是为了感谢约哈南拉比对他做出的预言，也许他还没有认识到一所学校对一个正在沦落的民族所起的精神作用。

当罗马军队血洗耶路撒冷时，他发出了一道命令：留一所能容10个拉比学习的学校。这样位于沿海平原小镇亚布内的圣经学院才得以幸存。

实际上，约哈南拉比早就想到罗马军队最终会杀进城来，血洗耶路撒冷。为了保留民族生存的希望，他才冒着生命危险保下了这所学校。

学校留下了，留下了学校里的几十个老年智者，维护了犹太民族的知识、犹太民族的传统。战争结束后，犹太人的生活模式也由于这所学校而得以继续保存下来。

约哈南拉比以保留学校这个犹太民族成员的塑造机构和犹太文化的复制机制为根本着眼点，无疑是一项极富历史感的远见卓识。

一方面，犹太民族在异族统治者眼里，大多不是作为地理政治上的因素考虑，而是文化上的吞并对象。小小的犹太民族之所以反抗世界帝国罗马而起义，其直接起因首先不是民族的政治统治，而是异族的文化统治，亦即异族的文化支配和主宰。

另一方面，犹太人区别于其他民族，首先又不是在先天的种族特征上，而是在后天的文化内涵上。在一个犹太人的名称下，有白人、黑人和黄种人；至今作为犹太教大国的以色列向一切皈依犹太教的人开放大门，因为接受犹太教就是一个正统的犹太人。

为了达到这一文化目的，犹太人长期追求的，不仅仅是保留一所学校，而是力图把整个犹太人生活的传统和犹太文化的精髓保留下来。从犹太民族2000多年来持之以恒、极少变易的民族节日，到甘愿被幽闭于"隔都"之内以保持最大的文化自由度，到复活希伯来语，所有这一切都典型地反映出了犹太民族的这种独特追求和这种独特追求中生成的独特智慧。

无独有偶。流散时期的犹太人更注重学校教育，当他们在某一处站稳脚跟后就立即创办学校，使学校成为犹太社团存在的标志。

犹太人对学校教育的重视程度从上海犹太难民身上可以窥见一二。

20世纪30年代，在德国实行的灭犹政策下，大约有3万名德、奥犹太人远渡重洋在黄浦江畔登陆，来到了上海滩。

来到上海后，待生活稍有好转些，犹太人便急于为自己的孩子寻找求学的地方。

在著名的犹太财团嘉道理家族的慷慨援助下，1938年和1939年抵达的120名犹太儿童被送进了上海犹太学堂，由嘉道理家族主持的"上海犹太青年协会"代付他们的学费。

当时上海犹太学堂已人满为患，但陆续而来的难民儿童却与日俱增，因此，为了解决实际困难，上海犹太社团又先后办起了几所学校，其中最有名的是"上海犹太青年学校"（即嘉道理学校）。他们聘请了经验丰富的教员，传授数学、美术、历史、语言（包括汉语、英语、法语）等课程。

由于教学严谨、治学有方，1946年，这所学校的学生参加了剑桥学校的考试，并取得很好的成绩。而那些前往美国的学生，也先后进入了名牌大学。

当时一位著名的教育家在参观了嘉道理学校后留言："欢乐的笑声一直回荡在这个已经忘记了怎样笑的世界里。"

一些经历过上海犹太社区生活的犹太人，回忆这段岁月留给他们的感触时说："青少年教育是上海犹太人生活中的一个亮点。"

犹太人在建立自己家园的行动中，对学校教育更寄予了厚望。

以色列建国之后，学校建设被列入了国家的主要计划，在很短的几年内就建立了各级门类齐全的学校。

犹太人非常注重学校建设，一种原因是由于他们的文化传统；另一种原因是由于他们对学校教育各种层面上的不同认识。他们认为，学校的责任不仅是培养人才，更是"维护民族共同体的重要途径"。通过正规的学校教育，才能保证其后代们很好地维护犹太人的民族身份，发扬犹太人的民族精神。

活到老，学到老

《托拉》应反复研读，因为它包罗一切；要对它反思，直到老去也要孜孜不倦；学习《托拉》不得心神不安。这是最好的准则。（《塔木德》）

有这样一个故事：

犹太人曾被多次召集起来学习上帝授予他们的律法。摩西这样命令各长老："把你们各支派的男人、女人、孩子都召集来，将这些律法说与他们听，让他们研读。"

摩西死后，约书亚成为犹太人的领袖。上帝第一次召谕他就说："这《律法书》不能离开你的嘴，要日夜诵记，好使你谨守书上所写的每一句话。"

在犹太教中，勤奋好学不只是仅次于敬神的一种美德，而且也是敬神本身的一个组成部分。在世界上所有的宗教中，把学习和研究提到这样高度的，几乎绝无仅有。

《塔木德》中写道："无论谁为钻研《托拉》而钻研《托拉》，均应受到种种褒奖；不仅如此，而且整个世界都受惠于他；他被称为一个朋友，一个可爱的人，一个爱神的人；他将变得温顺谦恭，他将变得公正、虔诚正直、富有信仰；他将能远离罪恶、接近美德；通过他，世界享有了聪慧、忠告、智性和力量。"

学习之为善，在于其本身。它是一切美德的本源。

12世纪的犹太哲学家、犹太人的"亚里士多德"，精通医学、数学的迈蒙尼德明确把学习规定为一种义务：

"每个以色列人，不管年轻年迈，强健羸弱，都必须钻研《托拉》，甚至一个靠施舍度日和不得不沿街乞讨的乞丐，一个要养家糊口的人，也必须挤出一段时间来钻研。"

由这一原则所带来的结果是形成了一种全民学习的传统。尽管并非人人都有"研习"的能力，但确实人人都把各种程度的"研习"视作当然之事。

这样一种为学习而学习的传统，对长期流散的犹太人尤其是其中的青年人来说，在调节其心理、保持其民族认同方面所起的作用是十分巨大的。即使从现代的立场上看，作为一种卓有成效的培养、激发人们的学习积极性的价值观念来说，也深深浸透着犹太人的独特智慧。

在犹太人看来，不管一个人到了多大岁数，也不论他有多么贫穷，只要他是人，就可以学习。人们可以透过学习保持"青春"，保持年轻人的心态，还可以通过学习而获得"财富"，取得精神上的富足。

"忍冻学习的西勒尔"的故事，是一个为犹太人熟悉的故事：

名垂千古的西勒尔年轻的时候，抱着一个很大的希望，那就是专心致志研究《塔木德》。可是，他没有足够的时间，也没有充裕的金钱。因为他实在太穷了。

在左思右想之后，他终于发现了一个办法：拼命地工作，靠工钱的一半过活，把剩下的钱送给学校的看门人。

"这些钱给你，"西勒尔对看门人说，"不过，请你让我进学校去听课，我很想听听贤人们在说什么。"

西勒尔就靠着这种办法听了不少课，可是他的钱实在太少了，到最后他连一片面包也买不起。这时候，看门人坚决地拦住了他，不再让他走进学校一步。

怎么办呢？他终于找到了一个好办法。他沿着学校的墙壁慢慢爬上去，然后躺在天窗边。这时候，他就可以清楚地看见教室里面上课的情形，也可以听到教师讲课的声音。

安息日前夕，天寒地冻，冷风刺骨。第二天，学生们照常到学校去上课，屋外阳光灿烂，可是屋里却漆黑一片。

原来，西勒尔躺在天窗上，已经被冻得半死。他在天窗上已经躺了整整一夜了。

从此以后，凡是有犹太人以贫穷或者没有时间为借口不去求学，人们就会这样问："你比西勒尔还穷吗？你比他还没有时间吗？"

《塔木德》中有这样一些话：

"对于像孩子那样学习的人，我们把他比作什么呢？就像用墨水在新鲜洁净的纸上书写。

"但对于像老人那样学习的人，我们把他比作什么呢？就像用墨水在破旧不堪的纸上书写。

"世界只为了学童们的呼吸而持久存在。"

拉比阿基瓦是一个贫苦的牧羊人，直到40岁才开始学习，但后来却成了最伟大的犹太学者之一。

拉比阿基瓦在40岁之前什么都没有学过。在他与富有的卡尔巴·撒弗阿的女儿结婚之后，新婚妻子催他到耶路撒冷学习《律法书》。

"我都40了，"他对妻子说，"他们都会嘲笑我的，因为我一无所知。"

"我来让你看点东西，"妻子说，"给我牵来一头背部受伤的驴子。"

驴子牵来后，她用灰土和草药敷在驴子的伤背上，于是，驴子看起来非常滑稽。

他们把驴子牵到市场上的第一天，人们都指着驴子大笑。第二天又是如此，但第三天就没有人再理那头驴子了。

"去学习《律法书》吧，"阿基瓦的妻子说，"今天人们会笑话你，明天他们就不会再笑话你了，而后天他们就会说：'他就是那样。'"

阿基瓦妻子的意思就是他40岁去学习，即使别人会嘲笑他，但是第3天就不会嘲笑了，因为什么时候学习都不迟。

因此，犹太人常把西勒尔说过的一句名言挂在嘴边："此时不学，更待何时？"以此激励自己或鼓励别人去学习知识。

只要是活着，犹太人总是不停地学习。因为对犹太人来说，学习是一种神圣的使命。犹太人认为到达天国以前，人必须不断地学习。学问的追求是永无止境的。所有的犹太人一向秉持着这样一种观念：肯学习的人比知识丰富的人更伟大。

在犹太人眼中，学问不只是学习，而是以本身所学为基础，自行再创造出新东西的一种过程。学习的目的，不在于培养另一个教师，也不是人的拷贝，而是在于创造一个新的人。

在犹太人看来学生有4种：海绵、漏斗、过滤器、筛子。

海绵把一切都吸收了；漏斗是这边耳朵进那边耳朵出；过滤器把美酒滤过，而留下渣滓；筛子把糠秕留在外面，而留下优质面粉。

因此，犹太人倡导：学习知识，应该去做筛子一样的人，只有学习才能使人更接近完美。

犹太人把学习称作"重复"。从字面上看，它的意思是亲自读、说、听，多遍地练习，最终将文章全部内容记住。这种韧性在犹太人当中是普遍存在的。

这种韧性是在犹太人的生活方式中养成的。年复一年，犹太人在自己的节日到来之际，整整一周时间都会吃一种无味的面包，以体味辛劳的感觉。饭后，他们还要诵读经文，感谢上帝的恩赐。犹太人在漫长的历史中一直遵守着这种传统。

在这种环境中培养出的犹太子女，即使不聪明，也会不断地通过练习和复习来达到对某事物的理解。正是这种努力进取的热情使犹太人比别的民族明显高出一筹。

犹太人对教育的热情早就人所共知。在希伯来语中，教育是"hinukh"，有服务、奉献之意。就是说，教育不是知识的传授，而是培养能为上帝和社会做贡献的人才。

犹太人喜欢探索，敬畏事物背后隐藏的神秘。犹太人关心的问题不是人类掌握了多少知识，而是拥有了多深的造诣和洞察力。

犹太人在教育方面最大的特点应该是贯彻完全的幼儿教育和一生学习的生涯教育。对于犹太人来说，学习却是一生的课题。

70多年前，有一个基督教徒想在街上雇一辆马车。他环顾了一下四周，发现不远处有一排犹太人的马车。走近一看，马正在吃草，却找不到车夫。他就问在路上玩耍的小孩："车夫哪去了？"小孩回答说："在车夫俱乐部吧。"于是，这个基督教徒就来到街道深处的车夫俱乐部，看到在狭窄的屋子里面，车夫们都在学习《塔木德》。虽然是车夫，但他们一有时间就学习圣书。

这就是传统犹太人的写照。

犹太人实行的是"投入式"学习法。

在研究《塔木德》的学院里的学生中，很多都是从早到晚一直学习的。人们经常可以看到他们捧着书，口中不停地读着什么。这种学习热情真是让人感慨万分。

犹太人的学习方法可以称作"投入学习法"。他们在学习的时候，动用全身的器官进行辅助。

犹太人学习是将眼睛看、口读、耳朵听等各种方式综合起来，而不是单纯地阅读。课文虽然单调，但他们可以用一种旋律来吟读。这种旋律和他们以圣歌为原形改造的歌曲（做礼拜时吟唱）的风格一样。无论是《圣经》还是《塔木德》，他们都用这种旋律来吟读。

犹太人读书的时候，除了抑扬顿挫地朗读，还要按一定的节律左右摇摆。他们一边用右手按着课本，一边动用所有能想到的身体器官，按照文章的意思，将自己完全投入进去。这种同时使用看、读和听的学习方法，比单纯默读效果好多了。

犹太人早礼拜的祈祷文只有150页左右，如果每天早晨都反复朗读，谁都可以记住。

普通的犹太人很少能用希伯来语将《圣经·旧约》全部背诵出来。但《塔木德》的研究者却有人能记住经文的全部内容，他们就是用带有节律的吟读的方式将《塔木德》"印"到大脑里面去的。他们在记忆文章的线索时，经常先背诵某一提示性的句子，然后再反复诵读《圣经》和《塔木德》，直到眼前能出现所背文句的出处。

犹太人海歇尔博士就有这种卓越的记忆力。有一次，一个学生给他借来一本非常珍贵的书。因为不断地遭受迫害，犹太教的典籍多数已经流失，那本书就属于残存不多的孤本之一。

古籍书店表示要把这本书送给他，而东岸书屋表示要帮他影印。海歇尔博士用两三天读完了这本书，便对学生说："谢谢你了。这本书已经全在我的脑子里了。"

活到老、学到老的学习态度，视学习为终生使命，再加上自己特有的"投入式"学习法，犹太人由此获得比其他民族更胜一筹的处世智慧。

第十一篇

幸福：无悔人生的音符

大海里的船

在大海上航行，没有不受伤的船。

英国劳埃德保险公司曾从拍卖市场买下一艘船，这艘船原属于荷兰福勒船舶公司，它1894年下水，在大西洋上曾138次遭遇冰山，116次触礁，13次起火，207次被风暴扭断桅杆，然而它从没有沉没过。

劳埃德保险公司老板犹太人劳伦斯基于它不可思议的经历及在保费方面带来的可观收益，最后决定把它从荷兰买回来捐给祖国以色列。现在这艘外壳凹凸不平，船体微微变形的船就停泊在以色列国家船舶博物馆里。

不过，使这只船名扬天下的并非劳埃德公司，而是一名来观光的犹太律师。当时，他刚打输了一场官司，委托人也在不久前自杀了。尽管这不是他的第一次失败辩护，也不是他遇到的第一例自杀事件，然而，每当他遇到这样的事情，他总有一种负罪感。他不知该怎样安慰这些生意场上遭受了不幸的人，这些人有的被骗，有的被罚，他们或血本无归，或倾家荡产，也有的因打输了官司，落得债务缠身。

当他在萨伦船舶博物馆看到这只船时，忽然有一种想法，为什么不让他们来参观参观这条船呢？于是，他就把这艘船的历史抄下来，和这艘船的照片一起挂在他的律师事务所里，每当商界的委托人请他辩护，无论输赢，他都建议他们去看看这艘船。据英国《泰晤士报》说，截止到1987年，已有1230万人次参观过这艘船，仅参观者的留言就有170多本。

我们大多数人没有去过以色列，也不知道这些参观者在留言簿上写了些什么，但有一点我认为似乎是不能少的——那就是，在大海上航行的没有不带伤的船。

在大海上航行，没有不带伤的船。在生命旅行中，没有不受伤的心！我们的家长应当用这艘船的故事告诉孩子：坚持住，不要沉没。

机会的种子

世界上没有十全十美的事物，你手中已经拥有的或许就是最好的。

上帝给两个犹太人各一粒种子，并许诺说："3年后，谁培育出人间最大的花朵，以至我在天堂都能够观赏，谁就能获得飞翔的机会。"

甲立即揣着种子出发。他发誓要找到世界上最肥沃的土壤，最优良的气候条件。

乙没有出发。因为他觉得脚下的土地蛮不错，随手将种子种入土中。

两年过去了。甲走遍天涯海角，但始终没有找到合适的土地，因为再好的土地都有些可疑，似乎仍有更好的土地在遥远的地方召唤他。因此，他的那粒种子一直揣在怀中，无处发芽。

而此刻乙所在的地方，已是漫山遍野的花朵了。这些花朵形态各异，多姿多彩；虽然没有一朵堪称大花，但乙不感到失望，因为种花本身的乐趣令他欣喜不已，充满创意，他更加投入这项工作了。

第三年春天，上帝站在天堂的大门边，看见人间有一朵硕大无朋的花，乙正在忙忙碌碌。上帝还看见甲依然揣着种子到处奔波，像个投机分子。

这时候，乙感觉自己身轻如燕，飘飘欲仙。

他抬头看见上帝的微笑，赶忙说："上帝呀，请原谅，我不再想飞！"上帝感到惊诧："难道这不是你种花的初衷吗？"

乙说："当初，我的确是为了飞翔的欲望而种花，并为此漫天撒种；不料机会的来临竟如此简单而主动，它也因此在我眼中失去原有的份量；现在，我更重视种花本身，因为它是飞翔之母，它高于一切机会和欲望！"

当你千方百计地寻找机会时，机会也在千方百计地寻找别人；幸福和成功是虚掩的一扇门，你努力、奋斗就能够开启幸福和成功的大门；选择正确的事业以后就要脚踏实地的工作，不去行动，就不会有半点机会。

快乐的城堡

你的心态对了，你的世界也就对了。

塞尔玛陪伴丈夫驻扎在一个沙漠的陆军基地里。丈夫奉命到沙漠里去演习，她一个人留在陆军的小铁皮房子里，天气热得受不了——在仙人掌的阴影下也有华氏125度。她没有人可谈天——身边只有墨西哥人和印第安人，而他们不会说英语。她非常难过，于是就写信给远在以色列的父母，说要丢开一切回家去。

赎罪日那天，她收到了父亲的回信，回信只有两行，这两行信却永远留在她心中，完全改变了她的生活："两个人从牢中的铁窗望出去，一个看到泥土，一个却看到了星星。"塞尔玛一再读这封信，觉得非常惭愧。她决定要在沙漠中找到星星。

塞尔玛开始和当地人交朋友，他们的反应使她非常惊奇，她对他们的纺织、陶器表示兴趣，他们就把最喜欢但舍不得卖给观光客人的纺织品和陶器送给了她。塞尔玛研究那些引人入迷的仙人掌和各种沙漠植物、物态，又学习有关土拨鼠的知识。她观看沙漠日落，还寻找海螺壳，这些海螺壳是几万年前，这沙漠还是海洋时留下来的……原来难以忍受的环境变成了令人兴奋、留连忘返的奇景。

是什么使这位女士内心发生了这么大的转变呢？

沙漠没有改变，印第安人也没有改变，但是这位女士的念头改变了，心态改变了。一念之差，使她把原先认为恶劣的情况变为一生中最有意义的冒险。她为发现新世界而兴奋不已，并为此写了一本书，以《快乐的城堡》为书名出版了。她从自己造的牢房里看出去，终于看到了星星。

在推销员中，广泛流传着一个这样的故事：两个犹太人到非洲去推销皮鞋。由于炎热，非洲人向来都是打赤脚。第一个推销员看到非洲人都打赤脚，立刻失望起来："这些人都打赤脚，怎么会要我的鞋呢？"于是放弃努力，失败沮丧而回；另一个推销员看到非洲人都打赤脚，惊喜万分："这些人都没有皮鞋穿，这皮鞋市场大得很呢。"于是想方设法，引导非洲人购买皮鞋，最后发大财而回。

这就是一念之差导致的天壤之别。同样是非洲市场，同样面对打赤脚的非洲人，由于一念之差，一个人灰心失望，不战而败；而另一个人满怀信心，大获全胜。

成功人士的首要标志，在于他的心态。一个人如果心态积极，乐观地面对人生，乐观地接受挑战和应付麻烦事，那他就成功了一半。人与人之间只有很小的差异，但这种很小的差异却往往造成了巨大的差异！很小的差异就是所具备的心态是积极的还是消极的，而这种很小的差异确是我们小时候所受的教育所决定的，巨大的差异就是成功与失败。

快乐总在放弃后

事情的意义并不在于事情本身，而在于我们对待它的态度。

所罗门的后妃们为他生了一群白白胖胖的儿子，后来，他最宠爱的妃子又生下了一位伶俐可爱的公主。国王非常疼爱小公主，视如掌上明珠，一点也舍不得训斥责备，凡是公主所要求的东西，国王从来不会拒绝，就是天上的星星，国王也恨不得亲自上天，为公主摘下来，为其点缀彩衣。

公主在国王的呵护、纵容下，慢慢成长为亭亭玉立的少女，渐渐懂得装扮自己。有一天，春雨霏霏的午后，公主带着婢女徜徉于宫中花园，只见树枝上的花朵，经过雨水的润泽，花苞上挂着几滴雨珠，显得愈发的娇艳；葱郁的树木，翠绿得直逼人眼。公主正在欣赏雨后的景致，忽然目光被荷花池中的奇观所吸引住了。原来池水热气正在蒸发，正冒出一颗颗状如珍珠的水泡儿，浑圆晶莹，闪耀夺目。公主入神忘我，突发异想：

"如果把这些水泡儿串成花环，戴在头发上，一定美丽极了！"打定主意，于是叫婢女把水泡捞上来，但是婢女的手一触及水泡，水泡便破灭无影。折腾了半天，公主在池边等得非常不悦，婢女在池里捞得心急如焚。公主终于气愤难忍，一怒之下，便跑回宫中，把国王拉到池畔，对着一池闪闪发光的水泡说：

"父王！你一向是最疼爱我的，我要什么东西，你都依着我。女儿想要把池里的水泡串成花环，作为装饰，你说好不好？"

"傻孩子！水泡儿虽然好看，终究是虚幻不实的东西，怎么可能做成花环呢？父王另外给你找珍珠水晶，一定比水泡儿还要美丽！"国王无限怜爱地看着女儿。

"不要！不要！我只要水泡儿花环，我不要什么珍珠水晶。如果你不给我，我就不想活了。"公主骄纵撒野地哭闹着。

束手无策的国王只好把朝中的大臣们集合于花园，忧心忡忡地商议道：

"各位大臣们！你们号称是本国的奇工巧匠，你们之中如果有人能够以奇异的技艺，把池中的水泡为公主编织成美丽的花环，我便重重奖赏。"

"报告陛下！水泡瞬间生灭，触摸即破，怎么能够拿来做花环呢？"大臣们面面相觑，不知如何是好。

"哼！这么简单的事，你们都无法办到，我平日如何善待你们的？如果你们无法满足我女儿的心愿，将格杀勿论。"国王盛怒地呵斥道。

"国王请息怒，我有办法替公主做成花环，只是老臣我老眼昏花，实在看不清楚水池中的泡沫，哪一颗比较均匀圆满，能否请公主亲自挑选，交给我来编串。"一位须发斑白的大臣神情笃定地出面请示。

公主听了，兴高采烈地拿起瓢子，弯腰，认真地舀取自己中意的水泡。可是水泡经公主轻轻一触摸，霎时变为泡影。捞了老半天，公主一颗水泡也捞不起来，睿智的大臣于是和蔼地对一脸沮丧的公主说：水泡儿本来就是生灭无常，不能常驻久留之物，如果把人生的希望建立在这种虚假不实、瞬间即逝的现象上，到头来必然只是一场空。"

完美主义者是很难快乐的，更何况是这种给自己和他人设定了一个无法达到标准的人。人应该将目标和方法订得灵活一些，而不是死钻牛角尖，才能退一步海阔天空。犹太人正是在残酷的现实中用这种方法走出了自己的天空，他们也将这一真谛代代相传，让自己的后代在夹缝中获得广阔的天空。

你就是百万富翁

我们总是为自己没有的东西而哀声叹气，却常常忽视了自己拥有的宝贵财富。

智慧而年老的犹太牧师胡里奥在密西西比河边，遇见了忧郁的年轻人费列姆。

费列姆唉声叹气，满脸愁云惨雾。

"孩子，你为何如此郁郁不乐呢？"胡里奥关切地问。

费列姆看了一眼胡里奥，叹了口气："我是一个名副其实的穷光蛋。我没有房子，没有太太，更没有孩子；我也没有工作，没有收入，整天饥一顿饱一顿地度日。像我这一无所有的人，怎么能高兴得起来呢？"

"傻孩子，"胡里奥笑道："其实，你应该开怀大笑才对！"

"开怀大笑？为什么？"费列姆不解地问。

"因为，你其实是一个百万富翁呢！"胡里奥有点儿诡秘地说。

"百万富翁？您别拿我这穷光蛋寻开心了。"费列姆不高兴了，转身欲走。

"我怎敢拿你寻开心？孩子，现在能回答我几个问题吗？"

"什么问题？"费列姆有点好奇。

"假如，现在我出20万美元，买走你的健康，你愿意吗？"

"不愿意。"费列姆摇摇头。

"假如，现在我再出20万美元，买走你的青春，让你从此变成一个小老头儿，你愿意么？"

"当然不愿意！"费列姆干脆地回答。

"假如，我现出20万美元，买走你的美貌，让你从此变成一个丑八怪，你可愿意？"

"不愿意！当然不愿意！"费列姆头摇得像个拨浪鼓。

"假如，我再出20美万，买走你的智慧，让你从此浑浑噩噩，度此一生，你可愿意？"

"傻瓜才愿意！"费列姆一扭头，又想走开。

"别慌，请回答完我最后一个问题：假如现在我再出20万美元，让你去杀人放火，让你从此失去良心，你可愿意？"

"天哪！干这种缺德事，魔鬼才愿意！"费列姆愤愤地回答道。

"好了，刚才我已经开价100万美元了，仍然买不走你身上的任何东西，你说，你不是百万富翁，又是什么？"胡里奥微笑着问。

费列姆恍然大悟。他笑着谢过胡里奥的指点，向远方走去。从此，他不再叹息，不再忧郁，微笑着寻找他的新生活去了……

在羡慕别人的同时，我们往往忽略了本身的财富。与其"临渊羡鱼，不如退而结网"。健康、青春、美貌、智慧、良心，每一样都是无价的，而当你具备这些时，你还缺什么呢？让孩子懂得好好珍惜他的所得，好好利用他的所有，他会发自己已经是一个百万富翁！那么，你的孩子一定会走过快乐的一生。

乞丐让我富足

人人心中都有一位国王。去跟这位国王倾谈，国王就会现身。

前一阵，阿格农访问了越南的胡志明市。那些天，在阿格农下榻的那家饭店外常常出现一个小女孩。她守候在门口，挂着一根拐杖，频频将手伸向进进出出的人。她是个乞丐。每次遇见她的时候，阿格农会握住她伸过来的小手，或是用当地话跟她打一声招呼，冲她笑笑。

在访问的最后一天，阿格农莫名其妙地被困在了饭店门前街道上的车流中。之前阿格农得到的忠告是，穿行马路时，直接从车水马龙中穿过去，不必东瞧西看，来往奔驰的车辆自然会给路人让道。但这一次，面对熙攘的车流，阿格农却有些手足无措。正当阿格农踯躅不前的时候，一只手忽然搭在了阿格农的胳膊上。低头一看，是那个小乞丐，正笑吟吟地抬头看着阿格农。她朝街对面点点头，意思是要带阿格农过街。随后，她领着阿格农，他们一块儿在乱哄哄的路上缓缓穿行，她不停地催阿格农往前走。

到了路中央，阿格农忍不住又瞧了瞧她，不由得叫出声来："你笑得真是好看！"看得出来，她不懂英语，但显然从语气中体会到了阿格农的意思，因为她蓦地伸出双手紧紧拥抱了阿格农一下，当时他们身旁是络绎不绝的车流。他们俩继续小心翼翼地往前躲避着走，终于有惊无险地来到了人行便道。她勾住阿格农的脖颈往下拽，一左一右亲了两下阿格农的脸，然后一瘸一拐地走了，还不忘回头冲阿格农招招小手，脸上洋溢着灿烂的笑容。

自始至终，阿格农没有给过她一分钱。

阿格农只是面带着微笑，真诚地看待那些靠乞讨为生的人，而不是给他们鄙夷的一瞥。当那只祈求的手伸过来的时候，阿格农只是紧紧地握了一会儿，并且学着用当地语言向人家问候了一声。所有这些都是小事，人人都可以轻而易举地做到，但这又是头等重要的大事，无论是对你自己还是对他人来说。就像德雷莎修女曾说过的一句话："如果你做不了大的善事，你可以做那些细小的，带着伟大的爱去做。"

几分钟前，大家还是互不相识的陌生人，只一会儿工夫，他们就成了久别重逢的老友。互相交换姓名时，他的眼睛熠熠闪光。这段情谊非常短暂，但很真挚，它正应了犹太人的一句谚语："人人心中都有一位国王。去跟这位国王倾谈，国王就会现身。"

在生活中，和这些再平凡不过的人打交道，你所获得的东西远远超越了金钱的价值，你的人生因而变得愈加充实。这样的经历在不断重复着一个朴素的道理：没有人是无价值的——人人都是一座宝藏，值得你花一番工夫去挖掘。

请勿忘记身边的宝物

有时自己的院子里也埋藏了许多宝物，只是我们没有去挖掘而已！

有一个人即将离开他居住多年的城镇，搬到另外一个陌生的地方去定居。临行前，他去拜访拉比，并请拉比吉米克给他一些忠告。

拉比给他讲了一个这样的故事：

"有个住在柏林的犹太人，时常梦见在一个碾房的地下，埋藏了许多等待他去挖掘的宝物。终于有一天，他抑制不住自己的好奇心，而决定次日一早便去挖掘宝物。

第二天早晨天未破晓时，他就已经起床准备好了，到了碾房之后，他便仔仔细细、小心翼翼地开始挖了起来，可是几乎挖遍了碾房，却仍然没有掘出任何值钱的东西。

碾房的厂主闻声而至，问他为什么在此地挖掘，当房主听完这人说明缘由后，突然高声大叫：

"太奇妙了，我也经常梦见一个住在柏林的人，而他的院子里也埋着许多宝贝。"

厂主不但这么说，甚至还指出梦中那个人的名字，说来也真凑巧，这正是那个犹太人自己的名字啊！

于是犹太人立刻马不停蹄地回到自己的家里，而且赶忙挖掘院子，没想到他真的挖出许多宝物来了。

这一个故事对这个准备移居的人有很大的启示，他决定不再移迁地方了。在很多人眼中，"外国的月亮比自己的圆"，但是犹太人却不一样，他们决不嫌弃自己独特的传统和文化而一味地崇拜别人。

犹太人有一句这样的格言："请勿忘怀身边的宝物"。

犹太人还有一句类似的格言："不要老是妄想去坐在国王的餐桌前；你自己家里的餐桌更好，因为在那里你便是国王。"看重自己，善于从自己身上找优势，致力于发掘自己的能力和潜力；同时珍惜身边的人和事，这就是犹太人较之其他民族的处世杰出之处。

人生的试金石

有时候那神奇的试金石就握在我们的手中，而我们却浑然不觉。

著名的亚历山大图书馆在一次火灾中被毁之后，人们在废墟中发现了残存的一本书。可惜这本书没有什么学术价值，政府打算把这本书拍卖掉。由于大家都知道这本书的学术价值不大，没有人愿意买这本书，最终，一个犹太学生购得了这本书。

这本书不但没有学术价值，内容也枯燥无味。那个犹太学生在少有其他的书读的情况下，还是经常把这本书拿出来翻阅，翻阅到后来，书被翻破了，书脊中掉出一个小纸条，上面写着试金石的秘密:试金石是能把任何金属变成纯金的一种小鹅卵石，他看起来和其他的鹅卵石没有什么区别，静静地躺在沙滩上，然而，一般的鹅卵石比较冷，只有试金石摸起来是温暖的。

犹太学生获知这个秘密后欣喜若狂，立刻赶到大海边寻找试金石，犹太学生满怀信心的挑选那些鹅卵石，可是那些石头摸起来都是凉凉的。犹太学生渐渐地有些失望了，他愤怒的把捡起来德鹅卵石朝大海深处扔去。他就这样日复一日，年复一年的在海边扔鹅卵石，而且扔鹅卵石的力气越来越大，那些鹅卵石也被越扔越远。

多年后的一天，犹太学生捡到一块温暖的鹅卵石。然而，他已经形成了到手就扔的习惯，当他意识到那是一块温暖的鹅卵石的时候，那块传说中的试金石已经被他扔到了深海中。他懊恼得潜入海底，寻找了许多天，还是找不到扔出的那块试金石。

犹太学生终于失望了，他一无所获地回到了首都，当时，国内正举行建国百年庆典，国王一时开心摆擂台寻找全国力气最大的人，冠军将被封为伯爵，并可获得大量黄金和良田的赏赐。犹太学生想起这么多年来在海边扔鹅卵石的经历，觉得机会来了。犹太学生随着众人去看热闹，看来看去，觉得那些人的力气都没有自己的力气大。于是他上台去比试，结果把参赛者一个个打败了，获得了大力士冠军，得到了国王的赏赐。

犹太学生变成了富裕而体面的伯爵，他感谢那本给他带来好运的书，决定把那本书重新装订并保存起来。他拆开书脊以便重新装订，却在书脊里发现了夹藏的另外一张纸条，上面写着：世界上没有真正的试金石，你对人生的态度就是试金石。当你老是抱怨没有机会的时候，或许机会真的到了手边你也把握不了。

犹太人经常用这个故事教育自己的子女：不要老是抱怨没有机会，其实机会就在手边，关键在于我们是否能好好把握。"世界上没有真正的试金石，你对人生的态度就是试金石。"

如何生活由你自己决定

要教育孩子懂得为他人服务。

有一对住在达拉斯富有的犹太夫妇，他们常为如何教导他们的孩子们服务他人而烦恼。孩子们已习惯要什么有什么，接受他人的服务，至于服务他人，那简直是中古时代甚至像火星那样遥远的事。做父亲的开始明白这一点时已太晚，但没什么，总比完全不开始好！

于是孩子的父母准备了一个特别的活动。假期开始前一周，他告诉全家："这次感恩节我们要做点不一样的事。"

几个十几岁的孩子立刻坐直，因为通常在这种情形下，父亲会告诉大家一些特别有趣的活动，例如：到巴拿马群岛去玩小艇拖曳的降落伞等。但这次却不一样。

"我们一起到救济中心去，"他说，"去侍候穷人和流浪者吃感恩节晚餐。"

"我们要做什么？"

"得了，爸，你在开玩笑，是不是？告诉我们你在开玩笑。"

他没有。由于他的坚持，孩子们一起去了，但路上孩子们并不很高兴，他们很奇怪父亲怎么会做出这样的决定——到救济中心服务他人！若是朋友们知道会怎样想？

但是当天发生的事完全出乎了孩子们的预料，之后也无人能想到有哪一天会比那天更美好。他们在厨房忙来忙去,把火鸡和调味料捧上餐桌,切南瓜派,添了无数杯咖啡。他们在小孩子们面前扮小丑,听老人家说许久以前和遥远的感恩节故事。

父亲看到自己孩子的举动简直开心极了。几周后,孩子们提出了要求:"爸……我们想回去救济中心侍候圣诞节晚餐!"他们去了。如同孩子们所盼望的。在那里遇见感恩节时认识的一些人。他们尤其记得一个有着特殊需要的家庭。当这家在吃饭的行列中出现时,他们高兴极了。从那时起,两家人有过数次接触;原本娇生惯养的孩子不只一次卷起袖管,侍候达拉斯最贫穷的家庭之一。

这家庭发生了既明显又微妙的改变,孩子们不再以为凡事皆理所当然,父母亲发觉他们变得更认真、更负责任。是的,虽然晚了一点,但那总是一个开始。

什么是幸福的人生

> 幸福其实并不遥远,就在你身边,触手可及。

有一个美国商人坐在红海海边一个小渔村的码头上,看着一个犹太渔夫划着一艘小船靠岸。小船上有好几尾大黄鳍,这个美国商人对犹太渔夫能抓这么高档的鱼恭维了一番,还问要多少时间才能抓这么多。

犹太渔夫说,才一会儿功夫就抓到了。美国人再问,你为什么不待久一点,好多抓一些鱼?

犹太渔夫觉得不以为然:这些鱼已经足够我一家人生活所需啦!

美国人又问:那么你一天剩下那么多时间都在干什么?

犹太渔夫解释:我呀?我每天睡到自然醒,出海抓几条鱼,回来后跟孩子们玩一玩,再跟老婆睡个午觉,黄昏时晃到村子里喝点小酒,跟哥儿们玩玩吉他,我的日子可过得充实又忙碌呢!美国人不以为然,帮他出主意,他说:我是美国哈佛大学企管硕士,我倒是可以帮你忙!你应该每天多花一些时间去抓鱼,到时候你就有钱去买条大一点的船。自然你就可以抓更多的鱼,再买更多渔船,然后你就可以拥有一个渔船队。到时候你就不必把鱼卖给鱼贩子,而是直接卖给加工厂。然后你可以自己开一家罐头工厂。如此你就可以控制整个生产、加工处理和行销。然后你可以离开这个小渔村,搬到犹太城,再搬到洛杉矶,最后到纽约。在那里经营你不断扩充的企业。

犹太渔夫问:这要花多少时间呢?

美国人回答:15到20年。

然后呢?

美国人大笑着说:然后你就可以在家当皇帝啦!时机一到,你就可以宣布股票上市,把你的公司股份卖给投资大众。到时候你就发啦!你可以几亿几亿地赚!

然后呢?

美国人说：到那个时候你就可以退休啦！你可以搬到海边的小渔村去住。每天睡到自然醒，出海随便抓几条鱼，跟孩子们玩一玩，再跟老婆睡个午觉，黄昏时，晃到村子里喝点小酒，跟哥儿们玩玩吉他啰！

犹太渔夫疑惑地说：我现在不就是这样了吗？

人的一生，到底应该追求什么？舍得放弃是一种超脱，当你能够放弃一切无谓的忙碌，做到简单、从容、快乐的活着的时候，你人生中的那道坎也就过去了。你就拥有了一个幸福的人生。

五盘三胜制

一次失败，并不等于最终的失败，不断挑战，终有成功之时。

一向一帆风顺的皮特，在生意上第一次遭受了巨大的挫折与失败。皮特心灰意冷，整天呆在家里闷闷不乐。

7岁的儿子普里特放学回来，兴高采烈地向皮特大声宣布："爸，我有个好消息向您宣布！"

"是吗？普里特。"

皮特漫不经心地回答。聪明的普里特看出了皮特的不快，问道："哦，爸爸，您为什么总不高兴？是打球输了吗？"

普里特刚刚加入学校乒乓球业余培训班，对乒乓球非常感兴趣。皮特回答他说："差不多，我输给了对手。"

"那有什么了不起！"普里特说，"我刚进业余班那阵，连球拍都不会握，可我盯住了班上的冠军，非要跟他拼拼不可。每天训练一完，我就找他挑战，当然我从来没赢过，心情非常沮丧，所以我非常同情您，爸爸，您的对手是冠军吗？"

"那不见得！"皮特答道。

"哇！"普里特叫了起来，"连冠军都不是，那就更不应该输给他。您知道我是如何战胜冠军的吗？"

"如何？"

"我给自己打气，经过一段时间准备后，我又去向骄傲的冠军挑战，果然，第一局我又输了。"

"第二局呢？"

"也输了。"

"那你真的又输了。"

"可是，爸爸，第三局我赢了他。"

"可你，最终还是输给了他。"

"不，爸爸。"普里特自豪地说，"记住，第三局我赢了他，我终于打败了他一回。爸爸，您失败了几次？"

"一次！"

"爸，您真笨，才一局您就认输了，您应该来五盘三胜制，彻底打败对手。"

"五盘三胜制？这主意真好！"皮特豁然开朗，心情也好多了，便问普里特："你刚进门时说有好消息告诉我，是什么好消息？"

普里特认真地答道："就是在第三局我终于战胜了对手呀！"

成功者的人生并不是没有失败的人生。失败了能再爬起来，从失败中吸取教训，牢牢盯住自己的目标，才能获得真正的成功。犹太人是不怕失败挑衅的，他们敞开胸怀迎接失败的挑战，因为他们就像《塔木德》上那样：谁能笑到最后，才是笑得最好。不到最后，绝对不放弃。

希望与失望

每一个失败里，总包含着成功的种子。

自从传言有人在死海畔散步时无意中发现金子后，这里便常有来自四面八方的淘金者。他们都想成为富翁，于是寻遍了整个河床，还在河床上挖出很多大坑，希望借助它找到更多的金子。有一些人找到了金子，但另外一些人却一无所得，只好扫兴而归。

也有不甘心落空的人，便驻扎在这里，继续寻找。彼得·弗雷特就是其中的一员。他在河床附近买下一块没人要的土地，一个人默默地工作。他为了找金子，已把所有的钱都押在这块土地上。他埋头苦干了几个月，直到土地全变成坑坑洼洼，他失望了——他翻遍了整块土地，却连一丁点儿金子都没看见。

这样的日子又过了三个月，他连买面包的钱都快没有了。于是他准备离开这儿到别处去谋生。

就在他即将离去的前一个晚上，天下起了倾盆大雨，并且一下就是三天三夜。雨终于停了，彼得走出小木屋，发现眼前的土地看上去好像和以前不一样：坑坑洼洼已被大水冲刷平整，松软的土地上长出一层绿茸茸的小草。

"这里没找到金子，"彼得忽有所悟地说，"但这土地很肥沃，我可以用来种花，并且拿到镇上去卖给那些富人。他们一定会买些花装扮他们华丽的厅堂。如果真这样的话，那么我一定会赚许多钱，有朝一日我也会成为富人……"

彼得仿佛看到了将来，美美地撇了一下嘴说："对，不走了，我就种花！"

于是，他留了下来。彼得花了不少精力培育花苗，不久田地里长满了美丽娇艳的各色鲜花。

他拿到镇上去卖，那些富人一个劲地称赞："瞧，多美的花，我们从没见过这么美丽鲜艳的花!"他们很乐意付少量的钱来买彼得的花，以便使他们的家庭变得更富丽堂皇。

5年后，彼得终于实现了他的梦想——成了一个富翁。

在我们的生命旅途中，一定会遇到各种各样的挫折和困境，如果在面临困境时，你认为自己真的失败了，那么你就会倒下来的；如果你对自己说，一定要坚持，那么就意味着，你的人生有了希望，你就会走过险境获得成功。看完这则犹太故事后，家长可以有把握地对孩子说，只要我们用心，就能从任何一件事中找到其中的正面含义和积极因素。

想象人生

> 想象是创造的源泉，它比知识更重要。

有一个经常潜心研读《犹太法典》的女孩子，她除了有着丰富的想象力之外，与别人相比没有什么不同，平常的父母，平常的相貌，上的也是平常的大学。

大学的宽松环境让她有了更多的时间去想象，她的脑海中常会出现童话中的情景：穿着白衣裙的美丽姑娘、蔚蓝的天空、绿绿的草地，当然，还有巫婆和魔鬼……他们之间有着许多离奇的故事，她常常动手把这些想法写下来，并且乐此不疲。

在大学里，她爱上了一个男孩，他的举止和言谈真的和童话里一样，他是她想象中的"白马王子"，她很爱他。但是，他却受不了她的脑海中那荒唐的不切实际的想法。她会在约会的时候，突然给他讲述一个刚刚想到的童话，他烦透了这样的远离人间烟火的故事。他对她说："你已经23岁了，但你看来永远都长不大。"他弃她而去。

失恋的打击并没有停止她的梦想和写作。25岁那年，她带着一些淡淡的忧伤和改变生活环境的想法，来到了她向往的具有浪漫色彩的葡萄牙。在那里，她很快找到了一份英语教师的工作，业余时间继续写她的童话。

一位青年记者很快走进了她的生活，青年记者幽默、风趣而且才华横溢。她爱上了他，并且很快步入了婚姻的殿堂。

但她的奇思异想还是让他苦不堪言，他开始和其他姑娘来往。不久，他们的婚姻走到了尽头，他留给她一个女儿。

她经受了生命中最沉重的一击。祸不单行的是离婚不久，她又被学校解聘了，无法在葡萄牙立足的她只得回到了自己的故乡，靠领取社会救济金和亲友的资助生活。

但她还是没有停止她的写作，现在她的要求很低，只是把这些童话故事讲给女儿听。

有一次，她在英格兰乘地铁，她坐在冰冷的椅子上等晚点的地铁到来，一个人物造型突然涌上心头。回到家，她铺开稿纸，多年的生活阅历让她的灵感和创作热情一发不可收拾。

她的长篇童话《哈利·波特》问世了，并不看好这本书的出版商出版了这本书，没想到，一上市就畅销全国，达到了数百万之巨，所有人都为此感到吃惊。

她叫乔安娜·凯瑟琳·罗琳，她被评为"英国在职妇女收入榜"之首，被美国著名的《福布斯》杂志列入"100名全球最有权力名人"，名列第25位。

《犹太法典》告诉我们，无论是想象的还是现实的，我们都应该自己选择自己的人生并为自己选择的人生进行奋斗。前途也许一片迷茫，也许荆棘丛生，但过程本身就是幸福的，因为你确信：总有一天，它会带你到达心中的圣地！

幸福的秘密

幸福的秘密在于欣赏世界上所有的奇观异景，同时永远不要忘记汤匙里的两滴油。

有位犹太商人，把儿子派往世界上最有智慧的人那儿去讨教幸福的秘密，少年在沙漠里走了40天，终于来到一座位于山顶上的美丽城堡，那里住着他要寻找的拉比。

少年走进了一间大厅，可他并没有遇到拉比。相反却目睹了一个热闹非凡的场面：商人们进进出出，每个角落都有人在进行交谈，一支小乐队在演奏轻柔的乐曲，一张桌子上摆满了那个地区最好的美味佳肴。拉比正在一个个地和所有的人谈话，所以少年必须要等两个小时才能轮到。

拉比认真地听了少年来访的原因，但说此刻他没有时间向少年解说幸福的秘密。他建议少年在他的宫殿里转上一圈，两个小时后再回来找他。

"与此同时我要求你办一件事，"拉比边说边把一个汤匙递给少年并在里面滴了两滴油，"当你走路的时候，拿好这个汤匙不要让油洒出来。"

少年开始沿着宫殿的台阶上上下下，眼睛始终紧盯着汤匙不放。两个小时后，他回到了拉比的面前。

"你看到我餐厅里的波斯地毯了吗？看到园艺大师花千年心血创造出来的花园了吗？注意到我图书馆里那些美丽的羊皮纸文献了吗？"拉比问道。

少年十分尴尬，坦率地承认他什么也没有看到。他当时唯一关注的只是拉比交付给他的事。即不要让油从汤匙里洒出来。

"那你就回去见识一下我这里的种种珍奇之物吧。"拉比说，"如果你不了解一个人的家，你就不能信任他。"

少年轻松多了。他拿起汤匙重新回到宫殿漫步。这一次，他注意到了天花板和墙壁上悬挂的所有艺术品，观赏了花园和四周的山景，看到了花儿的娇嫩和每件艺术品都被精心地摆放在恰如其分的位置上。当他再回到拉比的面前时，少年详详细细地讲述了他所见到的一切。

"可是我交给你的两滴油在哪里呢？"拉比问道。

少年朝汤匙望去，发现油已经洒光了。

"那么，这就是我要给你的唯一忠告，"拉比说道，"幸福的秘密在于欣赏世界上所有的奇观异景，同时永远不要忘记汤匙里的两滴油。"

做到真正的自己，不被外界所搅乱自己的心情，不在乎别人的赞誉与吹捧，更不在乎别人的批评和攻击，这样的人才是真正快乐的人！用这种处世智慧去教导孩子，你会得到意想不到的宽慰。

永不休息的鬼

永远不停地工作，其实是最大的缺点。

一个人大起胆子去问一个卖鬼的犹太人："你的鬼，一只卖多少钱？"

犹太人说："一只要200两黄金！"

"你这是搞什么鬼？要这么贵！"

犹太人说："我这鬼很稀有的。它是只巧鬼。任何事情只要主人吩咐，全都会做。又是只工作鬼，很会工作，一天的工作量抵得100人。你买回去只要很短的时间不但可以赚回200两黄金，还可以成为富翁呀！"

过路的人感到疑惑："这只鬼既然那么好，为什么你不自己使用呢？"

犹太人说："不瞒您说，这鬼万般皆好，唯一的缺点是，只要一开始工作，就永远不会停止。因为鬼不像人，是不需要睡觉休息的。所以您要24小时，从早到晚把所有的事吩咐好，不可以让它有空闲，只要一有空闲，它就会完全按照自己的意思工作。我自己家里的活儿有限，不敢使这只鬼，才想把它卖给更需要的人！"

过路人心想自己的田地广大，家里有忙不完的事，就说："这哪里是缺点，实在是最大的优点呀！"

于是花200两黄金把鬼买回家，成了鬼的主人。

主人叫鬼种田，没想到一大片地，两天就种完了。

主人叫鬼盖房子，没想到3天房子就盖好了。

主人叫鬼做木工装潢，没想到半天房子就装潢好了。

整地、搬运、挑担、炊煮、纺织，不论做什么，鬼都会做，而且很快就做好了。

短短一年，鬼主人就成了大富翁。

但是，主人和鬼变得一样忙碌，鬼是做个不停，主人是想个不停。他劳心费神地苦思下一个指令，每当他想到一个困难的工作，例如在一个核挑核里刻十艘小舟，或在象牙球里刻9个象牙球，他都会欢喜不已，以为鬼要很久才会做好。

没想到，不论多么困难的事，鬼总是很快就做好了。

有一天，主人实在撑不住，累倒了，忘记吩咐鬼要做什么事。

鬼把主人的房子拆了，将地整平，把牛羊牲畜都杀了，一只一只地种在田里。将财宝衣服全部压碎磨成粉末。再把主人的孩子杀了，丢到锅里炊煮……

正当鬼忙得不可开交，主人从睡梦中惊醒，才发现一切都没有了。原来，永远不停止地工作，真是最大的缺点呀！

当我们马不停蹄地围绕着工作转的时候，我们忘记了工作的目的！让自己变成工作的附庸，还在洋洋自得的人，其实是悲哀的。更多的时候，我们需要的是停下来，哪怕什么也不想都是好的，因为这至少证明你还有思考自己人生的可能。

故事正是以它似乎夸张的手法告诉我们："原来，永远不停地工作，真是最大的缺点呀！"别以为不停地工作是一种成功的前兆，是一种人生的优点。其实，工作与休息是相得益彰的，而且工作的同时，还需要有时间思考。读完这个犹太寓言后，我们的家长应该有很多感慨吧。

钻石就在我们的身边

每个人都拥有钻石宝藏，那就是你的潜力和能力。

古犹太国有个年轻的国王，他既有权势，又很富有，但却为两个问题所困扰，他经常不断地问自己，他一生中最重要的时光是什么时候？他一生中最重要的人是谁？

他对全世界的哲学家宣布，凡是能圆满地回答出这两个问题的人，将分享他的财富。哲学家们从世界各个角落赶来了，但他们的答案却没有一个能让国王满意。

这时有人告诉国王说，在很远的山里住着一位非常有智慧的老人，也许老人能帮他找到答案。

国王到达那个智慧老人居住的山脚下时，他装扮成了一个农民。

他来到智慧老人住的简陋的小屋前，发现老人盘腿坐在地上，正在挖着什么。"听说你是个很有智慧的人，能回答所有问题，"国王说，"你能告诉我谁是我生命中最重要的人？何时是最重要的时刻吗？"

"帮我挖点土豆，"老人说，"把它们拿到河边洗干净。我烧些水，你可以和我一起喝一点汤。"

国王以为这是对他的考验，就照他说的做了。他和老人一起呆了几天，希望他的问题能得到解答，但老人却没有回答。

最后，国王对自己和这个人一起浪费了好几天时间感到非常气愤。他拿出自己的国王玉玺，表明了自己的身份，宣布老人是个骗子。

老人说："我们第一天相遇时，我就回答了你的问题，但你没明白我的答案。"

"你的意思是什么呢？"国王问。

"你来的时候我向你表示欢迎，让你住在我家里。"老人接着说，"要知道过去的已经过去，将来的还未来临——你生命中最重要的时刻就是现在，你生命中最重要的人就是现在和你呆在一起的人，因为正是他和你分享并体验着生活啊。"

有个农夫拥有一块土地，生活过得很不错。但是，他听说要是有块土地的底下埋着钻石的话，他就可以富得难以想像。于是，农夫把自己的地卖了，离家出走，四处寻找可以发现钻石的地方。农夫走向遥远的异国他乡，然而却没发现钻石，最后，他囊空如洗。一天晚上，他在一个海滩自杀身亡。真是无巧不成书!那个买下这个农夫土地的人在散步时，无意中发现了一块异样的石头，他拾起来一看，晶光闪闪，反射出光芒。他拿给别人鉴定，才发现这是一块钻石。这样，就在农夫卖掉的这块土地上，新主人发现了从未被人发现的最大的钻石宝藏。

每个人都拥有钻石宝藏，那就是你的潜力和能力。你身上的这些钻石足以使你的理想变成现实。你必须做到的，只是更好地开发你的"钻石"，为实现自己的理想不断地付出辛劳。珍惜现在要比期望未来要重要得多，生活给予我们的实在太多了，可惜大多数人都不懂得珍惜。钻石就在我们身旁，关键是我们要有一双发现生活，发现钻石的慧眼。

最不起眼的地方

平常的事物里，往往隐藏着极其珍贵的东西。

犹太拉比们常说：最好的机会往往就像宝矿一样，永远隐藏在其貌不扬的石块中，等着有心人去发现、去珍惜。所以，把握住每一次机会，绝不轻易放弃。机会总是藏在最不起眼的地方，我们要小心翼翼地把机会握在手中，慢慢地发现蕴藏在璞石里的无价宝玉。珍惜身边的一切，因为，那些能抓在手中的事物，可能在某个时刻会变成无价的宝物。

犹太人最著名的拉比希勒尔正将自己年轻时冒险犯难的故事，一一说给儿子听。老父亲那段艰苦而又精彩的创业故事，深深感动了儿子，也鼓舞了孩子，成为他创造无价人生的目标。

他决定要离开温暖的家，出外寻找宝物。他特别订制了一艘大船，在亲友们的祝福下，大船载着男孩的梦想扬帆出发。

他历经了险恶的风浪，穿越了无数岛屿，终于在热带雨林中，找到一棵十几米高的树木。

他砍下这棵树，剥开树皮，这时他发现木心是黑色的，而且黑色木心还飘出阵阵香气，清香的气味让人感到非常舒适。

而且更特别的是，他将这棵树放入水中时，它居然不像其他的树木那样浮在水面，而是沉入水底，年轻人开心地想："啊！我找到宝物了！"

虽然，他不知道这棵树到底是什么，也不知道它真正的用途，但他相信自己一定是找到"宝物"了！

随后，年轻人将芳香无比的树木运送到市场里贩卖，但是不管怎么叫卖也无人问津，这令他十分苦恼。

尤其当他看见身旁卖木炭的生意相当好时，心里更不是滋味，忽然间，他对眼前的"宝物"失去了信心。

他暗自想着："既然木炭这么好卖，我何不把这个卖不出去的黑色木心，也烧成木炭来卖呢？"

不久，他将木材烧成了一般木炭，并挑到市场去卖，很快就卖光了。

年轻人为自己的改变与创举感到相当自豪，不久之后便得意地回家把这段经历告诉他的父亲。

没想到，老父亲听完儿子的诉说后，反而难过地掉下泪水。

原来，青年烧成木炭的原木，是百年难得一见的沉香木。老父亲摇了摇头说："孩子，你知道吗？你只要切下木心的一小块，磨成粉末，它的价值就超过了你卖一整年的木炭价值啊！"

我们是否也曾经像希勒尔的儿子那样，获得了珍贵的机会，却又因为不知道它的价值，不懂珍惜而轻易放弃？不要再懊恼地说："我当时不知道其中价值的，真是有眼无珠。"因为，许多机会都是在我们放弃之后才发现其中价值，我们只能不断增强自己的鉴识能力，等待另一个宝贵的机会。

第十二篇

金钱：世俗的上帝

金钱是现实的上帝

金钱给人间以光明，金钱给众生以温暖。金钱让说坏话的人舌头发硬，金钱让举起屠刀的人呆立发愣。金钱给神购买了礼物，敲开了神那紧闭的门。（《塔木德》）

钱对犹太人来说，绝不仅止于财富的意义。钱居于生死之间，居于他们生活的中心地位，是他们事业成功的标志。这样的钱必定已具有某种"神圣性"。钱本来就是为应付那些最好不要发生的事件而准备的，钱的存在意味着这些事可以避免发生。所以赚钱、攒钱并不是为了满足直接的需要，而是为了满足对安全的需要！至今在犹太人家庭中还有一种习惯，留给子女的财产至少不应该比自己继承到的财产少。这种心愿代表着犹太人对后辈的祝福。

犹太人的长期流散，使他们不可能鄙视金钱。因为每当形势紧张，他们重新踏上出走之路时，钱是最便于他们携带的东西，也是他们保证自己旅途中生存的最重要物品。

犹太人的宗教异端身份，也使他们不可能鄙视金钱。因为钱没有气味没有色彩，是犹太人在同其他宗教教徒打交道时唯一不具异端色彩的东西。

犹太人的寄居地位，也使他们不可能鄙视钱。因为他们原来就是用钱才买下了在一个国家中生存的权利。犹太人缴纳的人头税和其他特别税，名堂之多、税额之重，也是绝无仅有的。"犹太人若非自己在财政方面的效用，早就被消灭殆尽了。"这是犹太人与非犹太人之间为数不多的共识之一。

犹太人在历史上数次惨遭灭国之祸，他们被迫流亡世界各个国家。犹太人要想在当地生存就必须要缴纳各种高额的税金和说不清楚的捐税，甚至他们日常生活中的一举一动都要受制于他们所纳的捐税。信奉同一宗教的人一起祈祷要纳税，结婚要纳税，生孩子要纳税，连给死者举行葬礼也要纳税。假如他们少缴了什么税金，立即就会遭到驱逐和屠杀。

犹太人的四散分布，也使他们不可能鄙视钱。因为钱是他们相互之间彼此救济的最方便的形式。

犹太人的长期经商传统，也使他们不可能鄙视钱。因为尽管钱在别人那里只是媒介和手段，但在商人那里，钱永远是每次商业活动的最终争取目标，也是其成败的最终标准。

犹太人对金钱几乎到了顶礼膜拜的程度。在两千多年的流浪历史中，他们没有自己的土地，也没有自己的国家。他们只能在异国他乡寄居生存。他们唯一能掌握的便是通过商业经营而赚来的钱。金钱在这个世界上无疑成了万能的上帝。它不但给犹太人生存的机会，而且能为犹太人争得权利和地位。

他们流浪到各地，可以说没有权利、没有地位、没有尊严，但是他们有钱。有了钱，他们就获得了统治者眼里的价值，也就获得了自己生存的条件。只有金钱可以给他们提供一点保护，让他们感觉到安全。当他们遭到各地统治者驱逐的时候，金钱就可以换取别人的收留和保护；当当地人发起反犹暴乱的时候，他们就可以用金钱贿赂而求得一条生路；他们外出做生意的时候遭到土匪的抢劫，钱可以赎回他们的性命。钱是犹太人必不可少的东西。金钱对于犹太人来说，是他们能看得见的、摸得着的、实实在在的"上帝"，是可以永远保护自己、让自己平安的"上帝"。金钱，让世间的权势们都匍匐在他们的脚下，让犹太人真正地能够站立起来，重新获得世人对他们的尊敬。

一位银行家的儿子获得博士学位后，改信了基督教。这件事深深地伤了这位犹太教徒的心，尽管两个孙子经常来看他，他仍然闷闷不乐。

一天，银行家看到两个孙子在玩纸牌，便问他们在玩什么游戏。

"我们在玩银行家的钱。"孙子不假思索地说。

老头一听，喜形于色："孙子身上仍然是我的血脉！"

这个故事告诉我们，为了自己的发展，有些犹太人改信了基督教，但是犹太人喜欢金钱、崇尚金钱的习惯却是丝毫也没有改变。

不论在古代还是现代，金钱在社会中的作用是不可以低估的。犹太人这样说："富亲戚是近亲戚，穷亲戚是远亲戚。"犹太人的历史一再地验证了这个事实。当他们没有金钱的时候，就处于社会的底层，人们都看不起他们，说他们是"犹太鬼"，他们走到哪里都会受到凌辱和压迫。而等到他们有了钱，就可以和贵族平起平坐，让人们对他们钦慕和妒忌不已。

犹太人终于认识到了：在社会中，没有钱的人注定是可怜的人，而要获得尊严和尊敬就必须有钱。

在驻日本的联合国某司令部里，犹太士兵总是无端地受到多方的歧视，根本没有尊严可谈。犹太士兵只要走过，白人士兵必然要满怀憎恨而轻蔑地骂一声"犹太鬼"，任何人都可以随便地挖苦犹太士兵一番，而犹太士兵虽然恼火却无可奈何。

有个叫威尔逊的犹太人，由于他的军衔低微，因此更是受尽了白人士兵和高级军官们的歧视。大家都看不起他，背地里经常议论他，他也饱尝了人们对他的各种侮辱。但是他拥有犹太人智慧的头脑。一开始他口袋里也没有钱，他就省吃俭用，积攒一小笔钱，然后他就把这笔钱借贷出去。在白人士兵里花钱大手大脚的现象很普遍，他们总是等不到发薪水的时候，就囊中羞涩了。他们看到威尔逊有钱，就迫不及待地向他借。

威尔逊就借钱给他们，同时还要求他们在一个月内还清，且附带高额的利息，但是那些士兵们早就管不了那么多了。威尔逊收到这些利息之后总是继续攒起来再借贷给那些士兵们。对于没有钱可还的人，威尔逊就让他们把他们自己的一些值钱的东西做抵押，然后再高价卖出去。这样，过了不多久，威尔逊就过上了富裕的生活。他还买了两部车和别墅，他变成了士兵里面的"大款"。这些待遇即使是高级军官也未必可以享受得到。那些经常过山穷水尽、灰头土脸日子的白人士兵，对威尔逊趾高气扬的样子再也没有了。他们对威尔逊惊羡不已。

威尔逊用自己的富有为自己赢得了尊严。

犹太人认为金钱是上帝给的礼物，是上帝给人以美好人生的祝福。他们对金钱的热爱不仅仅局限于现实生存的需要，而是一种精神的寄托，更是美好人生的必需的手段和工具。

简言之，金钱成为犹太人现实的上帝。

下面来看看金钱这位现实的上帝是如何一次又一次地救赎犹太人的。

由于历史和宗教的原因，犹太人的命运始终处于风雨飘摇之中。在遭受异族排挤时，在面临反犹分子的血腥杀戮时，他们不止一次地"请"出了"钱"——这位现实的上帝。这时，我们或许能明白犹太商人不惜一切赚钱的真正原因了。对他们来说，赚钱就是为了生存。

在历史上，金钱曾多次充当了犹太人的"保护神"。17世纪的荷兰是世界上第一个典型的资本主义国家。当时，荷兰已经一方面摆脱了西班牙的军事政治统治，另一方面摆脱了宗教的干涉和纷争。工商业尤其是商业发展很快，它的资本总额比当时欧洲其他所有国家的资本总额还要多。

1654年9月，一艘名为"五月花"的航船由巴西抵达荷属北美殖民地的一个小行政区——新阿姆斯特丹。这里属于荷兰西印度公司的前哨阵地。

"五月花"为北美带来了第一个犹太人团体——23个祖籍为荷兰的犹太人，他们是为了逃避异端审判而来到新阿姆斯特丹的。但当他们筋疲力尽地抵达这里时，出于宗教偏见，当地的行政长官彼得·施托伊弗桑特却不允许他们留在当地，而是要他们继续向前航行，并呈请荷兰西印度公司批准驱逐这些犹太人。

但是，施托伊弗桑特没有想到，当时的荷兰已不是中世纪的荷兰，犹太人也不是毫无权力和任人宰割的。这些新来的犹太人一方面据理力争，一方面设法与荷兰西印度公司中的犹太股东取得了联系。在犹太股东，也就是施托伊弗桑特的"雇主"的有力干预下（荷兰西印度公司对犹太股东的依赖远甚于对施托伊弗桑特的依赖），这个小行政区的行政长官不得不收回成令，准许犹太人留下，但保留了一个条例：犹太人中的穷人不得给行政区或公司增加负担，应由他们自己设法救济。这个条件对犹太人来说毫无意义，因为自大流散以来，犹太人就没有向基督教会乞讨过。他们有足够的能力照顾好自己。这些犹太人就此定居下来，并且建立了北美洲第一个犹太社团。以后，这里发展成了北美洲最大的犹太居住区。

就这样，犹太人用金钱铸造了一根魔杖。然而，这根魔杖的无上法力又指向何处呢？钱对于犹太人来说，绝不仅是财富的象征。在他们看来，金钱保证了生存，指挥了政治，推进了慈善。

众所周知，经济是政治的基础，政治反作用于经济。精明的犹太商人早已参透了金钱与权力之间的玄妙。他们以金钱为饵，换来了政治上的发言权，又倚靠着政治资本，在商场上肆意驰骋。

"国会山之王"是美国政治活动家保罗·芬德利在其所著的《美国亲以色列势力内幕》一书第一章的标题，也是他对美国犹太人院外活动组织"美国以色列公共事务委员会"（简称美以委员会）的称呼，从这一称呼，我们不难看出美国犹太人对美国政府的最高决策层的决定性影响。用该书中的话来说："美以委员会实际上已有效地控制了国会所有的中东政策行动，这绝非夸大之词。参众两院的议员，几乎无一例外地遵照其旨意行事，因为多数人把美以委员会视为一股政治势力在国会的直接代表。一位议员能否连任，这股势力可以说是握有生杀予夺的大权。"

毫无疑问，这股力量就是美国犹太人的力量。说得更明确些，就是由美国犹太商人的经济权力衍生出来的"政治权力"。美国犹太人虽然占全世界犹太人的40％，但以其600万人口的数量，只占美国总人口的3％，投票人的4％，凭什么"予夺"议员的连任资格？他们凭的就是手中掌握的大量的金钱。

在犹太人的历史上，金钱这东西一直都是他们赖以存活的根本。金钱可以在他们被异族追杀时买通别人以得到收留；金钱可以在他们被人看不起时买回自己的尊严，得到尊敬……金钱对于犹太人来说是如此的重要。犹太人将其视为现实生活中的上帝也就不难理解了。

金钱无贵贱之分

> 金钱平等，因此人格平等，于是怀有赚大钱的欲望才好。金钱对于任何人来说，都是平等的，它没有高低贵贱的差别。（《塔木德》）

有一位演讲者在一个公众场合演讲。他拿起了50美元，高举过头顶："看，这是50美元，崭新的50美元。有谁想要？"结果所有的人都举起了手。然后，他把这张纸币在手里揉了揉，纸币变得皱巴巴的了，然后又问观众："现在有人想要这50美元吗？"所有的人举起了手。

他把这张纸币放在地下，用脚狠狠地踩了几下。纸币已经变得又脏又烂了。

他拿起钱来，又问："现在还有人想要吗？"结果还是所有的人都举起了手。于是他说："朋友们，钱在任何的时候都是钱，它不会因为你揉了它，你把它踩烂，它的价值就会有任何的变化。它依然可以在商店里花出去。"

为什么那张钞票在那个演讲者的手里揉皱了，又被他踩脏弄破了，还是有人想要它呢？

因为钞票就是钞票，钞票是没有高低贵贱的。它不会因为受到了什么"待遇"就有所差别。

它还是以前一样的价值，和其他等面值钞票的价值是一样的。只要它们的价值一样，钞票都是平等的。

犹太人就是这样的观念。他们从不以自己做的生意小而自卑，在他们看来，所有的生意都是由小做到大的。那些成天只想干一番大事业，对一些小生意提不起兴趣的人，到头来一事无成。因而在他们的经商历史中，他们从不会喜"大"厌"小"。

要赚钱，就不要顾虑太多，不能被原来的传统习惯和观念所束缚。要敢于打破旧传统，接受新观念。试想一下，如果因为和对方的思想意识不同，自己在原来成见的作用下，主动放弃了一次赚大钱的机会，岂不是太可惜，太不值得了！我们知道，金钱是没有国籍的，所以，赚钱就不应当区分国籍，为自己设置赚钱的种种限制。聪明的犹太人很早就认识到这点，所以他们很团结，结合在一起共同赚外国人的钱，这就是他们成功的原因所在！

由于特殊的历史原因，犹太人失去了家园，长期流浪于世界各地。国籍对于犹太人来说是不存在的，犹太人从不看重这个政治概念，他们只看重是否有可靠的生意伙伴。犹太人与俄国人做生意，也与美国人做生意，卢布是钱，美元也是钱。所以对于生意而言，国籍和政治不是最重要的，它们只是提醒人们做生意要采取不同的方式和方法而已。

犹太人认为金钱是没有性质的，所谓的性质是人自己主观强加给金钱的。如果说金钱在恶人手里就是罪恶的，那么让善良的人把它赚回来就可以是善的了。犹太人认为，主观区分钱的性质是件荒唐的事，那样做不但浪费时间，而且又束缚思想。

现金至上

手头没钱就是穷人。（《塔木德》）

有一家犹太人的小餐馆的墙壁上贴着一首歌谣："我喜欢你，你要借钱，我不能不借，怕借了你便不再上门。"说白了，就是"现金交易，恕不赊欠。"然而其言语却很婉转。

其实，这小餐馆的一杯酒才几块钱，却为何绞尽脑汁，编出这样的歌谣来拒绝顾客的赊欠呢？答案很明显，如果小餐馆允许顾客赊欠，其中的利息势必自己承担。换言之，自己所得利润必然被这部分利息所侵蚀。再者，小本经营的生意，如果赊欠太多，必将影响餐馆的资金周转，甚至使酒店陷入困境。从这首歌谣，可以看出餐馆主人如何煞费苦心了。

再来看一则笑话：有一位犹太人，临终之际，把所有的亲戚朋友都叫到了床前，对他们嘱托后事，说道："请将我的财产全部换成现金，用这些钱去买一床最高档的毛毯和一张最昂贵的床，然后把余下的钱放在我的枕头底下。等我死了，再把这些钱放进我的坟墓，我要带着这些钱到那个世界去。"

亲友们按照他的安排，买来了毛毯和床。这位富翁躺在豪华的床上，盖着柔和的毛毯，摸着枕边的现金，安详地闭上了眼睛。

遵照富翁的遗嘱，死者留下的那一笔现金和他的遗体一块，被放进了棺材。

这时，死者的一位老朋友前来向他的遗体告别。当他听说死者的财产都换成了现金并已随死者的遗体一块被放入了棺材时，立即从衣袋里掏出了支票和笔，飞快地签上金额，撕下支票，放入棺材。同时，又从棺材中取出现金，并轻轻地拍着死者的脑门，说道：

"老朋友，金额与现金相同，你会满意的。"

这则笑话说明了犹太人对现金的偏爱。

在现实生活中，犹太商人中也不乏痴爱现金的。19世纪的南非首富之一、犹太钻石商巴奈·巴纳特就说："始终和现金或现金之类的东西打交道，喜欢钻石、金镑和纸币。"这位富翁从来不喜欢那些称为"股票"的纸类的玩意儿。

还有一位英国犹太富商，欧洲第三大食品生产和经营集团卡文哈姆公司的老板詹姆斯·戈德文密斯爵士也特别迷恋现钞，他有这样的怪癖：他在卖东西时，一般都要求别人支付现金，但是在买别人的东西时，他尽量地用股票支付或者用长期赊购的方式。

犹太人之所以奉行彻底的现金主义，一方面是因为他们在大流散中可以随身携带现金逃跑，另一方面是因为他们对任何人都不放心，一旦将商品赊出去，拿不回钱来怎么办？如果马上要逃跑，岂不要白白损失？所以，唯有现金是安全、可靠和永恒的。

动荡的生活环境，决定了犹太人在财产选择上与众不同。他们通常是持有现金，或把钱换成黄金或钻石，固定财产几乎是零。

聪明的犹太人不会去购买土地营建价值连城的别墅，尤其在战乱的年代，一看政治风向不对，他们就马上席卷家产而逃，只有随身携带的财产是他们逃难时的生活依靠。有了它们，任何天灾人祸他们都不会担心。现金就是他们生活的保障，因此犹太人对现金的偏爱程度是无以复加的。

彻底采取现金主义，是犹太人的商法之一。这在日常生活及交往中表现得特别明显。与他国商人打交道时，他们心中想的是："那个人今天究竟带了多少现款？"更令人惊讶的是他们对公司的评价："今天那个公司，换成现款，究竟值多少？"总的来说，他们关心的是现金，脑子中除了现金，没有其他的货币形式。他们力求把一切东西都"现金化"。

犹太人这一"保守"的观念，决定了他们的商品交易力求现金交易。纵然交易的对方，在一年后确能变成亿万富翁，也难保证他明天不发生意外。人、社会及自然，每天都在变，只有现金是不变的。这是犹太人的信念，也是犹太教的"神意"。

银行存款，短期内的确可以获得一大笔利息，但是物价在存款生息期间不断上涨，货币价值随之下降，尤其是存款者本人死亡时，还须向国家缴纳继承税。所以，无论多么巨大的财产，存放在银行，相传三代，将会变成零。这就是税法上的原则。世界各国概莫能外。

现款确实不增值，但物价上涨对其影响不大，而且最关键的是手持现款，避免了在银行的财产登记，在财产继承时，不需要向国家缴纳遗产继承税。所以，手持现款时，财产既不增多，也不减少。

银行存款和现金相比，当然是现金最可靠，既不获利也不亏损。小心谨慎的犹太人自然在二者择一的条件下选择了后者。因为对犹太人来说，"不减少"正是"不亏损"的最基本做法。想借助银行存款求得利息，是不太可能获得利润的。对钱财的保管，从古至今，每个国家的人们都有自己的一系列办法。中国在银行出现以前，人们为了生命和财产安全，通常把金银元宝埋藏在秘密的地方，只有自己或家人知道。在当时保险措施不健全、技术落后的时代，算是一种比较安全的现款保藏法。当前，也有一些人，不太信任银行，仍旧用原始方法保存现款。这种方法存在许多弊端。

首先，人们拥有的现款大多数是纸币。纸币易受损坏，一旦发生意外事故如失火等，将损失惨重。

其次，巨款在身，对生命也构成威胁。

现款是不能随便放置的，它需要一个安全的"藏身"之地。

犹太人不把现款存入银行，那么腰缠万贯的犹太人到底怎样保护现款，他们难道不担心它们的安全吗？如果每天都把现款携带在身，当然不可能，也是不安全的。他们已经为现款找到安全之处——银行，不是存款于银行，而是把现款放在银行的保险柜里。

日本具有"银座的犹太人"之称的藤田先生，在访问美国服饰用品商、犹太人狄蒙德先生时，曾参观了他的现款保险柜。狄蒙德先生领他到银行地下室放置保险柜的昏暗地方，打开了装满现款的保险柜。藤田先生十分惊讶地发现保险柜里装着现行的各种纸币，也有五六年前的各种旧币，还有金块，约合日币达二三十亿元。如此巨大的财产，狄蒙德先生却十分放心地置放于此。因为银行是个极其安全的地方，有一流的安全防卫措施、专门的防卫人员，把现款放于此，当然可以高枕无忧了。

有钱不置半年闲

上帝把钱作为礼物送给我们，目的在于让我们购买这世间的快乐，而不让我们攒起来还给他。（《塔木德》）

一个犹太财主有一天将他的财产托付给三位仆人保管与运用。他把钱分成8份，给了第一位仆人5份，第二位仆人2份，第三个仆人1份。犹太财主告诉他们，要好好珍惜并妥善管理自己的财富，等到1年后再看他们是如何处理钱财的。

第一位仆人拿到这笔钱后进行了各种投资；第二位仆人则买下原料，制造商品出售；第三位仆人为了安全起见，将他的钱埋在树下。1年后，财主召回三位仆人检查成果。第一位及第二位仆人所管理的财富皆增加了1倍，财主甚感欣慰。惟有第三位仆人的金钱丝毫没有增加，他向主人解释说："惟恐运用失当而遭到损失，所以将钱存在安全的地方，今天将它原封不动奉还。"

犹太财主听了大怒，并说道："你这愚蠢的仆人，竟不好好利用你的财富。"

第三位仆人受到责备，不是由于他乱用金钱，也不是因为投资失败遭受损失，而是因为他把钱存在安全的地方，根本未好好利用金钱。

犹太人的观念里面，就是"有钱不置半年闲"，与其把钱放在银行里面睡觉，靠利息来补贴生活费，养成一种依赖性而失去了冒险奋斗的精神，不如活用这些钱，将其拿出来投资更具利益的项目。

这个故事也告诉我们这样一个道理：要想捕捉金钱，收获财富，使钱生钱，就得学会让死钱变活钱。千万不可把钱闲置起来，当作古董一样收藏，而要让死钱变活，就得学会用积蓄去投资，使钱像羊群一样，不断地繁殖和增多。

犹太人经商有个共同特点，即采取彻底的现金主义。

犹太富商凯尔，资产上亿美元，然而他却很少把钱存进银行，而是将大部分现金放在自己的保险库。

一次，一位在银行有几百万存款的日本商人向他请教这一令他疑惑不解的问题。

"凯尔先生，对我来说，如果没有储蓄，生活等于失去了保障。你有那么多钱，却不存进银行，为什么呢？"

"认为储蓄是生活上的安全保障，储蓄的钱越多，则在心理上的安全保障程度越高，如此积累下去，永远没有满足的一天。这样，岂不是把有用的钱全部束之高阁，把自己赚大钱的机会减少了，并且自己的经商才能也无从发挥了吗？你再想想，哪有省吃俭用一辈子，光靠利息而成为世界上知名富翁的？"凯尔不慌不忙地答道。

日本商人虽然无法反驳，但心里总觉得有点不服气，便反问道："你的意思是反对储蓄了？"

"当然不是彻头彻尾的反对，"凯尔解释道，"我反对的是，把储蓄当成嗜好，而忘记了等钱储蓄到一定时候把它提出来，再活用这些钱，使它能赚到远比银行利息多得多的钱。我还反对银行里的钱越存越多时，便靠利息来补贴生活费。这就养成了依赖性而失去了商人必有的冒险精神。"

凯尔的话很有道理，金钱只有进入流通领域，才能发挥它的作用。因为，躺在银行里的钱，对于自己来说，几乎和废纸没什么区别。

犹太人经商，很重要的秘方是不把钱放在银行变成存款。在18世纪中期以前，犹太人热衷于放贷业务，就是把自己的钱放贷出去，从中赚取高利。到了19世纪后，直至现在，犹太人宁愿把自己的钱用于高回报率的投资或买卖，也不肯把钱存入银行。

犹太人这种不让钱成为作存款的秘诀，是一门资金管理科学。它说明做生意要合理地使用资金，千方百计地加快资金周转速度，减少利息的支出，使商品单位利润和总额利润都得到增加。

做生意总得要有本钱，但本钱总是有限的，连世界首富也只不过百亿美元左右。但一个企业，哪怕是一般企业，一年也可做几十亿美元，如果是大企业，一年要做几百亿美元的生意，而企业本身的资本，只不过几亿或几十亿美元。他们靠的是资金的不断滚动周转，把营业额做大。

在犹太人眼里，衡量一个人是否具有经商智慧，关键看其能否靠不断滚动周转的有限资金把营业额做大。

美国著名的通用汽车制造公司的高级专家赫特曾说过这样一段耐人寻味的话："在私人公司里，追求利润并不是主要目的，重要的是如何把手中的钱用活。"

对这个道理，许多善于理财的小公司老板都明白，但却没有真正地利用。往往一到公司略有盈余，他们便开始胆怯，不敢再像创业那样敢做敢说，总怕到手的钱因投资失败又飞了，赶快存到银行，以备做应急之用。虽然确保资金的安全乃是人们心中合理的想法，但是在当今飞速发展、竞争激烈的经济形势下，钱应该用来扩大投资，使钱变成"活"钱，来获得更高的利益。这些线完全可以用来购置房产铺面，以增加自己的固定资产，到10年以后回头再看，会感觉到比存银行要增很多利，你才会明白"活"钱的威力。

商业是不断增值的过程，所以要让钱不停地滚动起来，犹太人的经营原则是：没有的时候就借，等你有钱了就可以还了，不敢借钱是永远不会发财的。攒钱只会让人变得越来越贫穷，因为连他的思维也贫穷了；赚钱会让人富有起来，因为这是一个富人的思维。

攒钱是成不了富翁的，只有赚钱才能赚成富翁，这是一个普通的道理。并不是说攒钱是错误的，关键的问题是一味地攒钱，花钱的时候，就会极其的吝啬，这会让你获得贫穷的思想，让你永远也没有发财的机会。

有句话说："人往高处走，水往低处流。"还有句话说："花钱如流水。"金钱确实流动如水。它永远在不停地运动周转流通，在这些过程中，财富就产生了。像过去那些土财主一样，把银子装在坛子里埋在房基下面，过一万年还是只有这么多银子，丝毫也没有增值。

赚钱天经地义

> 金钱既非可诅咒亦非罪恶，而是造福人类的东西。（《塔木德》）

对于钱，犹太人既没有敬之如神，又没有恶之如鬼，更没有既想要钱又羞于碰钱的尴尬心理。对于犹太人来说钱干干净净、平平常常。赚钱大大方方、堂堂正正。

一位无神论者来看拉比。

"您好！拉比。"无神论者说。

"您好！"拉比回礼。

无神论者拿出一个金币给他。拉比二话没说装进了口袋里。

"毫无疑问你想让我帮你做一些事情，"他说，"也许你的妻子不孕，你想让我帮她祈祷。"

"不是，拉比，我还没结婚。"无神论者回答。

于是他又给了拉比一个金币。拉比也二话没说又装进了口袋。"但是你一定有些事情想问我，"他说，"也许你犯下了罪行，希望上帝能开脱你。"

"不是，拉比，我没有犯过任何罪行。"无神论者回答。

他又一次给拉比一个金币，拉比二话没说又一次装进了口袋。

"也许你的生意不好，希望我为你祈福？"拉比期待地问。

"不是，拉比，我今年是个丰收年。"无神论者回答。

他又给了拉比一个金币。

"那你到底想让我干什么？"拉比迷惑地问。

"什么都不干！"无神论者回答，"我只是想看看一个人什么都不干，光拿钱能撑多长时间！"

"钱就是钱，不是别的。"拉比回答说，"我拿着钱就像拿着一张纸、一块石头一样。"

由于对钱保持一种平常心，甚至把它视为一块石头、一张纸，犹太人才不会把它视若鬼神，也不把它分为干净或肮脏。在他们心中钱就是钱，一件平常的物品。因此他们孜孜以求地去获取它，当失去它的时候，也不痛不欲生。正是这种平常之心，犹太人在惊涛骇浪的商海中驰骋自如，临乱不慌，取得了稳操胜券的效果。

视钱为平常物，是犹太人经商智慧之一。

犹太人认为赚钱天经地义，是最自然不过的事。如果能赚到的钱不赚，那简直就是对钱犯了罪，要遭上帝惩罚。

犹太人中间流传着这样一个笑话：

一个拉比、一个神父、一个牧师，坐在同一辆火车上。他们在一起谈论着各自的教徒和天命。

牧师说，他总是在办公室的地板上画个小圈，然后把募捐盘里的钱币拿出来抛向空中。"恰好落在小圈里的是给上帝的，剩下的是给我的。"神父说他也是这样做的。拉比说："我所做的与你们略有不同——我把钱扔向空中，上帝能接到多少就拿多少——剩下的就是给我自己的。"

对于金钱，犹太人是大大方方地视钱如命的——哪怕是像拉比这样的神职人员。在他们的心目中，"伟人"就是既富有又具有生活情趣的人。即使你是大名鼎鼎的学者，但一贫如洗，犹太人也是绝对看不起的。犹太人最讨厌贫穷。他们认为，贫穷就是耻辱，就是罪恶。所以，犹太民族也被称为"钱的民族"，他们对金钱有着"准神圣"的膜拜，善于赚钱同信仰宗教一样构成了犹太民族醒目的标志。

从犹太谚语中，我们不难看出犹太人对于金钱的特殊情感：

"有钱未必美满幸福，没钱却是百事悲哀。"

"金钱既非可诅咒亦非罪恶，而是造福人类的东西。"

"金钱虽是缺乏慈悲的主人，但却能成为有用的仆役。"

"金钱提供机会。"

"金钱对人而言，无非就像衣服于人一般。"

中国人在赚钱的时候，往往特别注意钱的出处。例如经营妓院或色情酒吧等赚的钱是绝对不光彩的。规规矩矩地工作所赚的工资是干净的钱。在日本或中国台湾、香港等地，对钱也是分成这两种。这大概是受中国几千年优秀传统文化的影响吧。然而，犹太人的看法却是大不相同的。

在犹太人的眼中，钱是没有区别的。他们想的是——既然是钱，我就可以去赚。只要是钱，管它是什么样的钱。在他们的观念中，金钱既不是罪恶也不应被诅咒，而是一种对人类的祝福。金钱能为人们提供各种机会。金钱能带给好人好东西，带给坏人坏东西。可以说，犹太人是典型的拜金主义者。这与犹太人的历史过程有相当大的关系。自从罗马帝国占领犹太人的地域后，犹太人就被逐出祖国，流浪在世界各地，饱受迫害和杀戮。他们没有自己的国家，更谈不上主权。政治权力靠不住，只有金钱，才是他们生存的唯一依靠。钱对他们来说，是一种自卫的武器。因为他们有了钱，就在一定程度上能控制许多人，例如放高利贷者对贷高利贷者的控制。总之，对犹太人来说只有金钱才能给他们带来快乐及其他，他们可用金钱对付歧视，用金钱买回快乐。几千年来流浪异国他乡的生活，使他们形成了这种金钱观。

对犹太人来说，第一重要的事就是赚钱。他们关心的是如何大把大把地把钱往自己的口袋里装，而从来不会在乎这钱是从哪儿来的。只要能赚钱，他们是不会放过机会的，即使在军队中服役的犹太人，也是不会放弃赚钱时机，而巧妙地把军营作为放高利贷的场所，收取高额利率。富冠全欧的罗斯柴尔德家族，这个财团的始祖麦耶·阿姆约尔，原本是奥本海门下的一个学徒，摇身一变成为具有强大实力的古董商。他在拿破仑时代，趁欧洲动荡不安时期巧妙地运用手腕，深谋远虑地运用资金与情报，积累了令人咋舌的财富。他积累财富的过程是不择手段的过程。如果他当时不那么做，也就不会有今日的欧洲首富之称了。

总之，犹太人认为金钱没有什么好坏。钱不是万能的，但是没有钱是万万不能的。在这方面，犹太人非常现实。他们赚钱的目的是为了生存，赚钱是求得生存的手段。当他们将金钱放进钱包的时候，自然不会考虑金钱的来源。这种金钱观，为犹太人赚钱减少了障碍，开辟了不少的财源。

大财团希尔斯正是犹太商人的杰出代表，他的始祖名为迈耶·希尔斯，少年时在另一个成功的犹太商贾处当学徒。后来自立门户经营古董商店，以贵族巨贾为推销对象。在18世纪后半期至19世纪的动乱期间，因善于应变和经营，获得了巨大的盈利。他的经商手法可以说是犹太商人的典范。

有一个这样的故事：

加利是位犹太人，他曾为一个贫穷的犹太教区写信给伦贝格市一位有钱的煤商，请他为了慈善的目的赠送几车皮煤来。

商人回信说："我们不会给你们白送东西。不过我们可以半价卖给你们50车皮煤。"

该教区表示同意先要25车皮煤。交货3个月后，他们既没付钱也不再买了。

不久，煤商寄出一封措辞强硬的催款书。没几天，他收到了加利的回信：

"您的催款书我们无法理解。您答应卖给我们50车皮煤，减掉一半，25车皮煤正好等于您减去的价钱。这25车皮煤我们要了，那25车皮煤我们不要了。"

煤商愤怒不已，但又无可奈何。他在高呼上当的同时，却又不得不佩服加利的聪明。

在这其中，加利既没耍无赖，又没搞骗术，他们仅仅利用这个口头协议的不确定性，就气定神闲地坐在家里等人"送"来了25车皮煤。

这就是犹太人的赚钱高招。

犹太人在对工作的选择方面也不同于他人。如果当一个体面的白领所领的工资还没有自己做一份不怎么起眼的小本生意拿的多，那么他们一定会毫无疑问地去选择那份虽不体面但利润颇多的小本生意。

富凯尔就在日本见过这样的一件事情，并且他个人也相当赞同那个人的做法：

富凯尔在一个小摊子上吃了一碗枸杞汤。由于闲着无事，就和摊主聊了起来。这时他才发现，原来摊主以前是一个专攻化学的大学生，而且曾在某公司任化学技师。

富凯尔感到有些不解，通过谈话他才真正明白。

这位技师感觉自己不过是像机器中的一个小螺丝钉一样任人摆布，觉得毫无趣味，便毅然提出辞职，自由自在地摆起了小摊。

他这样做有的人会认为不理智。当技师多体面呀，非要把自己弄得小商贩一样，这不是让家人在朋友面前很不体面吗？

是的，有很多人都这样认为，但是你看看作为犹太人的富凯尔是怎么看待的吧。他认为，人不可真的为了面子而"打肿脸充胖子"，不然会吃很多不必要的苦头，而自己却不知醒悟。犹如那位卖枸杞的人，当技师虽然够体面，但月薪才10万日元，生活方面并不像表现出来的那样体面，反而是相当拮据的。他能清楚地认识到自己的处境，自己要面临的人生，于是他毫不犹豫地改了行。而且自从他自己摆小摊子以后，每月平均可挣到30万日元，生活得到大大的改善，太太和子女们在朋友面前反而更有面子了。

犹太人素把金钱当作世俗的上帝，他们认为，在这个世界上除了上帝之外，就只有金钱最值得人尊敬和重视。

在《塔木德》中，有许多关于金钱的格言：

"《圣经》放射光明，金钱散发温暖。"

"伤害人们的东西有三，烦恼、争吵、空钱包，其中以空钱包为最。"

"身体依心而生存，心则依靠钱包而生存。"

"钱不是罪恶，也不是诅咒，它在祝福着人们。"

"钱会给予我们向神购买礼物的机会。"

犹太人爱钱，但从来不隐瞒自己爱钱的天性。所以世人在指责其嗜钱如命、贪婪成性的同时，又深深折服于犹太人在钱面前的坦荡无邪。只要认为是可行的赚钱方法，犹太人就一定要赚，赚钱天然合理，赚回钱才算真聪明。这就是犹太人的经商智慧的高超之处。

赚钱是游戏

金钱不神圣，不是高不可攀的圣物。（《塔木德》）

犹太人对钱持一种平常心。他们认为金钱同衣服一样，不过是一件有用的物品而已。

有许多犹太大亨，他们手中掌握着数以百万、千万，甚至亿万的财富的时候，他们感觉手里拿的不过就是一堆纸张而已，并不觉得这就是可以时刻给人带来祸福安危的东西。如果他们把金钱看得很重，就不敢再那样心不跳、气不喘地赚钱了。

要想赚钱，就绝对不能给自己增加心理负担，而是应该从容地、冷静地对待。对金钱不感兴趣自然赚不到钱，然而倘若把金钱看得太重也就给自己背负了沉重的包袱。

犹太人注重金钱，认为金钱是现实中万能的上帝。金钱在他们眼中显得无比的神圣，但是在赚取金钱的时候，他们已经把金钱当作是一种十分普通的东西，就和纸张、石头一样，丝毫不觉得金钱有烫手的感觉。

犹太人只把金钱当作是一种很好玩的物品。它在刺激着每一个人的神经去高度地投入它，人们投入资金的时候就是投入了一次次危险的但是有趣的游戏中。如果不是把赚钱当作游戏，而是看作一项沉重的工作，甚至是在拿命运做赌注的时候，心理的压力会十分强大，以至于人们不敢去冒风险。

犹太人这样形容自己：在赚钱的时候你就进入了一个游戏的世界。作为游戏的参与者，你要不停地和对手进行较量和角逐。你要采用一切办法和手段来胜过其他的人，你要超越所有的人才可以赢得最后的胜利。

著名的金融家摩根就是这样的赚钱观念，即绝不让赚钱变成一种沉重的负担，而是一种新鲜刺激的游戏。他认为只有以这样游戏的心态去赚取金钱，才是最佳的赚钱心态。

摩根赚钱甚至达到痴迷的程度。他一直有一个习惯，每当黄昏的时候，他就到小报摊上买一份载有股市收盘的当地晚报回家阅读。当他的朋友都在忙着怎样娱乐的时候，他则说："有些人热衷于研究棒球或者足球的时候，我却喜欢研究怎么赚钱。"

在谈到投资的时候，他总是说："玩扑克的时候，你应当认真观察每一位玩者，你会看出一位冤大头。如果看不出，那这个冤大头就是你。"

他从来不乱花钱去做自己不喜欢的事情。他总是琢磨怎么赚钱的办法。有的同事开玩笑说："摩根你已经是百万富翁了，感觉滋味如何？"摩根的回答让人玩味："凡是我想要的东西而又可以用钱买到的时候，我都能买到。至于其他人所梦想的东西，比如名车、名画、豪宅我都不为所动，因为我不想得到。"

他并不是一个为金钱而生活的人，他甚至不需要金钱来装饰他的生活。他喜欢的仅仅是游戏的感觉，那种一次次投入资金，又一次次地通过自己的智慧把钱赚回来的感觉，充满了风险和艰辛，但是也颇为刺激。他喜欢的就是刺激。摩根说："金钱对我来说并不重要，而赚钱的过程，即不断地接受挑战才是乐趣，不是要钱，而是赚钱，看着钱滚钱才是有意义的。"

视钱为平常物，视赚钱为游戏，这就是犹太商人的高明之处。唯有如此，才成就了那么多的犹太大亨。

只拿属于自己的

> 我们行事为人凭着信心信念，不是凭着眼见。（《塔木德》）

犹太人虽然爱钱，但他们却只赚属于自己的钱。他们在金钱的诱惑面前，总能保持足够的定力。他们绝不让金钱腐蚀自己的灵魂。犹太人追求财富，靠的是自己的头脑和双手光明正大地赚。在犹太人的眼中，拿不义之财就会受到神的惩罚。

有个犹太妇女购买东西，当她从百货公司回到家里从袋中取出东西时，忽然发现里面有一枚戒指。她并没有买这东西。她把此事告诉了小儿子，并带着孩子一并去找拉比，请教怎样处理此事。

拉比给他们讲了《塔木德》中的一则故事：

有位拉比平日靠砍柴为生，每天要把砍的柴从山里背到城里去卖。拉比为了节省走路的时间，决定买一头驴来代替。

拉比买了一头驴牵回家来。徒弟们看到拉比买了头驴回来，非常高兴，就把驴牵到河边去洗澡，结果驴脖子上掉下来一颗光彩夺目的钻石。徒弟们高兴得欢呼雀跃，认为从此可以脱离贫穷的樵夫生活，可是拉比领他们赶快去街上把钻石还给驴的主人。拉比说："我买的只是驴子，而没有买钻石。我只能拥有我所买的东西，这才是正当行为。"

驴的主人非常惊奇："你买了这头驴，钻石是在驴身上，你实在没有必要拿来还我。你为什么要这样做呢？"

拉比回答："这是犹太人的传统。我们只能拿支付过金钱的东西，所以钻石必须归还给你。"

驴的主人听后肃然起敬，说："你们的神必定是宇宙中最伟大的神。"

听罢这则故事，妇人立即决定回去把戒指还给百货公司。拉比告诉她："如果对方问到你退还戒指的原因时，你只需说一句话就行：'因为我们是犹太人。'请带着孩子一块去，让他亲眼目睹这件事。他一定会对自己母亲的正直与伟大永记不忘。"

从此故事可以得到启示：犹太人对待金钱是很有原则的。正所谓"君子爱财，取之有道"。

如果民族的灵魂变肮脏了，民族就彻底完了。犹太人的生存经历是一面明镜，值得人类学习和借鉴。灵魂的纯洁是最大的美德。经商者应当牢记，抓住属于自己的钱，而不抓不属于自己的钱！

犹太人从来只拿属于自己的东西，这里属于自己的东西就是已经付过钱的。他们把这当成一种传统，是不可以破坏的。

犹太商人最重道义，对于金钱，他们坚持取之有道。从不用手段去骗钱。从意识层面来说对利益的追求应该受到一定的制约，有所节制。

以义制利是给私利的追求提出一个标准，对私利的追求，凡符合义的要求的是正当的，凡不符合义的要求的就是不正当的，这就是所谓的"取之有道"。在对利的追求上，问题不在于是不是追求私利，而在于对私利的追求是否合理。只要符合义的要求，即使如舜从尧那里接受天下，也是合理的；相反，如果所求不符合义的要求，那就是不合理的，即使是一碗饭、一分钱，也是不能要的。

既然对利益的追求要服从和符合义的要求。那么在有利可图时，就要先想一想是否合乎道义，来决定取舍；符合道义的就取，不符合道义的就不取。这就是"见利思义"，从反面讲就是不取不义之财。

犹太小伙子罗斯曼大学毕业后在一家外贸公司工作，由于工作出色，很快被公司提升为负责和法国外贸的主管。一次，罗斯曼和法国一家大公司有个合作项目，经过艰苦的谈判，双方都求得了自己要求的利益，达成了一致协议。为了表示对这个项目的重视，法国公司的市场部主管亲自来以色列签约。在签约之后，双方很快进行了交易。可事后，公司的财务部给罗斯曼传来信息，说是公司账上多了5000万法郎，要求查清楚。罗斯曼非常重视，他很快就发现是和法国公司合作中，对方由于某种原因造成一个失误。罗斯曼当时就打电话联系法国公司，随后亲自携带款项到法国，询问这个问题。法国公司对罗斯曼这一举动非常感动，也看出了罗斯曼不取不义之财，他们公司是值得好好合作的一个伙伴。为表示感谢，法国公司主动把合约条款改宽很多，给罗斯曼公司每年增加200万美元的收入。

罗斯曼不取不义之财之举换来的是公司的长期财富。

不同的观察

只要有一双慧眼，到处都是赚钱的机会。

工程师罗勃特和逻辑学家查理，是无话不谈的好友。一次，两人相约赴埃及参观著名的金字塔。到埃及后，查理仍然习以为常地写起自己的旅行日记。罗勃特则独自倘佯在街头，忽然耳边传来一位老妇人的叫卖声："卖狮子啊，卖狮子啊！"

罗勃特一看，在老妇人身旁放着一只黑色的玩具狮子，标价500美元。这位妇人解释说，这只玩具狮子是祖传宝物，因孙子病重，不得已才出卖以换取住院治疗费。罗勃特用手一举狮子，发现狮子很重，看起来似乎是用黑铁铸就的。不过，那一对狮子眼则是珍珠的。

于是，罗勃特就对那位老妇人说："我给你300美元，只买下两只狮子眼吧！"

老妇人一算，觉得行，就同意了。罗勃特高高兴兴地回到了宾馆，对查理说："我只花了300美元竟然买下两颗硕大的珍珠！"

查理一看这两颗大珍珠，少说也值上千美元，忙问朋友是怎么一回事。当罗勃特讲完缘由，查理忙问："那位妇人是否还在原处？"

罗勃特回答说："她还坐在那里。想卖掉那只没有眼珠的黑铁狮子！"

查理听后，忙跑到街上，给了老妇人200美元，把狮子买了回来。罗勃特见后，嘲笑道："你呀，花200美元买个没眼珠的铁狮子！"

查理却不声不响地坐下来摆弄琢磨这只铁狮子。突然，他灵机一动，用小刀刮铁狮子的脚。当黑漆脱落后，露出的是黄灿灿的一道金色的印迹。他高兴地大叫起来："正如我所想，这狮子是纯金的！"

原来，当年铸造这只金狮子的主人，怕金身暴露，便将狮子用黑漆漆了一遍，俨然如一只铁狮子。对此，罗勃特十分后悔。

此时，查理转过来嘲笑他说："你虽然知识很渊博，可就是缺乏一种思维的艺术，分析和判断事情不全面、深入。你应该好好想一想，狮子的眼珠既然是珍珠做成，那狮子的全身会是不值钱的黑铁所铸吗？"

对事物真相的发掘，不仅需要我们用眼睛去观察，更需要我们要用心去体会！眼睛往往容易被外表的华丽所蒙蔽，会让我们因眼前利益而盲动。犹太金融巨鄂索罗斯告诫人们：一颗敏锐的心却不会欺骗我们，它会带着我们发现那揭开那层层面纱后的真实，找寻到那黑漆后的"黄金"。

成功者创造机会

机会来临时，要紧紧抓住，没有机会时，就要创造机会。

古希腊的演说家和政治家德莫西尼曾经说过："微小的机会，往往是伟大的事业开始。"在你的整个一生当中，机会会多次影响你，但绝大多数人却没有认识到它的价值。有些人之所以会与机会失之交臂，原因就是他们对变化的恐惧。

机会只给准备好的人，这准备二字，并非说说而已。它更多地意味着自己去创造。下面就是一则犹太商人创造机会的传奇。

有个住在田纳西的美国籍犹太人，全家去佛罗里达旅行度假。在路上，他发现旅行者们很难找到一个能够为整个家庭提供高质量服务和充分便利的汽车旅馆。回到家之后，他找到一个朋友，告诉他建立一个新的汽车旅馆连锁网的想法，并把重点放在具有一种家庭气氛的优质服务上。他们从家乡田纳西开始建立第一家汽车旅馆做起，在不到10年的时间里，就建立起一个国际性的汽车旅馆网络，比他们所有竞争对手的加在一起还要庞大。一次不愉快的假日度假经历，使机会浮出了水面，而这位美国籍犹太人发现并抓住了这个机会，成为美国乃至全世界最大的汽车旅馆集团。机会无所不在，但只被提供给那些寻找它的人。对失败的恐惧使得许多有能力的人与机会擦肩而过，所以你要把握你所能够获得的一切。犹太拉比在谈到机会时，总是这样对他的学生说：愚者错失机会，智者善抓机会，成功者创造机会。

点"纱"成金

犹太人能从稻草里找出金钱来。

100多年前，有位叫莱维·施特劳斯（1829~1902）的德国犹太人，对自己家族世代相袭的文职工作忽感厌倦。意欲就地经商，又因是犹太人的关系不为当局所许。于是未及弱冠之年便越过重洋，追随两位兄长的足迹跑到美国另谋生路。

异国他乡初来乍到，头一件事是过语言关。莱维专拣做买卖的语汇优先摄入脑中，至于熟悉美国的币制似乎还在其次。一周之内，莱维就成了一位道地的"扬基小贩"，专售线团之类缝纫用品，货源由其兄供给。3个月以后，他就够格代表哥哥们去旧金山发展业务。那个地方，他早就听说遍地黄金，"淘金热"正方兴未艾。

此次旅行，除原来经营的商品外，莱维又带了些帆布以供淘金者做帐篷之用。但他还没有来得及下得船来，除了帆布，货物都一售而空。一针一线都需从外面进口的旧金山人需求之旺给莱维留下深刻印象。

下船后，莱维带着帆布开始了他的"淘金"历程。他几乎立刻就和一位挖金的矿工迎面而遇，此人抱怨道，他们需要的并不是帐篷而是挖金时经磨耐穿的裤子。莱维一点也不含糊，随即和那位矿工一起到裁缝店，用随身的帆布给他做了一条裤子，这就是世界上第一条工装裤亦即今日十分时髦的牛仔裤的鼻祖。那位矿工回去之后，消息不胫而走，大量订货迅即而来。

莱维初获成功并不就此裹足，他终身不娶，以全副精力和热情投注于自己的事业。他一贯坚持以优质产品应市，由此使他终于找到最坚固的纤维制作工装裤。这就是他在法国涅曼发现的经纱为蓝纬、纱为白的斜纹粗棉布。法语中斜纹布一词便源于这个地名，而"丹尼姆"则是美国人对这一法语单词的读法。

莱维所奉行的顾客至上的观点，导致他的产品不断改进。1872年，他采纳了内华达州一位叫雅各布·戴维斯的裁缝的建议，用铜铆钉接缝口袋，使矿工们粗实的衣服更加结实耐穿。在此之前，戴维斯裁缝几年来一直用这个办法缝补矿工们穿破的工装裤。

尽管工装裤渐以莱维的名声著称于世，但直至第二次世界大战结束，莱维·施特劳斯公司只有四分之一左右的业务做在服装业上，而其余大部则以经营别的厂家的产品为主。

1948年，莱维·施特劳斯的重外孙瓦尔特·小海斯决定放弃批发业务，集注全力经营工装裤。

莱维·施特劳斯公司的事业由此大振，整个世界成为该公司的目标市场。1979年国内销售额达13亿3千9百万美元，国外销售盈利超过20亿美元。

莱维·施特劳斯这个当年淘金热中不起眼的小角色，历经几代奋斗，终于"挖"到了金子，但这笔财富却不是来自地下。照一位传记作家的话来说，这是经营得法帮助施特劳斯家族把斜纹布变成了金子。而这不就是取决于犹太人所具有的敏锐眼光和《犹太法典》上常说的"勇于探索，认准目标一直走下去"——这一犹太人教育的特色吗？

金钱猛于虎

> 对金钱的贪婪会腐蚀人的心灵，摧毁人类最宝贵的情感。

在犹太人大流亡时代，有两个朋友看到一位犹太拉比从丛林中惊慌失措地跑出来。他们问他为什么这样惊恐不安。犹太拉比说："在那片丛林中，我看到一个吃人的东西。""你是不是说有一只老虎？"两个人不安地问道。"不，"犹太拉比说，"要比老虎厉害得多，是我在挖一些药草时挖出来一堆金币。"

"在哪儿？"两人赶忙问道。

"就在那片丛林中。"说完，犹太拉比就走了。

两个朋友立即跑到犹太拉比所指的地方，果然发现有一些金币。

"那个犹太拉比多蠢啊！"一个人对另一个人说，"竟把这贵如生命的黄金说成是吃人的东西！"

另一个人说："让我们想想怎么办吧。在光天化日之下，现在就把它拿回村里是不安全的，必须在夜里偷偷拿回家去。我们留一人在这儿看着财宝，另一个人回家去拿吃的吧。"

当一个去拿饭时，留下的一个人想道："太遗憾了，今天要是我一个人来多好。现在我还得把这些黄金分给朋友一半，我有一大家子人，需要得到全部黄金。只要他一来，我就用我的刀把他捅死。"

同时，另一个人也在想："我干嘛要把黄金分给他一半呢？我负债累累，为晚年准备的积蓄一点都没有，我不能分给他一半。我先吃好饭，然后就在饭里放上毒药，给他带去，他一吃就死了。"想好之后，他带着饭，来到发现金币的地方。他刚一到那里，另一个人就冷不防地给了他一刀，当即结束了他的性命。行凶后，凶手对朋友尸体说道："可怜的朋友，是一半黄金送了你命。现在，我该吃饭了。"他端起有毒的饭吃了下去。半个小时后，他一命呜呼了。他在临死的时候说："犹太拉比的话多么对呀！"

犹太人重视金钱，但他们乐于施舍、勤于助人。因为他们明白：金钱会腐蚀人的心灵、摧毁人类最宝贵的情感，直到死亡的最后一刻人们才翻然醒悟，金钱只不过是身外之物，只有人类的情感才能永存于心。犹太人懂得珍惜、懂得感恩，知道生命的意义在于你拥有多少真情而不是拥有多少金钱，家人和朋友才是我们生命中真正的无价之宝。

一壶井水

金钱不过是身外之物，不要为了金钱而迷失了自己。

4个商人和一个为他们做杂活的犹太少年，骑马穿越大沙漠，遇上了沙尘暴。5匹驮着水和食物的马不见了踪影，他们也可怕地迷失了方向。

天上烈日喷火，沙漠烘烤如炉。5个人由于干渴而无比痛苦，都无力地躺在沙丘下。他们嘴唇干裂，舌头成了一片干木板，全身仿佛在一点点枯萎。从每个人口中发出的沙哑声音都是一个字："水！"

胖商人身上此时确有一小壶井水，500克的重量。在穿越沙漠前他灌了一小铁壶酒，同行的商人和他开了个玩笑，偷偷倒出酒给他装上了水。完全出乎他们意料的是，现在这小壶井水不知要比一壶酒贵重多少倍。关键是500克水如果给一个人喝下去，这个人很可能走出沙漠，脱离险境；如果五个人各喝一份，每人喝到100克水，毫无疑问都将倒在沙漠里。

3个商人都把目光盯向了胖商人身上的那一小壶井水，他们认为能让自己喝到那小壶井水的最有效办法，就是用金钱换取。于是，瘦商人抢先提出用10枚金币买那一小壶井水。另外两个商人也马上竞价买水。很快，买价上升到100枚金币，最后3个商人愿倾其身上所有的金币换水。

那个做杂活的少年一声不响，绝望地闭着眼睛躺着听他们争吵着买水。只有他身上没有金币，因而那壶水一滴也不属于他。

然而，3个商人谁也没有买成那小壶井水，拥有这小壶井水的胖商人，不为大把的金币所动。他头脑十分清醒地说："谁喝下这壶井水，谁就有可能走出沙漠。卖给你们这壶水，我只能倒在这里，得到再多的金币又有什么用？你们难道看不出来，金币的价值现在等于零吗？"

3个商人目瞪口呆。

随即争夺那小壶井水的生死搏斗在4个商人中展开了。先是厮打叫骂，拳脚相加，很快用上了贴身的匕首、皮带、不太久，搏杀平息了，4个商人都倒了下去。他们流出的粘稠的血，在烈日下干结。

4个商人都没有得到的那小壶井水，却意外地属于了干杂活身无分文的少年。这始料不及的突变竟使少年一时茫然不知所措。更让他心惊肉跳的是，映入他视线的散落在地上的大把金币，那些从前一直与他无缘，对他毫无感情的灿灿金币，此时只要他肯弯下腰，就可以成为它们的新主人。少年却没有弯腰，他的手中只捧着那小壶井水。还有颗稚嫩的心在这场生死搏斗中被深深地震撼。聪明的他十分清楚，拾一枚金币就可能会拾二枚三枚以致全部，沙漠中负重行走会加大干渴的程度，他虽然得到了这小壶井水，但同样还可能倒下去。因此，少年头也不回地离开了那些金币。朝霞为他镀一身金光，他的生命之树开始复绿。

犹太少年战胜了大漠，也战胜了自己。而战胜自己让他最后战胜了大漠。

在犹太人中间，还流传着这样一个故事：

一个拥有无数钱财的吝啬鬼去他的拉比那儿乞求祝福。

拉比让他站在窗前，让他看外面的街上，问他看到了什么，他说："人们。"拉比又把一面镜子放在他面前，问他看到了什么，他说："我自己。"

拉比解释说，窗户和镜子都是玻璃做的，但镜子上镀了一层银子。单纯的玻璃让我们能看到别人，而镀上银子的玻璃都只能让我们看到自己。

金钱的光芒过于闪耀，以至于刺痛人的双眼，看不清其他东西。一谈到金钱，人们都知道犹太人挺会赚钱的。听听拉比对金钱的看法，对于今天的我们来说不无裨益。单纯的玻璃只能看到别人，镀上银子的玻璃只能看到自己。金钱的危险性一览无余。金钱的魅力可以转移人的眼光，难怪有人说：有些人是金钱的奴隶。世上几乎没有人不知道金钱的价值，但确有些人不知道金钱有时没有一点价值。

上海南京路

> 生活中不是缺乏机会，而是缺乏善于发现机会的眼睛。

犹太人哈同，1872年来到中国上海谋生，当时他年轻力壮，但几乎一无所有。他立志来中国赚钱发财，他一无资本，二无专业知识或技能。他决心从一个立足开始，因自己长得身体魁梧，便在一家洋行找到一份看门。哈同在当看门工时，非常认真，忠于职守。晚间，他利用一切可用时间阅读各种经济和财务的书籍。不久，老板觉得此人工作勤俭，脑子精灵，便把他调到业务部门当办事员。哈同一如既往，工作业绩不错，逐步被提升为服务员、大班等。这时，他的收入大大增加了，心怀壮志的他，并没有因此而知足。1901年，他找理由离开了打工岗位，自己开始独立经营商行。

早先上海南京路的热闹地段，只在从外滩到河南路一段，过了河南路，南京路两边多半是简陋的平房。到了西藏路，虽然还在租界范围之内，却也像西藏自治区一样，已是空旷的"边区"了。因此，当时老沙逊洋行和其他地产商，都只注意收购沿黄浦江一带的土地。但犹太商人哈同却别具慧眼。早在中法战争前，他就认为"南京路居虹口南市之中，西接静安，东达黄浦，其繁盛必为沪滨冠"。于是，他勾结捕房头目，连骗带吓，用低价把南京路上从河南路到西藏路一带的地皮大肆收买下来。

为了加速南京路的发展，以抬高地价，中法战争后，哈同向工部局建议，他愿意出60万两银元巨资，用铁藜木把南京路全部铺成平坦的马路。铁藜木是坚硬的，他用了几百个工人，花了几个月时间把它截成约2寸的小块，没以沥青，然后细细拼成平路，再喷上一层薄薄的柏油，一共铺了几百万块这样的木头。据说，每块小木头值六七角钱。

路一铺完，哈同就派人到处宣传，说铁藜木铺的路，特别平坦而有弹性、走在上面极其舒适，一场大雨后，水马上就被吸收干了，消息越传越神，以致江南各省都传说：上海的公路是用红木铺的。就这样，南京路很快成为上海最繁华的地带，哈同的名字也随之名闻遐迩，他掠到的房地产身价百倍。

独特的机会，往往可以有意想不到的收获，但我们应该如何觅得机会呢？机会又在哪里？套用雕刻大师罗丹的一句话：生活中不是缺乏机会，而是缺乏善于发现机会的眼睛。犹太人的成功正是在别人看来没有机会的地一方发现了机会，从而抢得了先机，当你明白了这一点你便能从"1+1"的演算中找到最满意的答案。

思考的价值

> 思路决定出路，脑袋决定口袋。

两个加利福尼亚的青年一同开山。汤姆把石块砸成石子运到路边，卖给建房的人；犹太人杰克直接把石块运到码头，卖给加州的花鸟商人。因为这儿的石头总是奇形怪状，杰克认为卖重量不如卖造型。3年后，杰克成为小镇上第一个买上汽车的人。

后来，政府规定不许开山，只许种树，于是这儿成了果园。每到秋天，漫山遍野的鸭梨招徕八方客商。他们把堆积如山的梨子成筐成筐地运往纽约和华盛顿，然后再发往欧洲和日本。因为这儿的梨，汁浓肉脆，纯正无比。

就在小镇上的人为鸭梨带来的幸福日子欢呼雀跃时，曾卖过石头的果农杰克卖掉果树，开始种柳树。因为他发现，来这儿的客商不愁挑不到的好梨只愁买不到盛梨的筐。5年后，他成为镇里第一个购买自己别墅的人。

再后来，一条铁路从这儿贯穿南北，这儿的人上车后，可以北到纽约，南抵佛罗里达。随着小镇的开放，果农也由单一的卖果品开始转为果品加工。就在一些人开始集资办厂的时候，杰克在他的地头砌了一垛3米高、百米长的墙。这垛墙面向铁路，背依翠柳，两旁是一望无际的万亩梨园。坐车经过这儿的人，在欣赏盛开的梨花时，会突然看到四个大字：可口可乐。据说这是500里平原中唯一的一个广告，那垛墙的主人杰克就凭这垛墙，第一个走出了小镇，因为他每年有4万美元的额外收入。

英国壳牌石油公司美洲区代表威尔逊来美国考察。当他坐火车路过这个小镇时，听到这个故事。他被杰克罕见的商业头脑所震惊，当即决定下车寻找杰克。

当威尔逊找到杰克的时候，杰克正在自己的店门口与对门的店主吵架，因为他店里的一套西装标价800美元的时候，同样的西装对门标价750美元。而当他标价750美元的时候，对门就标价700美元。一月下来，他仅批发出8套西装，而对门却批发出800套。

威尔逊看到这种情形，非常失望，以为被讲故事的人欺骗了。但后来，当他弄清真相之后，立即决定以百万美元的年薪聘请他，因为对门的那个店也是杰克的。

不会思考的人总是跟在别人后面亦步亦趋，会思考的人才能在别人的前面开创自己的天地！犹太人之所以事业有成，主要是他们比别的民族更会思考。智慧创造财富，高超的智慧创造巨大的财富。

世界第一商人

《塔木德》中说，如果世界上所有的苦难都集中到了天平的一端，而贫穷集中到了天平的另一端，那么，贫穷将比所有苦难和痛苦都沉重。

犹太商人沃伦斯在童年时代就表现出与其年龄不相称的经商才能。只有 5 岁的时候，沃伦斯就已经对做买卖表现出出奇的热情，对于他来说，这世界上最好玩的游戏不是摆弄玩偶和玩具火车，也不是过家家、捉迷藏，而是做买卖。他经常把自己所有的东西都贴上价签，卖给邻居家的孩子，有的东西价格难以确定，他就自己想像一个价格标上。在别人看来，这孩子实在太离谱了，可更为离谱的是，他 6 岁时竟然将自己拥有的一块奇形怪状的石头标价 1 万美元。他的姐姐问他一块石头怎么会值这么多钱。他的回答是："这么漂亮的东西别人都没有，只有我一个人有，所以价格我可以随便定，想卖多少钱就卖多少钱。"

沃伦斯自身对商业的热情乃至迷恋，再加上父母对其进行的犹太人传统的经商理念的教育，使他在今后的生活中，处处盘算着生意经，并勇敢地付诸实践，拥有了同龄人望而却步的财富。

《塔木德》中还规定，每个希伯来男孩无论其地位高低，家境好坏，都必须学习并掌握经商的技巧。儿童长到18岁时，除非从事神职工作，否则的话，就一定要学会经商。因此，希伯来的早期教育把经商技能的训练视作培养孩子的一个最重要的方面。只有当一个孩子在经商这方面接受并掌握了基本的知识，他才会被认为是已经具备了必备的生活技能。现实生活中，犹太儿童从小就被灌输这样的思想，钱不是万能的，但没有钱却是万万不行的。每个人都要拥有一定的财产，如房屋、家具、电器和服装等，这些保证我们基本生活的元素都需要用金钱去购买，而获得金钱最快的方式就是经商，精明的犹太人不仅精于此道，更乐于此道，素以"世界上的财富装在犹太人的口袋里"而享誉世界。

据统计，美国的百万富翁中犹太人占20%，获诺贝尔经济学奖的经济学家中也有20%是犹太人，因而犹太人历来被誉为"世界第一商人"。犹太商人不仅是世界上虔诚的宗教徒，更是最杰出的商界精英，在激烈的商战竞争中，为了赚钱他们创造了实用主义商业哲学，尤其那些令人崇拜的犹太企业家明星，以其特别的经营才能和奇异手段聚敛巨额财富，从而富甲天下。

犹太商人最会赚钱的代表非十九世纪崛起于法国、后又控制欧洲经济命脉和世界黄金市场长达200多年的罗斯柴尔德家族莫属。罗斯柴尔德家族靠做古钱币生意和发战争财暴发，后主要投资于金融行业。老罗斯柴尔德有五个儿子，分别控制了伦敦、维也纳、巴黎、法兰克福、那不勒斯、纽约和柏林，他们一起成为欧洲金融市场呼风唤雨和左右政局的最大力量。1833年不列颠帝国废除奴隶制以后，伦敦的罗斯柴尔德曾拿出2000万英镑用以补偿奴隶主的损失；1854年，他们还为英国在克里米亚同俄国的战争提供了金额为1600万英镑的贷款；1871年，他们出资一亿英镑为法国向普鲁士支付普法战争的赔款；除此以外，他们还控制了整个欧洲的铁路。所有法国给俄国的贷款，也都是由该家族提供的；在美国内战期间，他们是联邦财政的主要财源。

犹太人对商业独到的领悟，对财富坚持不懈的追求，使他们成为最值得自豪、最值得骄傲、最具权威的民族。尽管犹太民族在其5000多年的文明发展史中，曾历经数次浩劫，在两千多年的大流散过程中，虽几经屠戮和劫难，却素以"有钱人"闻名于世，成为当今世界上极少的几支意义重大的经济力量之一，是资本主义社会经济运行和商业发展的精神化身。而今犹太商人成为了世界上公认的最富有的人，因为他们一生都在想方设法赚取利润，这是他们赖以生存的基础。众多犹太商业巨子的成功事业令世人翘首瞩目。为什么令全世界人羡慕的光环总是频频落到这个人口仅占世界1/400左右，而且曾经一度流浪漂泊，无寸土可居的小小民族的身上？

结果是思想与行动的产物，作为一个真正的犹太人，除了自己理解并懂得金钱的价值之外，最为重要的义务就是把这些知识灌输给孩子们，让他们认识到如何获取和利用金钱。

本篇总结了犹太人赖以叱咤商海的经营理念和行为方式。这些经营理念和行为方式从孩童时代就被灌输到每一个犹太人的头脑中，不仅仅是他们的经商准则，更潜移默化地影响着他们的处世为人的方式。他们不仅具有巧妙的谈判术，攻心的策略，敏捷的情报意识，雄辩的口才，更仰赖犹太民族与生俱来的高明的企业经营诀窍，这使他们随时随地可嗅到利润之所在，最大限度地获得金钱，构建财富。

只有舍弃才能得到

大舍大得，小舍小得，不舍不得。

二战的硝烟刚刚散尽时，以美英法为首的战胜国几经磋商，决定在美国纽约成立一个协调处理世界事务的联合国。一切准备就绪之后大家才蓦然发现，这个全球至高无上、最权威的世界性组织，竟没有自己的立足之地。

买一块地皮吧，刚刚成立的联合国机构还身无分文。让世界各国筹资吧，牌子刚刚挂起，就要向世界各国搞经济摊派，负面影响太大。况且刚刚经历了二次大战的浩劫，各国政府都财库空虚，甚至许多国家都是财政赤字居高不下，在寸金寸土的纽约的筹资买下一块地皮，并不是一件容易的事情。联合国对此一筹莫展。

听到这一消息后，美国著名的家族财团洛克菲勒家族经商议，便马上果断出资870万美元，在纽约买下一块地皮，将这块地皮无条件地赠予了这个刚刚挂牌的国际性组织——联合国。同时，洛克菲勒家族亦将毗连这块地皮的大面积地皮全部买下。

对洛克菲勒家族的这一出人意料之举，当时许多美国大财团都吃惊不已，870万美元，对于战后经济萎靡的美国和全世界，都是一笔不小的数目呀，而洛克菲勒家族却将它拱手赠出了，并且什么条件也没有。这条消息传出后，美国许多财团主和地产商都纷纷嘲笑说："这简直是蠢人之举！"并纷纷断言："这样经营不要十年，著名的洛克菲勒家族财团，便会沦落为著名的洛克菲勒家族贫民集团！"

但出人意料的是，联合国大楼刚刚建成完工，毗邻它四周的地价便立刻飙升起来，相当于捐赠款数十倍、近百倍的巨额财富源源不尽地涌进了洛克菲勒家族财团。这种结局，令那些曾经讥讽和嘲笑过洛克菲勒家族捐赠之举的财团和商人们目瞪口呆。

如果我们把洛克菲勒家族的这次捐赠看成是一种放弃的话，那么放弃本身也就成了一门学问，因为它告诉我们：在适当时候适当放弃应当放弃的东西，我们就会发现，放弃和收获本就是一对近义词。

钱就是钱

经商思想是非常自由的，只要不违法，没有什么生意不可以做，没有什么钱不可以赚。金钱只有"辛苦钱"和"便宜钱"之别，并没有"干净"和"肮脏"之分。

以钱为生，这是每个犹太人朴素而又自然的生活方式。

在商业社会中，人成功的标志和自身价值的实现，更多的是依靠财富的多少来衡量。犹太人更是此中的佼佼者，犹太父母经常教育自己的孩子，经商、赚钱、做生意没有什么可耻。许多人特别注重钱的"出处"，认为钱有"干净钱"和"肮脏钱"之分，老老实实、规规矩矩赚到的钱是"干净钱"，而违法所得，违背良心所得的钱则是"肮脏钱"。犹太人教育孩子从小关心的事是如何赚钱，而不是钱的性质。

犹太父母总是这样对孩子说：要对钱保持一颗平常心，甚至把它视为一块石头，一张纸，我们犹太人才不会把它分为干净和肮脏，在我们心目中钱就是钱，一件再平常不过的东西。因此我们尽管孜孜以求地去获取它，但当失去它的时候，也不会痛不欲生。正是这种平常之心，使犹太人在惊涛骇浪的商海中临乱不慌，驰骋自如，更易取得最终的胜利。

无论在过去还是当代，即使在最艰难的二战时期犹太人也从未放弃过对金钱的追求。当然，犹太人也不讳言金钱的消极功能，不可否认许多人为了金钱会做出危害社会、危害他人的违背道德甚至违法乱纪的事情来。但是犹太人认为：以金钱作为基础的现代文明，其福祉远远大于弊端。金钱能够改变一个人的地位，但却改变不了一个人精神上的贫困。犹太人的思想是充实的，他们从来都只是把金钱看作一种手段而并不是命运的载体。对于金钱，我们当中绝大多数人是缄口不谈的，他们害怕背上"拜金主义者"的包袱，甚至有人视之为洪水猛兽。但犹太人却不是这样，他们从不回避有关钱的话题。尽管犹太人把金钱奉为世俗的万能的上帝，但他们并没有在金钱面前俯首称臣，成为金钱的奴隶。

洛克菲勒这位世界有名的亿万富翁，对金钱的看法是：不但不做金钱的奴隶，还要把金钱当作自己的奴隶来使唤。他习惯到他熟悉的餐厅用餐，用餐后往往他会付给服务生15美分的小费。但是有一天，他在用完餐后却不知道什么原因，只付给服务生 5 美分的小费。服务生见他这次给的小费只是往常的1/3，不禁埋怨道："如果我像你那样富有，决不会吝惜那10美分的。"洛克菲勒却毫不生气，笑着说："这也就是你为什么一辈子都只能当服务生的原因了。"

服务生每次都会从洛克菲勒手中得到15美分的小费，偏偏这一次只有5美分，如果他不是把钱看得那么重，而是一如既往地侍候好洛克菲勒先生，也许洛克菲勒会再给他补上那10美分。即使这一次只有 5 美分这么多，那也不代表以后总是5美分，而现在他这样毫无礼貌地指责洛克菲勒先生，可以想见，以后洛克菲勒都不会再给他那么多小费了，哪怕只有区区5美分。要让你的孩子从小懂得金钱只是一种动力，它不能成为生命的全部意义。

培养孩子的财商

> 一个人的能力不是天生的，需要从小培养。（《塔木德》）

犹太人从小就注重财富的教育，尤其是对于投资的教育是世界闻名的：他们会给刚满周岁的小孩送股票，这成为他们民族的惯例。

小孩3岁的时候，他们的父母就开始教他们辨认硬币和纸币；4岁的时候学会由家长陪伴，用钱购买简单的用品；5岁的时候，让他们知道钱币可以购买任何他们想要的东西，并且告诉他们钱是怎样来的；6岁的时候，能数较大数目的钱，学用储钱工具，培养自己的金钱意识；7岁的时候能看懂价格的标签，以培养他们"钱能换物"理财观念；8岁的时候，知道他可以通过做额外的工作赚钱，知道把钱储存在银行的储蓄账户里；10岁时候，懂得每周节俭一点钱，以备大笔开支使用；11岁至12岁的时候知道从电视广告里发现事实，制定并执行两周以上的开销计划，懂得正确使用银行业务的术语。

一位犹太商人曾这样述说他如何对小孩灌输金钱教育，他说："我给约翰他们姐弟的零用钱不是固定的，是依他们做事的种类及多寡而定。例如我和他们约好，早晨起床后帮忙割院子里的草给10元，去买一份报纸给2元，帮忙弄早餐给3元等。我对他们不分年龄大小，一律采取同工同酬制度。"不少犹太家庭对子女的金钱教育，都是采用以上所说的方法。在他们看来，金钱并非铜臭，也不会玷污童稚之心。相反，让孩子早早接触金钱，对其财商的培养是不无裨益的。

犹太人还通常会给孩子这样的一种清单：

"吉米拖地15美分，收拾好自己的床铺10美分，清除花园的杂草20美分。"

"玛丽插花10美分，洗碗10美分，收拾房间30美分。"

而且平时不给孩子们零用钱，如果他们想要得到零钱就必须自己通过劳动去获得。在家里干的活越多，那么他们所获得的零用钱就会相应的越多。

从这一个简单的事例中很明显就可以看出犹太家长的用意，他们要孩子们知道天上不会掉下免费的馅饼，世间没有不劳而获的成功。只有勤劳的、不断争取的人才会获得自己所需要的财富！小孩子的思维就像一张空白的纸，你最先给他画上什么样的底色，不管以后上面画些什么具体的东西，他永远和最初的色彩有关联。同样小孩子最先接受到的教育也会影响他后来的生活。著名的石油大王洛克菲勒从小就接受了财富的教育。

洛克菲勒出生于一个典型的犹太家庭。他的父亲经常用犹太人的教育方式教育他的几个孩子。他的父亲从他四五岁的时候就让他帮助妈妈提水、拿咖啡杯，然后给他一些零花钱。他们还把各种劳动都标上了价格。他们再大点的时候，告诉他如果想花钱，就自己挣！

于是他到了父亲的农场帮父亲干活，帮父亲挤一头奶牛，跑运输，包括拿牛奶桶，都算好账。他把自己给父亲干的活都记录在自己的记账本上，到了一定的时候，就和父亲结算。每到这个时候，父子两个就对账本上的每一个工作任务开始讨价还价，他们经常会为一项细微的工作而争吵。

洛克菲勒6岁的时候，他看到有一只火鸡在不停地走动，也没有人来找。于是他捉住了那只火鸡，把它卖给了附近的邻居。他的母亲是一位虔诚的教徒，认为这样是亵渎了神灵，而他父亲认为他有做商人的独特本领，而对他大加赞赏。

有了这次的经商经历，洛克菲勒的胆子大了起来，不久他就把从父亲那里赚来的50美元贷给了附近的农民，他们说好利息和归还的日期之后，到了时间他就毫不含糊地收回53.75美元的本息。这令当地的农民觉得不可思议：这样的一个小孩居然有这么好的商业意识。

到了洛克菲勒成名之后，他也把这套办法交给他的子女。

在他的家里，他搞了一套完整的虚拟的市场经济。洛克菲勒让自己的妻子做"总经理"，而让自己的孩子们做家务，由自己的妻子根据每个孩子做家务的情况，给他们零花钱。他的整个家似乎就是一个公司。

这些都培养了犹太人最早的赚钱本领。要想拥有金钱，不但要学会赚钱，同时还要学会理财和节俭，学会"开源"和"节流"两套本领。

洛克菲勒还让他的孩子们学着记账，他要求他的孩子在每天睡觉的时候必须记下每一天的每一笔开销，无论是买小汽车还是买铅笔，都要如实地一一记录。而且洛克菲勒每天晚上都要查看孩子们的记录，无论孩子们买什么，他都要询问为什么要这些东西，让孩子们做一个合理的解释。如果孩子们的记录清楚、真实，而且解释得有理由，洛克菲勒觉得很满意，那他就会奖赏孩子们5美分。如果他觉得不好就警告他们，如果再这样就从下次的劳动报酬中扣除5美分。洛克菲勒的这种询问孩子的花销，但是绝对不干涉的政策，让孩子们很高兴，他们都争着把自己记录整齐的账本给他们的父亲看。

要想成为富有的人，最早的人生财富教育是不可缺少的。由于犹太民族自古就有经商的传统，具有了丰富的商业经验，而其他的民族则相对缺乏这种财富的教育，这是促使犹太人成为世界商人的重要原因。

大把赚钱，大手花钱

会享受生活的人才能够更好地去创造生活。（《塔木德》）

从前有一位学者站在一个百货商场门口，目不暇接地浏览着色彩缤纷的商品。这时，他身边走来一个衣冠楚楚的商人，口里叼着雪茄。学者恭敬地走上前，对绅士礼貌地问："您的雪茄很香，好像很贵吧？"

"两美元一支。"

"那您一天抽几支呢？"

"10支吧。"

"天哪！您抽烟多久了？"

"40年前就抽上了。"

"什么？您仔细算算，要是不抽烟的话，那些钱足够买这幢百货商场了。"

"那么说，您也抽烟了？"

"我不抽烟。"

"那么，您买下这幢百货商场了吗？"

"没有啊。"

"告诉您，这幢百货商场就是我的。"

只有大把地赚钱，大把地花钱，这才是富人的做法。犹太人认为生活要过得幸福和开心，日子一定要有滋润的感觉，不要怕花钱，相反要大把大把地花钱。犹太人喜欢在那些装饰考究、豪华的饭店吃晚餐，而且一吃就是两个小时，吃的极为丰盛。

这让想要拼命追上犹太人的日本人自愧不如，日本人花钱极其吝啬，他们一天到晚只是拼命地省钱和拼命地工作。"日本人崇尚早睡早起、快吃快拉，得利三分"，于是，他们的生活里就只有工作，为了工作，连吃饭的时间都要尽量缩短，甚至觉得人应该只干活，不要吃饭睡觉才好。

对于一个商人来说，赚钱的时候，有运筹帷幄的能力，花钱的时候，就大把大把地花。这样，才显示出商人的胸怀和自信、气定神闲、从容不迫，这样才算是一个真正的商人。

乔治·萧伯纳在他的《巴波拉市长》中这样说道："最大的罪行和最坏的罪行是贫困。"

财富是进入社会的通行证，富有是社会安定的基础。为了人生的幸福，你万万不可贫穷。生活的富裕不但是一种抱负，更是人生的一种义务。拥有了财富，你才能得到别人的尊重，你的地位才能显示，否则，就不被大家所认可。

犹太富豪中有不少人充其量不过三代人的历史，犹太商人没有靠攒小钱积累资本的传统。

一方面，犹太商人集中于金融行业和投资回收较快的行业，他们把注意力集中在"钱生钱"而不是"人省钱"上面。靠辛辛苦苦攒小钱的人是不可能具备犹太商人身上常见的那种冒险气质的。另一方面，犹太商人在文化背景上没有受到禁欲主义束缚。犹太人在宗教节日期间有苦修的功课，但功课完毕之后，便是丰盛的宴席。所以，那种形同苦行僧般的生活方式，并不为犹太商人所推崇。

这两个因素的结合，使犹太商人的经营方式和生活方式形成了鲜明对照。在业务方面，犹太商人精打细算到了无以复加的地步。但在生活上，类似于每天吸10支2美元一支的雪茄，并不是什么罕见的现象。像英国犹太银行家莫里茨·赫希男爵那样，在庄园里招待上流社会人物，光是狩猎游戏中宾主射杀的猎物就达1.1万头。即使节俭如冬天不生火炉的上海犹太商人哈同，也舍得以70万两银子修造上海滩最大的私人花园爱俪园，并经常在花园中举行"豪门宴"。

一个犹太人见了另一个人就问对方："你多大了？"

"我50岁了。"

"那你还可以享受10年呢！"

这个犹太人问一个老人他多大了，似乎很不礼貌。但是他的回答告诉了他的人生态度，他的生命还有10年，应该好好地享受这生命中的最后10年。犹太人始终认为活着就是为了享受，人活在世界上就应该尽情地享受。

"大手大脚地花钱，过舒适的生活，始终记住：不要按你的收入过日子！这样能使一个人变得自信。"好莱坞巨头之一的刘易斯·塞尔兹尼就这样教育他的儿子大卫，大卫后来成为电影《飘》的制片人，这句话后来成为风行好莱坞的经营原则。

别把硬币不当钱

别想一下就造出大海，必须先由小河川开始。（《塔木德》）

两个年轻人一同寻找工作，一个是英国人，一个是犹太人。

一枚硬币躺在地上，英国青年看也不看地走了过去。犹太青年却激动地将它捡起来。英国青年对犹太青年的举动露出鄙夷之色：一枚硬币也捡，真没出息！犹太青年望着远去的英国青年心生感慨：让钱白白地从身边溜走，真没出息！

两个人同时走进一家公司。公司很小，工作很累，工资也低，英国青年不屑一顾地走了，而犹太青年却高兴地留了下来。

两年后，两人在街上相遇。犹太青年已成了老板，而英国青年还在寻找工作。英国青年对此迷惑不解，说："你这么没出息的人怎么能这么快地'发'了？"

犹太青年说："因为我没有像你那样绅士般地从一枚硬币上迈过去。你连一枚硬币都不要，怎么会发大财呢？"

也许这个英国青年并非不要钱，可他眼睛盯着的是大钱而不是小钱，所以他的钱总在明天。但是，没有小钱就不会有大钱，你不懂得从小钱积起，那么财富就永远不会降临到你的头上。

老子曾说过："合抱之木，生于毫末。九层之台，起于累土。"这句话的意思是：任何事情的成功都是由小而大逐渐积累的。积累财富也如用土筑台一样，需要许许多多的小钱作铺垫，方能成为大富翁。

"不积跬步，无以至千里；不积小流，无以成江海。"这是中国圣贤的名训。虽然《塔木德》的故事是流传于国外的经典之作，但其积少成多、集腋成裘的哲理和中国的圣贤名训是息息相通的。上例中两个人在面对一枚硬币的取舍时，英国人以他的绅士作风选择了藐视，最终一无所获；而精明的犹太人却不放过任何一个积累财富的机会，终于成为了大富翁。

犹太人告诉我们，金钱也跟人一样，你尊重它们，它们就不会亏待你；你忽略它们，它们就会从你的身边溜走。在人生的旅途中，不要忽视任何一次机会，也不要轻视任何一分钱。说不定哪一天正是那一次机会、那一分钱使你步入了辉煌。

拉链，可谓是很细小的物品，好像并没有厚利可图，但是日本的吉田忠雄却是靠着小小的拉链而成就了自己的大业。他没有小看拉链的商机，他垄断了小小的拉链市场。40多年来，吉田忠雄一手创办的吉田兴业会社发展十分迅速，它已成为日本首屈一指的拉链制造公司，在世界同行业中也名列前茅。它生产的拉链，占日本拉链总产量的90%，占世界拉链总量的35%，它每年生产的拉链总长度达190万公里，年销售额高达20多亿美元。由一条小小的拉链起家，吉田忠雄被誉为"拉链大王"。最终，吉田已同丰田、索尼等名字一样，成为发达的日本工业的代名词。

财富的积累离不开金钱的积累，这是《塔木德》告诉我们的真理。而要积累金钱，还得掌握金钱的特性，因为钱是喜欢群居的东西，当它们处于分散的状态时，也许没有什么威力；但当它们由少成多地聚集起来时，成千上万的金币就会发挥巨大的力量。另外，金钱还有这么一个特性，就是你越尊重它，它便越拥护你；你越藐视它，它便越避开你。"塔木德箴言"启示我们，要想积累财富，首先就得掌握金钱的特性，不要放过身边的每一个小钱。

看看一位犹太人是如何积累财富的：

犹太人亚凯德转向一位自称卖蛋的节俭人说："假使你每天早上收进10个蛋放到蛋篮里，每天晚上你从蛋篮里取出9个蛋，其结果是如何呢？"

"时间久了，蛋篮就要满溢啦。"

"这是什么道理？"

"因为我每天放进的蛋数比取出的蛋数多一个呀。"

"好啦，"亚凯德继续说，"现在我向你介绍发财的一个秘诀，你们要照我说的去做。因为你把10块钱收进钱包里，但你只取出9块钱作为费用，这表示你的钱包已经开始膨胀。当你觉得手中钱包重量增加时，你的心中一定有满足感。"

"不要以为我说得太简单而嘲笑我，发财秘诀往往都很简单。开始，我的钱包也是空的，无法满足我的发财欲望，不过，当我开始放进10块钱只取出9块花用的时候，我的空钱包便开始膨胀。我想，各位如果如法炮制，各位的空钱包自然也会膨胀了。"

它的道理很简单。事实是这样的：当你的支出不超过全部收入90％时，你就觉得生活过得很不错，不像以前那样穷困。不久，觉得赚钱也比往日容易。能保守而且只花费全部收入的一部分的人，就很容易赚得金钱；反过来说，花尽钱包存款的人，他的钱包永远都是空空的。

在生意人的这个圈子里，有一个所谓9∶1法则，那就是当你收入10块钱时，你最多只花费9元，让那一元"遗忘"在钱包里，无论何时何地，永不破例，哪怕只收入1块，你也保证冻结1/10。这是白手起家的第一法则。

别小看这一法则，它可以使你的钱包由空虚变充实。其意义并不仅仅在于攒几个钱，它可以使你形成一个把未来与金钱统一成一个整体的观念，使你养成积蓄的习惯，刺激你获取财富的欲望，激发你对美好未来的追求。从一个方面来看，当你的投资进入最后阶段时，这最后的一块钱往往能起到决定性的作用。

做生意切勿因利小而不为。这是因为做生意的目的是赚钱。只要有钱赚，不分多少。俗语说"积少成多""集腋成裘""聚沙成塔"。世界上许多富商巨贾，也是从小商小贩做起的。例如，美国的亿万富翁沃尔顿，是经营零售业起家的；鼎鼎有名的麦克唐纳公司，是经营小小汉堡包发财的；世界华人首富李嘉诚，开始的时候也是做小小塑花的生意。

在经营项目及数量上，也要注意"勿以利小而不为"。这是因为，看起来似乎是微不足道的小商品、小买卖（例如小百货、小杂货之类），可是它能吸引顾客，使你的事业兴旺发达。

有个犹太小商人居住在美国佛罗里达州。他注意到家务繁重的母亲们总是急急忙忙去买纸尿片，因此他想到建立一个"打电话送尿片"的公司为那些忙碌的妈妈们减轻负担。

是不是很多人认为这个小商人太没有志气了，居然送尿片，还送货上门。这种本小利薄的生意，傻子才会去做。

事实上，这个商人不仅是想，而且付诸于实际的行动。他雇用全美国最廉价的劳动力和最廉价的交通工具。后来他把送尿片服务扩展为兼送婴儿药物、玩具和各种婴儿用品、食品，随叫随送，只是在商品价格上面多收了15％。最终他的生意越来越旺。

犹太商人的成功并不是起点很高，并不是一开始就想着要做大生意，赚大钱。他懂得，凡事要从细小的地方入手，一步一步进行，财富的雪球才会越滚越大。

凡事从小做起，从零开始，慢慢进行，不要小看那些不起眼的事物。这一道理从古至今永不衰竭，被许多犹太成功人士演练了无数次。

有个叫哈罗德的犹太青年，开始只是经营一个小型餐饮店的商人。他看到麦当劳里面每天人山人海的场面，就感叹那里面所隐藏的巨大的商业利润。

他想，如果自己可以代理经营麦当劳，那利润一定是极可观的。

他马上行动，找到麦当劳总部的负责人，说明自己想代理麦当劳的意图。但是负责人的话却给哈罗德出了一个难题——麦当劳的代理需要200万美元的资金才可以。而哈罗德并没有足够的金钱去代理，而且相差甚远。

但是，哈罗德并没有因此而放弃，他决定每个月都给自己存1000美元。于是每到月初的1号，他都把自己赚取的钱存入银行。为了害怕自己花掉手里的钱，他总是先把1000美元存入银行，再考虑自己的经营费用和日常生活的开销。无论发生什么样的事情，都一直坚持这样做。

6年！哈罗德为了自己当初的计划，整整坚持不懈存了6年。由于他总是在同一个时间——每个月的1号去存钱，连银行里面的服务小姐都认识了他，并为他的坚韧所感动！

现在的哈罗德手中有了72万美元，是他长期努力的结果。但是与200万美元来讲仍然是远远不够的。

麦当劳负责人知道了这些。终于被哈罗德的不懈精神感动了，当即决定把麦当劳的代理全部交给哈罗德。

就这样，哈罗德开始迈向成功之路，而且在以后的日子里不断向新的领域发展，成为一代巨富。

如果，哈罗德没有坚持每个月为自己存入1000美元，就不会有72万美元了。如果当初只想着自己手中的钱太微不足道，不足以成就大事业，那么他永远只能是一个默默无闻的小商人。为了让自己心中的种子发芽，哈罗德从1000美元开始慢慢充实自己的口袋，而且长达6年之久，终于感动了负责人，也开始了他自己的富裕人生。万丈高楼平地起，你不要认为为了一分钱与别人讨价还价是一件丑事，也不要认为小商小贩没什么出息。金钱需要一分一厘地积攒，而人生经验也需要一点一滴地积累。在你成为富翁的那一天，你已成了一位人生经验十分丰富的人。

借钱，就是为自己树敌

借钱给朋友，将以失去友情作为利息。（《塔木德》）

莎士比亚有句名言："不要把钱借给别人，借出会使你人财两空；也不要向别人借钱，借进来会使你忘了勤俭。"这句话有一定道理。

你可以用其他友善的方式接济你的朋友，但不要借钱给他。借钱给他人就是掏钱为自己买了一个敌人。

犹太人朋友之间很少涉及金钱，他们之间朋友是朋友，金钱是金钱，分得十分清楚。他们一般不把友情掺入金钱。

犹太人之间的朋友，大家彼此都很不错，就在一起吃饭喝酒。这样就表示你是他喜欢的朋友，他愿意和你经常来往。但是你要是借钱，他们很少答应。

这不是因为大家彼此之间不信任，而是他们处事的一种精明。

犹太人是十分自尊的，他们一般是决不肯向人求助的。即使遇到了困难，他们也是依靠自己的力量来解决，而很少向别人请求帮助。假如一个人向自己的朋友去借钱，那说明这个人已经处于生活比较困难的时候了。有人借钱给他，他就总是感到忐忑不安，心里总是想着把钱尽快还给自己的朋友，见了朋友就感觉很不好意思。虽然朋友浑然不觉借钱人的尴尬。而借钱人为了避免这种愧疚的心情一般就会回避自己的朋友，希望自己尽快地还钱，那样自己才觉得在朋友面前会坦然。有了这种心理，这样的朋友就会因为金钱变得很不自在。

而朋友呢，如果也恰好需要这笔资金，但是已经将钱借给别人，而且为了让别人放心，自己一般不会说还钱的时间。朋友什么时间有了钱，就什么时间来还，而自己许多事情却急切需要资金办理，但是话已经出口，就很不好意思去要钱。所以，犹太人之间就心照不宣地达成默契：不借钱给自己的朋友。

犹太人喜欢放高利贷收取利息，这是他们几百年的传统了，他们如果自己有闲余的资金，就会把这些钱放出去收取利息，而有人需要钱自然就可以去借贷了。所以，犹太人没有钱的时候，喜欢去借贷来渡过难关。向他人借贷是一种商业行为，这与向朋友借钱的行为是不一样的。

有个故事是这样说的：

雅可夫借给亚瑟500美元，明天就要到期了，但是亚瑟根本没有钱可以还。雅可夫3天前就已经提醒亚瑟，还有3天就该还钱了。"到明天雅可夫一定会来要钱的"，想到这里，亚瑟坐卧不宁，烦躁地在房子里走来走去。"你为什么还不睡觉？"他的妻子问他，"我向雅可夫借了钱了，明天早上非还他不可""你现在有钱了吗？""我连一个子也没有呢！"

"既然这样，你就睡觉吧。着急的应该是雅可夫而不是你。"

亚瑟妻子的话代表了我们处理债务的一般态度，既然没有钱就干脆放心休息，反正着急也没用。而事实上，雅可夫也确实没有办法，如果逼朋友还钱，那与朋友长久培养起来的感情就会因此而崩溃了。打官司更是浪费自己的钱财，对朋友的感情也更是致命的打击。

还有一个故事是这样说的：

梅西克向罗扬借了1200马克，但是梅西克一直没有钱还。每当遇到罗扬，梅西克都会避而不见。可罗扬又束手无策。

这时，他的另一个朋友对他说："你不妨写信给梅西克，叫他尽快归还1800马克的债，瞧瞧他的反应。"

罗扬也十分需要这笔钱，就给梅西克去了一封信。

　　两天后，梅西克就回信了，信中说："罗扬，我记得很清楚我借了你1200马克，你怎么说我欠了你1800马克，随信附上1200马克。如果你要打官司的话，你准输。"

　　罗扬虽然成功地要回了自己的钱，但通过这次事件，两人的关系就可想而知了。

　　因此，洞悉人情的犹太人说：借钱，即是掏钱给自己买了个敌人。